# 신판 독립협회 연구(상)

# 新版 獨立協會研究(상)

## 독립신문 · 독립협회 · 만민공동회의 사상과 운동

愼 鏞 廈

일조각

# 머리글

한국 근대사회의 형성과 발전 과정에서『독립신문』· 독립협회 · 만민공동회가 수행한 역할과 사회적 영향은 참으로 매우 컸다. 그러므로『독립신문』· 독립협회 · 만민공동회는 한국근대사 · 한국근대사회사 · 한국근대민족운동사 연구에서 언제나 새롭게 조명되고 연구되어야 할 영원하고 귀중한 주제이다.

특히 제국주의 열강이 한반도를 식민지화하려고 침략하던 시기에 한국민족이 민족의 자유와 독립을 수호하려고 반제국주의 투쟁을 전개하면서 퇴행하지 않고 전향적으로 시민 · 민중을 주체세력으로 하여 현대국가 건설과 민권 · 민주주의 · 의회주의를 실현하려고 분투한 사실은 획기적인 일이었다고 볼 수 있다.

이 책은 필자의 젊은 시절의 학문적 정열을 쏟아 넣어 저술한 1976년판『독립협회 연구』를 30년 만에 새로 판을 바꿔 내는 것이다. 1976년 당시에는『독립신문』· 독립협회 · 만민공동회는 등한시되고, 오히려 일제가 간섭한 갑오개혁을 한국근대사의 정점으로 보는 일제 식민주의자들의 견해가 지배하고 있었다. 이러한 상태에서 필자는 학문적 사명의식을 갖고 독립협회 연구에 몰두했다. 원래 필자는 이 책을 한 권의 저작으로 쓰려고 했으나 30여 년 전의 학문 연구와 발표의 여건이 원체 열악하여, 각 장을 독립 논문 형식으로 발표한 뒤에 한 권의 책으로 묶어 1976년 1월에 일조각에서 간행했다. 그리고 이 책을 필자의 박사학위 논문으로 서울대학교에 신청했다. 이 책은 제2회 월봉저작상도 받고, 『한국민족문화대백과사전』 항목에도 오르는 영광을 입었다.

이 책의 초판이 간행된 이후 출판문화도 큰 변동을 겪게 되었다. 한자를 많이 사용한 국한문 혼용체의 출판은 거의 사라졌다. 그 대신 한글전용과 쉬운 한국말 사용이 출판의 새 조류가 되었다. 30년 전에 출간된 초판 『독립협회 연구』의 내용은 변함없이 중요한 것이라고 생각되는데, 한자를 많이 쓴 국한문혼용이 새 세대 독서에는 전혀 맞지 않게 되었다. 이에 시대의 흐름에 맞도록 한글 우선을 원칙으로 하여 한자는 병기하고 활자도 크게 해서 상 · 하권으로 나눠 읽기 쉽게 편집하였다.

신판을 준비하는 과정에서 어려운 한문식 표현은 일상의 한국어로 바꾸고 일부 서술은 개고하였다.

『신판 독립협회 연구』를 간행해주신 일조각 김시연 이사님과 교정에 정성을 기울여주신 직원 여러분들께 깊이 감사하는 바이다.

이 책이 19세기 말 제국주의 열강의 침략 속에서 나라와 사회의 독립과 민주적 발전을 위해 분투한 한국민족의 열정과 성과를 독자들이 이해하는 데 조금이라도 도움이 되기를 간절히 바란다.

2006년 10월

저자 씀

차례

# ‖상권‖

머리글 5

## 제1장 『독립신문』의 창간과 그 계몽적 역할

1. 머리말 15
2. 『독립신문』의 창간 20
3. 『독립신문』의 운영 51
4. 『독립신문』의 계몽적 역할 58
5. 서재필의 추방과 그 후의 『독립신문』 77
6. 『독립신문』의 폐간 94
7. 맺음말 103
   ● 附記 106

## 제2장 독립협회의 창립과 조직

1. 머리말 108
2. 독립협회의 창립 109

3. 조직과 회원 구성 117

1) 고급관료주도기_119 2) 민중진출기_123 3) 민중주도기_124
4) 민중투쟁기_128

4. 지방지회의 설치 138

5. 자매단체의 설치 145

1) 협성회_146 2) 광무협회_151 3) 인천박문협회_152 4) 찬양회_153
5) 황국중앙총상회_154 6) 보신사_156 7) 취영회_158 8) 개진협회_158
9) 자동의사회_158 10) 기타 자매단체들_158

6. 지지층의 사례 159

7. 맺음말 167

## 제3장 독립협회의 사회사상

1. 머리말 171

2. 독립협회 사상의 사회적 배경 175

1) 시민계급의 대두와 성장_179 2) 농민층의 성장_179
3) 광산 및 부두 노동자층의 형성_179 4) 천인층의 해방과 성장_180
5) 신지식계급의 형성_180

3. 자주독립사상 184

1) 자주국권론_184 2) 이권침탈 · 양여반대론_191 3) 중립외교론_200
4) 개화자강독립론_203 5) 민족문화론_208

4. 자유민권사상 222

1) 국민자유권론_222 2) 국민평등권론_239 3) 국민주권론_246
4) 국민참정권론_249 5) 의회설립론_255

5. 개혁자강사상 266

1) 입헌대의정체론_266 2) 행정 · 재정개혁론_270 3) 신교육론_276
4) 산업개발론_283 5) 근대국방론_295 6) 사회관습개혁론_298

6. 맺음말 303

## 제4장 독립협회의 독립문 건립과 토론회의 계몽활동

1. 머리말 306
2. 독립문 · 독립공원 · 독립관의 건립 308
3. 토론회의 계몽활동 322
4. 맺음말 337

## 제5장 독립협회의 자주민권자강운동

1. 머리말 339
2. 자주국권수호와 이권반대운동 340

1) 구국운동선언상소_340 2) 러시아의 절영도 조차 요구 저지_353
3) 일본의 절영도 석탄고기지 철거 요구_357 4) 러한은행의 철거 요구_359
5) 러시아 재정고문 및 군사교관 해고 요구와 제1차 만민공동회_363

3. 서재필 재류운동 372
4. 생명과 재산의 자유권 수호운동 382

1) 생명의 자유권 수호와 지석영 등 사건_382 2) 재산권 보호와 홍재욱 사건_385
3) 재산권 보호와 최학래 사건_386

5. 탐관오리의 규탄 388

1) 부패관료와 조병식 규탄_388 2) 경제 실정과 이용익 규탄_392

6. 열강의 이권침탈 반대운동 400

1) 러시아의 목포 · 증남포 항구 매도 저지 및 프랑스의 광산 이권 요구 반대_400
2) 독일의 금광 이권 요구 반대_403 3) 이권양여의 조사_404

7. 만민공동회의 학교 설립 요구와 이권 반대 407

1) 해외유학생의 학비 지원_407 2) 무관학교 학생선발 부정 비판_408
3) 의학교 설립 요구_411 4) 일본의 배상 요구와 이권 요구의 반대_412

8. 외인부대 창설 저지운동 413

9. 노륙법 및 연좌법 부활 저지운동 418

10. 개혁파 정부 수립의 성공 425

1) 개혁파 정부 수립 요구와 수구파 대신 규탄_425
2) 개혁파 정부 수립의 성공_431

11. 언론과 집회의 자유권 수호운동 433

12. 의회설립운동 443

13. 맺음말 461

찾아보기

# ‖하권‖

머리글

## 제6장 1898년의 관민공동회

1. 관민공동회의 준비
2. 관민공동회의 개최와 헌의6조
   1) 관민공동회 제1일(10월 28일) 2) 관민공동회 제2일(10월 29일)
   3) 관민공동회 제3일(10월 30일) 4) 관민공동회 제4일(10월 31일)
   5) 관민공동회 제5일(11월 1일) 6) 관민공동회 제6일(11월 2일)
3. 관민공동회의 역사적 의의

## 제7장 만민공동회의 자주민권자강운동

1. 머리말
2. 지도자 석방과 언론 · 집회 · 결사의 자유권운동
3. 5흉 규탄 · 헌의6조 실시 · 독립협회 복설운동
4. 만민공동회와 황국협회의 충돌

5. 황제 친유와 중추원 의관의 임명
6. 김덕구 만민장 시위와 만민공동회의 재개
7. 중추원 의관의 인재 투표선출
8. 만민공동회와 독립협회의 해산
9. 만민공동회와 독립협회의 운동 실패 원인
10. 맺음말

## 제8장 독립협회와 황국중앙총상회의 상권수호운동

1. 머리말
2. 19세기 말의 상권 문제의 대두
3. 황국중앙총상회의 설립
4. 독립협회의 황국중앙총상회에 대한 평가
5. 독립협회와 황국중앙총상회의 상권수호운동
6. 정부의 반응과 대책
7. 맺음말

## 제9장 독립협회의 사회사상의 사회학적 해석

1. 머리말
2. 민족주의사상의 구조
   1) 민족공동체의 주체성 2) 국민적 통합과 애국심
   3) 민족문화의 창조와 발전 4) 외국 이권에 대한 저항
   5) 방어기구의 형성

3. 민주주의사상의 구조

1) 개인의 지위와 역할의 변화 2) 가족과 문벌의 구조 변화
3) 신분제도의 폐지와 변혁 4) 여성 지위의 변동
5) 새 제도의 수립과 새 구조단위의 분화

4. 근대화사상의 구조

1) 정체의 근대화 2) 관료제의 근대화
3) 신지식의 보급과 학교 설립 4) 기술혁신과 산업화
5) 사회관습의 합리화와 근대화

5. 맺음말

**찾아보기**

제1장

# 『독립신문』의 창간과 그 계몽적 역할

## 1. 머리말

『독립신문』은 1896년 4월 7일 창간된 한국역사상 최초의 민간신문으로 19세기 말 한국사회의 발전과 민중의 계몽을 위하여 지대한 역할을 수행한 한 시대의 기념비적인 신문이었다.[1]

『독립신문』은 우리나라의 근대적 발전과정에서 개화파들이 근대화운동의 일환으로 창간한 것이었지만, 『독립신문』은 초기 개화파들이 1883년에 창간한 『한성순보漢城旬報』와는 근본적으로 그 성격을 달리하고 있다. 『한성순보』는 신진 관료로 진출했던 초기 개화파들이 정부기구인 통리기무아문統理機務衙門 박문국博文局에서 관영신문으로 창간했으며, 이 때문

1 지금까지 발표된 『독립신문』에 관한 연구논문으로는 李萬甲, 「독립신문에 나타난 가치 관념」, 서울대학교 문리과대학 東亞文化研究所 東洋學 심포지움, 1962 ; 崔埈, 「高宗時代 커뮤니케이션 形態의 考察—특히 『독립신문』과 협회를 중심으로」, 『史學研究』 제3호, 1959 ; 崔埈, 「독립신문 판권과 한·미교섭」, 『중앙대학교 논문집』 제13집, 1969 ; 姜在彦, 「獨立新聞·獨立協會·萬國共同會—1890年代後半期におけるブルジョア的變革運動」, 『朝鮮史研究會論文集』 제9집, 1972 등이 있다.

에 개화파가 주도하는 순한문 전용 정부기관지의 성격을 충분히 벗어나지 못하였다. 『한성순보』는 결국 갑신정변甲申政變과 결부되어 폐간되었다. 반면에 『독립신문』은 개화파세력이 성장하고 개화운동이 민중 사이에 뿌리를 널리 내리기 시작한 시대의 신문이며, 민중이 주도하는 자주민권자강自主民權自强의 개화운동으로서의 독립협회와 만민공동회운동에 관련된 신문이었다. 『독립신문』은 1894년 동학농민혁명운동 이후 급속히 성장한 신흥사회세력의 대두와 관련하여, 그들이 쉽게 읽을 수 있도록 국문전용으로 띄어쓰기를 하고 쉬운 국어를 쓰면서 민간신문으로 창간되었으며, 민중 속으로 파고들면서 민중을 계몽하고 민중을 대변한 새로운 형태의 신문이었다.

『독립신문』은 민중이 역사를 주도하기 시작한 시기에 창간되어, 민중과 함께 성장하고, 민족의 권익과 함께 민권 신장과 민중의 이익을 옹호하는 데 진력하였다. 『독립신문』이 평민의 일상적 국어를 사용하면서 창간된 것은 단순히 선각자의 위로부터의 불빛을 비쳐주기 위한 계몽 때문만은 아니었다. 그것은 그동안 장기에 걸쳐 억압되었다가 동학농민혁명운동을 계기로 낡은 둑을 무너뜨리고 도도한 흐름으로 대두한 거대한 신흥사회세력의 주장을 사상과 지식의 차원으로 높여 나라를 개혁하기 위한 작업으로 창간된 것이기도 하였다.

종래 『독립신문』의 창간은 서재필徐載弼의 개인적 업적으로 알려져왔다. 미주에서 새로운 지식과 사상을 습득하고 돌아온 서재필이 서구시민사상의 새로운 빛을 무지몽매한 민중에게 비쳐주기 위하여 『독립신문』을 창간했으며, 그 영향으로 독립협회와 만민공동회운동이 나오고 민중의 각성이 이루어졌다고 설명되어왔다. 또한 『독립신문』이 법률상 그리고 형식상 서재필의 소유였기 때문에 이러한 동화 같은 영웅주의적 해석에 의문을 갖지 않는 일이 많았다. 뿐만 아니라 서재필이 미국시민으로 국적을 바꾸었기 때문에 당시에도 이미 『독립신문』은 법률상 미국신문으로 처리되었고, 지금까지도 심지어 『독립신문』은 미국인의 신문이라고 보는 견해가 가끔 발표되었다. 그러나 이러한 견해들은 모두 당시의 역사적 사실에 대한 피상적인 관찰에 불과한 것으로 보인다.

이 시기의 사료들과 『독립신문』의 창간 경위를 검토해보면, 『독립신문』의 창간은 서재필의 개인적 업적이 아니라, 무엇보다도 뚜렷이 국내 개화파와 서재필의 합작合作이었음을 알 수 있다. 특히 국내 개화파 중에서 갑오개혁을 추진했던 온건개화파가 서재필의 명석한 두뇌와 지식을 활용해서 합작하여 창간하게 된 신문이었음을 알 수 있다.

서재필이 귀국하기 전에 국내 개화세력은 일정한 정도로 성장하였고, 민중세력인 신흥사회세력은 거대한 힘으로 이미 급속하게 대두하고 있었다. 갑오개혁의 개화파들은 개화세력을 강화하기 위하여 한 사람의 힘이라도 더 보태야 했기 때문에 갑신정변 때 주역 중 한 명이었던 서재필을 귀국시키고 보호하였다. 개화파들은 그를 시종일관 한국인 동지로 생각하여 외부협판外部協辦으로 기용하려다가 그가 재입적을 거절하였기 때문에, 유길준兪吉濬 등이 중심이 되어 신문을 창간하도록 합의해서 신문 창간자금과 사옥을 조달했으며, 그의 신문 창간을 보호하기 위하여 김홍집金弘集 등은 서재필을 아무런 업무가 없는 중추원고문中樞院顧問에 임명하여 월봉 300원의 거액을 지급하도록 해주었다.

즉, 서재필이 스스로 귀국한 것이 아니라 갑오개혁 온건개화파들이 그를 귀국시켰으며, 서재필이 신문사를 설치하려고 자금을 가지고 돌아오거나 그의 자금으로 설치된 것이 아니라 온건개화파에게는 자신들의 주장을 펼 수 있는 신문이 그때까지도 없었기 때문에 서재필과 합작하여 신문을 창간하기 위해 서재필에게 개화파 정부의 예산에서 신문 창간자금과 생활비를 공급하고 직책을 준 것이었다.

만일 『독립신문』 창간 직전인 1896년 2월 11일 아관파천俄館播遷이 일어나지 않았더라면 『독립신문』이 창간되었어도 서재필의 소유로 등록되지는 않았을 것이다. 왜냐하면 그것은 처음부터 온건개화파가 창간을 추진했던 신문이었으며, 서재필은 창간 계획자와 책임자로 선발된 상태였기 때문이었다. 그러나 아관파천으로 인해 김홍집내각이 붕괴되어 김홍집·어윤중魚允中·정병하鄭秉夏 등이 피살되고 국내 개화파 중 신문 창간의 주역인 유길준이 일본으로 망명하게 되자, 신문 창간의 주역으로는 국내에 서재필만 남게 되었다. 그로서는 김홍집·유길준 등이 책정한 신문 창간예산과 중추원고문 직위를 재인준받는 것이 문제였는데, 이것은 용이한 일이었다.

왜냐하면 아관파천 후에도 안경수安駉壽·김가진金嘉鎭·박정양朴定陽·한규설韓圭卨·김종한金宗漢 등 건양협회建陽協會세력이 큰 세력으로 남아 있었고, 서재필 자신이 가담했던 정동파貞洞派세력으로서 민영환閔泳煥·이완용李完用·윤치호尹致昊·이상재李商在·이채연李采淵 등이 친러파 정부에 입각해 있었으며, 국왕 고종은 러시아공사관에서 제정러시아뿐만 아니라 아관파천을 지원한 미국공사관측의 영향도 많이 받고 있었기 때문이었다.

서재필은 이번에는 박정양·안경수 등 건양협회의 잔여세력과 정동파의 도움(민영환과 윤치호는 얼마 후에 니콜라이 2세의 대관식에 경축사절로 파견되어 독립신문의 창간과 독립협회의 창립에는 별 도움을 주지 못하였다)과 무엇보다도 자기 자신에게 유리하게 전환된 환경을 활용하여 김홍집내각이 준비했던 신문창간사업과 중추원고문의 직위를 용이하게 재인준받을 수 있었다. 신정부로서도 일본측의 『한성신보漢城新報』에 대항할 한국인의 신문이 절실하게 필요한 상태였으므로 이전 내각의 신문창간사업을 계속시킬 필요가 절실하였다.

서재필은 정부가 예산에서 지출한 3,000원의 자금을 받아 일본 오사카大阪에서 인쇄기계와 국문·한문·영문 활자를 주자鑄字하여 구입하고, 정부가 대여한 정동貞洞에 있는 건물을 사옥으로 하여 독립신문사를 창설하였다. 그리고 정부가 지출한 1,400원으로 자신의 거처를 정한 다음, 신문사를 자기의 사유기업으로 등록하였다. 당시 신정부가 러시아공사관 안에서 불안정한 상태에 있었으므로 서재필은 정부 예산 지출을 보조금으로 생각했고, 독립신문사를 자기의 사유기업으로 등록하는 것이 안전한 방책이라고 생각했는지 모른다. 또한 신정부로서는 삼림 · 광산 · 철도 등 거대한 이권이 외국에게 침탈되고 양여되는 판국에 보조금을 지출한 『독립신문』의 소유권을 놓고 거론할 형편이 아니었다.

『독립신문』은 법률상으로는 서재필의 사유기업으로 등록되고 서재필이 이미 미국시민으로 이적되어 있었기 때문에 이후에 문제가 발생하지만, 실제 내용을 보면, 『독립신문』 창간은 국내 개화파와 서재필의 합작으로, 한국정부의 재정자금에 의해서, 한국정부의 지원하에, 한국의 필요에 따라, 한국어로 만들어진, 한국인의 신문임을 명백히 알 수 있다.

즉, 『독립신문』은 국내 개화파가 신문을 창간하면서 순전히 국내의 자금으로 개화파의 신문으로 만들기 위해 서재필의 명석한 두뇌와 지식을 채용했다가, 국내 정세의 급변과 불안으로 말미암아 서재필의 사유기업으로 처리되는 것을 묵인하게 된 국내 개화파와 서재필이 합작하여 만든 신문인 것이다.

서재필은 1884년 갑신정변에 주역으로 참가하여 '삼일천하'의 급진개화파 정부에서 20세의 어린 나이로 병조참판 겸 정령관正領官을 맡았다가 정변 실패 후 4흉四凶(김옥균 · 박영효 · 서광범 · 서재필)의 하나로 반역자의 낙인이 찍혀 일본에 망명하였다. 일본정부가 이들 청년혁명가들을 박해하자 서재필은 일본측의 배신에 분개하여 다시 박영효 · 서광범 등과 함께 미국으로 망명하였다. 그의 본국 가족들은 수구파에 의해서 모두 참살당했다.

그는 미국에서 갖은 고초를 겪으면서 1888년 라파예트대학에 입학했다가, 이듬해 조지워싱턴대학교 의과대학(당시에는 Columbia Medical Col-

『독립신문』 주필 서재필

lege)에 입학하여 고학을 하면서 차석이라는 우수한 성적으로 졸업하였다. 그는 1888년경에 본국 귀환을 절망적이라고 보고 미국시민으로 입적하여 이름을 서재필을 역으로 배열한 Philip(Phil, 필) Jaisohn(Jai, 재) Soh(서)라 했다가 Philip Jaisohn으로 고쳤다.

1889년 의과대학 재학 당시 가정교사로 있던 암스트롱(나중에 체신장관이 됨) 가문의 둘째 딸(Muriel Buchanan Armstrong)과 연애를 하여 암스트롱 가문의 반대를 무릅쓰고 1893년에 결혼하였다. 서재필은 모교에서 교수가 되려 하였고 지도교수도 그의 두뇌를 평가하여 병리학 강의를 담당하게 되었다. 그러나 학생들이 유색인 교수의 강의에 출석을 꺼리자 분개하여 강사직을 버리고 워싱턴에서 개업하였다. 이때 본국에서 갑오개혁이 일어나 갑신정변 때의 대역부도죄인大逆不道罪人에 대한 사면령이 내려지고, 국내 개화파가 그의 귀국을 요청하자 1895년 12월 하순 귀국하여 다시 자유 · 민권 · 자강의 민족운동에 투신하게 된 것이다.

『독립신문』과 그 직후의 독립협회는 사상적 · 인적 계보로 볼 때는 실학사상과 초기 개화파(특히 갑신정변파)를 계승하여 다시 새로운 차원으로 발전시킨 것이며, 서재필 자신은 초기 개화파를 계승하고 있다고 볼 수 있다.

## 2. 『독립신문』의 창간

『독립신문』의 창간이 서재필 단독의 개인적 업적이 아니라 서재필과 국내 개화파의 합작이라는 사실은 다음의 세 가지 사실에 주의를 환기할 때 한층 더 명백해진다.

먼저 주목해야 할 것은 서재필을 귀국시키고 그로 하여금 신문사를 설립하도록 합의했으며, 그를 보호하고 지원한 것은 국내 개화파라는 사실이다.

서재필은 스스로 귀국한 것이 아니며, 미국정부의 추천으로 고문이 되어 돌아온 것도 아니었다. 갑오개혁 개화파들이 그를 귀국시켰다. 서재필이 미국인 부인과 결혼하고 미국시민으로서 본국과 거의 절연되어 궁핍한 생활을 하고 있을 때, 1895년 재차 일본에 망명하여 미국에 들렀던 박영효朴泳孝가 서재필을 방문하여 그의 귀국을 권고하였다. 박영효는 서재필에게 갑오개혁으로 인해 갑신정변 때의 그에 대한 대역부도죄가 1895년 3월 1일자로 사면되었음과 본국의 정세를 설명하고 고국이 그의 귀국을 필요로 하고 있음을 알려주었다.[2] 서재필은 다음과 같이 회상하였다.

> 박영효에 본국 사정을 듣게 되자 나는 즉각적으로 국가를 위하여 큰일을 해 볼 좋은 기회가 닥쳐왔다고 깨달았다. 미국에서 오랫동안 내가 마음 깊이 그리던 자유와 독립의 사상을 실천할 천재일우의 시기가 돌아온 것이라고 고국으로 돌아온 것이었다.[3]

당시 박영효가 서재필의 귀국을 요청한 것은 그의 개인적 의견이라기보

2 『奏本』, 議政府 편, 제4책, 開國 504년 3월 1일조 제141호와 「復官爵秩」에 따르면 서재필은 갑신정변 때 피살된 그의 아우 徐載昌과 함께 1895년 3월 1일부로 그의 대역죄가 모두 蕩滌되었을 뿐만 아니라 官爵에 임명될 수 있도록 완전히 복권되었다.

3 金道泰 편, 『徐載弼博士自敍傳』, 首善社, 1948, pp.167~168 참조. 朴泳孝가 어떠한 목적으로 서재필의 귀국을 권고했는지 더 이상의 자세한 자료는 발견할 수 없으나, 갑신정변 때의 관계로 보아 자기의 실각 대신 급진파인 서재필을 입각시키고 싶어한 것으로 보인다. 서재필은 당시 워싱턴에서 개업하고 있었고 주미한국공사관의 朴鎔圭와 연락하고 있었다. 朴泳孝는 朴鎔圭를 통하여 서재필을 만난 것으로 보인다.

다는 갑오개혁 때 집권한 온건개화파의 의견이었다. 「주한미국공사관보고」에 서재필이 "당시의 한국내각의 긴급한 요청에 의하여(at the urgent request of then Korean Cabinet)"[4] 한국을 향해 출발했다고 보고하고 있는 것도 이 사실을 말해주고 있다.

국내 개화파들은 서재필이 귀국에 동의하자 그가 법률상 미국시민으로 되어 있음에도 불구하고 그를 한국인 동지로 취급하여 대우하였다.

김홍집내각의 외부는 우선 1895년 11월 9일자로 서재필을 주차駐箚미국공사관 3등 참서관에 임명하였다.[5] 워싱턴의 주미한국공사관에서는 박용규朴鎔圭 등이 박영효의 도움을 받아 서재필의 귀국을 준비하였다.[6] 서재필의 귀국을 보고받은 김홍집내각은 다시 그를 외부협판으로 임명하려고 그의 도착을 기다렸다.[7]

서재필이 워싱턴을 출발한 것은 1895년 11월 10일경이었고,[8] 서울에 도

---

4 『駐韓美國公使館報告*Communications to the Secretary of State from U. S. Representatives in Korea*』, H. N. Allen(韓國硏究院所藏 마이크로필름), No.101, 1898년 4월 27일조 'Dismissal of Dr. Jaisohn, an American Adviser to the Korean Government' 참조.

5 『外部內閣來去文』, 外部 편, 제2책, 개국 504년 11월 9일조 「照會」 및 「任官請議書」 참조.

6 『尹致昊英文日記』 1897년 10월 8일조 참조.

7 『外部請議書』, 內閣編錄課 편, 제1책, 개국 504년 5월 10일조 「請議」 제2호에 따르면, 제3차 金弘集內閣이 해체되고 朴定陽內閣이 수립될 때 서재필은 金允植의 천거에 의하여 1895년 음력 5월 10일 外部協辦(및 勅任官三等)으로 閣議를 거쳐 임명되었다. 그러나 『外部請議書』 개국 504년 5월 17일조 「請議」 제7호에 따르면, 교섭 결과 서재필이 귀국 의사가 없다고 請願書를 제출하여 사임을 청원했으므로 한 달 후인 1895년 (음력) 윤5월 17일자로 그를 依願免本官하였다. 5개월 후 서재필이 박영효를 통한 국내 개화파의 권고와 재초청에 응하여 귀국에 동의하자 당시의 제3차 김홍집내각은 그의 귀국 편의를 위하여 우선 그를 주차미국공사관의 3등 참서관에 임명하여 그의 귀국 수속을 도와주고 그가 귀국하면 다시 외부협판으로 임명하려고 기다리고 있었다.

8 『駐韓美國公使館報告*Communications to the Secretary of State from U.S. Representatives in Korea*』, H. N. Allen, No.101, 1898년 4월 27일조 'Dismissal of Dr. Jaisohn, an American Adviser to the Korean Government'에 의하면, 서재필은 미국무성으로부터 여권번호 5031의 여권을 1895년 11월 8일부로 발급받아 서울로 향한 것으로 되어 있다. 주미한국공사관의 査證을 받는 데 하루가 소요되었다고 보면 서재필은 1895년 11월 10일이나 바로 그 후에 워싱턴을 출발했다고 볼 수 있다.

착한 것은 1895년 12월 26일경이었다.[9]

갑오개혁 개화파들은 서재필이 그들의 개화정책 실시에 큰 도움을 주고 그들의 세력을 강화시킬 것이라 기대하고 그를 크게 환영하였다. 특히 내부대신 유길준兪吉濬은 서재필의 능력을 높이 평가하고 그의 두뇌와 견문을 관료와 민중을 계몽하는 데 활용하려고 하였다. 유길준은 서재필의 연설회를 개최하는 등 환영을 하면서 그가 개화파 내각에 참여할 것을 기대하였다.[10]

『독립신문』 창간의 제1차 지원 책임 유길준

그러나 서재필의 생각은 국내 개화파의 기대와는 조금 달랐다. 그는 배재학당培材學堂 교장 아펜젤러H. G. Appenzeller, 亞編薛羅의 집에 기숙하여 국내 수구파로부터의 만일의 위해에 대비하면서,[11] 입각하여 권력의 내부에 들어가는 것보다 권력의 외부에 안전하게 미국시민으로 남은 채 민중계몽사업을 하고 싶어했다.[12] 그는 갑신정변 실패의 주요인을 민중의 지지 결여로 보았기 때문에, 갑오개혁의 개화정책 성패 여부도 그들이 얼마나 민중의 지지를 받을 수 있는가에 달려 있다고 생각하였다. 그는 갑신정변 때의 교훈을 이때까지 깊이 간직하고 있었다고 볼 수 있다.

정부의 외곽에서 민중을 계몽하는 사업으로서 서재필과 유길준이 합의

9 『尹致昊英文日記』 1895년 12월 26일조 참조.
10 『內部來去文』, 外部 편, 제3책, 建陽 원년 1월 15일조 「內部大臣 兪吉濬의 照會」 참조.
11 『徐載弼博士自敍傳』, p.212 참조.
12 『徐載弼博士自敍傳』, p.206 참조.

하여 결정한 것이 신문 창간이었다.[13] 이것은 두 사람의 생각에 비추어 보면 극히 당연한 결론이었다고 할 수 있다. 유길준은 1883년 이미 박영효와 함께 『한성순보漢城旬報』를 창간할 준비 작업을 한 경험이 있으며,[14] 구미 제국의 견문을 통하여 신문의 중요성을 누구보다도 더 잘 알고 있었다. 당시 갑오개혁의 개화파 정부는 여러 가지 제도개혁을 하면서 정작 신문은 하나도 갖지 못했으므로,[15] 유길준의 입장에서 신문 창간은 절박한 사업이었다.[16] 서재필로서는 정부 외곽에서 민중의 교육계몽을 할 수 있는 사업은 학교와 신문이 있었는데 당시 이미 학교는 다수가 설립되어 있었으므로 신문 창간을 계획하게 된 것이었다.

김홍집내각의 온건개화파들은 서재필이 입각을 거부하고 미국으로 돌아갈 뜻까지도 비추자, 서재필의 견식과 능력을 민중과 관료를 계몽하는 데 활용하고, 개화파 정부의 신문을 창간하기 위하여 서재필에게 신문창간사업을 하도록 시사하였다. 신문 창간은 서재필의 구상이기도 했지만 당시 온건개화파들로부터도 신문을 창간하라는 시사를 받았음을, "동일한 구상을 당시 관직에 있던 진보적인 나의 친우들이 나에게 시사했다

---

13 『尹致昊英文日記』 1896년 1월 28일조, 1월 31일조 및 2월 2일조 참조.

14 『兪吉濬全書』 제4권, 정치경제 편, 一潮閣, 1971, 「漢城府新聞局章程 · 新聞創刊辭 및 新聞解說文」 참조. 『漢城旬報』의 창간 경위에 대해서는 李光麟, 「漢城旬報와 漢城周報에 대한 考察」, 『歷史學報』 제38집, 1968 ; 『韓國開化史研究』, 개정판, 一潮閣, 1974, pp.60~77 참조. 이때 유길준은 統理交涉通商事務衙門의 主事로 있으면서 漢城府判尹 朴泳孝의 부탁을 받고 창간 준비에 종사했다.

15 갑오개혁을 통해 여러 가지 제도상의 개혁을 하면서 온건개화파들이 신문을 창간하지 못한 것은 갑오개혁이 타율적 개혁이었기 때문이었다. 일본측의 개혁요강에는 신문의 창간이 포함되어 있지 않았다. 이미 일본측은 각 개항장에 일본거류민들이 발간하는 소규모 신문을 가지고 있었고 서울에 일본거류민의 『漢城新報』를 창간할 계획을 갖고 있었기 때문에 한국정부가 새로운 신문을 창간하는 것을 원하지 않았던 것이 분명하다.

16 신문 창간을 유길준이 먼저 제의했는지 서재필이 먼저 제의했는지는 분명치 않다. 서재필과 유길준 사이에 신문 창간이 합의되어 결정된 것은 1896년 1월 하순이었으므로, 무려 1개월에 걸쳐 서재필과 무엇을 할 것인가를 논의했던 것으로 보이며, 그동안에 합의가 이루어졌고, 이때 신문 창간의 구체적 계획은 서재필이 담당하여 수립한 것으로 보인다.

(The same idea was suggested to me by some of the friends of progress then in official positions)" 라고 서재필 스스로 명백히 밝혔다.[17] 즉 신문 창간의 구상도 서재필의 구상이 김홍집내각의 온건개화파들의 구상과 동일하게 일치하여 이루어진 것이었다.

여기서 주의할 것은 서재필에게 신문 창간을 시사하고 그를 지원한 사람이 '한 사람'의 진보적인 친우가 아니라 "당시 관직에 있던 다수의 진보적 친우들(some of the friends of progress then in the official positions)" 이

---

17 *The Independent*, vol. 3 No. 56, May 17th, 1898, 'A Parting Word', "Nearly three years ago, I returned to the land of my birth. I had not been here very long until I felt the necessity of a newspaper, especially one in the language the people could read. The same idea was suggested to me by some of the friends of progress then in the official position" 참조. 즉, 여기서 그는 고국에 돌아온 다음 곧 떠나려고 했는데 당시 관직에 있던 그의 진보적 친우들이 신문 창간을 시사하여, 민중이 읽을 수 있는 신문을 만들 필요성을 느끼고 그 일을 하느라고 체재했다고 고별사를 말하고 있다.

『徐載弼博士自敍傳』, p.209에서는, "나는 우리나라의 독립을 오직 교육, 특히 민중을 계몽함에 달렸다는 것을 확신하였기 때문에 우선 신문 발간을 계획하고 당시 내무대신인 유길준에게 그 사정을 설파하였더니 자기 개인의 힘으로는 할 수 없으나 국고에서 5,000원만은 지출하겠다는 승인서를 받았다. 이것을 토대 삼아 우선 인쇄기를 일본 大阪에서 구입하기로 하고 장소는 貞洞 미국공사관 뒤에 마침 정부 소유의 빈집이 있었으므로 그것을 사용키로 하였다" 고 쓰고 있다.

閔泰瑗, 「滯美五十年」(徐載弼博士手記), 『甲申政變가 金玉均』(국제문화협회, 1947), 부록 '回顧甲申政變' 중의 p.91에서는, "돌아와 보니 閔中殿께서는 이미 승하하셨으나 고종께서는 김홍집 · 유길준 등으로 조직된 새 정부에 불만하시었는바 이면으로는 倭城臺의 일본공사가 절대의 권력을 휘둘렀다. 그리고 나는 그때 舊閣臣들이 현 정부에 피살될까 보아 미공관에 은신하고 있는 것을 많이 보았다. 나는 조야를 막론하고 서로 모해하고 서로 살벌하는 옛날이나 틀림없는 조선적 광경을 목도하였다. 그리하여 나는 상심 낙담한 끝에 변복을 하고 다음 선편으로 미국으로 再渡하려 하였다. 그러나 유길준은 백방으로 나를 만류하고 이런저런 직임을 나에게 권하였다. 나는 내가 미국에를 다시 가지 않는다더라도 벼슬은 하지 않고 민중 교육의 의미로 신문을 발간하여 정부가 하는 일을 民庶가 알게 하고 다른 나라들이 조선 때문에 무엇을 하고 있나를 일깨워주는 일이나 하여 보겠다 하였다. 유씨는 나의 제의에 쾌락을 하고 재정적으로 나를 후원하겠노라 牢約을 하였다" 고 하여 신문 창간이 그가 발의하여 유길준의 동의를 얻은 것으로 되어 있다.

여기서 어느 자료에 비중을 둘 것인가의 문제가 발생하나, *The Indepent*의 고별사는 1898년 당시 서재필의 글이고, 『徐載弼博士自敍傳』과 「滯美五十年」은 1948년과 1930년대의 회고담이므로, *The Indepent*의 고별사를 더 중요시하려고 한다.

라고 복수로 쓰고 있다는 점이다. 이것은 유길준 한 사람이 그를 지원한 것이 아니라 유길준을 비롯한 김홍집내각의 온건개화파들이 모두 개화파 정부의 신문을 창간하기 위하여 서재필을 지원했음을 의미하는 것이라고 해석할 수 있다.[18]

서재필과 유길준 사이에 신문의 창간(신문사의 설립)이 합의되어 결정된 것은 1896년 1월 하순경이었다.[19] 이때는 아직 제호를 『독립신문』으로 정

---

18 『독립신문』 창간 당시의 자료들을 검토하고 필자가 느끼는 것은, 『독립신문』은 김홍집내각의 개화운동 대중화작업의 일환으로 창간 준비가 이루어졌다는 확신이다. 김홍집내각은 강대한 수구파에 대항하여 개화세력을 강화하기 위해서 서재필의 귀국을 긴급히 요청하고 그를 귀국시키는 데 성공하였다. 그러나 서재필은 첫째, 김홍집의 배후에는 일본공사가 내정간섭을 심하게 하여 지배력을 가지고 있고, 둘째, 개화파가 그 후의 建陽協會세력과 貞洞派세력으로 나뉘어, 정동파가 春生門事件으로 말미암아 집권한 김홍집내각으로부터 핍박을 받고 있음을 보고 크게 실망하여 입각을 거절했을 뿐만 아니라, 김홍집내각의 개화운동이 결국 민중의 지지 결여로 실패하리라고 전망하고 되돌아갈 의사까지 갖고 있었던 것으로 보인다. 그러나 온건개화파로서는 모처럼 귀국시킨 서재필을 그냥 돌려보낼 것이 아니라 어떻게든 활용할 필요가 있었으므로, 전부터 절실하게 필요를 느껴오던 개화파 정부의 신문을 서재필로 하여금 창간케 하기 위하여 그에게 신문 창간을 시사한 것으로 보인다. 개화운동의 성공을 위해서는 무엇보다도 교육을 통한 민중계몽이 중요하다고 강조하고 있던 서재필은 이 시사에는 흔쾌하게 동의하여 국내 체재를 확정한 것 같다.

이 문제는 김홍집내각의 각료들 사이에서 공식적으로 논의되고 검토된 다음, 정부 예산에서 신문사 창설자금과 서재필 생계비를 지출하기로 합의하여 결정된 것 같다. 당시 정부 예산의 추가 지출에는 度支部大臣과 總理大臣의 승인이 필요했으며, 신문은 農商工部 담당이었으므로, 이 문제는 유길준 한 사람의 결정으로는 불가능한 것이었고, 각료 전체의 합의 · 결정이 필요한 것이었다. 김홍집내각의 각료들이 서재필을 주필로 한 신문 창간을 합의 · 결정하자, 서재필의 요청에 따라 유길준은 「承認書」를 서재필에게 써주고, 서재필과 유길준은 3월 1일 창간을 목적으로 「承認書」에 기초하여 인쇄기계와 활자들을 예산이 지출되기 전에 일본에 이미 주문한 것으로 보인다. 김홍집 · 유길준 등은 한편으로는 개화파 정부의 신문을 창간하고, 다른 한편으로는 建陽協會를 창립하여 개화파 관료세력을 조직화하고, 국왕은 大君主를 皇帝로 승격시켜 1896년에는 대대적인 개화독립운동을 전개하려고 준비하다가 1896년 2월 11일의 아관파천에 의하여 김홍집내각 자체가 붕괴된 것이었다. 그러나 『독립신문』 창간을 위한 모든 준비는 2월 11일 이전에 완료된 것으로 보이며, 2월 11일 이후에는 新內閣의 재승인이 문제의 초점으로 남아 있었을 뿐이라고 보여진다.

19 『尹致昊英文日記』 1896년 1월 28일조. "Met Dr. Jaisohn 〔……〕 He asked to associate with him in starting and running a paper partly English and partly Korean. When I told him that I know no more about running a paper than about running a locomotive, the Doctor confidently assured me that we would do the running all O.K. and that I should

한 것 같지는 않고, 오직 국문판과 영문판을 동시에 창간하며, 창간 예정일을 3월 1일로 하여, 그 안에 모든 준비를 완료하려고 결정한 것으로 보인다.

여기서 주목해야 할 것은, 이때는 서재필이 『독립신문』을 자기의 소유로 생각하지 않았으며, 개화파와 함께 '우리'가 신문을 창간한다고 생각했고, 단지 그 계획이 자기의 계획이라고만 말하고 있다는 점이다. 한편 유길준은 이것을 서재필을 시켜서 창간하는 당시의 개화파 정부의 신문이라고 생각하고 있었다.[20] 1896년 1월 신문 창간 준비기에 서재필로부터 영문판 번역에 참가해줄 것을 요청받고 서재필과 유길준을 번갈아 만난 윤치호는 "신문이 내각의 특별보호 아래서 창간되도록 되었다(The paper was to be started under the patronage of Cabinet)"[21]고 이해하고 있었으며, 이 신문이 서재필의 사유기업이 아님을 명확히 인식하고, "이제 나는 그 신문이 서재필 박사가 나에게 말한 바와 같이 서재필 박사의 사유기업이 아님을 명백히 알았다"〔밑줄—인용자〕고 썼다.[22]

즉 『독립신문』은 처음부터 서재필 개인의 사유기업으로서 준비된 것이 아니라 내각의 특별보호 아래 갑오개혁 개화파와 서재필의 합작으로 시작된 것이었다.

당시의 갑오개혁을 추진한 국내 개화파들은 서재필의 신문창간사업을 지원하기 위하여 서재필을 당시 거액인 월봉 300원의 중추원고문에 임명하였다. 이것은 당시의 사정을 고려하면 매우 큰 특전이었다. 당시 과제가 산적한 상태에서 각 행정 부처에는 유급 고문이 필요했을지 모르나 거의

---

look after the translation department. He expects to start it by the 1st. of March. He thinks we were fools not to start one sooner." 여기서 신문사의 창립의 주체가 'I'가 아니라 'We'라고 복수로 되어 있음에 유의할 필요가 있다.

20 『尹致昊英文日記』 1896년 2월 2일조 참조.

21 『尹致昊英文日記』 1896년 1월 31일조 참조.

22 『尹致昊英文日記』 1896년 2월 2일조. "Now I see clearly that the paper was not the private enterprise of Dr. Jaisohn as he told me, and that Yu Kil Chun and co. fearing that the paper might go against their interest broke up the plan" 참조.

『독립신문』 창간의 제2차 지원 책임 박정양

유명무실한 중추원에는 유급 고문이란 것이 필요 없었다. 더구나 외국인도 아닌 유능한 서재필을 이러한 한직의 유급 고문으로 둘 수가 없는 것이었다. 이것은 김홍집내각이 서재필의 신문 창간 계획을 지원하기 위하여 그에게 직함과 봉급과 시간 그리고 그가 필요한 모든 것을 주기 위한 편법에 지나지 않았다고 볼 수 있다. 아관파천 이후에 윤치호가 놀란 것처럼 그 사이 김홍집내각은 서재필에게 월봉 300원의 거액을 지불하면서 향후 10년간 중추원고문으로 재직하도록 조치하여 서재필의 자유로운 국내 활동을 보장한 것이었다.[23]

갑오개혁 온건개화파들은 서재필로 하여금 신문을 창간케 하고 개화운동을 대중화할 준비도 겸하여 1896년 2월 8일 건양협회建陽協會의 발기대회를 개최하였다.[24] 그러나 3일 후 아관파천이 일어나서 건양협회는 유산되었다. 독립신문사 설립 계획이 확정된 지 4~5일 후에 아관파천이 일어나 사태가 급변하였다고 서재필이 회상하고 있는 것은 이 사실을 말한 것으로 보인다.[25]

아관파천으로 인해 몰락한 것은 국내 개화파 가운데 친일적 개화파뿐이

---

23 『尹致昊英文日記』 1897년 8월 8일조 참조.

24 金允植, 『續陰晴史』 卷八, 上卷, 國史編纂委員會刊, p.391, 建陽 원년 2월 8일조. "八日(二十五日辛卯) 〔……〕 仕外署 赴內閣 往參建陽協會 于桂洞織造局 余爲副會長 會者四十七員 皆評義員及幹事員也. 發會日字 定以陰曆丙申正月二十一日" 참조

25 『徐載弼博士自敍傳』, p.210 참조. 이것은 『독립신문』의 창간이 온건개화파에 의한 개화운동의 본격적 대중화작업의 일환이었음을 방증해주는 것이라고 볼 수 있다.

었으므로 서재필을 지원하고 보호해줄 세력은 여전히 건재하였다. 박정양朴定陽 · 안경수安駉壽 · 한규설韓圭卨 · 김가진金嘉鎭 · 김종한金宗漢 등을 비롯한 건양협회의 잔여세력과 민영환閔泳煥 · 이완용李完用 · 윤치호尹致昊 · 이상재李商在 · 이채연李采淵 등을 비롯한 정동파貞洞派세력이 서재필을 계속하여 지원하고 보호했으며 신문 창간 계획이 지속될 수 있게 하였다. 뿐만 아니라 고종이 러시아공사관에 머물게 됨으로써 러시아공사관과 미국공사관의 영향력이 증대했고, 스스로 정동파에 속해 있던 서재필은[26] 일본측의 간섭을 받지 않게 되어 제약이 하나 배제됨으로써 더욱 자유로운 활동이 가능하게 되었다. 서재필은 무엇보다도 유길준의 감독을 받지 않고 그의 지원세력인 국내 개화파로부터 신문 창간을 위한 계속적 지원과 보호를 약속받을 수 있었다. 민영환과 윤치호가 러시아황제 니콜라이 2세의 대관식에 참석하기 위하여 1896년 4월 1일 인천을 출발하게 되었으므로 그 준비에 바빠서 정동파세력의 도움은 크게 약화되었지만, 이때는 이미 서재필 자신이 직접 선두에 나서서 국내 개화파세력과 적극적으로 제휴할 수 있었으며, 간접적으로 외국공사를 통하여 국왕에게 자신의 계획에 대한 지원을 청원할 수 있었다.[27] 신정부도 갑오개혁 개화파 못지않

26 文一平, 『湖岩全集』 제1권, pp.195~197에서는 貞洞俱樂部의 한국인 주요 회원으로서 閔泳煥 · 尹致昊 · 李商在 · 徐載弼 · 李完用을 들고 있고 외국인 회원으로서는 미국공사 실John M. B. Sill, 프랑스영사 플랑시Collin de Plancy, 한국정부의 고문 다이William M. Dye와 리젠드어Charles W. Legendre, 미국인 선교사 언더우드Horace G. Underwood와 아펜젤러 H.G. Appenzeller를 들고 있다.

27 아관파천 후의 『독립신문』 창간에 대해서 서재필이 필요했던 것은 유길준 등 갑오개혁 개화파들과의 합의사항을 新政府로부터 다시 재승인받는 것이었을 뿐, 신문 창간의 구체적 계획과 자금은 모두 아관파천 이전에 이미 작성된 것이었다. 따라서 『독립신문』의 창간은 갑오개혁 개화파와 서재필의 합작을 아관파천 후에도 재승인받아 연장한 것이라고 볼 수 있다. 이때 윤치호의 도움은 다른 개화파 인사보다 특별히 컸다고 보기 어렵다. 『尹致昊英文日記』 1896년 1월 28일조에서 보이는 바와 같이 서재필이 신문의 번역부에 윤치호의 참가와 도움을 요청했을 때 자기는 기관차를 운전할 줄 모르는 것처럼 신문 운영은 모른다고 술회했으며, 그 후에도 관심은 있지만 러시아를 향하여 서울을 출발할 때까지 『독립신문』 창간을 도왔다는 기록은 찾아볼 수 없다. 만일 그가 『독립신문』의 창간을 크게 도왔다면 그의 정밀한 일기가

게 신문이 필요했으므로 서재필이 신정부에 협조적인 태도를 보이는 한 유길준·김홍집 등이 승인한 신문 창간 계획을 재승인할 것은 당시의 상황을 고려하면 당연한 일이었다.

아관파천 이후 신정부의 하나인 박정양내각은 『독립신문』 창간사업을 재승인했을 뿐만 아니라 적극 지원해주었다. 왜냐하면 서울의 일본거류민들의 신문인 『한성신보漢城新報』가 일본정부의 전폭적 지원을 받고 일제의 한국 침략의 선봉적 역할을 하면서 신정부를 비판하고 공격했으므로 『한성신보』의 왜곡 보도와 한국정부에 대한 공격에 대항하기 위해서도 한국인의 신문 창간이 절실하게 필요했기 때문이었다. 『독립신문』의 창간과 박정양내각의 이익은 완전히 일치되어 있었다. 『주한일본공사관기록駐韓日本公使館記錄』은 이 사실을 다음과 같이 그들의 본국에 보고하였다.

> 신정부가 理非의 別 없이 자기에게 利롭지 않은 것은 芟除하여 거리끼지 않는 당시에 있어서는 하물며 유일의 신문으로서 일본인기관의 目(눈)인 『該新報』〔한성신보—인용자〕에 대해서는 물론 그의 감시를 면하려고 하여 신정부는 즉시 반항의 일수단으로서 『독립신문』이라고 하는 것을 발간시키어 가능한 한의 편리를 줌으로써 『해신보』와 경쟁시키기에 이르렀다. 그러나 그 소기하는 바는 『해신보』로 하여금 발붙일 곳을 끊어버리려고 하는 데 있다고 할 수 있다.[28]

이 자료는 박정양내각도 김홍집내각 못지않게 새 신문의 창간을 지원했음을 단적으로 알려준다. 또한 『독립신문』도 최초에는 박정양내각의 입장과 정책을 지원하고 국민과의 연대를 강화시키려는 의도를 창간 목적 가운데 하나로 포함하고 있었음을 알 수 있다. 『주한미국공사관보고』에서도

---

이를 기록하지 않았을 리 만무하다. 아관파천 후 국내 개화파에 대한 유길준 합의서의 재확인 자금 및 기타 지원의 요청은 서재필 자신이 직접 선두에 나서서 개화파 인사 다수의 지원을 받은 것으로 보인다.

28 『駐韓日本公使館記錄』 機密本省往信, 1896년(明治 29년) 5월 30일조 「機密」 제38호 '漢城新報ノ補助金增額ニ關スル件' 참조.

『독립신문』이 "한국정부의 이익을 위하여(in the interest of the Korean Government)" 창간되었다고 보고하였다.[29] 즉 창간 최종 단계에서 『독립신문』은 박정양내각의 전폭적 지원하에 서재필과 박정양내각의 합작으로 창간된 것이었다.

아관파천 후에도 서재필이 국내 개화파의 보호를 받은 사례의 하나로 진사 정성우鄭惺愚의 '서재필탄핵고소사건'이 있다. 정성우는 서재필이 『독립신문』을 창간하고 뒤이어 독립협회의 창립에 관여하자 수구파의 사주를 받고 1896년 7월 8일 서재필 등을 "외신을 자칭하고 국병國柄을 수롱手弄하는 간당奸黨"이라고 하여 국왕과 정부에 탄핵상소를 제출하였다.[30] 이에 대해 서재필은 정성우가 모함하여 자신의 명예를 훼손했으므로 벌과금 2,000원을 배상하여 독립협회의 비용으로 사용케 해주도록 고등재판소에 맞고소하였다.[31] 이에 대해 국내 개화파에서는 한규설을 재판장, 권재형權在衡 등을 판사로 하여 1896년 7월 18일 서재필에게 승소판결을 내림으로써 서재필을 보호하고 수구파의 공격을 억압하였다.[32]

한편 『독립신문』이 창간 초기에 박정양내각의 정책에 적극적으로 협조했던 사례의 하나로 초기의 '논설'뿐만 아니라, 박정양내각이 독립신문사 주필 서재필에게 내명하여 『개국 504년 8월 사변 보고서』라는, 일제가 1895년 10월 8일에 명성황후를 시해한 만행을 폭로하는 소책자 300부를 국문으로 인쇄하여 출판하려고 계획한 사실을 들 수 있다.[33] 또한 아관파

---

29 『駐韓美國公使館報告 *Communications to the Seretary of State from U.S. Representatives in Korea*』, H. N. Allen, No.101, 1898년 4월 27일조 'Dismissal of Dr. Jaisohn, an American Adviser to the Korean Government' 참조.

30 『起案』, 法部 편, 제18책, 建陽 원년 7월 24일조 「判決宣告書」 제24호 참조. 이때 수구파에 의하여 탄핵상소를 당한 인물로는 徐載弼 외에도 朴定陽 · 金嘉鎭 · 安駉壽 · 趙秉稷 · 李允用 등이 있었다.

31 『訴狀』, 外部 편, 제1책, 建陽 원년 7월 11일조 「訴狀」 참조.

32 『外部高等裁判所來去文』, 外部 편, 제2책, 建陽 원년 7월 18일조 「高等裁判所判決書」 참조.

33 『駐韓日本公使館記錄』 機密本省往信, 1896년(明治 29년) 5월 22일조 「十月八日事變報告書刊

천 직후 국왕과 신정부가 의병義兵의 즉각 해산을 조칙으로 명령하고, 해산하지 않는 의병은 '비도匪徒'로 간주한다고 하자, 이를 충실하게 게재하여 해설하고 의병 해산을 권고하는 논설을 게재한 사실에서도 이를 알 수 있다.

서재필은 국내 개화파의 필요에 따라 귀국하고 국내 개화파와 연합하여 그들의 보호와 내원 속에서 비로소 『독립신문』의 창간을 계획할 수 있었다.

둘째로 주의를 환기해야 할 것은 독립신문사의 설립자금을 조선정부가 모두 조달하였다는 사실이다.

서재필이 미국으로부터 귀국했을 때 그는 독립신문사의 설립자금은커녕 거의 무일푼 상태였다. 귀국 직전의 워싱턴에서의 개업 상태는 순조롭지 못하였다. 그의 의사 자격증은 유색인에 대한 편견을 극복할 만큼 크지 못하였다. 서재필이 귀국할 때는 공사관 직원으로부터 200달러를 여비의 일부로 차입하여, 귀국 후에 서울에서 50달러씩 4개월간 분할상환하는 형편이었다.[34] 귀국 당시 젊은 의사로서 그가 가졌던 것은 조국에 대한 사랑과 명석한 두뇌, 새로운 민주주의사상과 새로운 과학지식뿐이었다. 이것들은 모두 뛰어난 수재였던 그의 머릿속에 들어 있던 자산들이었고, 그의 호주머니에는 신문사 설립자금은커녕 되돌아갈 수 있는 여비도 남아 있지 않았다.[35]

국내 개화파들은 서재필이 신문 창간의 최적임자라고 보고 그의 명석한 두뇌와 지식을 활용하기 위하여 독립신문사 설립자금을 모두 부담한 것이

---

行件」 참조. 이 보고서는 日本公使館의 강경한 항의로 중인인 법부고문 그레이트하우스 Clarence R. Greathouse가 태도를 바꾸어 후퇴했기 때문에 간행되지 못하고 중단되었다.

34 『尹致昊英文日記』 1897년 10월 8일조 참조.

35 서재필이 매우 명석한 두뇌의 소유자이며 뛰어난 수재였다는 사실은 그가 13세 때 殿講에서 장원급제했다는 사실과 미국 망명 후 조지워싱턴대학교 의과대학에서 고학을 하면서 (『尹致昊英文日記』 1893년 8월 14일조에 따르면) 차석으로 졸업했다는 사실이 이를 단적으로 증명해준다고 말할 수 있다.

었다. 뿐만 아니라 국내 개화파들은 무일푼의 서재필이 국내에 안주할 수 있도록 생계와 가옥 임대에 필요한 자금을 지급했으며, 『독립신문』의 창간을 위한 온갖 편의를 제공하였다. 김홍집내각의 내부대신 유길준은 정부 예산에서 독립신문사 설립자금으로 3,000원을 지출하도록 하고, 또 서재필의 생계와 가옥 임대를 위하여 1,400원을 별도로 지출하도록 해서, 총계 4,400원을 지출하도록 하였다[36](『서재필박사자서전』에는 이 정부 지출 승인액이 5,000원으로 되어 있으나 개략적 수치를 회상한 것 같다. 공식문서에는 4,400원으로 기록되어 있다). 이것이 아관파천 후에 그대로 지출되어 독립신문사의 설립자금이 된 것인데, 이것은 모두 당시 국내 개화파의 정부(정부 예산)가 전담한 것이었다. 서재필은 이 자금으로 일본 오사카에서 인쇄시설을 구입해다가 정부가 제공한 건물을 사옥으로 하여 여기에 독립신문사를 창설하고 『독립신문』 창간호를 발행하였다. 이 사실은 다른 무엇보다도 『독립신문』의 창간이 서재필과 국내 개화파의 합작이라는 사실을 가장 단적으로 나타내주는 것이라고 볼 수 있다.

물론 김홍집내각은 자기들이 얼마 후에 그처럼 쉽사리 붕괴되리라고는 스스로도 상상하지 못했으므로, 신문사를 설령 형식상 서재필 명의로 등록한다 할지라도 그것은 발행인이나 주필로서이며, 그들이 집권하고 있는 한 『독립신문』은 내부대신의 지휘 아래 있는 것으로 간주한 것이 틀림없다. 서재필도 아관파천이 일어나지 않았더라면 독립신문사를 자기 사유의 신문사로는 등록하지 않았을 것이다.

셋째로 주목해야 할 것은 『독립신문』의 국문판 제작에 당시 청년개화파들의 역할이 매우 컸다는 사실이다. 특히 주시경周時經(주상호) 등의 역할

---

36 『度支部卒去案』, 外部 편, 제15호, 光武 2년 4월 28일조 「照會」 제24호 및 光武 2년 4월 29일조 「照會」 제15호에 의하면, 정부는 서재필에게 7년 10개월분의 未滿限의 봉급과 여비를 지불하면서 독립신문사 설립 시 先下條로 3,000원과 서재필 주거 구매 시의 先下條 1,400원, 합계 4,400원을 공제했는데, 이것이 유길준 등이 당초에 독립신문사 창설을 위하여 예산에 책정한 금액으로 보이며, 아관파천 후에 그대로 집행된 것으로 보인다.

주시경

은 매우 컸던 것으로 보인다.

주시경은 이미 1893년 7월부터 옥계玉溪 박세양朴世陽과 회천晦泉 정인덕鄭寅德을 따라서 수학한 이후로 문명부강국이 모두 자기 나라의 문자를 써서 막대한 편의를 취한다는 것을 듣고 자기 나라의 언문을 연구하며 국어문법 짓기를 시작하였다.[37] 그는 1894년 8월에 배재학당에 입학하여 수학한 후 1895년 7월에 탁지부에 의하여 인천관립이운(해운)학교仁川官立利運(海運)學校 생도로 선발되어 1896년 2월에 속성과速成科를 졸업하고, 견습으로 있을 때 아관파천이 일어나자 다시 배재학당으로 돌아와 있었다. 이때 서재필이 귀국하여 독립신문사의 창설 준비를 하면서 새 신문은 한문을 모르는 일반 민중과 부녀들도 읽을 수 있도록 국문 전용으로 하려고 생각하여 자기와 함께 일할 일꾼을 구하다가 주시경을 만나게 된 것이다.

서재필과 주시경의 만남은 결코 우연이 아니었다. 왜냐하면 서재필은 귀국 후 신학기부터 배재학당의 강사로 나가면서 『독립신문』의 창간을 준비하고 있었고, 주시경은 배재학당 출신 가운데 국어문법을 가장 많이 연구한 선각자였으며, 당시에는 극히 드문 열렬한 국문 전용 주창자였다. 서재필이 국문 전용의 신문을 만들 의사가 있는 한 발탁되어 함께 일할 인재는 주시경일 수밖에 없었다.

주시경은 『독립신문』의 창간에 처음부터 깊이 간여하고 참가하였다.

37 『周時經日記』 1893년 7월 7일조(『나라사랑』 제4집, 주시경선생특집호) 참조.

『주시경자필이력서周時經自筆履歷書』에 의하면 1896년 4월 7일『독립신문』창간과 함께 독립신문사 '회계사무 겸 교보원校補員'으로 임명되었다가 그 후 회계의 직임을 그만두고 1898년 9월까지 총무 겸 교보원으로 재직하였다.[38] 즉, 그는『독립신문』창간자 집단의 한 사람으로 처음부터 깊이 간여하여 총무 겸 교보원이라는 핵심간부로서 일한 것이다. 그런데 서재필은 주시경을 총무라고 부르지 않고 국문 담당 '조필助筆'로 기록하였다. 서재필은 주시경이 자기 다음 지위의 간부임을 명백히 하고 있으며, 독립신문사의 '자산목록표'와 '월비예산표'를 작성할 때 주필인 자기 봉급을 150원으로 기록하고 조필의 봉급은 50원으로 기록하였다.[39] 당시 기자의 봉급은 15원이었다.[40] 여기서 서재필이 말하는 '조필'이 주시경을 가리킴은 의문의 여지가 없는 것이다. 주시경은 독립신문사 안에서 처음부터 서재필 다음의 지위에 있었으며,『독립신문』의 국문판 제작은 '논설'을 제외하고는 전적으로 주시경의 담당이었다.

뿐만 아니라 주시경은 1896년 4월 7일『독립신문』이 창간되자, 다음 달인 5월에는 독립신문사 안에 '국문동식회國文同式會'를 조직하고 국문법을 공동으로 연구하기 시작하였다. 이것은『독립신문』의 국문판 간행과 관련하여 국문법의 통일된 방식(同式)을 제정해야 기술적으로 일관성 있는 문법체계에 의한 국문판 신문을 간행할 수 있었기 때문에 시작된 것이었다. 국문동식회는 한국 최초의 본격적인 국문법 공동연구단체가 되어 그 후의 국문연구에 지대한 공헌을 하였다.

또한 주시경은 1897년 12월 5일에는 아직 청년의 나이로 독립협회위원으로 발탁되었다.[41] 당시 독립협회의 민족문화운동 가운데 어문 부분은 주

38 『周時經自筆履歷書』 참조.

39 『駐韓日本公使館記錄』 機密本省往信, 1898년(明治 31년) 1월 15일조「機密」제3호 '獨立新聞買收ノ件' 참조. 또한 이 책 p.55의 독립신문사 '월비 예산' 참조.

40 『徐載弼博士自敍傳』, p.214 참조.

41 이 시기 주시경의 활동은『독립신문』의 창간과 독립협회, 협성회의 운동에 집중되어 있었

시경의 사상과 주장이 가장 많이 반영되어 있었다.

『독립신문』이 일찍이 19세기 말에 국문 전용을 단행하고 쉬운 국어를 쓰면서 창간된 것은 서재필의 선각적 결단과 함께 주시경의 민족주의사상과 국문연구의 합작 결과였다. 즉 민중을 위한 민중이 읽을 수 있는 신문을 만들겠다는 서재필의 민주주의적 결단과 자기 나라 말을 알기 쉽고 배우기 쉬운 세계에서 가장 우수한 문자인 국문으로 표현하자는 주시경의 민족주의사상 및 1893년 이래의 국문연구와 국문 전용 주장이 결합하여, 『독립신문』은 이미 19세기 말에 국문 전용과 국문 띄어쓰기와 쉬운 국어쓰기라는 획기적 형태로 창간될 수 있었다고 볼 수 있는 것이다.

주시경은 그의 자필이력서에서 "개국 501년〔1893년—인용자〕 계사癸巳 7월 7일로부터 『국어문법』을 저술하여 광무 2년〔1898년—인용자〕 무술戊戌 3월 21일 기성하다"[42]라고 기록하였다. 이것은 주시경이 『독립신문』 창간 3년 전부터 이미 『국어문법』 저술을 시작했다는 것을 알려주는데, 주시경은 『독립신문』 조필로 일할 무렵에는 당시 몇 사람 안 되는 국어문법 전

---

다. 이와 동시에 그는 1896년 4월부터 1898년 6월까지 배재학당의 萬國地誌·歷史特別科에 재입학하여 學員으로 있었는데, 이때 『독립신문』을 국문 전용으로 발간케 하고 모든 용어를 쉬운 國語로 풀어 쓰도록 하는 데 결정적 역할을 한 것이 틀림없다. 그러나 『周時經日記』가 소실되어 이 시기의 기록을 더 이상 찾아볼 수 없게 된 것이 애석한 일이다. 서재필은 당시 매우 혁신적으로 민중과 부녀들을 위하여 국문 전용의 결단을 내렸으나 국문법 및 국어에 관한 지식은 빈약하였다. 주시경이 이미 1893년부터 국어문법을 연구하고 국문 전용을 주장하고 있었기 때문에 서재필이 귀국하여 배재학당에 강사로 나가면서 『독립신문』의 창간을 준비할 때 발탁되어 독립신문사의 國文版 助筆 또는 會計 겸 校補員의 중임을 맡고 함께 『독립신문』을 창간한 것이다. 독립신문사의 會計는 요즘 용어로는 經理部長으로서 『독립신문』 창간 당시의 사내에서의 비중을 말해주며 校補員은 국문 전용 신문으로서의 『독립신문』의 한글판 제작이 기술적으로는 전적으로 주시경의 책임이었음을 말해주는 것이다. 그가 곧 總務 겸 校補員으로 승진되어 사실상 『독립신문』을 모두 관리하게 된 것은 국문 전용 『독립신문』의 창간이 크게 성공하였음을 말해주는 것이며, 독립신문사 안에서 서재필 다음의 지위에 있던 인사가 주시경이었음을 명확히 나타내는 것이다. 『독립신문』이 국문 전용으로 띄어쓰기를 하고 쉬운 국어쓰기를 하면서 나온 것은 서재필과 주시경이 합작한 결과라고 보아야 할 것이다. 『周時經自筆履歷書』 참조.

42 『周時經自筆履歷書』 참조.

국문판 「독립신문」

문 연구자였다. 반면에 서재필은 국어와 국어문법에 대해서는 빈약한 지식밖에 가지고 있지 못하였다. 즉 『독립신문』이 우리나라 역사상 처음으로 국문 전용으로 띄어쓰기를 하고 쉬운 국어로 풀어 쓰면서 획기적으로 창간된 것은, 한문을 모르는 민중이 읽을 수 있는 신문을 만들겠다는 서재필의 민주주의사상과 함께, 자기 나라의 말을 세계에서 가장 우수한 문자인 훈민정음(국문, 뒤의 한글)으로 표현하여야 한다는 주시경의 민족주의사상으로 수행된 주시경의 선각적 국문법 연구가 합작된 결과인 것이다.

그러므로 『독립신문』의 국문 전용 · 국문 띄어쓰기 · 쉬운 국어 쓰기 실행의 사상적 배경이 민주주의사상과 민족주의사상의 융합임을 특히 주목할 필요가 있다. 물론 『독립신문』 이전에도 종교계에서 국문 전용이 실행되었으나, 선교가 목적이었지 민주주의사상은 매우 미약했으며, 민족주의사상은 전혀 없었다.[43] 그러나 『독립신문』의 국문 전용 · 국문 띄어쓰기 ·

43 조선왕조 때는 많은 유교 경전들과 農書 · 蠶書 · 醫書들의 諺解가 있었고, 다수의 불교 경전들이 국문 전용으로 音讀되어 간행되었다. 또한 개항 후에는 기독교 선교사들도 기독교 경전

국어 풀어쓰기에는 뚜렷한 민주주의사상과 함께 주시경의 민족주의사상이 강력하게 들어가 있었다. 주시경은 이미 『독립신문』 조필 시절에 한국말은 세계에서 가장 과학적으로 만들어진 우수한 문자인 국문으로 표현하고, 어려운 그림글자인 한자를 배울 시간은 새로운 현대과학을 배우는 데 사용하도록 해서 자주부강한 나라를 세워야 한다는 사상을 두 차례나 '국문론'으로 발표해 주창하고, 이것을 『독립신문』을 통하여 실천하였다.[44]

요컨대 『독립신문』은 당시 민족사의 요청에 응하여 국내 개화파가 서재필을 귀국시켜 그의 명석한 두뇌와 지식을 빌리고, 서재필은 조국을 위하여 민중을 계몽하기 위해서, 서재필과 국내 개화파가 합작하여 창간된 것이다. 비록 형식상·법률상의 소유주는 서재필이 되었다고 할지라도 창간 내용을 보면 『독립신문』은 분명히 국내 개화파와 서재필의 합작으로 만든 신문이다. 즉 국내 개화파와 서재필의 합작에 의하여 한국인의 자금으로 창간된 한국인의 신문이었다.

서재필이 유길준 등 김홍집내각과 『독립신문』의 창간을 합의하여 창간호를 내기로 예정한 날은 1896년 3월 1일이었다. 『윤치호영문일기』에 의

---

들을 국문 전용으로 번역하여 간행하였다. 이들은 모두 교세 확장을 위해서 한문을 모르는 일반 민중과 부녀들에게 선교하려는 목적으로 이루어진 것이었다. 물론 이들이 모두 일반 민중과 부녀들을 대상으로 했다는 점에서 민주주의적 사상의 요소가 약간 있는 것이 사실이지만, 이들은 직접적으로 民權을 계몽한 『독립신문』의 국문 전용과는 근본적으로 차원이 다른 것이며, 또한 여기에는 민족주의사상이 전혀 없었다. 이 점에서 『독립신문』의 국문 전용을 선교사들의 聖經 번역의 영향과 관련시키는 것은 피상적 관찰이라고 볼 수 있다.

44 주시경의 국문 전용·국문 띄어쓰기·쉬운 국어 풀어쓰기의 민족주의사상이 단적으로 나타나고 있는 논설이 『독립신문』(제2권 제47호) 1897년 4월 22일자 및 『독립신문』(제2권 제48호) 1897년 4월 24일자에 실려 있는 「주상호씨 국문론」, 『독립신문』(제2권 제48호) 1897년 9월 25일자 및 『독립신문』(제2권 제115호) 1897년 9월 28일자의 「주상호씨 국문론」이다. 이 두 국문론은 주시경이 공식적으로 발표한 최초의 논설로서, ① 국문 전용을 실행할 것, ② 국문법을 만들고 맞춤법을 통일시킬 것, ③ 국문 띄어쓰기를 시행할 것, ④ 국어사전을 편찬할 것, ⑤ 국문 가로쓰기를 시행할 것, ⑥ 한자 배울 시간은 이를 자주부강한 나라를 만들기 위한 현대과학 교육에 사용할 것 등을 주장하였다. 愼鏞廈, 「獨立協會의 社會思想」, 『韓國史硏究』 제9집, 1973 참조.

하면 1896년 1월 28일에 윤치호가 서재필을 방문했을 때, 서재필은 윤치호에게 국문과 영문으로 된 신문을 3월 1일에 창간할 계획이니, 번역부에 참여해 일해줄 것을 요청하였다.[45] 윤치호는 자기가 기관차를 운전할 줄 모르는 것과 같이 신문 운영을 모른다고 응답하였다.

그러나 『독립신문』 창간 계획은 당시 내각에 강대한 영향력을 가지고 있던 일본측의 격렬한 반대에 부딪혀 좌절될 위험에 빠졌다. 일본공사 고무라 주타로小村壽太郎는 『독립신문』 창간이 한국의 이익을 옹호하는 최초의 한국 민간인 언론기관을 창설하는 것이 되어, 한국인들이 자기들의 의사를 표시하고 주장할 대변지를 갖게 되며, 또한 당시의 유일한 일본인 신문으로서 1895년에 창간되어 일본의 대한침략정책과 일본거류민의 이익을 대변하던 『한성신보漢城新報』와 경쟁되는 신문의 창간이라 보고, 『독립신문』의 창간을 극력 반대한 것이다.

일본공사 고무라는 한편으로 서재필을 위협하여 『독립신문』 창간을 포기할 것을 요구하고,[46] 다른 한편으로는 『독립신문』 창간을 배후에서 지원하고 합작하는 유길준을 위협하여 지원을 중단시키려 하였다.[47]

일본공사 고무라는 서재필을 면담하고 한국은 민도民度가 뒤떨어진 나라이니 민권주의사상을 전파해서는 안 되며 일본인의 『한성신보』와 경쟁되는 신문을 창간하는 경우 가만두지 않겠다고 협박했으므로, 서재필은 일본인들에게 암살당하지 않을까 두려워하기까지 하였다. 1896년 1월 31일 윤치호가 서재필을 방문하였을 때 서재필은 창간 계획을 포기해야 할 형편에 있다고 다음과 같이 말하였다.

> 일본인들이 이것을 그대로 두지 않을 것 같다. 그들은 한국이 두 개의 신문을

45 『尹致昊英文日記』 1896년 1월 28일조 참조.

46 『徐載弼博士自敍傳』, p.198 ; Channing Lien, *America's Finest Gift to Korea: The Life of Philip Jaisohn*, New York: William-Frederick Press, 1952, p.55 참조.

47 『尹致昊英文日記』 1896년 2월 2일조 및 2월 4일조 참조.

가질 만큼 발전되어 있지 않는 한, 그리고 그들의 『한성신보』가 존재하는 한, 그와 경쟁적인 어떠한 신문 창간의 기도도 이를 단연코 분쇄해버릴 것이라고 말하였다. 일본의 의사에 반대하는 어떠한 행동을 하는 사람은 누구나 암살해버리겠다고 그들은 강력하게 암시하였다. 그들은 나를 독약처럼 미워한다. 내가 며칠 전 한국 상인들에게 석유를 일본의 중개를 거치지 않고 미국으로부터 직접 수입하는 것이 가격을 저렴케 하여 소비자의 이익이 된다고 연설했기 때문이다. 이곳에서 나는 혼자이다. 미국정부는 나를 지원하지 않을 것이다. 한국정부나 인민들은 일본의 암살로부터 나를 보호할 수도 없고 하려고도 하지 않을 것이다. 나는 보호받지 못한 채 혼자이다. 나는 아무 일도 할 수 없다![48]

여기서 우리는 일본공사 고무라가 서재필을 얼마나 혹독하게 협박했는지 추측할 수 있다. 당시 일본은 김홍집내각과 국정을 배후에서 장악하고 있었고, 명성황후를 시해한 만행을 저지른 직후여서 일본의 폭력에 대한 공포와 증오가 만연되어 있던 시대이므로, 서재필은 일본공사의 협박에 암살당하지 않을까 두려워한 것으로 보인다.

한편 일본측은 유길준을 위협하여 신문 창간을 중지할 것을 요청했으므로 유길준과 일본공사 고무라 사이에 격렬한 논쟁이 있었던 것 같다.[49] 그러나 갑오개혁 내각의 유길준은 일본세력의 영향 안에 있었기 때문에 결국 일본측의 위협과 항의에 굴복하여 새 신문을 일본인들의 『한성신보』와 합동하여 운영케 하도록 방침을 바꾸려 한 것으로 보인다. 1896년 2월 2일 윤치호가 유길준을 방문하여 새 신문의 창간 문제를 물었을 때, 유길준은 새 신문과 『한성신보』의 합동을 시사하였다. 이것은 물론 일본측의 주장에 따른 것이었다.[50] 일본측은 유길준이 그들의 요구에 부분적으로 타협했음에도 불구하고 『독립신문』 창간을 합의하여 지원했다는 사실 때문에

48 『尹致昊英文日記』 1896년 1월 31일조.

49 『尹致昊英文日記』 1896년 1월 31일조 참조.

50 『尹致昊英文日記』 1896년 2월 2일조 참조. 윤치호는 유길준의 이 계획 변경에 대하여 반대 의사를 표시하였다.

유길준을 제거하여 속죄양으로 삼으려고 할 정도로 『독립신문』의 창간을 두려워하고 이에 극력 반대하였다.[51]

일본측은 여기에 그치지 않고, 서재필 추방공작을 시작하였다.[52] 당시 일본은 명성황후를 시해한 후 폭력을 휘둘러 국정을 농단하고 있었으므로 『독립신문』 창간 저지뿐만 아니라 『독립신문』 창간을 준비하는 서재필을 추방하고, 창간에 합의하여 지원한 김홍집내각의 유길준도 속죄양으로 제거하려고 결정한 것이었다. 이로써 미루어 볼 때, 일본측이 『독립신문』의 창간을 얼마나 두려워하고 반대하였는지 충분히 알 수 있다. 만일 사태가 급전되지 않았더라면 『독립신문』은 창간되었더라도 매우 다른 형태로 나오게 되었을지도 모른다.

바로 며칠 후인 1896년 2월 11일 아관파천이 일어나서 일본의 내정간섭과 영향력이 갑자기 배제됨으로써 사태는 급전되었다.

우선 『독립신문』의 창간을 극력 방해하던 일본세력이 배제되어 이제는 『독립신문』을 자유롭게 창간할 수 있게 되었다. 일본측은 『독립신문』의 창간을 반대하여 압력을 넣을 통로를 완전히 차단당한 것이다.

뿐만 아니라 아관파천 후 서재필은 소위 건양협회의 잔여세력과 정동파의 도움으로 『독립신문』의 창간에 더욱 적극적인 지원을 국내 개화파로부터 받을 수 있게 되었다. 아관파천을 단행한 세력은 이범진李範晋 · 이윤용李允用 · 이완용 등의 친러파였지만, 그에 동조한 정동파들 중에는 서재필을 지원해주는 민영환 · 이완용 · 윤치호 · 이상재 · 이채연 등과, 건양협회세력으로서 박정양 · 안경수 · 한규설 · 김가진 · 김종한 등이 신정부에 들어가 있었으므로 그들의 도움을 받을 수 있었다.

서재필은 현명하게도 유길준으로부터 『독립신문』 창간비용 4,400원(일설에는 5,000원)의 지출 '승인서'를 받아두었으며, 유길준은 이 금액이 정

51 『尹致昊英文日記』 1896년 2월 4일조 참조.

52 『尹致昊英文日記』 1896년 2월 9일조 참조.

부 예산에서 지출되도록 조치해두었으므로,[53] 이 '승인서'는 계속 효력을 발생하여 아관파천 후의 신정부는 이를 재인준하고, 서재필에게 독립신문사 창립비로 3,000원, 서재필의 주거 구매비로 1,400원, 총 4,400원을 지급하였다.[54]

뿐만 아니라 신정부는 『독립신문』의 창간을 지원하여, 정동에 있는 정부 소유의 건물을 이전 내각이 결정한 대로 독립신문사 사옥으로 사용하도록 허여했으며,[55] 『독립신문』의 우송비를 다른 인쇄물의 우송료보다 훨씬 더 저율로 취급하도록 하는 특혜를 주었다.[56] 이것은 신정부가 김홍집 내각 못지않게 적극적으로 『독립신문』 창간을 지원했음을 말해주는 것이다.[57]

---

53 『徐載弼博士自敍傳』, p.212 참조.

54 『外部中樞院來去文』, 外部 편, 제1책, 光武 2년 3월 24일조 「照會」 제3호 및 光武 2년 3월 25일조 「照會」 제4호 참조.

55 『舊韓國外交文書』 제11호, 「美案」(고려대학교 아세아문제연구소 간행) 문서번호 2028, 光武 3년 7월 18일조의 大韓帝國 外部大臣 朴齊純으로부터 美國公使 Sands에게의 公翰과, 같은 책 문서번호 2032, 1899년 7월 21일조 美國公使의 答函에서, 한국정부측은 이 사옥을 정부가 서재필에게 '대여'한 것이라고 하고 미국측은 고종이 서재필에게 '하사'한 것이라 하여 의견충돌이 나타나고 있다. 『徐載弼博士自敍傳』, p.210에서는 "장소는 貞洞 美國公使館 뒤에 마침 정부 소유의 빈집이 있으므로 그곳을 사용키로 하였다"고 하여 애매모호하게 넘어가고 있다. 1898년 1월 독립신문사의 일본측에의 인수 문제가 나왔을 때 서재필이 처음에는 사옥을 자기의 자산으로 평가했다가 나중에는 사옥의 代金은 제외해도 좋다고 한 사실은 서재필 자신이 이것을 하사받은 것으로 확고하게 주장하지 못한 것을 의미하며, 하사받은 것을 증빙하는 문서도 없어 애매모호하게 있다가, 결국 정부가 독립신문사를 인수할 때 사옥을 대여했던 것으로 처리한 것으로 보인다.

56 『農商工部來去文』, 外部 편, 제6책, 光武 2년 6월 3일조 「照覆」 제8호 및 光武 2년 6월 23일조 「照覆」 제9호에 의하면, 美國公使의 6월 2일조 外部大臣에게의 照會를 통하여 언더우드 Horace G. Underwood의 『그리스도신문』은, 『독립신문』에게만 우송료 특혜를 주는 것은 부당하므로 『그리스도신문』에게도 특혜를 줄 것을 청원하고 있는 곳에서 이 사실을 알 수 있다. 『舊韓國外交文書』 제11권, 『美案』 (2) 문서번호 1761, 1898년 6월 11일조 「그리스도신문과 他新聞과의 郵稅均一要請의 件」 및 문서번호 1768, 1898년 6월 25일조 「그리스도신문 郵稅減定에 대한 感謝」를 보면 언더우드의 이 요청은 대한제국 農商工部와 外部에서 수락되어 『그리스도신문』도 『독립신문』과 같은 우송료 절하의 혜택을 받았다.

57 『駐韓日本公使館記錄』 機密本省往信 1896년(明治 29년) 5월 30일조 「機密」 제38호, '漢城

여기서 주목할 것은 서재필이 이러한 신정부의 지원 아래 독립신문사를 자기의 사유기업으로 등록했다는 사실이다. 서재필은 독립신문사를 불안정한 정부의 소유로 등록하는 것보다 정부자금을 대부받은 것으로 하여 자기의 사유로 등록하는 것이 『독립신문』을 위하여 보다 나은 길이라고 생각했는지도 모른다. 유길준이 서재필에게 써준 '승인서'의 내용은 자료가 없어서 알 수 없지만, 만일 김홍집내각이 붕괴되지 않고 유길준이 내부대신으로 남아 있었다면 이것은 불가능한 일이었다.[58] 그러나 김홍집은 이미 피살되었고, 유길준은 일본에 망명하여 잔명의 보존에 급급한 형편이었으므로, 서재필이 독립신문사를 자기 사유기업으로 등록하는 것을 견제할 세력은 존재하지 않았다. 신정부의 각료들은 국왕이 러시아공사관에 머무는 동안 철도·광산·삼림 등 각종의 이권利權이 구미열강에게 양여되고 침탈되는 것조차 막지 못하는 형편이었으므로, 서재필이 독립신문사를 자기의 사유기업으로 등록하는 것은 오히려 당연한 일에 속한 것으로 생각했을 것이다.

서재필은 정부자금을 선하先下받은 것으로 하여,[59] 한국정부의 재정자금으로, 한국정부의 소유 건물을 사옥으로 해서, 사유기업으로서의 독립신문사를 설립한 것이다.

서재필은 일본 오사카에 인쇄기를 주문하고 독립신문사를 조직하였

---

新報ノ補助金額ニ關スル件'에서는, 아관파천 후의 한국의 신정부가 온갖 방법으로 『독립신문』을 지원하고 있다고 보고하였다.

58 『尹致昊英文日記』 1896년 2월 2일조, 2월 4일조 및 2월 9일조에서 알 수 있는 바와 같이 서재필 자신도 『독립신문』의 창간이 자기의 계획일 뿐 그것을 자기의 소유로 등록시킬 것은 아관파천 이전에는 생각하지 못했다. 유길준 등은 새 신문을 정부의 자금으로 창간하는 것이기 때문에 자기들의 신문으로 생각하고 있었으므로 설령 서재필의 소유로 등록하려 해도 허여하지 않았을 것으로 보인다.

59 『度支部來去案』, 外部 편, 제15책 光武 2년 4월 28일조 「照會」 제24호 및 『外部中樞院來去文, 外部 편, 제1책, 光武 2년 3월 25일조 「照會」 제4호에서 보이는 바와 같이, 정부가 독립신문사 창간 때에 예산에서 지출한 자금의 성격은 불분명한 채 남아 있다가 서재필 출국 때에 '先下'된 것, 즉 先貸한 것으로 처리되었다.

다.[60] 사장 겸 주필은 서재필이 맡고 회계 겸 교보원(후에 총무 겸 교보원)에는 주시경을 임명하여 국문판 조필로 삼았다. 기자는 두 종류로 나누어 관청 출입기자로 1명을 두고, 시정市井 출입기자도 1명을 두어 손승용孫承鏞을 임명하였다.[61] 주시경이 총무로 된 뒤에 회계에는 이준일이 임명되었다.[62] 그리고 인쇄인으로서 약간의 고용인을 두었다. 한성사범학교 교사이며 배재학당의 감리출판소(삼문출판사三文出版社, Trilingual Press)에 관계하던 헐버트Homer B. Hulbert가 인쇄직공을 두 사람 빌려주어 창간을 도와주었다.[63] 영문판 *The Independent*의 편집은 서재필이 책임을 맡았다.

『독립신문』은 가로 22cm, 세로 33cm의 크기로 총 4면으로 하여, 3면까지는 국문판 『독립신문』으로 편집하고, 4면은 영문판 *The Independent*로 편집하도록 했으며, 주 3회(화 · 목 · 토요일) 발행의 격일간지로 창간하도록 하였다.

이렇게 하여 대체로 조직을 끝낸 『독립신문』은 1896년 4월 7일에 드디어 역사적인 창간호를 한국사회에 내놓았다. 원래 『독립신문』은 3월 1일에 창간할 예정이었으나, 일본 오사카에 주문한 인쇄기가 늦게 도착하여 1896년 4월 7일에야 창간호를 내놓게 된 것이다.[64]

창간 당시의 『독립신문』의 편집체제를 보면, 대체로 1면에는 논설과 독립신문사 사고(광고)를 싣고, 2면에 관보와 외국통신과 잡보를 실었으며, 3면에는 물가와 우편 배달 · 발송 시간표, 제물포 윤선 출입항 시간표, 광고를 실었다.[65]

---

60 『徐載弼博士自敍傳』, p.210 참조.

61 『徐載弼博士自敍傳』, p.214 ; 『大韓季年史』(상), p.362 참조. 이때 기자의 월봉은 15원이라고 기록되어 있다.

62 『尹致昊英文日記』 1899년 12월 31일조 참조.

63 『徐載弼博士自敍傳』, p.212 참조. 형 헐버트Homer B. Hulbert의 도움은 신문 경영에 대한 조력과 인쇄공을 두 사람 빌려준 것이라고 밝히고 있다.

64 『徐載弼博士自敍傳』, p.212 참조.

65 국문판 『독립신문』의 논설은 주로 서재필이 이를 담당하여 당시의 주요한 문제에 대한 계몽

영문판 *The Independent*는 사설editorial, 국내잡보local items, 관보official gazette, 최신 전보latest telegrams, 국내외 뉴스 요약digest of domestic and foreign news, 통신communication, 의견교환exchange 등으로 구분해 편집하였다.

VOL. I. THE INDEPENDENT. NO. 1

Single copy one cent. SEOUL, KOREA, TUESDAY, APRIL 7th, 1896 $1.30 per annum.

Contents.

EDITORIAL.
LOCAL ITEMS.
OFFICIAL GAZETTE.
LATEST TELEGRAMS.
DIGEST OF DOMESTIC AND FOREIGN NEWS.
COMMUNICATIONS.
EXCHANGES.

The Independent.

A Journal of Korean Commerce, Politics, Literature, History and Art.

ISSUED EVERY TUESDAY, THURSDAY AND SATURDAY.

NOTICE TO CORRESPONDENTS.

EDITORIAL.

LOCAL ITEMS.

영문판 독립신문 *The Independent*

그런데 윔즈C. N. Weems 교수는 "서재필이 나라의 부강과 자유를 위해서는 인민의 일반교육이 긴요하다고 생각하여 미국에서 훈련받은 윤치호와 함께 획기적인 『독립신문』·독립협회·토론회의 계획을 발전시켰다"고 하여 『독립신문』 창간이 서재필과 윤치호의 공동 계획이라고 주장하였다.[66] 그러나 이러한 주장

적 논설을 게재하였고, 社告에서는 독립신문사에서 독자에게 알리는 공고사항을 게재하였다. 官報에는 정부인사이동(임면), 칙어, 그 외에 官廷錄事 등 정부에서 국민에게 알리고 싶은 사항을 주로 게재하였다. 外國通信은 주로 로이터Reuter 통신을 받아 이 중에서 한국인에게 알리고 싶은 소식을 선정하여 간략하게 보도하였다. *The Independent*, Vol. 3 No. 76, July 2nd 1898, 'Local Items' 참조. 잡보에는 국내의 광범위한 뉴스 중에서 주로 국민이 정부에 알리고 싶은 사항과 국민이 모두 알아야 한다고 판단되는 뉴스를 게재하였다. 물가에는 쌀·팥·콩·서양목·무명·베·모시·석유 등 일용품의 가격을 각각 상·중·하급품으로 나누어 날마다 물가변동을 보도하였다. 郵遞時間表에는 서울 시내(漢城內外)의 우편 배달시간, 서울-인천 간, 서울-수원·공주·전주·남원·나주 간, 서울-충주·안동·대구·동래 간의 우편 발송시간과 도착시간을 보도하였다. 濟物浦輪船出發表에서는 인천항에의 각국 기선들의 출입항시간을 보도하였다. 廣告에는 당시의 회사와 개인들의 광고를 광고료를 받고 게재하였다.

66 C. N. Weems, 'Editor's Profile of Hulbert' in C. N. Weems ed., *Hulbert's History of Korea*, New York: Hillary House, 1962. Vol. I, p.34. "Returning in January 1896 as the

은 다음과 같은 세 가지 사실에 의거하여 받아들이기 어렵다고 본다.

첫째, 윤치호 자신의 일기에는 그러한 기록이 전혀 없다. 『독립신문』 창간 계획이 일차로 서재필과 유길준 사이에 합의된 후인 1896년 1월 28일에야 서재필이 그를 방문한 윤치호에게 영문판 번역부 담당의 협조를 요청했으며, 이때 처음으로 신문 창간 계획을 안 윤치호는 자기가 기관차를 운전할 줄 모르는 것처럼 신문을 운용할 줄 모른다고 응답하였다. 그 후에도 윤치호는 신문 창간에 많은 관심을 가지고 있으면서도 4월 1일 러시아황제 니콜라이 2세의 대관식에 참석하기 위하여 민영환을 수행해서 출국할 때까지 『독립신문』의 창간을 도왔다는 일기는 한 줄도 기록되지 않고 있다. 그가 『독립신문』의 창간을 위하여 서재필과 공동 계획했거나 서재필을 크게 도왔다면 그의 정밀한 일기에 이것을 기록하지 않았을 리 만무하다.[67] 이것은 국내 개화파와 서재필의 합작에 의하여 『독립신문』이 창간될 때 윤치호의 도움은 기록할 만큼 큰 것이 아니었음을 나타내는 것이라고 할 수 있다. 윤치호가 『독립신문』과 깊은 관련을 가진 것은 서재필 출국 전후인 1898년 봄부터이다. 윔즈는 이 점을 혼동하고 있는 것으로 보인다.

둘째, 실제로 아관파천 후에는 서재필의 지위가 크게 강화되어 자기 자신이 신정부의 거물들과 직접 교섭할 수 있었다. 그는 국왕도 알현할 수

---

advisor to the Korean Privy Council, he was soon convinced that the enterprise closest to Hulberts heart–the general education of people was essential to strength and freedom for the country. With the American–trained T.Y. Yun(Yun Ch'i–ho) he developed the remarkable Independent program. This imagi-native undertaking remained educational rather than political until late in 1897. It embraced the publication of the tri–weekly Independent in Hangul and English; the sponsoring of the Independence Club and of debating societies" 참조.

67 『尹致昊英文日記』 1896년 1월 28일조, 1월 31일조, 2월 2일조, 2월 4일조, 3월 7일조, 3월 11일조 및 3월 31조 참조. 윤치호는 김홍집내각이 서재필을 10년간 월봉 300원으로 중추원 고문에 임명한 사실을 아관파천 후인 3월 7일에야 겨우 알고 경악하며 분개할 정도로 서재필과 김홍집내각의 신문 창간 계획에서 소외되어 있었으며, 그 후에도 3월 31일까지 일기에 『독립신문』의 창간을 도운 기록은 한 줄도 나오지 않는다.

있었으며,[68] 유리하게 전환된 위치에서 정부에 대하여 직접 교섭을 할 수 있었다. 또한 『독립신문』 창간 준비 기간에 서재필은 아관파천 후의 신정부인 박정양내각에서 1896년 3월 11일 제청되어[69] 3월 13일자로 신문담당 부서인 농상공부의 임시고문관으로 취임하였다.[70] 서재필이 이때 새삼스럽게 신문담당 부서인 농상공부의 임시고문을 겸하도록 충임된 것은 박정양내각이 매우 적극적으로 『독립신문』의 창간을 지원했음을 나타내는 사실 중 하나이다. 또한 이 사실은 신문 창간을 위하여 서재필이 보다 고위층의 개화파 각료(박정양내각의 각료)들과 직접 합작했다는 사실을 시사하는 것이다. 또한 아관파천 후 박정양내각 자체가 일본측에 대항하기 위하여 『독립신문』 창간을 지원할 필요가 있었으며, 박정양 등은 서재필에 대하여 가장 이해가 큰 온건개화파 관료였다(이 무렵 윤치호는 협판급이었다). 이때 서재필은 직접 박정양내각과 교섭하여 김홍집내각과 합의한 신문 창간 계획을 재확인받고 이를 추진할 수 있었다.

셋째, 『독립신문』이 창간되기 전에 윤치호는 러시아를 향하여 서울을 출발해서 정작 『독립신문』이 창간된 4월 7일에는 국내에 있지도 않았다.[71]

---

68 『徐載弼博士自敍傳』, pp.210~212 참조.

69 『農商工部去牒存案』, 農商工部 편, 제1책, 建陽 원년 3월 11일조 「照會中樞院一等議官金嘉鎭」 제1호 참조. 이때 農商工大臣은 趙秉稷이었으며, 그는 이때에 박정양내각의 일원으로 『독립신문』의 창간을 지원했다가 朴定陽 · 金嘉鎭 · 安駉壽 · 徐載弼과 함께 鄭惺愚의 탄핵상소를 당하였다. 서재필은 그의 農商工部 臨時顧問官으로의 취임에 맞추어 한국의 재정과 산업에 관한 자신의 견해를 *The Korean Repository*, Vol. 3 No. 4, 1896년 4월호에 'Korean Finance'라는 논설로 발표하였다. 그는 이 논설에서, ① 신뢰할 수 있는 정밀한 產業統計의 정비, ② 조세징수체계의 개혁, ③ 경비지출체계의 개혁, ④ 적자재정의 흑자재정으로의 개편, ⑤ 중간 착취 관리의 배제, ⑥ 관리 수의 감축, ⑦ 인구조사와 토지조사의 실시, ⑧ 금본위제의 확립 등을 당시의 긴급한 과제로 제시하였다.

70 『農商工部去牒存案』, 農商工部 편, 제1책, 建陽 원년 3월 13일조 「中樞院顧問官 徐載弼을 本部 臨時顧問官으로 充任할 請議」 제14호 참조. 서재필이 農商工部 臨時顧問官으로 취임했기 때문에 『독립신문』의 창간과 그 郵送에 큰 특혜가 쉽게 주어진 것이다.

71 『尹致昊英文日記』 1896년 3월 31일조 참조. 윤치호는 3월 20일 閔泳煥을 수행하라는 지명을 받고 3월 31일자의 일기에서 學部協辨 때의 자기의 활동을 정리하고 있는데, 여기에도 『독립신문』의 창간을 지원했다는 기록은 없다. 윤치호는 이튿날인 4월 1일 러시아를 향하여 출

이러한 세 가지 사실을 고려하면 『독립신문』 창간은 서재필과 국내 개화파의 합작으로서, 아관파천 이전에는 김홍집내각(유길준 및 개화파 인사)과 서재필의 합작이었고, 아관파천 이후에는 박정양내각(및 개화파 인사)과 서재필의 합작으로 창간된 것이라고 볼 수 있는 것이다.

또한 윔즈 교수는 『독립신문』이 1876년 4월에 물리적으로 출간되어 나온 것은 헐버트가 감리출판소에서 서재필을 도와주었기 때문이라고 하여, 『독립신문』의 초기 인쇄가 배재학당 구내의 감리출판소에서 이루어진 것 같은 인상을 주고 있다.[72]

또한 일부 기독교 자료에는 제1호가 1896년 4월 7일에 배재학당 안의 감리출판소에서 인쇄되어 발행되었다고 기록되어 있다.[73] 그러나 이것은

---

국하였다.

72 C. N. Weems, 'Editor's Profile of Hulbert', *Hulbert's History of Korea*, "Homer Hulbert, at the Trilingual Press, assisted Jaisohn in getting the Independent physically under way in April 1896" 참조. 그러나 윔즈는 여기서 『독립신문』이 감리출판소에서 인쇄되었다고 단정하지 못하고 '물리적으로physically' 헐버트가 감리출판소에서 출간을 도왔다고 모호한 표현을 쓰고 있다. *Hulbert's History of Korea*, pp.31~32에 의하면, 헐버트는 1894년 말부터 1897년 봄까지 감리출판소의 지배인으로 있었으며, 상하이에서 인쇄시설을 들여다가 이 출판사를 크게 확장하고 성공적으로 운영하였다. 헐버트가 서재필의 『독립신문』 창간을 도운 것은 사실이지만 그 도움은 독립신문사에 인쇄공을 두 사람 빌려준 것이었다. 『徐載弼博士自敍傳』, p.214에서 이 점을 다음과 같이 밝히고 있다.

"나중에는 후일에 『朝鮮亡國史*The Passing of Korea*』를 저술한 헐버트가 이 신문 경영에 많이 조력을 하여 인쇄공도 두 사람이나 빌려주었다."

즉, 『독립신문』은 독립신문사의 독자의 인쇄시설에서 창간호부터 인쇄되어 발행되었고, 헐버트는 여기에 인쇄공을 보내 도와준 것이다.

73 『監理會報』(基督敎朝鮮監理會總理院 발간), 제2권 제6호, 1934년(昭和 9년) 6월 10일자, p.9에서는 「朝鮮監理敎會歷史上 중요한 사건」의 하나로 "1896년 4월 7일에 『독립신문』 제1호가 배재학당 안에서 인쇄되어 발행되었다"고 하고, 이에 앞서 1888년 1월에 올링거F. Ohlinger 목사가 중국으로부터 京城에 移來하여, 1889년 9월에 올링거 목사의 지도로 감리출판소를 배재학당 안에 개설했으며, 1896년 4월 7일에 『독립신문』 제1호를 인쇄 발행하고, 1897년 2월 2일에 감리교 기관지인 『조선 그리스도 회보』 제1호가 발간되었다고 기록하고 있다. 감리교 선교 50주년기념대회에서 이 점이 대대적으로 선전되었으므로 기독교도들에게는 『독립신문』이 배재학당 안의 감리출판소에서 창간호가 인쇄되어 발행된 것으로 알려져 있다. 그러나 이것은 당시의 사료가 아니므로 당시의 새 사료가 나오지 않는 한 받아들이기 어

확실한 근거가 없는 주장으로 보인다. 실제로 『독립신문』은 처음부터 독립 사옥을 가지고 자기의 인쇄기와 활자에 의하여 독립신문사 안에서 창간호가 인쇄되어 발행되었다. 이 점은 세 가지 사실을 들어서 논증할 수 있다.

첫째, 『독립신문』의 1896년 4월 7일자 창간호의 활자와 동년 최종호인 1896년 12월 31일자(제116호)의 활자가 전적으로 동일하다는 사실이다. 이것은 창간호가 그 후의 것과 동일한 활자와 인쇄기로 인쇄되어 발행되었다는 사실을 뒷받침하는 사실이 된다.

둘째, 서재필 자신이 인쇄기를 일본 오사카에 주문하여 들여다가 창간호를 인쇄하여 발행했다고 밝히고 있으며, 그 인쇄기는 우차牛車로 인천에서 서울로 실어 왔고, 인쇄기가 늦게 도착하였으며, 정돈하느라 시간이 걸려 창간호가 예정보다 늦게 나오게 되었다고 명백히 밝히고 있는 것이다.

> 그러나 오사카에 주문한 인쇄기가 오지 아니하여 일각천추로 기다리는 마음은 여간 아니었다. 상당한 시간이 걸려서야 비로소 인천에 도착한 인쇄기를 牛車로 서울까지 끌어왔으나 그때는 그 사용법을 아는 사람이 없어 내가 친히 그것을 정돈해 놓느라고 그해〔1896년—인용자〕 여름에야 겨우 창간호를 내게 되었다.[74]

서재필이 노쇠하여 날짜나 수치를 잘 기억하지 못해서 『독립신문』의 창간을 1896년 여름이라고 말하고 있으나, 인쇄기를 인천에서 서울로 우차

---

렵다고 본다.

74 『徐載弼博士自敍傳』, pp.212～213 참조. 金道泰 씨가 면담하면서 편집한 이 자료는 주로 1946～1947년에 이미 서재필이 80여 세로 노쇠하여 수치 등에 대해서는 정확한 기억을 못하고 있을 때 질문에 응해 구술하는 방식에 의하여 회상된 자료를 정리한 것이다. 이 때문에 金道泰 씨의 선입견이 들어가고 연대 · 일자 · 금액 · 수치 등에 있어서는 부정확한 것이 많다. 그러나 대체적인 줄거리나 기본적 사실의 회상은 대체로 사실과 일치하고 있음을 교차 검증을 통하여 확인할 수 있다.

로 실어다가 정돈해 놓고서야 겨우 창간호를 내느라 창간호 발행이 예정보다 늦어졌다는 줄거리를 정확하게 쓴 것은 『독립신문』을 독립신문사의 인쇄시설로 인쇄하여 창간호를 내었음을 말하는 것이다.

셋째, 1898년 1월에 독립신문사의 인수 문제가 나왔을 때 작성된 독립신문사의 자산목록표에는 인쇄기와 함께 국문활자 · 한문활자 · 영문활자의 가액이 표시되고 있다는 사실이다. 『주한일본공사관기록』에 수록되어 있는 「기밀문서」 제3호는 1898년 1월 15일 현재의 독립신문사의 자산목록을 다음과 같이 기록하였다.[75]

자산 목록

| | | |
|---|---|---|
| 일금 | 3,000원 | 건물 및 地所 |
| 일금 | 500원 | 사무소 집기 및 据附器 |
| 일금 | 500원 | 인쇄기계 |
| 일금 | 580원 | 韓文활자 |
| 일금 | 350원 | 漢文활자 |
| 일금 | 280원 | 英文활자 |
| 일금 | 282원 | 저장품 내 洋紙 50파운드 |
| 일금 | 150원 | 同上 洋紙 40파운드 |
| 일금 | 96원 | 同上 洋紙 30파운드 |
| 일금 | 125원 | 同上 문방구 |
| 일금 | 30원 | 잡품 |
| 일금 | 1,500원 | 代金 미수금 |
| 합계 | 7,393원 | |

75 『駐韓日本公使館記錄』 機密本省往信 1898년(明治 31년) 1월 15일조 「機密」 제3호 '獨立新聞買收ノ件' 참조.

『독립신문』 창간 이후부터 1898년 1월 15일 사이에 다시 인쇄기계와 활자를 구입했다는 기록이 없으므로, 독립신문사의 시설은 창간 전에 일본에 주문하여 구입한 인쇄시설이 틀림없다고 볼 수 있다.

여기서 주목할 것은 독립신문사의 자산 목록 중에서 독립신문사가 정부(국왕)로부터 무료로 대여받은 건물 및 지소地所 3,000원과 신문대금 미수금 1,500원을 빼면 서재필이 구입한 독립신문사의 시설 자산은 인쇄기계와 국문 · 한문 · 영문활자, 약간의 양지洋紙까지 합하여 모두 2,893원으로 정부가 독립신문사 설립조로 지출한 3,000원이 이를 모두 충당하고도 남는다는 사실이다. 여기에 그 사이 물가가 약간 상승한 것까지 고려하면, 결국 독립신문사의 시설 자산은 한국정부가 지급한 자금으로 구입하여 설치된 것임을 명확히 알 수 있게 된다. 서재필은 한국정부가 독립신문사 설립조로 지출한 정부책정자금(예산) 3,000원으로 인쇄기계와 활자를 비롯해 독립신문사의 시설 일체를 구입하여 정부가 대여한 건물인 정동의 독립신문사 사옥 내에 이를 설치하고 『독립신문』의 창간호를 여기에서 인쇄하여 발행한 것이었다.[76]

## 3. 『독립신문』의 운영

『독립신문』은 서재필이 사장 겸 주필이 되어 사설(국문판의 「논설」과 영문판의 'Editorial')을 담당했으며, 주시경이 국문판 담당 조필이 되어 국문판 『독립신문』의 편집과 제작을 담당하였다. 영문판 *The Independent*의 편집은 서재필이 편집과 제작 책임을 맡았고, 뒤에 1897~1898년에는 조수로서 한성사범학교 교사인 형兄 헐버트를 따라 한국에 나와 있던 동생

76 『駐韓日本公使館記錄』의 '세입예산표'에는 도리어 '그리스도신문 印刷請負代'가 700원으로 계상되어 있어서 기독교 관계 출판물이 독립신문사의 인쇄시설에서 인쇄되었음을 시사하고 있다.

헐버트Archer B. Hulbert의 도움을 받았던 것 같다.[77]

회계업무는 처음에는 주시경이 '회계 겸 교보원'의 직함으로 이를 담당했다가, 주시경이 총무로 사실상 『독립신문』의 실무를 전담한 다음에는 이준일이 회계를 담당하였다.[78]

『독립신문』은 서울 정동의 본사 외에,[79] 지방지국(分局)으로서 인천(제물포) · 원산 · 부산 · 파주 · 개성(송도) · 평양 · 수원 · 강화 등지에 지국을 설치하였다.[80]

『독립신문』의 판매가는 창간 당시에는 정기구독자에 대해서 월 12전, 연 1원 30전으로 정했으며, 부정기구독자에 대해서는 1일분에 동전 한 푼(1전)을 받도록 하였다.[81] 이때의 『독립신문』 1일분의 생산비는 1전 6리였는데, 판매가격은 1전이었으므로 매호 1부당 6리의 적자를 보았다.[82] 또한 『독립신문』 판매에는 가판제도街販制度도 채택했으며,[83] 이 경우 신문 판매자가 20퍼센트의 이윤을 얻도록(예컨대 100장을 판매할 때 신문사는 80장의 신문대금만 받도록) 배정하였다.[84] 『독립신문』 배달은 서울에서는 배달원도 두었던 것 같으나, 처음에는 주로 우편송달에 의존했던 것으로 보인다. 『독립신문』의 가격은 그 후 적자 운영을 극복하기 위하여 1897년 1월

77 C. N. Weems, 'Editor's Profile of Hulbert', *Hulbert's History of Korea*, p.34 ; 『駐韓日本公使館記錄』 機密本省往信 1898년(明治 31년) 1월 15일조 「機密」 제3호 '獨立新聞買收ノ件' 참조.

78 『尹致昊英文日記』 1899년 12월 31일조 참조.

79 독립신문사 본사 사옥의 사진은 있으나, 당시 번지제도가 쓰이지 않아서 정확히 정동 어디에 위치했는지는 찾기가 어렵다. 당시 정동에는 慶雲宮과 그에 이웃하여 외국공관들이 있었고, 그 외의 정부 소유 사옥은 배재학당 근처에 있었다.

80 『독립신문』, 제1권 제1호, 1896년 4월 7일자 「광고」 참조.

81 『독립신문』, 제1권 제1호, 1896년 4월 7일자 「광고」 참조.

82 『독립신문』, 제1권 제88호, 1896년 10월 27일자 「논설」 참조.

83 『徐載弼博士自敍傳』, p.213에서는 가판제도를 채택하여, "신문 파는 사람에게는 신문! 신문! 每帳에 한 푼씩이요" 이렇게 여러 사람 앞에서 외치라고 내 자신이 입으로 외치면서 가르쳐주기까지 했다고 회상하였다.

84 『독립신문』, 제1권 제1호, 1896년 4월 7일자 「광고」 참조.

1일자부터 국문판 『독립신문』과 영문판 *The Independent*를 분리함과 동시에 국문판 『독립신문』은 장마다 동전 두 푼(2전)씩, 월 25전, 연 2원 60전으로 인상했으며, 영문판 *The Independent*는 장마다 동전 오 푼(5전)씩, 월 75전, 연 6원을 받도록 하였다.[85]

국문판 『독립신문』 발생부수는 서재필의 회상에 따르면 "처음에는 300부씩밖에 인쇄치 못하던 것이 후에는 500부가 되고 나중에는 3,000부까지 발행하게 되었다"[86]고 한다. 영문판 *The Independent*는 "의외에도 구독자가 늘어 미 · 영 · 러 · 중국 등에 상당한 부수가 발송되었으니 이것은 당시 그들이 우리나라 일에 관심을 많이 가지고 그 내용을 알아보기 위하였던 것이라"[87]고 썼다. 이것은 물론 개략적인 숫자이지만 당시의 조건으로서는 의외로 많은 발행부수이며, 무엇보다도 그 급속한 발행부수의 증가 추세에 주목하지 않을 수 없는 것이다. 여기에는 물론 정기구독자 외에 가두판매분과 무료배포분 등이 포함되어 있음은 물론이다. 좀더 정확한 발행부수를 계산해보면, 1898년 1월 현재 국문판 『독립신문』의 대금수입이 연 2,444원이고,[88] 연간구독료는 2원 60전이므로 1898년 1월 현재 국문판 『독립신문』의 정기구독자 수는 940명이 된다. 여기에 가두판매분과 무료배포분을 합한 것이 1898년 1월 현재의 국문판 『독립신문』 발행부수가 된다. 한편 영문판 *The Independent*의 대금수입은 1,100원이고,[89] 연간구독료는 6원이므로 정기구독자 수는 약 183명이다. 여기에 무료배포분을 합한 것이 영문판 *The Independent*의 1898년 1월 현재의 발행부수라고

---

85 『독립신문』, 제1권 제88호, 1896년 10월 27일자 「논설」; *The Independent*, vol. 2 No. 1, January 5th, 1897 'Notice' 참조.

86 『徐載弼博士自敍傳』, p.213.

87 『徐載弼博士自敍傳』, p.213.

88 『駐韓日本公使館記錄』 機密本省往信 1898년(明治 31년) 1월 15일조 「機密」 제3호 '獨立新聞買收ノ件' 참조.

89 『駐韓日本公使館記錄』 機密本省往信 1898년(明治 31년) 1월 15일조 「機密」 제3호 '獨立新聞買收ノ件' 참조.

볼 수 있다.

즉 국문판과 영문판을 합하여, 1898년 1월 현재 『독립신문』의 정기구독자 수는 1,123명이었다. 여기에 가두판매분과 무료배포분을 가산하면 1898년 1월 현재의 『독립신문』 발행부수는 약 1,500부 정도라고 추산할 수 있을 것이다.[90] 또한 1896년 11월의 독립협회의 등록된 회원 수는 2,000명 내외였으나,[91] 1898년 7월에는 3,000여 명으로 증가했으며[92] 1898년 11월 현재의 회원 수는 4,173명으로 급증한 것을 고려하면,[93] 『독립신문』 발행부수가 1898년 1월의 약 1,500부로부터 11월에 최고 3,000부까지 급증했으리라는 것은 충분히 추론할 수 있는 일일 것이다.

당시 『독립신문』의 구독방식은 오늘날과 같이 한 사람이 한 부를 읽고 접어두는 것이 아니라, 돌려가며 읽고, 때로는 시장에서 낭독도 하였다. 그러므로 실제로 『독립신문』을 읽거나 듣는 사람의 수는 발행부수의 수십 배, 수백 배가 되었다. 예컨대 1898년 11월에 강원도 양구군 우망리 장에서는 군수가 시장에 사람을 모으고 글 잘 읽는 사람으로 하여금 『독립신문』을 읽게 하여 장꾼들에게 들려주었다.[94] 당시 이러한 신문 돌려 읽고 듣기는 관행처럼 되어 있었다. 서재필은 한 부가 최소한 200명에게 읽혔다고 회상하였다.[95] 이 점을 고려하면 당시 『독립신문』의 영향력은 거대했다

---

90 『독립신문』, 제3권 제97호, 1898년 7월 26일자 「신문 모르는 백성」에 의하면, 1898년 현재 서울 시내에서 신문 넷이 판매되는 숫자는 2,500장이라고 쓰고 있으니, 『독립신문』의 발행부수는 당시 1,500장 내외라고 보는 것이 합리적일 것이다.

91 *The Korean Repository*, vol. 3 No. 11, 1896년 11월호 'Editorial Department' 중의 The Corner Stone of Independence Arch, p.458 참조.

92 『駐韓英國公使館報告*Reports and Communications from the British Consul in Seoul*』 1898년 7월 24일조 「機密報告書」 제79호 참조.

93 『大韓季年史』(상), p.364 참조.

94 『독립신문』, 제3권 제185호, 1898년 11월 9일자 「신문 없지 못할 일」 참조.

95 F. A. McKenzie, *Korea's Fight for Freedom*, 'The Independence Club', London: Fleming Revell Company, 1920, p.67. "A pathetic but interesting fact is that it was read by a subscriber, and when he had finished reading it, turned it over to his neighbours, and in this way each copy was read by at least 200 people."

고 볼 수 있다.[96]

『독립신문』 창간 당시의 운영은 적자였다. 『독립신문』의 발표에 의하면 『독립신문』 1부의 생산비는 1전 6리였는데 판매가격(신문대금)은 1부에 1전이 채 안 되어 1부당 6리의 적자를 보고 있었다. 그러나 『독립신문』은 영리를 목적으로 한 것이 아니라 국민 계몽을 목적으로 창간된 것이므로 이 적자는 감수되었다.[97] 서재필은 "매삭 150원 내지 180원의 손해를 보았으나 그것은 모두 내 자신의 부담이었다"[98]고 회상하였다. 이것은 다음 '월비예산' 에서 보는 바와 같이 서재필이 주필 봉급을 받지 않고 창간기 『독립신문』의 적자를 메웠음을 말하는 것이다.

그러나 1897년 1월 1일부터 『독립신문』의 대금을 인상한 이후부터는 『독립신문』은 간신히 적자를 면하고 운영될 수 있었다. 『주한일본공사관기록』에 따라 1898년 1월 현재의 『독립신문』 운영 내역을 보면 다음과 같다.[99]

월비 예산

| | | |
|---|---|---|
| 일금 | 150원 | 주필 봉급 |
| 일금 | 50원 | 조필(該文 담당) 봉급 |
| 일금 | 148원 50전 | 傭人봉급 |
| 일금 | 5원 | 國口稅 |
| 일금 | 30원 | 연료비 |
| 일금 | 5원 | 임시비 |
| 합계 | 388원 50전 | |

96 『독립신문』의 발행부수를 1,500부로 추산하는 경우 1부를 200명이 돌려 읽었다면 30만 명이 읽은 것이 되며, 발행부수를 3,000부로 추산하면 60만 명이 읽은 셈이다. 이것은 『독립신문』의 영향력이 매우 컸음을 나타내는 하나의 지표가 될 수 있다.

97 『독립신문』, 제1권 제88호, 1896년 10월 27일자 「논설」 참조.

98 『徐載弼博士自敍傳』, p.214.

99 『駐韓日本公使館記錄』 機密本省往信 1898년(明治 31년) 1월 15일조 「機密」 제3호 '獨立新聞買收ノ件' 참조.

| | | |
|---|---|---|
| 일금 | 42원 | 전보료 |
| 총 합계 | 430원 50전 | |
| 연액금 | 5,166원 | |

세입 예산

| | | |
|---|---|---|
| 일금 | 2,444원 | 韓文 신문지대 |
| 일금 | 1,100원 | 英文 신문지대 |
| 일금 | 600원 | 광고료 |
| 일금 | 600원 | 전보 수입 |
| 일금 | 700원 | 『그리스도신문』 인쇄청부대 |
| 일금 | 200원 | 명함, 기타 인쇄 수입 |
| 총 합계 | 5,644원 | |

위의 계산에 의거하면, 『독립신문』의 월평균 수입은 470원이요, 월평균 지출은 430원 50전이므로, 월평균 39원 50전, 연액 474원의 흑자를 본 것으로 되어 있다. 그러나 실제로는 독립신문사 수입의 대종을 이루고 있는 국문판 신문의 대금 수입이 예정대로 징수되지 않았으므로, 독립신문사의 운영은 흑자를 내기가 어려웠던 것으로 보인다. 뿐만 아니라 『그리스도신문』의 인쇄비와 명함, 기타 인쇄 수입의 연액 900원을 빼고 나면, 『독립신문』 국문판 및 영문판만의 운영은 여전히 적자를 면치 못한 것이 된다. 이 적자는 서재필이 주필 월봉 150원을 받지 않고 무급으로 주필 일을 함으로써 충당된 것으로 보인다.[100]

『독립신문』의 창간은 창간을 극력 반대하고 방해하던 일본측에 큰 타격을 주었다. 아관파천 이후 일본정부는 더 이상 조선정부의 내정에 간섭할

100 서재필은 실제로 자문하는 일 없이 중추원고문으로서 월봉 300원을 정부로부터 지급받고 있었으므로, 독립신문사 주필의 월봉을 따로 받지 않아도 가계에는 아무런 지장이 없었다.

독립신문사 사옥(동그라미 안)

수 없었으므로 일본측은 『독립신문』의 창간을 막을 수 없었다. 일본공사관측은 일본인 기관의 눈인 『한성신보』와 일본측에 대하여 조선의 "신정부는 즉각 반항의 일 수단으로서 『독립신문』이라는 것을 발간시켜 이에 최대한의 편리를 줌으로써 『한성신보』와 경쟁시키고 있다"[101]고 본국에 보고하였다. 일본측의 『한성신보』는 "신정부의 내훈內訓과 독립신문의 경쟁의 결과 경제상 다시 일 곤란을 가하게 되어 날로 고성낙일孤城落日의 모습을 나타내게 되었다"[102]고 스스로 탄식하였다. 일본측의 『한성신보』 발행부수는 아관파천 이후에는 '내훈[103]과 독립신문의 경쟁 결과' 1896년 5월 말 현재 1,911부에서 510부로 급락했으며, 서울에서의 『한성신보』 구

101 『駐韓日本公使館記錄』 機密本省往信 1896년(明治 29년) 5월 30일조 「機密」 제38호 '漢城新報ノ補助金増額ニ關スル件'.

102 『駐韓日本公使館記錄』 機密本省往信 1896년(明治 29년) 5월 30일조 「機密」 제38호 '漢城新報ノ補助金増額ニ關スル件'.

103 『漢城新報』는 1896년 4월 19일자 韓文欄에 당시의 조선정부와 국왕을 은밀히 비방하는 童謠를 게재했는데, 아관파천 후의 신정부는 이것이 국왕에 대한 不敬의 의사를 함축한 것이라고 판단하여 이를 비난하고 관청에는 『漢城新報』 구독을 삼갈 것을 권고하는 內訓을 발송했다고 한다.

독부수는 400부에서 100부로 급락하였다.[104] 『독립신문』이 발행되어 일본측이 얼마나 큰 타격을 입었는지를 여기서도 알 수 있다.

일본공사관에서는 이러한 추세로 나간다면 『한성신보』의 폐간이 불가피하다고 보고 『독립신문』에 대항하여 『한성신보』를 육성하기 위해서 종래의 월 보조금 170원을 월 300원으로 증액하고 대대적인 『한성신보』 확장사업 계획을 세워 『독립신문』에 맞섰다.[105] 또한 일본공사관측은 『독립신문』의 주요 사설(논설)들을 일본어로 번역하여 본국에 보고하였다.[106] 일본측이 『독립신문』에서 한국의 이익을 위한 논설을 싣는 것을 매우 큰 경계심을 갖고 한국인의 여론 동향을 예의 주목하고 있었음을 여기서도 볼 수 있다.

이상과 같은 과정으로 『독립신문』이 1896년 4월 7일 창간호를 세상에 내어 발전하게 된 것이 한국역사에서 민간신문의 첫 시작인 것이다.

## 4. 『독립신문』의 계몽적 역할

『독립신문』의 발간은 당시 한국사회의 발전에 큰 영향을 미쳤다. 『독립신문』은 처음부터 보도적 기능보다는 계몽적 기능을 강조하여 창간되었다. 『독립신문』의 논설과 보도들에서 제시된 여러 가지 주장들은 모두 당시 한국인의 의식과 사상의 변화에 큰 영향을 끼치고 한국사회 발전에 박차를 가하는 계몽적 역할을 수행하였다. 『독립신문』은 창간호에서 그들의 대강령이 한국민족을 위한 것임을 강조하여 "조선만을 위함",[107] "한국인

104 『駐韓日本公使館記錄』 機密本省往信 1896년(明治 29년) 5월 31일조 「機密」 제38호 '漢城新報ノ補助金增額ニ關スル件' 참조.

105 『駐韓日本公使館記錄』 機密本省往信 1896년(明治 29년) 5월 31일조 「機密」 제38호 '漢城新報ノ補助金增額ニ關スル件' 참조.

106 『駐韓日本公使館記錄』 機密本省往信 1896년(明治 29년) 10월 25일조 「'インヂペンデント' 社說 抄出綴」 참조.

107 『독립신문』 제1권 제1호 1896년 4월 7일자 「논설」.

민의 이익을 위한 신문a periodical in the interest of Korean people", "한국인을 위한 한국Korea for the Koreans"임을 밝히면서,[108] 창간호의 논설을 통하여 『독립신문』의 사명을 스스로 다음과 같이 천명하였다. 좀 길지만 중요하므로 전문을 인용하면 다음과 같다.

> 우리가 독립신문을 오늘 처음으로 출판하는데 조선 속에 있는 내외국 인민에게 우리 주의를 미리 말씀하여 알게 하노라.
>
> 우리는 첫째, 편벽되지 아니한 고로 무슨 당에도 상관이 없고 상하귀천을 달리 대접 아니하고 모두 조선사람으로만 알고 조선만 위하며 공평히 인민에게 말할 터인데, 우리가 서울 백성만 위할 게 아니라 조선 전국 인민을 위하여 무슨 일이든지 대변하여 주려함.
>
> 정부에서 하는 일을 백성에게 전할 터이요, 백성의 정세를 정부에 전할 터이니 만일 백성이 정부 일을 자세히 알고 정부에서 백성의 일을 자세히 알면 피차에 유익한 일만이 있을 터이요, 불평한 마음과 의심하는 생각이 없어질 터이옴.
>
> 우리가 이 신문을 출판하기는 이익을 취하려는 게 아닌 고로 값을 헐하도록 하였고, 모두 언문으로 쓰기는 남녀 상하귀천이 모두 보게 함이요, 또 구절을 띄어쓰기는 알아보기 쉽도록 함이라.
>
> 우리는 바른 대로만 신문을 할 터인 고로 정부 관원이라도 잘못하는 이 있으면 우리가 말할 터이요, 탐관오리들을 알면 세상에 그 사람의 행적을 펴일 터이요, 사사백성이라도 무법한 일하는 사람은 우리가 찾아 신문에 설명할 터이옴.
>
> 우리는 조선대군주폐하와 조선정부와 조선인민을 위하는 사람들인 고로 편당 있는 의논이든지 한쪽만 생각하고 하는 말은 우리 신문상에는 없을 터이옴.
>
> 또 한쪽에 영문으로 기록하기는 외국인민이 조선 사정을 자세히 모른즉 혹 편벽된 말만 듣고 조선을 잘못 생각할까 보아 실상 사정을 알게 하고자 하여 영문으로 조금 기록함.
>
> 그러한즉 이 신문은 조선만 위함을 가히 알 터이요, 이 신문을 인연하여 내외남녀 상하귀천이 모두 조선 일을 서로 알 터이옴. 우리가 또 외국 사정도 조선인민을 위하여 간간이 기록할 터이니 그걸 인연하여 외국은 가지 못하더라도 조

108 *The Independent*, April 7th, 1896 'Editorial' 및 September 5th, 1896, 'Editorial'.

선인민이 외국 사정도 알 터이옴.

오늘은 처음인 고로 대강 우리 주의만 세상에 고하고 우리 신문을 보면 조선 인민이 소견과 지혜가 진보함을 믿노라.[109]

여기에서 『독립신문』이 창간 취지로 강조하고 있는 것은 불편부당하고, 양반 · 상인의 신분차별이나 지방차별 없이 전국 인민을 평등하게 대하며, 전국 인민을 공평하게 대변하고, 정부 일을 백성에게 알리고 백성의 실상을 정부에 알려 정부와 백성 사이에 의사소통을 시키며, 국문 전용과 띄어쓰기를 시행하여 일반 국민이 모두 신문을 읽도록 하고, 신문가격을 저렴하게 하여 일반 국민이 구독할 수 있도록 하며, 부정부패와 탐관오리와 모든 불법 행위를 고발하고, 영문판을 발간하여 한국의 사정과 한국인민의 입장을 세계에 알리며, 국민에게 나라 안 사정을 알게 하고, 국민에게 외국 사정을 알게 하는 것이라고 말할 수 있다.

이상과 같은 사명을 선언한 『독립신문』은 1896년 4월 7일 창간되어 1899년 12월 4일에 폐간되었는데, 3년 8개월 사이의 발전 과정을 네 시기로 구분하여 볼 수 있다.

제1기 : 1896년 4월 7일(창간)~1896년 7월 2일
제2기 : 1896년 7월 4일~1898년 5월 11일
제3기 : 1898년 5월 12일~1898년 12월 31일
제4기 : 1899년 1월 1일~1899년 12월 4일

제1기는 『독립신문』이 창간된 다음 독립협회가 창립될 때까지의 시기이다. 이 기간에 『독립신문』의 논조는 국민의 계몽을 주로 했으며, 정부에 대하여 매우 협조적이었다. 『독립신문』은 정부의 시책을 국민들에게 해설하

109 『독립신문』, 제1권 제1호, 1896년 4월 7일자 「논설」.

여 알리고, 정부도 『독립신문』의 제안을 채택하는 데 열의를 보였다.[110] 『독립신문』은 이때 처음 창간된 만큼 논설이 온건한 편이었지만 영향력은 매우 커서 국민의 의식과 사상의 변화에 큰 영향력을 발휘하기 시작하였다.

제2기는 독립협회 창립 이후부터 1898년 5월 서재필이 『독립신문』을 윤치호에게 인계하고 출국할 때까지의 시기이다. 이 시기에 『독립신문』은 독립협회의 독립문 · 독립공원 · 독립관 건립운동을 지원하고 독립협회 회원과 국민의 계몽에 주력하였다.

1897년 1월 1일부터는 국문판 『독립신문』과 영문판 *The Independent*를 4면의 별도의 독립된 신문으로 발행하였고 크기도 기존의 2배로 확대하였다.[111]

국문판 『독립신문』과 분리된 영문판 *The Independent*는 당시 한국의 유일한 격일간(화 · 목 · 토요일 주 3회 발행)의 영자신문으로서, 제1면에 광고advertisement와 외신telegram을 싣고, 제2면에는 사설editorial notes, 국내잡보local items, 관보government gazette를 실었으며, 제3면에서는 각 부처 소식departmental news, 독자통신correspondence, 단편논설notes, 공고notice를 싣고, 제4면에는 전부 광고advertisement를 실었다.[112] 또한 중국 상하이上海와 제물포에는 영문판 *The Independent* 지국을 설치하고

110 『독립신문』은 이 시기에 정부 시책에 협조하여, 지방 의병들에게 목적이나 동기가 애국적이어도 법률을 어기면 匪徒가 되므로 해산하여 법률을 준수하도록 국왕 조칙의 게재와 논설을 통하여 설득하였다. 『독립신문』, 제1권 제2호, 1896년 4월 9일자 「논설」; 「관보(조칙)」 및 『독립신문』, 제1권 제3호, 1896년 4월 11일자 「논설」 참조. 이와 함께 『독립신문』은 地方官의 학정을 규탄하고 관리는 법률을 지키는 백성의 종이며, 백성을 위한 행정을 하여야 한다고 하여 지방민의 투표로 지방관을 선출할 것을 제의하였다.

111 *The Independent*, October 3rd, 1896, 'Editorial' 참조. 여기에서 국문판과 영문판을 분리한 것은 대부분의 한국인들이 영어를 모르기 때문에 신문의 절반이 무의미하게 되며, 또한 마찬가지로 한국어를 모르는 외국인에게는 신문의 절반만이 가치 있는 것이 되고, 국어와 영어 2개 국어를 아는 독자는 극소수여서 이 소수를 위해 절대다수의 독자에게 신문의 절반을 허비케 하는 것은 부적절하기 때문이라고 설명하였다.

112 *The Independent*, vol. 2 No. 1, January 5th, 1897 및 그 이후의 同紙 참조.

통신원을 두었다.[113]

이 시기에 개혁파와 수구파 사이의 대립이 격화되어 정권을 장악한 친러수구파들은 독립협회를 중심으로 한 개혁파를 탄압하기 시작하였다. 『독립신문』의 논조는 1897년 봄부터 날카로워지기 시작하여 수구파 정부를 비판, 공격하기 시작했으며, 탐관오리들을 서슴없이 고발하였다. 또한 제정러시아가 1897년 8월부터 군사교관과 재정고문을 보내 본격적으로 침략간섭정책을 전개하고 각종의 이권을 침탈하자 『독립신문』은 이를 날카롭게 비판하고 이에 저항하였다. 이 때문에 수구파 정부는 『독립신문』을 격렬하게 탄압하여 1897년 12월 중순에는 『독립신문』이 폐간될 위험에까지 직면하게 되었다.[114] 1897년 12월 말 서재필 추방이 한・러・일・미 사이에 합의되자 1898년 1월에는 『독립신문』 인수 문제가 러・일 사이에 대두했으나, 결국 윤치호에게 인계되어 속간하도록 귀결되었다. 『독립신문』의 논조는 1898년 1월부터는 더욱 격렬하게 되어 수구파 정부의 정책과 제정러시아의 침략정책을 가차 없이 비판하고 독립협회의 운동을 적극적으로 지원하였다.

제3기는 윤치호가 『독립신문』의 주필이 된 이후부터 독립협회가 해산당할 때까지의 시기이다. 이 기간에는 『독립신문』이 독립협회와 일체가 되어 명실공히 독립협회의 기관지(또는 대변지)로서 독립협회의 자주민권자강운동을 지원하고 독립협회의 주장을 대변하였다. 이 시기 『독립신문』의 「논설」은 바로 독립협회의 공식적 견해의 표명과 같은 것이었으며, 『독

113 *The Independent*, vol. 2 No. 143, December 2nd, 1897, 'Notice'에 의하면, 처음에는 중국 상하이 지국 통신원에는 W. H. Smith를 두고, 제물포 지국에는 J. Giacitini를 두었다가, 1897년 12월 초부터 제물포 지국 통신원을 E. D. Stewart로 교체하였다.

114 『독립신문』, 제2권 제150호, 1897년 12월 18일자 「논설」에서는 이미 앞서 趙秉式을 비롯한 친러수구파의 『독립신문』에 대한 탄압과 폐간공작을 여러 차례 규탄하다가 결국, "우리는 사세가 이러한 고로 신문을 오래 하지 아니하고 정지할 터이나 우리 없다고 신문 없는 법은 없으니 우리 간 후라도 우리 신문 같은 신문과 월보가 많이 생기기를 바라며, 나라 진보되는 것이 더 나아가기를 바라노라" 고 하여 『독립신문』을 정간하고 출국할 뜻까지 공표하였다.

립신문』의 「잡보」를 비롯한 보도들은 독립협회의 자주민권자강운동을 지원하고 민중을 여기에 참가하도록 지도하는 내용으로 가득 차게 되었다. 『독립신문』은 1898년 7월 1일부터는 주 3회의 격일간에서 일간으로 발전하여 그 역할을 더욱 효율적으로 수행하게 되었다.[115] 또한 1898년 9월 5일부터는 남궁억南宮檍 등에 의해 『황성신문皇城新聞』이 창간되어 독립협회 안의 국내에서 개신유학적改新儒學的 전통을 배경으로 성장한 진보파의 대변지가 됨으로써 『독립신문』은 『황성신문』과 협동하며 독립협회를 공동으로 대변하게 되었다. 독립협회는 『대조선독립협회회보大朝鮮獨立協會會報』[116]라는 공식 기관지 외에도 『독립신문』과 『황성신문』을 기관지(대변

115 『독립신문』, 제3권 제71호, 1898년 6월 21일자 「본사 광고」 참조.

116 『大朝鮮獨立協會會報』는 1896년 11월 30일 제1호를 창간한 독립협회의 공식 기관지로서 『독립신문』 및 『皇城新聞』과 다른 점은, 후자(신문)가 비공식 기관지였는 데 비하여 전자는 공식 기관지였고, 후자가 일간신문이었는 데 비하여 전자는 반월간잡지였다는 사실이다. 독립협회 회장 安駉壽는 「獨立協會序」(『大朝鮮獨立協會會報』, 제1호, pp.3~4)에서 『大朝鮮獨立協會會報』의 발간 취지를 "천하의 서적을 대개 취해 漢文과 혹은 國文으로 간행하여 아무쪼록 披閱하기에 편리한 방법을 취하고, 農學 · 醫學 · 兵學 · 數學 · 化學 · 氣學 · 重學 · 天文學 · 地理學 · 器械學 · 格致學 · 政治學 등 이와 같은 모든 학문의 서적을 다 수집해서 차례로 參證하여 먼저 淺近한 것부터 하고 이어 高遠한 것으로 하여 浸入漸開의 趣旨에 합당함이 있도록 하고, 또한 當世의 누구누구가 經綸의 說과 知略의 議論을 본회에 보내온 것을 한문이나 국문이나 半漢國文을 막론하고 곧 그 도리에 부합하고 고명한데 얻어서 족히 世敎에 관계가 있을 만한 것은 모두 謄載하여 모아서 매월 분포하여 한편으로는 어둡고 침침한 것을 闡揚하고 한편으로는 治化를 補虔하고 한편으로는 밖으로 人侮를 막을 것이니 진실로 及時의 要務요, 不世의 成事이다(則策取天下文學刊以漢文或國文 務至披閱之便宜 而農學 · 兵學 · 數學 · 化學 · 氣學 · 重學 · 天文學 · 地理學 · 器械學 · 政致學 如是等諸字書籍 及見聞畫數取集 取次參證先之淺近 繼之高遠俾有合於浸入 漸開之旨矣 日於當世之謀人 經綸之說知略之論 送於本會者 無論漢文 國文 半漢國文 卽取其符於道理 得於高明 足有涉於世敎者 並皆登諸搨本彙爲成書 課月分布 一以闡揚幽沈 一以開豁知見 一以補闕治化 一爲外禦人侮 洵及時之要務 不世之盛事之)"라고 설명했다.

또한 『大朝鮮獨立協會會報』, 제1호(p.10)의 「獨立協會輪告」에서는 "본회의 付 每月二度式 잡지를 편찬하되 본국 역대의 沿革所由와 宇內萬國의 治亂興廢와 古今政治의 民國一致하던 實蹟을 證明하고 隨事論說하며 본회 회원들과 各部府郡과 在野有志諸公에게 呈覽하여 본회의 愛國愛民之旨와 有資有交之義를 표명하고 且其原誌의 상당한 가치를 收하여 편찬 인쇄하는 所費를 担除하고 본회의 公用을 充補코자 하여 玆에 통보하오니 照亮하심을 望함"이라고 『大朝鮮獨立協會會報』의 취지와 편집 방침을 밝히고 있다.

지)로 갖게 된 것이었다.[117]

---

또한 제12호(1897년 5월 15일)부터는 뒷장에 「會報本旨」를 다음과 같이 세 가지로 밝혔다. "一. 會報本旨는 吾人이 斯世를 당하여 忠孝의 근본을 배양하여 職分에 사업을 발달하라는 고로 각각 開見과 知識을 有無相資로 교환하여 自國自己의 本來面目과 內外古今의 利害損益을 實力上으로 講究하여 함께 文化仁壽域에 進步하기를 위함이다. 一. 본회 회원 及 全國同胞의 有志君子는 각각 家業 實力上에 知識開見을 記書에 形하고 利益勸免을 논문에 述하여 본회 사무소로 投하여 月報에 登載케 하여 本會의 睇望하는 本意를 孤치 말게 하압. 一. 會報를 매월 二次式 간행하나니 본회 회원 及 各部各郡官員과 無論某人하고 無碍購覽케 하노라."

이러한 취지와 편집 방침 아래 이 잡지는 매월 15일과 30일에 발간되어 ① 계몽 논설, ② 회원 기고, ③ 세계 주요 사건 요약, ④ 각국 사정, ⑤ 독립협회 소식(獨立協會輪告 · 獨立協會補助金收入人名表 기타 등)을 게재하여 제18호(1897년 8월 15일)까지 발간하고 중단되었다. 이 잡지에는 독립협회의 두 개의 흐름인 서구 시민사상 도입의 흐름과 국내에서 성장한 진보사상의 흐름이 다 같이 합류하여 서로 뚜렷이 구분할 수 있는 경향의 논설을 함께 싣고 있는 것이 하나의 특색을 이루고 있다.

독립협회의 공식 기관지인 『大朝鮮獨立協會會報』가 중도에서 폐간된 것은 무엇보다도 『大朝鮮獨立協會會報』가 독립협회 기관지의 구실을 충분히 하지 못했기 때문이라고 볼 수 있다. 『大朝鮮獨立協會會報』는 국판으로 평균 22면에 12포인트 활자를 사용한 小雜誌로서 협회 소식도 빠르게 전해주지 못했고 계몽 논설이나 회원 기고도 몇 편 싣지 못했으며 발간 기일도 예정보다 훨씬 늦어지기 일쑤여서 독립협회 회원들의 요구를 다 충족시키지 못하였다. 회원들은 『大朝鮮獨立協會會報』보다 『독립신문』에 더 크게 의존했으므로 적자를 내면서 『大朝鮮獨立協會會報』를 발행한 의의를 상실한 것으로 보인다. 뿐만 아니라 이듬해에는 국내의 改新儒學的 전통에서 한 단계 더 발전하여 이룩된 국내 진보파의 기관지 『皇城新聞』이 발간되어 두 개의 흐름이 각각 기관지를 갖게 되자 『大朝鮮獨立協會會報』의 필요성은 거의 없어졌다고 볼 수 있다. 그러나 『大朝鮮獨立協會會報』는 독립협회의 공식 기관지로서의 의의와 우리나라 최초의 잡지라는 사실에 큰 의의를 갖고 있다고 볼 수 있다.

117 『皇城新聞』이 『독립신문』과 병행하여 독립협회의 기관지(또는 대변지)였다는 사실은 『皇城新聞』의 논설과 기사 내용에서뿐만 아니라 간행 경위에서도 명확히 보이고 있다. 『皇城新聞』은 본래 독립협회 계통인 尹致昊 · 尹治昭 · 鄭海源 등이 1898년 3월 2일부터 『京城新聞』으로 창간하여 『독립신문』의 본을 떠서 주 2회 순국문 신문을 발간하다가, 당시의 조선이 大韓帝國이 되고 京城이 皇城이 되었다 하여 自尊의 뜻으로 1898년 4월 6일부터 『대한황성신문』으로 개제하였다. 윤치호가 같은 해 5월 11일 『독립신문』을 서재필로부터 인수하게 되자 『대한황성신문』은 공개 주식을 모집하여 발전적 해체 형식을 취해 독립협회의 改新儒教的 전통을 배경으로 한 단계 더 발전한 흐름인 南宮檍 · 羅壽淵 · 張志淵 · 柳瑾 · 朴殷植 등에게 인수되어 1898년 9월 5일부터 『皇城新聞』으로 개제하여 다시 창간호를 내게 되었다. 박은식은 『皇城新聞』이 독립협회의 기관지임을 설명하여, "徐載弼이 이미 去國하고, 李商在 · 尹致昊 · 南宮檍 · 李承晩 · 安昌浩 및 배재학당 여러 학생들이 그에 계속하여 발언하여 군중이 함께 죽음을 무릅쓰고 독립을 받들기로 맹세하였으며, 『皇城新聞』을 기관지로 하여 한때 有志가 전국에서 호응된 바 있었다" 고 쓰고 있다. 박은식, 『韓國獨立運動之血史』, 서울신문사출판국, 1946, p.8 참조.

제4기는 독립협회가 해산당한 이후부터 『독립신문』이 폐간될 때까지의 시기이다. 이 기간에는 『독립신문』의 주필이었으며 독립협회의 회장이었던 윤치호가 독립협회 해산 후 덕원감리德源監里 겸 부윤으로 임명되어 서울 정계에서 떠나게 되고, 『독립신문』의 주필직도 자연히 사임하게 되었으므로, 처음에는 아펜젤러H. G. Appenzeller가, 1899년 6월 1일부터는 엠벌리H. Emberley(音法理)가 『독립신문』의 주필이 되어 『독립신문』을 속간하였다. 이 기간 동안 『독립신문』의 논조는 종래의 『독립신문』의 논조를 원칙적으로 지속했으나, 내용과 표현 방식이 모두 온건해지고, 정부의 정책을 비판하기보다는 주로 국민교육을 계몽하는 데 주력하였다.

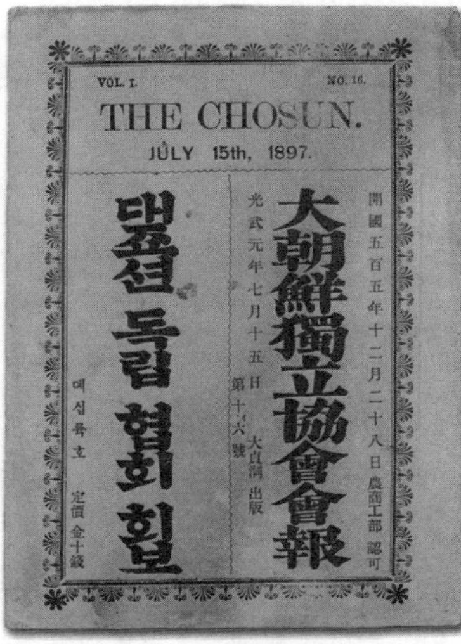

독립협회의 공식 기관지 『대조선독립협회회보』

『독립신문』 창간기부터 제3기까지의 활동을 중심으로 『독립신문』이 당시 한국사회의 발전을 위하여 수행한 계몽적 역할로는 다음과 같은 것을 들 수 있다.[118]

첫째, 『독립신문』은 당시 '인민의 개명진보開明進步'를 위하여 지대한

118 崔埈은 「高宗시대 커뮤니케이션 형태의 고찰」에서 『독립신문』의 계몽적 역할로 ① 순국문을 사용한 것, ② 국문 띄어쓰기를 실행한 것, ③ 黨派無關係의 방침을 확립한 것, ④ 혁신적 논조를 견지한 것, ⑤ 英文欄을 두어 국내 사정을 외국인에게 전하는 동시에 외국 소식을 국내 인사에게 전한 것 등을 들었다. 또한 姜在彦은 「獨立新聞 · 獨立協會 · 萬國共同會―1890年代後半期におけるブルジョア的變革運動」에서 『독립신문』의 계몽적 역할로 ① 순국문을 사용한 것, ② 최초의 민간 신문으로 사상적 · 정치적 입장을 명확히 한 것, ③ 독자층이 대중적 성격을 가진 것 등을 들었다.

계몽적 역할을 수행하였다.

『독립신문』은 자신의 계몽적 역할이 '인민의 개명진보' 임을 다음과 같이 천명하였다.

> 첫째는 본사 신문은 본래 인민의 이목을 개명하고자 설시한 것이오.[119]
>
> 신문이 나라에 등잔불과 같은 것이요, 인민의 선생이라 몇 만 명의 선생 노릇 하는 직무가 어찌 가볍다고 말을 하리오.[120]

또한 '인민의 개명진보' 에 대해서는 다음과 같이 밝혔다.

> 신문의 목적은 제일 인민을 위하여 인민의 의복과 음식과 재산과 목숨과 권리와 지위와 행실과 처지를 다만 보호해줄 뿐만 아니라 점점 더 나아가게 해주어 그 인민들이 더 부요하고 그 인민의 의복 · 음식 · 거처가 점점 학문 있게 되어가게 하며, 그 인민의 권리를 아무라도 해롭지 않게 해주며, 인민의 행실들이 점점 높고 정직하야 세계에 점잖은 사람들이 되게 해주며, 아무쪼록 약하고 가난하고 궁하고 세 없는 사람을 보호하며 역성하여 인민들이 모두 의리 있고 충심 있고 학문 있게 되도록.[121]

『독립신문』은 친러수구파 정부가 『독립신문』을 탄압하자, 다음과 같이 선언하였다.

---

119 『독립신문』, 제3권 제131호, 1898년 9월 5일자 「신문갑의론」.

120 『독립신문』, 제3권 제43호, 1898년 4월 12일자 「논설」. 또한 『독립신문』 제2권 제51호, 1897년 5월 1일자 「논설」에서는 인민의 開明進步를 위한 역할을 "신문이 다만 사람의 시비만 의논하는 것이 아니라 곧 인민을 교육하는 물건이요, 또 신문의 직무 하나는 물론 무슨 일이든지 밝고 옳고 긴하도록 세상 사람에게 말하여 세상 사람들이 그 신문을 보고 생각도 못하던 일을 생각도 하라 하며 모르던 일도 아는 고로 사람들이 가부간에 의논이 생겨 세계에 중론이라 하는 것이 시작이 되는 것이니, 그러한즉 신문이 중인을 위하여 시비를 말하며 중인을 각색 일에 교육을 시키는 것이며 또 중론을 만드는 것이라" 라고 밝혔다.

121 『독립신문』, 제3권 제43호, 1898년 4월 12일자 「논설」.

조선사람이 신문을 보고 개명하여 모르던 일을 알며 없던 생각이 날까 두려워하여 독립신문을 정지코자 하면, 우리는 언제까지든지 우리 힘껏 우리 정성껏 더 잘하여 아무쪼록 조선인민에게 조금이라도 유조한 말을 더 하며 누구든지 조선을 대하여 무리하고 무례한 일을 행하면 두려움 없이 말하여 조선국가와 인민을 우리 힘껏은 도우려 하노라.[122]

『독립신문』은 19세기 말에 가장 괄목하게 근대사회 확립에 필요한 지식과 사상을 공급하여 국민의 의식과 사상의 개명진보를 위해서 지대한 공헌을 하였다.

둘째, 『독립신문』은 자주독립과 국권수호를 위하여 지대한 역할을 수행하였다. 『독립신문』은 당시의 열강의 침략간섭정책을 낱낱이 들어 비판하고, 나라의 독립과 국권을 수호하는 데 진력하였다. 특히 당시 친러수구파와 결합하여 이권침탈과 내정간섭을 가장 적극적으로 자행하면서 본격적 침략간섭정책을 전개하던 제정러시아의 남하정책에 대하여 격렬한 논조로 비판하고 자주독립과 국권수호를 주창하였다.

『독립신문』은 창간 4주년 기념 논설에서, "우리 신문이 대한의 독립과 진보와 인민의 자유권을 위하여 설시한 지가 우금 4년이"[123] 되었음을 강조했으며, 다음과 같이 거듭 이를 밝혔다.

우리 신문이 〔……〕 어떤 나라에만 편벽되지 아니하고 다만 대한만 위하여 오늘날까지 열심히 일한 것은 아는 사람들도 있거니와 대한 관민 중에 설령 모르는 이가 있더라도 몇 해 아니되어 우리가 대한에 정성 있는 것을 알 터이오.[124]

『독립신문』이 자주독립과 국권수호를 위하여 논진을 편 예를 하나 들면

122 『독립신문』, 제2권 제119호, 1897년 10월 7일자 「논설」.
123 『독립신문』, 제4권 제75호, 1899년 4월 7일자 「독립신문 생일」.
124 『독립신문』, 제2권 제149호, 1897년 12월 16일자 「논설」.

다음과 같다.

외국들이 조선을 만만히 보아 근일에 들으니 일본과 아라사〔러시아―인용자〕가 다시 조선 일에 인연하여 무슨 약조를 더하여 말로는 조선을 이 두 나라가 위하여 이렇게 약조도 하며 담판도 한다니, 만일 이 두 나라가 무슨 약조를 하여 조선더러 말하기를 우리가 이러저러한 약조를 하였으니 그대로 조선서는 알고 약조대로 시행하라 한다고 조선이 그대로 시행할 지경이면 조선이 자주독립국이라 할 까닭이 무엇이뇨.[125]

『독립신문』은 여기서 일일이 예를 다 들 수 없을 정도로 자주독립과 국권수호를 위하여 날카로운 필봉을 휘둘렀으며,[126] 개항장에서 외국인이 국권이나 한국인을 침해한 사례를 고발하고 통렬하게 공격하였다.[127] 『독립신문』은 발행 기간 동안 대한의 자주독립과 국권을 수호하는 데 실로 지대한 공헌을 하였다.

셋째, 『독립신문』은 당시의 국민의 이익을 대변하고 국민의 권리를 되찾아 수호하는 데 큰 역할을 수행하였다.

『독립신문』은 "신문이 전국 인민의 제일가는 친구"[128]라고 하면서, 한국 역사상 처음으로 가장 명쾌하게 주권이 국민에게 있고, 인민이 나라의 주인임을 설파하였다. 예컨대 『독립신문』은 백성의 지위에 대하여 다음과

125 『독립신문』, 제2권 제105호, 1897년 9월 4일자 「논설」.

126 영문판의 예로서는 *The Independent*, June 2nd, 1896, 'Editorial' ; *The Independent*, October 27th, 1896 'Editorial'; *The Independent*, November 3rd, 1896, 'Editorial'; *The Independent*, December 15th, 1896, 'Editorial' 참조.

127 『독립신문』, 제3권 제57호, 1898년 5월 19일자 ; 『독립신문』, 제3권 제58호, 1898년 5월 21일자 제1면 보도 참조.

128 『독립신문』, 제2권 제51호, 1897년 5월 1일자 「논설」. 또한 *The Independent*, August 22nd, 1896 'Editorial' 은 다음과 같이 말했다. "This word people is a new word in Korea but the readers of this paper know what a mighty word it is and how irresistable its claims are in the long run. Today may be dark for Korean people but they may be rest assured that their cause will inevitably triumph."

같은 획기적 주장을 하여 국민을 계몽하였다.

> 정부에 벼슬하는 사람은 임금의 신하요, 백성의 종이라. 종이 상전의 경계와 사정을 자세히 알아야 그 상전을 잘 섬길 터인데 조선은 거꾸로 되어 백성이 정부 관인의 종이 되었나니 백성은 죽도록 일을 하여 돈을 벌어 관인들에게 주면서 상전 노릇을 해달라 하니 어찌 우습지 않으리오.[129]

『독립신문』은 백성이 무엇인지를 알고 백성에게 권리를 주는 것이 급선무임을 다음과 같이 강조하였다.

> 백성이라 하는 것은 나라의 근본이라 백성 까닭에 나라 이름이 있는지라. 그렇지만 지금 조선 경계는 백성이 백성이 아니요, 관인의 노예가 되어 죽도록 일하여 정부에게 세나 바치고 양반에게 돈이나 뺏기며 양반에게 얻어맞기나 하는 지라. 조선사람들은 종노릇하는 것이 백성노릇하는 줄로 아니 어찌 한심치 아니하리오.[130]

『독립신문』은 백성이 자기의 권리를 갖고 그 권리를 행사하여 강력하게 되어야 나라도 지킬 수 있다고 주장하고, "나라가 잘되고 못되기는 백성이

---

129 『독립신문』, 제1권 제99호, 1896년 11월 21일자 「논설」. 이러한 주장은 도처에 나타나고 있다. 예컨대 『독립신문』, 제1권 제5호, 1896년 4월 16일자 「논설」에서는 "관찰사와 원이라 하는 것은 임군이 백성에게 보낸 사신이요 법 지키는 종이요" 라고 쓰고 있으며, 제1권 제24호 1896년 7월 19일자 「논설」에서는, "암만 무식하고 가난하고 세 없는 사람이라도 법에만 범치 않으면 그 사람은 순검들이 감히 건드릴 권리가 없을 뿐 아니라 법 지키는 백성들에게는 순검들이 그 사람의 종으로 생각하여야 옳고 다만 순검뿐이 아니라 정부에서 월급 타먹고 있는 대소 관원은 모두 법 지키고 있는 백성들의 종으로 생각하고 일을 하지 안하여서는 못할지라" 라고 하여 백성이 주인이며 관인은 백성의 종이라고 하여 백성의 권리를 정립하고 주장하였다.

130 『독립신문』, 제2권 제101호, 1897년 8월 26일자 「윤치호 연설」. 『독립신문』, 제3권 제191호, 1898년 11월 16일자 및 제3권 제192호 1898년 11월 17일자 「제손씨의 편지」에서 서재필도 인민이 나라의 주인이며 관인은 인민의 종이라는 주장을 강력하게 전개하였다.

힘쓰는 데 달렸"[131]다고 하여 백성의 힘을 강조하였다.

『독립신문』의 이러한 주장 및 국문 전용과 관련하여 독자층도 점차 대부분이 평민층으로 되었다. 『독립신문』은 국민주권國民主權의 사상을 보급하고 민권民權을 신장시키는 데 실로 획기적인 공헌을 하였다.

넷째, 『독립신문』은 국문 전용, 국문 띄어쓰기, 쉬운 국어쓰기를 실행하여 민족언어와 문자의 발전에 지대한 공헌을 하였다. 『독립신문』은 창간호에서 국문 전용과 국문 띄어쓰기를 시행하는 이유를 창간사 끝에서 다음과 같이 밝혔다.

> 우리 신문이 한문은 아니 쓰고 다만 국문으로만 쓰는 것은 상하귀천이 다 보게 함이라. 또 국문을 이렇게 구절을 떼어 쓴즉 아무라도 이 신문 보기가 쉽고 신문 속에 있는 말을 자세히 알아보게 함이라. 〔……〕 조선 국문하고 한문하고 비교하여 보면 조선 국문이 한문보다 얼마나 나은 것이 무엇인고 하니 첫째는 배우기가 쉬우니 좋은 글이요, 둘째는 이 글이 조선 글이니 조선인민들이 알아서 백사를 한문 대신 국문으로 써야 상하귀천이 모두 보고 알아보기가 쉬울 터이라. 한문만 늘 써 버릇하고 국문은 폐한 까닭에 국문만 쓴 글을 조선인민이 도리어 잘 알아보지 못하고 한문을 잘 알아보니 그게 어찌 한심치 아니하리오.[132]

『독립신문』은 독자의 통신과 편지를 요청하고 이를 선택하여 게재할 것을 약속하면서도, '한문으로 한 편지는 당초에 상관 아니함'[133]이라고 하여 반드시 국문으로 통신할 것을 요청하였다. 또한 『독립신문』은 한문 안다

---

131 『독립신문』, 제2권 제125호, 1897년 10월 21일자 「어떠한 선비의 편지」.

132 『독립신문』, 제1권 제1호, 1896년 4월 7일자 「논설」. 여기서는 또 계속하여 띄어쓰기의 이유를 다음과 같이 설명하였다. "또 국문을 알아보기가 어려운 건 다름이 아니라 첫째는 말마디를 떼지 않고 그저 줄줄 내려쓰는 까닭에 글자가 위에부터인지 아래부터인지 몰라서 몇 번 읽어본 후에야 글자가 어디부터인지 비로소 알고 읽으니 국문으로 쓴 편지 한 장 보자 하면 한문으로 쓴 것보다 더디게 보고 또 그나마 국문을 자주 아니 쓰는 고로 서틀러서 잘못 봄이라."

133 『독립신문』, 제1권 제1호, 1896년 4월 7일자 「광고」.

고 유식한 것이 아니라 국문을 잘하고 다른 물정을 잘 알면 한문만 알고 다른 물정을 모르는 사람보다 유식한 것이라고 지적하고, 부인들도 국문을 잘하고 각종의 물정을 잘 알면 빈부귀천 간에 그 부인이 한문 잘하고 다른 것 모르는 귀족 남자보다 유식한 것이라고 역설하였다.[134]

또한 『독립신문』은 쉬운 '국어쓰기'를 실행하여, 어려운 한자식 표현은 모두 국어로 풀어서 보도하였다. 독립협회 상소문의 경우를 예로 들면,

> 嗚呼라 彼被斥諸臣輩가 阿諛苟容으로 專事壅蔽하야 內而使民心憤鬱하고 外而使隣邦窺伺하야 行政焉不守章程하오며 聽理焉不守法律하오니 二千萬人口는 有塡壑之厄하고 三千里疆土는 有苽分之虞하옵기로.[135]

를 다음과 같이 '쉬운 국어'로 풀어썼다.

> 슬픈지라, 저 물리침을 입은 모든 신하들이 아첨하고 아당하여 구차히 용납함으로 전혀 막고 가리움을 일삼아 안으로는 백성의 마음으로 하여금 분울하게 하옵고 밖으로는 이웃 나라로 하여금 엿보고 기다리게 하여 정사 행하는 것은 장정을 지키지 아니하며 송사받아 다스리는 것은 법률을 지키지 아니하오며 2천만 인구는 구렁에 메이는 액이 있삽고 삼천리 강토는 외쪽같이 나뉠 걱정이 있삽기로.[136]

『독립신문』이 일찍이 19세기 말에 국문 전용과 국문 띄어쓰기, 쉬운 국어쓰기를 실행했다는 것은 실로 획기적인 사실이며, 그 후의 민족언어와 문자의 발전과 민중에 의한 민족문화의 발전에 지대한 공헌을 하였다.

다섯째, 『독립신문』은 당시 만연되어 있던 관리들의 부정부패와 탐관오

---

134 『독립신문』, 제1권 제1호, 1896년 4월 7일자 「논설」 참조.

135 『承政院日記』 高宗 원년 2년 (음) 9월 초9일(양력 10월 23일)조 「中樞院一等議官 尹致昊等疏」; 『皇城新聞』, 제1권 제43호, 1898년 10월 25일자 「別報」.

136 『독립신문』, 제3권 제173호, 1898년 10월 25일자 「독립협회상소」.

리들을 서슴없이 고발하였다.

『독립신문』은 당시의 지방 실정이 "탐관오리에게 견디지 못하여 도리어 타국 난리나 나기를 기다리는 사람들이 많고"[137] 관리들의 부정부패와 국민수탈이 곳곳에서 자행되고 있다고 도처에 고발하였다. 『독립신문』은 탐관오리들의 학정을 다음과 같이 규탄하고 개탄하였다.

> 대한에 권력 있는 사람들이 권력 없는 사람들을 천대하며 때리며 욕하며 부리기를 금수같이 부리며, 심지어 한 나라 적자요 동포이건만 형제를 종이라 하고 매매하며, 벼슬하는 관인들은 시골 사람들이 힘을 들여 농사를 지어 일 년에 자기의 식구 먹을 만큼 만들어 놓으면 어진 법률로 생명 재산을 보호할 생각은 추호도 없고, 이런 사람을 큰 죄인으로 알고 탐색할 생각만 뱃속에 가득 차서 각색 죄를 잡아 불효라고도 하며 난류라고도 하며 윤기를 범한다고도 하여 잡아다가 가두기도 하며 으르기도 하며 주리도 틀며 불로 지지며 여러 가지로 몹쓸 악형을 하여, 나중에는 그 사람들이 탕패 가산하도록 만들어주며.[138]

『독립신문』은 대신들로부터 지방 소리小吏에 이르기까지 탐관오리들은 보이는 대로 가차 없이 고발하여 규탄하였다.[139] 이 때문에 『독립신문』은 민중의 친구가 되어 민중의 사랑과 지원을 받았지만, 탐관오리들에게는 적이 되어 그들의 규탄을 받고 폐간의 위협까지 받게 되었다.[140]

여섯째, 『독립신문』은 독립협회의 창립을 위한 일종의 사상적 준비작업을 하고, 독립협회의 창립 후에는 그 기관지(또는 대변지) 역할을 하면서 독립협회의 사상 형성과 독립협회의 자주민권자강운동의 전개에 지대한 공

137 『독립신문』, 제3권 제139호, 1898년 9월 15일자 「몰라요씨의 의견」.

138 『독립신문』, 제3권 제165호, 1898년 10월 15일자 「개탄론」.

139 예컨대 『독립신문』, 제2권 제118호, 1897년 10월 5일자 「논설」; 『독립신문』, 제2권 제119호, 1897년 10월 7일자 「논설」 참조.

140 『독립신문』 제2권 제149호 1897년 12월 16일자 「논설」; 『독립신문』, 제2권 제150호, 1897년 12월 18일자 「논설」 참조.

헌을 하였다.

당시 『독립신문』의 논조는 바로 독립협회 회원들의 교과서처럼 읽히고, 여기서 제시된 주장들은 독립협회 회원들의 의사를 표시한 것이 되어, 『독립신문』은 독립협회의 사회사상을 형성하는 데 지대한 역할을 하였다.[141] 또한 『독립신문』의 논설과 보도들은 독립협회의 활동을 적극적으로 지원하여 독립협회를 고무하였다. 『독립신문』과 독립협회는 불가분리의 긴밀한 관계에 있었기 때문에 『독립신문』이 독립협회를 지원하여 고무한 사례는 여기서 일일이 열거할 수 없을 정도이다.[142]

일곱째, 『독립신문』은 1898년의 만민공동회萬民共同會 운동의 지반을 형성하는 데 큰 역할을 하였다. 만민공동회의 운동에서 보인 바와 같은 독립협회 자주민권자강운동에의 민중의 참가와 독립협회와 병행한 만민공동회의 독자적 발전은 당시의 신흥사회세력의 사회경제적 성장에 크게 의존하고 있었지만 이와 더불어 창간 이후의 『독립신문』의 계몽활동에도 크게 영향을 받았다.

『독립신문』의 독자층은 제2기 이후는 평민층이 중심이 되었고, 「논설」과 「잡보」에서 개진된 민중을 각성시키는 계몽적 주장과 민중의 이익 및 민권의 신장을 위한 논설들은 민중들이 쉽게 읽고 알 수 있는 국문과 쉬운 국어로 쓰여 민중 속에 깊이 침투해 들어가서 민중을 독립협회의 운동에 동조케 하였다. 그리고 나아가서는 민중들이 스스로 만민공동회를 조직하는 데 이르도록 성장시키는 데 지대한 역할을 하였다. 『독립신문』은 만민

---

141 愼鏞廈, 「獨立協會의 社會思想」, 『韓國史研究』 제9집, 1973 참조.

142 『독립신문』이 직접 독립협회를 내세우고 이를 대변한 논설로는 『독립신문』, 제1권 제39호, 1896년 7월 4일자 「논설」; 『독립신문』, 제2권 제96호, 1897년 8월 14일자 「논설」; 『독립신문』, 제3권 제38호, 1898년 3월 31일자 「윤계진씨의 글」; 『독립신문』, 제3권 제79호, 1898년 7월 5일자 「독립협회」; 『독립신문』, 제3권 제121호, 1898년 8월 23일자 「외국사람의 의견」; 『독립신문』, 제3권 제121호, 1898년 10월 24일자 「별회사건」; 『독립신문』, 제3권 제173호, 1898년 10월 25일자 「독립협회상소」 참조.

공동회의 운동이 대두할 때마다 여기서 일일이 열거할 수 없을 정도로 이를 적극적으로 지원하고 고취하였다.[143]

여덟째, 『독립신문』은 한국역사상 최초의 민간지로 창간되어, 한국민중에게 신문의 사회적 역할과 그 중요성을 알게 하고, '여론'과 '공론'을 형성하여 사회 · 정치활동을 전개하는 방식을 성립시켰으며, 광무 초기의 신문과 출판물의 발흥에 지대한 영향을 끼쳤다.[144]

『독립신문』은 이 점을 스스로 다음과 같이 자부하였다.

> 우리 독립신문이 생긴 이후로 한 가지 개명된 것은 인민들이 차차 신문이 긴요한 물건인 줄을 알아 이왕에는 신문을 무엇인지도 모르고 전에 못보던 것인 고로 덮어놓고 시비하는 자도 있고 비웃는 자도 있고 당초에 볼 생각을 아니하는 자가 많이 있더니, 근일에는 그런 사람들도 차차 신문이 없어서는 세상이 컴컴하여 견딜 수 없겠다고 하는 이가 많이 있으니, 이걸 보면 다른 것을 그만두고 우선 그만큼 사람들이 열려 신문 없어서는 못쓰겠다는 생각이 나게 되었으니, 이것은 우리가 우리를 칭찬하는 것이 동양풍속으로 논지하면 도리어 우스울 일이나 실상을 말하자니까 인민이 이만큼 열린 것은 독립신문의 효험이라고 할러라.[145]

『독립신문』은 개화의 정도와 신문의 성쇠와는 높은 비례관계가 있음을 강조하면서, 『독립신문』이 창간된 이래 『독립신문』의 본을 떠서 국문으로 띄어쓰기를 하며 발간하는 신문이 1898년 4월 현재 서울에서 5개지나 나오게 되었다고 그 효과를 자랑하였다.[146]

---

143 『독립신문』이 직접 만민공동회를 대대적으로 다룬 것으로는 『독립신문』, 제3권 제31호, 1898년 3월 15일자 「잡보」; 『독립신문』, 제3권 제53호, 1898년 5월 5일자 「만민공동회 편지」; 『독립신문』, 제3권 제72호, 1898년 6월 23일자 「잡보」; 『독립신문』, 제3권 제75호, 1898년 6월 30일자 「잡보」; 『독립신문』, 제3권 제90호, 1898년 7월 18일자 「잡보」; 『독립신문』, 제3권 제178호, 1898년 11월 1일자 「만민공동회 사실」; 『독립신문』, 제3권 제181호, 1898년 11월 4일자 「공동회편지」; 『독립신문』, 제3권 제193호, 1898년 11월 18일자 「만민공동회 5차 상소」 등 참조.

144 *The Independent*, vol. 3 No. 38, April 1st, 1898, 'Editorial Notes' 참조.

145 『독립신문』, 제3권 제43호, 1898년 7월 26일자 「논설」.

『독립신문』은 광무 초기의 신문의 발흥과 여론을 통한 사회운동의 전개에 실로 지대한 공헌을 한 것이다.

아홉째, 『독립신문』은 한국인에게 세계 사정을 알게 하고, 국제 정세의 변동 속에서 자기의 위치를 인식하게 했으며, 세계 각국의 문물을 소개하여 한국인의 시야를 넓히는 데 큰 역할을 하였다.

『독립신문』은 그 목적의 하나가 세계 사정을 한국인에게 알리는 것임을 다음과 같이 설명하였다.

> 우리가 신문을 일 년 반을 출판하여 하루 걸러 대한 관민을 대하여 말할 때에 우리 목적인즉 첫째는 세계 물정과 외국 정치와 풍속과 신문을 기재하여 대한 관민이 세계가 어떻게 되어 가는지를 알게 하며[147]

『독립신문』은 당시 다른 어떠한 신문보다도 외국 사정을 소개하는 데 주의를 많이 기울였으며, 서구 시민사회를 소개하는 데 많은 배려를 하였다. 이 점은 『독립신문』 스스로가 다음과 같이 자부하였다.

> 다른 일에 들어서는 어떠하든지 지어 외국 통신과 특별 전보는 대한에 있는 신문 중 본사 신문이 가장 새롭고 신속하며 본사에 들어오는 영어, 법어〔프랑스어—인용자〕, 일어 각국 신문과 잡지 수효가 이십여 개라.[148]

『독립신문』은 19세기 말 한국인에게 세계에 관한 지식을 많이 전달해주

---

146 『독립신문』, 제3권 제97호, 1898년 7월 26일자 「신문 모르는 백성」; 『독립신문』, 제3권 43호, 1898년 4월 12일자 「논설」. "근일에 성내에 다른 신문들이 많이 생겨 독립신문 외에 전국문으로 독립신문의 본을 떠서 글자를 띄어가며 출판하는 신문이 다섯이 있으니 삼 년 전에는 신문이라 하는 것을 이름도 모르던 나라에서 지금은 국문 신문이 다섯이요 영자 신문이 하나이요 국한문 섞은 신문이 하나이요 일본 글자로 하는 신문이 하나이라" 참조.

147 『독립신문』, 제2권 제149호, 1897년 12월 16일자 「논설」.

148 『독립신문』, 제3권 제131호, 1898년 9월 5일자 「신문갑의론」.

는 데 지대한 공헌을 한 신문이었다.

열째, 『독립신문』은, 특히 영문판 *The Independent*는 당시의 한국 사정을 한국인의 입장에서 세계에 알리고 한국인의 의사와 주장을 세계 각국 사람들에게 알리는 데 지대한 역할을 하였다.

1897년 1월 5일자 *The Independent* 사설은 영문판을 분리하여 간행하면서 이 점을 다음과 같이 강조하였다.

> 우리는 한국인과 외국인 사이의 긴밀한 우의를 증진시키는 데 최선의 노력을 다할 것이며, 한국의 이익을 위하여 모든 문제에 대해서 두려움 없이 사실을 발언할 것이며, 전 세계에 대하여 한국에 관한 일을 계몽할 것을 공중에게 약속하는 바이다.[149]

당시 국제열강은 한국을 둘러싸고 일시 세력균형이 이루어진 상황에서 서로 견제하면서 한국을 속국화할 침략 기회를 호시탐탐 노리고 있었기 때문에 한국 사정을 각각 자기들의 입장에서 왜곡하여 세계에 보도하였다. 이 때문에 한국에는 불리한 보도가 많았다. *The Independent*는 열강의 압력 속에서도 어려움을 뚫고 한국인의 입장에서 한국의 사정을 공정하게 세계에 알려 한국의 독립과 권익을 주장하고 옹호하였다. *The Independent*가 한국 사정을 한국인의 입장에서 세계에 알린 사례는 여기서 일일이 열거할 수 없을 정도이다.[150]

---

149 *The Independent*, vol. 2 No. 1 January 5th, 1897, 'Editorial Notes'.

150 예컨대 *The Independent*, May 2nd, 1896, 'Editorial' ; May 14th, 1896, 'Editorial'; *The Independent*, June 2nd, 1896, 'Editorial'; *The Independent*, October 27th, 1896, 'Editorial'; *The Independent*, November 3rd, 1896, 'Review of the Events of 1896' ; *The Independent*, January 9th, 1897, 'Russo-Japanese Convention'; *The Independent*, March 22nd 1897, 'Editorial Notes'; *The Independent*, May 18th 1897, 'Editorial Notes' ; *The Independent*, June 15th, 1897, 'Editorial Notes' 및 'The Japan Mail on the Independent'; *The Independent*, July 31st, 1897, 'Korea, A Member of the Postal Union'; *The Independent*, August 12th, 'Editorial Notes'; *The Independent*, August 8th,

『독립신문』이 창간 이래 19세기 말의 한국사회의 발전을 위하여 수행한 계몽적 역할은 실로 지대했다고 말할 수 있을 것이다.

## 5. 서재필의 추방과 그 후의 『독립신문』

정부의 재정자금으로 서재필과 국내 개화파가 합작하여 창간한 『독립신문』은 1897년에 들어서면서 정부의 탄압을 받기 시작했고, 결국 서재필의 추방과 1899년 12월 4일의 『독립신문』 폐간에 이르게 된 것은 『독립신문』이 그동안 집권한 친러수구파 정부의 미움을 샀기 때문이었다. 수구파 정부가 『독립신문』을 탄압한 이유로는 무엇보다도 먼저 『독립신문』의 ① 수구파 정부에 대한 비판, ② 제정러시아의 침략간섭정책 비판, ③ 탐관오리의 부정부패 고발, ④ 전제군주에 대한 비판, ⑤ 국정개혁과 민권신장의 주장, ⑥ 서재필의 비타협적 처신 등을 들 수 있을 것이다.

『독립신문』과 서재필이 친러수구파 정부에 대하여 극히 비판적으로 된 것은 1897년 2월경부터라고 볼 수 있다. 서재필은 이때부터 공·사석에서 서슴없이 러시아의 침략간섭정책을 매우 신랄하게 비판하였으며, 김홍륙金鴻陸·이용익李容翊·홍종우洪鍾宇·조병식趙秉式·이명상李明翔 등이

---

1897, 'Editorial Notes'; *The Independent*, October 14th, 1897, 'Coronation Ceremony'; *The Independent*, October 16th, 1897, 'The Korean Empire'; *The Independent*, October 21st, 1897, 'The Evolution of Daihan'; *The Independent*, November 2nd, 1897, 'Korean Laborers in Japan'; *The Independent*, November 11th, 1897, 'Russian Influence in the Far East'; *The Independent*, November 30th, 1897, 'The Situation in the Far East'; *The Independent*, January 8th, 1898, 'Editorial Notes'; *The Independent*, January 27th, 1897, 'British Policy in the Far East'; *The Independent*, March 9th, 1898, 'A View on the Eastern Situation'; *The Independent*, March 22nd, 1898, 'A Prophetic Journalist; *The Independent*, March 26th, 1898, 'The Nish-Rosen Protocol'; *The Independent*, June 18th, 1898, 'Korea and Foreign Intercourse'; *The Independent*, September 24th, 1898, 'Korea and Immigration'; *The Independent*, October 8th, 1898, 'A Forward Movement' ; November 1st, 1898, 'An Assembly of All Caste' 참조. *The Independent*의 사설에는 약간의 친미적 논조도 보인다.

제정러시아측과 결탁하여 인민수탈을 자행하며 국정을 문란케 하고 있다고 공격하였다.[151]

1897년 8월부터는 제정러시아가 남하정책의 일환으로 한국 내정에 더욱 노골적으로 간섭하여, 친러수구파로 내각을 조직하게 하고 본격적인 침략간섭정책을 전개하였다. 제정러시아는 13명의 훈련사관을 파견했으며, 9월에는 주한러시아공사를 온건한 웨버Karl Ivanovich de Waeber로부터 침략간섭정책을 적극적으로 주장하는 스페이어Alexei de Speyer로 교체시키고, 알렉세예프Kir Alekseevich Alekseev를 재정고문으로 파견하는 등 군사권과 재정권 장악을 추진하였다. 제정러시아가 또한 부산 절영도絶影島(지금의 부산 영도) 석탄고기지石炭庫基址를 조차租借해달라고 요구하자, 서재필은 이에 정면으로 반대하여 서재필과 제정러시아측 · 친러수구파 사이에 대립이 격화되었다.[152]

『독립신문』의 논조는 아직 격렬하게 비판적으로 되지는 않았으나 반정부적 방향으로 선회하기 시작한 것은 누구의 눈에나 뚜렷이 보이게 되었다. 뿐만 아니라 1897년 2월에 조칙에 따라[153] 3월에 발족한 교전소校典所가 관제官制의 개혁과 법률의 개정 및 정비를 시도할 때 서재필은 적극적으로 이를 주도하여 독립협회 회원들을 대폭 참여시켰으며, 서재필과 『독립신문』측은 교전소에서 민권을 신장시키고 전제군주권을 제한하는 입법조치를 본격적으로 추진하려 하였다.[154] 서재필과 『독립신문』의 이러한 움

151 『尹致昊英文日記』 1897년 2월 2일조 참조.

152 『尹致昊英文日記』 1897년 7월 2일조 참조.

153 『承政院日記』 建陽 2년 (음) 2월 14일(양력 3월 16일)조의 詔勅. "今日 召見政府諸臣 已有所諭 而凡百政務 未有實効者 盖由於官制之或多變更 規則之尙有不便故耳君臣上下 苟能勵精圖治 國勢岌業 民情遑汲 豈其若是之甚乎 此政更張之一機會也 自今另設一所 拆衷新舊典式 諸般法規 彙成一通 以爲恪遵之也 議政人員 另選以人"에 따라 官制의 개혁 및 정비와 법률 개정을 목적으로 校典所가 설치되었다.

154 『承政院日記』 建陽 2년 (음) 2월 21일(양력 3월 23일)조 참조. 이에 의하면 3월 23일 校典所總裁大員으로 議政府議政 金炳始, 宮內府持進官 趙秉世 · 鄭範朝, 副總裁大員으로 議政府贊

직임에 대하여 왕당파뿐만 아니라 외국인 고문들까지도 『독립신문』과 서재필을 불온시하여 『독립신문』은 더욱 미움을 받게 되었다.[155]

국왕과 친러수구파 정부는 이미 1897년 8월에 미국공사관에 『독립신

---

政 金永壽 · 朴定陽 · 尹容善 · 外部大臣 李完用, 校典所委員으로 고문관 李善得Charles W. Legendre, 具禮Clarence R. Greathouse, 柏卓安J. McLeavy Brown과 徐載弼이 임명되었다. 이에 따라 1897년 4월 12일 오후 2시에 慶運宮 안의 외국공사 휴게소에서 朴定陽 · 尹容善 · 李完用과 徐載弼을 비롯한 외국인 고문들이 참석한 가운데 제1차 회의를 열고 朴定陽을 임시의장, 徐載弼을 叅書官으로 하여 전문 16조 부칙 5조로 된「校典所議事規則」을 제정하고 매주 월요일과 목요일 오후 2시에 校典所定例會議를 개최하기로 결정하였다. 제2차 회의는 1897년 4월 15일 오후 2시에 慶運宮에서 개최되어 朴定陽을 校典所副主席(主席은 議政府議政의 자동직)으로 선출하고, 知事員으로 金嘉鎭 · 權在衡 · 李采淵 · 成岐運 · 高永喜 · 尹致昊 · 李商在를 선임하였으며, 記事員으로 金重漢 · 韓昌洙 · 金圭熙 · 徐廷稷 · 高義徑 · 朴鎔圭 · 權柔燮 등을 선임하였다. 제2차 회의는 朴定陽의 주재 아래 徐載弼이 叅書官이 되어 官制 조사위원으로 尹容善 · 高永喜 · 李商在 · 李采淵 · 브라운 등을 임명하고, 刑律 조사위원으로 朴定陽 · 金嘉鎭 · 成岐運 · 權在衡 · 그레이트 하우스를 임명했으며, 官制 조사보조위원으로 金圭熙를, 刑律 조사보조위원으로 權柔燮을 임명하였다. 또한 국한문 기록위원에는 金重漢을, 英文 기록위원에는 朴鎔圭를 임명하고 우선 官吏任免制度부터 개혁하기로 결의하였다. 『독립신문』, 제2권 제37호, 1897년 3월 30일자「논설」; 『독립신문』, 제2권 제48호, 1897년 4월 24일자「교전소 의사규칙」; 『독립신문』, 제2권 제49호, 1897년 4월 27일자「교전소 제1기 회의일기」 및「교전소 제2기 회의일기」; 『독립신문』, 제2권 제51호, 1897년 5월 1일자「교전소 3호 회의일기」 참조. '校典所'는 영문으로 'Royal Commission for revision of Laws'라고 명기되었다. 校典所에 대한 英文 보도와 해설로는 *The Independent*, Vol. 2, No. 47, April 22nd, 1897, 'The Proceedings of the Royal Commission for Revision of Laws'; *The Independent*, Vol. 2, No. 48, April 24th, 1897, 'Second Session'; *The Independent*, Vol. 2 No. 49, April 27th, 1897, 'The Third Session of the Commission for Revision of Laws' 참조. 徐載弼은 朴定陽을 추대하여 校典所를 주도하면서 독립협회 계통의 개혁파를 知事員과 記事員으로 대거 입소시키고 제도와 볍률의 대대적 개혁과 군주권에 대한 제한을 가하여 민권을 신장시키는 개혁을 시도하였다. 이것이 徐載弼이 중추원고문으로서 취임한 이래 행한 거의 유일한 정부 활동에의 참여였으며, 徐載弼은 校典所의 역할에 큰 기대를 걸고 『독립신문』에도 校典所 관계기사를 대서특필하였다. 그러나 중도적 수구파들까지도 이를 백안시하고 金炳始 · 趙秉世 · 鄭範朝 · 金永壽 등은 한 번도 회의에 참석하지 않았으며, 고종도 이를 기피하여 제4차 회의는 열어보지도 못하고 유산되었다. 『독립신문』, 제2권 제55호, 1897년 5월 11일자「잡보」는 다음과 같이 보도하였다. "교전소에서는 벌써 열흘 동안을 회의도 못 하였으니 이것은 다름이 아니라 위원들이 모두 사직들 한 이가 많이 있고 또 정부에서든지 인민들이 교전소를 지탱하여 무슨 일이 성취되는 것을 원하지 아니하는 모양 같은 고로 다 흥을 잃고 가는 사람도 많고, 있는 사람 중에도 오지 아니하는 이가 많이 있으니 아마 교전소는 자연이 속병이 들어 쉽게 죽을 모양이더라."

155 『尹致昊英文日記』 1897년 7월 2일조 참조.

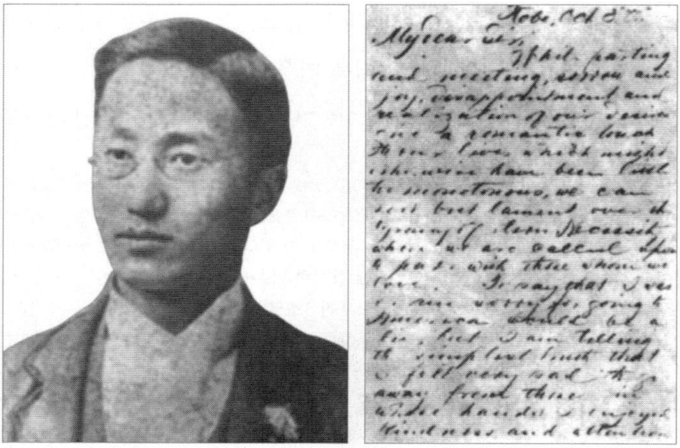

청년시절의 윤치호와 그의 영문 일기

문』의 폐간을 요청했으며, 국왕과 내부內部는 온갖 방법으로 독립협회의 독립문 건립까지도 방해하기 시작하였다.[156] 이제 서재필과 『독립신문』은 위협과 탄압의 대상이 된 것이었다.[157]

물론 『독립신문』에 대한 탄압의 배후에는 제정러시아측의 압력과 공작이 있었다. 1897년 9월 7일 웨버 공사의 후임으로 도착한 러시아공사 스페이어는 제정러시아의 남하정책을 방해하는 제1인자가 서재필과 『독립신문』이라고 보고 이를 극도로 증오했으며, 『독립신문』을 미국 신문에 불과하다고 매도하였다. 제정러시아측이 『독립신문』을 얼마나 증오했는지는 스페이어와 윤치호의 다음의 대화에서도 추측할 수 있다.[158]

156 『尹致昊英文日記』 1897년 8월 5일조 참조.

157 『독립신문』, 제2권 제9호, 1897년 10월 7일자 「논설」; 『독립신문』, 제2권 제149호, 1897년 12월 16일자 「논설」; 『독립신문』, 제2권 제150호, 1897년 12월 18일자 「논설」에서는 특히 그간의 『독립신문』에 대한 위협과 탄압 내용의 일단이 설명되어 있다.

158 『尹致昊英文日記』 1897년 9월 20일조 참조. 윤치호는 이날의 일기에서 "Speyer's out spoken dislike of the Indepedent seems to have already done its work"라고 하면서 러시아측의 『독립신문』 탄압공작이 본격화되었음을 확인하였다.

윤 : 이곳 사태를 어떻게 보는가?

스페이어 : 최악의 사태이다. 10년 전보다도 더 악화되어 있다.

윤 : 웨버 공사가 좀더 강경했었으면 하고 생각하는데…….

스페이어 : 나도 그렇게 생각한다. 그는 너무 약했다. 나는 그렇지 않음을 보게 될 것이다. 이곳에는 여러 가지 어리석은 일들이 많다. 내가 이곳을 떠나기 전까지 미국당이 없도록 만들 것이다. 미국당은 미국에 남아 있어야지 한국에 남아 있어서는 안 된다. 서재필의 신문은 미국 신문이다. 독립협회 · 독립문 · 독립공원 등은 모두 말도 안 되는 짓들이다.

서재필 추방공작은 국제적 규모로 전개되었다. 제정러시아측은 스페이어 공사로 하여금 한국에서 국왕과 수구파 내각을 조종하면서 서재필 추방공작을 강력하게 전개했으며,[159] 주미러시아공사 캐시니 백작은 미국 대통령에게 서재필을 소환하라고 내청하였다.[160] 일본측은 『독립신문』이 일본의 대對한국침략정책에 저항하는 신문이고 그들의 『한성신보』와 경쟁하는 신문이라 보고,[161] 서재필 추방공작을 열심히 전개하였다. 일본정부는 그들의 고문으로 있는 미국인 윌리엄스를 내세워 미국정부에 서재필 추방을 요청하였다.[162] 미국정부도 한국 · 러시아 · 일본측의 요청을 받고

---

159 『尹致昊英文日記』 1897년 10월 12일조에서 윤치호가 스페이어에게 서재필과의 관계를 개선하라고 권고했을 때 스페이어는 다음과 같이 그의 추방 결의를 표시하였다. "But he does show it. Then the King dislikes Jaisohn very much. I have so far never thought of mentioning Jaisohn and his bad influence to the King because his Majesty hates him so much. I never saw the King so indignated as when he spoke of Jaisohn. The King's face became red with anger-pacific and quiet though he be. No, as yet, I haven't done or said anything against Jaisohn. But, if he continues to act as foolishly as he has been acting puffing himself up as if he were the most learned man in the world, I shall see that he will go back to America which he loves so well 〔……〕 Jaisohn may be able to kill a few Russian and me but he will find that the Russian hand is on Corea and that it is a strong hand."

160 『徐載弼博士自敍傳』, p.219 참조.

161 『駐韓日本公使館記錄』 機密本省往信 1896년(明治 29년) 5월 30일조 「機密」 제38호 '漢城新報ノ補助金增額ニ關スル件' 참조.

162 『徐載弼博士自敍傳』, p.219 참조.

서재필 추방에 동의하게 되었다. 특히 미국공사 알렌Horace N. Allen은 고종으로부터 여러 차례 후한 뇌물을 받고 고종에 아첨하여 서재필의 출국을 재촉하였다.[163] 미국 역시 각국의 이권을 반대하는 서재필을 불온시한 것이 틀림없다. 서재필의 회상기에도 미국인들이 그를 가리켜 '돈키호테'라고 조소하면서 당시 서울에 거류하던 미국인들도 서재필에게 그만 단념하고 미국으로 돌아가라고 권고했다고 기록하였다.[164]

대한제국정부에서는 친러수구파 조병식趙秉式이 외부대신이 되자 1897년 12월에 제정러시아측과 결탁하여 마침내 미국공사관측과 서재필 추방을 위한 본격적 공작을 전개하였다.[165] 외부대신 조병식은 1897년 12월 13일자로 미국공사 알렌에게 조회하여 서재필은 미국정부에서 초빙한 것도 아니고 미국정부가 추천한 것도 아니므로 계약기간이 만료되기를 기다릴 것도 없이 중추원고문에서 해고할 터이니 서재필의 계약서를 즉시 회수하여 보내줄 것을 요청하였다.[166] 이것은 한국정부가 정식으로 미국측에게 서재필 추방을 통보한 것이었다. 또한 외부대신 조병식은 1897년 12월 14일 농상공부에도 조회하여 서재필을 이미 해고했으니 『독립신문』도 폐간케 해줄 것을 다음과 같이 요청하였다.

> 新聞本意가 專爲開擴聞見이어늘 近見獨立新聞하니 虛實相混하야 語涉失實할 뿐 아니라 該社員 徐載弼에 顧問之任을 現已解免하였으니 該員의 刊行하는 新聞도 一應撤廢지라. 貴通信局에 傳飭하야 該新聞寄付接受하는 約書를 收銷함이 可하기로 玆에 照會하오니 照諒施行하심을 要함.
>
> 광무 원년 12월 14일

163 『大韓季年史』(상), p.190 참조. 서재필이 출국을 결정한 데에는 미국공사 알렌의 압력이 가장 큰 타격과 영향력을 미친 것으로 보인다.

164 『徐載弼博士自敍傳』, p.219 참조.

165 『尹致昊英文日記』 1897년 12월 13일조 참조.

166 『舊韓國外交文書』 제11권 「美案」 문서번호 1663, 光武 원년 12월 13일조 「照會」 제50호.

議政府議政署理議政府贊政 外部大臣 趙秉式

議政府贊政農商工部大臣 鄭洛鎔 각하[167]

외부外部의 이러한 요청에 따라 농상공부 통신국은 『독립신문』의 우송을 거절하기도 했으며, 지방에서는 『독립신문』의 우편배달이 잘되지 않는 일이 자주 일어났다.[168]

대한제국 외부의 해고 통보에 대하여 서재필은 미만한未滿限의 기간에 대한 봉급이 지불되면 고용계약을 해약하고 출국하겠다는 의사를 밝혔다.[169] 미국공사 알렌은 서재필이 한국정부의 초청에 의하여 고문에 취임된 것이며, 미국정부의 정책은 정부 사신이 외국에 고문을 추천하지 않는 것임을 상기시키고 미만한의 봉급을 지불하면 출국하겠다는 서재필의 의사를 전달하였다.[170] 외부대신 조병식은 알렌의 이 회답을 중추원의장에게 알리고 서재필이 해고되었음을 통고했으나,[171] 중추원에서는 서재필의 고용계약서를 돌려받거나 봉급을 지불하여 해고한 확증을 보내줄 때까지는 해고된 것으로 간주할 수 없다는 회답을 보내왔다.[172] 외부대신 조병식은 중추원에 서재필의 고용계약서는 미국공사관에 재촉하여 돌려받도록 할 터이니 미만한의 봉급은 중추원에서 탁지부에 요청해줄 것을 재촉하였다.[173] 그러나 중추원에서는 서재필이 이미 해고되었으니 미만한 연봉은 예에 따라 준비할 터이나 전액이 금년도 예산에 들어가 있지 않고 또한 예

167 『農商工部來去文』, 外部 편, 제2책, 光武 원년 12월 14일조 「照會」 제27호.

168 Channing Liem, *America's Finest Gift to Korea; The Lifteof Philip Jaisohn*, New York, 1952, p.56 참조.

169 『尹致昊英文日記』 1897년 12월 18일조 참조.

170 『舊韓國外交文書』 제11권 「美案」 문서번호 1664, 1897년 12월 14일조 No. 22 F. O. '中樞院顧問 徐載弼解雇의 件 回答' 참조.

171 『外部中樞院來去文』, 外部 편, 제1책, 光武 원년 12월 23일조 「照會」 제2호 참조.

172 『外部中樞院來去文』, 外部 편, 제1책, 光武 원년 12월 25일조 「照覆」 참조.

173 『外部中樞院來去文』, 外部 편, 제1책, 光武 원년 12월 27일조 「照會」 제3호 및 光武 2년 1월 3일조 「照會」 제1호 참조.

비금이 부족하니 면담하여 상의한 후 해결하지 않을 수 없다고 회답하였다.[174] 이제 서재필 추방은 미만한의 봉급을 지불하는 문제로 귀결되었다. 외부대신 조병식은 이에 미국공사관에 미만한의 봉급을 연봉으로 분할하여 지급토록 하든지 일시 지급할 경우에는 일정 금액을 공제해줄 것을 요청했으나,[175] 미국공사관측은 즉각 이를 거절하였다.[176] 서재필의 해고는 이제 기정사실이 되고, 남겨진 것은 대한제국정부가 미만한의 봉급을 준비하는 문제만 남게 되었다.

서재필의 추방이 확실해지자 『독립신문』 인수 문제가 대두되었다. 서재필은 독립신문사의 모든 시설을 현금 5,000원에 내놓고, 인수 조건으로 편집인은 자기가 지명하는 인사로 해야 한다는 것을 내세웠다.[177] 이것은 서재필의 출국 의사가 결정되었을 때 윤치호가 국문판 『독립신문』을 자기가 편집할 수 있게 해줄 것을 서재필에게 내청했으므로,[178] 서재필이 윤치호나 그가 신뢰하는 미국인을 편집인으로 지명하여 『독립신문』을 계속케 하려고 한 조치인 것으로 보인다.

『독립신문』 인수를 희망한 나라는 제정러시아, 일본, 한국 등이었다. 당시 『독립신문』의 사회적 비중과 영향력에 비춰볼 때 『독립신문』을 누가 인수하느냐는 매우 중대한 문제였으므로 『독립신문』 인수를 둘러싸고 3자가 대립하게 되었다.

제정러시아측은 서재필에게 10,000원을 지불하고 독립신문사를 인수할 것을 제의하였으나, 편집인을 서재필이 지명하는 인사로 해야 한다는 조

174 『外部中樞院來去文』, 外部 편, 제1책, 光武 2년 1월 18일조 「照覆」 제3호 참조.

175 『舊韓國外交文書』 제11권 「美案」 문서번호 1682, 光武 2년 1월 17일조 '顧問官徐載弼解雇後年俸計上의 件' 참조.

176 『舊韓國外交文書』 제11권 「美案」 문서번호 1683, 1898년 1월 18일조 No. 30(29) F. O. '中樞院顧問 徐載弼解雇의 件 回答' 참조.

177 『尹致昊英文日記』 1898년 3월 27일조 참조.

178 『尹致昊英文日記』 1897년 12월 18일조 참조.

개화파 정부가 대여해준 서재필의 주거 가옥(동그라미 안)

건을 반대하였다. 서재필도 독립신문사를 제정러시아측에 판매하는 것보다는 굶는 편이 낫다고 하여 이것은 이루어지지 않았다.[179]

일본측은 『독립신문』의 매수에 매우 적극적이었다.[180] 당시 주한일본 대리공사 가토 마스오加藤增雄는 서재필 해고 논의가 있은 1897년 12월에 외무차관으로 승진한 고무라 주타로小村壽太郎에게 『독립신문』의 매수를 청의했고, 고무라가 매수교섭을 훈령하자 서재필에 접근하여 교섭하려고 시도하였다. 서재필은 일본대리공사 가토에게 『독립신문』의 판매조건으로 ① 판매가격은 자산목록에 따라 7,393원으로 하되 이 중에서 가옥(사옥)의 대금 3,000원과 신문대금 미수금액 1,500원은 양도대금에서 공제해도 무방하므로 현금지불액을 4,000원으로 하고, ② 주간으로는 서재필이 지명하는 인사로서 당시 한성사범학교 교사였던 호머 헐버트Homer B. Hulbert

179 『尹致昊英文日記』 1898년 4월 6일조 참조.

180 일본측의 『독립신문』 인수 교섭에 대해서는 崔埈 교수의 勞作 「독립신문 판권과 한 · 미교섭」, 『중앙대학교 논문집』, 제13집, 1968 참조.

의 동생인 아처 헐버트Archer B. Hulbert를 임명해줄 것을 요구하였다. 가토는 일본으로부터 친일적 미국인을 파견하여 『독립신문』을 인수케 하고 그를 주간으로 삼는 동시에 헐버트를 그 고용인으로 삼도록 절충하여 서재필의 내락을 받은 다음 구두계약을 맺고 『독립신문』 매수를 본국 정부에 거듭 청의하였다.[181] 그러나 일본외무성은 다시 한 번 교활함을 발휘하

---

181 『駐韓日本公使館記錄』 機密本省往信 1898년(明治 31년) 1월 15일조 「機密」 제3호 '獨立新聞買收ノ件' 참조. 이것은 귀중한 자료이므로 전문을 인용하면 다음과 같다(崔埈 교수의 논문에도 거의 전문이 실려 있다).

機密 第三號

西 外務大臣閣下 加藤辨理公使

獨立新聞買收ノ件

韓政府中樞院顧問ニシテ 獨立新聞ノ主幹タル米人トクトルジェーソンハ其新聞紙 ニ於テ韓國內外ノ事情ニ關シ常ニ忌憚ナク所信ヲ發表致候結果一方ニ於テ 一般ノ感情ヲ收攬シタルト同時ニ 一方ニ於テハ 施政當局ノ嫌疑ヲ買フニ至リ 間々其行動上ニ妨害ヲ被ル形勢ニ 陷リ 氏ガ故國ニ對スル折角ノ衷心モ之ヲ實現スルニ處 ナキニ至ラン事ヲ慮リ候 新聞紙上 表シツツアル新聞ヲ 今ニ至リ發刊セン事ハ之ヲ爲スニ忍ビス 去リトテ之ヲ韓國ノ利益ヲ思ハサル者ノ機關ト爲リシ事ハ 更ニ忍ヒサル處ナルヲ以テ 種々苦心ノ末 遂ニ該新聞繼續方ニツキ 本官ハ內議政來候 尙ホ同氏ハ昨年限リテ 該新聞トノ表面ノ關係ヲ斷ツ事ニ致度旨申出候然ルニ該新聞紙ハ其讓渡時ノ條件ト今前繼續ノ方法次第ニテハ 我ニ於テ引キ受クルモ格別ノ費用モ要セスシテ政略上有益ノ機關ヲ得ル儀ト思考致候ニ付進テ巨細ノ條件ヲ相尋候處 其讓渡代金ハ總計金四千圓ニシテ 之方拂込ミハ一回ナリ二回ナル當方ノ便宜ニ任シ差支ヘナ

又徐氏ニ代リ主幹ニ充ツベキ者ハ 近者或米國新聞ノ通信員トシテ來韓シ尙當地ニ於テ何者職業ヲ求メツツアル一米人「ハルバルト」ナル者ナリ 同人ハ着韓早々ノ事ニシテ未夕東洋ノ事情ニ通曉ズルニ至ラサルモ 其實兄ハ韓國ニ住スル事既ニ十餘年國語國情ニ精通シテ現ニ當政府ノ師範學校ニ教員タリ且ツ熱ルナル當局獨立ノ希望者ナルヲ以テ 其實際ニ於テハ前日同樣 新聞事業ヲ保助スベキニ付 此人物ヲ推選致度旨申出候ニ付 不取敢一五七號電報ヲ以テ小村次官宛右新聞讓受ノ件ニ關シ御意見ヲ伺ヒ 候處一〇〇號 □□□□□□□□□□□□御回答接シ候

依テ更ニ步ラ進メ協議中 韓政府ハ空然徐氏顧問ヲ解雇シ 之ニ退去ヲ爲サシントシテ 米公使ヘ公然ノ照會ヲ送リ 次テ新聞郵送ニ關スル政府ノ特許ヲ回收シ 曾テ皇帝ヨリ下賜セラシタル新聞社用家屋ノ返附タ命シ顧問官ノ支拂ヲ停止スル等 徐氏ヲ究逐スル事益甚キ横樣有之加フルニ年末ニモ近奇リ 從テ氏カ兼テノ希望通リ 本年限リテ新聞トノ關係ヲ絕ツノ時期モ切迫シ來候ノ事情アリテ徐氏ハ當方トノ相談ヲ速力ニ結着シ度シト申出候

折柄露人ハ一方ニ於テ徐氏ノ究逐ニ加擔ニツツ 一方ニ於テハ新聞買收ヲ 計劃致居候趣探知候ニ付 去月二十二日一六五號ヲ以テ申進候處一〇二號回覽ニ接シ候 然ルニ契約書ニ當館ノ關契ヲ露出致候儀ハ甚タ面白カラサル狀態ニ有之候ヲ以テ 相當ノ代人ヲ求メ度シト相考候得共日本人ニ代任ルシムル事又タ慊セナキ能ハス 徐氏ハ後任主幹トシテ推薦シタル「ハルバルト」

여 서재필에게는 『독립신문』을 매수하겠다고 허위로 약속하면서, 한편으로 서재필 몰래 극비리에 한국정부에게 『독립신문』을 매수하도록 공작할 것을 훈령하였다.[182] 이것은 일본측이 『독립신문』을 러시아측이 매수하지 못하도록 견제하면서 자기들도 매수하지 않고 한국정부로 하여금 매수케 하여 폐간시필 것을 획책한 것이었다.[183]

---

自身ニモ實際ノ關係ヲ公然知ラシメサル方將來ノ運動上便利ナラント 申居候儀ニ候得バ他ノ外國人ヲ以テ代表セシムル事 猶更面白カラス

依テ徐氏ニハ口頭ヲ以テ引受ノ事ヲ約束シ 不取敢「ハルバルト」ハ徐氏ノ雇人トシテ傭聘シ置キ同人ノ月給ハ當方ヨリ交付スベキ儀申聞ク 尙ホ右新聞引受ニ關スル公然ノ手續ハ 日本ヨリ相當ナル米人ヲ當地ニ出張セシメテ之ヲ結了シ「ハルバルト」ハ該米人ノ雇人トシテ更ニ雇聘セシムルユトセバ好都合ナラントノ考ヲ申述候處 徐モ之ヲ以テ最良方法ト思考 候趣ニ付先ツ右樣相談相纏メ置候

前陳ノ事情ニ候得バ兼テ第一六五號電信ヲ以テ 申進候通リ相當ノ米人本邦ヨリ 御派遣上成候上右新聞引受ノ相談ヲ結了爲致度候間尙至急何分ノ 詮議相成度萬一右樣相運ビ難キ 事情ニ有之候ハバ責メテハ書面上ニテ 徐氏ト在本邦一米人ノ間ニ讓渡ノ契約ヲ訂結致候事ニ 致度ク思考致候

將右徐氏解雇問題ハ未決ニシテ今後如何相成候哉豫知シ難キモ 若シ韓國政府ニ 於テ之ヲ斷行スルニ於テハ 同氏ハ傭聘年限內向フハケ年ニ對スル俸給額二萬四千圓ノ支佛ヒヲ 得テ今春溫暖ノ候ニ至リ一時去國致趣ニ付此邊御含置相成度 此段申進候 敬具

追テ 獨立新聞財産目錄幷ニ今後ニ於ケル收支費用豫算一通 徐氏ヨリ提出候ニ付供御參考候尤モ財産目錄中第一項家屋ノ代金三千圓ト新聞代金未收領千五百圓トハ讓渡代金 ヨリ控除シテ差支ナキ旨申居候將又社用家屋モ追テ韓政府トノ關係決定致過ハ依然使用シ居リテ 差文ナキ趣ニ有之候

明治三十一年一月十五日

(附 資産目錄 · 月費豫算 · 歲入豫算, 이 책 p.50 및 p.55 참조)

182 『駐韓日本公使館記錄』 機密省往信 1898년(明治 31년) 5월 23일조「機密」 제20호 '獨立新聞買收ノ件' 참조.

183 일본측이 『독립신문』을 매수하겠다고 먼저 나섰다가 매수하지 않기로 결정한 것은 처음부터 매수 의사가 없으면서 ① 처음에는 제정러시아측의 『독립신문』 매수를 두려워하여 이를 막는 방법으로 일본측의 매수를 교섭하다가 러시아측의 매수 가능성이 희박하다고 판정되자 매수공작을 중지하였고, ② 『독립신문』 매수가 대한제국정부를 자극하여 對韓外交上 損失을 가져오지 않을까 우려하였으며, ③ 서재필의 條件附 讓渡로 미국인이 주간으로 되어 완전한 일본의 정책신문이 되기 어렵고, ④ 그들의 침략정책 대변지였던 『漢城新報』가 적자를 보고 있었으므로 이를 강화하는 방향으로 정책을 고정하고, ⑤ 『독립신문』은 대한제국정부에게 매수토록 공작하여 한국인으로 하여금 한국인의 입을 막아버리는 것이 최선의 방법이라고 판단한 것으로 보인다. 崔埈 교수는 앞의 논문에서 ① 대한정부의 반발을 고려한 점, ② 러시아측의 견제를 주원인으로 들었다.

서재필은 대한제국정부로부터 1898년 4월 26일 미만한의 봉급을 지불받아 출국 준비를 완료했으므로 어리석게도 다시 한 번 일본공사 가토에게 구두계약을 실행해줄 것을 요청하였다. 가토는 4월 27일 본국에 조회하고 4월 29일 매수 거절의 회전을 받자 이를 서재필에게 통고하면서 다시 한 번 허위로 『한성신보』의 보조금 중에서 일부를 떼어 『독립신문』을 보조하겠다고 약속하였다.[184] 서재필도 이것만은 믿지 않았으리라고 추측된다. 일본측의 『독립신문』 매수공작은 이렇게 서재필에 대한 기만극으로 시종하고 말았다.

한편 대한제국정부는 윤치호의 권고와[185] 일본대리공사 가토의 극비 권고에 의하여 『독립신문』의 매수를 고려했으나, 서재필이 추방되면 『독립신문』은 자연히 폐간될 것이라고 보고 매수 권고에 응하지 않게 되었다. 서재필도 정부에 매수되는 것은 폐간되는 것이라고 보고 이를 교섭하지 않았다.[186]

독립신문사의 판매가 이루어지지 않았으므로 서재필은 결국 신문사를 그대로 자기 소유로 남겨둔 채 윤치호에게 인수시켜 계속해서 발간하기로 결정하였다. 윤치호는 서재필이 출국하게 되면 『독립신문』의 국문판 주필을 자기에게 맡겨줄 것을 서재필에게 요청한 일도 있었고, 독립신문사의 인계에 큰 관심을 갖고 있었다.[187] 서재필은 독립신문사를 윤치호에게 인계

184 『駐韓日本公使館記錄』 機密本省往信 1898년(明治 31년) 5월 23일조 「機密」 제20호 '獨立新聞買受ノ件' 참조.

185 『尹致昊英文日記』 1898년 3월 27일조 참조. 윤치호는 沈相薰을 통해 한국정부에 『독립신문』의 매수를 권고하고 자기를 주필로 채용해줄 것을 내청하였다.

186 *The Independent*, Vol. 3 No. 56, May 17th, 1898, 'A Parting Word'에서 서재필은 다음과 같이 썼다. "자연히 다수의 사람들이 내가 출국한 후의 신문의 계속 여부에 관심을 가져왔으며 질문을 해왔다. 한때 최종의 가능한 처리 방법은 신문의 폐간에 있는 것처럼 보였다. 이것이야말로 내가 가장 싫어하는 것이었다. 왜냐하면 특히 국문판의 독자들이 솔직하게 신문의 계속을 자주 요청해왔으며, 이 요청은 구독 신청자의 현저한 증가의 구체적 형태로 표현되었기 때문이다."

187 『尹致昊英文日記』 1897년 12월 18일조 참조.

하기로 작정하고, 1898년 5월 6일 윤치호에게 다음과 같이 말하였다.

아펜젤러

> 그〔서재필―인용자〕는 내게 『독립신문』의 국문판과 영문판을 모두 인수하라고 말했다. 그는 이렇게 말했다. "인민을 위하여, 당신을 위하여 그리고 내 자신을 위하여 그렇게 하시오. 그것은 대사업이며 현 정부 밑에서 협판을 하는 것보다 나은 일입니다. 러시아인들이 나에게 10,000원에 신문사를 팔라고 요청하고 있소. 그러나 나는 신문사를 러시아인에게 파는 것보다는 굶는 편이 낫습니다. 당신이 신문사의 책임을 인수하게 되면 정치나 정치적 인물들을 조심하십시오. 신문을 구독해서 최소한 1, 2년만 유지시켜주십시오. 그러면 그 사이에 무슨 변화가 일어날 것입니다.[188]

서재필의 이러한 권고를 윤치호가 수락하자, 서재필은 '독립신문사The Independent Newspaper Company'를 공식적으로 재설립하고,[189] 1898년 5월 11일 서재필과 아펜젤러를 신문사측으로 하고 여기에 윤치호가 주필로 참가하여 독립신문사 운영에 대한 계약이 성립되었다. 윤치호는 향후 1년간 주필 겸 실질상의 관리자로서 연봉 720원을 받도록 하고, 서재필은 형식상의 편집인 겸 소유주로서 연봉 600원을 받도록 했으며, 아펜젤러는 연봉 360원을 받도록 약정하였다.[190] 또한 윤치호가 만일 『독립신문』의 주

188 『尹致昊英文日記』 1898년 5월 6일조. 서재필은 이때 적어도 1~2년 후에는 정세가 변동하여 다시 귀국할 수 있으리라는 기대를 가졌던 것으로 보인다.

189 *The Independent*, Vol. 3 No. 56, May 17th, 1898, 'A Parting Word' 참조

190 『尹致昊英文日記』 1898년 5월 11일조 참조. 이때 아펜젤러가 어떠한 직책으로 참가했는지는 분명치 않으나 『駐韓日本公使館記錄』의 기밀보고서는 아펜젤러를 '客員'으로 입사시킨

필을 사임하는 경우에는 4개월 전에 서재필에게 이를 통지하도록 약정하였다.[191]

또한 서재필은 『독립신문』이 계속 발행되는 것을 확실히 해놓기 위해, 독립신문사의 인쇄시설을 배재학당 안에 있는 감리출판소에 임대lease해 주었으며, 국문판과 영문판 『독립신문』이 자기가 발행했을 때와 처음부터 똑같이 인쇄되어야 한다는 것을 조건으로 내걸었다.[192] 이 때문에 윤치호가 『독립신문』을 인수한 이후에는 독립신문사의 인쇄시설로 『독립신문』의 국문판과 영문판뿐만 아니라 기독교 관련 출판물들도 인쇄하게 되었다.

『독립신문』의 운영에 관한 계약이 성립되자 서재필은 안심하고 출국할 수 있게 되었다. 그간 서재필의 미만한의 봉급 문제에 대해서는 대한제국 정부는 예산 관계로 해마다 분할하여 지급할 것을 원해 1898년 예산에 연봉 3,600원을 계상하고 이를 지불코자 하였다.[193] 그러나 주한미국공사 알

---

것이라고 보고하고 있다. 『駐韓日本公使館記錄』 機密本省往信 1898년(明治 31년) 5월 23일조 「機密」 제20호 '獨立新聞買受ノ件' 참조.

191 『尹致昊英文日記』 1899년 1월 9일조 참조.

192 *The Independent*, Vol. 3 No. 56, May 17th, 1898, 'A Parting Word' 참조. 서재필이 독립신문사 인쇄시설을 감리출판소에 임대해준 이유에는 두 가지가 있었다. 첫째는 친러수구파가 『독립신문』을 박해할 것을 예상하고 최악의 경우에도 『독립신문』이 계속 발행될 수 있도록 확실하게 해놓기 위한 것이요, 둘째는 인쇄시설의 임대료를 규칙적으로 받아 독립신문사의 재정과 운영을 안정시키려는 것이었다. 그러므로 서재필 출국 후에는 『독립신문』뿐만 아니라 많은 기독교 관련 인쇄물이 독립신문사의 인쇄시설로 인쇄되었다. 물론 서재필이 국내에 있었을 때에도 『그리스도신문』은 독립신문사에서 인쇄되었으나, 그의 출국 후에는 더욱 많은 기독교 관련 출판물이 독립신문사의 인쇄시설로 인쇄되었다. 1898년 11월 4일 독립협회 지도자 17명이 체포되고 독립협회가 해산령을 받았을 무렵에 한동안 독립신문사 인쇄시설을 감리출판소 안에 일시적으로 옮겨 놓았다가 그 후 사태가 안정되자 다시 독립신문사 사옥으로 옮겨 놓은 것 같은데, 어디로 옮겨졌든지 간에 그 인쇄시설은 독립신문사의 인쇄시설이었다. 그러므로 종종 『독립신문』이 감리출판소에서 인쇄되었다고 착각하는 경우가 생기는 것과는 정반대로 사실은 감리출판소가 자기의 인쇄시설 외에 또 독립신문사 인쇄시설을 임대하여, 독립신문사의 인쇄시설로 기독교 관련 출판물들을 인쇄한 것이다.

193 『外部中樞院來去文』, 外部 편, 제1편, 光武 2년 2월 18일조 「通牒」 제1호 및 光武 2년 2월 24일조 「通牒」 제2호 참조.

렌은 1898년 3월 21일자로 외부대신에게 보낸 공한에서 서재필의 미만한 7년 10개월분의 봉급 28,200원과 여비 600원을 합하여 28,800원을 일시에 한국정부가 지불하면 서재필은 출국하게 될 것이라고 주장하였다.[194] 한화 28,800원은 미화 14,400달러(금본위 환산)에 해당되는 막대한 금액이었다.[195] 미국공사 알렌이 봉급과 여비의 일시 지불을 조건으로 서재필의 추방을 공식 보증한 것이므로 대한제국정부는 이를 수락하여 봉급을 지불할 준비를 하였다.[196] 대한제국정부는 1898년 4월 25일 봉급과 여비 지불에 대한 최종 결정을 보고,[197] 4월 26일에는 서재필에게 미만한 7년 10개월분의 봉급 28,200원과 여비 600원 합계 28,800원 중에서 『독립신문』 창간 때 미리 지급한 3,000원과 당시 서재필의 가옥 구입을 위해 미리 지급한 1,400원을 공제한 24,400원을 지급하였다.[198] 미국공사 알렌도 서재필이 위의 금액을 영수했음을 확인하는 공한을 4월 26일에 보내왔고, 이와 함께 서재필 고용계약서도 동봉하여 보내왔다.[199]

서재필은 독립신문사 운영에 관한 계약이 성립된 직후인 1898년 5월 14일 오전 11시에 30여 명의 독립협회 대표들이 울며 환송하는 가운데 용산에서 선편으로 인천을 거쳐 고국을 떠났다.[200] 갑신정변 때는 4흉의 하나로

---

194 『舊韓國外交文書』 제11권 「美案」 문서번호 1711, 1898년 3월 21일조 '美人顧問 仁時德 · 徐載弼等 薪水 및 旅費請求의 件' 참조.

195 『駐韓美國公使館報告 *Communications to the Secretary of State from U.S. Representatives in Korea*』, H. N. Allen, No.101. 1898년 4월 27일조 'Dismissal of Dr. Jaisohn, An American Adviser to the Korean Government' 참조.

196 『外部中樞院來去文』, 外部 편, 제1편, 光武 2년 3월 24일조 「照會」 제3호 참조.

197 『外部中樞院來去文』, 外部 편, 제1편, 光武 2년 4월 25일조 「照會」 제4호 참조.

198 『度支部來去案』, 外部 편, 제15책, 光武 2년 4월 28일조 「照會」 제4호, 光武 2년 4월 29일조 「照覆」 제15호 및 『外部中樞院來去文』, 外部 편, 제1책, 光武 2년 4월 26일조 「照會」 제3호 참조.

199 『舊韓國外交文書』 제11권 「美案」, 문서번호 1724, 1898년 4월 26일조 No. 47. F. O '徐載弼雇約繳還의 件' 및 문서번호 1725, 光武 2년 4월 29일조 '徐載弼雇約文領收의 件' 참조.

200 『尹致昊英文日記』 1898년 5월 14일조 ; 『독립신문』 제3권 제57호 1898년 5월 19일자 「잡보」 참조.

쫓겨 천세환千歲丸이라는 배 밑에 숨어서 총총히 망명길에 올랐던 서재필이 이번에는 전 국민의 뜨거운 환송을 받으며 영웅이 되어 고국을 떠난 것이다.[201]

서재필의 출국과 함께 『독립신문』의 운영은 5월 12일부터 윤치호가 맡았다. 윤치호는 『독립신문』을 인수한 소감을 다음과 같이 공개했다.

> 내가 『독립신문』을 인수한 유일한 이유는 모든 가능한 방법을 다하여 오직 그 발행이 계속되어야 한다는 확신 때문이다. 『독립신문』의 국문판과 영문판을 통한, 특히 국문판을 통한 서재필 박사의 사업은 아무리 높이 평가해도 과하지 않다. 국문판을 통해서 그는 압박받는 한국인들에게 모든 인간이 태어날 때부터 평등하다는 사실—그것이 앵글로색슨이나 라틴 민족의 이론이기 때문이 아니라, 그것이 천부의 것이며 보편적인 이론이기 때문에 진리인 사실—을 가르쳐주었다. 그는 한국인들에게 그들이 국왕과 양반들을 위하여 짐을 지는 가축

---

201 서재필은 1895년 12월 26일 귀국할 때 빈손으로 돌아왔다가 1898년 5월 14일 출국할 때는 독립신문사를 그대로 남겨두고도 24,400원의 거액을 가지고 갔다. 이 부채는 3·1운동 직후에 독립운동을 위해 사재를 모두 팔아서 76,000달러를 모두 독립운동에 투입함으로써 충분히 청산하였다. 이때 그는 미국에서 병원 외에도 60~70명의 종업원을 둔 문구점과 분점들을 가지고 있었는데, 부인의 반대를 무릅쓰고 이들을 모두 독립운동에 바치고 파산하였다. 여기서 그의 헌신적 애국심과 인품을 볼 수 있다. 이 사실을 고려하면 이때 그가 가져간 24,400원은 비난할 만한 것이 되지 못한다고 말할 수 있다. 이에 대해서는 『徐載弼博士自敍傳』, pp.252~260 참조.

이 사실은 그의 다른 회상록인 『滯美五十年(徐載弼博士手記)』, 閔泰援, 『甲申政變과 金玉均』, 國際文化協會, 1947, 부록 「回顧甲申政變」 수록, p.93에서 다음과 같이 알 수 있다. "己未年 三月一日에 大韓獨立萬歲 소리는 국내 방방곡곡에 들리고 해외에 흩어져 있는 정치적 망명객들도 국내 민중에 호응하여 각기 그 재조를 다하여 조국 광복에 일제히 궐기하였다. [……] 나도 3년 가까이 이 활동에 나의 시간과 재산을 모조리 바쳤다. 그리하여 나는 사실상으로 파산되고 말았다. 無一文하게 된 나는 이제 와서는 나의 가족의 부양 때문에 다시 무슨 일이고 하지 않을 수 없게 되었다. 다시 상업을 경영하자 하여도 자본이 없었다. 유일한 방도는 한번 더 의학을 연구하여 학문과 기술이 아울러 시대에 뒤지지 않게 함이었다. 그리하여 나는 펜실베이니아대학에 연구생으로 들어가서 2년간을 硏攻하였다. 1932년에는 웨스트버지니아 주의 찰스톤에 있는 어느 병원에 초빙되어 그곳으로 옮겨가서 2년간을 집무하였다. 불행히 그해 늦은 봄에 나의 건강은 말이 못되어 보양과 회복으로 펜실베이니아 메디아로 돌아오지 않을 수 없었다."

과 같이 부림을 당하는 우마가 아니며, 不可讓의 권리들과 번영은 우연히 길에서 줍는 것이 아니라 오랜 노력과 연구와 투쟁을 통하여 획득되는 것이라는 사실을 가르쳐주었다. 그는 한국인들에게 그들이 만일 이러한 권리들과 번영을 향유하기를 원한다면, 그들은 이를 위하여 일해야 하며, 아니 투쟁해야 하며, 아니 싸워야 한다는 사실을 가르쳐주었다. 한편 외국인들은 『독립신문』의 영문판을 통하여 '이 중추적인 아름다운 아침의 나라this pivotal Land of Morning Freshness' 에서 매일 일어나는 사건들의 충실한 기록을 알았다. 〔……〕

서재필 박사는 이제 떠나야 한다. 『독립신문』도 떠나야 할 것인가? 『독립신문』의 필요성이 여전히 존재하고, 우리가 그것을 절실히 느끼는 한, 우리는 『독립신문』을 계속하지 않으면 안 된다.[202]

『독립신문』은 윤치호의 관리하에 계속 크게 발전하였다. 윤치호는 『독립신문』의 국문판 논설을 직접 쓰면서 『독립신문』의 논조를 서재필이 주필로 있을 때와 같은 보조로 이끌고 나갔다. 윤치호는 당시 독립협회의 회장대리(1898년 8월 28일부터는 회장)로서 독립협회를 지도하는 한편, 『독립신문』의 발전을 위하여 헌신적으로 정열을 기울였다.[203] 『독립신문』 영문판 *The Independent*의 발간에는 언더우드 등 일부 선교사들이 윤치호에게 협조하지 않아 약간 난관에 부딪히기도 했으나, 윤치호는 이러한 문제들을 잘 극복해나갔다.[204]

윤치호의 관리하에서 『독립신문』이 크게 발전한 사실 중의 하나는 1898년 7월 1일부터 『독립신문』이 주 3회의 격일간 발행에서 일간지로 발전한 것이다.[205]

---

202 *The Independent*, Vol. 3 No. 57, May 19th, 1898 'An Honest Confession' 참조.

203 『尹致昊英文日記』 1898년 6월 8일조, 6월 9일조 및 6월 25일조 참조.

204 『尹致昊英文日記』 1898년 5월 23일조 참조.

205 「獨立協會長 尹致昊氏」, 韓末政客의 回顧談(3), 『東亞日報』 1930년 1월 13일자 所收에서, 윤치호는 스스로 그가 『독립신문』을 인수한 이후에 가장 크게 발전을 이룩한 사실로 『독립신문』을 일간지로 만든 점을 들었다. 최준 교수가 「독립신문 판권과 한 · 미교섭」에서 지적한 바와 같이 『독립신문』이 일간으로 발전된 것은 주간으로 발간되던 『협성회회보』가 1898년 4

뿐만 아니라 『독립신문』은 명실공히 독립협회의 기관지(또는 대변지)가 되어 수구파 정부의 정책을 신랄하게 비판하고, 탐관오리들을 규탄했으며, 독립협회의 자주민권자강운동을 적극적으로 지원하였다. 친러수구파들의 기대와는 달리 서재필 추방 후 『독립신문』은 폐간되거나 위축되기는커녕 도리어 독립협회의 민족운동이 발전하는 것과 보조를 같이하여 창간 이래 가장 눈부신 발전을 하였고, 가장 전위적으로 민족의 권익과 민중의 권리를 옹호하여 날카로운 필봉을 휘둘렀다.

서재필도 그가 떠난 이후에 『독립신문』이 계속해서 발전하는 것에 만족하고, 모든 방법을 다하여 『독립신문』을 계속 유지, 발전시켜달라는 편지를 보내왔다.[206]

그러나 1898년 12월 25일 정부의 기습적 무력탄압에 의하여 독립협회가 강제해산당하자 『독립신문』도 큰 시련에 부딪히게 되었다. 무엇보다도 먼저 큰 문제가 된 것은 독립협회 회장이며 독립신문사 주필인 윤치호가 그의 부친 윤웅렬의 주선에 복종하여 덕원부사德源府使 겸 원산감리元山監理로 임명되어 원산元山으로 떠나게 된 사실이다. 윤치호가 서울을 떠나게 됨으로써 『독립신문』은 다시 새 주필을 구할 수밖에 없었다.[207]

## 6. 『독립신문』의 폐간

『독립신문』 주필 윤치호는 1898년 12월 25일 독립협회와 만국공동회가 해산당한 직후, 아펜젤러와 의논한 다음 12월 28일에 우선 영문판 *The*

---

월 7일부터 『매일신문』으로 제목을 바꾸어 일간지로 발전한 데 크게 자극을 받은 것으로 보인다. 『매일신문』은 한국 최초의 일간지였다. 『독립신문』의 직접적 영향하에서 발간된 『협성회회보』가 일간지로 발전한 사실은 최초의 민간지인 『독립신문』으로 하여금 서둘러 일간지로 개편하는 것을 크게 자극하였을 것이다.

206 『尹致昊英文日記』 1898년 11월 9일조 참조.

207 『外部來文』, 議政府 편, 제2책, 光武 3년 1월 24일조 「通牒」 제10호 참조.

*Independent*를 당분간 휴간시키기로 결정하였다.[208] 그 이유는 10월 말 이후부터 윤치호가 독립협회와 만민공동회의 자주민권자강운동에 참가하는 데 바빠 신문사를 비우고 영문판 *The Independent*를 잘 돌보지 못했으며 교정도 주로 콥Cobb과[209] 때로는 아펜젤러에 의존하는 형편이었기 때문이었다. 그러나 그보다도 더 중요한 이유는 독립협회 지도자들과 『독립신문』에 대하여 다가올 정부의 탄압에 대비해서 윤치호가 국외로 망명하거나 지방으로 정배되어 서울을 떠나게 될 것을 전제한 때문이었다고 생각된다.[210]

윤치호는 1899년 1월 7일 자기가 덕원부사 겸 원산감리로 내정되었다는 통지를 받고, 『독립신문』에 대해 두 개의 처리 방안을 생각하였다. 하나는 『독립신문』을 자진해서 정간하거나 판매하는 것이요, 다른 하나는 독립신문사가 법률상 미국시민으로 되어 있는 서재필의 소유로 등록된 것을 활용하여 미국공사의 보호를 요청해서 신문 발간을 계속하는 것이었다.

윤치호는 1899년 1월 9일 오후 2시에 아펜젤러를 방문하여 『독립신문』 문제를 의논하였다. 이때 이미 정부는 법부고문 그레이트하우스Clarence R. Greathouse, 具禮를 아펜젤러에게 보내 독립신문사의 판매가격을 탐문해 간 후였다. 이 사실을 아펜젤러로부터 들은 윤치호는 자기가 『독립신문』 발간을 포기하지 않을 수 없음을 설명하고, 독립신문사를 판매하는 것이 현 상태에서는 최선의 길이라고 주장하였다.[211]

---

208 『尹致昊英文日記』 1898년 12월 28일조 참조.

209 *The Independent*, Vol. 3 No. 20, February 17th, 1898, 'Local Items'에 의하면 콥은 1898년 2월에 서울에 도착한 감리교회 선교사로 배재학당의 감리출판소 일을 담당하도록 파견되었다고 한다. 이때 윤치호가 영문판 신문의 일을 돌보지 못했으므로 그가 독립신문사에 와서 영문 교정을 보는 등 윤치호를 도와준 것으로 보인다.

210 『尹致昊英文日記』 1898년 12월 28일조 및 1899년 1월 7일조 참조. 윤치호는 1월 7일에 그가 德源府使 겸 元山監理로 임명되었다는 통지를 받고는 제일 먼저 『독립신문』의 문제를 걱정하였다.

211 『尹致昊英文日記』 1899년 1월 9일조 참조. 이때 아펜젤러가 그레이트하우스에게 응답한

윤치호는 그 길로 미국공사 알렌을 방문하여 정부의 「신문조례」가 공포되는 경우에 독립신문사가 법률상 미국시민의 소유라는 점에 의거해서, 미국공사가 『독립신문』의 국문판과 영문판을 보호해줄 의사가 있는지 타진하였다. 그러나 이것은 부질없는 행위였다. 미국공사 알렌은 이미 고종 및 수구파와 긴밀히 결탁되어 있었으며,[212] 서재필로부터 『독립신문』과 윤치호를 보호해달라는 요청 편지를 받고 거절하는 답장을 보낸 후였다. 미국공사 알렌은 윤치호에게 재산상의 피해 이외에는 기사 한 조각이나 한국인 독립신문사 사원은 누구도 이를 보호해줄 수 없다고 냉혹하게 거절하고, 오히려 현 상태에서는 한국인은 신문을 경영하지 못할 것이니 윤치호도 독립신문사와 손을 끊고 『독립신문』을 자진해서 정간하라고 권고하였다. 그는 미국인이 윤치호를 계승하여 『독립신문』을 운영하는 것도 반대한다고 잘라 말하였다. 알렌은 윤치호에게 『독립신문』을 자진해서 정간할 것을 강력하게 주장한 것이었다.[213]

---

독립신문사의 가격은 서재필이 출국 전에 정했던 7,000원이었으며, 여기서 사옥의 가격은 공제할 수 있다는 것이었다. 당시 사옥 가격은 『駐韓日本公使館記錄』에서 보이는 바와 같이 3,000원이었으므로 독립신문사의 현금판매가격은 4,000원인 셈이었다.

212 『大韓季年史』(상), pp.376~377에서 볼 수 있는 바와 같이, 알렌은 누차 고종(궁중)과 수구파들로부터 뇌물을 받고 그들과 결탁되어 있었으며, 본래 고종에게 獻媚하던 사람이었다.

213 『尹致昊英文日記』 1899년 1월 9일조 참조. 이때 윤치호와 알렌의 대화 원문은 다음과 같다.

T. H. Yun : When the press regulation be out and enforced, will the 'Independent' of both editions claim the legal protection from the American Legation on account of its being the property of an American citizen?

Allen : Not a particle! If any one should smash up the property, the Legation may protest and claim a damage. But I can extend no protection whatever to any Corean in the office. In a letter, Dr. Jaisohn asked me to protect you and the paper. But I answered him the other day that I could not do so and that I was very glad, for your sake, of the suspension of the paper. As your friend, I advise you not to have any more to do with the paper. A Corean cannot do it—under a government like this.

T. H. Yun : Thanks for your advice–under the circumstances I am afraid I shall not be able to continue the editorship. In my contract with Dr. Jaisohn, I was engaged for one year but that I could resign the position by giving notice to the Company 4

윤치호는 1899년 1월 23일 형식상의 시험을 거쳐서,[214] 1899년 1월 24일 덕원부사 겸 원산감리(1월 21일자)로 공식 임명되자,[215] 바로 『독립신문』으로부터도 공식적으로 떠나게 되었다. 그러나 윤치호가 실질적으로 『독립신문』의 주필직을 떠난 것은 이보다 앞선 1월 초부터로 보인다. 이때 그는 피신한 상태였으므로 독립신문사에 전혀 출근하지 못했으며, 실제로는 아펜젤러가 나서서 『독립신문』을 관리하였다. 윤치호는 '몰라요'[216]라는 필명으로 논조를 써보내기는 했으나 실질적으로 『독립신문』을 편집할 수는 없었다.[217] 이것은 『독립신문』에는 큰 타격이었다. 뿐만 아니라 정부는 독

---

monthes beforehand. Now, in August, when there were troubles on account of the Krien and O'Niel affair, I wrote to Dr. Jaisohn and tendered my resignation. Four monthes have passed. Should I discontinue the paper, would I be responsible before the law for any breach of faith?

Allen : No, that is if you have received an answer from him acknowledging that receit of your notice.

T. H. Yun : O yes, I got a letter from him begging me not to resign but to keep the paper up as long as I could.

Allen : If so that is all right, you are free to leave the work any time you want to. By the way I hope no American, at least, will take up the job.

『尹致昊英文日記』 1899년 2월 2일조에 의하면, 미국공사 알렌은 윤치호가 원산감리로 자진 정배 간다는 말을 듣고 윤치호에게 연봉 2,000달러로 미국인 광산에서 일할 것을 권고하였다. 여기서 당시 알렌의 독립협회와 한국문제에 대한 태도의 일단을 볼 있다.

214 『外部來文』, 議政府 편, 제2책, 光武 3년 1월 23일조 「通牒」 제9호.

215 『外部來文』, 議政府 편, 제2책, 光武 3년 1월 24일조 「通牒」 제10호.

216 *The Independent*, Vol. 3 No. 131, November, 10th, 1898, 'Molayo's Accounts of Recent Events in Seoul' 에 의하면, 윤치호가 '몰라요'라는 필명을 본격적으로 쓰기 시작한 것은 1월 5일 새벽 그에 대한 체포령이 내려진 후 피신한 이후부터라고 생각된다.

217 『독립신문』, 제4권 제3호, 1899년 11월 7일자 「몰라요씨 의견」; 『독립신문』, 제4권 제4호, 1899년 1월 9일자 「교육방법」; 『독립신문』, 제4권 제8호 1899년 1월 13일자 「몰라요씨 의견」 참조. 여기에 독립협회와 만민공동회 해산 직후의 윤치호의 시국관과 당시의 심정이 잘 표현되어 있다. 그는 이 논설들에서 중추원이 國弊民瘼을 바로잡을 생각은 않고 材器可堪者 추천에 동의한 의관을 색출하는 것을 비판하고, 사회 공익을 중히 여기는 교육이 가장 중요한 과제이며, 누가 나라를 팔고 누가 나라를 지키려고 하며, 자유 · 권리 · 자주독립이 무엇인지 우선 국민에 대한 교육 계몽부터 철저히 실시하여야 자주민권자강운동도 성공할 수 있다고 강조하였다.

립협회와 만민공동회가 해산당하자 바로 뒤이어 『독립신문』 등 각종 신문들의 혁신적 논조를 탄압하기 위하여 1899년 1월에 「신문조례」를 제정, 공포하려고 시도했으며, 『독립신문』에 대한 탄압을 강화하였다.[218] 뿐만 아니라 집회규칙을 제정하여 독립협회와 만민공동회의 재기를 근본적으로 막으려고 하였다.[219]

윤치호는 덕원부사 겸 원산감리로 임명되어 공식적으로 『독립신문』의 주필직을 떠나게 되었지만, 『독립신문』은 친러·친일수구파 정부와 미국 공사 알렌이 예측한 것처럼 정간되지 않고 아펜젤러가 『독립신문』 주필로 취임하여 계속 발간하였다. 윤치호는 1899년 2월 10일에 서재필에게 불가피하게 『독립신문』을 떠나게 된 사유를 설명하는 편지를 써서 보냈는데, 그의 양심적 결정에 대한 증인으로 아펜젤러, 알렌, 브라운, 고무라를 들었으며, 작년(1898) 독립신문사의 운영이 재정적으로 성공하여 아펜젤러의 책임하에 서재필의 계좌에 490달러를 예치하였고, 존스G. H Jones가 지난 목요일(1899년 2월 2일)부터 *The Korean Repository*의 지방판을 주간으로 발간하기 시작하여 『독립신문』 영문판 *The Independent*의 뜻을 지속하려 하며, *The Independent*가 다시 새로이 출간할 수 있게 되면 *The Korean Repository*의 지방판은 중단하려 한다는 위로의 말도 함께

---

218 『독립신문』, 제4권 제20호, 1899년 1월 27일자 「신문규칙」; 『독립신문』, 제4권 제24호, 1899년 2월 1일자 「잡보(신문조례)」 참조. 친러수구파 정부는 독립협회를 강제해산시킨 다음 바로 1899년 1월에 「集會 및 協會規則」과 「保安條例」를 제정하여 집회와 결사의 자유를 제한하고 독립협회와 만민공동회 및 기타 각종 협회의 재조직을 금지시켰으며, 뒤이어 「신문조례」 초안을 작성하여 『독립신문』을 비롯한 각종 신문의 언론 자유를 제한하는 법규를 재정하려 하였다.

219 『매일신문』, 제1권 제200호, 1899년 1월 6일자 「잡보」 참조. "의정부에서 일전에 신문조례와 회규칙을 새로이 만들어 내부로 보내었는데 회규 사연을 대강 들은즉 개회를 하려면 미리 그 사전에 경무관에게 통지하여 경무관이 회중에 으레 와서 있는데 이십 세 못된 사람과 여인과 외국 사람은 회에 참례치 못하고 재판소 법률에 관계된 일과 사람의 명예를 공연히 손상하는 말은 일절 못하고 다만 연설할 것은 지식을 발달할 학문상 말만 하는데 회규에 어기면 경무관이 그 회원을 퇴회를 시키고 만일 항거하면 잡아다 혹 육 개월 혹 오 개월을 감금을 하고 벌금을 이백 원을 물린다더라."

써서 보냈다.[220]

윤치호가 서울을 출발하여 동해안을 따라서 선편으로[221] 원산에 도착한 것은 3월 5일이었으며,[222] 공식적으로 덕원부사 겸 원산감리에 착임한 것은 3월 6일이었다.[223] 윤치호가 『독립신문』을 떠난 후 『독립신문』의 변천을 간추려보면 다음과 같다.

『독립신문』은 아펜젤러가 주필로 취임한 후 정부를 비판하는 논조를 현저히 완화하고 주로 온건한 계몽적 논설들을 게재하였다. 그러나 이것은 독자들과 구독립협회 및 만민공동회 회원들을 실망시켜 『독립신문』의 사회적 지위를 저하시키는 작용을 했을 뿐, 정부의 탄압을 완화시키지는 못하였다. 예컨대 『독립신문』 1899년 3월 30일자 「잡보」에서 '구목늑탈邱木勒奪'이란 제목으로 수구파 관료 이인영李寅榮이 평민의 재목材木을 늑탈한 사실을 보도했는데,[224] 한성재판소는 이인영의 고발을 빙자하여 독립신문사 안에서 기자를 체포했으며,[225] 이것은 외교상의 문제가 되어 미국공사의 항의까지 받게 되었다.[226] 뿐만 아니라 그 사이 정부는 독립신문사를 인수하기 위하여 여러 차례 공작을 시도하였다.

---

220 『尹致昊英文日記』 1899년 2년 10일조 참조. 이에 앞서 윤치호는 『독립신문』을 떠나는 자기의 입장에 충고와 동의를 구하기 위하여 1월 7일에 라이드G. F. Reid, 1월 9일에 아펜젤러와 알렌, 1월 25일에 라이드, 2월 2일에 브라운과 알렌을 방문했으며, 2월 3일에는 일본공사 가토에게 편지를 써 보냈다. 이들은 모두 서재필과 친교가 많았던 사람들이었다.

221 『尹致昊英文日記』 1899년 1월 24일조에 의하면 윤치호는 심상훈을 통하여 고종에게 외국으로 망명하게 해달라고 요청했으나, 고종은 이를 거절하고 원산감리로 갈 것을 주장했으며, 수구파의 위해를 피하기 위해 선편으로 가도록 하라고 명했다.

222 『尹致昊英文日記』 1899년 3월 5일조 참조.

223 『外部來文』, 議政府 편, 제2책, 光武 3년 3월 6일조 「通牒」 제33호 참조.

224 『독립신문』, 제4권 제68호, 1899년 3월 30일자 「잡보(구목늑탈)」 참조.

225 『皇城新聞』, 제2권 제72호, 1899년 4월 4일자 「雜報(層層事端)」 참조.

226 『舊韓國外交文書』 제11권 「美案」, 문서번호 1975, 1899년 4월 1일조 No. 159 F. O. '獨立新聞社內從業員拿捕에 대한 措處要請' 및 문서번호 1976, 光武 3년 4월 3일조 '照覆' 제35호(同上回答) 및 문서번호 1977, 光武 3년 4월 3일조 「漢城裁判所廷吏의 獨立新聞社員招邀件의 解明' 참조.

독립신문사는 1899년 6월 1일부터 영국인 선교사 엠벌리를 사장 겸 주필로 임명하고 아펜젤러가 동업자로 후퇴하여 퇴세를 만회해보려고 하였다.[227] 그러나 엠벌리는 독립신문사를 효율적으로 관리하고 퇴세를 만회할 능력이 부족하였다. 엠벌리는 독립신문사를 다시 일으키기 위하여 『독립신문』 국문판의 크기를 확대하고 영문판 *The Independent*를 주 2회 간행했으나, 국문판의 논조는 맥이 빠지고 영문판은 오자투성이의 신문을 2주 내고는 중단하였다.[228]

게다가 대한제국정부는 『독립신문』을 탄압하는 수단으로 1899년 7월 18일 독립신문사의 사옥을 반환할 것을 요구해왔다.[229] 독립신문사는 당시 극도의 적자운영 상태에 있었기 때문에 정부의 사옥 반환 요구는 매우 심각한 타격을 주는 것이었다.[230] 당시의 주한미국서리공사 샌드William F. Sands는 7월 21일자 회답에서 서재필에게 이를 조회하여 사옥이 사여賜與였는지 대여貸與였는지 확인한 후 처리하겠다고 응답함으로써 이 문제의 처리를 가까스로 연기시켰다.[231] 대한제국정부가 노린 것은 물론 사옥 반환 그 자체가 아니라 이를 구실로 한 『독립신문』의 매수였으므로, 이 사실

227 *The Independent*, Vol. 3 No. 68, June 14th, 1898, 'Local Items'에 의하면, 엠벌리는 1년 전인 1898년 6월부터 감리출판소의 인쇄시설Printing Plant의 감독Foreman으로 계약 임명되었는데, 이때에도 그가 감리출판소의 인쇄책임자로 있었기 때문에 『독립신문』의 발행을 그에게 의뢰하였던 것으로 보인다.

228 『尹致昊英文日記』 1899년 12월 31일조 참조.

229 『舊韓國外交文書』 제11권 「美案」 문서번호 2028, 光武 3년 7월 18일조 '照會' 제53호(獨立新聞社屋의 返還要求) 참조.

230 『駐韓日本公使館記錄』 機密本省往信 1898년(明治 31년) 1월 15일조 「機密」 제3호 '獨立新聞買收ノ件'에 의하면, 정부는 서재필 재류 시에 이미 서재필에게 독립신문사의 사옥을 반환해줄 것을 요구하였고, 서재필은 이것을 下賜라고 주장하면서도 증거를 제시하지 못하였다. 그가 사옥을 하사받았다고 더 이상 강력하게 주장하지 못한 것은 일본측이 독립신문사를 매수하려 할 때 그 대금 중에서 사옥가격 3,000원은 공제할 수 있다고 했을 뿐만 아니라 대한제국정부와의 교섭 여하에 따라 사옥을 계속 사용할 수 있다고 조건을 제시한 데서 볼 수 있다. 정부측은 독립신문사 설립자금과 마찬가지로 사옥도 대여로 취급하였다.

231 『舊韓國外交文書』 제11권 「美案」 문서번호 2032, 1898년 7월 21일조 No. 182 F. O. '徐載弼回信後에 獨立新聞社屋의 決定要求에 대한 回答' 참조.

이 서재필에게 전달되었을 때, 서재필은 독립신문사를 더 이상 유지하기 어렵다고 판단하고 판매를 결정한 것으로 보인다.

외부대신 박제순朴齊純이 미국공사에게 1899년 11월 27일자로 독립신문사 사옥을 반환해줄 것을 재촉하자,[232] 미국공사로 귀임한 알렌은 그동안 대한제국정부측과 서재필 사이에서 중개하여 독립신문사를 대한제국정부에서 매수하도록 알선하였다. 알렌은 미국공사의 12월 4일자 답장에서 독립신문사 사옥과 함께 인쇄시설 일체를 1899년 12월 24일자로 대한제국정부에 양도하겠다고 회답하였다.[233] 대한제국정부는 1899년 12월 4일자로 대금 4,000원으로 독립신문사를 매수하는 데 결국 성공한 것이었다.[234] 대한제국정부의 이용익李容翊이 1899년 12월 9일 4,000원을 미국공사 알렌을 통해 서재필에게 지불함으로써 독립신문사의 매수는 종료되었다. 『황성신문』은 이 사실을 다음과 같이 보도하였다.

> 독립신문의 停刊함은 已報하였거니와 今聞한즉 정부에서 그 기계 鑄字를 4천원에 매수하였는데 이용익 씨가 右 금액을 미공관에 발송하여 該 신문 舊主 서재필씨에게 송전케 하였다더라.[235]

---

232 『舊韓國外交文書』 제11권 「美案」 문서번호 2092, 光武 3년 11월 27일조 '照會' 제114호(獨立新聞社의 讓還의 催促) 참조.

233 『舊韓國外交文書』 제11권 「美案」 문서번호 2097, 1899년 12월 4일조 No. 203 F. O. '獨立新聞社屋讓還要求에 대한 回答' 참조.

234 『尹致昊英文日記』 1899년 12월 31일조. "Korean press throughly gaged. Mr. H. Emberley took the management of the Independent. The English edition appeared weekly very poorly edited in the matter of punctuation and spelling as well as of grammar. Both editions, English and Corean, all stopped in December. The whole plant bought by the Government at I am told $4,000.00. According to a letter from Yi Joon Il. the faithful treasurer in the Independent Office, Mr. Emberley made himself detested by everybody in the office for his vulgarity and brutality. What a pity some missionaries sacrifice their influence for good to their passions" 참조. 독립신문사 판매가격은 1898년 1월 일본측이 독립신문사를 매수하려 했을 때와 동일한 가격임을 알 수 있다.

235 『皇城新聞』, 제2권 제284호, 1899년 12월 11일자 「雜報(獨立報價四千元)」.

皇城新聞

황성신문

『독립신문』은 1899년 12월 4일자(제4권 제278호)로 종간호를 내었다. 대한제국정부는 독립신문사를 매수할 당시에는 아일랜드인 오시John O'shea, 悟時를 주필로 하여 속간하겠다고 발표했으며,[236] 오시가 주필이 되고 나서는 국문판과 영문판을 일간으로 발간한다고 했으나,[237] 정작 독립신문사를 매수한 다음에는 속간하지 않고 폐간시켜버렸다. 독립신문사측은 정부에 신문대금 미수금을 지불해달라고 했으나 거절당했다.[238] 이렇게 하여 1896년 4월 7일 창간 이래 19세기 말의 한국사회에서 한 시대를 주도하여 거대한 영향을 미치면서 계몽적 역할을 수행한 『독립신문』은 1899년 12월 4일자로 완전히 폐간된 것이다.

---

236 『皇城新聞』, 제2권 제280호, 1899년 12월 6일자 「雜報(獨立停報의 續聞)」 참조.

237 『제국신문』, 제2권 제275호, 1899년 12월 7일자 「잡보(독립신문)」. "독립신문 정보하였다는 말은 작일에 기재하였거니와 혹 말하기를 이 신문사를 각항 물건 병하여 정부에서 사서 영국사람 오시씨에게 준다는데 오시씨가 주필이 되고 국문과 영문으로 매일 출간하려 한다더라."

238 『內部來去文』, 外部 편, 제12책, 光武 3년 12월 8일조 「照會」 제26호 및 光武 3년 12월 25일조 「照覆」 제16호 참조. 독립신문사측은 아펜젤러와 엠벌리가 대표가 되어 대한제국정부에게 각 지방의 신문대금 미수금 1,764원 17전을 수납할 수 있게 해주고 內部에서 이 금액을 먼저 청산해줄 것을 미국공사와 영국공사를 통하여 요청했으나 거절당했다. 독립신문사측은 이때 각 도별 미수금표를 첨부하여 제출하였다. 『舊韓國外交文書』 제11권 「美案」 문서번호 2098, 1899년 12월 8일조, No. 204 F. O. '獨立新聞社價未捧分의 內部請價要求' 및 문서번호 2108, 光武 3년 12월 29일조 「照會」 제78호(獨立新聞社未捧分의 請價不能의 回答) 참조.

## 7. 맺음말

지금까지 고찰한 바와 같이 1896년 4월 7일 한국역사상 최초의 민간신문으로 창간된 『독립신문』은 서재필 개인의 업적이 아니라 국내 개화파와 서재필의 합작이었다.

갑오개혁을 추진한 국내 개화파들이 개화정책의 추진과 개화파세력의 강화를 위하여 서재필을 귀국시키고 그를 보호했으며, 그가 외부협판으로서의 입각을 거절하고 국민을 계몽하는 데 종사하기를 희망하자 신문을 창간하도록 합의하였다. 김홍집내각은 서재필의 신문창간사업 활동을 보장하고 지원하기 위해서 그를 실제로 사무가 없는 중추원고문에 임명하여 월 300원의 거액의 봉급과 직함을 제공하였다.

또한 갑오개혁을 추진한 유길준 등의 국내 개화파들은 정부 예산에서 독립신문사 설립자금 3,000원과 서재필의 가옥구입비 1,400원을 지출하도록 했으며, 정동의 정부 소유 건물을 독립신문사 사옥으로 사용하도록 대여하였다.

아관파천이 일어나지 않았더라면 『독립신문』은 서재필을 주필로 한 개화파 정부의 신문이 되도록 구성되어 있었다.

그러나 『독립신문』의 창간 계획이 확정된 며칠 후에 아관파천이 일어남으로써 사태는 급전되었다. 김홍집내각은 하루아침에 붕괴되고, 김홍집·어윤중·정병하 등은 피살되었으며 유길준은 일본으로 망명하였다. 『독립신문』의 창간 계획에는 차질이 일어날 뻔하였다. 그러나 국내 개화파 가운데 남은 건양협회세력과 정동파세력은 계속하여 『독립신문』의 창간 계획과 서재필을 지원했으므로, 서재필은 오히려 더 자유로운 입장에서 이전 김홍집내각과 합의한 신문창간사업을 그대로 계속할 수 있었다. 이때 서재필이 당시의 정세의 불안과 개인적 의욕을 배경으로 정부의 재정자금을 보조금 대여로 생각하고 독립신문사를 자신의 사유기업으로 등록하였다.

그러나 『독립신문』은 실제로는 서재필과 국내 개화파와 합작으로서 아관파천 이전에는 김홍집내각(유길준 및 개화파 인사)과 서재필의 합작이었으며, 아관파천 이후에는 박정양내각(및 개화파 인사)과 서재필의 합작이었으나, 서재필을 통제할 수 없게 정세가 전환되어 서재필이 사유기업으로 등록한 것이었다.

서재필은 정부자금 3,000원으로 일본 오사카에서 2,893원에 해당하는 인쇄기계, 국문 · 한문 · 영문활자 등과 기타 인쇄시설을 구입하고, 정동에 있는 정부가 대여한 건물을 사옥으로 하여, 독립신문사를 창설하고 『독립신문』을 발행하였다.

『독립신문』의 국문판 제작에는 독립신문사의 총무 겸 교보원으로 있었던 주시경이 서재필 다음의 지위에서 이를 분담하였다. 서재필 스스로가 자기를 주필로, 주시경을 국문 조필로 불렀다. 『독립신문』의 논설은 주로 서재필이 썼으나 그 외의 국문판 『독립신문』의 편집과 제작은 주시경이 전담하였다. 『독립신문』은 제작 측면에서도 서재필과 주시경의 합작으로 이루어진 것이었다.

『독립신문』은 비록 법률상으로는 서재필의 사유로 등록되어 처리되었지만 실제 내용은 서재필과 국내 개화파의 합작이었으며, 한국정부의 자금만으로, 한국인에 의해서, 한국인을 위하여, 한국어로 발간된 한국인의 신문이었다. 또한 국내 개화파들이 국민의 계몽을 위하여 자금과 시설과 인력을 공급하고 서재필의 명석한 두뇌와 지식을 빌어 창간한 한국 최초의 민간신문이었으며 민중의 대변지였다.

『독립신문』은 창간 이래 한국사회의 발전과 한국인의 의식 및 사상의 변화에 큰 영향을 끼쳤으며, 커다란 계몽적 역할을 수행하였다. 이러한 역할을 열거하면 다음과 같다.

첫째, 『독립신문』은 당시 한국의 '인민의 개명진보'를 위하여 지대한 계몽적 역할을 수행하였다. 둘째, 언론을 통하여 자주독립과 국권의 수호를 위해서 지대한 역할을 수행하였다. 셋째, 당시 민중의 이익을 대변하고 민권을 보호하고 신장시키는 데 커다란 전위적 역할을 수행하였다. 넷째, 국문 전용, 국문 띄어쓰기, 쉬운 국어 풀어쓰기를 실행하여 민족언어와 문자의 발전에 지대한 역할을 수행하였다. 다섯째, 당시 만연하던 양반 관료의 부정부패와 탐관오리들을 고발하는 데 큰 역할을 하였다. 여섯째, 『독립신문』은 독립협회의 창립을 위한 일종의 사상적 준비작업을 하고, 독립협회의 창립 후에는 그 기관지(대변지)가 되어 독립협회와 만민공동회의 사상 형성과 자주민권자강운동을 지원하는 데 큰 역할을 하였다. 일곱째, 『독립신문』은 1898년의 만민공동회의 운동 지반을 형성하는 데 큰 역할을 하였다. 여덟째, 한국역사상 최초의 민간신문으로 창간되어, 한국민중에게 신문의 사회적 역할과 중요성을 알게 하고, '여론'과 '공론'을 형성하여 사회정치운동을 전개하는 방식을 정립했으며, 광무 초기의 신문과 출판문화의 발흥에 지대한 영향을 끼쳤다. 아홉째, 한국인에게 세계 사정을 빨리 알게 하고 변동하는 국제 정세 속에서 자기 민족의 위치를 인식케 하였으며, 세계 각국의 문물을 소개하여 한국인의 시야를 넓히는 데 큰 역할을 하였다. 열째, 『독립신문』은 당시의 한국 사정을 한국인의 입장에서 세계에 알려 열강들의 한국에 대한 왜곡된 보도와 인식을 고치고 한국인의 의사와 주장을 밝히는 데 큰 역할을 수행하였다.

『독립신문』은 1898년 12월말 독립협회가 해산당한 후 친러수구파 정부의 탄압 속에서 1년을 더 속간하다가 독립신문사가 정부에 매수되어 1899년 12월 4일자로 폐간되었다.

그러나 『독립신문』이 한국인의 사상과 한국사회의 발전에 끼친 계몽적 역할과 영향은 지대했으며, 그것은 19세기 마지막 자주근대화운동을 장식한 하나의 기념비가 되었다(1974년 12월 14일 ; 1975년 9월 25일 추고).

## ●附記

이 논문이 나온 후 필자는 이광린 교수의 노작 「서재필의 『독립신문』 간행에 대하여」(『진단학보』 제39호, 1975)를 읽고 많은 것을 배웠다.

필자는 서재필이 조지워싱턴대학교 의과대학을 차석으로 졸업하고 모교에서 세균학 강사를 했다고 했는데, 이것은 이광린 교수가 논문에서 밝힌 바와 같이 세균학이 아니라 병리학이며 그 직위도 'adjunct professor'가 옳다. 내가 논문을 탈고하여 넘겼을 때는 『윤치호영문일기』 2권과 3권(1893년 8월 14일조 포함 부분)이 아직 출간되지 않은 때라 이를 자료로 사용하지 못하고 국사편찬위원회의 타자본을 일부 복사하고 일부 메모하여 사용했는데 이 부분은 메모 없이 기억에 의존했다가 착오를 저질렀다. 여기서는 세균학을 병리학으로 수정하였다. 'adjunct professor'는 미국의 정규 교수 직급이 아닌 외래 교수나 강사의 예우 직급으로 조교수나 강사가 모두 해당되므로 그대로 두었다(서재필은 실제로 강사Lecturer였다. *The Korean Repository*, Vol.5 No.8, 1898년 8월호 'The Independent Club', p.282. "when he came to korea in the fall of 1895 he was a practising physician in Washington D.C. and lecture in two medical school" 참조).

또한 필자는 유길준과 서재필이 신문 폐간을 합의한 것을 1월 하순이라고 썼는데, 이광린 교수는 『한성신보』를 자료로 하여 1월 20일경이라고 추정하였다. 이것도 이광린 교수의 추정이 더 정확하다고 판단되므로 독자들은 이 날짜를 취하기 바란다.

필자는 『독립신문』을 본격적으로 국내 개화파가 서재필의 명석한 두뇌와 지식을 활용하여 국민과 관료를 계몽하려고 서재필과 합작하여 만든 신문이며, 처음에는 김홍집내각(특히 유길준과 국내 개화파들)과 서재필의 합작이요, 다음에는 박정양내각(및 국내 개화파들)과 서재필의 합작이라고 보았는데, 이광린 교수는 서재필이 윤치호의 협조를 얻어 창간한 것이라고 보았다. 이것은 아직도 필자의 주장이 옳다고 생각한다. 다시 읽어보아도 『윤치호영문일기』와 같이 매우 자세하고 정밀한 일기에 그러한 사실의 기록이 한 줄도 없다. 윤치호가 귀국 전에 신문의 중요성을 강조한 것만으로 그가 『독립신문』의 창간에 참여했다고 단정하기는 어렵다고 본다. 왜냐하면 당시 거의 모든 개화파 인사들은 한결같이 신문의 중요성을 강조하고 있었기 때문이다.

필자는 『독립신문』이 한국정부가 지급한 3,000원의 자금으로 2,893원에 해당하는 독립적 인쇄시설을 구입해다가 독립된 신문사를 설립하여 『독립신문』을 인쇄하고 발간한 것이라고 보았는데, 이광린 교수는 독립신문을 헐버트가 경영하는 배재학당의 감리출판소에서 인쇄했다고 보고 있다. 이 점도 아직 필자의 주장이 옳다고 생각하고 있다. 『주한일본공사관기록』에 수록되어 있는 독립신문사의 '자산목록표'(인쇄시설 · 국문 · 한문 · 영문활자 등)가 무엇보다도 이것을 뚜렷이 증명한다고 생각한다. 혹시 창간호나 초기에는 감리출판소에서 인쇄하지 않았을까 좁혀 볼 수도 있지만 거의 가능성이 없는 일이며 증거자료도 없다. 이 두 가지 기본적 논점은 『독립신문』의 본질적 성격과 관련된 매우 중요한 것이기 때문에 다른 반증자료가 나오지 않는 한 고수하려고 한다. 왜냐하면 독립신문사는 처음부터 한국정부와 서재필이 합작하여 한국정부의 자금으로 만든 한국인의 신문사인데, 정계의 급변과 혼란으로 서재필이 사유기업으로 등록하게 되고 그가 미국시민으로 귀화했었기 때문에 법률상 미국인의 소유로 처리된 것으로서, 만일 미국인 소유인 감리출판소에서 인쇄까지 했다면 이것은 작은 문제가 아니며 『독립신문』의 성격이 달라질 수 있는 것 때문이다. 또한 이것은 사실과도 일치하지 않는다고 본다.

논문은 주어진 자료의 범위 내에서 쓰는 것이기 때문에 만일 새 자료가 나와 필자의 해석에 반증이 나오면 물론 이를 받아들여 수정하겠으며 모든 비판을 감수하려고 한다.

이번에 책으로 묶을 때는 지난 번 논문이 비교적 장문인 데 비하여 항목 설정이 너무 단조롭다고 생각되어 「『독립신문』의 창간」을 「『독립신문』의 창간」과 「『독립신문』의 운영」으로 양분하고, 「서재필의 추방과 그 후의 『독립신문』」을 「서재필의 추방과 그 후의 『독립신문』」과 「『독립신문』의 폐간」으로 양분했으며, 친우들의 비판과 학생들의 질문을 중심으로 각주를 보충하였다(1975년 9월 25일).

‖ 제2장 ‖

# 독립협회의 창립과 조직

## 1. 머리말

독립협회는 19세기 말 열강의 침략으로 말미암아 우리나라의 자주독립이 훼손당하고 민족적 위기가 조성된 시기에 우리나라 사람들이 자주민권자강운동을 전개하여 민중의 힘으로 민족이 당면한 과제를 해결하고 민족적 위기를 타개하여 자주독립을 지키고자 만든 사회단체였다.

최근 여러 곳에서 독립협회에 관한 연구가 진전되어 한국근대사에서 중요한 구실을 한 사회단체의 사상과 운동이 밝혀지고 있는 것은 다행스러운 일이다. 그러나 독립협회의 조직에 대해서는 아직도 관심이 적은 상태이다.[1] 이 때문에 종래 학계에는 독립협회에 대한 약간의 오해가 지배해왔

1 독립협회에 관한 연구논문으로는 ① 李萬甲, 「『獨立新聞』에 나타난 價値觀念」, 서울대학교 문리과대학 東亞文化研究所 東洋學 심포지움 1962년 5월 ; ② 千寬宇, 「六十年 前에 될 뻔했던 國會」, 『新太陽』 제7권 제5~6호, 1958년 5월~6월 ; ③ 崔埈, 「高宗時代 커뮤니케이션 形態의 考察—獨立新聞과 協會를 中心으로」, 『史學研究』 제3호, 1959 ; ④ 朴性根, 「獨立協會의 思想的 研究」, 『이홍식박사회갑기념사학논총』, 1969 ; ⑤ 韓興洙, 「獨立協會의 政治集團化過程」, 『연세대학교 사회과학논집』 제3집, 1970 ; ⑥ 姜在彦, 「獨立新聞・獨立協會・萬民共同會—

다. 독립협회를 창립 초기와 마찬가지로 고급관료클럽으로 보거나, 서울에서의 서재필 · 윤치호 · 이상재 등의 소규모 민권운동클럽으로 보거나, 당시의 청년 참가자들을 그 후의 다른 이유 때문에 마치 독립협회의 고위 지도자로 확대시켜왔다. 그러나 이것은 큰 사실의 아주 작은 일부이거나 또는 작은 사실을 아주 크게 확대시킨 비사실적인 것들이다.

이 장은 독립협회의 창립과, 그 조직이 창립 당시부터 해산 때까지 2년 7개월 사이에 자주민권자강운동의 진전에 따라 고급관료클럽으로부터 민중의 사회단체로 전화한다는 역사적 사실을 단계적으로 밝히기 위해 쓴 것이다. 따라서 여기서는 최고위 간부층과 마찬가지로 중간 간부층 및 일반 주도회원도 중요시하려 하며, 또한 독립협회의 폭을 사실대로 이해하기 위하여 지방지회 및 자매단체와 지지층에 대해서도 관심을 가지려 한다.

## 2. 독립협회의 창립

독립협회는 1896년 7월 2일 처음에는 독립문獨立門과 독립공원獨立公園을 창설하는 사업을 위한 고급관료클럽으로 창립되었다.[2] 서재필이 1895년 12월 26일 귀국하여 1896년 4월 7일 『독립신문』을 창간한 다음, 곧 종래의 영은문迎恩門을 헐어버린 자리에 독립문을 세우고, 모화관慕華館을 개수하여 독립관獨立館과 독립공원을 건립하자는 구상을 뜻을 같이하는 국내 개화파 정치세력에게 제의하였다. 박은식은 독립협회 창립에 대하여 "먼저 서재필이 미주로부터 환국하여 우리나라 독립의 기초를 공고히 하

---

1890年代 後半期におけるブルジョア的 變革運動」, 『朝鮮史硏究會論文集』 제9집, 1972년 3월 ; ⑦ 朴宗烈, 「獨立協會의 民衆啓蒙運動에 대한 考察」, 『춘천교육대학논문집』, 제11집, 1972년 12월 ; ⑧ 柳永烈, 「獨立協會의 民權思想硏究」, 『史學硏究』 제22호, 1973년 6월 ; ⑨ 愼鏞廈, 「獨立協會의 社會思想」, 『韓國史硏究』 제9집, 1973년 3월 ; ⑩ 柳永烈, 「獨立協會의 民權運動展開過程」, 『史叢』 제17 · 18 합집, 1973년 4월 등이 있다.

2 『大朝鮮獨立協會會報』, 제1호, 1896년 11월 30일자 「獨立協會規則」 참조.

고자 하여 독립문과 독립관을 창건하고 독립신문을 발행하여 국문을 순용하며 인사를 모집하여 독립협회를 조직하니 여러 가지 시설이 우리나라 사회의 서광을 실현한 것이다"[3]라고 썼다. 서재필이 독립협회 창립을 구상했을 때 국내에는 그의 견해와 보조를 같이하는 3개의 관료세력이 서재필 귀국 전에 이미 형성되어 있었다.[4]

첫째는 이른바 건양협회建陽協會세력이다. 이들은 주로 온건개화파로 구성된 갑오개혁 정부의 집권 관료들이었으며, 서재필을 귀국시켜『독립신문』의 창간을 지원해준 개화파세력이었다. 이들은 관료층 내에서는 상당히 강력한 세력이 되어 있었으며, 1896년 1월부터는 연호를 건양建陽이라고 고치고 개화정책을 시행하면서 군주를 대군주로 높이고 다시 황제로 높일 것을 계획하였고, 청국에 대한 강력한 자주독립을 추진하던 세력이었다. 이들은 그들의 개화정책을 지원하는 조직으로 1896년 2월 8일 47명의 발기위원이 모여 건양협회를 조직하기로 하고 2월 23일(음력 1월 11일) 정식으로 협회를 발족시킬 예정이었다.[5] 그러나 2월 11일 아관파천이 일어나서 건양협회는 발기인 간부층의 모임 단계에서 유산된 것으로 보인다.[6] 그러나 건양협회세력은 그대로 남아서 상당히 영향력 있는 관료세력으로 존재하고 있었다.

---

3 朴殷植,『韓國獨立運動之血史』제5장「獨立協會之運動」, p.8. "先是徐載弼 自米洲還國欲鞏我獨立之基 倡建獨立門獨立館 發行獨立新聞 純用國文 募集人士 組織獨立協會 種種施設 實現吾國社會之署光矣."

4 文一平,『湖岩全集』, 제1권, pp.208~210에서는 독립협회가 '建陽協會'를 계승한 것으로 설명되어 있고,『徐載弼博士自敍傳』에는 '貞洞俱樂部'를 기초로 하여 만든 것이라고 되어 있으나, 실제는 양자와 그 밖의 독립파 관료를 망라한 것이었다고 보여진다.

5 金允植,『續陰晴史』권8(상권), 國史編纂委員會版, p.391. 建陽 원년 2월 8일조. "八日(二十五日辛卯)〔……〕任外署 赴內閣 往參建陽協會于桂洞織造局 余爲副會長 會者四十七員皆評議員及幹事員也. 發會日字 定以陰曆丙甲正月十一日" 참조.

6 '아관파천'으로 건양협회의 핵심인 兪吉濬은 일본으로 망명하고 金允植은 제주로 유배되었으므로 사실상 건양협회의 발족은 불가능하게 되었다. 그 이후에는 건양협회에 대한 기록이 나오지 않는다. 金允植에 대해서는,『司法稟報』(乙), 法部 편, 제4책, 光武 원년 12월 28일조「照會」제76호 참조.

둘째는 이른바 정동구락부貞洞俱樂部세력이다. 이들은 주로 외교계 관료로서 구성되어 외국 외교관들과 널리 교제하던 관료세력이었다. 문일평에 의하면 정동구락부의 한국인 주요 회원은 민영환閔泳煥 · 윤치호尹致昊 · 이상재李商在 · 서재필徐載弼 · 이완용李完用 등이었고, 외국인 주요 회원은 미국공사 실John M. B. Sill, 프랑스영사 플랑시Collin de Plancy, 한국정부의 고문 다이William M. Dye와 리젠드어Charles W. Legendre, 李善得, 미국인 선교사 언더우드Horace G. Underwood와 아펜젤러H. G. Appenzeller였으며, 한국을 중립국으로 만들기 위해 중립화안을 작성하려는 사교클럽이었다고 한다.[7] 이들은 러시아 · 프랑스 · 미국 · 영국 등의 외국 공사 및 참사관들과 긴밀한 친분관계를 갖고 있으면서 외교통으로 자처했던 것 같다.

셋째는 위의 두 세력에 가담하지 않고 개별적으로 독립개화정책을 지지하던 독립파 관료세력이다. 이들은 중견 관료층으로서 정책 결정의 표면에는 자주 떠오르지 않았지만 실제로는 상당히 큰 세력이 되어 독립개화정책을 추진하는 실무를 담당하고 있었던 것으로 보인다.[8]

독립협회는 이상 3개 흐름의 세력이 모여서 창립되었다. 그러나 위 세 흐름의 세력과 독립협회와의 관계는 창립 당시의 발기위원들에 한정된 것이지 그 이후의 독립협회 조직의 발전과는 별개의 것임을 주의해둘 필요가 있다.

서재필은 독립문 · 독립관 · 독립공원을 설립하는 구상을 실현하기 위해서 자기와 생각을 같이하는 국내 기성 개화세력의 지지를 획득하였다. 서재필은 1896년 6월경 그의 집에서 당시 영향력 있는 개화파 관료들을 초청하여 독립협회 창립과 독립문 · 독립공원 건설을 위한 구체적 준비를 협

7 文一平, 『湖岩全集』, 제1권, pp.195~197 참조. 그러나 『徐載弼博士自敍傳』, p.215에서 서재필은 貞洞派란 金弘集 · 兪吉濬 등이 李完用 · 李允用 · 尹致昊 · 李商在 · 李采淵 등을 지목하여 부른 이름이라고 설명하였다.

8 예컨대 南宮檍 · 吳世昌 · 宋憲斌 · 鄭顯哲 · 沈宜碩 · 彭翰周 등은 건양협회나 정동구락부와는 관계없는 실무자급 독립파세력이었다고 볼 수 있다.

의하였다.[9] 그들은 1896년 7월 2일 중추원 건물을 빌려 독립총회를 열려다가[10] 예정을 바꿔 외부 건물을 빌려 창립총회를 개최하고 정식으로 독립협회를 창립하였다.[11]

1896년 7월 2일의 독립협회 창립총회에서는 회칙(독립협회규칙)을 심의 제정하여 공포하고 임원을 선출했으며, 국민들에게 독립협회 사업의 지원을 호소하는 '독립협회윤고獨立協會輪告'를 채택하였다.

독립협회규칙에 의하여 창립 당시의 기구를 보면 ① 독립문과 독립공원의 창건을 독립협회의 사업 목적으로 확정시키고, ② 임원은 회장 1명, 위원장 1명, 위원 20명, 간사 20명, 서기 약간 명, 회계장 1명으로 하며, ③ 회원은 보조금을 송부한 인원으로 하여 제한을 두지 않고, ④ 회의는 통상회通常會와 특별회特別會로 나누어 통상회는 매주 토요일 오후 2시에 개최하고, 특별회는 서기가 각 회원에게 통지하여 소집하며, ⑤ 모든 안건은 위원이 회의에 제출하여 다수결로 결정하도록 하였다. 독립협회규칙의 전문은 다음과 같다.[12]

독립협회규칙

제1조 본회는 獨立協會로 칭할 사.

제2조 독립협회에서는 독립문과 독립공원 건설하는 사무를 관장할 사.

제3조 독립협회의 직원은 左開한 대로 정할 사.

一. 회장 1인

內에 若干人은 書記 · 掌簿, 看役 등 差備를 掌할 사.

9 『徐載弼博士自敍傳』, p.215 참조. 여기서 그는 독립협회가 그의 집에서 창설된 것으로 회상했으나, 그의 집에서는 발기준비협의를 거듭한 것으로 보인다.

10 『독립신문』, 제1권 제38호, 1896년 7월 2일자 「논설」 참조. 黃玹의 『梧下記聞』에는 독립협회 창립기사가 6월 30일조에 기재되어 있는 것을 보면 安駉壽의 '獨立協會序'와 發起趣旨文을 사전에 회람시킨 것으로 보인다.

11 『독립신문』, 제1권 제39호, 1896년 7월 4일자 「논설」 참조.

12 『大朝鮮獨立協會會報』, 제1호, 1896년 11월 30일자 「獨立協會規則」.

一. 위원장 1인

一. 위원 20인 내외 ┐ 內에 若干人은 書記·掌簿·看役 등 差備를 掌할 사.
一. 간사 20인 내외 ┘

一. 회계장 1인 회원 無定數

제4조 회장은 회의 시에 참석하야 議件에 결재할 사.

제5조 회장이 有實故 시에는 위원장이 임시 代辦할 사.

제6장 회의 시에 의원 중 失儀와 혹 違章하는 자는 경중을 隨하야 혹 벌금 혹 黜會하되 벌금은 1원 이상 5원 이하로 정할 사.

제7조 회의할 시는 매 토요일 오후 2시로 하고, 단 특별회의 시에는 서기로 하여금 각원에게 통지할 사.

제8조 회장 이하 제원이 原定會日 혹 特別會日에 實病實故 외에는 반드시 참석할 사.

제9조 위원장은 위원의 수석이라 회중 대소 사무를 반드시 각 위원의 議를 收하야 회장에게 결재를 청할 사.

제10조 위원장이 유고한 시에는 다음 위원이 代辦할 사.

제11조 위원은 工役의 계획과 제도와 式樣과 圖形과 비용을 의정할 사.

제12조 위원은 何項 사건이든지 각기 의견을 具하야 회석에 제출하야 가부간 다수로 의결할 사.

제13조 각항 비용은 각 위원이 협의하야 위원장을 經하야 회장에게 결재한 후에 회계장이 지출할 사.

제14조 原定會議 시에 지출 및 수납한 文簿를 상세히 수정하야 의석에 供할 사.

제15조 보조금은 수납을 隨하야 은행에 임치하되 獨立協會條로 등기출납할 사.

제16조 회계장은 인장을 另造하야 각항 비용을 출납할 시에 날인서명할 사.

제17조 간사는 대소 사무를 위원의 지휘를 承하야 종사할 사.

제18조 간사는 각항 토목·철석 등물을 구입할 시에 願賣却商工의 打算標를 受集하야 最廉者를 택용할 사.

제19조 간사위원 중에 서기와 장부와 간역 등 각 差備는 회석에 의정하야 塡差 혹 개정할 사.

제20조 회원은 보조금을 송부한 인원으로 정할 사.

제21조 회장은 독립협회대회에 회참할 사.

또한 이 창립총회에서는 다음과 같이 임원을 선출하였다.[13]

고　문 서재필(비공식)

회　장 안경수

위원장 이완용

위　원 김가진 · 김종한 · 민상호 · 이채연 · 권재형 · 현흥택 · 이상재 · 이근호

간사원 송헌빈 · 남궁억 · 심의석 · 정현철 · 팽한주 · 오세창 · 현제복 · 이계필 · 박승조 · 홍우관

서재필은 국적이 미국으로 되어 있어 형식상 외국인이므로 공식적으로는 회원이 되지 않고 고문으로 있기로 하였다.[14] 회장에는 건양협회 계통의 안경수가 선출되었으며, 위원과 위원장에는 건양협회계와 정동구락부계가 안배되었고, 간사원에는 독립파의 중견 관료와 실무자들이 선출되었다. 뒤에 독립협회 회장으로 활약한 윤치호尹致昊는 당시 민영환의 수행원으로 러시아 황제 니콜라이 2세의 대관식에 사절로 파견되어 있었기 때문에 발기위원에 참여하지 못하였다.

또한 이날 독립협회 창립과 동시에 발기위원들이 시범적으로 도합 510원의 보조금을 헌납하고,[15] 다음과 같은 '독립협회윤고'를 채택하여 발송해서 각계의 지원을 호소하였다.[16]

> 敬啓者라 我國이 僻히 一偶에 在하야 壤地가 小함으로 蠷屈龍蟄의 歎이 不無하야 久히 人下에 居한지라 저들 西坰을 瞻할진대 門을 名하야 왈 迎恩이라 하고 館을 명하야 왈 慕華라 함은 何故也오. 오호통재라 此는 有志한 士의 강개 탄식하는 바이러니 천운이 순환하사 昔屈을 今伸하야 아 대조선국이 독립국이 되

13 『독립신문』, 제1권 제39호, 1896년 7월 4일자 「논설」 참조.

14 『大韓季年史』(상), p.146 ; 『民會實記(獨立協會日記)』, p.1 참조.

15 『독립신문』, 제1권 제39호, 1896년 7월 4일자 「논설」 참조.

16 『大朝鮮獨立協會會報』, 제1호, 1896년 11월 30일자 「獨立協會輪告」.

야 세계만방으로 竝肩하니 차는 아 대군주 폐하의 위덕이 曠絶하사 百王에 卓冠하심이요, 아 대조선국의 만고 미증유한 광영이요 아 동포형제 이천만 인구의 금일 適丁한 행복이니 猗歟盛矣라. 然이나 尙今토록 기념할 실적이 無함은 誠一缺典이라. 玆에 公共한 議로 독립협회를 발기하야 전 영은문 遺址에 독립문을 新建하고 前 모화관을 修改하야 독립관이라 하야 舊日의 치욕을 洗하고 후인의 표준을 作코저 함이요, 그 附近地를 曠棄치 못하므로 仍하야 독립공원을 순편 창설하야써 그 문과 관을 보관코져 하오니 盛擧라 아니치 못한지라. 원컨대 그 工役이 浩大하야 巨款을 費하리니 衆力으로 幫成치 아니면 성취하기를 期치 못할 것이요, 아국 신민된 자가 樂聞樂赴치 아니리 無할지라 玆庸函告하오니 조량하오셔 보조금을 다소간에 隨意 송부하시고, 본회 회원에 參入하실 意가 有하시거든 示明하심을 望하나이다.

건양 원년 칠월 일 독립협회

再 보조금은 경성 정동 대조선은행으로 送交하시되 일요일 외에 매일 오전 10시로 오후 3시까지 영수하옵고 독립신문에 광고하겠사옵니다.

이 독립협회윤고에서는 독립문·독립공원뿐만 아니라 독립관 개수 건립이 독립협회의 사업임을 알리고 있다.

『독립신문』은 7월 2일의 독립문과 독립공원 건립을 위한 독립협회의 창립에 대하여 다음과 같은 논설을 게재하여 이를 논평하고 보도하였다.

아마 조선도 차차 되야가나 보다더라. 어찌하여 그렇소. 〔……〕 이달 초이튿날 새 외부에 여러분들이 모여 의론하기를 조선이 몇 해를 청국 속국으로 있다가 하나님 덕에 독립이 되어 조선 대군주 폐하께서 지금은 세계에 제일 임금들과 동등이 되시고 조선인민이 세계에 자유하는 백성들이 되었으니 이런 경사를 그저 보고 지내는 것이 도리가 아니요, 조선 독립된 것을 세계에 광고도 하며 또 조선후생들에게도 이때에 조선이 영영히 독립된 것을 전하자는 표적이 있어야 할 터이오. 또 조선인민이 양생을 하려면 맑은 공기를 마셔야 할 터이요, 경치 좋고 정한 데서 운동도 하여야 할지라. 모화관에 새로 독립문을 짓고 그 안을 공원으로 꾸며 천추만세에 자주독립한 공원이라고 전할 뜻이라. 이것을 할 양이면 정부 돈만 가지고 하는 것이 마땅치 않은 까닭은 조선이 자주독립된 것이 정부에만 경사가 아니라 전국 인민의 경사라. 인민의 돈을 가지고 이것을 꾸며 놓는 것이 나라에 더 영광이 될 터이오.[17]

독립문 · 독립공원 · 독립관 건립을 위한 독립협회의 창립은 각계각층으로부터 즉각 광범위한 호응을 얻었다. 독립협회는 『독립신문』을 통하여 보조금 헌납자를 공고하는 한편, 헌납자가 헌금표에 협회에 가입하겠다는 의사를 표시하면 회원으로 입회시켰다. 그 결과 보조금 헌납자는 거의 전원이 독립협회 회원이 되었다. 또한 입회를 완전히 개방하여 누구든지 임의로 신청만 하면 입회를 허가해주었으므로 회원 수는 급속히 증가하였다.

이와 같이 독립협회는 최초에는 서재필의 발의에 의하여 독립문 · 독립공원 · 독립관 건립을 위해서 당시 서재필의 접촉 범위 내에 있던 고급 관료, 특히 구건양협회 회원 중의 일부와 세칭 정동구락부 관료들과 두 계열에 속해 있지 않던 독립계의 중견 관료들이 중심이 되어 창립된 소규모의 고급관료클럽이었다. 이 때문에 당시 외국인들도 이것을 'Independence Association'이라고 부르지 않고 'Independence Club'이라고 불렀다. 따라서 처음에는 독립협회는 전혀 민중의 사회단체가 아니었으며, 아무리 보아도 고급관료클럽이었다. 그러나 이것은 민중세력이 성장할수록 민중단체로 급속히 전화할 요인을 갖추고 있었다. 특히 다음과 같은 사실을 주목할 필요가 있다.

첫째, 회원 가입이 전적으로 개방되어 있었다는 사실이다. 누구의 추천을 받거나 보증인이 필요한 것이 아니라 누구든지 각자가 헌금표에 가입하겠다고 신청만 하면 접수되어 정회원이 되도록 개방되어 있었다.

둘째, 입회의 목적이 독립문 · 독립공원 · 독립관 건립으로 뚜렷하게 구체화되어 있었고 헌금을 요구했기 때문에, 개방되어 있으면서도 광범위한

17 『독립신문』, 제1권 제39호, 1896년 7월 4일자 「논설」 참조.

민중 속에서 애국적 인사라는 동질성을 가진 인사들을 모을 수 있었다. 또한 협회의 목적이 어느 계층의 이해에도 충돌하지 않는 민족적 사업이었으며 뚜렷한 것이었기 때문에 민중들이 위구심 없이 가입할 수 있었다.

셋째, 독립협회의 운영규칙이 민주화되어 모든 사항을 회원의 과반수 이상의 다수결 결정 또는 위원의 다수결에 의하여 결정하도록 규정했으므로 민중이 다수 입회했을 경우에는 민중의 의사대로 협회를 운영해갈 수 있는 통로가 개방되어 있었다.

넷째, 모든 임원이 회원의 투표에 의하여 선출되었으므로 민중이 다수 회원이 되는 경우에는 그들의 의사에 따라 임원을 선출하고 임명할 수 있었다. 보조금 헌납액의 다소에 관계없이 회원은 1인 1표의 권리를 평등하게 갖도록 하였다.

다섯째, 회칙 제12조는 회원이 위원을 통하여 어떠한 사항이든지 협회의 회의에 상정시킬 통로를 열어두고 있었다. 따라서 독립협회의 목적이 당시 민중의 사회적 요청에 부응하는 것이고 또한 그 목적을 지원할 사회세력이 성장하고 있기만 하면 독립협회는 구조적으로 민중의 사회단체로 전화할 요인을 충분히 갖추고 있었다고 볼 수 있다.

## 3. 조직과 회원 구성

독립협회의 조직은 1896년 7월 2일 창립 때부터 1898년 12월 말 해산당할 때까지 4단계의 발전을 거쳤다고 볼 수 있다.

제1기는 고급관료주도기高級官僚主導期로서 독립협회가 독립문 · 독립공원 · 독립관 건립에 주력하던 시기이다. 1896년 7월 2일부터 1897년 8월 28일까지가 이 시기에 해당한다. 이 시기에는 정부의 개혁파 관료를 중심으로 하여 거의 모든 고급 관료들이 보조금을 내고 회원이 되었으며, 간부직을 맡았다. 민중들이 독립문 건립에 호응하여 광범위하게 참여하기는 했으나 보조금을 헌납한 소극적 참가에 불과했고, 독립협회의 모든 조직은 창립 당시와 마찬가지로 고급 관료의 주도하에 있었다.

제2기는 민중진출기民衆進出期로서 독립협회가 토론회에 주력하던 시기이다. 1897년 8월 29일부터 1898년 2월 26일까지가 이 시기에 해당한다. 이 시기에는 독립협회 내의 일부 간부들이 적극적으로 민중의 계몽에 앞장서서 매주 일요일에 토론회를 개최하고, 자각한 일부 민중들이 적극적으로 토론회에 참여하여, 독립협회 안에 뚜렷하게 민중의 진출이 이루어졌다. 이 시기에 독립협회는 민주적 운영원칙에 의거하여 민중단체로서의 내부 변질이 이루어지기 시작했으며, 독립협회는 확고한 대중적 기반을 갖고 민중의 사회단체가 되기 시작하였다.

제3기는 민중주도기民衆主導期로서 독립협회가 구국선언상소를 하고 본격적인 자주민권자강의 민족운동을 전개하던 시기이다. 1898년 2월 27일부터 1898년 8월 27일까지가 이 시기에 해당한다. 이 시기에는 독립협회가 나라의 독립과 발전을 위한 본격적 사회정치운동을 전개하면서 수구파 정부의 부패와 무능무책을 예리하게 비판했으므로, 고급 관료들은 대부분 독립협회에서 떠나고, 민중과 민중을 대변하는 선각적 지식인들이 독립협회를 주도하였다. 이 시기 독립협회의 조직은 민중이 지배하고 독립협회의 세력도 크게 확장되었다.

제4기는 민중투쟁기民衆闘爭期로서 독립협회가 관민공동회官民共同會를 개최하고, 개혁정부를 수립하며, 의회개설운동을 전개하고, 수구파 관료 및 보부상 단체인 황국협회와 어려운 투쟁을 전개하던 시기이다. 1898년 8월 28일부터 1898년 12월 말까지가 이 시기에 해당한다. 이 시기에는 독립협회의 민중세력이 관민공동회를 전후하여 대승리를 거두어 국가의 자주와 부강이 약속된 듯하다가 일부 수구파 관료들과 황국협회의 반격을 받고 힘겨운 투쟁을 전개하게 되었다. 독립협회는 11월 4일 해산당했다가 만민공동회萬民共同會의 투쟁에 의하여 11월 26일 다시 복설復設되어 황국협회의 공격에 대항해서 처절한 투쟁을 전개하여 재차 승리를 거두었다. 그러나 국왕의 계엄사태와 군대를 동원한 전격적 탄압정책으로 12월 말 협회 자체가 강제해산당하게 되었다. 이때에는 독립협회보다 민중과 만민공동회가 더 적극적으로 선두에 나서서 자주민권자강투쟁을 전개하여 독립협회의 조직은 완전히 민중에 이끌려 다니게 되었다.

이제 이 네 시기의 독립협회 조직의 변화를 간단히 고찰하기로 한다.

### 1) 고급관료주도기

제1기의 고급관료주도기에는 독립문·독립공원·독립관 건립을 위한 보조금 모금운동이 중심이 되었으므로, 독립협회의 조직에서도 보조금 헌납자는 자동적으로 회원으로 가입시키고 거액 헌납자는 위원으로 추대하였다. 수치스러운 사대외교의 상징인 영은문을 헐어버리고 독립문과 독립공원을 세우며 모화관을 독립관으로 고쳐 공사하여 대내외에 자주독립의 의지를 선포하고 독립의 기초를 튼튼히 세우는 것은 각계각층이 모두 기꺼이 적극 참여하는 국민적 쾌거였다. 그러므로 독립협회의 이 사업은 순조롭게 진전되었으며, 이해를 달리하는 각층의 애국심 있는 사람들이 서로 충돌함이 없이 독립협회의 회원이 되었다. 독립협회는 각계각층의 호응이 크자 다음과 같이 협회 조직 내에 개혁파 중견 관료를 진출시켜 1896년 10월 19일 간사원과 위원을 확충시켰다.[18]

고 문 서재필
회 장 안경수
위원장 이완용
위 원 김가진·김종한·민상호·이채연·권재형·현흥택·이상재·이근호·이정재*·유기환*·박기양*·김승규*

18 『大朝鮮獨立協會會報』, 제1호, 1896년 11월 30일자 「獨立協會輪告」 참조.

간사원 송헌빈 · 이건호* · 남궁억 · 심의석 · 정현철 · 팽한주 · 오세창 · 현제복 · 이계필 · 박승조 · 홍우관 · 서창보* · 이근영* · 문태원* · 구연소* · 박용규* · 안녕수* · 이종하*

(*표는 새로 선출된 위원과 간사원)

독립협회는 1896년 11월 21일 오후 2시 수천 명의 회중이 참석한 가운데 당시로서는 실로 전대미문의 성대한 독립문 정초식을 거행하였다.[19] 이날의 정초식에는 회원 · 일반시민 · 정부 각부대신 · 외국 공사 · 영사와 외빈, 각 학교 학도 등 5,000~6,000명이 참석하여 "돈의문 외 서교西郊에 거기운집車騎雲集하고 노약제휴老若提携하야 인산인해"[20]를 이루었다. 독립문 건립사업에는 서울 시민의 호응이 매우 열렬하였다. 뿐만 아니라 왕태자는 1,000원의 거액을 하사했으며, 이에 따라 정부 각 대신들과 모든 관료들이 수십 전에서부터 100원까지 보조금을 헌납하였다.[21] 또한 왕태자는 '독립관'이라는 간판을 국문으로 예서睿書하여 하사했으므로 독립협회는 독립관의 개수가 완료되자 1897년 5월 23일에는 현판식을 성대히 거행하고, 통상회를 매주 일요일 오후 3시에 독립관에서 갖기로 하였다.[22] 이것은 관료층이 독립협회에 가입하는 큰 계기가 되었다.

당시 독립협회의 독립문 건립에 대한 민중과 왕실의 호응은 당연한 역사적 배경을 가진 것이었다. 당시 갑오개혁이 민중의 요청 가운데 하나인 전근대적 수탈의 완화를 가져왔지만 외세의 간섭을 심하게 받아 다른 요청 가운데 하나인 자주독립을 견지하지 못했다. 그러므로 이미 성장한 민중들은 독립협회의 자주독립의 기초를 튼튼히 세우려는 사업을 적극 환영

---

19 『독립신문』, 제1권 제100호, 1896년 11월 24일자 「독립관 연회말」 참조.

20 『大朝鮮獨立協會會報』, 제2호, 1896년 12월 15일자 「會社記」; 『독립신문』, 제1권 제100호, 1896년 11월 24일자 「독립관 연회말」 참조.

21 『大朝鮮獨立協會會報』, 제2호, 1896년 12월 15일자 「會社記」.

22 『독립신문』, 제2권 제61호, 1897년 5월 25일자 「잡보」 참조.

하고 보조금을 헌납하여 독립협회에 참여하였다. 한편 왕실은 독립협회의 사업이 왕실이 명분상 청국에 종속되어 있는 것을 명실공히 철폐하고 왕을 황제로 등극케 하여 왕실의 자주독립을 가져오는 것이기 때문에 이 시기에는 크게 환영하였다.

독립협회의 사업에 대한 민중과 왕실의 양면으로부터의 호응은 독립협회의 조직에 중층구조를 이루도록 반영되었다. 첫째로 왕실과 친위대가 거액의 보조금을 갹출했으며,[23] 친왕파와 수구파 관료들도 대거 독립협회에 들어오고 위원이 되었다. 1897년 5월 23일 왕태자가 하사한 '독립관' 현판식이 있은 후에 공사 이하영李夏榮, 국장 유정수柳正秀, 국장 김중환金重煥, 참장 백성기白性基, 경무사 김재풍金在豊, 협판 민영기閔泳綺, 참령 조병윤趙秉潤 등이 위원으로 추가 선출되어 친왕파와 수구파 관료들이 진출하였다.[24] 또한 1897년 7월 3일에는 탁지부대신 심상훈沈相薰, 법부대신 한규설韓圭卨, 법부협판 이인우李寅祐 등 고급 관료들이 위원으로 선출되었다.[25]

둘째로 민중과 보다 관련이 깊은 중견 관료들과 지식인들이 고급 관료들과 함께 독립협회의 위원으로 진출하였다. 종래 위원과 간사원을 구분하여 간사원을 한층 아래 두던 것을 1897년 7월 18일의 회의에서는 위원과 간사원을 모두 위원으로 통합하고 만일 사무가 있으면 위원 중에서 임시로 할 일을 나누어 맡도록 직제를 개편하였다. 이어서 박정양朴定陽·조병직趙秉稷·이재순李載純·민종묵閔種默·이충구李忠求·고영희高永喜·김각현金珏鉉 등의 고급 관료와 함께, 김유정金裕定·신재영申載永·조병

23 『독립신문』, 제2권 제48호, 1897년 4월 24일자 「부록(친위대 제일연대 보조금)」; 『독립신문』, 제2권 제49호 1897년 4월 27일자 「부록」; 『독립신문』, 제2권 제51호 1897년 5월 1일자 「부록」 참조.

24 『大朝鮮獨立協會會報』, 제12호, 1897년 5월 31일자 「會社記」; 『독립신문』, 제2권 제61호, 1896년 5월 25일자 「잡보」 참조.

25 『大朝鮮獨立協會會報』, 제15호, 1897년 7월 15일자 「會社記」 참조.

교·박세환朴世煥·조성협趙性協·이응익李應翼·오영환·이인용·김영준金永準·윤진석·어윤적魚允廸·박희진·한진창韓鎭昌·김규희 등을 위원으로 선출하여 중견 관료들이 위원으로 진출했다.[26] 그러나 이때에는 독립협회의 조직은 개혁파와 수구파의 고급 관료 주도하에 있었고, 민중은 보조금 헌납 외에는 더 이상 적극적 참여를 할 수 없었다. 민중회원들은 표면에 나서지 못한 채 심층에서 머물러 있었으며, 독립협회는 1년간 창립 당시와 비슷하게 여전히 고급관료클럽으로 남아 있었다.

뿐만 아니라 이 시기에 뒷날 독립협회를 탄압하는 데 가담한 민영기·민종묵·조병식·심상훈 등과 이권양여에 가담한 혐의로 독립협회에서 추방된 이완용 등이 주요한 회원으로 들어와 있었다. 제1기의 독립협회 조직은 각 정파가 혼재해 들어와 있었다고 볼 수 있다.[27]

제1기 말 독립협회의 간부 구성을 정리하면 다음과 같다.

회　장　안경수
위원장　이완용
위　원　김가진·김종한·민상호·이채연·권재형·현흥택·이상재·윤치호·이근호·이정재·유기환·박기양·김승규·이하영·이병무·유정수·김중환·백성기·김재풍·민영기·조동윤·심상훈·한규설·이인우·박정양·조병직·이재순·민종묵·고영희·김각현·이충구·송헌빈·이건호·남궁억·심의석·정현철·팽한주·오세창·현제복·이계필·박승조·홍우관·서창보·이근영·문태원·구연소·박용규·안녕수·이종하·김유정·신재영·조병교·박세환·조성협·이응익·오영환·이인용· 김영준· 윤진석· 어윤적· 박희진· 한진창· 김규희

26 『독립신문』, 제2권 제86호, 1897년 7월 22일자 「잡보」 참조.

27 『尹致昊英文日記』 1897년 7월 25일조에는 이렇게 기록되어 있다. "The Club is a farce. It is a conglomeration of indigestible elements. There are Yi Wan Yong and his gang for the time being by some sort of mutual interest. Then there are Tai Won Kunites, Russianites, Japanites, Royalities and otherites. Each gang group themselves about here and there and an outsider, like myself, find himself out of place."

### 2) 민중진출기

제2기의 민중진출기에 들어오면 독립협회는 1897년 8월 29일부터 '토론회'를 시작하게 되어 민중들이 표면에 나서기 시작하였다.[28]

토론회는 당면한 중요 문제를 하나 주제로 정해놓고 좌우 양편에 찬성대표토론자와 반대대표토론자를 선정하여 토론을 시킨 다음 회중이 토론에 자유로이 참여하여 논쟁을 전개하다가 회중의 투표에 의하여 주제의 가부를 결의하는 방식을 취하였다. 따라서 회중이 적극적으로 토론회에 참여하여 자유로이 자기의 의사를 표시할 수 있게 되었다.

독립협회의 토론회는 국민을 계몽하는 주제뿐만 아니라 정부정책에 대한 신랄한 비판도 포함했으므로 민중은 적극적으로 참여했으나 고급 관료들은 차츰 몸을 도사리고 후퇴하게 되었다. 정부도 당황하여 서재필의 해고와 『독립신문』의 폐간을 시도하였다.[29] 간부들은 처음부터 토론회를 주로 국민의 계몽을 주제로 선택하여 진행시키려 했으나 회중의 토론 내용은 자연히 정부를 비판하는 것이 되기 일쑤였다. 민중은 성장하고 있었으므로 계몽과 함께 정부비판을 자유로이 전개했으며, 토론회를 통하여 독립협회의 표면에 진출하기 시작하였다. 모두 34회에 걸친 독립협회 토론회의 대표토론자로서 토론회를 지도하며 활약한 회원들은 다음과 같다.[30]

독립협회 토론회의 대표토론회원

권재형 · 김규희 · 김낙집 · 김성진* · 김재풍 · 김종환 · 박승봉 · 박승조 · 방한덕 · 백성기 · 안경수 · 우항선 · 유근 · 유기환 · 유영석 · 유정수 · 윤치호* · 윤효정 · 이건호 · 이경직 · 이계필 · 이병무* · 이상재* · 이완용 · 이윤용 · 이종하 · 이충구 · 이채연 · 장태환 · 조민희 · 조병건 · 정항모 · 지석영 · 한규

---

28 『尹致昊英文日記』 1898년 8월 8일조 및 8월 29일조 참조.

29 『農商工部來去文』, 外部 편, 光武 원년 12월 14일조 「照會」 제2호 참조.

30 이 대표토론자는 『독립신문』에 기재된 것만 뽑은 것이다. 『독립신문』에 기재되지 않는 토론자들이 많으므로 실제 대표토론자들은 이보다 훨씬 많았을 것이다.

설 · 한창수 · 현제복
(*표는 2회 이상 대표토론자로 활약한 회원)

토론회를 통한 민중진출기가 시작되자 이것은 독립협회 조직에도 반영되기 시작하여, 민중을 대변하는 신지식층이 독립협회의 간부로 선출되기 시작하였다. 1898년 1월에는 전 군수 김익진, 전 군수 정교鄭喬, 주사 이병목李秉穆, 배재학당 학원學員 주상호周商鎬(주시경), 배재학당 교원敎員 양홍묵梁弘默, 이준일 등이 위원으로 선출되었다.[31]

또한 독립협회의 직제도 대폭 개편되어 위원장제를 없애고 회장 · 부회장 · 서기 · 회계 · 제의提議의 상설직제를 두어 상임집행부의 기구와 권한을 강화하고 이것이 바로 회중과 연결되도록 하였다. 이 시기의 상임집행부 간부들을 보면 다음과 같다.[32]

고 문 서재필
회 장 안경수
부회장 이완용
서 기 정교
회 계 권재형 · 이근영
제 의 이채연 · 이계필 · 이종하
위 원 다수

### 3) 민중주도기

제3기의 민중주도기에 들어오면 독립협회는 1898년 2월 21일 구국선언상소를 한 후 본격적 민족운동을 전개하게 되었다.[33] 이에 따라 독립협회 조직도 민중이 주도하는 체제로 재정비되었다. 독립협회는 이 기간에

31 『독립신문』, 제3권 제3호, 1898년 2월 1일자 「잡보」 참조.
32 『大韓季年史』(상), p.183 참조.
33 『上疏存案』, 議政府 편, 제5책, 光武 2년 2월 22일조 참조.

러시아의 부산 절영도絶影島 석탄고기지石炭庫基址 조차租借 요구 저지, 일본의 절영도 석탄고기지 회수, 러한은행 철거, 러시아 재정고문 및 군사교관 철수, 서재필 재류운동, 생명 · 재산의 자유권 수호운동, 러시아의 목포 · 진남포 조계매도租界賣渡 저지, 프랑스의 광산이권 요구 반대, 독일의 금광이권 요구 반대, 각국의 이권조사와 이권양여 반대, 의학교 설립운동 등 민중의 힘에 기초한 매우 강력한 자주민권자강의 민족운동을 전개하여 대승리를 거두기 시작하였다.

이 구국운동을 전개하기에 앞서 독립협회는 회장 안경수가 정변을 모의한 사건으로 일본에 망명했고 임원의 만기가 되었으므로 1898년 2월 27일 간부진을 개편하여, 회장에 부회장이던 이완용을 선출하고, 부회장에 윤치호, 서기에 남궁억, 회계에 이상재 · 윤효정, 제의에 정교 · 양홍묵 · 이건호를 선출하였다.[34] 그러나 이완용은 독립협회가 민중 주도하에 민족운동을 전개하는 것을 반대하고 3월 11일 전라북도관찰사로 전직하였다.[35] 독립협회는 윤치호를 회장대리로 추대하고 협회조직을 재정비하기 시작했다.

독립협회는 1898년 3월 20일 독립협회규칙 이외에 부칙 33조를 제정하여 회원의 감독을 위한 사법위원과 경찰위원제도를 첨부하였다. 사법위원으로는 안녕수 · 강화석姜華錫 · 홍긍섭洪肯燮 등 3명을 투표로 선출했으며,[36] 서기에는 양홍묵을 역시 투표로 선출했고, 경찰위원은 25명으로 하여 5개서署 관내에 각 5명씩 선출하도록 하였다.[37] 또한 3월 13일에는 회원들에게 회표(배지)를 만들어 배부하도록 하고,[38] 3월 27일에는 독립협회

34 『大韓季年史』(상), p.183.

35 『尹致昊英文日記』 1898년 2월 13일조 및 3월 13일조 참조.

36 『起案』, 法部 편, 제62책, 光武 2년 8월 8일조에 의하면 이들은 회원뿐 아니라 李容翊을 부패관료로 고발하고 있다.

37 『독립신문』, 제3권 제34호, 1898년 3월 22일자 「잡보」 참조.

38 『大韓季年史』(상), p.181 ; 『독립신문』, 제3권 제31호, 1898년 3월 15일자 「잡보」에 의하면,

회중에서 행용할 규칙과 부칙을 1책으로 간행하여, 1,000부를 회원에게 배부하였다.[39] 4월 27일부터는 독립협회 회원들의 명부록을 재정리하여 회원들을 점검하였다.[40]

또한 평의원제도를 채택하여 평의원들이 각 회원의 의견을 받아 의안을 만들어서 회중에 제출하여 토론한 다음 표결에 의하여 운동의 과제를 결정하는 민주주의적 운영방법을 도입하였다.[41] 또한 총대위원제總代委員制를 채택하여 회중이 의결한 안건을 집행할 총대위원을 안건마다 수시로 직선해서 회중의 의사결정이 바로 실행되도록 하는 직접대표제의 민주적 운영방법을 도입하였다.

이 시기의 간부진 구성을 보면 다음과 같다.

고 문 서재필
회 장 이완용(전라북도관찰사로 전직)
부회장 겸 회장대리 윤치호
서 기 남궁억
회 계 이상재 · 윤효정
제 의 정교 · 양홍묵 · 이건호
사법위원 안녕수 · 강화석 · 홍긍섭
사법위원서기 양홍묵(겸)
경찰위원 25명
평의원 다수

---

독립협회 회표는 鄭喬 · 尹孝定 · 崔廷植 등이 회표제조위원이 되어 회표를 銀으로 둥글게 만들어 가운데 국기의 태극을 넣고 그 주위에 국문으로 '獨立協會 忠君愛國'의 여덟 자를 새겨 넣었다. 『尹致昊英文日記』에 의하면 국왕 고종은 독립협회의 회표가 洋式이라고 몹시 싫어하였다고 한다.

39 『독립신문』, 제3권 제37호, 1898년 3월 29일자 「잡보」 참조.

40 『독립신문』, 제3권 제49호, 1898년 4월 29일자 「광고」 참조.

41 『尹致昊英文日記』 1898년 2월 15일조 ; 『大韓季年史』(상), p.212 ; 『독립신문』 1898년 8월 1일자 「잡보」 참조.

그러나 이 시기에는 서재필이 정부의 압력에 의하여 5월 14일 출국당했고,[42] 회장대리인 윤치호는 민중 주도하의 민족운동이 과격하게 될까 두려워하여 소극적이었으므로, 독립협회는 전적으로 일반회원이 주도하여 이끌어갔다.[43] 이 시기에는 고급 관료 회원 대부분이 사실상 협회를 떠났으며, 회의는 간부들의 의사가 하향하는 방법에 의해서가 아니라 회중이 의안을 제출하여 다수결에 의해 채택하도록 상향하는 방법에 의하여 민주적으로 운영되었으므로, 독립협회는 전적으로 민중의 주도하에 놓이게 되었다.

이상재

독립협회 회원들은 1898년 7월 17일 외국에의 이권양여에 간여했다는 이유로 이완용을 회장과 회원에서 제명하여 추방하고,[44] 소극적 간부진들을 독려하면서 눈부신 민족운동을 전개하였다. 그들은 안건마다 총대위원 외에 제소製疏위원 · 봉소奉疏위원 · 기초起草위원 · 선어選語위원 · 사무위원 · 사찰위원 · 접빈위원 등 임시의 위원들을 선출하여 직접 회중의 결의사항을 집행토록 하는 직접대표제의 방법에 의해서 그들의 의사를 바로 행동으로 옮겨 집행하였다. 이 기간에 총대위원 외에 회중의 대표위원으로 활약한 회원을 정리해보면 다음과 같다.[45]

42 『外部中樞院來去文』, 外部 편, 제1책, 光武 2년 3월 24일조 「照會」 제3호 ; 『독립신문』, 제3권 제57호, 1898년 5월 19일자 「잡보」 참조.

43 『尹致昊英文日記』 1898년 3월 10일조 참조.

44 『大韓季年史』(상), p.207 참조.

45 『독립신문』 · 『皇城新聞』 · 『大韓季年史』 · 『民會實記』 · 『尹致昊英文日記』 · 『司法稟報』 등에 기재된 총대위원 및 그 밖의 각종 대표위원들을 정리한 것이다. 위의 자료에 기재되지 않은 총대위원이 있으므로 실제의 총대위원은 이보다 많았을 것이다.

제3기 총대위원 및 그 밖의 대표위원으로 활약한 회원

강화석 · 고의준 · 김구현 · 김낙집* · 김두현* · 김정현* · 남궁억* · 나수연* · 목원근* · 목원형 · 박승봉 · 박승조 · 박언진 · 박제빈 · 박치훈* · 변하진* · 송석준 · 신용진 · 심홍택 · 안녕수 · 염중모 · 오진영 · 유당 · 유맹 · 유석룡 · 윤기진 · 윤치호** · 윤하영 · 윤효정* · 이건호* · 이무영 · 이병목* · 이상재** · 이승두 · 이승원 · 이승만* · 이홍직 · 임병선 · 장붕* · 정교** · 정동명 · 정항모** · 조한우** · 최상돈 · 최석민* · 최정식** · 최정덕 · 한명교 · 한석진 · 현공렴* · 현덕호 · 현제창 · 홍긍섭** · 홍정후**

(*표는 2회 이상, **표는 4회 이상 총대위원 및 그 밖의 대표위원으로 활약한 회원)

### 4) 민중투쟁기

제4기의 민중투쟁기로 들어오면 독립협회의 조직은 또다시 더욱 강화되고 정비되었다. 독립협회는 1898년 8월 28일 임원을 개선改選하여 회장에 윤치호, 부회장에 이상재를 선출함으로써 형식상으로도 완전히 민중을 대변하도록 다음과 같이 개편하였다.[46]

회 장 윤치호
부회장 이상재
서 기 박치훈 · 한만용
회 계 이일상
사법위원 남궁억 · 정교
평의원 이상재 · 남궁억 · 이건호 · 정교 · 방한덕 · 김두현 · 염중모 · 김구현 · 유맹 · 현제창 · 정항모 · 홍정후 · 조한우 · 변하진 · 윤태홍 · 나수연 · 임진수 등 20명

46 『독립신문』, 제3권 제127호, 1898년 8월 30일자 「잡보(협회 임원)」; 『大韓季年史』(상) 9월 이후의 평의원 기술에서 작성함.

이 시기에 독립협회세력은 매우 강대하여 1898년에는 회원이 4,173명에 달하였다.[47] 독립협회는 회원의 입회에 회중의 동의를 구하도록 제약을 가하고,[48] 회원에 대한 감독과 징계도 더욱 강화하였다.[49] 이러한 새로운 조직으로 독립협회는 이 기간 동안 황실호위 외인부대 창설 저지, 노륙법孥戮法 및 연좌법連坐法 부활 저지, 수구파 7대신 규탄과 자강개혁정부 수립 요구, 상권수호운동, 관민공동회 개최, 17명 지도자 석방운동, 독립협회 복설운동, 수구파 5대신 규탄과 자강개혁정부 수립 요구, 헌의獻議6조 실행 요구, 황국협회의 공격 저지, 경선현량更選賢良 요구 등의 운동을 전개하였다.

남궁억

이 기간에 10월 29일의 관민공동회를 통하여 개혁정부의 수립과 의회 개설이 가능하게 되어 독립협회의 자주민권자강운동의 결실이 이루어지려 하자, 국왕과 일부 수구파들이 기습적 반격을 가하여 11월 4일 독립협회 간부 17명을 구속하고 뒤이어 독립협회를 혁파하였다.[50] 이때 구속된 17명과 윤치호 등이 그때까지 민중을 대변하여 독립협회를 이끌어온 사실상의 지도자라고 볼 수 있다. 이때의 독립협회 지도자 17명은 다음과 같다.[51]

47 『大韓季年史』(상), p.364 참조.

48 『독립신문』, 제3권 제137호, 1898년 9월 13일자 「잡보(입회 불허)」 참조.

49 『독립신문』, 제3권 제208호, 1898년 12월 6일자 「잡보(협회 규칙)」 참조.

50 『起案』, 法部 편, 제68책, 光武 2년 11월 5일자 「訓令」 제40호 및 光武 2년 11월 7일조 「訓令」 제41호 참조.

51 『司法稟報(乙)』, 法部 편, 제12책, 光武 2년 11월 10일조 「報告書」 제71호 ; 『法部來去文』, 議政府 편, 제5책, 光武 2년 11월 10일조 「判決宣告書」 참조.

수감된 독립협회 지도자 17명

이상재 · 방한덕 · 유맹 · 정항모 · 현제창 · 홍정후 · 이건호 · 변하진 · 조한우 · 염중모 · 한치유 · 남궁억 · 정교 · 김두현 · 김구현 · 유학주 · 윤하영 · (윤치호 · 최정덕 · 안녕수)

(괄호 안은 체포령이 내렸으나 은신하여 구속되지 않은 회원)

여기에 윤치호 등이 빠진 것은 미리 연락을 받고 숨은 결과이므로,[52] 이 17명에 도피하여 구속되지 않은 윤치호 · 최정덕 · 안녕수를 합하면,[53] 20명이 당시까지 당국의 눈에 비친 독립협회의 대표였으며, 또 실제로 민중을 대변한 지도자들이었다.

정부의 독립협회 대표 17명 구속과 독립협회 혁파는 즉각 민중들의 자발적인 만민공동회 투쟁을 유발했고, 독립협회의 조직에 새로운 요인을 가져오게 하였다. 연일 계속되는 만민공동회를 통해서 신진 청년회원들이 부각되기 시작했으며 회원은 더욱 확충되고 대중적 기반은 더욱 강화되었다. 11월 10일 17명이 석방되고 11월 26일 독립협회가 복설되었을 때에는 민중들이 생각하는 독립협회의 지도자는 훨씬 다수가 되고 신진파의 지도자들이 뚜렷하게 대두하였다. 또한 독립협회와는 별도로 만민공동회가 상설기구로 제도화되어, 처음 윤시병尹始炳이 회장으로 선출되었다가 후에 고영근高永根이 회장으로 선출되었다.

이 민중투쟁기에 독립협회의 총대위원 및 그 밖의 대표위원으로 활약한 회원을 정리하면 다음과 같다.[54]

---

52 『尹致昊英文日記』 1898년 11월 4일조 및 11월 5일조 참조.

53 『大韓季年史』(상), p.290 참조.

54 『독립신문』 · 『皇城新聞』 · 『大韓季年史』 · 『民會實記』 · 『尹致昊英文日記』 · 『司法稟報』 등에 기재된 총대위원 및 그 밖의 각종 대표위원들을 정리한 것이다. 위의 자료에 기재되지 않은 총대위원이 많으므로 실제의 총대위원은 이보다 많을 것이다.

제4기 총대위원 및 그 밖의 대표위원으로 활약한 회원

강찬 · 고영근* · 고의준 · 김가진 · 김교헌 · 김구현* · 김두현* · 김덕구 · 김영수 · 김정현 · 김종한 · 김충섭 · 김효신* · 남궁억** · 민영규 · 민형식 · 박성춘 · 박승목 · 박승봉 · 박언진 · 방한덕** · 변하진** · 손승용* · 신해영* · 안녕수 · 양홍묵* · 염중모* · 어용선* · 유맹** · 유일환 · 유학주 · 윤시병** · 윤이병* · 윤치호** · 윤태흥 · 윤하영** · 이건호** · 이경호 · 이교헌 · 이기선* · 이무영 · 이상재** · 이석령 · 이승만** · 이유승 · 임병길* · 임병웅 · 임상준 · 장붕 · 전규환 · 정교** · 정항모** · 조한우** · 최상돈 · 최정덕** · 최정식 · 태덕윤 · 한만용* · 한석진 · 한치유** · 현공렴 · 현제창* · 홍승하 · 홍재기 · 홍정후**

(*표는 2회 이상, **표는 4회 이상 총대위원 및 그 밖의 대표위원으로 활약한 회원)

이 기간에 급진적 신진 청년층이 두각을 나타내었다는 사실은 11월 29일에 있었던 독립협회가 선거한 17명의 중추원 의관의 구성에도 뚜렷이 나타났다. 이때의 독립협회 소속 중추원 의관을 보면 이 기간에 누가 회중의 신임을 얻고 있었는지 간접적으로 알 수 있다.[55]

1898년 11월 29일의 독립협회 소속 중추원 의관

윤치호(부의장) · 고영근 · 윤시병 · 유맹 · 홍재기 · 정항모 · 최정덕 · 손승용 · 신해영 · 이승만 · 어용선 · 홍정후 · 변하진 · 윤이병 · 양홍묵 · 남궁억 · 현제창 · 윤하영

제4기인 민중투쟁기에는 독립협회의 공식 조직보다도 만민공동회의 자발적 집회가 더욱 중요한 구실을 하였다. 이때에는 일반회원들이 모두 자발적으로 집회를 열어 연일 만민공동회가 열렸으며, 공식 간부가 아닌 회원들도 자발적으로 간부로서의 역할을 담당하였다. 참고자료로 『독립협

55 『中樞院來文』, 議政府 편, 제2책, 光武 2년 12월 15일조 및 12월 24일조 참조.

회연혁략獨立協會沿革略』은 이 시기가 중심으로 되어 있는 것같이 보이는 일반회원의 부서 담당을 다음과 같이 기록하였다.[56]

① **부회장 또는 회장대리급** : 유원표 · 김교헌 · 남궁억 · 유근 · 유맹 · 김석항 · 고영근 등

② **도都총무부장 · 총무장 · 부총무급** : 유맹 · 현채 · 정순만 · 나철 · 양기탁 등

③ **편집부장급** : 장지연 · 윤효정 · 성낙영 · 방한덕 등

④ **총무부과장 및 부장급** : 정운복 · 김재풍 · 정기조 · 윤이병 · 안창호 · 여영조 등

⑤ **재무부과장 및 부장급** : 김명준 · 이승훈 · 서상대 · 신규식 · 서상돈 · 허위 · 송수만 등

⑥ **선전부과장 및 부장급** : 양전백 · 윤익선 · 김복한 · 최동식 · 경광국 · 오기호 · 김인식 · 이승만 · 나수연 등

⑦ **서무부과장 및 부장급** : 이동휘 · 원세성 · 신경식 · 기우만 · 이학순 · 지석영 · 이만도 · 전덕기 · 최영년 · 이학재 등

⑧ **지방부과장 및 부장급** : 기산도 · 안병찬 · 서상팔 · 양재근 · 정응설 · 이종태 · 홍재칠 · 심일택 · 임병항 · 이근우 등

⑨ **내무부 문서부서기장 및 과장 · 부장급** : 이상재 · 신흥우 · 김규식 · 신채호 · 이기현 등

⑩ **간사부과장 및 부장급** : 노백린 · 이동녕 · 백성기 · 신두희 · 이희두 · 이갑 · 어담 · 이병규 · 김명환 · 박승환 · 권중석 · 유시남 · 현영운 · 권중낙 · 윤치성 · 이남하 등

⑪ **조사부 외무부과장 및 부장급** : 이회신 · 조광하 · 이민식 · 이민섭 · 조덕하 · 박문규 · 민지호 · 이호성 · 이용구 · 이회구 등

⑫ **교섭외교부과장 및 부장급** : 이하영 · 윤치호 · 이채연 · 이한응 · 신능우 · 박용만 등

⑬ **문교부장 · 과장급** : 김윤식 · 박은식 · 여규형 · 이종영 · 신기선 · 이도재 · 이

---

56 『創作과 批評』 1970년 봄호 참조. 이 자료는 갑오개혁 때의 건양협회와 독립협회를 동일한 것으로 생각하고 기록하여 약간의 혼란이 있으며, 갑오개혁 때 복권된 이미 사망한 것으로 보이는 劉大致가 기록되는 등 혼란이 있으나, 이 점만 고려하면 대체로 자료로 사용할 수 있을 것으로 보인다.

건창 등

제4기에 두각을 나타낸 이른바 '소장 · 혁신 · 신진파'가 정확히 누구인지는 알 수 없다. 『독립협회연혁략』은 "소위 별명別名 소장 · 혁신 · 신진파의 일인인 여余로서 너무 과격하던 여등余等 십삼 인"[57]이라고 하여 신진파가 13명이라고 쓰고 있으나 그들이 누구인지는 밝히지 않고 있다. 당시 소장신진파로 주목되던 주요 회원을 조금 더 넓게 골라보면 다음과 같다.

정항모 · 홍정후 · 변하진 · 조한우 · 김구현 · 윤하영 · 최정덕 · 최정식 · 윤시병 · 윤이병 · 이승만 · 안창호 · 신채호 · 홍재기 · 이건호 · 이동휘 · 이동녕 · 주시경 · 양홍묵 · 어용선 · 손승용

독립협회와 만민공동회는 일부 수구파 관료 및 황국협회와의 어려운 투쟁에서 다시 승리하여 개혁이 진전되는 듯했으나, 12월 25일 다시 기습적 대탄압을 받고 영구히 해산당하게 되었다.[58] 이때 서울에서만 한때 구속된 회원이 400여 명에 달하였다. 『독립협회연혁략』에 의하여 이때를 전후하여 구속된 회원을 보면 다음과 같다.[59]

유근 · 나철 · 김석항 · 남궁억 · 이상재 · 양기택 · 이승만 · 양전백 · 이종태 · 안창호 · 정운복 · 윤효정 · 정순만 · 원세성 · 송수만 · 홍재칠 · 기산도 · 윤익선 · 신채호 · 이승훈 · 신규식 · 현채 · 유맹 · 오기호 · 소석정 · 정항모 · 김인식 · 고영근 · 어대선 · 신경식 · 윤석진 · 임병항 · 이호 · 윤이병 · 이근우 · 여영조 · 오혁 · 이용규 · 박은식 · 이동휘 · 이갑 · 강호석 · 백성기 · 서상팔 · 강창희 · 김재정 · 이순범 · 허위 · 최병철 · 이학순 · 황보일 · 안병찬 · 상직현 · 윤석천 · 이중하 · 이민식 · 남정관 · 김관제 · 김교헌 · 승광국 · 이상학 · 남궁

57 「獨立協會」, 『獨立協會沿歷略』.

58 『各部去照存案』, 議政府 편, 제2책, 光武 2년 12월 26일조 「照會內部軍部」 참조.

59 「獨立協會」, 『獨立協會沿歷略』 참조.

모 · 지달원 · 이창모 등 외 367명

이상 본 바와 같은 독립협회의 4단계 발전은 독립협회가 민중의 사회단체로서 자기의 구실을 다하도록 체계적으로 전개되었다. 제1단계의 고급관료주도기에는 각 사회층이 독립문 · 독립공원 · 독립관의 건립을 위해 서로 충돌함이 없이 독립협회에 가입하여 짧은 기간에 방대한 회원을 모집할 수 있었으며, 애국적 민중이 일단 관료층과 함께 참여하였다.

제2단계 민중진출기에는 참여한 민중의 계몽과 훈련과 토론 및 정책 비판이 전개되었다. 토론회를 통해서 민중은 표면에 떠올랐으며, 자유로운 토론 과정에서 사회집단으로서의 연대감과 집단의식을 형성하였다.

제3단계 민중주도기의 독립협회는 자주민권자강운동의 집합행동을 전개하였다. 이 시기 민족운동을 통해서 동류의 사회의식을 가진 다수의 민중들을 회원으로 흡수하여 독립협회의 조직은 더욱 강화되었다.

제4단계의 민중투쟁기에는 일부 수구파 관료의 탄압에 의하여 독립협회의 간부조직이 통제되었음에도 불구하고 민중은 크게 성장해서 자발적으로 만민공동회를 조직하여 강렬한 집합행동을 전개하였다.

이러한 독립협회 조직의 체계적 발전이 처음부터 의도적인 것이었다고 보기는 어렵다. 독립협회의 발기인들은 독립협회를 정치적 당파로 생각은 했지만,[60] 민중의 성장을 낮게 평가하고 그들을 주로 계몽 대상으로 생각했으며, 민중이 집합행동을 전개하자 오히려 두려워하고 후퇴하였다.

60 『徐載弼博士自敍傳』, p.215에서 서재필은 "나는 신문만으로는 대중에게 자유주의, 민주주의적 개혁사상을 고취하기가 곤란할 듯하여 여러 가지로 생각하다가 무슨 정치적 당파를 하나 조직하여 여러 사람의 힘으로 그 사상을 널리 전파시켜야겠다고 독립신문을 창간한 지 7, 8朔 후 우리 집에서 비로소 독립협회를 창설하였는데" 라고 하여 독립협회가 정치적 당파로서 창립되었다고 썼다. 또한 朴殷植은 『韓國痛史』, pp.130~131에서 독립협회를 '獨立黨'이라고 불렀다. 그러나 실제로 독립협회가 정치적 당파가 된 것은 1898년에 들어서 독립협회가 구국선언상소를 하고 본격적으로 자주민권자강운동을 전개한 이후부터라고 보는 것이 더 타당할 것이다.

독립협회 조직의 이러한 체계적 전개를 가능하게 한 요인으로는 최소한 두 가지 사실을 주목할 필요가 있다. 그 하나는 신흥사회세력으로 나타나는 민중의 성장이고, 다른 하나는 독립협회 내부의 민주주의적 협회운동 원칙이다. 독립협회가 상향식 민주적인 조직원리를 실행하였기 때문에 성장해가는 민중이 그들을 대변하는 신지식층과 함께 독립협회를 주도할 수 있었다. 독립협회를 주도한 신지식층 회원들은 민중의 의사를 자기의 세계관과 가치관으로 체계화하여 대변하였다.

독립협회가 존속하던 동안 독립협회를 주도한 회원을 간추려보면 다음과 같다.[61]

독립협회의 주요 주도회원

강성형 · 강인필 · 강찬 · 강창희 · 강호석 · 강화석 · 경광국 · 고영근 · 고영희 · 고의준 · 구연소 · 권병훈 · 권재형 · 권중낙 · 권중석 · 기산도 · 기우만 · 김가진 · 김관제 · 김교헌 · 김구현 · 김규식 · 김규희 · 김노완 · 김덕구 · 김두현 · 김낙집 · 김명준 · 김명환 · 김복한 · 김봉구 · 김석항 · 김성진 · 김승규 · 김영수 · 김영진 · 김종한 · 김중환 · 김충섭 · 김택영 · 김한규 · 김효신

남궁모 · 남궁억 · 남순희 · 남정관 · 나수연 · 나철 · 노백린

목원근 · 목원형 · 문태원 · 민상호 · 민영규 · 민영기 · 민영환 · 민지호 · 민형식

박기석 · 박문규 · 박성춘 · 박세환 · 박승목 · 박승봉 · 박승환 · 박언진 · 박용규 · 박용만 · 박은식 · 박의병 · 박정양 · 박제빈 · 박치훈 · 박희용 · 박희진 · 방한덕 · 백성기 · 변하진

상직현 · 서상대 · 서상돈 · 서상직 · 서상팔 · 서재필 · 서재우 · 서창보 · 성낙영 · 소석정 · 손승용 · 송석준 · 송수만 · 송헌빈 · 승광국 · 신경식 · 신규식 · 신능우 · 신두희 · 신능진 · 신재영 · 신채호 · 신해영 · 신홍우 · 심의석 · 심현택 · 심홍택

---

61 『大朝鮮獨立協會會報』 · 『독립신문』 · 『皇城新聞』 · 『大韓季年史』 · 『民會實記』 · 『尹致昊英文日記』 · 『司法稟報』 · 『起案』 등에 나오는 독립협회의 주요 인물들을 간추린 것이다.

안경수 · 안녕수 · 안명선 · 안병찬 · 안창선 · 안창호 · 안기중 · 양기탁 · 양전백 · 양재근 · 양홍묵 · 어담 · 어대선 · 어용선 · 어윤적 · 여영조 · 연홍기 · 연홍식 · 염중모 · 오기호 · 오성학 · 오세창 · 오영환 · 오진영 · 오혁 · 우항선 · 원세성 · 유근 · 유시남 · 유정수 · 유맹 · 유원표 · 유호식 · 유학주 · 유당 · 유석룡 · 유일환 · 윤기진 · 윤석진 · 윤석천 · 윤시병 · 윤이병 · 윤익선 · 윤진석 · 윤치성 · 윤치호 · 윤태은 · 윤태홍 · 윤하영 · 윤혁 · 윤효정 · 이갑 · 이건창 · 이건호 · 이경직 · 이경호 · 이계필 · 이교헌 · 이근영 · 이근우 · 이근호 · 이기선 · 이기현 · 이남하 · 이동녕 · 이동휘 · 이만도 · 이무영 · 이민섭 · 이민식 · 이병규 · 이병목 · 이병무 · 이상재 · 이상학 · 이석령 · 이성근 · 이순범 · 이승균 · 이승두 · 이승원 · 이승만 · 이승식 · 이승훈 · 이용구 · 이용규 · 이우규 · 이원긍 · 이유승 · 이응익 · 이인영 · 이인용 · 이일상 · 이정재 · 이종영 · 이종태 · 이종하 · 이준 · 이준일 · 이증하 · 이창모 · 이채연 · 이충구 · 이하영 · 이학순 · 이학재 · 이한응 · 이호 · 임상준 · 임진수 · 임형준

장기 · 장붕 · 장지연 · 장태환 · 전규환 · 전덕기 · 정교 · 정기조 · 정동명 · 정순만 · 정운복 · 정응설 · 정항모 · 정현철 · 조광하 · 조덕하 · 조문식 · 조병건 · 조병교 · 조병선 · 조성협 · 조한우 · 주상호(주시경) · 지달원 · 지석영

채귀석 · 최경환 · 최광옥 · 최달식 · 최동식 · 최두명 · 최병철 · 최병헌 · 최봉환 · 최상돈 · 최석민 · 최영년 · 최영화 · 최용환 · 최정덕 · 최정식 · 최채붕 · 태덕윤 · 팽한주 · 피병용

한동렬 · 한만용 · 한명교 · 한문원 · 한백원 · 한석진 · 한진창 · 한창수 · 한치유 · 허위 · 현공렴 · 현덕호 · 현영운 · 현제창 · 현채 · 현홍택 · 홍긍섭 · 홍승하 · 홍우관 · 홍윤식 · 홍재기 · 홍재칠 · 홍정후 · 황보일

독립협회를 주도한 이상의 주요 회원들의 사상적 계보와 인적 계보를 보면 독립협회의 조직은 연합운동이었음을 알 수 있다.

이 중에서도 가장 뚜렷한 두 개의 흐름은 ① 서구시민사상을 도입하여 그 영향을 크게 받은 흐름(『독립신문』 계통)이고, ② 다른 하나는 개신유학改新儒學적 전통을 배경으로 동도서기東道西器에서 한 단계 더 발전한 국내사상의 성장의 흐름(『황성신문』 계통)이다. 이 밖에 위정척사파와 동학과

기독교의 영향도 있으며, 인적 계보로 볼 때에는 신지식층 외에 시민층·농민층·노동자층 및 해방된 천인층 등이 직접 대표위원으로 선출되어 주도회원이 되기도 하고, 이동휘 등 개화파 무관이 중요한 역할을 하기도 하였다. 그러나 주도회원의 주류를 이루고 있던 것은 당시에 새로이 성장하고 있던 신지식층이었으며, 박은식이 지적한 바와 같이 독립협회는 '유식한 신사紳士의 조직'[62]이었다.

당시 신지식층에서도 가장 진보적 지식인들이 독립협회에 속해 있었다. 그들은 급속히 성장하는 민중의 사회의식을 자기들의 새로운 사회관과 가치관으로 체계화하여 당시의 과제를 민중의 힘으로 해결하려고 하였다.

이 두 흐름의 대표적 회원을 들면 다음과 같이 분류할 수 있다.[63]

독립협회의 각 계보 구성

① 서구시민사상의 영향을 크게 받은 흐름 : 서재필·윤치호·이상재·안경수·지석영·홍정후·최정덕·안녕수·이원긍·여규형·주시경·오세창·신민영·양홍묵·이승만·최병헌·안창호·이채연·김가진·정항모·박용만·신흥우·이승훈

② 개신유학적 전통을 배경으로 동도서기파에서 발전한 국내 사상의 성장의 흐름 : 남궁억·정교·고영근·조한우·이건호·한치유·이무영·김택영·어윤적·유근·유맹·현채·양기탁·이준·장지연·윤효정·허위·나수연·박은식·이동녕·신채호

③ 민중 직접 대표 : 현덕호(시전 상인)·목원근(평민 시민)·목원형(평민 시민)·김덕구(평민 시민)·박성춘(해방된 백정)·최용환(상인)·이성근(상인)·피병용(상인)·이승식(상인)·장기(상인)

④ 개화파 무관 : 한규설(참장, 대신)·박승환(참령)·조동윤(참령)·임병길(정사)·이동휘(정사)·백성기(참장)

---

62 朴殷植, 『韓國痛史』(上海 ; 大同編譯局, 1915), 제3편, p.2.

63 李商在는 편의상 서구시민사상의 영향을 크게 받은 흐름에 분류해 넣었으나, 실제로는 당시 두 개의 흐름을 합류시키고 융합하는 역할을 하는 중요한 위치에 있었다.

위의 신지식층 가운데 두 개의 대표적 흐름에서 ① 서구시민사상의 영향을 크게 받은 흐름은 주로 『독립신문』을 기관지로 활용했으며, ② 동도서기파에서 발전한 개신유학적 전통의 성장의 흐름은 『황성신문』을 기관지로 활용하였다.[64] 독립협회는 『매일신문』·『제국신문』 등의 지원을 받았지만,[65] 그 자신의 기관지로도 『대조선독립협회회보大朝鮮獨立協會會報』·『독립신문』·『황성신문』 등 3개나 갖고 있었다.

독립협회를 주도한 회원은 각 계보의 진보적 신지식인들이었지만 독립협회의 저변을 구성한 회원은 민중이었다. 『독립신문』이 쓰고 있는 것처럼 "독립협회 회원이란 것이 태반이나 연소한 상한常漢"[66]이었다.

독립협회는 당시 신흥사회세력인 시민층, 성장하는 농민층, 새로 형성되고 있는 노동자층, 해방된 천인층 등을 배경으로 하여 그중 자각한 민중을 회원으로 하면서 신지식층이 서두에 나서 조직한 사회단체였으며, 민중의 확고한 지지 위에 각 계보가 대동단결하여 구국운동을 전개한 사회정치단체였다.

## 4. 지방지회의 설치

독립협회는 원래 창립 당시에는 독립문·독립공원·독립관의 설립을 위한 고급관료클럽으로 출발했기 때문에 처음에는 지방지회 조직 문제를 고려하지 않았다. 그러나 독립협회의 조직운동이 제3기에 들어서서 자주민권자강운동으로 강력하게 전개되고, 제4기에는 일부 수구파 및 황국협회측과 대립하면서 격렬한 자주민권자강운동을 전개하게 되자 지회 설치

64 朴殷植, 『韓國獨立運動之血史』(上海: 維新社, 1920), 제1편, p.9 참조.

65 『大韓季年史』, p.298 참조. 『매일신문』과 『제국신문』은 『독립신문』의 영향을 받아 자매지와 같은 구실을 하였다.

66 『독립신문』, 제3권 제176호, 1898년 10월 28일자 「시사문답」.

문제가 대두하여 전국에 독립협회지회 또는 '독립지회'가 설립되었다.

처음 독립협회의 지방지회가 설립된 것은 1898년 2월 초순 충청남도 공주公州지회의 창립에서 시작된 것으로 보인다.[67] 독립협회는 지회 설립에 적극성이 없었으므로 이 시기의 지회 설립은 완전히 그 지방민이 자발적으로 발기인단을 구성해서 서울 독립협회에 대표를 보내어 지회 설립 인가를 호소하여 이루어졌는데, 대개는 거부당하거나 겨우 인가를 얻는 형편이었다.[68]

그러나 지방 소도시와 농촌 지식인 사이에서 독립협회의 민족운동에 대한 호응과 지회 설립 요구가 연이어 강력하게 일어나서 독립협회로서는 더 이상 지회 설립을 미룰 수 없게 되었다. 1898년 여름에 독립협회는 평양平壤지회를 인가했으며, 뒤이어 9월에는 대구大邱지회를 인가하였다.[69] 뒤이어 선천宣川지회와 의주義州지회가 인가되었다.[70] 10월 11일에는 강계江界·북청北淸·목포木浦지회 설립을 인가하였다.[71]

독립협회의 민족운동이 지방에서 큰 호응을 얻고 각지에서 지회 설립 신청이 쇄도하자, 독립협회는 보다 체계적으로 지회 설립을 지도하여 전

67 공주지회가 처음 기록에 보이는 것은 1898년 2월부터이다. 공주지회가 제일 먼저 설치된 것은 독립협회의 주요 회원의 하나였던 李商在와 池錫永의 영향력에 의한 것으로 보인다. 『독립신문』, 제3권 제21호, 1897년 2월 19일자 「광무협회연설」 참조.

68 독립협회가 지회 설립에 전혀 적극성이 없었음은 1898년 여름에 대구 읍민들이 독립협회 지회 설립을 신청했는데 그 폐단이 따를까 두려워하여 이를 거부한 경우에서도 볼 수 있다. 『독립신문』, 제3권 제125호, 1898년 8월 27일자 「잡보」 참조.

69 평양지회는 1898년 봄에서 여름 사이에 창립된 것으로 보인다. 처음 자료에 나타나는 것은 支會館 문제로 종래 청국 사신을 영접하던 公廨를 平壤獨立支會館으로 사용하게 해달라고 총대위원을 상경시킬 때인 1898년 9월 13일자 『독립신문』 제3권 제137호에 나타나 있다. 대구지회는 처음에는 거부되었다가 1898년 9월 20일에 정식으로 인가되었다. 『皇城新聞』, 제1권 제15호, 1898년 9월 22일자 「잡보(又許支會)」 참조.

70 『독립신문』, 제3권 제162호, 1898년 10월 12일자 「잡보(지회 인가)」 참조.

71 『독립신문』에 의하면 1898년 10월 12일까지 전국에 8개의 지회가 인가되었는데, 이것을 창립 순서로 보면, ① 公州, ② 平壤, ③ 大邱, ④ 宣川, ⑤ 義州, ⑥ 江界, ⑦ 北青, ⑧ 木浦 등이었다. 『독립신문』, 제3권 제162호, 1898년 10월 12일자 「잡보(지회 인가)」 참조.

국적 규모로 자주민권자강의 구국운동을 전개할 단계에 이르렀다고 보고 1898년 12월 전국의 지회 설립 신청자에게 답장을 보내는 것과 동시에 '지회인가조례'와 '지회세칙'을 제정하여 발송하였다.[72] 답장의 내용은 다음과 같다.

> 경복자는 우리가 세상에 살매 天賦民彝를 써 발달할 수 없는 고로 본회를 설시하고 규칙을 정하여 충애의 목적과 독립의 기초로 토론을 행하야 지식을 開進하니 인심이 響應함이 기초가 확실히 정한지라. 귀군 첨 군자께서 물과 불과 마르고 습한대 한가진 기운으로 서로 구하야 성회를 開設하고 위원을 멀리 보냈으니 이것은 실로 우리 대황제 폐하의 지극하신 덕화의 미친 바이요, 또한 우리 동포형제의 행복이라. 본회로서 여러 의론이 한가지와 지회 인허장과 원칙과 세칙을 부쳐 보내니 실시하시되, 만일 일이 관찰부와 본군에 관계되야 행정하는 것을 의론하는 경우에는 귀회로서는 간절히 문득 결단들을 말고 낱낱이 본회에 적어 보하야 의론을 지내어 결안케 함이 실로 온당하온지라. 목적을 튼튼히 지켜 어김이 없게 하심을 바라옵니다.
>
> 광무 2년 12월 일 독립협회 총대위원
>
> 각군 독립지회 총대위원 첨좌하

이 편지와 함께 발송한 '지회인가조례'에서 독립협회는 지회 설립의 원칙으로, ① 중앙본회 회원 중 1명이 보증하는 각 지방의 학식 있는 청원자 3명이 지회원 50명을 미리 단합시켜야 하고, ② 지회 설립은 인구 3,000명 이상의 중소 도읍에 한하며, ③ 중앙본회에서 필요할 때에는 회원을 파송하여 지회를 시찰 감독할 수 있고, ④ 지회가 불법적 행위를 하는 경우에는 중앙본회가 이를 징계할 수 있으며, 극단의 경우에는 인가장을 회수할 수 있도록 하였다. 이 조건을 받아들이는 경우에 한하여 지회 설립을 인가하여 주도록 하였다. 지회인가조례의 전문은 다음과 같다.

72 『독립신문』, 제3권 제216호, 1898년 12월 15일자 「잡보(본회 답장)」 참조. '지회인가조례'와 '지회세칙'의 귀중한 자료가 함께 여기에 게재되어 있다.

지회인가조례

一. 본회의 지회를 설립하기 위하여 청원하는 자는 좌개에 적합한 자로써 인가장을 주는 일.

一. 합의한 3인 이상이 충군애국 목적으로써 각기 지방에 50인 이상을 미리 먼저 團合한 자로 함.

一. 지회 청원인은 該 지방에 인구가 3천 명 이상에 이른 자로 함.

一. 지회 청원인은 該 지방에 사는 자로써 하되 가산을 능히 다스리며 학식이 유여한 자로 함.

一. 지회 청원인은 이상 네 조건을 적확히 아는 보증인을 요구하되 본회 회원 중에 실지가 있어 회중에서 믿는 자로 함.

一. 본회 회원 중에 학식이 유여한 자를 뽑아 각군 지회에 때를 따라 파송하여 시찰케 하는데 부비는 본회에서 지급함.

一. 각 지방 지회에서 법 아닌 일이 있는 경우에는 본회로서 경중을 따라 징벌하되 관계가 극히 중하면 인가장을 도로 거둘 일이라.

또한 독립협회 중앙본회는 '지회세칙'을 제정하여 발송했는데, 그 내용은 ① 독립협회 본회의 규칙 범위 안에서만 행동하며, ② 지방관찰부와 각 군에 관한 일은 낱낱이 중앙본회에 보고하여 허가받은 후에 행동하고, ③ 지회의 범사를 4분기별로 1년에 4차례(3월 · 6월 · 9월 · 12월) 중앙본회에 보고하며, ④ 중앙본회에서 긴중한 일이 있을 때에는 지회에서 총대위원을 중앙본회에 파견하며, 지회 회원이 서울로 올라올 때에는 중앙본회 회석에 참석토록 규정하였다. '지회세칙'의 전문은 다음과 같다.

지회세칙

제1조 각 지회는 본회 규칙 범위 안에서만 언론함.

제2조 대소사를 물론하고 관찰부와 본군에 관계되는 일은 본회에 보고하여 인가를 얻은 후에 행함.

제3조 회중 범사를 실상을 들어 요긴한 것만 따서 매년 양력 3월 · 6월 · 9월 · 12월로 본회에 보고함.

제4조 본회에 특별 긴중한 사건이 있는 때에는 각 지회에서 총대위원 몇 사람씩 올려 보내어 참조하되 부비는 해 지회에서 스스로 판비케 함.

제5조 원 규칙은 매권에 엽전 두 돈 오 푼씩, 회표는 매개에 엽전 한 냥씩 본회에 먼저 바치고 영수함.

제6조 각 지회 회원이 서울 올라올 때에는 본회 회석에 참례함.

제7조 본 세칙은 때를 따라 더하기도 하고 덜하기도 함.

독립협회가 지회인가조례와 지회세칙을 제정하여 발송한 것은 지회 설립의 시기가 무르익었다고 보고, 적극적으로 지회를 조직하여 독립협회의 민족운동을 서울뿐만 아니라 전국적 규모로 확대, 발전시키려고 한 것이었다. 독립협회의 적극적인 정책 전환에 따라 충청북도 옥천沃川지회[73]를 비롯하여 전국 각지에서 독립협회 지회들이 속출하게 되었다.

독립협회는 각 지방도시의 지회 설립을 인가할 뿐만 아니라 각 지방의 지회를 도별로 조직토록 하여 다음과 같이 도지회를 두어 체계화하였다.[74]

① 경기도지회…수원읍에 둠.
② 충청북도지회…충주읍.
③ 충청남도지회…공주읍.
④ 전라북도지회…전주읍.
⑤ 전라남도지회…광주읍.
⑥ 경상북도지회…대구읍.
⑦ 경상남도지회…동래읍에 두었다가 옮기어 진주읍에 둠.
⑧ 황해도지회…해주읍.
⑨ 평안북도지회…의주에 두었다가 옮기어 영변읍에 둠.
⑩ 평안남도지회…평양읍.
⑪ 함경북도지회…경성읍.

73 옥천지회의 창립에 대해서는 『독립신문』, 제3권 제214호, 1898년 12월 13일자 「잡보(옥천지회)」 참조.

74 「獨立協會支部設置가 如左하다」, 『獨立協會沿歷略』 참조.

⑫ 함경남도지회…함흥읍.

⑬ 강원도지회…춘천읍.

도지회는 각각 그 관하의 각 군지회를 지휘하고 관리하며 서울 중앙본회에 보고하고, 중앙본회는 13도지회를 총관하고 지휘하였다.[75] 또한 "도지회에서는 매월 말에 필히 일에 따라 중앙본회에 보고하고, 본회에서는 매년 조사원이나 검찰원이 도군지회에 출장하여 사실을 조사해서 보고케 하고 상벌을 시행하였다"[76]고 한 것을 보면, 4분기별 보고와 감사 외에 월별 보고도 행하였던 것으로 보인다.

독립협회의 지회는 인구 3,000명 이상의 중소 도시에만 인가하였기 때문에 그보다 작은 규모의 소읍이나 향촌에서는 각종의 다른 이름의 회가 설립되어 서울의 독립협회 중앙본회의 활동에 보조를 같이하거나 지회의 구실을 하였다. 예컨대 강원도 이천伊川의 경우에는 '향약회鄕約會'가 조직되어 독립협회의 사상을 농촌에서 실천하면서 지회의 구실을 하였다.[77]

독립협회의 각 도군지회는 중앙본회의 자주민권자강운동에 보조를 맞추어 지방에서의 자주민권자강운동을 전개하였다. 그 사업은 "또 문명진보에 전력하고, 생산사업을 장려케 하고, 청년자녀를 교육학교케 장려하고, 인륜의 도를 밝혀서 행하여 권선징악을 행하고, 충효를 거실擧實하여 표창"[78]하였다. 또한 각 군도지회는 지방 탐관오리를 규탄하고 지방민의 민권 신장을 위하여 노력하였다.

이 중에서도 가장 강력한 지회는 평양지회와 대구지회였다. 평양지회는

75 『獨立協會沿歷略』에 의하면, "中央本部가 13道支會를 총관하고 지휘명령을 하며 지회장의 任免 및 出入을 隨其事하여 施하니라"고 하여 지회장의 임면이 중앙본회의 권한으로 되어 있는데, 그것이 임명제였는지 지회의 선거제였는지 분명치 않다.

76 「獨立協會支部設置가 如左하다」, 『獨立協會沿歷略』.

77 『皇城新聞』, 제1권 제90호, 1898년 12월 20일자 「잡보(東來帛書)」 참조.

78 「獨立協會支部設置가 如左하다」, 『獨立協會沿歷略』.

규모가 커서 회관이 필요했으므로 1898년 9월 서울의 중앙본회에 총대위원을 파견하여 보고하기를, 평양에 종래 청국 사신을 영접하던 관청 건물이 있는데 대한이 독립국으로 된 이후에는 그 관청 건물이 쓸데없이 비어 있고 바야흐로 무너질 지경이므로 관청 건물을 지금 보수하여 독립협회 평양지회의 회관을 만들어 서울에서 앞서 모화관을 독립관으로 만든 큰 뜻을 따르고자 하니 관계 당국에 청구하여 허가를 받아주도록 요청하였다. 이에 따라 중앙본회는 홍정후 · 태덕윤 · 한석진 등 3명을 기초위원 겸 총대위원으로 선정하여 그 관청 건물을 맡은 관계 당국에 편지로 이를 청구하였다.[79]

또한 평양지회는 1898년 10월 평안남도 관찰사 조민희와 평양군수 이계필이 탐욕하여 뇌물을 좋아하므로 그들이 독립협회 발기회원임에도 이들을 성토했으며, 그 결과 이들은 해직을 자청하였다.[80] 또 중앙본회의 자주민권자강운동이 수구파의 탄압을 받아 17명 지도자들이 구속되고 경비도 부족하다는 소식을 듣고, 11월에는 총대위원 3명을 보내 보조금 50원을 봉정하여 중앙본회를 지원했다.[81] 또 12월에는 만민공동회의 경비 부족을 충당하여 지원해주기 위해서 400원을 모금하고 다시 500원을 채우려고 의조금義助金 모금운동을 전개하였다.[82]

대구지회도 늦게 출발했으나 역시 마찬가지로 강력하여 창설 당초부터 중앙본회가 인가를 꺼리자 경상북도 민인들이 거듭 청원하여 인가를 얻어

79 『독립신문』, 제3권 제137호, 1898년 9월 13일자 「잡보(지회관 청구)」 참조.

80 『독립신문』, 제3권 제175호, 1898년 10월 27일자 「잡보(지회 토론)」 참조.

81 『皇城新聞』, 제1권 제62호, 1898년 11월 17일자 「잡보(助金并書)」 참조. 이 지원금은 독립협회 중앙본회 간부 17명이 갑자기 구속되어 독립협회가 위기에 부딪힌 가장 어려운 때에 중앙본회의 사기를 회복하고 경비 부족을 충당해주기 위하여 다음과 같은 편지와 함께 봉정한 것이었다. "敬啓者 귀회에 회장과 회원 수십 인이 被囚하는 境에 至하다 하오니 聞甚驚悚에 罔知攸措하오며 惟我協會는 忠君愛國하는 목적에 興替가 일반이오 休戚이 同數이온바 其在血心相保之義로 본회에서 총대위원 3인을 選送하오니 照亮하심을 伏望함."

82 『皇城新聞』, 제1권 제89호, 1898년 12월 19일자 「잡보(巨額補助)」 참조.

내었다. 이것은 그 후 중앙본회가 지회인가조례와 지회세칙을 제정하여 지회인가를 공식화한 계기의 하나를 만든 것으로 보인다. 대구지회는 경상북도 일대의 자주민권자강운동에 진력하여 큰 성과를 낸 것 같다. 자료가 없어 자세한 것은 알 수 없으나 1898년 12월 말 서울 중앙본회가 해산되고 1899년 1월에 각 지방의 독립협회지회를 해산시킬 때, 대구지회는 이에 강력히 저항했으며, 농민을 괴롭히는 각 군 서리와 면주인面主人을 규탄하고 폐지를 요구했으므로 경상북도관찰사가 독립협회의 주장에 따라서 그들을 혁파하자, 서리배들이 모두 사임하고 집단행동을 하여 대구지회와 큰 상쟁이 일어나게 되었다.[83]

독립협회의 지방지회들은 1898년 12월 말 서울 중앙본회가 탄압받고 해산당한 이후, 뒤이어 1899년 1월에 대체로 가혹한 탄압을 받고 해산당하였다. 예컨대 황해도 황주지회는 1898년 1월 15일경 군수가 회원 30여 명을 체포하고 회원의 가옥 6가를 훼손, 파괴했다고 전보로 보고하였다.[84] 이러한 가혹한 탄압은 전국 지회에 대해 자행되었음을 알 수 있다. 목포지회의 경우에는 중앙본회가 해산당한 7개월 후인 1899년 7월에 독립협회 잔당이라고 하여 변하진·임형준 등의 회원을 체포하여 서울로 압송하였다.[85]

그럼에도 불구하고 이때의 독립협회의 지방지회세력은 그 후 애국계몽운동과 자강운동의 주류가 되어 이어졌다.

## 5. 자매단체의 설치

독립협회는 자기의 조직 외에도 각층에 자매단체를 설치하여 영향력을

83 『皇城新聞』, 제2권 제5호, 1899년 1월 10일자 「잡보(吏與會爭)」 참조.

84 『皇城新聞』, 제2권 제10호, 1899년 1월 16일자 「잡보(毁破民家)」 참조.

85 『司法稟報』, 法部 편, 제18책, 光武 3년 7월 19일조 「報告書」 제22호 참조.

발휘하였다. 독립협회의 영향력하에 있던 중요한 자매단체를 들면 다음과 같다.

### 1) 협성회

협성회協成會는 배재학당의 학생조직으로 1896년 11월 30일 창립되었다.[86] 협성회는 처음에 13명의 회원을 모아 서재필의 지도하에 창립되었으며, 1년 만에 회원이 약 200명으로 증가하여 크게 성장하였다.[87] 협성회의 창립 목적은 『협성회회보』에 의하면 ① 충군애국심을 기르고, ② 회원의 친목을 도모하며, ③ 서로 협조하여 학습과 선행을 이루고, ④ 전국 동포의 계몽을 목적으로 한 것이었다.[88]

이 목적을 위하여 협성회가 한 가장 중요한 일은 토론회를 갖는 것이었다. 이 때문에 『윤치호영문일기』는 협성회를 바로 배재학당의 "debating society(토론회)"라고 했다.[89] 협성회는 창립 후 매주 토요일 오후 2시에 배재학당에서 토론회를 개최하고, 방청을 완전히 개방하여 회원과 함께 국민을 계몽했으며, 방청인이 회원이 되고자 할 때에는 배재학당 학도와 학원은 회원으로, 그 밖에는 찬성원贊成員으로 이를 입회시켰다.[90]

협성회가 창립 이후 1898년 4월 초까지 42회에 걸쳐 행한 토론회의 주제는 다음과 같다.

| | |
|---|---|
| 제1회 | 국문과 한문을 섞어 씀이 가함.[91] |
| 제2회 | 학도들은 양복을 입음이 가함. |

86 『협성회회보』, 제1호, 1898년 1월 1일자 「논설」 참조.
87 『독립신문』, 제2권 제144호, 1897년 12월 4일자 「협성회기사」 참조.
88 『협성회회보』, 제1호, 1898년 1월 1일자 「논설」 참조.
89 『尹致昊英文日記』 1897년 12월 30일조 참조.
90 『협성회회보』, 제7호, 1898년 2월 12일자 「내보」 참조.
91 제1회부터 제18회까지는 『협성회회보』, 제1호, 1898년 1월 1일자 「회중잡보」 참조.

제3회 아내와 자매와 딸들을 각종의 학문으로 교육함이 가함.

제4회 학원들은 매일 운동함이 가함.

제5회 여인들을 내외시키지 아님이 가함.

제6회 국중에 도로를 수리함이 가함.

제7회 우리나라 종교를 예수교로 함이 가함.

제8회 노비를 속량함이 가함.

제9회 우리나라 철로 놓는 것을 외국 사람에게 허급지 아님이 가함.

제10회 우리 회원들은 인민을 위하야 가로상에 나가 연설함이 가함.

제11회 회원들은 이십 세 안으로 혼인을 하지말미 가함.

제12회 우리나라에서 쓰는 자와 말과 저울을 똑같이 함이 가함.

제13회 국민이 이십 세 된 자는 일제히 병정으로 택함이 가함.

제14회 서울과 인천 사이에 철도 놓는데 학도를 보내어 장정과 놓는 규칙을 배움이 가함.

제15회 각처에 공원지를 설립하여 인민을 양성시킴이 가함.

제16회 목욕간을 집집마다 두어 몸을 정결케 함이 가함.

제17회 사농공상 학교를 세워 인민을 교육함이 가함.

제18회 각 곡식 종자를 외국 상품 종자를 구하여 심음이 가함.

제19회 병인들은 외국의 약으로 치료함이 가함.[92]

제20회 산소를 풍수지술로 구치 말고 집집마다 마땅한 곳을 사두고 씀이 가함.

제21회 물론 某物 매매할 시에 에누리 아니함이 가함.

제22회 각항문자를 왼편에서 시작하여 씀이 가함.

제23회 내지에 출입하는 외국 사람에게 지세를 많이 받음이 가함.

제24회 우리나라에서 상하 의원을 설립함이 급선무로 결정함.

제25회 군대에 호령하는 말을 본국 말로 씀이 가함.

제26회 의관제도를 복구함이 가함.

제27회 각부에 있는 고문관들을 한이 지나거든 다시는 외국 사람으로 쓰지 아니함이 가함.

92 제19회부터 제33회까지는 『협성회회보』, 제2호, 1898년 1월 8일자 「회중잡보 토론문제 전호 연속」 참조.

제28회 유의유식하는 인민에게 제조소를 창설하여 줌이 가함.

제29회 우리 회중에서 일주일간 회보를 발간함이 가함.

제30회 정부에서 인재를 택용하려면 과거를 보임이 가함.

제31회 흉년을 당하여 곡식을 외국으로 수출치 못하게 할 방책은 세를 많이 받음이 가함.

제32회 개항을 많이 하는 것이 나라에 유익함.

제33회 신문국을 각처에 배설하여 인민의 이목을 넓힘이 가함.

제34회 청국이 분파되어 인국도리에 우리나라에서 구완함이 가함.[93]

제35회 은전과 백통전과 동전을 경향 없이 씀이 가함.[94]

제36회 음력을 버리고 양력을 씀이 가함.[95]

제37회 삼년상과 기타 모든 복제를 년으로 한정치 말자.[96]

제38회 혼인하는 것은 양자가 서로 보고 정함이 가함.[97]

제39회 의리에 죽는 것이 불의에 사는 것보다 옳음.[98]

제40회 의리와 경계가 없는 사람이 의리와 경계가 있는 사람보다 강하고 무서움.[99]

제41회 각 항구에 우리나라에서 석탄고를 두어 내외국 윤선이 왕래하기에 편리케 하고 외국에는 석탄고 지을 땅을 빌려주지 말고 이왕 허급한 것도 거둠이 가함.[100]

제42회 재정과 군권을 남에게 맡기는 것은 곧 나라를 남에게 파는 것으로 결정함.[101]

---

93 『협성회회보』, 제3호, 1898년 1월 15일자 「회중잡보」 참조.

94 『협성회회보』, 제4호, 1898년 1월 22일자 「회중잡보」 참조.

95 『협성회회보』, 제6호, 1898년 2월 5일자 「회중잡보」 참조.

96 『협성회회보』, 제7호, 1898년 2월 12일자 「회중잡보」 참조.

97 『협성회회보』, 제7호, 1898년 2월 12일자 「회중잡보」 및 제9호, 1898년 2월 26일자 「회중잡보」 참조.

98 『협성회회보』, 제8호, 1898년 2월 19일자 「회중잡보」 및 제10호, 1898년 3월 5일자 「회중잡보」 참조.

99 『협성회회보』, 제9호, 1898년 2월 26일자 「회중잡보」 및 제11호, 1898년 3월 12일자 「회중잡보」 참조.

100 『협성회회보』, 제10호, 1898년 3월 5일자 「회중잡보」 참조.

101 『협성회회보』, 제11호, 1898년 3월 12일자 「회중잡보」 참조.

협성회의 토론회는 대성황을 이루었다. 협성회의 토론회가 성공하자 독립협회도 자극을 받아 토론회를 시작한 것으로 보인다. 그것은 지방 장연長淵에도 장연협성회長淵協成會가 하나 설치될 정도로 큰 영향을 주었다.[102] 협성회의 토론회 주제를 보면 회원과 국민의 교양을 위해서만이 아니라 상하의회원上下議會院 설립 요구, 석탄고기지 조차租借 반대, 재정과 군사권 간선 반대 등 독립협회의 민족운동에 보조를 맞추어 주제가 선택되었음을 확인할 수 있다.

협성회는 토론회가 대성공을 거두자 1898년 1월 1일부터는 주간으로 『협성회회보』를 발간하였다. 회보를 발간한 후에 협성회 회원은 더욱 급증하여 1898년 2월 19일 현재 약 300명에 달하게 되었다.[103]

협성회는 1898년 1월 1일 현재 다음과 같은 제4차 임원을 두었다.[104]

회 장 이익채
부회장 노병선
서 기 오긍선 · 이응진
회 계 유영석 · 민찬호
사 찰 윤창렬 · 문경호
제 의 이병철 · 권정식

1898년 2월 12일 회의에서는 다음과 같이 제5차 임원을 투표로 선출하고, 또한 회칙을 개정하여 찬성원에게도 투표권과 가부권을 주기로 결정하였다.[105]

---

102 『독립신문』, 제2권 제144호, 1897년 12월 4일자 「협성회 일」 참조.
103 『협성회회보』, 제8호, 1898년 2월 19일자 「논설」 참조.
104 『협성회회보』, 제1호, 1898년 1월 1일자 「회중잡보」.
105 『협성회회보』, 제8호, 1898년 2월 19일자 「논설」 및 「회중잡보」 참조.

회 장 유영석
부회장 윤창렬
서 기 김연근 · 이응진
회 계 노병선 · 양홍묵 · 민찬호
사 찰 박인식 · 김기원
사 적 최학구 · 정동원
제 의 신홍우 · 오신영 · 주상호(주시경)
회보장 양홍묵
재정 조사위원 유재호 · 정익환 · 김기원 · 노병선 · 김연근 · 김면규

제5차 임원들은 독립협회가 본격적 자주민권자강운동을 전개할 때 여기에 참여한 협성회의 임원이다. 협성회는 1898년 10월 29일의 관민공동회 참가를 비롯하여, 독립협회의 모든 활동에 적극 참가하고 지원했으며, 가장 강력한 자매단체의 구실을 수행하였다.

『협성회회보』에 실려 있는 1898년 3월 26일 현재 협성회 회원과 찬성원을 정리해보면 다음과 같다.[106]

〔회 원〕

| | | | | | | | |
|---|---|---|---|---|---|---|---|
| 강근환 | 강순선 | 강익현 | 고승주 | 고은상 | 고제권 | 김정식 | 김경식 |
| 김광순 | 김규찬 | 김긍한 | 김기원 | 김동식 | 김동현 | 김면규 | 김민식 |
| 김병선 | 김병제 | 김성옥 | 김연근 | 김영식 | 김영필 | 김익진 | 김인선 |
| 김재수 | 김재형 | 김중한 | 김진우 | 김태호 | 김필순 | 김혁수 | 김홍경 |
| 김홍식 | 김홍창 | 김홍경 | 남궁염 | 남궁혁 | 노병선 | 도응오 | 문경호 |
| 문기환 | 문상태 | 문형선 | 민찬호 | 박두양 | 박윤각 | 박인식 | 박제성 |
| 서광운 | 서상규 | 서영석 | 서하순 | 송석린 | 송석봉 | 송언용 | 송영덕 |
| 송헌빈 | 신계준 | 신태운 | 신태윤 | 신홍우 | 안기현 | 안병규 | 양홍묵 |

106 『협성회회보』, 제1호, 1898년 1월 1일자 「회중잡보」; 『협성회회보』, 제6호, 1898년 2월 5일자 「회중잡보」, 제9호, 1898년 2월 26일자 「회중잡보」; 『협성회회보』, 제14호, 1898년 4월 2일자 「회중잡보」 참조.

염치언 오긍선 오신영 오영주 원지찬 유영석 유 전 유진하
유태로 육정수 윤명선 윤상진 윤선필 윤원식 윤창렬 윤치병
이경구 이경시 이교복 이교헌 이규창 이규채 이기봉 이만하
이명철 이병균 이병엽 이수경 이순영 이승구 이승만 이원규
이원영 이응진 이의성 이익진 이익채 이재근 이종응 이준혁
이중빈 이홍구 이홍식 이희문 이희원 임순억 임인호 임준호
임탁수 임학순 장선규 장윤세 장윤원 장의근 장재선 정건석
정대희 정동원 정성식 조천경 주상호 차완실 천동환 최동우
최영구 최원기 최인기 최재학 최주환 최태현 최학구 최한필
한광하 한배협 한용석 한의동 현공렴 현동근 홍우석 홍종무
홍태완 황대연

〔찬성원〕
고영상 김규환 김근형 김동표 김면규 김명식 김상원 김시련
김용제 김우진 김윤조 김인기 김종선 김중연 김홍진 도윤선
도윤영 민종호 민찬주 박형모 상직현 서정희 손인식 송학수
신룡진 신태일 신태정 안병호 안장호 안창호 연충석 오경선
오영근 유 각 유기상 유용석 유재호 윤정배 윤태진 이긍재
이연철 이용빈 이용선 이정희 이창혁 이홍선 장석찬 장영규
장인준 정경윤 정기준 정석채 정익환 조영진 최계창 최석우
최정식 최창호 한명규 한응순 한태진 한희영 현학녕 홍재근
홍정효 홍진후

### 2) 광무협회

광무협회光武協會는 1898년 2월 2일 경성학당京城學堂 학원學員과 교동 사범학교師範學校 즙목회 회원, 공동 소학교 개연회 회원들이 모여서 창립하였다.[107] 광무협회도 협성회와 같은 목적으로 역시 토론회와 연설회를 주요 활동으로 하였다.

107 『협성회회보』, 제7호, 1898년 2월 12일자 「내보」 참조.

창립 직후에는 "문명개화하려면 신을 지키는 것이 가하다",[108] "상업을 흥왕케 하려면 국중에 은행을 많이 설시함이 제일 긴요하다",[109] "인민에 지식을 확충케 하려면 경향 간에 학교를 광설함이 가하다"[110] 등과 같은 주제를 설정하여 토론하였다.

광무협회는 서재필 · 윤치호 등 독립협회 지도자들을 초청하여 연설회를 자주 개최했으며, 독립협회에서 적극 활약한 현공렴 · 이승균 등이 광무협회의 주요 회원이었다.[111]

광무협회도 1898년의 관민공동회 참가를 비롯하여 독립협회의 모든 활동을 지지하고 적극 참가했으며, 독립협회의 강력한 자매단체로서의 역할을 수행하였다.

### 3) 인천박문협회

인천에 박문협회博文協會가 설립되어 독립협회의 자매단체로서 일종의 지회와 같은 역할을 하면서 독립협회를 지원하고 독립협회와 같은 목적을 추구하였다. 박문협회가 언제 창립되었는지는 분명치 않으나 1898년 7월 4일부터는 기록에 나오며, 주로 연설회를 개최하고,[112] 학교설립운동을 전개하였다. 박문협회는 자신의 회관에 사립영어학교를 설립하여 회장이 학교장을 겸임하고 회원을 학도로 하며 해관海關 직원 2명이 무급 교사가 되어 학교교육을 시작하였다.[113]

박문협회도 역시 매주 일요일 통상회와 토론회를 개최하고 "위생상에

---

108 『협성회회보』, 제7호, 1898년 2월 12일자 「내보」.

109 『독립신문』, 제3권 제20호, 1898년 2월 17일자 「광무협회 연설」 참조.

110 『협성회회보』, 제8호, 1898년 2월 19일자 「내보」.

111 『독립신문』, 제3권 제20호, 1898년 2월 17일자 「광무협회 연설」 및 제3권 제21호, 1898년 2월 19일자 「광무협회 연설 전호 연속」 참조.

112 『독립신문』, 제3권 제78호, 1898년 7월 4일자 「잡보(박문협회 회원의 연설)」 및 제3권 제80호, 1898년 7월 6일자 「잡보(박무협회 회원의 연설)」 참조.

113 『독립신문』, 제3권 제96호, 1898년 7월 25일자 「잡보(학교 설립)」 참조.

단발함이 가하다" 등과 같은 주제를 토론하였다.[114] 박문협회는 독립협회의 인천 자매단체 겸 지회와 같은 역할을 하며 독립협회를 지원하였다.

### 4) 찬양회

찬양회贊襄會(일명 순성회順成會)는 북촌의 부인들이 중심이 되어 만든 부인단체인데, 한국 최초의 근대여성운동단체로서 독립협회의 매우 중요한 자매단체로 활동하였다. 찬양회가 정확히 언제 창립되었는지는 분명치 않으나 1898년 9월 1일에는 순성여학교順成女學校 설립 통문을 돌렸다. 이 통문에서 찬양회는 남녀평등과 여학교 설립을 다음과 같이 강력하게 주장하고 회원을 모집하였다.

> 이제는 옛 풍규를 전폐하고 개명진보하여 우리나라도 타국과 같이 여학교를 설립하고 각각 여아들을 보내어 각항재조를 배워 이후에 여중 군자들이 되게 하올차로 방장 여학교를 창설하오니 유지하신 우리 동포형제 여러 여중 영웅호걸님네들은 각각 분발지심을 내여 귀한 여아들을 우리 여학교에 들여보내시려 하시거든 곧 착명하시기를 바라나이다.[115]

찬양회(순성회)는 회원이 급속히 증가하여, 1898년 10월 10일에는 이양성당李養成堂이 대표로서 수백 명의 부인들과 함께 경운관 문 앞에 나아가 여학교 설립을 청원하는 상소를 올렸다.[116] 이 상소에서 찬양회는 남녀평등과 여학교 설립을 요구하면서 다음과 같이 독립협회의 자주민권자강운동을 지지하였다.

> 근일 독립협회의 목적을 듣사온즉 충군애국하는 마음으로 공평 정직한 의리

114 『독립신문』, 제3권 제96호, 1898년 7월 25일자 「잡보(회원 위생)」 참조.

115 『皇城新聞』, 제1권 제4호, 1898년 9월 1일자 「별보」; 『독립신문』, 제3권 제135호, 1898년 9월 9일자 「잡보(여학교)」.

116 『大韓季年史』(상), pp.281~282 참조.

를 잡아 천례에 글월을 올리어 성총을 보좌하옵고 국강을 부지코져 한다 하오니 우리 폐하의 신민된 자 뉘 아니 흠감하오리까. 심지어 나무장사와 과실 파는 아이까지도 의연금을 내어 애국지성을 표하옵는데 신첩 등까사운 분대지류인들 어찌 병이지심이야 업사오리까. 〔……〕 신첩 등이 찬양회를 설시하와 충애 2자를 규중으로부터 일국이 흥왕케 하려 하오나 학교가 아니면 총례한 여아 등을 배양할 도리가 업삽기로 감히 외월을 불피하옵고 충장을 실폭하와 제성앙유어유광지하하오니 복걸 성명은 깊이 통촉하오서 학부에 칙령을 나리오사 특별히 여학교를 설시하야 방년 묘아 등으로 학업을 닦아 동양에 문명지국이 되옵고 각국과 평등의 대우를 받기를 복망하옵나이다.[117]

찬양회는 독립협회의 독립관 경축식, 인화문 앞 상소, 관민공동회, 김덕구金德九 장례시위 등 모든 주요 집회에 참가하고 독립협회를 적극 지원하는 자매단체로서 중요한 역할을 수행하였다.

### 5) 황국중앙총상회

황국중앙총상회皇國中央總商會는 시전市廛 상인의 단체로서 1898년 여름에 서울에서 창립되었다. 정확한 창립 일자는 알 수 없으나 1898년 9월 11일부터는 기록에 뚜렷이 나타나고 있다. 『대한계년사』는 전 군수 구완희具完喜가 서울 각전各廛 상민을 회원으로 하여 황국중앙총상회를 설립하고 전 참정 조병식趙秉式을 회장, 전 참봉 이종래李鍾來를 부회장으로 추대하여 따르는 신사들이 상당히 많았다고 기록하고 있다.[118]

독립협회는 1898년 9월 11일의 특별회에서 김홍륙독차사건金鴻陸毒茶事件을 규탄하기 위한 9월 13일의 만민공동회 개최에 합력하자고 총대위원 최정덕崔廷德을 황국중앙총상회에 파견하였다. 이에 응하여 황국중앙총상회는 만민공동회에 참가하고 있을 뿐만 아니라 서울 시내 시전 상인

117 『皇城新聞』, 제1권 제33호, 1898년 10월 13일자 「별보(순성학교 상소소초)」.

118 『大韓季年史』(상), p.234 참조.

들에게 철시명령을 내리고 철시까지 단행함으로써 독립협회의 운동을 적극 지원하였다.[119] 조병식을 회장으로 한 것은 형식에 불과하였고 실제로 황국중앙총상회는 그 뒤 독립협회와 협동하여 가장 강력한 자매단체로서 독립협회의 노륙법 및 연좌법 부활 저지, 개혁정부 수립 요구, 의회설립운동, 관민공동회, 독립협회 지도자 17명 석방운동, 독립협회 복설운동, 황국협회와의 투쟁 등 독립협회의 모든 자주민권자강운동에 적극 참가하고 지원하였다.

황국중앙총상회의 장정章程은 유실되어 지금 완전한 것은 찾아볼 수 없으나 『독립신문』과 『황성신문』에 부분적으로 게재되어 있는 것을 정리해 보면 다음과 같다.[120]

황국중앙총상회규칙

一. 회명은 황국중앙총상회라 함.

二. 중앙 모든 각전이 한가지로 設會하야 廛界를 정하되 동으로 鐵物橋며 서로 松橋며 남으로 小廣橋며 북으로 安峴까지 이 안에는 외국인의 商販은 허가치 아니하고 이 界 밖의 본국 각전은 중앙회에서 관할할 사.

三. 농상공부에서 인허한 인지는 본회에서 句管하니 각도 각군 장시 항구 포구 객주회사의 萬物交易 때에 무명잡세는 일체 금단하고 이 인지로써 信行하야 규칙을 정할 사.

四. 각항 물가가 무단히 오르고 내리는 것은 본회에서 자세히 살피고 밝혀 좋을 대로 관할할 사.

五. 본회 자본은 매 1고에 50원씩 정하되 금액 다소는 각기 소원대로 할 사.

六. 본회는 장사로 주장하니 저자규칙을 가감하여 쓰며, 본회사무소는 황성 중앙에 두고, 본회임원은 회장 1인, 부회장 1인, 주무 2인, 서기 4인, 회계 4인, 사무 30인, 사법 5인, 경찰 25인, 검찰 5인으로 할 사.

---

119 『大韓季年史』(상), p.233 ; 『皇城新聞』 제1권 제8호, 1898년 9월 14일자 「잡보(聖勅□傳)」 참조.

120 『皇城新聞』, 제1권 제23호, 1898년 10월 1일자 「논설」 ; 『독립신문』, 제3권 제152호, 1898년 9월 30일자 「잡보(총상회)」에서 재구성했음.

七. 본회 설립 후에 會標로 표준을 삼되 회표 아니 찬 이는 장사를 못하게 하고, 통상회는 한 달에 한 번씩 음력 초2일로 하며, 특별 사건이 있으면 임시회를 하고, 회표는 5모지게 만들어 五帝의 다스림을 응하고 三臺지게 하야 三王의 제도를 취하며 면에다 皇國中央總商會 富國安民 십일 자를 새겨 항상 옷에 찰 사.

여기서 황국중앙총상회가 의도한 것은 요컨대 ① 서울 안에 지계를 정하여 일·청 상인 등 외국 상인의 상행위를 일정 지계 내에 제한하고 시전 상인들의 상권商權을 외국 상인들의 침투로부터 보호하며, ② 농상공부의 허가인지를 중앙총상회에서 위탁관리하여 무명잡세는 일체 혁파하고 법정의 상세商稅를 중앙총상회에서 인지로 신행信行하며, ③ 각항 물가의 고저를 관찰하여 조절하고, ④ 대소 상인을 자본금에 따라 모두 의무적으로 입회케 하여 전국 상업을 통할하는 일종의 상인협회 또는 상인조합을 설립하려 한 것이었다.

황국중앙총상회는 독립협회의 자주민권자강운동에 적극 참가하면서 독립협회와 합동하여 상권수호운동을 전개하였다. 또한 11월 4일 독립협회의 17명 지도자가 구속되고 독립협회가 해산당했을 때에는 철시를 하면서 만민공동회에 참가하여 17명의 지도자 석방과 독립협회 복설을 위해 진력하였다. 독립협회의 자주민권자강운동은 자매단체로서의 황국중앙총상회의 지원에 힘입은 바 컸다.

### 6) 보신사

보신사保信社는 1898년 10월에 창립된 소상인 금융업자들의 단체로서 회원 대부분이 독립협회 회원이었다.[121]

보신사는 취지문에서 보신사의 규칙은 독립협회의 규칙과 마찬가지이

---

121 『尹致昊英文日記』 1898년 11월 31일조 참조.

며 다만 상무商務를 위해 작은 절목 3건을 추가한다고 밝혔다. 보신사의 취지문과 절목은 다음과 같다.

사람이 세상에 나서 만일 임금에게 충성하고 나라를 사랑하는 목적을 하지 못하면 어찌 사람이라 일컬으며, 나라를 부케 하고 군사를 강케 할 좋은 방책이 없으면 어찌 충애라 이르리오. 지금 세계를 돌아본즉 부국강병할 방책은 장사만큼 큰 것이 없고 또한 우리나라 이천만 동포 중 충애하는 실상 마음은 독립협회 회원만 한 자 없은즉, 상무로써 부강코져 할진대 保信 식리를 불가불 할 것이요, 충애로써 標準코져 할진대 독립협회에 불가불 참록할지라. 오즉 우리 몇 백 사람이 합동할 때에 특별히 보신 二자로 목적 삼음은 더욱 굳은 뜻이 없지 아니하며 규칙은 본회와 一테라. 다만 작은 三건만 더 보태였으니 가로되 생사 간에 괴로움을 한가지로 하고 상장 간에 서로 구원하고 상무로 식리할 것이니 그 충애하는 목적이야 어찌 한 터럭이라도 범홀하리요. 〔……〕 이제부터는 보신 二자를 각심하야 六洲 모든 나라에 상등국이 되게 하기를 깊이 빌며 규칙은 좌개하노라.

一은 고본은 二十전으로 정하야 一고로 十고 百고 千고라도 각기 세력대로 내면 그 고본전을 취식하야 연종에 이익을 나누며, 사원이 혹 신고하거나 출회할 때에는 고본전을 본리 아울러 도로 주고, 부의는 양친으로 정하되 아무 사원이 든지 고본전 들여놓은 百날 후에 부의를 一千냥씩 주며 만일 양친이 없거든 다른 복제라도 그 양친상 부의 전례를 의지하야 주되 사원 매명에 엽전 一전씩 걷어서 주며, 五署에 각각 경찰 하나씩과 사찰 둘씩 두어 서기가 경찰에게 기별하거든 경찰은 사찰 시켜 부의돈을 걷게 하며, 부의돈 외에 지촉을 보내고 총대위원 二十人을 보내어 호상케 하고 부의돈 一千냥 줄 때에 二百냥씩은 으레히 제하고 그 후에 다른 사원에게 보낼 부의전 거둘 적에는 二百냥 제한 사원에게는 걷지 아니하며, 시골 사는 사원이 상고를 당하면 사중에서 위원을 보내어 상탐한 후에 부의돈을 주는지라.

사원 중에 혹 국사범과 회국에 불법한 행위가 있으면 곧 출회하고 부의전은 주지 아니할 일.[122]

---

122 『독립신문』, 제3권 제171호, 1898년 10월 22일자 「잡보(보신사 취지문)」.

보신사는 독립협회의 자주민권자강운동을 지원하기 위하여 의연금을 내고,[123] 관민공동회를 비롯하여 독립협회 활동에 적극 참가하면서 이를 지지하였다.

### 7) 취영회

취영회聚英會는 배재학당의 학생들이 1898년 12월 1일에 창립하여, 협성회와 마찬가지로 매주 토요일 통상회를 열고 토론회를 개최하였다.[124]

### 8) 개진협회

개진협회開進協會는 대구군 공립소학교 학원 중 15세 이상 되는 이들이 1898년 12월 4일에 창립한 단체이다. 개진협회는 개명진보와 충군애국을 목적으로 하고, 규칙은 윤치호가 번역한 '의회통용규칙'에서 뽑아 썼다. 매주 토요일 통상회를 열고 협성회와 마찬가지로 토론회를 개최하였다.[125]

### 9) 자동의사회

자동의사회子童義士會는 남대문 밖 이문골 사는 소년들이 1898년 12월 초에 창립한 단체였다. 충군애국을 목적으로 하고, 주로 연설회를 개최하였다. 자동의사회는 김덕구 장례시위를 비롯하여 독립협회와 만민공동회의 운동을 적극 지지하였다.[126]

### 10) 기타 자매단체들

이 밖에 독립협회의 주요한 자매단체로서 독립협회 회원인 조신희趙臣

---

123 『皇城新聞』, 제1권 제30호, 1898년 10월 10일자 「잡보(出義損金)」 참조.

124 『독립신문』, 제3권 제224호, 1898년 12월 24일자 「잡보(취영회 편지)」 참조.

125 『독립신문』, 제3권 제225호, 1898년 12월 26일자 「잡보(개진협회)」 참조.

126 『독립신문』, 제3권 제207호, 1898년 12월 5일자 「잡보(아이들 충애)」 및 제3권 제210호, 1898년 12월 8일자 「잡보(자동회)」 참조.

熙·김교헌金敎獻 등이 창설한 진신회搢紳會,[127] 일진회日進會,[128] 어윤적魚允迪이 창설한 교육회敎育會,[129] 국민협회國民協會 등이 관민공동회를 비롯하여 독립협회의 활동에 참가하고 독립협회를 적극 지원하였다.

이상의 자매단체들은 모두 독립협회의 영향을 받아 조직된 것들이며, 독립협회를 적극 지원하고 독립협회의 자주민권자강운동을 뒷받침한 단체들이었다.

## 6. 지지층의 사례

독립협회는 민중의 확고한 지지 위에서 자주민권자강의 민족운동을 전개하였다. 독립협회가 서울에서 대규모의 민중대회를 개최하면 3만 명이 운집하는 경우도 있었다. 이것은 당시의 서울 인구가 약 20만 명이었으니 서울 시민의 10분의 1 이상이 참여한 것이다.

특히 1898년 11월과 12월의 만민공동회는 민중이 자발적으로 조직해 독립협회를 지원한 것이었다. 회원이 아니면서 독립협회를 지원한 민중은 어떠한 민중일까? 이 문제는 독립협회 성립의 사회적 배경을 고찰하는 문제이며, 이 시기의 사회변동을 고찰하는 독립 논문이 필요한 방대한 연구과제이다. 여기서는 다만 몇 가지 사례를 지적하려고 한다.

첫째, 급속히 성장하는 시민층이 독립협회의 추진층과 지지층이 되었다. 시전市廛의 개편과 조직화, 각종 상회와 근대 주식회사의 성장 등에 기초해서 시민층이 대두하여 독립협회를 적극적으로 지원하였다. 그들은 열강의 이권침탈과 외국 상인의 상권침투에 대항하여 자기들의 상권을 수호하지 않으면 안 되는 상태에 있었으며, 당시 자본주의적 발전이 나라 발전

127 『大韓季年史』(상), p.303 참조.
128 『尹致昊英文日記』 1898년 5월 2일조 참조.
129 『大韓季年史』(상), p.281 참조.

의 방향이 되었으므로 그들의 이익과 국가의 이익이 완전히 합일되어 있었다. 그들은 자신들의 요청을 가장 많이 대변해주는 독립협회에 적극 참가하고 독립협회의 강력한 지지층이 되었다.

당시 각종의 근대 주식회사의 설립자들은 모두 개별적으로 거액의 보조금을 독립협회에 헌납했으며, 시전 상인들도 모두 독립협회를 적극 성원하고 보조금을 헌납하였다. 예컨대 1897년 2월부터 3월까지 1개월 사이에 독립협회에 보조금을 낸 서울 시전 상인들은 다음과 같았다.

| | |
|---|---|
| ① 鞋廛都中[130] | 4원 |
| ② 紙廛都中 三所任 | 4원 |
| ③ 衣廛都中 三所任[131] | 2원 |
| ④ 苧布廛都中 | 4원 |
| ⑤ 青布廛都中 | 4원 |
| ⑥ 果實廛都中 | 4원 |
| ⑦ 雜穀廛都中 | 2원 |
| ⑧ 壽進床廛都中 | 2원 |
| ⑨ 布縢都中 | 8원 |
| ⑩ 下米廛都中 | 2원 |
| ⑪ 望門床廛都中 | 2원 |
| ⑫ 綿紬廛都中 | 4원 |
| ⑬ 白木廛都中 | 4원 |
| 계 | 46원 |

뿐만 아니라 시전 상인들은 1898년 10월 8일부터 12일까지 독립협회가 개혁정부 수립을 요구하여 인화문 앞에서 철야상소시위를 할 때 독립협회

130 ①~②는 『大朝鮮獨立協會會報』, 제7호, 1897년 2월 28일자 「獨立協會補助金收入名」 참조.
131 ③~⑬은 『大朝鮮獨立協會會報』, 제8호, 1897년 3월 15일자 「獨立協會補助金收入名」 참조.

를 지지하여 연 2일간 철시를 단행했으며,[132] 독립협회의 시위에 참가하였다.[133] 또한 11월 4일 17명의 독립협회 지도자들이 구속되자 이에 항의하여 자발적으로 철시하고 만민공동회에 참가하였다.[134] 시민들은 "독립협회 회원들이 충애 목적을 가졌다가 간세배에게 몰리어 지금 갇혔으니 그 회원들이 죽어도 우리가 함께 죽고 귀양을 가도 우리가 함께 가자고 작정을 하였다."[135]

독립협회의 만민공동회 투쟁에 대한 시민들의 지원은 열정적이어서 다동 사는 박씨 부인은 집 판 돈 1백 원을 보조했고, 심지어 걸인들도 1원을 보조했으며, 나무장수 1인은 장작 수십 바리를 가져와서 밤샘하는 땔감을 담당했고, 과일상은 배 3석을 가져와서 회원의 목마름을 축이게 했으며, 술장수는 새 술 몇 짐을 가져와서 회원의 추위를 막는 데 돕게 하여 내외국인을 감탄케 했고, 모두 독립협회 복설을 강력히 주장하였다.[136] 심지어 군밤장수도 군밤 판 돈을 헌금하였다.[137] 가난한 동네인 필운대 동민들은 보조금 6원을 모금하고, 독립협회를 실력으로 지원하자고 결의하였다.[138] 서울 시민들은 만민공동회를 개최하고, 보부상들이 독립협회를 폭력으로 핍박하자, 상인들이 중심이 되어 보부상을 배후에서 조종하는 민영기閔泳綺를 체포하는 시민에게 현상금 1,000원을 상금으로 지급하도록 결정하였다.[139]

독립협회에 대한 시민층의 지지는 지방 도시에서도 적극적이어서, 예컨

132 『皇城新聞』, 제1권 제32호, 1898년 10월 12일자 「잡보(各廛撤市)」 참조.
133 『독립신문』, 제3권 제163호, 1898년 10월 13일자 「잡보(전인충분)」 참조.
134 『독립신문』, 제3권 제186호, 1898년 11월 10일자 「잡보(시민 감격)」 참조.
135 『독립신문』, 제3권 제185호, 1898년 10월 9일자 「잡보(만민동맹)」 참조.
136 『皇城新聞』, 제1권 제57호, 1898년 11월 11일자 「별보」 참조.
137 『皇城新聞』, 제1권 제30호, 1898년 10월 10일자 「잡보(孰使然哉)」; 『독립신문』, 제3권 제160호, 1898년 10월 10일자 「잡보(충애감동)」 참조.
138 『皇城新聞』, 제1권 제66호, 1898년 11월 22일자 「잡보(當事見義)」 참조.
139 『皇城新聞』, 제1권 제91호, 1898년 12월 21일자 「잡보(民會懸金)」; 『독립신문』, 제3권 제221호, 1898년 12월 21일자 「잡보(상금 원천)」 참조.

대 삼화항三和港(진남포)에서는 1897년 12월 회원감리 정현철鄭顯哲과 시민들이 133원의 보조금을 모금하여 독립협회에 헌금하였다.[140] 인천 시민들은 1898년 10월 독립협회에 보조금 36원 27전을 보내면서 독립협회의 애국운동이 성공하도록 편지를 보내고 격려하였다.[141]

시민층의 이러한 지지는 독립협회의 민족운동이 진전될 수 있는 기초의 하나가 되었다.

둘째, 동학농민혁명운동을 통하여 급속히 성장한 농민층이 독립협회의 지지층이 되었다. 농민들은 동학농민혁명운동 중의 12개조 폐정개혁안에서 볼 수 있는 바와 같이 그들을 수탈하는 모든 전근대적 구속과 각종 잡세와 낡은 사회신분제도를 폐지할 것을 주장했으므로, 역시 이것을 주장하는 독립협회를 지지하게 되었다.

독립협회의 지회 설립 허가기준은 인구 3,000명 이상의 중소 도시에 한정하고 농촌은 제외했기 때문에 농민들은 거의 회원이 될 수 없었다. 그러나 농촌의 선각적 농민들은 농촌 지식인의 주도하에 각 곳에서 지회 설립을 요청했으며, 강계 · 옥천 등지에서는 지회가 설치되고, 이천에서도 향약회가 지회 구실을 하였다. 또한 양구楊口 농민들은 1897년 7월 74원 60전을 모금하여 독립협회에 헌납하였다.[142]

당시 농민들은 동학농민혁명운동 중에 민회民會를 개설했으며 집강소執綱所를 통하여 자신들의 농민민주주의를 실현해본 경험이 있으므로, 독립협회의 민중에 의한 자주민권자강운동을 대체로 '민회'로 이해하고 이를 지지하였다. 예컨대 당시 동학농민혁명운동에 실패하고 다수의 농민군들이 화적이 되어 있었는데, 평안북도 농민 하나가 독립협회에 동참 보조하려고 명주 두 필을 가지고 서울로 오다가 중도에서 화적을 만났을 때 그 농

140 『독립신문』, 제2권 제147호, 1897년 12월 11일자 「삼화부 독립협회 보조금」 참조.

141 『皇城新聞』, 제1권 제36호, 1898년 10월 17일자 「잡보(啞聲何傷)」 참조.

142 『大朝鮮獨立協會會報』, 제16호, 1897년 7월 15일자 「獨立協會補助金收入名」 참조.

민과 화적이 다음과 같이 다 함께 독립협회를 지지하였다.

> 우리가 서울 관민공동회에서 풍찬노숙하여 가면서 나랏일을 옳게 하려 한다기에 불원천리하고 이 명주 두 필을 팔아서 공동회 중에 보조하려던 것이 지금 당하야 그대에게 뺏기니 우리들의 충애하려던 목적이 실로 낭패라 한즉, 그 도적이 그 말을 듣더니 눈물을 흘리며 하는 말이 그대들의 말을 들으니 매우 감사하노라. 이 명주 두 필을 도로 주는 것이니 어서 빨리 서울 가서 그 회에 보조도 하고 나랏일을 바로잡아 우리 같은 도적질하는 사람들도 도적질하는 사업을 면케 하라. 우리는 관원들이 학대하는 것을 못 이겨 탕패가산하고 살 수 없어 부득이하야 도적질을 하노라.[143]

또 다른 사례로, 과천에 사는 농민이 나무를 한 바리 팔러 서울에 왔다가 독립협회의 애국운동이 진행 중인 것을 보고 나무 판 돈 30냥 중에서 노잣돈 5냥을 빼고 25냥을 독립협회에 보조하였다.[144] 농촌에서 서울에 콩나물을 팔러 왔던 한 농촌 부인은 콩나물 판 돈을 모두 독립협회에 헌납하였다.[145] 전국 각지에서 독립협회가 무엇인지를 알게 된 농민들은 독립협회를 지지하고 성원하였다.

셋째, 새로 대두한 광산노동자와 개항장의 부두노동자를 비롯한 각종 임금노동자들이 독립협회의 지지층이 되었다. 그들은 열강이 침투한 광산에서 광산노동과 외국상품의 하역노동 및 국내수출품의 선적노동과 제조장에서의 임금노동을 하면서 외국의 경제적 침략의 약탈성과 불이익을 체험하고 이를 반대하는 사회의식을 갖게 되었다. 그들은 각 광산과 부두에서 민족의 권익과 그들의 권리를 주장하는 각종 청원 및 운동을 전개하면서 독립협회의 자주민권자강운동을 지지하였다.

143 『독립신문』, 제3권 제193호, 1898년 11월 18일자 「잡보(도적의 감동)」 참조.

144 『皇城新聞』, 제1권 제30호, 1898년 10월 10일자 「잡보(孰使然哉)」; 『독립신문』, 제3권 제160호, 1898년 10월 10일자 「잡보(충애감동)」 참조.

145 『독립신문』, 제3권 제185호, 1898년 11월 9일자 「잡보(콩나물장수 의리)」 참조.

넷째, 갑오개혁 이후 마지막으로 해방된 천인층이 자유인으로서 모든 사회활동에 적극적으로 참가하면서 독립협회의 지지층이 되었다. 재설꾼宰設軍(白丁)·승도·광대·해방된 노비층 등은 민중의 자유와 평등이 명목상으로만이 아니라 실제로 이루어지고 제도화되어 그들의 완전 해방이 현실 속에서 실현되기를 요구했으며, 열강의 침략으로부터 대한을 수호하려고 독립협회의 자주민권자강운동에 참여하고 이를 지지하였다.

예컨대 1898년 10월 29일의 역사적 관민공동회에는 시전 상인뿐만 아니라 승도·재설꾼·맹인들이 청첩을 받고 참석했으며, 개막연설은 회원대표로서 백정 박성춘朴成春이 담당하였다. 그는 개막연설에서 다음과 같이 말하였다.

> 나는 대한의 가장 천한 사람이고 무지몰각합니다. 그러나 충군애국의 뜻은 대강 알고 있습니다. 이제 理國便民의 길인즉 관민이 합심한 연후에야 가하다고 생각합니다. 저 차일에 비유하건대 한 개의 장대로 받친즉 역부족이나 많은 장대를 합한즉 그 힘이 심히 강고합니다.[146]

각계각층의 수천 명 백성이 모이고 정부 대신들이 합석한 대규모의 관민공동회에서 종래 가장 천대받던 천민인 백정이 독립협회의 대표로 개막연설을 했다는 사실부터가 역사적 사건이었다. 회중은 모두 이 연설에 박수갈채를 보냈다. 이 사실만으로도 독립협회 민족운동의 방향과 해방된 천인층의 참여도·지지도를 추측할 수 있다.

독립협회는 모든 국민의 신체 및 재산의 자유권을 확고하게 보장해줄 것을 요구하고 이것을 죄인에게도 보편적으로 적용할 것을 요구했으므로, 감옥의 죄수들도 독립협회를 지지하여 1898년 10월 독립협회에 긴 편지를 보내고 보조금 2원 남짓을 헌납하였다.[147]

---

146 『大韓季年史』(상), pp.281~282 참조.

다섯째, 선각적 부인들이 독립협회의 강력한 지지층이 되었다. 독립협회는 종래의 남존여비의 낡은 사회관습을 비판하고 철저한 남녀평등과 여권 신장을 주장했으므로, 여권운동을 시작한 선각적 여성들이 독립협회를 적극 지지하고 독립협회의 모든 집회와 활동에 적극적으로 참여하였다. 특히 1898년 10월의 개혁정부 수립 요구의 상소시위, 관민공동회, 11월과 12월의 만민공동회와 김덕구 장례시위, 그 밖의 집회들에는 찬양회를 중심으로 한 선각적 부인들의 참여와 공헌이 매우 컸다.[148]

독립협회는 또한 축첩제도와 기생제도 등 여성을 속박하는 사회제도를 신랄히 비판하여 여성해방을 주장했으므로, 이것은 불우한 여성들로부터도 호응을 받아 1897년 1월 인천 기생 9명이 90전의 헌금을 독립협회에 보내왔다.[149]

여섯째, 당시 배재학당을 비롯하여 한성사범학교 · 무관학교 · 영어학교 · 한어漢語(중국어)학교 · 일어학교 · 법어法語(프랑스어)학교 · 덕어德語(독일어)학교 · 노어露語(러시아어)학교의 교원과 학도들이 독립협회의 매우 강력한 지지층과 추진층이 되었다. 뿐만 아니라 서울 시내 각 동의 소학교와 전국 각 도시 소학교 학도들이 모두 독립협회를 강력하게 지지하였다.

독립협회가 주최하는 각종 민중대회에 학도들은 자발적으로 질서 정연하게 참여했으며, 1897년 1월부터 3월 사이에 궁동宮洞관립소학교 교원, 동현銅峴소학교 학도, 제중원濟衆院 학도, 양현동養賢洞소학교 학도, 안동安洞소학교 교원들이 독립협회에 보조금을 헌납하였다.[150]

---

147 『皇城新聞』, 제1권 제32호, 1898년 10월 12일자 「잡보(縷人長書)」 참조.

148 『皇城新聞』, 제1권 제33호, 1898년 10월 13일자 「별보」; 『독립신문』 제3권 제205호, 1898년 12월 2일자 「잡보」 및 제3권 제212호, 1898년 12월 10일자 「잡보(부인회 설명)」 참조.

149 『大朝鮮獨立協會會報』, 제4호, 1897년 1월 15일자 「獨立協會補助金收入名」 참조.

150 『大朝鮮獨立協會會報』, 제4호, 1897년 1월 15일자, 제7호, 1897년 2월 28일자 및 제8호, 1897년 3월 15일자 「獨立協會補助金收入名」 참조.

또한 예컨대 1898년 10월 개혁정부 수립의 철야상소시위에는 덕어학교 · 수하동水下洞관립소학교 · 양사동養士洞관립소학교 학도들이 참여했으며, 영어학교 학도들은 보조금 10여 원을 회중에 헌납하였다.[151] 각 관립소학교 학도들도 참여하는데 영어학교는 보조금만 보낸다 하여 영어학교 학도 4명은 자퇴를 하고 독립협회에 가담하였다.[152] 10월 29일의 관민공동회에는 서울 시내 각급 학교의 모든 학도들이 참여하였다.[153] 또 11월부터 12월 사이의 독립협회와 만민공동회의 투쟁에는 학도들이 선두에 서서 독립협회 민족운동의 중추세력의 하나를 이루었다.[154]

일곱째, 소년층 또한 독립협회의 강력한 지지층이 되었다. 독립협회는 어린이의 보호와 자유로운 교육에 진력했으며, 소년층들도 독립협회의 민족운동을 지원하였다.[155]

독립협회의 간부 17명이 구속되고 독립협회가 제1차 해산을 당했을 때 소년층이 석방운동과 독립협회 복설운동에 참가하여 연설원으로 등단해서, 독립협회 복설과 간부 석방을 요구하였다.[156] 1898년 12월에는 10여 세의 소년층들이 '자동의사회子童義士會'를 조직하고 충군애국을 목적으로 하여 독립협회의 운동을 적극 지원하였다.

이러한 신흥사회세력의 광범위한 지지 위에서 독립협회는 조직을 강화하여 자주민권자강의 민족운동을 전개할 수 있었다.

151 『大韓季年史』(상), p.259 참조.

152 『독립신문』, 제3권 제163호, 1898년 10월 13일자 「잡보(견분 퇴학 · 소학교 충분)」 참조.

153 『大韓季年史』(상), p.281 참조.

154 『독립신문』, 제3권 제184호, 1898년 11월 8일자 「잡보(학도 충애)」 참조.

155 『독립신문』, 제3권 제175호, 1898년 10월 27일자 「잡보(아이 의견)」 참조.

156 『皇城新聞』, 제1권 제53호, 1898년 11월 7일자 「별보」 참조.

## 7. 맺음말

독립협회는 1896년 7월 2일 독립문 · 독립공원 · 독립관 건립을 위해 창립되었을 때에는 고급관료클럽의 성격을 벗어나지 못했으나, 1897년 8월 이후부터는 민중이 현저히 진출하여 결국 독립협회는 민중의 사회단체로 전화되었다. 또한 독립협회는 1898년부터는 종래 알려져 있던 것보다는 훨씬 거대한 규모로 자주민권자강운동을 전개하였다.

제1기의 고급관료주도기에는 독립문 건립이라는 민족적 사업을 위하여 각계각층의 백성들이 서로 충돌하지 않고 독립협회에 참가하였다. 개혁파 관료들을 비롯하여 이해관계를 달리하는 각 정파의 고급 관료들이 보조금을 헌납하고 회원이 되었으며 간부직을 맡아 하였다. 민중들도 독립문 건립을 위한 보조금을 헌납하여 회원이 되었으나 다른 활동이 없었으므로 수동적 회원으로 저변에 머물러 있었다. 이 시기 독립협회는 민중의 참가뿐만 아니라 관료와 왕실의 지원을 받아 짧은 기간에 큰 사회단체로 성장했으나 모든 활동은 고급 관료들의 주도하에 있었다.

제2기의 민중진출기에는 토론회가 시작되어 일반회원들의 능동적 참가가 가능해졌다. 임원들은 토론회를 국민계몽운동으로 진행시켰으나, 자각한 일반회원들은 적극적으로 토론회에 참가하여 계몽과 함께 수구파 정부의 정책을 비판하기 시작하였다. 이에 따라 잡다한 세력의 수구파 고급 관료들은 스스로 후퇴하고 지식인으로는 개혁파 관료들만 남게 되었으며, 뚜렷하게 민중의 진출이 이루어졌다. 여기서 독립협회는 민주적 운영원칙에 의거하여 민중의 사회단체로서의 내부 변화가 이루어지기 시작하였다. 일반회원과 민중들은 토론에 참여하고 의견을 교환하는 과정에서 집단연대감과 집단의식을 형성하여 집합행동이 가능한 동질의 회원으로 변화했다.

제3기의 민중주도기에는 1898년 2월 21일의 구국선언상소를 전환점으로 하여 독립협회는 본격적인 자주민권자강운동의 집합행동을 시작하였다. 독립협회는 외국의 이권침탈을 저지하고 독립의 기초를 튼튼히 했으며, 자유민권수호운동을 전개했고, 부패한 관료들을 비판하는 각종 운동을 전개하였다. 이에 따라 고급 관료들은 독립협회에서 모두 떠나고 민중과 지식인만 남게 되었다. 독립협회의 자주민권자강운동이 전개됨에 따라 회원의 연대감과 집단의식은 더욱 강화되어 독립협회는 일종의 정치적 당파가 되었으며, 외부로부터 독립협회의 운동에 호응하는 인사들이 가입하여 독립협회의 세력은 더욱 급속히 증대되었다.

각 지방에서 지회 설립 요구가 대두하여 공주지회와 평양지회가 인가되고 설립되었다. 이 시기 독립협회는 민중의 주도하에 열강의 침략에 대처하고 민족적 과제를 민중의 힘으로 해결하려고 노력한 가장 강력한 사회단체가 되어 비약적으로 성장했으며, 실제로 민족의 권익을 수호하는 데 큰 업적을 내었다.

이때 민중과 함께 독립협회의 만민공동회에 참여한 지식인들은 각파의 연합세력으로 구성되어 있었다. 이 중에서 가장 중요한 두 개의 주류는 ① 서구시민사상을 도입하여 그 영향을 크게 받은 흐름과, ② 개신유학적 전통을 배경으로 동도서기파에서 한 단계 더 발전한 국내 사상의 성장의 흐름이었다. 이 두 개의 흐름이 연합하여 독립협회의 자주민권자강운동을 전개하였다.

제4기의 민중투쟁기에는 그동안의 자주민권자강운동의 업적에 힘입어 10월 29일에 관민공동회를 개최하고 헌의6조를 결의했으며 개혁정부 수립과 의회설립운동을 전개하여, 연이은 대승리를 거두어서 민족의 자주독립과 자유민권과 자강개혁이 보장되는 듯하였다. 그러나 국왕과 일부 수구파의 반격으로 독립협회 지도자 17명이 구속되고 뒤이어 독립협회가 혁파되어 독립협회의 간부조직은 기능이 마비되기에 이르렀다.

그러나 이미 성장한 일반회원과 민중들은 임원의 지도 없이도 자발적으로 만민공동회를 설치하여 질서 정연한 집합행동을 투쟁적으로 전개하고,

결국 지도자 17명의 석방과 독립협회의 복설에 성공하였다.

이 시기에는 일반회원과 민중의 만민공동회가 독립협회보다 선두에 서서 자주민권자강운동을 전개했으며, 일부 수구파와 황국협회의 거듭되는 폭력적 반격도 이를 물리치고 대승리를 거두었다. 전국 각지에서 신흥사회세력들이 만민공동회와 독립협회의 운동을 지원하고 지회 설립 신청이 쇄도했으므로 독립협회는 '지회인가조례'와 '지회세칙'을 제정하고 전국의 주요 도시에 지회들을 창설하여 거대한 규모의 민중의 사회단체가 되었다.

독립협회가 고급관료클럽으로부터 민중의 사회단체로 전화될 수 있었던 요인은 다음과 같다.

① 이미 민중이 성장하고 있었다는 점.

② 회원 가입이 개방되어 있었다는 점.

③ 독립협회의 목적이 뚜렷했기 때문에 애국적 민중이 가입했다는 점.

④ 독립협회의 운영이 민주적 원리에 의거하여 모든 사항의 결정을 회원의 다수결로 결정했다는 점

⑤ 모든 임원을 회원의 투표에 의하여 선출했다는 점

⑥ 회원이 어떠한 사항이든지 직접 회의에 상정시킬 수 있었으며, 직접 총대위원을 선출하여 집행할 수 있었다는 점.

이러한 민주주의적 원리에 기초하여 성장하고 있던 민중이 진출해서 독립협회를 민중의 사회단체로 전화시킬 수 있었다.

이 시기에는 독립협회 회장과 고위 임원들은 상대적으로 위축된 반면에, 신진파들이 대두하여 일반회원의 선두에 나서서 지도집단으로 활약하기 시작했으며, 11월 29일의 독립협회측 중추원 의관 선거에도 신진파들이 뚜렷하게 진출하였다. 독립협회는 더욱더 정치적 당파의 사회단체로 되어갔음에도 불구하고 고위 임원의 지도력은 약화되었다. 이에 따라 소수 신진파 회원들의 과격한 행동을 통제할 능력이 상실되어갔다. 중추원 회의에서 재기가담자材器可堪者(국가 최고 정책 감당 능력 소유자) 11명을 추

천할 때에 신진파 의관들이 정부에서 기피하는 인물인 박영효를 추천한 사건을 트집잡아 국왕 고종은 일부 수구파와 러시아 및 일본의 자문을 받고 12월 23일 무력으로 만민공동회를 해산시켰으며, 12월 25일 협회의 혁파령을 내려 결국 독립협회는 강제해산당하고 말았다.

독립협회가 해산당한 후에도 이때 이루어놓은 독립협회의 세력이 그 후의 애국계몽운동, 의병운동, 항일독립운동, 민권운동, 자강운동, 민족문화운동의 주류의 하나를 형성하였다.

‖ 제3장 ‖

# 독립협회의 사회사상

## 1. 머리말

독립협회의 사회사상은 19세기 말 한국에 열강들이 들어와 광산·철도·전기·삼림·어장 등의 이권利權을 침탈하고 한국을 식민지화하려고 노리던 시기에 국제세력의 균형을 도모하면서 한국인들이 새로이 성장하는 민중의 힘을 모아 '자강'을 실현함으로써 자주독립을 지키려고 만든 사회의식의 체계이다.

1896년 2월의 소위 아관파천에 의하여 우리나라를 둘러싼 열강의 세력균형은 크게 달라졌다. 갑오개혁은 부분적으로 당시의 민중의 요청인 전근대적 수탈의 완화를 위한 내정개혁을 단행했으나, 일본세력이 깊이 간여함으로써 개혁의 대전제이며 민중의 다른 하나의 요청인 자주독립을 굳게 지키지 못하였다. 김홍집·김윤식·어윤중·유길준 등의 온건개화파는 수구파가 집권하는 것보다 자기들이 집권하는 것이 나라를 위하여 유익하리라고 판단하여 일본과 타협한 개혁을 단행하였으며, 일본군국주의자들은 민중의 불만인 전근대적 수탈을 완화시켜줌으로써 민중을 침묵시키고 개혁을 침략의 도구로 사용코자 하여 동상이몽의 개혁정책을 요구하였다. 그러나 이것은 모두 오산이었다. 이미 당시 한국의 민중은 급속히 성장하고 있어 자신의 직접적 이익을 위한 전근대적 봉건적 수탈의 완화에만 만족하지는 않았다. 도리어 비자주적 개혁의 허구성을 잘 인식하고 위기를 맞은 조국의 자주독립을 더욱 걱정하는 수준까지 성장하고 있었다. 이때에는 이미 자주권을 지키는 것이 개혁을 가져오는 길임을 자각한 민중이 급속히 대두하고 있었다.

갑오개혁의 파행적 개혁이 열강의 침략 앞에서 시급하게 대처하여야 할 자주권의 강화와 대외 자위력의 정비를 하지 못하고 일본의 극심한 내정간섭은 결국 일본공사에 의한 '명성황후 시해'라는 만행으로 이어졌다. 유길준 등 집권한 온건개화파가 명성황후 시해 같은 대사건에는 정작 자주성을 보이지 못하면서 지엽 말단의 단발령 등은 강행하려 하자 분노한 민중은 더 이상의 개혁을 받아들이지 않고 자주권의 확립을 요구하였다. 이제는 개혁은 둘째 문제이고 어떻게 하면 일본의 독수毒手로부터 벗어날까 하는 것이 기본적 과제가 되었다. 아관파천은 이러한 상황의 변화를 배경으로 명성황후 시해에 대한 복수를 가탁하여 나라의 자주독립을 훼손한 하나의 사건이었다.

아관파천 이후 국왕이 러시아공사관에 머무는 동안 곧 새로운 폐해가 나타났다. 러시아공사관에서 조직된 신내각은 처음에는 김병시金炳始·정범조鄭範朝 등의 중도파를 추대했으나 곧 실질적으로 이범진李範晋·이완용李完用·이윤용李允用·심상훈沈相薰·민종묵閔種默·김홍륙金鴻陸 등 친러파의 지배하에 들어가게 되었다. 친러파는 갑오개혁 때 세워놓은 내각제도와 국왕의 전제권에 대한 제한조치를 풀어 의정부義政府제도를 복구시켜서 전제군주제를 부활시키고, 러시아를 비롯한 구미 열강에게 광산·철도·삼림·어장 등 각종 이권을 양여하고 침탈당하였다. 특히 열강에의 이권 양여와 침탈은 러시아를 비롯한 열강의 깊숙한 내정간섭을 불러왔고 한국의 자주독립에 대하여 또 하나의 새로운 큰 위협으로 등장하였다.

이 시기에 러시아는 극동에서 남하정책을 시행하여 얼지 않는 군항과 군사기지를 설치하고자 단순한 이권침탈이 아니라 노골적 침략간섭정책을 자행했으며, 한국을 침략하려고 노리는 또 하나의 세력인 일본의 침략간섭정책과 정면으로 충돌하여 첨예하게 대립하게 되었다. 영국은 러시아의 남하정책을 저지하기 위하여 일본을 후원하고, 영국을 견제하는 프랑스가 러시아와 밀착함으로써 이 대립은 집단화되는 경향을 띠며 격화되었다. 그 사이에서 미국과 독일은 실리를 추구하여 이권 획득과 선교에 열중하면서 그때그때 자기 나라에 유리한 입장을 택하였다.

당시 한국 민중들은 일본의 침략을 일단 견제하는 데 성공했으나 새로이 나타난 러시아의 침략 시도를 다시 방어하여야 할 과제에 직면했으며, 열강들의 고삐 풀린 이권침탈을 긴급히 저지시켜야 할 필요에 당면하게 되었다. 우선 국왕이 하루 속히 러시아공사관에서 환궁하여 자위력을 갖추고 자주독립권을 확고히 세우며 당면한 과제들을 해결하기 위한 적극적 개혁정책을 단행할 것을 온 민중이 요청했다. 일부 자주적 수구파와 개혁파 연합세력의 노력에 의하여 1897년 2월 20일 국왕을 경운궁으로 환궁시키고, 이때를 이용하여 다시 8월에는 연호를 '광무光武'로 고치며, 10월에 고종을 '대군주'에서 '황제'로 승격시키고 국호를 '대한제국大韓帝國'으로 바꾸면서 대외적으로 완전한 자주독립을 재선언하였다. 대한제국의 성립은 한국이 전통적으로 자주 독립국이며, 임오군란 이후 청국의 간섭, 청일전쟁 이후 일본의 간섭, 아관파천 이후 러시아의 간섭과 같은 것을 더 이상 허용하지 않을 것임을 상징적으로 선언한 것이었으나, 이것은 매우 취약한 구조를 가진 것이었다. 여기에는 그동안 누적된 과제가 각 측면에서 해결을 요청하며 무거운 압력을 가하고 있었다.

첫째, 대한제국의 자주독립은 명목상의 것이고, 그 뒤에는 이권의 피탈과 양여라는 자주독립권의 훼손이 있었으며, 이미 열강이 내정에 깊이 간섭하고 있었다. 따라서 내적으로 훼손당한 자주독립권을 완전히 회복하기 위하여 이권의 양여와 침탈을 긴급히 중단시켜서 더 이상 자주권이 침해되는 것을 막고, 내정을 외세의 간섭으로부터 방어하면서 각 부문에서 자주독립을 공고하게 실현해야 할 긴급한 과제가 대두하였다.

둘째, 민중의 개혁 요청을 갑오개혁 때 자주권을 희생하면서 추진해보다가, 자주독립을 확고히 세우기 위하여 개혁이 일시 중단되었으나, 이제는 다시 자주적 개혁을 시작해야 할 과제가 대두되었다. 민중은 이미 급속히 성장하고 있어서 자유와 평등과 자기들의 권리를 스스로 주장하고 있었으므로 이것은 미루어둘 수 없는 과제가 되었으며, 이 민중의 요청을 실현시켜주는 것이 자주독립을 민중의 힘으로 지킬 수 있는 방법이 되었다.

셋째, 당시의 대한제국의 자주독립은 열강의 침략정책 과정에서 국제세력의 일시적 균형을 이용한 것이었기 때문에 세력균형이 깨어지는 날 열강 중의 어느 한 나라가 대한제국을 침략할 수 있는 반면에 대한제국은 이것을 막아 자주독립을 지킬 객관적 실력을 갖추고 있지 못하였다. 따라서 작은 세력균형을 큰 세력균형으로 체제화하고 이 세력균형이 유지되는 동안에 자주독립을 자기의 힘으로 지킬 실력을 배양하는 것이 긴급한 과제가 되었다.

이러한 과제를 놓고 19세기 말 한국사회에는 크게 나누어 두 개의 견해를 달리하는 사회집단이 형성되었다. 하나는 대한제국을 전제군주국의 상태로 둔 채 일부의 과제만을 해결하려고 한 수구파들의 견해였고, 다른 하나는 대한제국을 입헌대의군주국으로 개혁하여 모든 과제를 발전적으로 해결하려고 한 개혁파의 견해였다.

독립협회는 이러한 시기에 이러한 과제를 발전적으로 해결하려고 한 개혁파 가운데 가장 민중의 요청을 잘 대변하면서 민중의 힘을 동원하여 과제를 해결하려고 노력했던 대표적 사회정치단체였다. 원래 독립협회가

1896년 7월 2일 창립되었을 때에는 독립문과 독립공원을 건설하기 위한 고급관료클럽이었다. 그러나 당시의 민족적 과제와 사회적 요청이 위와 같았기 때문에 다수 민중의 자발적인 참가에 의하여 1897년에는 민중단체로서의 현저한 내부 변화가 일어났으며, 1898년부터는 전국 각지에 지회를 설치하고 당시의 과제에 가장 충실하게 대결한 강력한 사회정치단체로 성장하기에 이르렀다.

이 장의 목적은 독립협회가 하나의 사회집단으로서 자기 시대의 과제를 어떻게 해결하려고 했는가 하는, 그 집단의식 또는 집합표상集合表象을 추출하려는 것이다.

이것은 당시 한국인들이 자기들이 맞닥뜨린 과제를 어떻게 해결하려고 노력했는가 하는 문제를 사회사상사의 측면에서 고찰해보는 작업의 하나이다.[1]

## 2. 독립협회 사상의 사회적 배경

독립협회의 사회사상에 대해서는 몇 가지 측면에서 종래의 견해를 수정할 필요를 절감하게 된다.

1 독립협회의 집단의식을 보기 위해서는 여러 가지 방법을 사용할 수 있으나 여기서는 주로 그들의 집합표상을 나타내는 사료로서 ① 독립협회의 기관지(『大朝鮮獨立協會會報』·『독립신문』·『皇城新聞』), ② 독립협회와 만민공동회의 상소문과 공한, ③ 독립협회와 만민공동회의 결의문 ④ 독립협회 토론회의 주제와 내용, ⑤ 간부회원의 일기, ⑥ 간부회원의 傳記, ⑦ 회원들의 논설문 등에서 먼저 그들의 사상의 공통점을 추출하고, 다음에 각 흐름의 견해의 차이점을 필요한 경우에 한하여 대비하려고 한다. 독립협회의 사상을 다룬 연구논문으로는 ① 이만갑, 「獨立新聞에 나타난 價值觀念」, 서울대학교 문리과대학 東亞文化硏究所 東洋學심포지움, 1962년 5월 ; ② 韓興洙, 「獨立協會의 政治集團化過程」, 연세대학교 사회과학론집, 제3집, 1970 ; ③ 朴性根, 「獨立協會의 思想的 硏究」, 『李弘稙博士 回甲記念韓國史論叢』, 1969 ; 姜在彦, 「獨立新聞·獨立協會·萬民共同會—1890년 代後半期におけるブルジョア的 變化運動」, 『朝鮮史硏究會論文集』 제9집 1972 ; 柳永烈, 「獨立協會의 民權思想硏究」, 『史學硏究』 제22호, 1973 참조

첫째, 독립협회의 사회적 계보를 단선적으로 서구시민사상 도입의 흐름으로만 볼 수 없다는 점이다. 거기에는 최소한으로 축소시켜도 두 개의 뚜렷한 흐름이 있었다. 하나의 흐름은 주지되어온 서재필徐載弼 · 윤치호尹致昊 등의 『독립신문』 계통에서 볼 수 있는 서구시민사상 도입의 흐름이었다. 둘째의 흐름은 『황성신문皇城新聞』 계통에서 볼 수 있는 남궁억南宮檍 · 정교鄭喬 · 고영근高永根 등의 개신유학적改新儒學的 전통을 배경으로 한 국내 사상의 성장의 흐름이었다. 즉 두 개의 뚜렷한 흐름이 합류하여 독립협회를 만들고 그 사상을 수립했다. 독립협회가 존속하던 동안에 이상재李商在는 이 두 흐름을 합류시켜 하나가 되게 하는 가장 중요한 위치에 있었으며, 사실상 독립협회의 산모와 같은 역할을 하다가 협회 해산 후 옥중에서 기독교의 영향을 받게 되었다.[2]

첫째의 흐름은 개항 직후 갑신정변에 관련되어 있던 초기 개화파의 일부가 망명 중에 서구시민사상을 직접 체험하고 귀국하여 지도자가 되고, 여기에 주로 배재학당 교사들과 학생들 그리고 그 밖의 서구시민사상의 영향을 직접 크게 받은 지식인들이 중심이 되어 이룬 흐름이었다. 그 전형적인 인물로 갑신정변 때 '삼일천하'의 병조참판을 맡았다가 정변 실패 후 일본을 거쳐 미국에 망명하여 서구시민사회를 장기간 체험한 서재필을 들 수 있으며, 갑신정변에 상하이上海를 거쳐 미국에 망명, 유학해서 서구시

2 이상재는 그의 경력과 교육배경 및 생활태도 등으로 당시 각파의 사조를 연합시킬 수 있는 위치에 있었다. 그는 전통적 한학교육을 받은 다음 1881년 朴定陽의 수행원이 되어 신사유람단의 일원으로 일본 시찰을 했으며, 이때부터 초기 개화파와 밀접한 관련을 갖게 되고, 다시 1887년 朴定陽이 주미공사로 있을 때에 일등서기관으로 워싱턴에서 청국의 방해를 물리치고 자주외교를 추진한 경험이 있어서, 서구시민사상의 영향의 흐름을 이해하고 수용할 폭이 있었던 것으로 보인다. 또한 그의 출신과 교육배경은 개신유학적 전통의 국내 사상 성장의 흐름을 긍정적으로 볼 수 있게 하고 이를 존경하면서 수용할 수 있게 하였다. 이 위에 신분의식을 철저하게 극복한 그의 활달한 생활태도로 각층 각파의 지지를 얻을 수 있었다고 보여진다. 그가 1881년 세무행정 · 통신관계 전문가로 통신과 소통의 중요성을 일찍 인식하여 주장하고 개인생활화한 것도 각파를 연합하는 능력과 작업을 도와준 요인의 하나가 되었다고 추정된다. 『月南李先生實記』 · 『月南李商在先生略傳』 등 참조.

민사상을 광범위하게 체득한 윤치호를 들 수 있다. 그들은 직접적으로 개항 전후 초기 개화파의 영향을 계승하면서 한국 전통과 서구시민사상에 대하여 깊은 이해를 갖고 최고급 지식인이 되어 적극적으로 서구시민사상을 도입해 수용하려 하였다.[3]

또 하나의 흐름은 개항 직후에 이른바 동도서기파東道西器派의 범위에 속해 있으면서 국내에서 전통적 교육과 신식 교육을 병행하여 받고 개신유학적 학풍을 배경으로 하여 이루어진 흐름이다. 그들은 국내 새 사회세력의 성장과 사상의 변화에 완전히 밀착되어 그것을 반영하면서, 개신유학적 전통을 시민사상과 융합시켜 당시의 문제를 설명하려 하였다. 전형적인 인물로 남궁억은 통리기무아문의 동문학同文學에서 수학하고 대부분을 전통적 한학교육을 받았으며, 정교와 고영근은 신식 학교에는 다닌 적이 없고 유학교육을 받은 인물이었다. 그들은 새로운 시대의 새로운 과제에 직면하자 동도서기의 개신유학적 전통에서 한 단계 더 발전하면서 서구시민사상의 영향에 대하여 우리에게 필요하다고 생각되는 것만 적극적으로 취사선택하려고 하였다.[4]

서재필 등의 첫째의 흐름은 그들의 높은 이론 수준과 식견 때문에 최상위에서 지도하는 입장에 있었다. 그들은 주로 『독립신문』을 통하여 국내

3 徐載弼 · 尹致昊 등을 대표적 인물로 하는 서구시민사상 영향 흐름의 공통된 특징은 ① 체계적인 서구식 고등교육을 받았고(徐載弼은 워싱턴대학교 의과대학, 尹致昊는 밴더빌트대학 및 에모리대학 수학), ② 서구시민사회와 사상을 체험과 지식을 통하여 동양인으로서는 완벽하리만큼 체계적으로 깊이 이해하고 있었으며, ③ 서구문명의 진보성을 상찬하고, ④ 서구문화를 자극으로 하여 자기 사회를 변화시키려 했고, ⑤ 기독교에 대하여 자유주의적 태도를 갖고 기독교도가 많았으며, ⑥ 시민민주주의에 대한 신념이 강했던 것으로 보인다. 독립협회에 참여한 기독교도들의 민족의식에 대해서는 이만열, 「韓末 기독교인의 민족의식 형성과정」, 『韓國史論』, 제1집, 서울대학교 韓國史學會 편, 1973 참조.

4 南宮檍 · 鄭喬 · 高永根 등을 대표적 인물로 하는 개신유학적 전통 성장의 흐름에서 공통된 특징은 ① 한학교육이 주된 배경이고, ② 전통을 매우 긍정적으로 보았으며, ③ 서구 영향을 취사선택했고, ④ 전통 존중의 개혁으로 문제를 해결하려 했으며, ⑤ 개신유학과 유교윤리를 개혁하여 준행했고, ⑥ 국사와 민족문화에 대한 애착과 긍지가 강했다는 점이다.

의 전근대적 사회제도와 사회의식을 비판하고 구국의 사상을 전개했으며 또 서구시민사회를 적극적으로 소개하였다.

남궁억 등 둘째의 흐름은 수에 있어서는 다수였으나 독립협회 내에서는 대체로 중간 간부층을 이루고 있었다. 그러나 서재필 등 첫째의 흐름이 큰 사회운동을 할 수 있었던 것은 이 둘째의 흐름의 합류와 뒷받침 위에서였다. 이 둘째의 흐름은 국내 사상의 발전을 반영하고 서구시민사상의 영향을 취사선택하는 중요한 역할을 하여 독립협회 사상의 주류 가운데 하나를 형성하였다. 그들은 뒤늦게 『황성신문』을 창간하여 기관지를 갖게 되었다.[5]

종래 『독립신문』만을 독립협회의 기관지로 보아온 것은 이 둘째의 흐름을 보지 못했기 때문이었다. 독립협회에는 『대조선독립협회회보大朝鮮獨立協會會報』 외에도 기관지가 둘이었다. 『독립신문』과 『황성신문』이 모두 자기들은 독립협회와 직접 관련이 없다고 말하고 있었으나 적어도 독립협회가 존속하던 기간까지는 명백하게 기관지의 구실을 했으며, '기관지' 또는 '대변지' 였다.

둘째, 독립협회의 사회사상은 당시 한국사회의 변동 발전을 나타내는 사상이라는 점이다. 당시 한국사회의 큰 변동을 들면 다음과 같다.

---

5 『皇城新聞』은 사장에 南宮檍, 총무원에 羅壽淵, 보도원에 洪正厚가 담당하여 1898년 9월 5일 창간되었으며, 그 논설이나 보도는 『독립신문』에 조금도 못지않게 오히려 어떤 문제에 대해서는 더 강력하게 독립협회와 만민공동회를 대변하였다. 『司法稟報(乙)』, 법부 편, 제12책, 光武 2년 11월 10일조와 『法部來去文』, 議政府 편, 제5책, 光武 2년 11월 12일조에 의하면, 독립협회 지도자 17인 중 南宮檍은 12번째, 洪正厚는 6번째 지도자로 내사되어 구속되었으며, 황성신문사의 세 간부가 모두 독립협회의 간부들이었다. 『皇城新聞』 자신이 독립협회를 선전한 사례들 중의 하나로는 1898년 9월 27일자, 제1권 제19호, 「별보」 참조. 또한 朴殷植, 『韓國獨立運動之血史』, p.8에서는 제5장 「獨立協會之運動」 가운데 "徐載弼旣去國 而李商在 尹致昊 南宮檍 李承晩 安昌浩及培材學堂諸生 繼之發言 籲衆誓死扶獨立 而皇城報爲機機關 一時有志翕然而應"이라 하여 徐載弼 去國 후에는 『皇城新聞』이 독립협회의 기관지였음을 밝혔다.

### 1) 시민계급의 대두와 성장

시전市廛의 개편과 조직화, 각종 근대 상회와 근대 주식회사의 성장 등에 기초하여 시민계급이 대두하면서 급속히 성장하고 있었다.

이러한 시민계급은 이미 조선왕조 후기에 중인층을 중심으로 대두하기 시작하여 개항 후에는 더욱 급속히 성장하였으며, 19세기 말에는 강력한 신흥사회계층이 되어 독립협회의 추진층과 지지층을 형성하였다. 그들은 열강의 이권침탈과 외국 상인의 상권침탈에 대항하여 자기의 상권을 수호하지 않으면 안 되는 위치에 있었다. 당시 자본주의적 발전이 나라의 발전 방향이 되었으므로 그들의 이익과 국가의 이익이 거의 완전히 합일되어 있었다. 그들은 열강의 제국주의적 압력으로부터 국가가 그들을 보호해주고 전근대적 속박을 폐지하여 그들의 자유로운 발전을 지원해줄 것을 요청하는 사회의식을 가지고 있었다.

### 2) 농민층의 성장

19세기 말에는 동학농민혁명운동과 그들의 12개조 폐정개혁안에서 볼 수 있는 바와 같이 농민층의 성장이 이루어지고 있었다.

농민층은 나라가 위기에 처하자 보국안민保國安民, 광제창생廣濟蒼生, 척왜양斥倭洋을 부르짖고 그들을 수탈하는 모든 전근대적 속박과 잡세와 사회관습의 폐지를 주장하였다. 그들은 민중의 자유와 평등의 철저한 제도화를 주장했으며, 동학을 비롯한 종교와 사상의 자유까지도 요구하였다. 그들은 동학농민혁명운동 중에 집강소執綱所를 통하여 농민민주주의를 실현해본 경험이 있었으므로, 이러한 사상과 방법이 실현되기를 기대하는 사회의식을 가지고 있었다.

### 3) 광산 및 부두 노동자층의 형성

19세기 말에는 광산 채광의 진행과 개항장 무역의 하역노동으로 임금노동자층이 하나의 계층으로 대두하고 있었다. 그들은 열강이 침탈한 광산에서의 광산노동과 외국 상품의 하역노동 및 국내 수출품의 선적노동과 제조장에서의 임금노동을 하면서, 외국의 경제적 침략의 약탈성과 불이익을 체험하고 이를 반대하는 사회의식을 갖게 되었으며, 그들 권익의 수호를 주장하는 사회의식을 갖게 되었다. 그들은 각 광산과 부두에서 민족의 권익과 그들의 권리를 주장하는 각종 청원과 운동을 전개하였다.

### 4) 천인층의 해방과 성장

갑오개혁 이후 마지막으로 해방된 재설꾼宰設軍(백정)·승려·광대·노비층 등이 자유인으로서 모든 사회활동에 적극적으로 참가하기 시작하였다.

해방된 천인층은 민중의 자유와 평등이 명목상으로만 아니라 실제로 이루어지고 제도화되어 그들의 완전한 해방이 현실적으로 실현되기를 요구했으며, 열강의 침략으로부터 나라를 지키는 데 자신들을 포함한 모든 동포의 헌신적 참여를 주장하는 사회의식을 가지고 있었다.

### 5) 신지식계급의 형성

근대학교가 다수 설립되고 신지식인의 배출이 제도화됨에 따라 새로운 세계관과 지식체계를 가진 신지식계급이 형성되어 성장하였다. 신지식계급은 몇 개의 유형으로 분류할 수 있는데, 이 가운데 가장 진보적 지식인들이 독립협회의 지식인들이었다. 독립협회의 가장 진보적 지식인들이 앞서 언급한 두 개의 흐름의 합류로 구성되어 있었던 것이다.

열강의 침략으로 나라가 위기에 처하게 되자 이 새로운 시민계급·농민층·임금노동자층·해방된 천인층 등은 모두 각각의 입장에서 나름대로의 위기의식을 표현하고 있었으며, 나라 걱정을 하고 있었다.

신지식계급은 새로운 사회세력의 사회의식을 대변하고 자기의 관점을 합하여 당시의 문제에 대한 해결방안을 체계화하고 이론화하였다. 즉 독립협회의 사회사상은 이 새로운 사회세력의 사회의식을 당시 신지식층의 지식과 세계관으로 체계화한 사상으로 볼 수 있다. 독립협회의 사회사상을 체계화하는 데는 여러 가지 사상의 영향과 도움이 있었는데, 가장 큰 흐름의 하나가 멀리는 실학사상에서 흘러 발전하는 내재적 사상의 성장의 흐름이고 또 하나가 서구시민사상의 영향이라고 보는 것이다. 두 흐름의 영향은 독립협회의 두 계열에 따라 비중을 달리하면서 공유되어 독립협회에서 합류되고 있는 것으로 이해된다. 이 밖에 동학사상 · 기독교사상 · 위정척사사상 등 다른 사상의 영향들도 조금씩 보이고 있다.

신지식계급은 새로운 사회세력의 사회의식을 체계화하면서 문제를 해결하는 기본 방향을 나라의 자본주의적 발전에 두었기 때문에 기본적으로 시민계층의 사회의식이 가장 많이 반영되어 체계화되었다. 그러나 신지식계급은 여기에 그치지 않고 농민층 · 임금노동자층 · 해방된 천인층의 사회의식을 최대한 이 체계 속에 포함시켰다.

당시 독립협회의 신지식계급은 그들의 진보적 세계관에 의하여 새로운 사회세력의 주장이 '시세'에 적합한 것이라고 생각하였다. 또한 열강의 침략 앞에서 나라를 구하는 방법도 신흥사회세력의 주장을 이론화하고 그들의 상승하는 힘을 기초로 하여 과제에 대응해야 성공할 수 있다고 보았다. 그러나 그들은 동학농민혁명운동의 경험과 을미의병운동을 통해서 폭력혁명이 열강에게 이용당하여 민족단결력을 소모시킨다는 사실을 뼈저리게 체험했기 때문에, 열강의 침략 앞의 민족적 위기 속에서는 폭력혁명이 무모한 것이라고 판단하였다. 그들은 오히려 신흥사회세력의 의식과 주장을 여론과 합법적 사회 · 정치 통로를 통하여 충분히 반영하고 대변해 줌으로써, 신흥사회세력을 단결시켜 밖으로는 외세의 대항력으로 하고 안으로는 내정개혁의 추진력으로 삼는 개혁과 변혁의 방법을 선택해야 한다고 생각하였다.

한편 시민계층 · 농민층 · 임금노동자층 · 해방된 천인층 등도 이 신지식계급의 생각을 지지하는 것이 대세였다. 그들은 각각 이해가 충돌하는 경우도 많았으나 다음의 몇 가지 이유 때문에 보조를 같이하여 독립협회의 방식을 선택하고 지지하였다.

① 그들이 당면한 가장 큰 공통 문제는 열강의 침략으로부터 나라를 구제하는 것이었으므로, 그들의 공동의 주장을 최대한 대변해주는 사상에 단결하여 외세에 대항하지 않을 수 없었다. 이미 동학농민혁명운동의 실패와 그것이 가져온 외세의 간섭을 경험했으므로 그들은 적전敵前 혁명보다는 적전의 민족적 단결이 긴급한 과제라는 것을 명백히 알게 되었다.

② 신흥사회세력의 국내의 공동 대항세력은 강대한 지주층과 구양반관료층을 배경으로 한 수구파였다. 수구파세력이 아직도 매우 강대했으므로 신흥사회세력은 자기들에게 전근대적 속박과 침탈을 부과하는 공동의 적대세력에 대하여 공동으로 대항할 필요가 있었다. 따라서 신흥사회세력은 그들의 의사와 주장과 이익의 최대공약치를 갖고 있는 독립협회의 사상을 지지하게 된 것이었다고 볼 수 있다.

③ 또한 이 시기에는 갑오개혁과 그 후의 개혁에 의하여 법제상으로는 신흥사회세력의 주장을 참작한 다수의 개혁조치와 속박의 철폐가 이루어져 있었으므로, 이제는 개혁운동으로서 이의 실행을 추진하면서 보다 큰 문제인 민족의 자주독립 문제로 나아갈 수 있었다고 생각했던 것으로 관찰된다. 이러한 사회적 조건을 배경으로 하여 신지식계급은 독립협회의 사회사상을 체계화한 것이다.

셋째, 독립협회의 사회사상은 적어도 3면의 특징을 보이고 있으며, 따라서 3면으로부터의 고찰이 필요하다고 본다. 즉 '자주독립사상'과 '자유민권사상', '개혁자강사상'이 그것이다. 이것은 삼각뿔의 3면과 같은 것인데, 당시의 과제가 세 측면에서 주어졌기 때문에 3면의 대응을 보인 것이라 볼 수 있다.

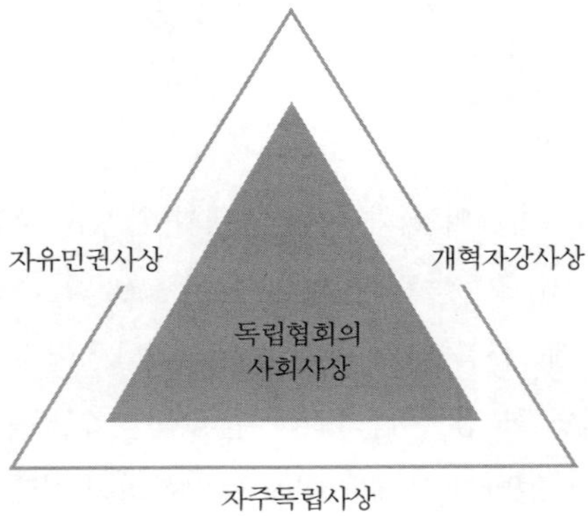


독립협회 사회사상의 이 3면의 특징은 그 사상이 해결해야 할 과제의 특성에 따라 강조점을 달리하여 대응하면서 내부적으로 잘 통합되어 하나의 체계를 이루고 있었다. 또 이것이 3면을 가지고 있기 때문에 각 문제에 대해서도 더 날카롭고 유효하게 대응하고 있었음을 볼 수 있다. 그들의 사상이 3면의 특징을 보이면서 삼위일체가 되어 내적으로 하나의 체계를 가질 수 있었던 것은 그것이 외부에서 수입된 사상이거나 서재의 산물이 아니라, 당시 주어진 민족적 과제를 해결하기 위하여 내부의 필요에 의해서 실천적으로 형성된 생명력 있는 사회사상이었기 때문이라고 생각된다. 이것을 도식적으로 서구시민사상의 도입과 영향으로만 보면 독립협회의 사회사상을 서구 부르주아지의 자유민권사상으로 해석하려 하기 쉽다. 그러나 19세기 말 한국의 사회구조와 과제는 18세기의 서구 부르주아지의 과제와는 매우 달랐음에 유의할 필요가 있다고 생각한다.

## 3. 자주독립사상

### 1) 자주국권론

첫째, 독립협회는 열강의 침략 위협 밑에서 위기를 극복하는 길은 어느 나라에도 의존하지 않고 '독립의 기초(獨立之基礎)'를 확고히 세우며 자주국권自主國權을 굳게 지키는 것이라고 주장하였다.[6] 이것은 당시 수구파의 일부 관료들이 어느 한 강국에 의뢰하여 국권을 수호해보려고 시도하고 있었으므로, 당시의 절박한 문제에 대한 독립협회의 견해였다.[7]

독립협회에 의하면 당시의 한국은 위기 속에 있다. 왜냐하면 나라가 나라로 되는 것은 '자주국권'이 있기 때문인데, 이것이 열강의 침략으로 위협을 받고 있다고 보았기 때문이다.[8] 따라서 그들은 시대의 가장 큰 문제는 어떻게 열강의 위협 속에서 자주독립을 지켜나갈까 하는 것이다. 만일 이 자주국권과 자주독립의 첫째의 중요성을 알지 못하면 러시아와 중국과 일본의 틈에서 언제 자주독립을 잃을지 모른다고 경계하였다.[9]

그들이 말하는 '자주국권'의 개념은 ① 자주독립하여 다른 나라에 의뢰하지 않는 것이요, ② 자수自修하여 정법政法을 온 나라에 펴는 것이다(自主而不依於他國 自修而行政法於一國).[10] 즉 자주독립하여 주권을 전 국토 위에 스스로 행사하는 것이다.

독립협회에 의하면 열강의 약육강식의 식민지속국화정책 속에서 위기를 극복하는 길은 어느 한 강국의 침략을 막기 위하여 다른 강국에 의존하

---

6 『大朝鮮獨立協會會報』, 제4호, 1897년 1월 15일자 참조.

7 『尹致昊英文日記』 1897년 11월 11일조 참조.

8 『上疏存案』, 議政府 편, 제5책, 光武 2년 2월 21일조 「中樞院議官安駉壽等疏」 참조.

9 『독립신문』, 제1권, 제60호, 1896년 8월 22일자 「논설」 참조.

10 『上疏存案』, 議政府 편, 제5책, 光武 2년 2월 21일조 「院議官安駉壽等疏」 참조. 여기서 강조한 것은 '自主'와 '自修'인데, '自修'는 자주적 내정개혁을 의미하는 것으로서 구체적으로는 '자유민권사상'과 '개혁자강사상'의 내용이 여기에 해당한다고 해석된다. 독립협회는 '自修'하는 것이 '自主'를 실력으로 지키는 가장 확실하고 정확한 방법이라고 생각하였다.

는 것이 아니라, 어느 나라에도 의존하지 않고 자립하여 자주국권을 확고히 세우는 것이 가장 정확하고 확실한 방법이다. 그들에 의하면 이 지구상에서 당시 그들이 믿을 수 있는 다른 나라는 아무도 없고, 오직 그들 자신과 그들의 동포만이 의존할 수 있는 것이라고 주장하였다.[11] 그들은 이렇게 말하였다.

> 만국의 오늘날 나타난 형상을 볼진대 동맹국이니 통상국이니 하나 실상은 한 나라가 눈이 없은즉 그 코를 베어 먹을 판국이라. 일본의 느지러운 빰도 대한을 위함이 아니요, 로국의 흘리난 침도 대한을 위함이 아니나, 그러하나 이는 인간의 자연한 형세라.[12]

> 슬프다, 대한사람들은 남에게 의지하고 힘입으려는 마음을 끊을진져. 청국에 의지 말라, 종이나 사환에 지나지 못하리로다. 일본에 의지 말라, 나중에는 내장을 잃으리로다. 로국에 의지 말라, 필경에는 몸둥이까지 생킴을 받으리라. 영국과 미국에 의지 말라, 청국과 일국과 로국에 원수를 맺으리라. 이 모든 나라에 의지하고 힘입으려고는 아니할지언정 친밀치 아니치는 못하리라…….[13]

독립협회는 일부 사람들이 아직도 구습을 갖고 다른 나라에 의뢰하려 한다고 다음과 같이 비탄하였다.

> 舊習을 不棄하고 新志를 未立해야 日로 依附에 종사하난대 의부에 大한 자는

---

11 『독립신문』, 제2권 제61호, 1897년 5월 25일자 「논설」; 『독립신문』, 제2권 제105호, 1897년 9월 4일자 「논설」; 『독립신문』, 제2권 제151호, 1897년 12월 21일자 「논설」; 『독립신문』, 제2권 제154호, 1897년 12월 31일자 「논설」; 『독립신문』, 제3권 제8호, 1898년 1월 20일자 「유지각한 사람의 말」; 『독립신문』, 제3권 제9호, 1898년 1월 22일자 「유지각한 사람의 말(연속)」; 『大韓獨立協會會報』, 제4호, 1897년 1월 15일자; 『皇城新聞』, 제1권 제22호, 1898년 9월 30일자 「논설」 참조.

12 『독립신문』, 제3권 제9호, 1898년 1월 22일자 「유지각한 사람의 말(연속)」.

13 『독립신문』, 제3권 제8호, 1898년 1월 20일자 「유지각한 사람의 말」.

혹 俄黨이니 혹 英黨이니 혹 美黨이니 혹 法黨이니 혹 德黨이니 혹 日黨이니 하야 공연분주하야 恒心을 專失하고 〔……〕 차로 由하야 그 大者는 國을 病케하고 그小者는 家를 病케[14] 〔하고 있다.〕

그들은 1898년 2월 13일 "사람의 목숨이 지극히 귀하나 남에게 종이 되고 살기를 얻는 것은 지극히 귀한 인명을 천하게 대접하는 것이요 하나님과 사람 사이에 죄를 얻음" 이라고 주제를 정하여 토론회를 개최하고 민권 문제가 아닌 자주독립의 문제를 토론했으며, 독립협회의 공동의 관심과 기본 이념이 '자주독립' 임을 명백히 하였다.[15]

둘째, 독립협회는 나라의 자주독립을 지키기 위해서는 민권을 신장시켜야 한다고 주장하였다. 이것은 독립협회의 국가관이 근대국민국가의 개념으로 발전하여, 국가를 구성하고 있는 것은 개인이라고 보고 국가가 자주독립하여 부강하려면 국가의 구성 요소인 국민 개개인이 모두 자주독립하여 부강해야 하며, 이를 위해서는 무엇보다도 민권을 확립시켜야 한다고 보았기 때문에 나온 것이었다. 『대조선독립협회회보大朝鮮獨立協會會報』는 다음과 같이 썼다.

나라라고 하는 것은 한 사람 한 사람의 集積이다. 즉 한 사람 한 사람이 모두 自主權利를 가진 연후에 미루어 능히 그 나라의 자유를 보전할 수 있다. 그러므로 나라를 세우는 한 가지 일에 반드시 자주를 바랄진대 그 國人의 자유의 氣를 만들고 길러야 하며, 그 자유의 기를 기르는 방법은 인심의 화합과 중력의 단결

---

14 『皇城新聞』, 제1권 제79호, 1898년 12월 7일자 「논설」.

15 『尹致昊英文日記』 1898년 2월 13일조. "The subject brought forward a number of radical speaches, one even hinting that His Majesty is a slave to a certain power. Another went as far as to say that the nation who is enslaving us is now building the Siberian Rail Road on which we might be compelled to work, were we to become her slaves……. Some have said too much, others too little. Yet I notice that one spirit and desire animates all, namely that our country and our sovereign shall be equal to all and inferior to none."

만 같은 것이 없다.[16]

즉 민권을 불가침의 권리로서 법률로써 확고하게 보장하고 신장시켜 국가의 구성 요소인 국민을 날날이 정치 · 경제 · 사회적으로 자주부강하게 만들어야 국가도 자주부강하게 된다고 본 것이었다.[17]

이것은 독립협회가 외세를 막고 자주독립을 지키는 방법을 군주나 정부에 맡기지 않고 자주부강한 국민의 힘을 단결시켜서 민족적 위기를 타개해보려던 생각과 관련된 것이다. 여기서 독립협회의 자주독립사상이 자유민권사상으로 발전하고 양자가 불가분의 내용으로 통합되었다. 국가의 자주독립의 기초를 자유민권의 신장에 두는 것은 독립협회 사회사상의 한 특징을 이루고 있었다.

셋째, 수구파들은 민권과 군권이 상호 충돌하는 것으로 생각하고 민권이 성장하면 군권이 감소하므로 군권을 확립하려면 민권을 억압해야 한다고 주장한 데 대하여, 독립협회는 민권이 신장되어야 국가가 부강해지고 군권이 강대해지는 보완관계에 있다고 주장하였다.

이것은 수구파들이 전제군주제專制君主制를 전제로 한 데 비하여, 독립협회는 입헌군주제立憲君主制 · 대의군주제代議君主制로의 개혁을 전제로 했기 때문에 나타난 충돌이었다. 이때 독립협회가 말하는 군권 개념은 대외적으로 국가의 주권과 부강의 상징으로 그 개념이 좁혀지고 대내적으로는 민권을 신장하여 자유민권이 자주독립의 기초가 되어서 민권이 신장되어야 주권이 강화되고 군권도 강대해진다고 본 것이었다.

당시의 사회적 조건으로서는 자주독립의 상징과 형태를 '대한제국'과

---

16 『大朝鮮獨立協會會報』, 제7호, 1897년 2월 28일자. "國者一人之積也 則人人總持自由權利 然後推能保其國之自由 故建國一者必欲自主 則生養其國人之自主之氣也. 養氣之道 莫如人心之和合 衆力之團結."

17 『독립신문』, 제3권 제88호, 1898년 7월 15일자 「독립하는 상책」; 『독립신문』, 제3권 제119호, 1898년 8월 20일자 「물가고등이 무방」 참조.

대원수복을 입은 고종 황제

고종의 대군주로부터 '황제'로의 등극 형식으로 방금 선언했으므로, 독립협회가 공화정共和政을 주장하기는 어려운 것이었다. 또한 윤치호 등 서구 시민사상의 영향을 크게 받은 독립협회 회원들은 공화정을 선망했으나, 당시의 사회적 조건에서는 시기상조라고 보고 영국과 같은 입헌군주제·대의군주제를 현실적 방안이라고 생각하였다.[18] 그들은 자기 나라의 군주가 대외적으로 다른 입헌군주국의 황제들과 동열에 서게 함으로써 군권을 독립과 국제적 평등의 상징으로 삼고, 대내적으로는 민권을 강화하여 국민참정에 의한 민주주의를 실현해보려고 생각하였다. 또한 당시 국내 영토 위에 외국의 이권과 치외법권이 존재하여 국가 주권이 미치지 않는 영역이 발생했으므로 군권을 주권의 상징으로 생각하여 말하였다. 1898년 10월 29일의 관민공동회의 헌의6조 가운데, "외국인에게 의부 아니하고 관민이 동심동력하야 전제황권을 견고케 할 사"[19]의 1조는 이러한 의미에서 사용된 것이었다.

당시 독립협회는 이러한 사상으로 수구파의 이른바 '민권이 성장하면 군권이 감소하는 것이니 민권을 억압하자'는 주장을 통렬하게 비판하였다. 그들은 1898년 5월 8일의 토론회 주제를 "백성의 권리가 튼튼할수록 임금의 지위가 더욱 높아지고 나라의 형세가 더욱 떨침"[20]으로 설정하여

18 『尹致昊英文日記』 1898년 3월 28일조, 5월 2일조 및 11월 16일조 참조.
19 『奏本存案』, 議政府 편, 제3책, 光武 2년 10월 31일조 「奏本」 제220호.
20 독립협회 제28회(1898년 5월 8일) 토론회 주제.

원구단

회원과 시민을 계몽하였다. 황제가 아직도 수구파의 주장에 귀를 기울이자, 독립협회는 "말하는 자들은 민권이 성한즉 반드시 군권이 떨어지리라 하오니 사람의 무심함이 누가 이에서 심함이 있겠습니까. 만일 하여금 오늘날에 이 백성의 의론이 없은즉 정치와 법률이 따라서 무너지고 손상하여 어떠한 재앙 기틀이 어느 땅에서 일어날지 알지 못하겠습니다"[21]라는 요지의 강경한 상소를 하여 수구파의 무지를 비판하고 국왕을 계몽하려 하였다.

따라서 종래 독립협회가 수구파를 포용하지 못했다는 것은 원칙상으로는 타당성이 약한 견해라고 볼 수 있다. 독립협회의 공화정 주창이 아닌 입헌군주제·대의군주제 주창은 수구파를 포용하면서 대내적으로 민주주의를 발전시키고 대외적으로 자주독립을 강화하려는 현실적인 주장이었다.

넷째, 독립협회는 자주독립을 견지하려면 국민이 민족적 자부심과 애국

---

21 『承政院日記』 光武 2년 9월 21일(양력 10월 25일)조 ; 『독립신문』, 제3권 제173호, 1898년 10월 25일자 「독립협회 상소」 참조.

심을 가져야 한다고 생각하였다. 그들은 "나라를 영원 태평케 하려면 관민간에 일심애국하는 것이 긴요함"[22]을 계몽하였다. 그들은 파괴되지 않는 공고한 애국심은 국민의 참정을 허락해주고 민권을 신장시킴으로써 민중이 나라를 자신들의 것으로 생각해야 형성될 수 있다고 주장하였다. 여기서 독립협회의 민주주의적 애국심의 사상을 볼 수 있다. 그들은 애국심을 천부지성天賦之性이며, 자주독립을 지키는 정신적 원동력이라고 생각하고 다음과 같이 말하였다.

> 나라를 사랑하는 것은 천부지성이라. 대개 사람이 각기 몸을 사랑하지 않는 자가 없으니 몸을 사랑하면 어찌 그 집을 사랑하지 아니하며, 그 집을 사랑하면 어찌 그 나라를 사랑하는 마음이 없으리요. 그러나 이 마음을 능히 발하여 바로 세우게 함은 이 백성을 정치 교육상에 몰아넣어 나라의 政畧상에 참여하는 권리를 주는 데 있는지라. 그런고로 천부지성이 진실로 있는 바이나 시대가 변천하는 이유로 인민과 국민의 차등이 있도다. 〔……〕 슬프다. 五大洲가 서로 통하여 강한 사람이 약한 사람의 고기를 먹는 이 날에 있어서 하루라도 가히 없지 못할 것은 나라를 사랑하는 생각이로다. 만일 인민으로 하여금 그 나라를 사랑치 아니하면 남의 나라의 종노릇되는 것은 거울을 대하여 그 그림자를 보는 것과 다름이 없으니, 그런 고로 국가는 착하고 어진 정치로 애국하는 마음을 더 생기게 하며, 인민은 공정한 의무로 애국지심을 발휘하여 상하가 서로 보전하고 안녕한 행복을 받는 것이 어찌 아름답지 아니하리오.[23]

독립협회는 이러한 민주주의적 애국심을 열심히 고취하고 강조하였다. 그 이유는 당시 장기간의 압정으로 일부 민중이 독립의 상실을 국가의 상실로 생각하지 않고 이씨왕조의 멸망으로 생각하는 경향이 있어서 외세에

---

22 독립협회 제16회(1898년 1월 3일) 토론회 주제.

23 『독립신문』, 제3권 제218호, 1898년 12월 17일자 「나라 사랑하는 론」. 이러한 주장은 도처에 보인다. 예컨대 『독립신문』, 제2권 제67호, 1897년 6월 8일자 「논설」; 『독립신문』, 제2권 제90호, 1897년 7월 31일자 「논설」 등.

가장 오래된 태극기

대한 대항력이 약해졌다고 보았기 때문인 것 같다. 독립협회는 이번의 위기는 왕조의 위기가 아니라 민족의 위기임을 주장하고 나라 사랑을 계몽하고 다녔다.[24] '애국계몽'이라는 별명은 이와도 관련된 것이다.

### 2) 이권침탈 · 양여반대론

독립협회의 자주독립사상은 열강에 대한 이권 양여讓與를 반대하고 그동안 열강에게 침탈당한 자원과 산업을 자기가 개발해야 나라를 지킬 수 있는 것이라고 주장하였다. 즉 그들은 "재정은 일신에 혈맥과 같으니 그 혈맥을 보양하기는 각각 자기들에게 있지 남에게 있지 아니함"[25]을 주장하고, 자주경제와 자주적 산업발전을 강조하였다.

둘째, 따라서 그들은 자연자원과 국토와 경제적 이권을 외국에 양여하

---

24 『尹致昊英文日記』 1898년 2월 20일조. "We want to create and lead a strong patriotic opinion in the people" 참조.

25 독립협회 제23회(1898년 3월 20일) 토론회 주제.

는 것은 자주독립의 일부를 양여하는 것이라고 보고 한사코 이를 반대하였다. 그들은 외국을 의존하지도 않고 배척하지도 않고 오직 친선해야 하지만 권리를 잃어서는 안 된다고 주장하였다.

『대조선독립협회회보』는 국내의 공업개발을 논하면서 다음과 같이 주장하였다.

> 국내에 금, 은, 媒鑛〔석탄광—인용자〕 등이 유하면 의당히 自取해야 그 이익을 득하리니, 하필 외국에 讓하여 窺視하고 유연케 하여 점점 본국은 日로 빈천케 하고 타인으로 부강케 하리요. 고로 내지 철도, 전선과 금, 은, 媒鑛 등을 타국인에게 借與함은 곧 전국을 타인에게 방매함이요, 외국인 고문과 교사를 置하기를 好하고 자기가 실심으로 學하기를 厭하는 자는 곧 전체 정부를 타인에게 양여하는 것이라.[26]

또한 독립협회는 1898년 3월 6일의 토론회의 주제를 "대한국 토지는 선왕의 간신코 크신 업이요 1,200만 인구의 사는 땅이니 한자와 한치라도 다른 나라 사람에게 빌려주면 이는 곧 선왕의 죄인이요 1,200만 동포 형제의 원수임"[27]으로 설정하여 강경한 논조의 이권반대론을 전개하였다.

독립협회의 통상회는 1898년 9월 4일 그간 외국에 양여된 이권을 조사할 것을 의결하고 그 결과를 협회에 보고하였다.[28] 이것을 기초로 개항 후부터 1898년 말까지 외국에 양여되거나 침탈당한 중요한 이권을 간단히 정리하면 다음 표와 같다.

독립협회는 자주독립을 지키고 자주경제를 세우려면 무엇보다도 이러한 이권 양여를 중단해야 한다고 주장하고, 1898년에는 가장 많은 정력을 이 이권반대투쟁에 투입하였다. 독립협회가 강력히 비판한 이권의 주요

---

26 『大朝鮮獨立協會會報』, 제7호, 1897년 2월 28일자.

27 독립협회 제22회(1898년 3월 6일) 토론회 주제.

28 鄭喬, 『民會實記(獨立協會日記)』 光武 2년 (음) 7월 19일조 참조.

1898년 말까지 열강에 침탈당한 이권 일람표

| 연기 | 이권 | 국별 | 회사별 |
|---|---|---|---|
| 1883년 1월 | 부산 해저전선부설권[29] | 일본 | 일본정부 |
| 1885년 6월 | 인천 · 의주 간 전선부설권[30] | 청 | 청국정부 |
| 1885년 12월 | 부산 · 인천 간 전선부설권[31] | 일본 | 일본정부 |
| 1886년 1월 | 부산 절영도 저탄소 설치[32] | 일본 | 일본정부 |
| 1888년 9월 | 연안 어획권[33] | 일본 | 일본정부 |
| 1891년 1월 | 인천월미도 저탄소 설치[34] | 일본 | 일본정부 |
| 1891년 3월 | 경상도연안 어채권[35] | 일본 | 일본정부 |
| 1894년 7월 | 경부철도부설권[36] | 일본 | 일본정부 |
| 1895년 7월 | 운산 금광채굴권[37] | 미국 | J. R. Morse |
| 1896년 3월 | 경인철도부설권[38] | 미국 | J. R. Morse |
| 1896년 4월 | 경원 · 경성 광산채굴권[39] | 러시아 | M. D. Nischensky |
| 1896년 7월 | 경의철도부설권[40] | 프랑스 | A.Grille |
| 1896년 8월 | 인천 월미도 저탄소 설치[41] | 러시아 | 러시아 정부 |
| 1896년 9월 | 무산 · 압록강유역 · 울릉도 삼림벌채권[42] | 러시아 | 러시아 정부 |
| 1897년 3월 | 금성 당현 금광채굴권[43] | 독일 | 世昌洋行 |
| 1897년 10월 | 부산 절영도 저탄소 설치[44] | 러시아 | 러시아 정부 |
| 1897년 12월 | 서울 전기수도 시설권[45] | 미국 | A. H. Collbran |
| 1898년 3월 | 한아은행 설치[46] | 러시아 | 러시아 정부 |
| 1898년 9월 | 은산 금광채굴권[47] | 영국 | M. V. Burn |
| 1898년 11월 | 평양 석탄광 석탄전매권[48] | 일본 | 點貝房之進 |
| 1898년 12월 | 경인철도부설권 매수[49] | 일본 | 경인철도인수조합 |

29 서울대학교 중앙도서관 소장, 「古文書」(No. 3319) 참조.

30 『統理機務衙門日記』, 제6책, 고종 22년 6월 11일조 참조.

31 서울대학교 중앙도서관 소장, 「古文書」(No. 3318) ; 『統理機務衙門日記』, 제8책, 고종 22년 11월 25일조 참조.

32 서울대학교 중앙도서관 소장, 「古文書」(No. 3293) ; 『外部去來牒』, 司稅局 편, 建陽 원년 5월 28일조 참조.

33 서울대학교 중앙도서관 소장, 「古文書」(No. 3353 및 No. 3355), 「議政府案」, 外部 편, 제2책, 建陽 2년 3월 22일조 ; 『農商工部來去文』, 外部 편, 제10책, 光武 5년 12월 12일조 참조.

34 서울대학교 중앙도서관 소장, 「古文書」(No. 3292) ; 『外部去來牒』, 司稅局 편, 建陽 원년 5월 28일조 참조.

35 『雜案』, 外部 편, 建陽 원년 8월 30일조 ; 『外部謄來件』, 通信院 편, 光武 2년 9월 8일조 ; 『農商工部去來文』, 外部 편, 光武 2년 9월 3일조, 9월 16일조 및 9월 19일조 참조.

36 서울대학교 중앙도서관 소장, 「古文書」(No. 3479) 참조.

37 서울대학교 중앙도서관 소장, 「古文書」(No. 3038 및 No. 3041) ; 『美源案』 제10책, 문서번

항목을 분류하면 다음과 같다.

(1) 국토 조차의 반대

독립협회는 ① 러시아의 부산 절영도 석탄고기지의 조차租借 요구,[50] ② 러시아의 목포·진남포 조계租界 조차 요구[51]를 반대하여 저지시키고, 이전에 일본에게 빌려준 ③ 인천 월미도의 석탄고기지 조차, ④ 부산 절영도의 석탄고기지 조차의 회수를 주장하였다.[52] 그들은 러시아가 국토의 조차를 요구해오는 것은 이전에 일본에게 절영도 석탄고기지 조차를 허락해준 전례를 빙자한 것임을 지적하고[53] 병의 근원을 먼저 고쳐야 하므로 일본에

---

號 1489, 1896년 8월 18일조 및 문서번호 1449, 1896년 4월 14일조 참조.

38 서울대학교 중앙도서관 소장, 「古文書」(No. 3306 및 No. 3307) ; 『雜案』, 外部 편, 建陽 원년 3월 19일조 참조.

39 서울대학교 중앙도서관 소장, 「古文書」(No. 3133 및 No. 3134) 참조.

40 서울대학교 중앙도서관 소장, 「古文書」(No. 3227 및 No. 3228) ; 『民會實記』 光武 2년 (음) 7월 19일조 참조.

41 서울대학교 중앙도서관 소장, 「古文書」(No. 3138) ; 『外部去來牒』, 司稅局 편, 建陽 원년 8월 19일조 참조.

42 『外部內閣來文』, 外部 편, 제2책, 建陽 원년 9월 10일조 ; 『雜案』, 外部 편, 建陽 원년 9월 8일조 ; 『農商工部來去文』, 外部 편, 제8책, 光武 3년 8월 16일조 참조.

43 서울대학교 중앙도서관 소장, 「古文書」(No. 3209 및 No. 3210) ; 「農商工部來文」, 外部 편, 제1책, 建陽 2년 4월 19일조 ; 『議政府案』, 外部 편, 제4책, 建陽 2년 3월 7일조 및 3월 30일조 참조.

44 『民會實記(獨立協會日記)』 光武 2년 (음) 2월 8일조 참조.

45 『農商工部來去文』, 外部 편, 제11책, 光武 7년 2월 26일조 참조.

46 『民會實記(獨立協會日記)』 光武 2년 (음) 2월 15일조 참조..

47 서울대학교 중앙도서관 소장, 「古文書」(No. 3308, 및 No. 3093) ; 『農商工部來文』, 外部 편, 제6책, 光武 2년 7월 28일조, 9월 27일조 및 10월 14일조 참조.

48 『尹致昊英文日記』 1898년 11월 8일조 ; 『日源案』, 제12책, 문서번호 4710, 光武 2년 6월 16일조 참조.

49 『日源案』, 外部 편, 제15책, 문서번호 4963, 光武 3년 1월 2일조 ; 『美源案』, 제12책, 문서번호 1879, 光武 3년 1월 2일조 참조.

50 『民會實記(獨立協會日記)』 光武 2년 (음) 2월 7일조 참조.

51 『民會實記(獨立協會日記)』 光武 2년 (음) 윤3월 5일조 참조.

52 『尹致昊英文日記』 1898년 3월 3일조 참조.

53 『民會實記(獨立協會日記)』 光武 2년 (음) 2월 15일조 독립협회 공한. "大抵今日俄人 請求庫基 憑籍已往日本之先借也 他日他國 何不欲均霑 今日俄日兩國許之利益乎. 若此不已則全國土

경인철도 기공식 장면

게 조차한 절영도 석탄고기지를 회수하도록 강경히 요구하여, 마침내 그 회수에 성공하였다.[54]

(2) 광산채굴권 침탈 · 양여의 반대

독립협회는 ① 경원慶源 · 경성鏡城 광산채굴권을 러시아에게 양여하고, ② 운산雲山 금광채굴권을 미국에게 양여하며, ③ 금성金城 · 당현堂峴 금광채굴권을 독일에게 양여한 것을 통렬하게 비판하고 그에 관련된 관료들을 규탄하였다.[55] 그들은 또한 ④ 영국, ⑤ 프랑스가 금광채굴권을 요구 중에 있음을 듣고 이를 강경하게 반대하였다.[56] 이때는 이미 일부의 광산채굴권 양여의 약속이 내정된 후였으나 독립협회에는 청구 중에 있다고 통보되었으므로 이것을 알지 못하였다. 그러나 독립협회의 이권 침탈 · 양여

---

地 不暇次第許借於他國人 則本國人 將生活於何地乎. 良醫先治病源 現今借地之根源 始於日本炭庫也. 貴大臣知照於日本公使 撤去日本煤庫 繳置該地 則於各國偏厚偏簿之責 自然防遏 而外而和平交誼 內而鞏固國權矣."

54 『尹致昊英文日記』 1898년 3월 9일조 참조.

55 『民會實記(獨立協會日記)』 光武 2년 (음) 7월 19일조 참조.

56 『民會實記(獨立協會日記)』 光武 2년 (음) 3월 22일조 및 (음) 7월 19일조 참조.

반대론으로 말미암아 적어도 독립협회가 존속한 동안에는 이를 시행하지 못하였다.

(3) 철도 · 전선부설권 양여의 반대

독립협회는 ① 이전에 전선부설권을 일본에게 양여하고, ② 경인선京仁線부설권을 미국에게 양여하며, ③ 경의선京義線부설권을 프랑스에게 양여하고, ④ 경부선京釜線부설권을 일본에게 양여한 것을 통탄하고, 이에 관여한 관료들을 규탄했으며, 특히 이 이권의 양여에 가장 많이 관여한 전 외부대신 이완용李完用을 독립협회에서 제명시켰다.[57]

(4) 삼림벌채권 양여의 반대

독립협회는 ① 두만강 상류 우변 무산茂山과, ② 울릉도, ③ 압록강 조선변지 등의 삼림벌채권을 20년 작정하여 러시아에게 양여한 것을 통렬히 비판하고, 이의 철저한 조사와 조치를 주장하였다.[58]

(5) 연해어장 양여의 반대

독립협회는 일본에게의 경상도연안 포경권捕鯨權 허락을 비판하고, 또한 일본 · 러시아와 심지어 청국의 포경권과 어선들이 연안에 침범하여 어획하여 가고 한국어부들의 이익을 상실케 하는 것을 강력하게 비판하였다.[59]

(6) 외국 상인의 상권침탈 규제

독립협회는 "상업권리를 다 외인에게 빼앗기고 내국상인은 불과 그 잔여를 수습하여 파리머리만큼의 박리를 겨우 얻으니 이와 같음을 그치지 아니하면 앞으로 나오는 상민이 부지키 어려울 뿐더러 장차 사방에 망해 흩어져 타인의 노예가 될지라"[60]고 지적하고, 외국 상인들의 상권 침탈을

---

57 『民會實記(獨立協會日記)』 光武 2년 (음) 5월 29일조 참조.

58 『民會實記(獨立協會日記)』 光武 2년 (음) 7월 19일조 참조.

59 『訴狀』, 外部 편, 제1권, 建陽 2년 7월 20일조 「清州民等訴狀」 및 8월조 「清州民請願書」; 『독립신문』, 제2권 제62호, 1897년 5월 27일자 「논설」 참조.

60 『皇城新聞』, 제1권 제10호, 1898년 9월 16일자 「논설」.

반대하였다.

첫째, 그들은 일본 상인과 청국 상인이 조계租界를 넘어 서울의 모든 상가에 침투하고 있으며, 이미 "성내 3분의 1은 타국 사람의 물건이라"[61]고 지적하여 한성개시漢城開市의 무모성을 비판했으며, 하루 속히 외국 상인의 거류지를 한정하고 상행위를 규제할 것을 주장하였다. 또한 조약을 위반하여 일본·청국 상인들이 개성·공주·예산을 비롯한 전국 각지에 식민정책을 하면서 상권을 침탈하고 있음을 지적하고, "잘못하면 대한 十三도 강산이 모두 청인과 일인의 땅이 될 염려가 있기에 의견을 말하노니 잠들을 깨기를 바라노라"[62]고 경고하였다. 독립협회는 황국중앙총상회皇國中央總商會와 연합하여 본격적 상권수호운동을 전개하였다.[63]

둘째, 독립협회는 러시아와 일부 수구파관료들이 합작하여 '한아은행韓俄銀行'(러한은행露韓銀行)을 창설하여 한국인의 '조선은행'과 '한성은행'에 맡겨두었던 은화와 탁지부 재정자금을 예금시키고 금융권을 침탈하려 한 것을 반대하여 이를 저지시키고, 결국 '한아은행'을 철폐시키는 데 성공하였다.[64]

셋째, 독립협회는 일본화폐가 한국에서 통용되면서 횡포를 부리고 있는 것을 반대하고, "조선정부에서 유행하는 화폐를 확실히 교정해서 일본돈을 믿지 말고 조선화폐를 학문 있게 경편히 참신하는 것이 인민에게 큰 사업이요 외국 장사가 차차 되어갈지라"[65]라고 주장하면서, 대한에서 대한화

---

61 『독립신문』, 제3권 제146호, 1898년 9월 23일자 「분한 일」. "지금도 보면 성내 삼분지 일은 타국 사람의 물건이라 남대문 큰길과 수표교 다리 건너와 정동과 그 외 각처 요긴한 자리에 청인과 일본장사의 집이 날마다 늘어가니 몇 해가 못되어서 대한도성은 청인과 일본사람의 땅이 될 것이요, 대한사람은 겨우 쓸데없는 구석에나 가서 몰려 있을 터이니, 내 나라 도성에 백성이 용납치 못하게 될 일은 세계에 부끄러울 일이요 마음이 쓰리도다……."

62 『독립신문』, 제3권 제147호, 1898년 9월 24일자 「정신차리시오」.

63 이 책 제8장 「독립협회와 황국중앙총상회의 상권수호운동」 참조.

64 『民會實記(獨立協會日記)』 光武 2년 (음) 2월 14일조 및 (음) 2월 15일조 ; 『大韓季年史』 (상), p.178 및 pp.180~181 ; 『독립신문』, 제3권 제42호, 1898년 4월 9일자 「잡보」 참조.

65 『독립신문』, 제2권 제37호, 1897년 3월 30일자 「논설」.

폐를 지어 써야 옳은 일"[66]임을 거듭 강조하였다.

넷째, 독립협회는 일본·청국 상인들이 한국인에게 고율의 고리대부를 하고 있음을 신랄하게 비판하고, 이러한 외국 상인의 고리대부 수탈이 허용되는 것을 강력히 반대하였다.[67] 그들은 한국과의 통상을 착취 수단으로 생각하고,[68] "돈만 모아가지고 고국으로 돌아가며 조선흥망을 상관치 않는 외국사람은 곧 조선에 거머리와 같을지라"[69]고 통렬히 비판하였다. 그들은 외국 상인들이 우리나라에서 상행위를 하면서 세금 한 푼 내지 않고 도리어 청국 상인들이 거류지 안의 대한인에게 지세를 받는 실정을 개탄하였다.[70]

(7) 재정권 간섭의 반대

독립협회는 러시아가 한국의 재정과 자금의 관리를 지도하고,[71] 재정고문으로 알렉세예프Kir Alekseevich Alekseev를 보내어 대한의 재정권에 간섭하는 것을 자주독립권의 침해라고 그 내용을 낱낱이 들어 반대했으며,[72] 결국 알렉세예프를 귀국시키는 데 성공하였다.[73] 그들은 "외국 사람을 고용하는 것은 당장 구급지계救急之計"[74]에 불과한 것으로써, 이 경우에는 ① 고용한 고문이 유능하고, ② 대한정부의 지시하에서 대한정부를 도와 일해야 하며, ③ 고문의 일을 대한인민에게 공개해야 함을 주장하였다.[75]

---

66 『독립신문』, 제3권 제44호, 1898년 4월 14일자 「논설」.

67 『皇城新聞』, 제1권 제10호, 1898년 9월 16일자 「論說」; 『독립신문』, 제1권 제17호, 1896년 5월 14일자 「논설」 참조.

68 『尹致昊英文日記』 1897년 11월 2일조 참조.

69 『독립신문』, 제1권 제20호, 1896년 5월 21일자 「논설」.

70 『訴狀』, 外部 편, 제1권, 建陽 2년 2월 23일조 「仁川沙洞民等訴狀」, 建陽 2년 3월 2일조 「仁川府花島民等狀」; 『독립신문』, 제1권 제69호, 1896년 9월 12일자 「논설」 참조.

71 『尹致昊英文日記』 1897년 11월 9일조 참조.

72 『民會實記(獨立協會日記)』 光武 2년 (음) 2월 17일조; 『大韓季年史』(상), pp.181~183; 『독립신문』, 제2권 제129호, 1897년 10월 30일자 「논설」; 『독립신문』, 제2권 제136호, 1897년 11월 16일자 「논설」; 『독립신문』, 제2권 제137호, 1897년 11월 18일자 「논설」 참조.

73 『民會實記(獨立協會日記)』 光武 2년 (음) 2월 22일조; 『大韓季年史』(상), p.183 참조.

74 『독립신문』, 제2권 제126호, 1897년 10월 23일자 「논설」.

(8) 군사권 간섭의 반대

독립협회는 러시아가 군사고문을 보내어 시위대를 조련하고 군사통수에 간섭하는 것은 "거꾸로 태아 칼을 잡아 자루를 남에게 주는 것과 같다 하여"[76] 자주독립권과 자위권을 침해하는 것이라고 비판하고 이를 단호히 반대하였다.[77] 그들은 강렬한 투쟁을 전개하여 마침내 러시아 군사고문과 사관들을 귀국시키고 군사의 자주권을 회복하는 데 성공하였다.[78]

독립협회는 이어서 고종의 밀명을 받고 법부고문 그레이트하우스 Clarence R Great house, 具禮와 장봉환張鳳煥이 상하이에서 서양인 30명을 고용하여 '황실호위 외인부대'를 창설하려는 것을 강력히 반대하였다. 독립협회는 이것이 자주독립권을 스스로 짓밟고 국가를 위태롭게 하는 것이라고 통렬하게 비판하고,[79] 맹렬한 여론 운동을 전개하여 이 계획을 중지시키는 데 성공하였다.[80]

(9) 외국 차관의 반대

독립협회는 러시아 · 일본 양국이 대한의 재정이 곤란할 경우 정치적 간섭을 전제한 차관借款 제공을 약속한 사실에 대해 이를 반대하였다. 독립협회는 도리어 대한은 이러한 정치적 간섭을 전제하는 차관을 받지 않아야 할 뿐만 아니라, 재정을 절약하고 흑자 예산을 편성하여 이미 짊어진 400만 원의 일본차관을 하루 속히 갚아버려야 한다고 주장하였다.[81]

---

75 『독립신문』, 제2권 제137호, 1897년 11월 18일자 「논설」; 『독립신문』, 제2권 제126호, 1897년 10월 23일자 「논설」 참조.

76 「萬民共同會上疏文」(『독립신문』, 제3권 제34호, 1898년 3월 22일자 수록).

77 『독립신문』, 제2권 제112호, 1897년 9월 21일자 「논설」; 『독립신문』, 제2권 제126호, 1897년 10월 23일자 「논설」 참조.

78 「度支部來去案」, 外部 편, 제16책, 光武 2년 9월 24일조 「照會」 제76호 참조.

79 『皇城新聞』, 제1권 제13호, 1898년 9월 20일자 「別報」; 『독립신문』, 제3권 제134호, 1898년 9월 8일자 「믿지 못할 일」; 『독립신문』, 제3권 제143호, 1898년 9월 20일자 「보호군 사단」; 『독립신문』, 제3권 제184호, 1898년 11월 8일자 「만민의 편지」 참조.

80 「度支部來去案」, 外部 편, 제16책, 光武 2년 9월 24일조 참조.

81 『독립신문』, 제2권 제26호, 1897년 3월 4일자 「논설」 참조.

(10) 불평등조약의 폐지

독립협회는 종래 열강 등과 체결한 불평등조약을 통렬히 비판하고, ① 치외법권의 폐지, ② 외국 상인 면세특혜의 폐지, ③ 해관 세무사의 자국인 임명, ④ 관세자주권의 확립 등을 주장하였다.[82]

그들에 의하면 평등조약에는 2종이 있는데, 제1종의 완전평등조약은 유럽제국의 상호간에 체결된 조약과 같이 치외법권을 전혀 인정하지 않고 자기나라 법률로 외국인을 다스리는 것이요, 제2종의 불완전평등조약은 청·일간의 조약과 같이 상호 치외법권을 대등하게 인정하는 조약인 바, 우리나라는 완전평등조약으로 한·청수호통상조약을 비롯하여 모든 수호통상조약을 개정해야 한다고 주장하였다.[83]

독립협회는 그들의 이권반대론이 자주독립의 수호를 위한 핵심적 부분이라고 생각했으며, 황제와 일부 수구파들이 일본·러시아 등과 결탁하여 이권을 양여하는 추세를 규탄하였다.[84]

### 3) 중립외교론

첫째, 독립협회는 열강의 이권 침탈을 우선 긴급하게 막은 다음 개혁자강을 실현할 수 있도록 시간을 얻기 위하여 중립외교를 통한 당시의 세력

82 『독립신문』, 제1권 제28호, 1896년 6월 9일자 「논설」; 『독립신문』, 제1권 제69호, 1896년 9월 12일자 「논설」; 『독립신문』, 제2권 제120호, 1897년 10월 9일자 「논설」 참조.

83 『독립신문』, 제3권 제179호, 1898년 11월 9일자 「유지각한 친구의 편지」 참조.

84 『尹致昊英文日記』 1898년 11월 3일조. "Japanese are sucking the very blood of Corea. The accursed traitor, Yi Yongik has sold to Japs the Pyeungyang coal mines. Another traitor, Hyen Yengwoon induced His Majesty to borrow ¥200,000.00 from Dai Ichi Ginko, the security being the ginseng monopoly, on the condition that in case the Palace fails to pay the debt one year from now, Japs would run the monopoly for two years. Japs will take care that the Palace shall not be able to pay the debt at the time stipulated! Japs want no better system of government in Corea, just as present than the one under which we are fast going to the devil. Why a few hundred of dollars and several bottles of Champaign-or beer-will enable Japs or Russians or any body else to buy every concession in Corea that is worth having."

균형을 최대한 유지시켜야 한다고 생각하였다. 즉 국제열강의 세력 균형이 유지되는 동안에 독립의 내실을 이룩하려는 것이 독립협회의 기본 생각이었다.[85] 따라서 독립협회의 중립외교론은 그들의 사상체계 안에서 매우 중요한 의미를 갖는 것이었다.

둘째, 독립협회는 열강의 세력 균형을 유지시키면서 자주독립을 굳게 지키기 위해서는 공명정대한 자주외교를 전개해야 한다고 생각하였다.[86] 외교문제를 대한의 이익을 위하여 일하는 대한인들 사이에서 자주적으로 결정하고 공명정대한 외교를 해야 열강의 내정간섭을 억제할 수 있다고 보았다. 그들은 수구파들의 이권 양여에 의한 비밀외교는 의뢰외교가 되어 열강 사이의 이권경쟁과 내정간섭을 격화시킨다고 보고, 막후의 비밀이권외교를 중지시켜야 한다고 주장하였다.[87]

셋째, 독립협회는 '불편부박不偏不薄' 한 중립외교를 전개하여 어느 나라에서도 편벽되게 교제하지 말고 모든 나라에 공평하게 외교해야 한다고 주장하였다.[88] 중립외교는 두 가지 이유 때문에 특히 강조되었다. ① 만일 자주중립외교를 하지 않고 어느 한 나라에 편중외교를 하는 경우에는 그에 반대하는 다른 열강이 내정간섭을 하여 정부를 전복시키려 기도하므로 국내 정치상태가 불안해진다고 보았기 때문이었다.[89] ② 러시아와 일본은 이미 많은 이권을 침탈해갔고, 일본이 군비증강에 광분하여 러일전쟁이 발발할 개연성이 높은데,[90] 대한제국정부의 외교가 어느 한 나라에 편중되어 자주중립외교를 전개하지 않을 경우 러일전쟁이 한국 영토 위에서 발

85 『尹致昊英文日記』 1898년 3월 8일조 참조.

86 『독립신문』, 제1권 제111호, 1896년 12월 19일자 「논설」 참조.

87 『독립신문』, 제2권 제61호, 1897년 5월 25일자 「논설」; 『독립신문』, 제3권 제9호, 1898년 1월 22일자 「유지각한 사람의 말(연속)」 참조.

88 『民會實記』 光武 2년 (음) 2월 14일조; 『大韓季年史』(상), p.179 참조.

89 『독립신문』, 제2권 제61호, 1897년 5월 25일자 「논설」 참조.

90 『尹致昊英文日記』 1897년 8월 17일조 참조.

발할 위험이 있고, 이 경우 결국 전쟁참화를 한국이 입게 되기 쉽다는 것이다.[91]

넷째, 독립협회는 대한제국의 외교는 강대국 사이에서의 약소국의 외교이니 강대국들에게 트집을 잡힐 기회를 주지 말아야 한다고 주장하였다. 따라서 그들은 뒷처리도 못하면서 '방곡령' 등으로 배상금만 물어대는 수구파의 외교를 개탄하였다. 처음부터 불리한 조약은 맺지 말아야 하며, 설혹 불행히 불리한 조약을 이미 맺은 경우에는 신의를 지키면서 하루속히 국부병강을 이루어 힘을 갖출 때 잃어버린 권리를 찾도록 실리외교를 전개해야 한다고 주장하였다.[92] 『독립신문』은 그들의 자주중립외교론을 다음과 같이 썼다.

> 조선이 간난한 처지와 같으니 아무쪼록 어느 나라를 편벽되게 교제를 한다든지 어떤 나라의 권리를 다른 나라보다 더 가지게 한다든지 누구에게 의지를 하려고 한다든지 하게 되면 필경 다른 나라들이 그것을 샘내고 시기하여 그 편벽되게 대접받는 나라와 시기하는 나라들 사이에 싸움이 있을지라. 만일 싸움이 나게 되면 조선은 누가 이기든지 없어지는 날이니, 그렇게 볼진대 조선의 상책은 아무쪼록 조선이라는 까닭에 다른 나라들이 싸움을 아니하도록 일을 해야 할지라. 그건 무엇인고 하니 세계 각국을 애증과 등분이 없이 공평하게 모두 친구로 대접하고, 내 권리는 조금이라도 남의 나라에 뺏기지 말며, 내일만 물을 쥐여먹어가며 하여 내 처지를 튼튼히 되도록 만들고 있으면 그때는 아무 염려가 없을 터이라.[93]

결국 독립협회는 열강의 치열한 대립과 시의猜疑와 침략의 시도 속에서

91 『독립신문』, 제2권 제5호, 1897년 1월 14일자 「논설」; 『독립신문』, 제2권 제61호, 1897년 5월 25일자 「논설」; 『독립신문』, 제2권 제94호, 1897년 8월 10일자 「논설」 참조.

92 『독립신문』, 제3권 제122호, 1898년 8월 24일자 「실신 말지어다」; 『독립신문』, 제3권 제107호, 1898년 8월 6일자 「외교관의 직분」 참조.

93 『독립신문』, 제2권 제94호, 1897년 8월 10일자 「논설」.

자주중립외교를 전개하여 대외적으로 열강의 세력 균형을 유지시키고 그 동안에 대내적으로는 국정을 개혁하여 자강을 실현함으로써 언젠가 이 세력 균형이 깨어져 열강 사이에 전쟁이 발발하더라도 자주독립을 지킬 수 있도록 구상한 것이었다. 여기서 그들의 개화자강독립론이 나오게 된다.

### 4) 개화자강독립론

첫째, 독립협회에 의하면 당시 '대한제국'의 형태로 자주독립을 강화 선언한 것은 국제세력 균형의 기회를 포착한 것으로서, '명목상의 독립'[94]이고, 그것을 견지할 내부의 힘과 기초가 취약한 것이라고 보았다.[95] 따라서 이 세력 균형이 존속하는 짧은 기간에 내부에서 '자강'을 실현해버려야 후일 세력 균형이 깨어져서 어느 한 강국이 본격적 침탈을 전개하더라도 이것을 자기의 실력으로 막아내어 자주독립을 지킬 수 있다고 보았다.

『대조선독립협회회보』는 "자주독립의 명名이 기유한즉 또 자주독립의 실實이 유한 연후에 가히 완전한 독립국"[96]이 된다는 점을 지적하고, 자주독립의 실을 만드는 자강을 강조하였다. 『독립신문』은 국가의 경우를 가정의 경우에 비유하면서 '자강'만이 독립을 지킬 수 있는 유일한 방법이라고 다음과 같이 주장하였다.

> 남의 나라 권리를 뺏기 좋아하는 나라도 많이 있는지라. 만일 누구든지 이런 무리한 생각이 있어 남의 물건과 권리를 뺏으려고 하는데 한두 번이고 뺏어본 사람과 나라는 언제든지 욕심이 점점 자라 그칠 날이 없는지라. 다만 이런 무리한 일을 못하게 하는 방책은 아무리 저 사람이 뺏으려 하더라도 내가 뺏기지 아니하면 그 사람이 그 무리한 일을 못하는 법이라. [……] 도적의 당과 도적들이 가진 병장기의 힘을 헤아려 도적의 당보다 내가 당을 더 많이 만들고 도적의 병

94 『尹致昊英文日記』 1897년 11월 11일조.

95 『皇城新聞』, 제1권 제32호, 1898년 10월 12일자 「논설」 참조.

96 『大韓獨立協會會報』, 제4호, 1897년 1월 15일자.

장기보다 더 편리한 병장기를 준비하여 두어야 설령 도적이 오더라도 방어를 할 터이요. 또 도적이 그 집에 이로운 병장기가 있고 사람이 많이 있는 줄 알면 가지를 아니할 터이라.[97]

따라서 그들은 국제세력균형이 깨어지는 경우에도 자주독립을 지킬 수 있는가의 여부는 그동안에 자강을 이룩할 수 있는가의 여부에 있다고 보고, 이것이 마지막의 황금의 기회라고 자강의 중요성을 역설하였다.[98]

둘째, 독립협회는 독립을 지키기 위한 자강의 방법은 그 방향이 개화자강開花自强의 방법에 의해야 성공할 수 있다고 주장하였다.[99] 그들의 자주독립사상은 '개화'독립론 또는 '개화'자강독립론이었다. 여기서 독립협회의 자주독립사상은 위정척사사상이나 동학사상과는 다른 방향으로 전개되었다.

독립협회는 개화와 독립을 내적으로 통일된 개념으로 사용했으며, 독립을 지키기 위해서는 '개화' 또는 '개명진보'가 문제해결의 최선의 방법이라고 확신하였다.[100] 여기서 그들이 말한 개화의 개념은 대체로 다음과 같은 것이었다.

① 開物成務하고 化民成俗하여 사물의 이치를 지극히 연구하고 지극히 편리케 해서 나라의 일을 시세에 합당하도록 극진한 데 나아가는 것.[101]
② 이를 위해서는 자기 나라의 장단과 다른 나라의 장단을 비교하여 그 장점을 취하고 단점을 버리어 스스로 하나의 체계를 이루는 것.[102]

---

97 『독립신문』, 제2권 제95호, 1897년 8월 12일자 「논설」.
98 『尹致昊英文日記』 1898년 3월 19일조 참조.
99 『皇城新聞』, 제1권 제22호, 1898년 9월 30일자 「論說」 참조.
100 『독립신문』, 제2권 제27호, 1897년 3월 6일자 「논설」; 『皇城新聞』, 제1권 제32호, 1898년 10월 12일자 「論說」 참조.
101 『皇城新聞』, 제1권 제16호, 1898년 9월 23일자 「論說」; 『독립신문』, 제3권 제8호, 1898년 1월 20일자 「유지각한 사람의 말」 참조.
102 『皇城新聞』, 제1권 제9호, 1898년 9월 15일자 「論說」; 『독립신문』, 제3권 제8호, 1899년

③ 사고방식을 고치어 실상대로 만사를 행하고 미래를 전망하는 것.[103]

즉 그들이 말하는 '개화'는 "개물성무開物成務하고 화민성속化民成俗하여 사물의 이치와 시세에 합당하도록 진보해서 자기 나라의 장단과 다른 나라의 장단을 비교하여 장을 취하고 단을 버리어 스스로 하나의 체계를 이루는 것"이라고 요약할 수 있다.

셋째, 독립협회의 개화자강독립론의 특징은 개화의 범위와 영역이 국정 전반에 걸친 '대경장개혁大更張改革'을 의미한 것이어서 변법자강變法自疆을 내용으로 하였다. 그들은 사회제도를 전면적으로 근대화하고 선진기계기술을 도입하여 소화해서 자기의 것으로 체계화하지 아니하면 서세동점의 추세에서 자주독립을 지키지 못한다고 보았다. 그들은 청국이 큰 나라이면서 작은 나라인 일본에 패전한 것은 전혀 이 선진기술의 흡수, 소화와 제도의 근대화를 수행하지 못했기 때문이라고 보았다.[104]

독립협회는 한국도 언제 올지 모르는 외국의 본격적 침략이 있기 전에 자주부강한 나라를 하루속히 이루어야 한다고 주장하였다. 그들이 꿈꾸고 세우려던 자기 나라는 "층루고각層樓高閣이 좌우에 즐비하고 가고 오는 마차가 전후에 연락聯絡한데 어떤 곳은 다수의 훌륭한 병정이 무예를 연습하고 어떤 곳은 무수한 학도가 각종 학문을 공부하고 연구하며 어떤 곳은 십백十百 공장工匠이 기계를 제조하고 어떤 곳은 천만 상점에 물품을 진열하여 전국의 경관이 일대 개화세계를 벽闢하였는"[105] 나라였다. 또한 "제조장을 세워 각색물화를 제조하며, 장사하는 집이 동리마다 일어나 외국 물건을 수입하며 내국물건을 수출할 줄을 알고, 화륜선을 지어 세계 각국에

---

1월 20일자 「유지각한 사람의 말」 참조.

103 『독립신문』, 제1권 제37호, 1896년 6월 30일자 「논설」; 『독립신문』, 제1권 제74호, 1896년 9월 24일자 「논설」 참조.

104 『독립신문』, 제1권 제9호, 1896년 4월 25일자 「논설」 참조.

105 『皇城新聞』, 제1권 제34호, 1898년 10월 14일자 「論說」.

조선 국기를 단 상선과 군함이 바다마다 보이며, 나라 안에 철도를 거미줄 같이 늘어놓아 인민과 물화 운전하기가 편리하게 되며, 도로와 집들이 변하여 넓고 바른 길에 공원이 골목마다 있고, 마차와 전기, 철도들이 개미같이 왕래하고, 백성이 무명옷을 아니 입고 모직과 비단옷을 입게"[106] 되는 나라였다. 그들은 어떠한 외국의 침략도 자기의 실력으로 물리칠 수 있는 자주부강한 민주국가를 수립하려고 하였다.

넷째, 독립협회의 개화자강독립론은 '적자생존'의 원리를 인지하고 그것을 '대동단결'의 원리와 방법에 의해 극복하도록 세워야 한다고 생각하였다.

서구시민사상의 영향을 받은 흐름은 당시 전 세계의 지배적 사조의 하나인 사회진화론(사회다윈주의)의 영향을 받아 열국 간의 경쟁에 있어서도 적자만이 생존할 수 있고 부적자는 경쟁에서 낙후하여 멸망한다고 생각하였다. 따라서 그들은 열강의 침략으로부터 나라를 구하는 길은 하루속히 자강을 이룩하여 열국경쟁의 적자와 승자가 되는 것이라고 주장하였다. 따라서 그들은 열강이 약소국을 침략하는 것은 필연의 세이며, 약소국이 이것을 막는 길은 선진과학기술을 하루속히 습득하고 부국강병을 실현하여 개화자강함으로써 스스로 강국이 되는 길뿐이라고 생각하였다.

한편 개신유학적 전통을 이은 흐름은 자강독립의 길은 대동국가大同國家를 이루는 데 있다고 생각하였다. 그들에 의하면 "나라란 것은 몇 사람만 위해서 만든 것이 아니라 전국 인민을 모두 위해서 만든 것이요",[107] "사람이 토지를 의지하여 나라를 세울 때 임금과 백성이 동심 협력하여 나라를 세웠나니",[108] "전국 인민이 모두 학문이 있고 지식이 있게 되어야 그 나라가 남에게 대접을 받고 자주독립을 보호하며 사농공상士農工商이 늘어

106 『독립신문』, 제1권 제81호, 1896년 10월 10일자 「논설」.

107 『독립신문』, 제2권 제92호, 1897년 8월 5일자 「논설」.

108 『독립신문』, 제3권 제216호, 1898년 12월 15일자 「민권론」.

가는 법이라"[109]고 보았다. 그들은 전국 인민과 모든 사농공상인에게 균등한 후생과 권리를 주는 대동사회大同社會와 대동국가의 방향으로 나아가야 민족적 위기하에서 전국 인민이 대동단결하여 자주독립을 지키게 된다고 주장하였다.[110] 여기서 독립협회의 사회사상 속에는 대동단결사상이 주장되고 있음을 볼 수 있다.

주목할 것은 독립협회의 개화자강독립론의 구조 속에서 사회진화론과 대동단결사상의 두 요소가 조화를 이루고 있었다는 사실이다. 즉 대외적으로는 '적자생존'의 원리에 의거해서 국제관계를 해석하여 자강의 필요성을 인식하면서, 대내적으로는 '대동단결'의 원리에 입각하여 자강의 방법을 전개시켰다. 그리하여 전통이 다른 두 개의 흐름이 독립협회의 사회사상 속에서 과제를 분담하여 대응하면서 하나의 목표인 자강독립의 실현을 위한 체계로 통합되어 있음을 볼 수 있다.

---

109 『독립신문』, 제2권 제92호, 1897년 8월 5일자 「논설」.

110 『독립신문』, 제2권 제22호, 1897년 2월 23일자 「논설」 참조. 또한 『독립신문』, 제4권 제78호, 1899년 4월 21일자 「논설」에서는 '강유위씨'라고 제하여 康有爲의 사상과 행동에 대한 강력한 지지를 다음과 같이 표명하고 있다. "근년 이래로 청국에 정령이 어둡고 불길하며 조정에 녹만 탐하고 나라의 흥망은 돌아보지 아니하는 신하만 있어서 민생이 도탄에 들고 국세가 쇠미하여 갑오년에 자기 나라보다 몇 십 갑절 적은 일본과 싸워 여지없이 패하여 수많은 배상을 물고 대만을 바치고 또 각국에 요해지지를 뺏기면서도 조금도 정신차릴 생각을 아니하고 점점 정령이 글러감에 강유위 씨가 유지한 선비를 많이 모집하여 황제께 아뢰고 구폐를 고치며 새 정령을 실시하여 백성들을 건지며 국권을 다시 온전히 하여 외국에 수치를 씻고 한번 중원을 열어 부강문명한 나라를 만들려고 충성을 다하여 주야로 근고하매 청국이 서기지망이 저윽이 있더니, 일조에 변이 일어나 강씨의 당이 만주당 모함에 들어 모두 흩어지고 혹 잡히어 죽는 이도 많은데 강씨가 빠져 일본으로 도망하여 다행이 목숨은 구하였으나 여러 해 힘쓰던 사업은 아주 무너졌는지라. 강씨의 일이 잘 되었으면 비단 청국에만 다행히 아니라 동양에 다 같이 이익이 될 것을 이렇게 되었으니 어찌 가석지 아니하리오. 또 강씨가 외국에 의탁하여 잔명을 혈혈이 보호함이 그 정형이 지극히 곤고하되 나라를 사랑하는 마음이 다하지 아니하여 청의보를 찬성하여 본국 인사의 문견을 돕더니, 청국정부에서 일본정부에 말하여 강씨를 보호하여주지 말라고 시비하며, 또 위태한 일이 많아 일본에도 부지 못하고 두 번째 바다를 건너 서양으로 향하니 더욱 그 정형이 어떠하다 하리요. 〔……〕 필경은 옳은 목적이 차차 이기고 동양이 한번 열어볼 날이 있을 터이라. 옳은 목적이 이기면 강씨도 이기는 것이니 이로써 강씨를 위로하노라."

이러한 사상에 기초해 그들은 외세의 직접적 위협하에서 자주독립을 지키는 길은 대외적으로 열강의 침략의 추세를 냉철히 인식하고, 대내적으로는 신흥사회세력이 민권을 갖고 부강한 나라를 만들되, 폭력혁명의 방법이 아니라 개화자강의 대개혁방법으로 대동단결해서 외침을 막고 참정하여 후생을 누리는 나라를 세워야 한다고 주장하였다. 따라서 독립협회는 개혁론자이며 변혁론자였으나 혁명론자는 아니었다. 그들은 동학농민들과 의병들의 주장에는 동의하면서도 그들의 폭력방법을 반대하여 비판하였다.[111] 그들은 구국을 위해서는 대동단결의 방법이 적합하다고 생각하였다.

다섯째, 독립협회는 개화자강독립은 우선 두 가지 실체를 알아야 실행될 수 있다고 생각하였다. 그 하나는 '세계와 시세'를 알아야 하는 것이고, 다른 하나는 '자기'를 알아야 하는 것이다. 그들은 "외국 학문도 배우려니와 조선 일을 공부하기도 바라노라"[112]고 강조하였다. 여기서 독립협회의 민족적 자각과 자기 발전의 노력이 나타나고, 민족문화론이 전개되었다.

### 5) 민족문화론

독립협회는 자주독립을 견지하기 위해서는 문화적으로도 자기의 전통을 계승하고 세계 각국의 문화를 흡수하여 자기의 언어와 역사와 문화를 보다 창조적으로 발전시켜야 한다고 생각하였다.

첫째, 독립협회의 자기 발견 노력은 자기의 역사를 찾으려는 노력으로 전개되었다. 그들은 정신적으로 나라가 어둡고 약하게 된 것은 국민들이 중국역사만 배우고 자기의 역사를 잊어버렸기 때문이라고 주장하였다.

독립협회 회원들은 당시 이미 누구보다도 뚜렷한 역사의식을 갖고 있었으며 또 이것을 강조하였다. 『대조선독립협회회보』의 「독립협회서」는 우

---

111 『독립신문』, 제2권 제95호, 1897년 8월 12일자 「논설」 참조.
112 『독립신문』, 제1권 제24호, 1896년 5월 30일자 「논설」 참조.

리나라가 유구한 역사를 가진 전통적 문명국가임을 서두에 자랑스럽게 제시하면서, 다음과 같이 본문을 시작하였다.

> 옛적 우리 단군께서는 나라를 세워 개벽하시고, 기자성인은 교화를 베풀었으며, 삼한이 섰다가 고려가 통일했는데, 우리 태조께서 계승하여 우리 대군주폐하에까지 이르렀다. 수천백 년 이래로 나라는 스스로 우리나라요, 백성은 스스로 우리 백성인지라 그 정치와 교화가 우리로부터 나오지 않음이 없는데, 그럼에도 오히려 홀연히 독립한 형세가 없는 것은 무슨 까닭인가〔昔我 檀君開荒 箕聖設敎 三韓鼎峙 高麗統一 我太祖 繼天立極 傳我大君主陛下 數千百年以來 國自我國 民自我民 其治若化 莫不自我 而尙無屹然 獨立之勢〕.[113]

이러한 역사의식은 독립협회 회원의 독특한 서술 방식이 되어 보편화되고 있었다. 『황성신문』 창간호의 사설도 같은 방식의 서술로 역사의식에 넘쳐 있으며,[114] 『독립신문』도 도처에서 자기 나라 역사의 공부를 주장하였다.

> 대한 인민들이 대한을 자기 나라로 여기는 생각이 적고 대한 토지 인민을 가지고 천하에 행세하여 동등국 대접을 받기가 어려울 줄로 생각하는 사람이 많이 있어 기어이 다른 나라에 의지하여 그 나라 절제를 받아야 지탱할 줄로 아는 것은 무슨 외국 학문만 없어 그런 것이 아니라 본국 사기〔史記—인용자〕를 자세히 모르는 고로 대한 사람들이 본국 인종을 서로 업신여겨 대한 사람 가지고는 중흥하는 사업을 못할 줄로 알아 그러하되, 대한사기〔大韓史記—인용자〕를 보게 되면 대한 인종 속에도 영특하고 굉장한 인물들이 없는 것이 아니라. 〔……〕 이것을 대한사람들이 거울같이 들여다보면서 종시 한, 당, 송, 명, 청이 그 까닭에 망한 학문을 종시 숭상하는 것은 꼭 지혜가 있는 일인지 알 수가 없고, 우리가 바라기는 대한 인민들이 대한사기 속에 유명한 충신열사들을 자세히 공부하

113 『大朝鮮獨立協會會報』, 제1호, 1896년 11월 30일자.

114 『皇城新聞』, 제1권 제1호, 1898년 9월 5일자 「社說」 참조.

여 그네들과 같이 용맹 있게 일을 하게 되면 의심없이 대한도 세계에 대접을 받을 터이라. 대한사기에 유명한 충신들은 충무공 이순신 씨와 조중봉 씨와 임경업 씨의 사적들을 배워 〔……〕 대한사기에 참말 용맹 있고 충심 있는 장상들을 한나라 당나라 명나라 유명한 장상들보다 더 공경하고 본받게 하는 것이 의리에 마땅할지라." [115]

독립협회는 자기 나라 역사의 탐구에 있어서 뚜렷하게 그들의 사관을 다음과 같이 제시하였다.

첫째, "남의 나라 역사도 알려니와 자기 나라 역사를 먼저 알아" [116] 자기 나라의 역사를 자기 입장에서 자주적으로 체계화해야 함을 강조하고 자주사관自主史觀을 주장하였다.[117]

둘째, 그들은 백 년 전이 지금보다 낫고 이백 년 전이 백 년 전보다 낫다는 종래의 상고사관尙古史觀을 통렬히 비판하고, 지금이 백 년 전보다 나을 뿐 아니라 또 나아야 한다는 진보사관進步史觀을 주장하고 그렇게 보아야 사실과 맞도록 역사를 해석할 수 있다고 주장하였다.[118]

셋째, 그들은 자기 나라 역사를 배우는 것은 "언제 나라가 흥하였고 언제 나라가 망한 것을 밝혀 알아야 조상이 잘못한 것을 증거하여 그 부끄러

115 『독립신문』, 제3권 제28호, 1898년 3월 8일자 「논설」. 또한 『독립신문』, 제2권 제97호, 1897년 8월 17일자 尹致昊의 연설에서는 이렇게 썼다. "조선 인민이 이렇게 된 것은 다른 까닭이 아니라 다른 나라 모양으로 자기 나라 사기와 자기 나라에 유명한 사람들의 행적들과 자기 나라 사정과 지위를 공부 아니하고 다만 청국 것만 배운즉 자기 나라 일은 도무지 모르고 다만 아는 것이 조선 사람들의 문벌이나 공부하며 무단 협잡하며 자기 나라에 영광되고 자랑할 만한 것은 하나도 모르고 다만 못된 학문들만 있으니, 〔……〕 바라건대 조선 인민들이 남의 나라 것도 배우려니와 자기 나라 사기를 배워 조선이 자기의 나라인줄 알게 학문이 되기를 바란다."

116 『독립신문』, 제1권 제73호, 1896년 9월 22일자 「논설」.

117 『독립신문』, 제1권 제73호, 1896년 9월 22일자 「논설」; 『독립신문』, 제2권 제93호, 1897년 8월 7일자 「논설」; 『독립신문』, 제2권 제97호, 1897년 8월 17일자 「윤치호 연설」; 『독립신문』, 제3권 제11호, 1898년 1월 27일자 「어떤 유지각한 친구의 글」 참조.

118 『독립신문』, 제1권 제48호, 1896년 9월 22일자 「논설」; 『독립신문』, 제3권 제39호, 1898년 4월 2일자 「논설」 참조.

움을 씻으려 하며 옳은 일은 본받아 그보다 더 낫게 할 도리를 생각들을 하며"[119] 애국심과 자부심과 교훈과 지혜를 얻기 위한 실상학문實相學問으로서 하는 것이라고 주장하였다.[120]

넷째, 그들은 역사라고 하는 것은 "옛적 것만 사기史記라 하는 것이 아니라 어제 것도 사기요 조금 전 것도 사기라"[121]고 하면서 현재를 역사로서의 현재로서 탐구하고, 미래를 역사적으로 전망하기 위해서 역사를 배우고 재발견하는 것이라고 주장하였다.[122]

다섯째, 그들은 자기 나라 역사를 세계사와 관련시켜 공부해야 역사의 유용성을 찾을 수 있다고 주장하고, "교육한 사람은 다만 자기 나라 사기史記만 공부하는 것이 아니라 세계 각국 사기를 다 공부하여 어떤 때에 어떤 나라에서 어떤 일이 어떻게 생겨 끝이 어떻게 된 것을 알게 되면 그 지식을 가지고 당장 있는 일과 미래사를 미리 요량하는 생각이 나는 것이라"[123]고 하면서, 국사와 세계사를 관련시켜 현재와 미래를 위한 역사연구를 강조하였다.[124]

이러한 역사관의 배경 위에서 개신유학적 전통을 배경으로 한 흐름의 독립협회 회원들인 정교鄭喬 · 이무영李懋榮 · 남궁억南宮檍 · 최경환崔景煥 · 최병헌崔炳憲 · 현채玄采 · 장지연張志淵 · 한치유韓致愈 · 박은식朴殷植 · 신채호申采浩 · 권병훈權丙勳 · 한백원韓百源 · 김영진金永鎭 · 유호식

119 『독립신문』, 제1권 제73호, 1896년 9월 22일자 「논설」.

120 『독립신문』, 제1권 제48호, 1896년 7월 25일자 「논설」; 『독립신문』, 제3 제5호, 1898년 1월 13일자 「논설」; 『독립신문』, 제3권 제142호, 1898년 9월 19일자 「유지각한 친구의 글」 참조.

121 『독립신문』, 제3권 제39호, 1898년 4월 2일자 「논설」.

122 『독립신문』, 제1권 제114호, 1896년 12월 26일자 「논설」; 『독립신문』, 제1권 제116호, 1896년 12월 31일자 「논설(연속)」; 『독립신문』, 제2권 제94호, 1897년 8월 10일자 「논설」; 『독립신문』, 제3권 제39호, 1898년 4월 2일자 「논설」 참조.

123 『독립신문』, 제3권 제39호, 1898년 4월 2일자 「논설」.

124 『독립신문』, 제3권 제5호, 1898년 1월 13일자 「논설」; 『독립신문』, 제3권 제142호, 1898년 9월 19일자 「유지각한 친구의 글」 참조.

劉鎬植 등이 중심이 되어 국사를 자주적으로 체계화하려고 노력하였다. 이러한 노력의 최초의 성과로 나온 것이 최경환의 『대동역사大東歷史』였다. 이 『대동역사』는 5권으로 최경환이 1896년에 원고를 마치고, 다른 회원들의 열독을 거쳤으며, 현채의 책임으로 학부편집국에서 2,000부를 인쇄하여 전국에 보급시킬 계획이었다.[125] 그러나 당시 학부대신으로 있던 신기선申箕善이 이 책을 너무 자주성이 강하다는 이유로 출간을 금지시켜 햇빛을 보지 못하고, 1905년에야 출간될 수 있었다.

정교는 이 책의 서문에서 『대동역사』는 독립협회가 있었기 때문에 저술되었으며, 독립협회 회원들이 탄압받았기 때문에 출간하지 못했고, 독립협회 회원들의 애국심 때문에 보전될 수 있었다고 술회하였다.[126] 이 책의 내용은 우리나라의 고대사를 새로 체계화한 것이었다. 그 기본적 특색은 서거정徐居正의 『동국통감東國通鑑』과 안정복安鼎福의 『동사강목東史綱目』을 근대적으로 더욱 계승, 발전시켜서, 단군을 개국시조로 기자를 교화지성敎化之聖으로 하고, '삼국(삼한)정통론'을 전개하면서 우리나라의 고대가 중국과 나란히 경쟁한 고도의 문명독립국가임을 밝혔다. 또 이 책은 중국을 '중화中華'라고 하지 않고 '지나支那'라고 부르면서 존화사관尊華史觀에서 완전히 탈피하여 민족사관을 전개하였다. 이것은 당시의 사고로서는 매우 큰 혁명이었다(신기선이 이 무렵 '中華'라는 용어를 자주 쓴 것은 최경환 등 독립협회 회원들의 이 새로운 경향에 대한 반발인 것 같다).

『대동역사』는 1896년에 만들어진 한국 근대 최초의 자주적 국사책의 하나로서 조선왕조의 국사연구의 자주적 전통과 근대사학을 연결시켜줌과 동시에 근대국사학의 출발점이 되었다고 말할 수 있다. 이 책은 당시 독립

125 『民會實記』 光武 2년 (음) 12월 12일조 ; 『大韓季年史』(하), p.8 참조.

126 『大東歷史』(敍). "若使此史得行 則人人知 我東之獨立 已經四千二百有年所矣 〔……〕 非爲此史之今乃出於仇怨乎. 余之爲獨立協會會員之致 噫書之傳不傳 書之數也 此史爲獨立而出 因獨立會人之見惡於人而未行 亦奇矣哉. 非施公心眞眼之人 此史之傳干世者亦難矣."(鄭喬敍文)

협회 회원과 특히 남궁억·장지연·한치유·박은식·현채·신채호 등 그 후의 사학에 큰 영향을 끼친 것으로 보인다.[127] 특히 주목되는 것은 『대동역사』가 안정복의 『동사강목』, 즉 조선왕조 후기의 '실학'을 계승, 발전시켰다는 사실이다.

大東歷史卷之二
水州 崔景煥慶胤 編集
河南 鄭喬友向 評閱
後朝鮮紀
朝鮮太祖文聖王 元年 凡九百二十九年
箕子 卽王位
王姓子氏諱胥餘商王武乙次子名理之子也
帝乙十七祀丙戌封於箕
子舒 爲商王紂 之太師紂性

최경환의 『대동역사』

둘째, 독립협회는 국어는 국문(한글)으로 표기해야 함을 주장하면서, 종래 부인들 사이에서만 사용되고 '언문'이라고 천시되던 한글을 처음으로 '국문'이라고 선언하고 본격적 국문연구와 국문 전용을 시작하였다.

그들은 국문(한글)이 근대 문법체계에서 볼 때 세계에서 가장 과학적으로 만들어진 문자로서, "조선 글자가 세계에서 제일 좋고 학문이 있는 글자"[128]라고 주장하였다. 독립협회는 주로 주시경(주상호)·지석영·최광옥·신해영 등[129]의 회원들이 중심이 되어 본격적인 국문의 근대적 연구를 수행하면서 주로 다음의 작업 시행을 주장하고 실천하였다.

(1) 국문법을 만들고 맞춤법을 통일시킬 것

그들은 『독립신문』의 총무 겸 교보원이었던 주시경을 중심으로 '국문동식회國文同式會'라는 연구회를 만들고 본격적인 국문법연구를 진행하였

127 『大東歷史』의 영향을 크게 받은 저서로서 南宮檍의 『東史略』·『朝鮮이야기』, 玄采의 『東國歷史』·『朝鮮歷史』·『東史堤綱』, 張志淵의 『震彙續結考』·『國朝故事』, 申采浩의 『讀史新論』·『朝鮮上古史』·『朝鮮史硏究草』·『朝鮮上古文化史』 등은 모두 직접 이 책의 영향을 받은 것으로 보인다.

128 『독립신문』, 제2권 제47호, 1897년 4월 22일자 「주상호씨 국문론」.

129 독립협회 기관지에 국문법에 관한 논문을 게재한 회원들의 명단이다.

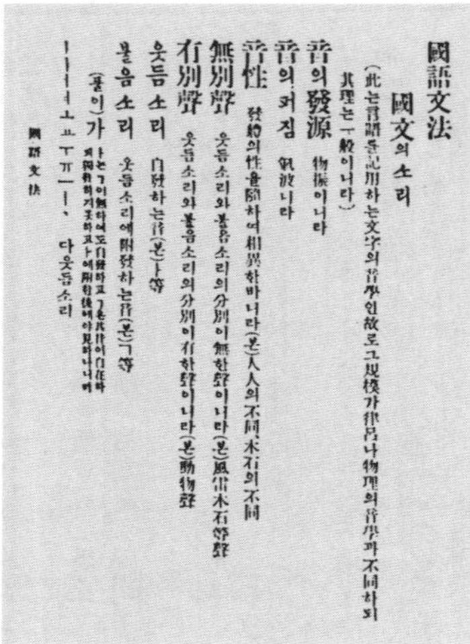
國語文法

國文의 소리

(此는言語를記用하는文字의音學인故로그規模가律呂나物理의音學과不同하되
其理는一般이니라)

音의發源 物振이니라

音의퍼짐 氣波니라

音性 發者의性을隨하여相異하바니라(본)人人의不同,木石의不同

無別聲 웃듬소리와붙음소리의分別이無한聲이니라(본)風雷木石等聲

有別聲 웃듬소리와붙음소리의分別이有한聲이니라(본)動物聲

웃듬소리 自發하는音(본)ㅏ等

붙음소리 웃듬소리에附發하는音(본)ㄱ等

(풀이)가

ㅏㅑㅓㅕㅗㅛㅜㅠㅡㅣ、 다웃듬소리

國語文法

주시경의 『국어문법』

다.[130] 이것은 처음에는 한글 전용 신문인 『독립신문』의 제작상 띄어쓰기와 맞춤법의 통일된 격식이 있어야 할 필요 때문에 시작했다가 본격적 국문법연구단체로 발전된 것으로서, 우리나라 최초의 근대적 국문법연구회가 되는 것이며, 커다란 선구적 공헌을 남겼다. 그들은 국문법 정리를 주장하고,[131] "조선말로 문법책을 정밀하게 만들어서 남녀 간에 글을 볼 때에도 그 글의 뜻을 분명히 알아보고 글을 지을 때에도 법식에 맞게 남이 알아보기에 쉽고 문리와 경계가 밝게 가르쳐야"[132] 함을 누누이 강조하였다.

이러한 노력의 최초의 성과로 나온 것이 주시경의 『국어문법國語文法』이다. 이 책은 1898년에 저술되어 국문동식회 회원들을 비롯하여 그의 친구들 사이에서 광범위하게 읽혔으며, 그 후의 근대국문법연구의 초석이 되었다고 볼 수 있다.[133] 이 책에서 주시경은 언어를 '독립의 성性'이라고 보고 국가 독립의 존부가 언어의 존부에 있다고 생각하여 자주독립을 지키기 위한 의식에서 국문법연구를 행했음을 밝혔다.[134]

---

130 國文同式會에 대해서는 「周時經履歷書」, 金敏洙, 「周時經의 業績」, 『國語學』 제1집, 1962, 수록 및 李基文 : 『開化期의 國文硏究』 1970 참조.

131 『尹致昊英文日記』 1897년 4월 5일조 참조. 尹致昊까지도 국문법에 관심을 표시하고 처음으로 국문의 아래아( · ) 자의 폐지를 주장하였다.

132 『독립신문』, 제2권 제114호, 1897년 9월 25일자 「주상호씨 국문론」.

133 주시경, 『國語文法』 序 참조. 이 책은 1910년에야 活字本이 공간되었으나, 이미 1898년에 저술되어 연구자들 사이에서 열독되었음이 여기에서 밝혀지고 있다. 李基文, 『開化期의 國文硏究』 1970 참조.

(2) 띄어쓰기를 시행할 것

이것은 『독립신문』에서 서재필과 주시경의 제안에 의하여 시행한 것인데, 당시의 문화적 사회적 필요에 의하여 즉각 대부분의 출판물에 보급되었다. 『독립신문』은 띄어쓰기의 이유를 "이렇게 구절을 띄어 쓴즉 아무래도 이 신문보기가 쉽고 신문 속에 있는 말을 자세히 알아보기 위함이라"[135]고 들면서, 『독립신문』이 띄어쓰기를 창시한 사실의 중요성을 자랑스럽게 강조하고, 『독립신문』의 본을 받아서 국문으로 글자를 띄어 쓰며 출판하는 신문이 1898년 서울에 다섯이나 나왔음을 지적하였다.[136]

서재필과 주시경 등에 의한 국문 띄어쓰기의 시행은 조선왕조 후기의 국문 구두점을 당시의 사회적 필요에 대응하여 발전시킨 것이라고 생각된다. 조선왕조 후기에는 예컨대 『지장경언해地藏經諺解』[137] 등에서 볼 수 있는 바와 같이 주로 불교경전의 언해서들을 중심으로 국문에 구두점을 사용하고 있었는데, 이 구두점의 위치를 띄어 쓰면 『독립신문』의 띄어 쓰기로 발전하는 것이었다. 이 국문 띄어쓰기는 중국과 일본이 아직도 띄어쓰기를 시행하지 못하고 있는 것과 대비하여보면 실로 획기적 업적임을 명확히 알 수 있다.

---

134 주시경, 『國語文法』 序. "天然의 社會로 國家를 成하여 獨立이 各定하니 그 域은 獨立의 基요, 그 種은 獨立의 體요, 그 言은 獨立의 性이라. 此性이 無하면 體가 有하여도 그 體가 아니요 基가 有하여도 그 基가 아니니, 그 國家의 盛衰도 言語의 성쇠에 在하고 國家의 存否도 言語의 存否에 在한지라. 是以로 古今天下列國이 各各 自國의 言語를 尊崇하며 그 言을 記하여 그 文을 各制함이 다 此를 爲함이라."

135 『독립신문』, 제1권 제1호, 1896년 4월 7일자 「논설」.

136 『독립신문』, 제3권 제43호, 1898년 4월 12일자 「논설」; 『독립신문』, 제2권 제92호, 1897년 8월 5일자 「논설」 참조.

137 『地藏經諺解』(1765년 간)에는 종래에 알려져 있지 않던 『釋譜詳節』 제21절을 구두점을 붙혀 수록하였다. "제석이, 세존께, 청하사오대, 도리천에가, 어머님, 보소서, 문수, 마야께, 청하사대, 환희원에가, 아들님, 보소서, 광명이, 터럭이나사, 세계에, 비추시니, 고치도다, 붕체앉았으니, 유즙이, 입에 들으사, 세게 드러치니, 꽃이 피고, 열매 열었사오니, 처음 바라오와, 열반을, 들자오시고, 번뇌를, 여희시고, 다시 설법하신대, 슈다, 환을, 득하시고, 눈물로 여희시니……" 참조. 이 책은 洪允杓 학형의 추천에 의해 자료로 사용하였다.

(3) 국어사전을 편찬할 것

독립협회 회원들은 국어사전(국문옥편)의 편찬을 강력히 주장하였다. 『독립신문』은 다음과 같이 썼다.

> 만일 모르는 말이 있으면 옥편만 들어보면 주가 있을터인즉 그 말뜻을 찾아보면 알 터이요, 글자 쓰는 법을 정하여 놓았은즉 다른 말과 섞일 리가 없을지라. 〔……〕 우리가 바라건대 조선학부에서 조선 옥편을 만들어 규칙과 문법을 정하여 전국이 그 옥편을 좇아 말과 글이 같도록 쓰고 읽게 하며 각색 학문책을 번역할 때에 이 옥편에 있는 규칙대로 일정한 규모를 가지고 하게 만드는 것이 조선 교육하는 기초로 우리는 알고 또한 조선 독립과 사람의 생각에 크게 관계가 있는 줄로 우리는 생각하노라.[138]

그들은 국어사전의 편찬이 급무임을 다른 곳에서도 주장하고 그 중요성을 누누이 강조하였다.[139] 이 국어사전 편찬의 작업은 1897년 2월 이봉운李鳳雲이 최초의 국어사전을 편찬하여 국문국이라는 출판사에서 발간했다고 기록에 나오고 있다.[140] 독립협회의 이러한 주장은 그 후의 국어사전 편찬사업에도 결정적 동기를 제공하여 주었다.

(4) 국문 전용을 시행할 것

독립협회 회원들은 언문일치言文一致와 국문 사용을 주장했을 뿐만 아

138 『독립신문』, 제2권 제92호, 1897년 8월 5일자 「논설」.

139 『독립신문』, 제2권 제114호, 1897년 9월 25일자 「주상호씨 국론문」; 『독립신문』, 제2권 제92호, 1897년 8월 5일자 「논설」 참조.

140 『독립신문』, 제2권 제25호, 1897년 3월 1일자 「광고」 참조. 이 책은 '리봉운李鳳雲'이 지은 것으로 광고는 되어 있으나 책의 실물은 찾지 못했으며, 리봉운이 지은 『국문정리』와 동일한 책이 될 가능성이 크다. 『국문정리』 서문에는 "문명의 제일 요긴한 것은 국문이되 반절 이치를 알 사람이 적기로 이치를 궁구하여 언문 옥편〔밑줄—인용자〕을 만들어 조야에 발행하여 이왕 국문을 안다하는 사람도 이치와 자음과 청탁과 고저를 분명히 알아 행문케 하고 동몽도 교육하면 우리나라 글이 자연 밝을 것이오. 독립권리와 자주사무에 제일 요긴한 것이니 여러 군자는 깊이 생각하시길 바라옵"이라 하여 『국문정리』를 「언문옥편」의 저작이라고 생각하였다.

니라 대부분이 한걸음 더 나아가서 국문 전용을 주장하였다. 『독립신문』은 그 창간사에서 "우리 신문이 한문은 아니 쓰고 다만 국문으로 쓰는 것은 상하귀천이 다 보게 함이라"[141]고 국문 전용의 이유를 설명하였다. 『황성신문』도 "마땅히 국문으로 주문을 정하여 주소奏疏문자라도 국문을 순용케도 하며 국한문 참용參用도 불구케"[142] 할 것을 주장하였다. 그들은 알기 쉽고 배우기 쉬운 국문을 전용하지 아니하고 한문 사용을 고집하는 것은 한문 배운 사람들이 그것을 특권으로 생각하여, "그 배운 것을 가지고 남보다 유식한 척하려니까 만일 국문으로 책과 문적을 만들어 전국 인민이 다 학문 있게 되면 자기의 유식한 표가 드러나지 아니할까 두려워하고 〔……〕 한문 아는 자세하고 권리를 모두 차지하여 그 남겨진 전국 인민을 압제하려는"[143] 특권의식 때문이라고 이를 비판하였다.

개신유학적 전통을 배경으로 한 회원들은 원칙적으로 국문 사용을 찬성하지만 당분간 한문을 문화유산으로 생각하여 국한문 혼용을 현명한 방법이라고 생각하였다.[144] 그러나 이것은 당분간의 조치이며 결국 국문 전용을 시행해야 한다고 주장하였다.[145] 그들은 모두 국문 전용이 나라의 자주와 진보를 가져오는 중요한 작업임을 거듭 강조하였다.

(5) 국문 가로쓰기를 실험할 것

독립협회 회원 중의 국문법 연구자들은 국문 가로쓰기의 실험을 주장하였다. 특히 주시경은 국문을 왼편에서 오른편으로 가로쓰는 것이 더 편리하고 능률적임을 지적하고, 이의 시행을 권고하였다.[146]

---

141 『독립신문』, 제1권 제1호, 1896년 4월 7일자 「논설」.

142 『皇城新聞』, 제1권 제20호, 1898년 9월 28일자 「論說(國文漢文論)」.

143 『독립신문』, 제2권 제92호, 1897년 8월 5일자 「논설」 참조.

144 『皇城新聞』, 제1권 제1호, 1897년 9월 5일자 「論說」. 그들은 문화유산으로서의 漢字와 과학적으로 우수한 창조문자로서의 국문을 병용하여 古文과 今文을 병전코자 하여 당분간 국한문 혼용을 시행한다고 밝혔다.

145 『皇城新聞』, 제1권 제20호, 1898년 9월 28일자 「論說(國文漢文論)」.

146 『독립신문』, 제2권 제115호, 1897년 9월 28일자 「주상호씨 국문론」. "또 글씨를 쓸 때에

국문 가로쓰기는 당시에는 실현되지 않았지만 구한말에는, 예컨대 지석영池錫永의 『언문言文』[147] 등에서 볼 수 있는 바와 같이, 개별적으로 가로쓰기를 시행한 저작들이 출판되었다. 독립협회 회원들의 국문 가로쓰기의 주장은 오늘의 '한글 가로쓰기'의 선구를 이루었다고 볼 수 있다.

이상의 다섯 가지 주장은 어느 것이나 당시에는 획기적 생각이었으며, 실제로 민족문화의 발전을 위하여 지대한 공헌을 하였다.

주목해야 할 사실은 이러한 국문연구와 국문 사용을 독립협회는 자주와 민권과 자강을 가져오는 방법이라고 누누이 강조했다는 점이다.

첫째, 그들은 한자 폐지와 국문 사용이 독립사상을 확고하게 하는 것이라고 생각하고, "이것이 조선독립과 사람의 생각에 크게 관계가 있는 줄로 우리는 생각하노라. 조선에서 사람들이 한문글자를 가지고 통정을 하기를 장구히 할 것 같으면 독립하는 생각은 없어질 듯하더라"[148]고 주장하였다.

② 그들은 국문 사용이 민권을 신장시키고 전 국민에게 지식을 갖게 하는 방법이라고 생각하여 그의 실행을 강력히 주장하였다.[149]

③ 그들은 국문 사용이 문자습득시간을 대폭 절약하여 나라의 자강에

---

는 왼편에서 시작하여 오른편으로 가며 쓰는 것이 얼마나 편리한지라. 오른편에서 시작하여 왼편으로 써나갈 것 같으면 글씨를 쓰는 손에 먹도 묻을 뿐더러 먼저 쓴 글씨 줄은 손에 가리어서 보이지 아니하니, 먼저 쓴 글들을 보지 못하면 그 다음에 써 내려가는글 줄이 혹 삐뚤어질까 염려도 되고 먼저 쓴 글씨 줄들의 뜻을 생각하여 가며 차차 앞줄을 써 내려가기가 어려우니, 글씨를 왼편으로부터 오른편으로 쓰는 것이 매우 편리하겠더라." 이 주장은 문장만으로는 왼편으로부터 오른편으로 쓰는 것만 주장할 뿐이지 반드시 가로쓰기를 포함한 것 같지는 않아 보이지만, 그 후의 주장을 보면 왼편으로부터 오른편으로 쓰기는 가로쓰기까지도 포함하였고, 왼편으로부터 오른편으로의 쓰기는 세로쓰기를 포함하고 있는 것으로 이해된다.

147 池錫永, 『言文』, 廣學書舖 간행. 이 國文法書는 '가로쓰기'를 시행하여 문법 내용을 설명하고 있는 최초의 서책이라고 생각된다.

148 『독립신문』, 제2권 제92호, 1897년 8월 5일자 「논설」; 『독립신문』, 제2권 제47호, 1897년 4월 22일자 「논설」; 『독립신문』, 제2권 제48호, 1897년 4월 24일자 「주상호씨 국문론」 참조.

149 『독립신문』, 제1권 제1호, 1896년 4월 7일자 「논설」; 『독립신문』, 제2권 제28호, 1897년 4월 24일자 「주상호씨 국문론」; 『독립신문』, 제2권 제92호, 1897년 8월 5일자 「논설」; 『독립신문』, 제3권 제43호, 1898년 4월 12일자 「논설」 참조.

긴급한 실상학문實相學問을 공부할 시간을 크게 제공한다고 보고 이의 긴급한 실행을 강력히 주장하였다. 『독립신문』은 다음과 같이 썼다.

> 우리나라 사람들이 종시 이것〔한문—인용자〕만 공부하고 다른 새 사업을 배우지 아니하면 우리나라가 어둡고 약함을 벗지 못하고 머지않아서 자기 조상들에게 전해 받아 내려오는 전지와 가장과 자기의 신골과 자손들이 다 어느 나라 사람의 손에 들어가 밥이 될지 알지 못할 증거가 목하에 보이니 참 놀랍고 애탄할 곳이로다. 어찌 조심치 아니할 때리오. 만일 우리로 하여금 그림글자〔한문—인용자〕를 공부하는 대신에 정치 속에 의회원 공부나 내무공부나 외무공부나 재정공부나 법률공부나 수륙군공부나 항해공부나 위생상 경제학공부나 장색공부나 상사공부나 농사공부나 또 그 외의 각색 사업상 공부들을 하면, 어찌 십여 년 동안에 이 여러 가지 공부 속에서 아무 사람이라도 쓸 만한 직업의 한 가지는 잘 졸업할 터이니, 그 후에 각기 자기의 직분을 착실히 지켜 사람마다 부자가 되고 학문이 넓어지면 그제야 바야흐로 우리나라가 문명부강해질 것이다. 간절히 비노니 우리나라 동포형제들은 다 깨달아 실상사업에 급히 나가기를 바라노라. 지금 우리나라 한시 동안은 남의 나라 하루 동안보다 더 요긴하고 위급하오니, 그림 한 가지 배우자고 이렇게 아깝고 급한 때를 허비시키지 말고, 우리를 위해 사업하신 큰 성인께서 만드신 글자는 배우기 쉽고 쓰기도 쉬우니 이 글자들로 모든 일을 기록하고, 사람마다 젊었을 때에 여가를 얻어 실상사업에 유익한 학문을 익혀 각기 할 만한 직업을 지켜서 우리나라 독립에 기둥과 주초가 되어 〔……〕 우리나라의 부강한 위엄과 문명한 명예가 세계에 빛나게 하는 것이 마땅하도다.[150]

그리고 독립협회는 처음으로 애국가를 제정하여 사용하였다. 즉 독립협회는 1896년 9월 하나의 애국가를 제정하여 '국가'로서 보급시킬 것을 제안하였다.[151] 그 후 그들은 독립협회의 집회에서는 애국가를 식순에 넣었

150 『독립신문』, 제2권 제48호, 1897년 4월 24일자 「주상호씨 국문론」. 같은 논지가 『독립신문』, 제2권 제92호, 1897년 8월 5일자 徐載弼의 논설에서도 전개되고 있다.

151 『독립신문』, 제1권 제73호, 1896년 9월 22일자 「논설」 참조.

다.[152] 독립협회의 애국가는 1898년의 '독립경축일'과 '만수절萬壽節'에도 식순의 첫머리에 넣어 정식으로 의례 절차의 하나로 실행되었다.[153]

이러한 애국가의 제정은 당시 독립협회가 장려하던 애국적 가사 짓기의 보급과 직결되어 있었다고 생각된다. 『독립신문』, 『매일신문』 등을 비롯한 당시의 각종 신문에는 독립협회의 격려에 의하여 독자들이 기고한 각종의 애국가 · 독립가 · 계몽가 · 진보가 · 경축가 등의 이름을 붙인 가사들이 많이 게재되어 있음을 볼 수 있다. 애국가의 제정과 각종 애국계몽가사의 제작은 당시 독립협회의 사상과 그 영향의 일단을 나타내고 있다고 생각된다.

또한 독립협회는 근대 처음으로 조선왕조 후기의 실학實學을 재발견하여 국민들에게 소개하였다. 그들에게는 실학적 사고가 보편화되어 있었으며, 『대조선독립협회회보』의 「독립협회 서序」에서부터 이미 "이용후생利用厚生과 부국강병富國强兵의 실사구시實事求是에 이름"[154]을 독립협회 사상의 기초로 하고 있음을 밝혔다.

처음 독립협회는 '실학'의 개념을 서양의 실증과학으로서의 자연과학과 사회과학을 의미하는 것으로 사용하였다.[155] 그러다가 이러한 전통이

152 『독립신문』, 제1권 제100호, 1896년 11월 24일자 「독립관 연회 말」 참조.

153 『民會實記』 光武 2년 (음) 7월 16일조 ; 『大韓季年史』(상), p.232 참조.

154 『大朝鮮獨立協會會報』, 제1호, 1896년 11월 30일자. "至於利用厚生 富國强兵之實事求是" 참조.

155 『독립신문』, 제3권 제68호, 1898년 6월 18일자. 「어떤 유지각한 친구의 의견」. 예컨대 "서양 각국은 실학을 숭상하여 문명한 기계를 새로 발명한 뒤로 나라 형세들이 크게 떨쳐 세계상에 먼저 진보한 나라가 되고 대한국은 다만 허학만 숭상하니 이는 서양 각국에 대하여 못한다고 할 만한지라. 그러하나 대한국도 얼마 아니 되어 나라가 부유하고 군사가 강성하여 세계만국에 독보할 방책이 있나니 〔……〕 나라가 부강에 나아가고자 하려면 정부에서 불가불 허학을 없애고 실학을 숭상하여 인민의 공업을 흥왕케 갈아치우는 것이 제일 방책이 될 줄로 우리는 믿노라." 또 예컨대 『독립신문』, 제3권 제55호, 1898년 5월 10일자 「논설」에서는 "개명하여 공평정직한 실학문을 국중에 퍼트려 중인이 다 각기 직업을 하고 나라가 부강하여 세계에 투철한 문명진보한 자주독립국을 만들자는 것은 정도요"라고 쓰고 있다. 이러한 개념의 實學에 대한 강조는 도처에 나타나고 있다.

한국 역사에도 있음을 발견하여 실사구시의 학으로서의 한국 실학사상實學思想을 재정립하였다.

종래 '실학'의 재발견과 개념의 성립은 1916~1917년경 최남선崔南善·이능화李能和·정인보鄭寅普 등에 의하여 이루어진 것으로 설명되어 왔으나, 이것은 그보다 20년 앞서인 19세기 말 독립협회 회원들에 의하여 이루어진 것이었다. 국사를 자주적으로 체계화하려는 노력이 시도되자 안정복의 『동사강목』이 재평가되고 재발견된 것과 마찬가지로 '실학' 또는 '실상학문'을 국사상에서 발견하여 자기의 '실학'을 찾고 이 위에 외국의 '실상학문'을 흡수하려는 노력이 시도되자 다산茶山 정약용丁若鏞을 비롯한 조선왕조 후기의 '실학'을 재발견하게 된 것이다.

이것이 처음 활자화된 것은 1899년 4월 17일자와 4월 18일자의 『황성신문』에 2회에 걸쳐 "아국의 경제학대선생 정약용 씨의 소술한 바를 적요摘要하노라"[156]고 하여 정약용을 대실학자로 소개하고, 다시 『황성신문』 1899년 8월 3일자와 8월 4일자에 다시 2회에 걸쳐 "대한 경제선생 다산 정약용 씨의 소찬한 수령고적법守令考績法을 좌에 약기하노라"[157]고 하여 다시 정약용을 소개하였다. 조선왕조 후기의 실학은 이미 이때 독립협회 회원들에 의하여 재발견되어 그 후 본격적 연구와 간행사업이 전개되었다.[158]

---

156 『皇城新聞』, 제2권 제76호, 1899년 4월 17일자 ; 『황성신문』, 제2권 제77호, 1899년 4월 18일자 「我國의 經濟學大先生 丁若鏞씨의 所述한 바를 摘要하노라」 참조.

157 『皇城新聞』, 제2권 제83호, 1899년 8월 3일자 ; 『황성신문』, 제2권 제84호, 1899년 8월 4일자 「大韓經濟學先生 丁若鏞氏의 所述한 守令考積法을 左에 略記하노라」 참조.

158 이 글에서 나오는 人民이라는 용어는 독립협회의 용어로서 독립협회는 國民 대신에 人民이라는 말을 사용하였다. 여기서 독립협회가 말하는 人民은 특권적 양반관료 이외의 모든 사회층, 즉 士·中人·良人·賤民 등이 포함된다. 독립협회에 의하면 당시 참정권은 관인에게만 허여되었으며 그 외의 모든 백성에게는 참정권이 없다고 보고 참정권을 인민에게 주면 '인민'이 '국민'이 된다고 하였다. 즉 참정권을 가진 인민이 국민이라고 본 것이었다. 따라서 독립협회에 의하면 국민은 인민으로부터 발전된 개념이었다. 『독립신문』, 제3권 제218호, 1898년 12월 17일자 「나라 사랑하는 론」 참조. 이 논문에서는 나오는 '인민'의 개념은 모두 독립협회가 사용한 19세기의 역사적 개념임을 밝혀둔다.

독립협회의 민족적 자각은 민권사상과 개혁자강사상에서 더욱 심화되어 융합되었다.

## 4. 자유민권사상

### 1) 국민자유권론[159]

독립협회는 나라의 자주독립과 부강은 그것을 구성하고 있는 국민의 낱낱이 자립부강한 개인이 되어야 하며, 그를 위해서는 침범당하지 않는 민중의 권리를 신장시켜야 한다고 보고 자유민권사상을 전개하였다.

#### (1) 생명(신체) · 재산의 자유권

독립협회는 양반관료의 전근대적 수취로부터 민중을 보호하는 권리로서 국민의 생명 · 재산의 자유권을 주장하였다. 독립협회가 이러한 생명 · 재산의 자유권을 주장한 것은 두 가지 흐름의 사상발전을 합류시킨 것이었다.

국내에서는 17～18세기의 실학사상에서 양반관료의 불법적 수탈로부터 국민의 생명과 재산이 철저히 보호되어야 한다는 사상이 확립되어 하나의 이론체계를 수립하며 발전하고 있었다. 이 사상은 개항 후 초기 개화파와 초기 동도서기파에게 계승되었으며, 동도서기파는 독자적으로 이 사상을 발전시키다가 독립협회 당시에 한 단계 더 발전하여 서구시민사상의 영향을 크게 받은 이전의 초기개화파 흐름과 합류되었다고 관찰된다.

또한 농민층이 이미 성장하고 있어서 동학농민운동 때에 보인 바와 같

159 조선왕조는 유학의 비중이 압도하는 사회환경 속에서 시민층을 비롯한 신흥사회세력이 대두했기 때문에 그와 병행해서 유학적 전통 속에서 東道西器論이 대도하여 한 사조를 이루고, 이것이 급속히 신흥사회세력의 사상으로 발전하다가 초기 개화파와 동도서기파가 접근하는 수준에까지 성장하여 약간의 상이점을 가지면서도 '독립협회'에서 합류될 수 있었다고 보여진다. 東道西器論에 대해서는 韓沽劤, 『韓國開港期의 商業構造』, 제4편 「開港當時의 危機意識과 開化思想」, 一潮閣, 1970 참조.

이 자기들의 생명과 재산의 자유권을 스스로 요구하는 수준에까지 도달하고 있었다.[160]

그러므로 19세기 말기에 오면 국내 사상의 성장과 시민층·농민층의 성장, 새로운 노동자층과 해방된 천인층의 대두로 이미 양반관료의 수탈로부터 일반 인민의 생명과 재산의 자유권을 보호해야 한다는 사상은 상당한 수준에까지 독자적으로 발전하여 있었던 것으로 볼 수 있다. 오직 양반관료의 수취의 잔행이 관권을 배경으로 하여 부분적으로 남아 있었다. 따라서 "정부에서 인민의 생명과 재산에 당한 일은 어디든지 보호할 일"[161] "정부는 양민養民을 하여야 한다"[162] 또는 "1호 1리라도 백성의 재물을 법률 외에 취하지 않아야 한다",[163] "국國은 민民을 무애撫愛하여야 하고 무애하는 도道는 민을 부富케 함에 있다"[164]는 사상은 한국의 경우에는 새삼스러운 것이 아니었다. 그것은 이미 국내에 형성되어 있었으며, 그것을 완전히 실행케 할 민중의 보다 큰 성장만이 문제였다.

문제가 되었던 것은 죄인의 경우이다. 죄인의 신체에 대한 체형과 재산의 침해나 몰수도 불가침의 권리에 대한 침해로 간주하여 일반 인민의 경

---

160 '동학농민혁명운동' 당시의 그들의 12개조 폐정개혁안 중 다음의 조항은 그들의 自由權意識의 성장을 잘 나타내주었다. 즉 ① 東學道人과 政府 사이에는 宿嫌을 蕩滌하고 庶政을 협력할 사, ② 貪官汚吏는 그 罪目을 査得하여 一一이 嚴懲할 사, ③ 不良한 儒林과 兩班輩는 懲習할 사, ④ 橫暴한 富豪輩는 嚴懲할 사, ⑤ 奴婢文書를 燒却할 사, ⑥ 七班賤人의 待遇를 改善하고 白丁 頭上에 平壤笠은 脫去할 사, ⑦ 青春寡婦는 改嫁를 許할 사, ⑧ 無名雜稅는 一幷 勿施할 사, ⑨ 官吏의 採用은 地閥을 打破하고 人材를 登用할 사, ⑩ 公私債務는 勿論라고 已往의 것은 幷勿施할 사, ⑪ 土地는 平均으로 分作케 할 사 등. 吳知泳, 『東學史』, pp.126~127 참조. 조선왕조 후기와 말기에의 농민의 성장을 주장한 견해로는 金容燮, 『朝鮮後期農業史研究』(農村經濟·社會變動) 一潮閣, 1970 ; 「朝鮮後期農業史研究 II」(農業變動·農學思潮) 1971 ; 愼鏞廈, 「李朝末期의 '賭地權'과 日帝下의 永小作의 關係一小作農賭地權의 所有權으로의 成長과 沒落에 대하여」, 『經濟論集』, 제6권 제1호, 1967 참조.

161 『독립신문』, 제3권 제105호, 1898년 8월 4일자 「협회에서 할 일」.

162 『皇城新聞』, 제1권 제49호, 1898년 11월 2일자 「論說」.

163 『독립신문』, 제23권 제42호, 1898년 4월 9일자 「논설」.

164 『皇城新聞』, 제1권 제12호, 1898년 9월 19일자 「論說」.

우와 완전히 동일시해야 할 것인가에 대하여 국내 사상의 성장 흐름이 아직 충분히 성장하기 전에, 독립협회는 국내 사상의 성장과 서구시민사상의 영향을 합류시켜 죄인의 경우에도 일반 인민의 경우와 마찬가지로 생명·재산권의 자유권을 불가침의 권리로 보호해야 한다는 한 단계 높은 수준으로 자유권사상을 발전시켰다.

독립협회가 생명(신체)·재산의 자유권을 죄인의 경우에도 적용시킨 사상의 배경에는, 이것을 '천부天賦'의 권리 또는 '천생권리'이며, '사람마다 가진 자유권'[165]으로 간주하여, "백성마다 얼마큼 하나님이 주신 권리가 있는데 그 권리는 누구라도 뺏지 못하는 권리요"[166]라는 천부인권天賦人權 사상을 흡수한 때문이었다.

독립협회의 자유권사상 속에는 의문의 여지없이 실학사상의 민본民本·위민爲民사상과 함께 서구시민사회의 '자연법'사상·'계몽사상'의 영향이 들어와 융합되어 있었다. 독립협회 문헌들에서는 루소·몽테스키외·아렌스·칸트 등이 소개되었고, 근대국가와 함께 처음으로 '사회'의 개념이 확립되었으며, '사회계약설'이 소개되었다.[167] 그들은 이 두 전통을 흡

165 『독립신문』, 제2권 제21호, 1897년 2월 20일자 「논설」.

166 『독립신문』, 제2권 제28호, 1897년 3월 9일자 「논설」.

167 『大朝鮮獨立協會會報』 제2호 1896년 12월 15일자 「法律摘要叢活」 참조. 여기서는 自然法思想을 다음과 같이 소개하였다. "演繹法을 依하여 攷究하는 學派 二種中에 第一은 曰 自然法派니 此派는 希臘 스도익派哲學에서 出하여 羅馬法律家가 此說을 遵崇하여 漸漸 널리 世上에 行함으로 今日에 至하여 此學派의 說者이 多少 異義가 有한 故로 그 主要한 學說을 枚學하노니 一. 自然法은 人類가 自然狀態의 生息하는데 當하여 行하는 法則이라 하니, 이 뜻이 自然狀態란 것은 人類가 아직 社會 編成하기 前時代에 狀態를 想像하여 言함을 指함이니 此說은 루스우氏一派 社會契約主義를 奉하는 學者 唱設함일네라. 二. 自然法은 一切 動物의 賦與한 法則이라 하니, 此說은 羅馬法律家 유루비안氏가 首唱한 바요 後世 몬데스기유氏의 自然法을 설명한 것도 此意義에 大差가 無하더라. 三. 自然法은 上帝가 指示한 完全한 法則이니 人間에 理想으로써 此를 發見함이라 하니 此說은 神學派法學家가 主唱함이라. 四. 自然法은 人의 稟性에 根本을 붙이는 法則이라 하니, 此說은 獨人 구라우제가 首唱하고 아렌스氏에 至하여 盛히 世에 行함이라. 此說學에 根本한 바는 實로 스도익派 哲學에 存함이니 該派哲學의 眞意는 人은 그 稟性을 從하는 것으로써 道의 大本을 한다고 云하는데 在함이라. 故 此派學說은 自然法主義에 眞源을 傳한 것이라……" 참조. 여기서는 法學派를 歸納法의 3派(分析法學派·沿革法

수하여 매우 강력한 생명(신체)·재산의 자유권사상을 전개시켰다.

독립협회는 백성의 생명(신체)·재산의 자유권을 보호하기 위해서 사법위원을 선출하여 그것을 침해하는 대신들을 고발하였다.[168] 또한 독립협회는 정부에 대하여 몇 개의 약조를 받아서 국민의 생명(신체)·재산의 자유권을 보호하는 기초로 삼는 것이 중요하다고 보고 다음 다섯 개의 조항을 요구하였다.[169]

① 정부에서 인민의 생명과 재산에 당한 일은 어디까지든지 보호할 일.
② 무단히 사람을 체포하거나 구류하지 못하며, 체포하려면 그 사람의 죄목을 분명히 공문에 써서 그 사람에게 보이고 拿致할 일.
③ 재판한 후에도 재판하여 죄상이 現露하기 전에는 죄인으로 다스리지 못할 일.
④ 체포한 후에 약 24시간 안에 법관에게로 넘겨서 재판을 청할 일.
⑤ 누구든지 체포되면 그 당자나 그 당자의 친척이나 친구가 즉시 법관에게 재판을 청할 일.

이 다섯 개의 조항은 독립협회가 생명(신체)의 자유권 사상을 제도화 수준까지 끌어올리고 있었음을 나타내주었다. 이러한 제도화의 주장 가운데 독립협회가 가장 강조한 점을 들면 다음과 같았다.

---

學派·比較法學派)와 演繹法의 2派(自然法學派·哲學派)로 區分하고, 다시 이것을 '理想派'와 '經驗派'(經驗論—인용자)로 구분하여 소개했으며, 몽테스키외의 「法律精神」을 比較法學派의 始祖로 소개하였다.

독립협회의 자유민권사상을 서구 시민민주주의의 분석용구로 고찰한 과정은 韓興洙 교수가 자유권론을 적용하여 처음 분석했고, 柳永烈 교수가 평등권론과 참정권을(「독립협회의 민권사상연구」, 『史學研究』 제22호, 1973 참조), 필자가 주권론을 첨가하여 분석하였다.

종래 이 문제를 서구시민사상의 영향이라는 단선의 흐름으로 고찰해오던 것을 필자는 국내의 민권사상의 성장의 흐름을 찾아내어 독립협회의 자유민권사상이 서구 시민사상 영향의 흐름과 국내의 민권사상 성장의 흐름의 두 개의 합류임을 밝히려고 하였다.

168 『司法稟報(乙)』, 法部 편, 제10책, 光武 2년 10월 25일조 및 제3책, 光武 2년 12월 18일조 참조.

169 『독립신문』, 제3권 제105호, 1898년 8월 4일자 「협회에서 할 일」 참조.

① 죄형법률주의罪刑法律主義 : 독립협회는 죄의 유무는 재판정에서 애증 없이 '법률에 의하여' 판결되어야 할 것이지 법률 이외의 다른 요인의 영향을 받아서는 안 된다고 주장하였다.[170] 『독립신문』은 다음과 같이 밝혔다.

> 누구든지 법사에 잡히게 되면 재판도 되기 전에 벌써 죄인으로 다스려 형벌을 유무죄를 재판하기 전에 미리 주어 칼을 씌운다 착고를 채운다 못된 음식을 준다 〔……〕 이것은 백성을 사랑하는 것이 아니요, 재판이 무엇인줄 모르는 것이라. 설령 사람이 죄가 있는 줄을 재판하기 전에 알더라도 재판관이 사실로 죄가 있다고 선고하기 전에는 그 사람을 죄인으로 다스리는 것은 마땅치 않은지라.[171]

② 죄형형평주의罪刑衡平主義 : 독립협회는 상하 · 귀천이나 대소죄인을 막론하고 신체의 자유권에 관한 모든 권리를 보편적으로 형평되게 적용하고,[172] 대역부도죄인의 경우에도 예외가 될 수 없음을 명백히 하였다.[173]

③ 죄형개인주의罪刑個人主義 : 독립협회는 죄인이 완전히 독립된 개인으로서 법률에 연관되는 것임을 주장하고 죄인의 가족과 친척을 연관시키는 것을 반대했으며, 특히 노륙법孥戮法 · 연좌법連坐法 같은 낡은 형법을 악법 중의 악법이라고 보고 이를 통렬하게 반대하였다.[174]

④ 형량관대주의形量寬大主義 : 독립협회는 당시의 형법관행에서 형량의 감소를 주장하였다. 그들은 재판이나 형벌은 그 사람을 미워서가 아니라 개과천선을 기대하고 주어지는 것이므로, 낡은 관습과 같이 가혹한 형벌

---

170 *The Independent*, September 26th, 1896, 'Editorial' 참조.

171 『독립신문』, 제1권 제76호, 1896년 9월 29일자 「논설」. 이 밖에 『독립신문』, 제2권 제49호, 1897년 4월 27일자 「논설」 참조.

172 *The Independent*, November 17th, 1896, 'Editorial' 참조.

173 『皇城新聞』, 제1권 제21호, 1898년 9월 29일자 「독립협회에서 中樞院에 送한 편지」; 『독립신문』, 제3권 제126호, 1898년 8월 29일자 「법관실수」 참조.

174 『皇城新聞』, 제1권 제21호, 1898년 9월 29일자 「別報」; 『독립신문』, 제3권 제49호, 1898년 9월 27일자 「협회 공론」 참조.

이 능사가 아니며, 형량을 전반적으로 가볍게 해야 한다고 하였다.[175]

⑤ 영장제도의 창설 : 독립협회는 영장제도의 창설을 주장하고, 인신의 체포 구금이 영장令狀(공문)에 의해 집행되어야 하며, 피의자에게 영장을 제시한 후 이를 행하도록 해야 한다고 강조하였다.[176]

⑥ 고문제도의 폐지 : 독립협회는 당시의 일체의 고문拷問제도를 통렬히 비판하면서 이의 엄금을 요구하였다.[177] 그들은 한성경무청과 한성재판소가 피의자를 고문한 사례를 들면서 이를 신랄하게 비판하고, 이러한 전근대적 제도의 영구한 폐지를 주장하였다.[178]

⑦ 신속한 재판의 권리 : 독립협회는 인신이 체포 구금된 자가 신속한 재판의 권리를 가져야 한다고 주장하였다. 체포된 후에는 24시간 내에 재판소로 넘겨야 하며, "무단히 죄도 모르고 잡혀서 몇 달 몇 년씩 이유 없이 옥중에서 세월을 보내는 폐단"[179]을 영구히 폐절해야 한다고 주장하였다.

⑧ 공개재판권주의 : 독립협회는 모든 피의자가 법률에 따라서 공명정대하게 '공개재판'을 받을 권리를 갖도록 해야 한다고 주장하였다.[180] 체포된 후에는 24시간 내에 재판소로 넘겨야 할 뿐 아니라 피의자나 그 후견인은 공개재판을 청할 수 있도록 하고,[181] "범간凡干 중대한 죄범을 영행另行 공판하되 피고가 도저 설명하여 구의究意 자복 후 시행사"[182]를 헌의하였다.

175 『독립신문』, 제3권 제149호, 1898년 9월 27일자 「협회 공론」 참조.

176 『독립신문』, 제1권 제76호, 1896년 9월 29일자 「논설」; 『독립신문』, 제3권 제105호, 1898년 8월 4일자 「협회에서 할 일」 참조.

177 『承政院日記』 光武 2년 (음) 8월 22일조 「中樞院一等議官 尹致昊等疏」; *The Independent*, August 22nd, 1896, 'Editorial' 참조.

178 『독립신문』, 제1권 제61호, 1896년 8월 25일자 「논설」; 『독립신문』, 제2권 제49호, 1897년 4월 27일자 「논설」; 『독립신문』, 제3권 제148호, 1898년 9월 26일자 「중추원 첫 정사」; 『독립신문』, 제3권 제149호, 1898년 9월 27일자 「협회 공론」; 『독립신문』, 제3권 제158호, 1898년 10월 7일자 「만국공론」 참조.

179 『독립신문』, 제3권 제105호, 1898년 8월 4일자 「협회에서 할 일」.

180 *The Independent*, June 23d, 1896, 'Editorial' 참조.

181 『독립신문』, 제3권 제105호, 1896년 8월 4일자 「협회에서 할 일」 참조.

182 『奏本存案』, 議政府 편, 제3책, 光武 2년 10월 30일조.

⑨ 판결증거주의 : 독립협회는 판결은 반드시 증거에 의거하도록 해야 한다고 주장하였다. 그들은 "재판하는 주의는 재판관이 그 사람의 죄가 있고 없는 것을 명백히 사실하여 확실한 증거가 있으면 그 죄에 마땅한 형벌을 법률 책에 있는 대로 마련하자고 재판이란 것이 생긴 것이라"[183]고 하여 재판증거주의를 주장하였다.

⑩ 보상주의 : 독립협회는 피의자에 대한 보상주의를 주장하였다. 즉 재판관에 의해 증거 불충분으로 피의자가 석방되었을 때에는 그가 받은 고통에 대한 보상을 정부가 피의자에게 주어야 한다고 주장하였다.[184]

독립협회의 생명(신체)의 자유권사상의 심도가 단적으로 나타나는 좋은 사례가 '김홍륙金鴻陸독차사건'이었다. 전 러시아공사관 통역 김홍륙 일당이 고종의 커피 잔에 아편을 넣은 반역사건이 발생하자, 독립협회는 1898년 9월 13일 만민공동회까지 개최하면서 그 철저한 조사를 요구하였다. 그러나, 김홍륙이 재판도 받지 않고 종신유배에 처해지고 그 연루자가 고문을 당하자 이번에는 법관들을 통렬하게 비판하였다.

독립협회는 "재판권리는 대소죄인에게 다 허락하는 것이 국법에 마땅하고, 인민 생명 · 재산 보호에 관계가 큰 일이라. 김홍륙이라도 재판 없이 유배되지 아니하리라고 하였노라"[185]고 지적하면서 그를 공개재판 없이 종신유배에 처한 법관들을 통렬하게 규탄하고 즉각 공개재판을 열라고 주장하였다. 또한 김홍륙독차사건 연루자들이 고문을 당했다는 소문을 듣고 이를 신랄하게 규탄하였다.[186]

독립협회는 수구파들이 김홍륙 반역사건이 일어난 것은 형법이 너그러운 까닭이라고 하며 갑오개혁 때 폐지된 노륙법과 연좌법을 부활하려고 하자, 이것이 국민의 생명의 자유권을 침해하는 악법임을 들어 한사코 반

---

183 『독립신문』, 제1권 제76호, 1896년 9월 29일자 「논설」.

184 『독립신문』, 제1권 제76호, 1896년 9월 29일자 「논설」 참조.

185 『독립신문』, 제3권 제126호, 1898년 8월 29일자 「법관실수」.

186 『독립신문』, 제3권 제148호, 1898년 9월 26일자 「중추원 첫 정사」 참조.

근대식 재판 광경

대하고, 격렬한 투쟁을 전개하여 이를 저지시키는 데 성공하였다.[187] 흥미있는 것은 이 노륙법과 연좌법이 동양사상에 비추어 보아도 악법이고 서양법에 비추어 보아도 악법이라고 하면서, 국내 사상의 발전과 서구시민사상의 영향의 양면에서 비판하고 있다는 사실이다.[188]

독립협회는 신체(생명)의 자유권과 함께 또한 재산의 자유권이 불가침의 민권임을 주장하고 정부의 재산권의 자유를 위한 제 조치를 요청하였다. 그들이 특히 강조한 점은 다음과 같았다.

첫째, 그들은 민부民富의 축적을 위해서 정부관인들이 각종의 구실로 민부의 재산을 갈취하는 잔폐를 격렬히 비판하였다.[189] 그들이 이 문제에 큰

187 『承政院日記』 光武 2년 (음) 8월 22일조 「中樞院一等議官尹致昊等疏」 ; 『皇城新聞』, 제1권 제19호, 1898년 9월 27일자 「別報」 ; 『독립신문』, 제1권 제148호, 1898년 9월 26일자 「중추원 첫정사」 ; 『독립신문』, 제3권 제149호, 1898년 9월 27일자 「협회공론」 ; 『독립신문』, 제3권 제155호, 1898년 10월 4일자 「독립협회 고발사건」 ; 『독립신문』, 제3권 제157호, 1898년 10월 6일자 「도약소 소본 변론」 참조.

188 『독립신문』, 제3권 제157호, 1898년 10월 6일자 「도약소 소본 변론」 참조.

189 『尹致昊英文日記』 1898년 5월 1일조 ; 『독립신문』, 제1권 제106호, 1896년 12월 8일자 「논설」 ; 『독립신문』, 제2권 제68호, 1897년 6월 10일자 「논설」 참조.

관심을 가진 이유의 하나는 이러한 재산권이 불가침의 권리로 철저히 보호되지 않으면 민중이 자본축적을 실현할 수 없고 의욕도 상실한다고 보았기 때문이었다. 재산권을 보호하며 민부와 향재鄕財를 증대시켜야 한다는 것은 실학사상의 기본체계의 하나로서 이 시기에는 크게 성장하여 독립협회의 사상 속에 흡수되고 있었던 것으로 보인다.[190]

둘째, 독립협회는 무명잡세와 각종 부담의 폐지를 강력히 주장하였다.[191] 그들은 우선 정부와 관청이 각종 명목으로 잡세를 부과하고 중앙관서가 지방에 파원을 보내 부담을 지우는 중세적 유제를 완전히 폐지해야 함을 주장하였다.[192]

셋째, 독립협회는 조세의 법률주의를 주장하고,[193] "법률을 공정하게 시행해서 인민의 재산을 보호해주고 국중에서 사람들이 힘으로 벌든지 학문으로 벌든지"[194]노동하여 축적하는 것을 보호해야 한다고 역설하였다. 또한 이 조세법률주의는 국가만이 그 법정法定의 권리를 가지며 다른 부서는 그 권리를 갖지 못한다는 것을 명백히 했으며, 진민소賑民所가 이재민 구호를 위하여 세금을 받으려고 청원한 것을 법률 위반이라고 통렬히 비판하였다.[195]

넷째, 독립협회는 자산축적의 자유화, 즉 이윤추구의 자유화와 지원을 주장하였다. 그들은 특히 정부가 각종 사업에서 독점과 특허를 갖고 있는 것을 비판하였다. 정부의 인삼독점의 경우도 이것을 정부의 독점 또는 특허전매사업으로 할 것이 아니라, "정부에서 전일前日 규모를 파제破除하고

190 예컨대 朴齊家는 『北學議』(兵論)에서 富國强兵의 基礎가 '鄕財'의 蓄積, 즉 농민을 비롯한 민간인의 자본축적에 있다고 주장하였다. 이러한 사상은 실학사상에서 보편적 특징을 이루었다.

191 『皇城新聞』, 제1권 제49호, 1898년 11월 2일자 「論說」 참조.

192 『尹致昊英文日記』 1897년 9월 22일조 참조.

193 『독립신문』, 제3권 제32호, 1898년 3월 18일자 「논설」 참조.

194 『독립신문』, 제3권 제42호, 1898년 4월 9일자 「논설」.

195 『독립신문』, 제3권 제11호, 1898년 8월 15일자 「세받는 권리」 참조.

백성으로 각기 사상매매私商賣買케 하고"[196] 자유화해야 생산량이 증대되고 민부국강民富國强이 이루어진다고 주장하였다.

다섯째, 독립협회는 국가사용을 위하여 백성의 재산을 수용하지 않으면 안 될 부득이한 경우에는 그것이 어떠한 경우이든지 먼저 정당한 가격의 보상을 지불해야 함을 주장하였다. 따라서 그들은 왕실이 금광 채취를 이유로 인민의 재산을 보상 없이 침해하는 것을 '광독鑛毒'이라고 하여 통렬하게 규탄하고,[197] 그에 관련된 이용익李容翊 등 관료들을 고발하였다.[198]

여섯째, 독립협회는 '근로 · 노동의 자유권'을 주장하였다. 그들은 이것을 재산의 자유권의 기초와 연장으로 생각하였다. 그들은 나라와 백성을 부유하게 하는 길은 재산을 협잡과 권세로 침탈하여 축적함을 불가능하게 하고, 오직 근로하고 노동해야 축적할 수 있게 함에 있다고 주장하였다. 누구든지 근로하고 노동하는 자유권을 철저히 보장해 놓으면, 국중에 유식자遊食者와 권호權豪들로 "땀 흘려가며 일하여"[199] 생계를 도모할 것이며, "양반 생각만 있는 사람도 나서서 담부지역이라도 할 터이요"[200]라고 지적하고, 근로 · 노동의 자유권의 중요성을 강조하였다.

독립협회는 이러한 국민의 생명 · 재산의 자유권은 정부가 보호해주어야 할 뿐만 아니라, 민중 자신이 첫째는 내 재산과 내 인명을 아끼고, 둘째는 나라에 이러한 무법한 일이 없도록 단결하여 스스로 지켜야 한다고 역설하였다. 만일 지방관이 한 백성의 생명권 · 재산권을 침해하면, 이것을 그 개인의 일로 간주하지 말고 전 국민의 일로 간주해서 단결하여 항의함으로써 자위해야 함을 강조하였다.[201]

---

196 『皇城新聞』, 제1권 제12호, 1898년 9월 19일자 「論說」 참조.

197 『民會實記』 光武 2년 (음) 6월 18일조 및 6월 19일조 ; 『大韓季年史』(상), p.216 및 pp.219~220 참조.

198 『起案』, 法部 편, 제63책, 光武 2년 8월 8일조, 8월 9일조 및 8월 13일조 참조.

199 『독립신문』, 제3권 제42호, 1898년 4월 9일자 「논설」.

200 『독립신문』, 제3권 제42호, 1898년 4월 9일자 「논설」.

201 『독립신문』, 제2권 제95호, 1897년 8월 12일자 「논설」 참조.

(2) 언론(출판) · 집회(결사)의 자유권

독립협회는 기본권의 하나로써 언론(출판)과 집회(결사)의 자유권을 주장하였다.[202] 이것은 양반 관료층의 수탈로부터 민중을 단순히 보호할 뿐만 아니라, 한 걸음 더 나아가서 민중 스스로의 힘으로 능동적으로 자기의 권리를 자기가 지킬 수 있도록 민권을 적극 육성하려고 한 생각과 관련된 것이었다. 독립협회의 언론 · 집회의 자유권사상에도 두 개의 흐름이 합류된 것을 볼 수 있다.

첫째, 한국역사에서 사대부층의 언론 자유는 뿌리 깊은 것이어서 그것이 정치기구의 하나로 제도화되었을 뿐 아니라 행동에 있어서도 완강한 언론권을 행사하여왔다. 이 사대부층이 독점하던 언론권은 19세기 후반에는 신흥 시민층과 농민층을 비롯한 신흥사회세력이 급속히 성장함에 따라 그들에 의해 분유되어 하향하면서 일반화되고 있었던 것으로 관찰된다.[203]

둘째, 농민층의 종래 등장等狀 등의 소극적 언권은 처음에는 청원의 형식이었으나, 농민층의 성장에 따라 집회와 시위로 발전하고 청원이 비판이 되어 강력한 언권으로 발전하고 있었다고 볼 수 있다.[204]

셋째, 동학도들은 이미 동학농민혁명운동 이전부터 사대부의 언론권을 적극적으로 분유하고 여러 차례의 상소운동을 전개했으며, 민회民會도 여러 차례 개설하여 언론의 자유뿐만 아니라 집회의 자유까지도 실행하면서 발전시키고 있었다.[205]

---

202 『尹致昊英文日記』 1898년 3월 7일조 참조.

203 조선왕조시대의 지배이념인 性理學은 사대부의 이념이었기 때문에 중인층 이하에게는 언론자유를 허용치 않으면서 사대부층에게는 독점적 언권을 허용하고, 臺諫 · 司諫院 · 上疏제도 등의 言權制度까지 실현하여 강직한 언론을 상찬하는 문화를 확립시켜 놓았다. 이 문화 속에서 신흥사회세력이 성장하면 사대부의 언권독점이 무너지고 신흥사회세력에 의해서 言權이 分有되는 것은 자연스러운 과정이었다고 보여진다.

204 『訴狀』, 外部 편, 제2책, 光武 2년 5월조에서 볼 수 있는 바와 같이 농민의 等狀 願情은 자유로우며, 쉽게 집회와 시위로 발전하고 있었다. 즉 농민들은 청원을 농민의 합법적 언론 · 집회의 권리로 사용하다가 농민층의 성장에 따라 이것이 본격적 언론 · 집회의 자유권으로 발전됨을 알 수 있다.

이상과 같은 국내에서의 언론 · 집회의 자유권사상의 내재적 발전의 토대 위에 서구시민사상의 영향이 합류되어 언론의 방법과 집회의 민주적 절차가 더욱 세련되고 발전한 것이 독립협회의 언론 · 집회의 자유권사상이라고 생각된다. 실제로 자료를 보면 독립협회와 만민공동회의 언론 · 집회의 내용과 형식이 동 · 서의 내용과 형식을 통합하고 있음을 곧 알 수 있다.

독립협회의 언론 · 집회의 자유권사상은 내재적 사상 성장의 흐름과 서구시민사상의 영향의 흐름이 합류한 결과 약화된 것이 아니라 더욱 크게 강화되어 시민사회의 성숙도가 아직 충분치 않으면서도 서구의 언론 · 집회의 자유권에 못지않은 매우 높은 강도를 보였다. 1898년의 독립협회와 만민공동회의 언론과 집회는 시민층과 그 사상이 선두에 섰지만, 그 뒤에 사대부언론의 강직성의 전통과 농민층의 성장과 그 완강성이 뒷받침되지 않았더라면 그처럼 오랫동안 완강하게 언론 · 집회의 자유권을 행사하지 못했을 것이다.

독립협회의 언론 · 집회의 자유권사상의 특징을 지적하면 다음과 같다.

첫째, 독립협회는 '언론의 자유'가 있어서 '언로言路'가 넓어지고 '공론'이 형성되어야 정치와 법률이 바르게 되고 국정을 바로잡을 수 있다고 보았다.[206] 따라서 나라를 사랑하는 국민은 "자기들의 소견을 세상에 말해야 자기 소견과 다른 사람들을 세상에 말하여 사람들을 개유하여"[207] 공론을 세워야 하며, 동리마다 연설장을 차리고 경사와 국사를 인민이 같이 해

---

205 東學徒들은 1894년 '동학농민혁명운동' 때까지 公州集會(1892), 參禮集會(1892), 서울 敎祖伸冤集會(1893), 報恩集會(1893), 등 대규모 공개집회를 개최했으며, 茂長集會(1893), 高敞集會(1893), 靈光集會(1893), 長城集會(1893), 興德集會(1893), 古阜集會(1893), 扶安集會(1893), 井邑集會(1893), 河東集會(1894) 등의 중규모 공개집회가 개최되어 이것은 모두 '민회'라고 불렸다. 또한 '동학농민혁명운동' 과정 중에 무수한 소규모 농민집회가 열렸는데 이것도 모두 '민회'라고 불려 집회의 자유를 실현시키고 그 후 농민운동의 선구가 되었다.

206 『上疏存案』, 議政府 편, 제6책, 光武 2년 7월 3일조「中樞院議官尹致昊等疏」; 『承政院日記』 光武 2년 (음) 9월 초9일조「中樞院一等議官尹致昊等疏」 참조.

207 『독립신문』, 제2권 제89호, 1897년 7월 29일자「논설」.

야 한다고 주장하였다.[208] 그들은 인민이 토론하여 만든 '공론'이 있고, '공론' 하는 인민들이 있으면 공사를 그르치지 않는다고 주장하였다.[209]

독립협회는 정치를 거스르고 법률을 어지럽게 하는 대신이 있어 나라를 해롭게 하면 "탄핵하여 성토하는 것"은 인민의 권리이고, "백성의 의론이 없으면 정치와 법률이 무너져〔無此民議 則今日政治法律 隨以潰損〕 나라를 유지할 수 없다"는 확고한 언론관을 가지고 있었다.[210]

둘째, 독립협회는 언론의 자유는 '반대'와 '비판'을 포함하는 것임을 주장하였다. 독립협회에 의하면 어느 나라 역사든지 "정부가 항상 다 잘하여 국부병강하는 것이 아니라 백성들이 항상 정부에서 하는 일을 주목하여 조금이라도 잘못되는 일이 있으면 곧 불평한 의론이 비등하여 정부로 하여금 잠시라도 방심하고 그른 일을 못하게 하나니 개화한 나라일수록 시비하는 공론이 많고 시비가 많을수록 개화가 점점 잘 되나니"[211] "혹은 백성이 정부에 반대하는 것을 이상히 여기나 반대가 없으면 진보가 없나니"[212] "대한 백성들도 이 이치를 깨달아서 정부에서 하는 일을 각별히 주의하여 어느 때든지 잘못하는 일이 있으면 꺼리지 말고 시비하며 반대하여 정부로 하여금 방심하는 폐단이 없게 할지어다"[213]라고 주장하였다.

셋째, 독립협회에 의하면 언론의 자유는 '항의'[214]의 권리, '진언 극간'[215] 할 권리와 의무를 포함하는 것이라고 주장하였다. 그들은 전제군주제하에서일지라도 백성은 이 권리가 있음을 주장하여,[216] 국왕에게 매우 강경한

208 『독립신문』, 제2권 제96호, 1897년 8월 14일자 「논설」 참조.

209 『독립신문』, 제3권 제23호, 1898년 2월 24일자 「독립협회 상소 소본평」.

210 『承政院日記』 光武 2년 (음) 9월 9일조 「中樞院一等議官尹致昊等疏」 참조.

211 『독립신문』, 제3권 제183호, 1898년 11월 7일자 「반대의 공력」.

212 『독립신문』, 제3권 제183호, 1898년 11월 7일자 「반대의 공력」.

213 『독립신문』, 제3권 제183호, 1898년 11월 7일자 「반대의 공력」.

214 『尹致昊英文日記』 1898년 3월 28일조.

215 『承政院日記』 光武 2년 (음) 5월 21일조 「中樞院一等議官尹致昊等疏」; 『承政院日記』 光武 2년 (음) 9월 11일조 「中樞院一等議官尹致昊等疏」; 『독립신문』, 제3권 제112호, 1898년 8월 12일자 「직간할 직무」 참조.

항의 · 직언 · 극간極諫을 기회 있을 때마다 당당하게 전개하였다.[217]

넷째, 독립협회에 의하면 "언권자유는 천생권리라 하늘이 주신 권리"[218]여서 탄압당하지 않는 권리임을 주장하였다. 그들은 수구파에 의하여 독립협회가 해산당하고 '귀중한 언론의 자유'[219]가 억압되자, "언권자유하는 권리를 없이 하면 공론이 없어지고 공론이 없어지면 정부관인들이 기탄없이 인민을 압제하여 국가가 위태하게 되는지라"[220] 동양에도 일찍이 간관諫官을 두고 언론을 창개하였으며, "동서양 사기를 보면 언론을 창기하여 여론을 채용하는 나라는 성하고 입을 틀어막아 시비를 못하게 하는 나라는 위태하다"[221]고 역설하고 있다. 그들은 다음과 같이 개탄하였다.

> 정부는 인민의 衆口를 批判코자 하고 인민은 정부의 壓侮를 불수코자 하여 상하가 互相湍激하며 互相矛盾하여 和平한 氣象은 日消하고 扞格하는 習性은 日增한다.[222]

독립협회에 의하면 국민의 언론의 자유권을 실현하는 대표적 수단은 '서책과 신문과 연설회' 등이다. 그들은 "당금은 세계 도처에 신문이 공론을 통하는 대로가 되야 신문이 많을수록 국가가 흥왕하고 국가가 흥왕할수록 신문이 많아야 되나니"[223]라고 하여 이 중에서도 신문의 중요성을 강조하였다.

독립협회는 언론의 자유권을 가진 신문이 당시에 수행해야 할 직무에

---

216 『尹致昊英文日記』 1898년 7월 10일조 및 7월 12일조 참조.

217 독립협회 제27회(1898년 5월 1일) 토론회 주제 "나라 정사의 다스리고 못다스리는 것을 의논하는 것이 독서하는 도에 불합함" 참조.

218 『독립신문』, 제4권 제5호, 1899년 1월 10일자 「언권 자유」.

219 『尹致昊英文日記』 1898년 3월 7일조 및 3월 8일조.

220 『독립신문』, 제4권 제5호, 1898년 1월 10일자 「언권 자유」.

221 『독립신문』, 제4권 제5호, 1898년 1월 10일자 「언권 자유」.

222 『皇城新聞』, 제1권 제41호, 1898년 10월 22일자 「論說」.

223 『독립신문』, 제4권 제5호, 1898년 1월 10일자 「언권 자유」.

대하여 주로 다음의 사항을 들었다.

① 전 국민의 의사의 공평무사한 대변 : 빈부귀천과 서울 · 지방과 어느 정파에도 관계없이 전 국민의 의견을 공평 무사하게 대변하여 인민의 공론과 정론을 만들고, 민권을 보호하고 신장하는 것이 가장 중요한 임무라고 보았다. 따라서 그들은 신문이 전국 백성의 제일 가는 친구가 되어야 한다고 주장하였다.[224]

② 한국을 위한 민중의 계몽과 교육 : 그들은 신문이 대한을 위하며, 나라의 자주독립과 인민의 개명진보를 위하여 인민을 개확문견開擴聞見케 하여,[225] 민중을 계몽하고 교육하는 수단의 역할을 해야 한다고 생각하였다.[226] 그들은 언론의 자유가 보장되고 언론이 민중의 계몽에 앞장서야 함을 매우 강조하였다.[227]

③ 사실의 신속 · 정확한 보도 : 그들은 신문이 정부에서 일어나는 일, 전국 지방에서 일어나는 일, 민중들 사이에서 일어나는 일, 세계 각국에서 일어나는 일들을 신속 정확하게 모든 국민들에게 알리는 임무를 수행해야 한다고 생각하였다.[228]

---

224 『독립신문』, 제1권 제1호, 1896년 4월 7일자 「논설」; 『독립신문』, 제2권 제119호, 1897년 10월 7일자 「논설」; 『독립신문』, 제2권 제149호, 1897년 12월 16일자 「논설」; 『독립신문』, 제2권 제150호, 1897년 12월 18일자 「논설」; 『독립신문』, 제3권 제23호, 1898년 2월 24일자 「독립협회 상소 소본평」; 『독립신문』, 제3권 제43호, 1898년 4월 12일자 「논설」 참조.

225 『農商工部來去文』, 外婦 편, 제2책, 光武 원년 12월 14일조 참조.

226 독립협회 제15회(1897년 12월 26일) 토론회 "인민의 귀로 듣고 눈으로 보는 것을 열리고 개명케 하려면 본국과 타국의 신문지를 널리 반포하는 것이 제일 긴요함."

227 『皇城新聞』, 제1권 제38호, 1898년 10월 19일자 「社說」; 『독립신문』, 제2권 제51호, 1897년 5월 1일자 「논설」; 『독립신문』, 제2권 제65호, 1897년 6월 3일자 「어떤 유지각한 친구의 편지」; 『독립신문』, 제2권 제119호, 1897년 10월 7일자 「논설」; 『독립신문』, 제3권 제43호, 1898년 4월 12일자 「논설」; 『독립신문』, 제3권 제97호, 1898년 7월 26일자 「신문 모르는 백성」; 『독립신문』, 제3권 제131호, 1898년 9월 5일자 「신문 갑의론」 참조.

228 『皇城新聞』, 제1권 제1호, 1898년 9월 5일자 「社說」; 『독립신문』, 제1권 제1호, 1896년 4월 7일자 「논설」; 『독립신문』, 제1권 제92호, 1896년 11월 5일자 「논설」; 『독립신문』, 제2권 제149호, 1897년 12월 16일자 「논설」; 『독립신문』, 제3권 제43호, 1898년 4월 12일자 「논설」; 『독립신문』, 제3권 제131호, 1898년 9월 5일자 「신문갑의론」 참조.

④ 부정부패의 고발 : 그들은 신문이 관료를 비롯하여 각 곳의 부정부패를 고발하는 직무를 수행해야 한다고 생각하였다. 그들은 부정부패의 고발이 특정인을 미워해서가 아니라 그를 개과천선시키고, 백성과 나라를 위하여 더욱 일을 잘하도록 하기 위한 것이라고 주장하였다.[229]

⑤ 실정의 비판 : 그들은 신문이 항상 실정失政을 공명정대하게 비판하여 국정이 바르게 되도록 하는 역할을 수행하여야 한다고 생각하였다.[230] 따라서 정부와 관리와 국왕의 모든 정책이 항상 백성과 국가에 유익한 것인가 아닌가를 언론이 감시해야 한다고 생각하였다.

독립협회는 연설회 · 토론회 · 협회 · 민회 등이 언론의 자유를 실현하고 창달하는 방법이라고 보고, 집회(결사)의 자유를 주장하였다.

첫째, 독립협회는 집회의 자유와 그 장려를 강력히 주장하였다. 그들은 "동리마다 연설장을 배설하고"[231] 전국 백성이 나라의 경사와 국사에 참여하여 그것을 자기의 것으로 같이해야 한다고 주장하였다.

독립협회는 집회의 자유가 국정을 바로잡는 데 불가결의 요건임을 강조하여, 수구파가 민회를 탄압하려 하자 "민회를 허락하여 따름은 이것이 곧 나라에 도움이 되는 것인즉 더욱 첨가되면 더욱 상세하고 더욱 번거롭게 떠들석하면 더욱 효과가 있는 것이다"[232] 하여, 집회의 자유가 있으면 있을

229 『독립신문』, 제1권 제1호, 1896년 4월 7일자 「논설」; 『독립신문』, 제1권 제88호, 1896년 10월 27일자 「논설」; 『독립신문』, 제1권 제104호, 1896년 12월 3일자 「논설」; 『독립신문』, 제2권 제118호, 1897년 10월 5일자 「논설」; 『독립신문』, 제3권 제43호, 1898년 4월 12일자 「논설」 참조.

230 『독립신문』, 제1권 제1호, 1896년 4월 7일자 「논설」; 『독립신문』, 제2권 제65호, 1897년 6월 3일자 「어떤 유지각한 친구의 편지」; 『독립신문』, 제2권 제150호, 1897년 12월 18일자 「논설」; 『독립신문』, 제3권 제23호, 1898년 2월 24일자 「독립협회 상소 소본평」; 『독립신문』, 제3권 제43호, 1898년 4월 12일자 「논설」; 『독립신문』, 제3권 제183호, 1898년 11월 7일자 「반대의 공력」; 『독립신문』, 제3권 제227호, 1898년 12월 28일자 「공동회에 대한 문답」 참조.

231 『독립신문』, 제2권 제96호, 1897년 8월 14일자 「논설」.

232 『皇城新聞』, 제1권 제63호, 1898년 11월 18일자 「別報(官民共同會五疏疏本)」.

수록 그리고 집회가 많으면 많을수록 국병國病을 속히 치유할 수 있다고 주장하였다. 그들은 정부가 민회의 활동을 제한하여 '범위를 작정'하려고 들자 이를 한사코 반대하고 집회의 완전한 자유를 요구하였다. 그들은 민회가 있고 그 집회가 자유가 있어서 "이 의론이 행한즉 저 무당 같은 간세배가 아뢰러 나아갈 수 없고 어리석은 소인배의 빛이 통하지 않을 것이요, 관직의 매매가 이뤄지지 않을 것이며 기타 사사로운 생각과 비밀의 청탁과 모함을 근심하지 않아도 될 것이다"[233]라고 하여, 수구파의 일부가 군권확립과 충돌한다는 이름 아래 집회의 자유를 제한하려 시도하자 이를 통렬하게 규탄하였다.

둘째, 독립협회는 결사의 자유와 그 장려를 강력히 주장하였다. 그들은 "대저 회會라 하는 것은 정부나 사회상이나 제일 요긴한 것이요, 학문상과 지혜왕 생각과 의견과 경제상에 가장 유익한 것이라"[234]고 하여, 회會와 같은 결사의 자유가 보장되고 그것이 장려되면 공개토론이 이루어지고 정론이 보급되어 나라가 부강해지고 민권이 신장되며 개명진보가 신속하게 이루어진다고 강조하였다. 그들은 회와 같은 결사를 통해서 민권이 보호되고 주권이 굳게 지켜지며 애국애민사상이 보급될 수 있다고 생각하였다.[235]

이러한 사상에 의거해서 독립협회는 협성회를 비롯한 각종 자매단체를 조직하였다. 또 당시의 결사의 자유의 기초 위에서 많은 사회단체들이 족출하였다.[236]

셋째, 독립협회는 결사의 자유를 '정당' 결성의 자유와 장려에까지 밀고 나갔다. 그들은 근대 정당을 긍정적으로 보고 다음과 같이 근대 정당정치

233 『承政院日記』 光武 2년 (음) 10월 초7일조 「從二品高永根等疏」.

234 『독립신문』, 제3권 제21호, 1898년 2월 19일자 「광무 협회 연설」.

235 『독립신문』, 제2권 제144호, 1897년 12월 4일자 「논설」 참조.

236 『民會實記』 光武 2년 (음) 9월 15일조 ; 『大韓季年史』(상), p.281참조. 鄭喬에 의하면 관민공동회에 참가한 사회단체는 皇國協會 · 皇國中央總商會 · 協成會 · 光武協會 · 搢紳會 · 親睦會 · 教育會 · 國民協會 · 進明會 · 日進會 · 保信社 · 順成會 등이었다.

를 옹호하였다.

> 정치당이 생기면 그 당에서 그 당 본의와 방책을 그 당에 속한 사람들이 모여 작정하여 전국 인민에게 알게 하되, 만일 우리당이 권이 있어 정부 일을 하게 되면 우리는 나라와 백성을 위하여 무슨 일을 할 줄을 미리 알고 앉았는지라. 그런 고로 그 당이 정부를 맡아가지고 일을 하면 그 정해놓은 약조와 같이 일을 하지 않고서는 못할지라.[237]

즉, 독립협회는 공개 정당의 형성에 의한 여론정치의 실행을 주장한 것이었다. 그들은 실제로 우리나라의 위정척사파를 갑당, 개화독립파를 을당이라고 비유하면서, 책임 있는 결사로서의 정당의 자유로운 출현과 활동을 보장해야 한다고 주장하였다.[238]

독립협회의 집회 · 결사의 자유권사상은 정당 활동의 자유에 대한 주장에서 가장 구체적으로 나타났다. 실제로 그들은 독립협회가 정당의 성격을 갖고 그것을 목적으로 조직된 '정치적 당파'임을 인정했으며,[239] 또 당시 스스로 수많은 자유로운 집회와 자유로운 언론을 실천하였다.[240]

독립협회의 언론 · 집회의 자유권론은 그들이 주장하면서 또 그들이 실천하고 누린 사상이었다고 볼 수 있다.

### 2) 국민평등권론

독립협회는 국민자유권론으로부터 한걸음 더 나아가서 인간이 태어날 때부터의 평등을 믿는 국민평등권론國民平等權論을 전개하였다. 독립협회의 평등권론은 당시의 과제에 대응하여 크게 나누어 신분제도 폐지를 주

237 『독립신문』, 제1권 제62호, 1896년 8월 27일자 「논설」.

238 『독립신문』, 제1권 제63호, 1896년 8월 29일자 「논설」; 『독립신문』, 제1권 제64호, 1896년 9월 1일자 「논설」 참조.

239 金道泰 편, 『徐載弼博士自敍傳』, p.215 참조.

240 『尹致昊英文日記』 1898년 3월 7일조, 3월 8일조 및 7월 10일조 참조.

장한 양반 · 상민평등론과 남녀차별 폐지를 목적으로 한 남녀평등론으로 구성되었다.

(1) 신분제도폐지론

독립협회는 한국의 종래 사회신분제도의 유제遺制인 양반 · 상민차별제도와 노비제도의 잔재를 통렬하게 비판하고, 모든 백성은 '천생의 권리'로서 평등함을 주장하였다. 독립협회의 이 평등사상은 실학사상 이후 사회신분제도 폐지의 이론을 발전시켜오던 국내 사상의 발전을 계승하고 서구 시민사상의 영향을 합류시켜 더욱 확고한 평등사상을 전개한 것이었다.

조선왕조 후기의 실학사상은 18세기에 오면 양반제도를 철저하게 비판하고 소위 사대부족을 생산자화하기 위한 양반 · 상민 폐지론을 체계화하며, 노비제도의 폐지를 주장하였다.[241] 실제로 양반제도는 18세기 후기에는 현저히 붕괴되고 19세기에는 사회제도로서는 사실상 기본적으로 해체되며, '갑오개혁' 때에 제도로써 정식 폐지되었다. 또한 노비제도는 17세기 중기부터 급격한 해체과정에 들어가서 1801년에는 공노비의 해방이 이루어졌고, 1894년에는 사노비의 해방이 이루어져서 제도로서의 노비제도는 폐지되었다. 독립협회가 사회신분제 폐지에 의한 국민평등론을 전개한 것은 제도에 대한 비판이 아니라 제도 자체는 사라졌으나 아직 권문호

---

241 實學派의 사회사상에서는 한편으로 양반층을 어떻게 생산자화하여 실제로 양반제도를 폐지할 것인가의 문제와 다른 한편으로 노비제도를 어떻게 폐지시킬 것인가의 두 가지 문제가 해결해야 할 큰 과제였다. 양반제도에 대해서는 柳馨遠 · 李瀷 · 丁若鏞 등은 양반을 농업에 종사시켜 士農合一시키려고 했으며, 柳壽垣 · 朴趾源 · 朴齊家 등은 양반을 상업에 종사시켜 士商合一에 의하여 해결하려고 하였다. 그러나 노비제도의 폐지에 대해서는 모든 실학사상가들이 한 세대 안에 노비제도 완전폐지의 실행을 구상하였다. 이에 대해서는 千寬宇, 「磻溪 柳馨遠 硏究(상 · 하)」, 『歷史學報』, 제2집(1952) 및 제3집(1953) ; 韓祐劤, 『李朝後期의 社會와 思想』(乙酉文化史, 1961) ; 洪以燮, 『丁若鏞의 政治經濟思想硏究』(韓國硏究圖書館, 1959) ; 鄭奭鍾, 「茶山 丁若鏞의 經濟思想」, 『李海南博士華甲紀念史學論叢』(一潮閣, 1970) ; 金龍德, 「貞蕤朴齊家硏究」, 『中央大學校論文集』, 제5집, 1965 ; 李盛茂, 「朴齊家의 經濟思想」, 『李海南博士華甲紀念史學論叢』 ; 姜萬吉, 「朝鮮後期商業의 問題點—「迂書」의 商業政策 분석」, 『韓國史硏究』 제6집 ; 강만길, 『朝鮮後期商業資本의 發達』(고려대학교출판부, 1973) ; 韓永愚, 「柳壽垣의 分身改革思想」, 『韓國史硏究』, 제8집, 1972 참조.

족들 사이에 남아 있던 유제와 의식의 잔재에 대한 철저한 마지막 비판이었다.

첫째, 독립협회는 일부 권세가들 사이에 남아 있는 양반·상민의 잔재와 양반의식을 통렬하게 비판하고 철저한 국민평등의 사상을 주장하였다. 그들은 소위 양반 관료들이 "안 마음을 정결하게 수쇄하여 수백 년의 고질 든 양반 창자는 다 내어버리고 다시 평등권리에 문명자유의 오장육부를 새로 집어넣어야 할 터"[242]라고 하면서, 아직도 일부 남아 있는 "창자 속에 양반만 들어앉아 명분을 좋아하는 자"[243]들을 통렬하게 비판하였다.

독립협회는 양반·상민의 차별이 없는 국민평등은 '천생天生의 권리'[244]임을 선언하면서 "나라가 진보해야 하고 규칙과 법률이 한결같아 인민이 물론 상하 귀천하고 자기의 직무들을 하며"[245] 평등한 사회를 만들어야 할 때에, 아직도 술에 취하여 "다만 아는바 자는 양반과 상놈"[246]인 부패관료들은 나라의 개명진보를 저해하는 무리라고 성토하였다. 그들은 심지어 새 경무사 이종건이 이전의 평민에게 반말을 한 사실을 들어, 양반과 상인의 등분이 칙령으로 이미 없어진 것이거늘 법관이 되어서도 양반·상민차별의 잔재의식을 아직도 가지고 있다고 신랄하게 비판하면서 양반·상민 구별없이 경어를 사용하라고 지적하였다.[247] 독립협회는 양반·상민 차별이 없는 국민평등은 누구도 침범할 수 없는 태어날 때부터의 민권이라고 주장하였다.

둘째, 독립협회는 사회적 지위나 관리의 임명은 양반·상민의 신분에

---

242 『독립신문』, 제3권 제30호, 1898년 3월 12일자 「평안북도 구성군 사는 어떠한 친구의 글」.

243 『독립신문』, 제3권 제38호, 1898년 3월 31일 「독립협회 회원 윤기진씨의 글」.

244 『독립신문』, 제2권 제123호, 1897년 10월 16일자 「논설」; *The Independent*, December 5th, 1896, 'Editorial' 참조.

245 『독립신문』, 제2권 제63호, 1897년 5월 29일자 「논설」.

246 『독립신문』, 제3권 제38호, 1898년 3월 31일자 「독립협회 회원 윤기진씨의 글」.

247 『독립신문』, 제1권 제32호, 1896년 6월 18일자 「논설」 참조.

의해서 결정되는 것이 아니라, 개인의 능력과 실력에 의하여 결정되어야 한다고 주장하였다.[248] 그들은 양반 · 상민 차별 없이 전국 인민이 실상학문實相學問을 배워서 능력과 업적에 따라 직무를 맡겨야 부국강병과 개명진보를 이룰 수 있다고 주장하면서, 이 시세는 몇 사람이 뒷걸음치려 해도 될 수 없는 결과임을 지적하였다. 그들은 소위 이전의 양반들에게 경고하기를 "나라가 열리게 되면 지체와 문벌 생각하는 것은 없어질 터이요, 그중에 학문 있는 사람들이 벼슬을 할 터이요, 큰 장사도 할 터이요, 큰 농부도 될 터이라"[249]고 하고, 아무리 지체 좋은 양반이라도 능력과 실력이 없으면 무용지물이 됨을 선언하였다. 그들은 "부강한 나라에서는 상놈 양반을 의론치 아니하고[250] 모든 직무를 맡기며, 병역도 양반 · 상민 관계없이 모두 의무로 되어야 한다고 주장하였다.

양반 · 상민 차별을 의식수준에서까지 철저히 폐지하고 국민평등의 원리 위에서 능력과 업적을 기준으로 하여[251] 국가와 사회의 직무를 분담시키려는 것이 독립협회의 생각이었다.

셋째, 독립협회는 노비제도의 잔재에 대해 이를 통렬하게 비판하였다. 그들은 노비제도가 폐지되었음에도 불구하고 일부 권세가들이 아직도 노비를 두고 은밀히 매매까지 하는 고루한 악습을 남기고 있음을 신랄하게 비판하였다. 그들은 "우리나라 동포 형제들이 이 풍속이 악한 줄을 깨달아 첫째 종들을 속량하여 줄 것 같으면 자기들도 속량될 터이요, 자녀를 팔지 아니할 것 같으면 자기 몸들도 남이 매매를 못하게 될 터이니, 전국 인민이 종을 면할 지경이면 우리나라는 자연히 남이 종으로 대접하지 못할지라"[252]고 지

248 『독립신문』, 제1권 제112호, 1896년 12월 22일자 「논설」; *The Independent*, December 22nd, 1896, 'Editorial' 참조.

249 『독립신문』, 제1권 제112호, 1896년 12월 22일자 「논설」.

250 『독립신문』, 제3권 제144호, 1898년 9월 21일자 「유지각한 친구의 글」.

251 *The Independent*, November 19th, 1896, 'Editorial' 참조.

252 『독립신문』, 제2권 제123호, 1897년 10월 16일자 「논설」.

적하고, 평등권은 천생의 권리이므로 사람이 사람을 사고 팔고 할 권리가 없다고 선언하였다. 독립협회의 노비제도폐지론은 실학적 전통의 내재적 사상의 발전과 서구시민사상의 영향이 격차 없이 합류하여 성립된 대표적 사례의 하나라고 볼 수 있다. 서재필이 쓴 『독립신문』의 논설조차도 두 흐름이 통합되어 있었으며, 그 밖의 회원들의 경우에는 대부분 내재적 사상의 발전의 연장으로 생각하고 있었다. 독립협회가 1897년 11월 1일의 토론회 주제를 "동포 형제 간에 남녀를 팔고 사고 하는 것이 의리상에 대단히 불가함"[253]이라고 했을 때, 이것은 유형원柳馨遠이 "지금 우리나라는 노비를 재물로 삼고 있으나 대개 사람은 동류인데 어찌 사람이 사람을 재물로 하는 리理〔의리 · 도리—인용자〕가 있을 것인가" 또는 이익李瀷의 "사람은 금수가 아닌데 비록 혹시 습속에 따라 일을 시킬지라도 어찌 우마와 같이 사고 팔고 하는 것이 합당할 것인가"로부터 시작하여 정약용丁若鏞의 노비제도의 완전폐지를 주장한 사상의 발전에 뿌리를 두고 서구시민사상과 접촉한 것이었다.[254] 그들이 "한 나라 임금의 적자요, 동포였지마는 형제를 종이라 하고 매매하며"[255]하고 비판했을 때에는 내재적 사상의 발전이 뚜렷이 드러나고 있으며, 두 흐름은 조금도 격차 없이 잘 합류되고 있었다.

253 독립협회 제8회(1897년 11월 1일) 토론회 주제.

254 "今我國奴婢爲財 夫人者同類 豈有以人爲財之理.〔……〕而凡人則各蔽於目前 私意皆以爲難改矣 若夫人君 則代天理人 國是吾國 民是吾民 豈可更於其間 別作奴婢 以害吾民乎. 日此侵及隣族 流毒衆庶 是自病其國也. 其爲得失 不待言而見矣. 此則欲改便改元無難事."「磻溪隨錄」(卷之二十六 奴隷八). "或謂奴婢之法 旣不可革則 不許賣買 此說實當. 人非禽獸 雖或俗役使而豈合賣買牛馬乎."『星湖僿說』, 三. 人事門「禁民賣奴」조. 또한 丁若鏞은 그의「詩文集」의「通塞議」에서 우리나라는 신분차별과 지방차별로 백성의 8~9할을 폐기하고 있다고 비판하고 오히려 인재가 천인층에 많음을 시사했으며,「閭田論」등에서는 노비제도의 완전 폐지와 평등의 실현을 대전제로 하였다. 柳馨遠의 노비 문제에 대한 견해는 千寬宇,「磻溪柳馨遠硏究」『歷史學報』, 제2집, 1952 참조. 李瀷의 노비 문제에 대한 견해는 韓沽劤,「星湖 李瀷의 思想硏究」,『李朝後期의 社會와 思想』, 1961 ; 丁若鏞의 노비 문제와 閭田論에 대해서는 洪以燮,「丁若鏞의 政治經濟思想硏究」, 1959 ; 鄭奭鍾,「茶山丁若鏞의 經濟思想」,『李海南博士華甲紀念史學論叢』, 1970 참조.

255 『독립신문』, 제3권 제165호, 1898년 10월 15일자「개탄론」.

독립협회의 노비제도의 잔재에 대한 철저한 비판은 그들의 국민평등사상의 일면을 잘 나타낸 것이었다.

(2) 남녀평등론

독립협회는 종래의 남녀차별의 구습을 비판하고 남녀의 본래적 평등을 주장하였다. 독립협회의 남녀평등론은 서구시민사상의 영향을 크게 받았다. 한국의 개신유학적 전통은 여성해방을 위한 뚜렷한 사상체계를 수립하지 못했기 때문에, 독립협회의 지도자들에 의하여 서구시민사상의 영향이 도입되었을 때에는 상당한 사상 발전의 격차가 있어 서구시민사상의 영향을 크게 받게 되었다. 동학사상에는 남녀평등사상이 포함되어 있어 서구시민사상의 남녀평등론을 수용할 토대의 일부를 제공하였다.[256] 그러나 독립협회 남녀평등론의 논지는 동학사상보다는 서구시민사상의 영향을 크게 받고 주로 서재필 · 윤치호 등의 지도 아래 여권 신장을 위하여 노력했으며 큰 공헌을 하였다.[257]

첫째, 독립협회는 여성이 남성보다 조금도 못한 것이 아니며 완전히 동등한 권리를 가졌다고 주장하였다.[258] 그들은 "이왕에 우리보다 먼저 문명개화한 나라를 보면 남녀가 동등권이 있는지라"[259] 우리나라 여성들도 남성들의 압제를 벗어나서 동등권을 가져야 한다고 주장하였다. 그들은 축첩제도 · 과부 개가 금지, 그 밖의 각종의 남성들의 여성에 대한 압제가 남성 본위의 비합리적 관습이라고 비판하였다. 그러므로 여성들 스스로 분하고 원통한 일을 참지만 말고 동등권을 요구하며 사회활동에도 적극적으

256 東學에서는 여성도 侍天主하여 '人是天'이 적용되므로 남녀평등사상이 확고하게 확립되었으며, 崔時亨은 여성은 '하느님을 낳는 하느님이다'라고 하여 남녀평등과 함께 여성에 대한 존경까지 강조하여 평등론을 전개하였다. 독립협회 회원들은 이 동학의 남녀평등론의 영향도 받았을 것이지만 그보다는 서구시민사상의 남녀평등론의 영향이 더 큰 것으로 보인다.

257 *The Independent*, September 7th, 1896, 'Editorial' 참조.

258 『독립신문』, 제1권 제7호, 1896년 4월 21일자 「논설」; 『독립신문』, 제3권 제1호, 1898년 1월 4일자 「논설」 참조.

259 『皇城新聞』, 제1권 제4호, 1898년 9월 8일자 「別報」.

로 참여하라고 고취하였다.[260]

둘째, 독립협회는 한국의 여성들이 일반적으로 남성보다 훨씬 더 행실이 정결하고 고상하며, 남성을 가르치는 교사의 역할을 하고 있다고 여성을 평가하였다. 그들은 여성들의 고귀한 헌신성을 격찬하고, 한국 남성들의 여성에 대한 비합리적 압제와 차별을 통렬하게 비판하면서,[261] 오히려 우리나라 여성이 모든 면에서 남성들을 기르고 가르쳐왔다고 여성들의 역사적 사회적 역할을 찬양하였다.[262]

셋째, 독립협회는 여성의 지위 향상을 위한 여학교 설립과 여성교육을 강력히 주장하였다.[263] 그들은 여성들이 국문을 잘하고 학문을 배워 소견이 높고 행실이 정직하면 빈부귀천을 막론하고 한문 잘하고 다른 것 모르는 귀족남자보다 더 인격이 높고 귀하다고 강조하면서, 남녀를 똑같이 교육시켜야 남녀평등을 실현하고 문명한 부국을 이룰 수 있다고 주장하였다.[264] 『독립신문』은 여성들의 남녀평등 요구를 다음과 같이 대변하여 보도하였다.

> 하나님이 세계 인생을 나으실 때에 사나이나 여편네나 사람은 다 한가지라. 여자도 남자의 학문을 교육받고 여자도 남자의 동등권을 가져 인생에 당한 사

---

260 『독립신문』, 제1권 제7호, 1896년 4월 21일자 「논설」; 『독립신문』, 제1권 제27호, 1896년 6월 16일자 「논설」; 『독립신문』, 제1권 제100호, 1896년 11월 24일자 「독립관연회」; 『독립신문』, 제3권 제1호, 1898년 1월 4일자 「논설」; 『독립신문』, 제3권 제205호, 1898년 12월 2일자 「상목재 문답」 참조.

261 『尹致昊英文日記』 1897년 2월 18일조 참조.

262 『독립신문』, 제1권 제7호, 1896년 4월 21일자 「논설」; 『독립신문』, 제3권 제1호, 1898년 1월 4일자「논설」참조.

263 *The Independent*, September 19th, 1896, 'Editorial' 참조.

264 『독립신문』, 제1권 제1호, 1896년 4월 7일자 「논설」; 『독립신문』, 제1권 제7호, 1896년 4월 21일자 「논설」; 『독립신문』, 제1권 제16호, 1896년 5월 12일자 「논설」; 『독립신문』, 제1권 제66호, 1896년 9월 5일자 「논설」; 『독립신문』, 제3권 제1호, 1898년 1월 4일자 「논설」; 『독립신문』, 제3권 제18호, 1898년 2월 12일자 「논설」; 『皇城新聞』, 제1권 제4호, 1898년 9월 8일자 「別報」; 『皇城新聞』, 제1권 제33호, 1898년 10월 13일자 「別報」 참조.

업을 다 각기 하는 것이 당연한 도리거늘 동양 풍속은 어찌하여 여자가 남자에게 압제만 받고 죽은 목숨처럼 지내는지 천지간 만물의 가운데에 오직 사람이 귀하다 함은 총명이 있는 연고인대 총명이 한갓 남자에게만 있는 것이 아니라 여자도 또한 총명한 채질인즉 학문의 동등권을 가져 남자를 더욱 이롭게 도울지라 그리하게 되면 남녀 간에 고락을 한가지로 하고 사업을 같이하며 생애를 고르게 하여 나라가 더 부강하고 집안이 태평할 터이니 그럴 지경이면 어찌 아름답지 아니하리오.[265]

독립협회는 이러한 남녀평등론에 입각하여 여성 자매 단체인 순성회順成會(찬양회)의 활동과 '순성여학교順成女學校'의 설립 운동을 적극적으로 지원하였다.[266]

독립협회의 남녀평등론은 한국 여권운동사상 획기적인 사상의 발전을 이룬 것이었다.

### 3) 국민주권론

독립협회는 자유권론과 평등권론에 기초하여 국민이 나라의 주인이며 권력이 백성으로부터 나온다는 국민주권론國民主權論을 전개하였다.

첫째, 독립협회는 인민이 나라의 근본이며 백성이 나라의 주인으로서의 권리를 가지고 있다고 주장하였다.[267] 그들은 이 사실을 잊고 "관인이 백성을 주인으로 생각지 아니하고"[268] 도리어 인민 위에 군림하여 백성을 수탈하려고 함을 규탄하였다.

서재필은 『독립신문』의 독자들에게 보낸 편지에서 다음과 같은 사항을

265 『독립신문』, 제3권 제1호, 1898년 1월 4일자 「논설」.

266 『皇城新聞』, 제1권 제33호, 1898년 10월 13일자 「別報」 참조.

267 『독립신문』, 제1권 제42호, 1896년 7월 11일자 「논설」; 『독립신문』, 제1권 제99호, 1896년 11월 21일자 「논설」; 『독립신문』, 제2권 제22호, 1897년 2월 23일자 「논설」; 『독립신문』, 제2권 제52호, 1897년 5월 4일자 「김중환씨 연설」; 『독립신문』, 제3권 제1호, 1898년 1월 4일자 「논설」; 『독립신문』, 제3권 제191호 및 제192호, 1898년 11월 16일 및 17일자 「제손씨의 편지」; 『大朝鮮獨立協會會報』 제3호, 1897년 2월 28일자 참조.

268 『독립신문』, 제2권 제22호, 1897년 2월 23일자 「논설」.

강조하였다.

> 몇 백년을 두고 대한인민이 소위 관인이라 하는 사람들을 모두 성인 군자로 믿고 자기들의 목숨과 재산과 부모, 형제, 처자의 목숨과 재산을 관인들에게 부탁하여 매년 세전을 내어 정부 부비로 쓰게 하면서 인민의 일을 보아달라 하고, 인민이 나라 주인이었지만 주인인체 아니하고 이 월급 주어둔 관인들로 하여 주인의 일을 보아달라 하였더니, 이 고용한 사환들이 차차 변하여 사환으로 상전이 되고 정작 주인은 노예가 되어 자기들의 생명과 재산을 본래 고용하였던 사환들에게 무리하게 잃어버리니, 그 실상을 생각하면 주인들이 못생겨 사환들이 그 모양이 된 것이라.[269]

그는 인민은 주인의 권리를 자기의 힘으로 다시 찾아야 하며, 이 천부天賦의 권리를 빼앗거나 욕되게 하는 자는 세상에 용납하지 않아야 한다고 주장하였다.[270]

국민주권사상은 독립협회 회원의 보편적 생각이었다. 그들은 나라의 자주와 부강은 주인인 전국 인민의 자주와 부강에 달렸다는 확고한 신념을 가지고 있었다.[271] 주목해야 할 것은 이러한 확고한 국민주권론이 대체로 논설의 시작을 "백성은 나라의 근본이니 백성이 튼튼하여야 나라가 평안함이라〔民維邦本, 本固邦寧〕"[272] 또는 "나라는 백성으로써 근본을 삼고 임금은 백성으로써 권을 세운다〔國以民爲本, 君以民立權〕"[273] 등의 고전에 나오는 유학적 사상을 인용하여 아래로부터 '민'을 강조하면서 이어지고 있다는 점이다. 개신유학적 전통의 배경 속에 강력했던 '위민爲民'·'민본民

269 『독립신문』, 제3권 제191호, 1898년 11월 16일자 「제손씨의 편지」.

270 『독립신문』, 제3권 제192호, 1898년 11월 17일자 「속 제손씨의 편지」 참조.

271 『독립신문』, 제2권 제88호, 1897년 7월 27일자 「논설」; 『독립신문』, 제2권 제125호, 1897년 10월 21일자 「어떠한 선비의 편지」 참조.

272 『皇城新聞』, 제1권 제40호, 1898년 10월 21일자 「論說」; 『독립신문』, 제3권 제14호, 1898년 1월 20일자 「논설」 참조.

273 『承政院日記』 光武 2년 (음) 10월 7일조 「從二品高永根等疏」 참조.

本' 사상이 발전하면서 서구시민사상의 영향과 합류하여 독립협회의 국민주권론을 형성했음을 알 수 있다.

둘째, 독립협회는 인민이 주인이기 때문에 "관인官人은 인민의 종이며 임금의 신하"[274]라고 함으로써 ① 종래 인민을 압제하던 양반관료를 인민의 종과 사환으로 규정하여 심부름꾼으로서의 사회적 지위를 분명히 하고, ② 관인은 인민에게는 종이요, 임금에게는 신하로서 간접적으로 인민이 임금보다 우위에 있음을 명확히 밝혀 주장하였다.

그들은 개탄하기를 "정부에서 벼슬하는 사람은 임금의 신하요, 백성의 종이라. 종이 상전의 경계와 사정을 자세히 알아야 그 상전을 잘 섬길 터인데 조선은 거꾸로 되야"[275] 관인이 인민을 지배하려 하고 있다고 하면서, "법 지키는 백성들에게는 순검들이 그 사람들의 종으로 생각하여야 옳고 다만 순검뿐이 아니라 정부에서 월급 타 먹고 있는 대소관원은 모두 법을 지키고 있는 백성들의 종으로 생각하고 일을 하지 않아서는 못할지라"[276]라고 강조하였다.

관인을 백성의 종과 군주의 신하로 놓아 관인지배를 부정함과 동시에 인민을 군주의 상위에 두며 인민지배를 주장한 논리에서 독립협회의 확고한 국민주권사상을 볼 수 있다.

셋째, 독립협회는 백성이 주인이고 주권이 백성에게 있으므로 인민은 주인 행세를 하여 탐관오리나 불법적이고 압제적인 관리는 심부름을 잘못한 관리이니 규탄하고 성토하여 파직시키도록 해야 하며, 이것이 인민의 당연한 권리이며 직무라고 주장하였다.[277]

---

274 『독립신문』, 제2권 제52호, 1897년 5월 4일자 「논설」; 『독립신문』, 제2권 제101호, 1897년 8월 26일자 「윤치호 연설」 참조.

275 『독립신문』, 제1권 제99호, 1896년 11월 21일자 「논설」.

276 『독립신문』, 제1권 제42호, 1896년 7월 11일자 「논설」.

277 『독립신문』, 제1권 제97호, 1896년 11월 17일자 「논설」; 『독립신문』, 제3권 제4호, 1898년 1월 11일자 「논설」 참조.

그들은 정부가 백성이 위임한 사항을 충실히 시행치 않으면 그것을 비판하고 교체시킬 권리가 있으며,[278] "정부는 권력만 믿고 구부러진 사욕만 가지고 국가 토지와 강산은 어디로 가든지 구차할 지경을 당하면 외국 공영사관에나 가서 남에게 의지할 생각만 믿고"[279] "옳은 일 하는 사람은 반대하여 압제만 하며"[280] "옳은 목적은 버리고 사욕만 가지고 구부러진 일을 하여 자기직무를 아니"[281]하면 이를 반대하여 교체하는 것은 난민이 아니라 애국하는 백성의 직무라고 하였다. 왜냐하면 "정부가 백성을 말미암아 된 것이오 백성이 정부를 위하여 난 것은 아니라"[282]고 보았기 때문이었다. 여기서 독립협회의 국민주권사상은 적극적인 국민참정권론으로 발전하고 있음을 볼 수 있다.

국민자유권론 → 국민평등권론 → 국민주권론까지는 이미 한국 실학사상에서 발전하고 있던 '위민'·'민본'사상과 시민층·농민층·노동자층·천인층의 성장을 기초로 하여 서구시민사상의 인민주권론과 쉽게 합류할 수 있었다.[283]

서구 시민사상의 영향이 크게 나타나는 것은 다음의 국민참정권론부터이다.

### 4) 국민참정권론

독립협회는 국민주권론에 기초하여 적극적인 국민참정권론國民參政權論을 전개하였다.

278 『尹致昊英文日記』 1898년 3월 28일조 및 4월 14일조 참조.
279 『독립신문』, 제3권 제199호, 1898년 11월 25일자 「유진률씨의 편지」.
280 『독립신문』, 제3권 제199호, 1898년 11월 25일자 「유진률씨의 편지」.
281 『독립신문』, 제3권 제199호, 1898년 11월 25일자 「유진률씨의 편지」.
282 『독립신문』, 제3권 제200호, 1898년 11월 26일자 「유진률씨의 편지(전호 연속)」
283 물론 개신유학적 전통에 있어서의 爲民·民本사상은 'for the people', 'by the people'의 측면에 대해서는 강하고, 'of the people'에 대해서는 상대적으로 약했던 것으로 보이나, 그 대신 'for the people'의 개념이 매우 강하여 서구시민민주사상의 영향을 받자마자 'of the people'의 강도가 높아져서 균형이 이루어진 것은 자연스러운 과정이었다고 생각된다.

첫째, 독립협회는 국민이 주권자이기 때문에 정부를 감독하고 정치에 관여할 권리가 있음을 명백히 하고 이것이 인민의 첫째의 권리임과 동시에 의무라고 하였다.

그들은 백성들이 정부가 "애군애민하는 정부인지 아닌지 그것을 밝혀서"[284] "정부에서 옳은 법령을 만드는지 아니 만드는지"[285] 감독해야 한다고 주장하였다. 그들에 의하면 애군애민하는 정부는 대내적으로는 백성을 사랑하여 사람마다 안락하게 생활할 수 있도록 법률과 규칙을 제정하고 그러한 법률과 규칙을 추호도 어김없이 그대로 시행하는[286] 입헌정부立憲政府여야 하며,[287] 대외적으로는 외국과 자주외교를 잘하며 친선을 통해 자기 나라의 지위를 높이는 정부라야 한다고 보고, 인민의 첫째의 권리와 직무는 정부가 이러한 정부인가 아닌가를 감독하는 것이라고 주장하였다.[288]

둘째, 독립협회는 만일 정부가 애군애민하는 정부일 때에는 그러한 정부에서 발하는 법률과 명령은 조금도 어김없이 시행하는 것이 백성의 직무이나, 만일 백성들이 알기에 정부가 애군애민하는 사업을 못하는 정부이면 그 연유를 합법적으로 밝혀서 애군애민하는 정부가 수립되도록 정부를 교체시키는 것이 백성의 직무라고 하였다.[289]

---

284 『독립신문』, 제3권 제4호, 1898년 1월 11일자 「논설」.

285 『독립신문』, 제3권 제26호, 1898년 3월 3일자 「대한인민의 직무」.

286 『奏議』, 議政府 편, 제23책, 光武 2년 10월 30일조 참조.

287 『尹致昊英文日記』 1898년 4월 14일조 참조.

288 『독립신문』, 제3권 제4호, 1898년 1월 11일자 「논설」 참조.

289 『독립신문』, 제3권 제4호, 1898년 1월 11일자 「논설」; 『독립신문』, 제3권 제26호, 1898년 3월 3일자 「대한인민의 직무」 참조. 여기서는 인민의 직무를 세 가지로 들었다. 첫째는 정부가 애군(국)애민하는 정부인지 아닌지 살피고 감독하는 직무요, 둘째는 애군애민하는 정부의 옳은 법령은 자기만 시행할 뿐 아니라 다른 사람도 시행하도록 권장하는 직무요, 셋째는 정부가 애군애민하는 정부가 아니면 이를 교체하여 애군애민하는 정부가 서도록 하는 직무이다. 그들은 최소한 사람마다 한 가지만은 나랏일에 參政해야 나라가 지탱된다고 보았는데, "그 한 가지는 무엇인고 하니 국민을 위하여 일하는 사람은 전국 인민이 사사로운 애증간에 다만 말로만 그 사람을 붙들어 줄 뿐 아니라 목숨까지 내버려가면서라도 그 사람을 붙잡아야 하고, 국민을 해롭게 하는 자는 남녀노소가 다 말로만 죄인으로 돌릴 뿐 아니라 목숨을 내버

독립협회가 정부를 감독하고 정부를 교체시키는 것이 인민의 권리라고 본 것은 국민주권론의 영역에 머무는 것이라고 볼 수 있으나, 그것을 직무라고 볼 때에는 그것은 벌써 이미 국민참정권론의 영역에 들어갔다고 볼 수 있다. 이러한 참정권사상은 한국의 실학사상, 특히 정약용丁若鏞의 사상에서 강도 높게 나타나고 있었으며,[290] 이것은 그 후 꾸준히 발전하여 독립협회에 오면 서구시민사상의 국민참정권론과 합류될 수 있었다고 볼 수 있다.

셋째, 독립협회는 그들의 집회를 통하여 국정에 대한 비판과 감독을 행동화함으로써 이 참정권을 부분적으로 실현하는 것으로 생각하였다. 『윤치호영문일기』는 1898년 2월 27일의 독립협회 집회가 절영도석탄고기지絶影島石炭庫基址의 조차租借문제를 조사할 것을 결의하여 외부대신에게 공한을 발송하고 그를 행동으로 비판한 것을 한국에서 민주주의의 물결이 일기 시작하는 것으로 기록하였다.[291]

넷째, 독립협회는 국민참정권을 제도로서 실현시키려고 하여, 그 제일차적 주장으로 투표에 의한 선거제도를 통한 지방관 선출을 구상하였다. 이것은 서구시민사상의 영향을 크게 받은 것이다. 한국 사상의 내재적 발전은 국민참정권의 실현에서 시민과 농민의 참정 '제도'를 아직 전국적 수준에서 충분히 발전시키지 못했다. 오히려 농민층이 적극적으로 진출하여 동학농민혁명운동 중에는 그들의 통치 지역에서 '집강소執綱所'라는 행정기구를 설치하고 종래의 이정里正, 약장約長의 투표에 의한 선거의 전통을

려가면서라도 그 놈을 법률로 다스리게 하는 것이 직무"라고 하였다.

290 丁若鏞의 '蕩論', '原牧', '原政', '閭田論' 등의 사상은 인민의 참정과 통치자의 선출을 주장하는 민주주의적 사상의 일단을 전개하였다. 이 사상은 丁若鏞 당시에는 매우 급진적이어서 최첨단의 사상이었으나 독립협회 시대까지는 상당히 보급되어 국민참정권론의 사상적 성장이 국내에서도 상당할 정도로 이루어지고 있었던 것으로 보인다.

291 『尹致昊英文日記』 1898년 2월 27일조. "It is certainly remarkable that a body of people should institute an inquiry into the official conduct of a minister of State in Corea. The waves of democracy are faintly beating on the rocky shores of Corean politics……."

면面과 현縣 수준까지 실천적으로 끌어올리는 성장을 보였다.

서재필 · 윤치호 · 이상재 · 정교 · 이건호 등 독립협회 최상층 지도자들의 큰 역할은 이 한계를 넘어서 국민의 직접의 참정을 제도화하여 주장한 것이었다. 그들은 농민층의 성장과 선거제도 시행의 전통을 기초로 하여 서구의 투표에 의한 선거제도를 이에 접목시키려고 하였다. 특히 서재필은 당시 가장 큰 문제의 하나였던 지방행정의 문란과 농민의 동요에 대해서 이를 해결하는 방법은 주인인 농민층에게 참정권을 주어 일반선거제도에 의해서 관찰사와 원 등 지방수령을 그 지방인민의 투표에 의하여 선출케 하자고 제안하였다.

그는 인민의 투표에 의한 선거제도로 지방관을 선출할 경우 ① 그 지방관은 인민의 사랑을 받는 자일 터이니 인민의 원망이 없고, ② 유능한 양심적 인물이 뽑힐 것이며, ③ 지방 사정에 통달한 인물이 뽑힐 것이고, ④ 민선에 의한 관리이기 때문에 자기를 선출해준 주인을 더 위할 것이며, ⑤ 인민의 신임을 유지하기 위해 행정에 더욱 힘쓰게 되어 나라의 백성의 형세가 더욱 필 것이라고 전망하였다.[292]

투표에 의한 선거제도로 전국의 지방관을 선출하려는 사상은 획기적인 것이었다. 이것은 서구시민사상의 영향을 받은 것이지만, 이미 내부에 그 실현을 요구할 만큼 시민과 농민층을 비롯한 신흥사회세력이 성장하고 있었으므로 사회적 필요에 부응한 것이었다. 이 점은 몇 가지 사례를 들어 증명할 수 있다.

첫째, 종래 선거제도가 리里 수준에서는 전통적으로 행해졌다. 즉 이정里正이나 풍헌風憲은 이동里洞민의 선거에 의하여 선출되는 것이 오래된 역사적 전통이었다. 이것은 구태여 고증할 필요도 없다고 생각된다.

둘째, 1894년의 동학농민혁명운동 기간 중에 동학농민군의 점령 지역

292 『독립신문』, 제1권 제4호, 1896년 4월 14일자 「논설」; 『독립신문』, 제1권 제5호, 1896년 4월 16일자 「논설」 참조.

에서는 '집강소'가 설치되고 집강소 의사기관의 의원은 농민에 의하여 선출되어 농민의 자치가 실행되었다. 집강소는 주로 ① 12개조 폐정개혁의 시행, ② 관리의 장부의 검열, ③ 인민의 소장訴狀의 처리, ④ 동학도의 포덕을 넓히기 위한 노력, ⑤ 관청과 민간에서 무기와 마필을 모집하여 집강소의 호위군 편성 등 모든 행정을 시행하였다.[293] 이것은 농민민주주의를 단기간이나마 합리적으로 시행한 것이라고 해석되며, 면 · 현(때로는 군) 수준까지 농민의 참정이 실현된 것이었다고 볼 수 있다.[294]

셋째, 간도 · 연해주 등에의 유이민들은 이미 백성의 투표에 의한 직접선거에 의해, 그들의 대표자를 선출해서 자치를 시행하고 있었다. 『독립신문』은 1897년 연해주에 이주한 한국인들의 생활을 소개하면서 "거기 있는 조선 사람들은 관원들을 백성들이 투표하여 뽑아 그중에 지식 있고 정직하고 물망 있는 사람으로 중임들을 맡기는 까닭에 거기 관인들은 백성에게 돈 한 푼이라도 무리하게 취할 수 없고 청도 없고 소록질도 없고, 원이 백성 섬기기를 상전같이 섬기고 백성이 원 섬기기를 아비와 같이 하여 관민이 만사를 상의하여 백성에게 편하고"[295] 지방행정이 잘 이루어진다고, 한 영국인 부인 여행가의 여행담을 빌어 소개하였다.[296] 그들은 "조선서도 백

---

293 吳知泳, 『東學史』, 1940, p.227 참조.

294 執綱所에 대한 자료는 吳知泳, 『東學史』 가운데 「東學軍과 京兵講和」 참조. 사료로서는 『甲午略歷』, 『全羅道東徒所捉成册』, 『東徒獄査檢案』, 『各道去來案』, 『民狀草槩册』, 『東徒征討錄』, 『司法稟報』 등의 古文書에 부분적으로 보이고 있다. 東學徒들의 요구사항에 대해서는 韓沽劤, 『東學亂 起因에 관한 硏究』, 한국문화연구총서 7, 1971 참조.

295 『독립신문』, 제2권 제6호, 1897년 1월 16일자 「논설」.

296 이 영국 부인 여행가는 Isabella Bird Bishop임이 거의 틀림없다. 그의 저서 *Korea and Her Neighbors*, 1898, p.234에는 沿海州의 한인이주민이 자치민주정치를 행하고 있음을 다음과 같이 기록하고 있다. "These alien settlers practically enjoy autonomy. At the head of each district is an Elder or Headman, with from one to three assistants according to its size. The police and their officers are Korean. In each district there are two or three judges with their clerks, who try minor offences. The headman, who are responsible for order and the collection of taxes, are paid salaries, or receive various allowance. *All these officials are Koreans, and are elected by the people themselves.* …… The local

성들을 시켜 자기 원들을 고름에 그중 물망 있는 사람으로 뽑아 몇 해씩 작정하고 원을 시키고 지내라 하면, 그 백성들이 말라고 하여도 그중에 정직한 사람을 뽑아 자기 원들을 삼을 터이요, 만일 그 원이 백성을 대하여 무리한 일을 하게 되면 그 백성들이 다시 그 사람을 원으로 뽑을 리도 없고 고을 안에 천한 사람이 될 터이니 그른 일을 할 사람이 적을 터이라"[297]라고 하면서 정부에 대하여 인민의 투표에 의한 지방관의 선거제도를 국내에서도 실시할 것을 거듭 제안하였다. 이것은 독립협회의 국민참정권사상과 지방선거제도 실시의 주장이 민중의 요청에 잘 부합되고 있었음을 나타내는 좋은 사례이다.

넷째, 사대부 중심의 향약과 각종 계 등에서는 그 약장約長 · 헌장憲長 등의 역원을 선거하여 선출하는 제도가 이미 시행되어왔는데, 이것은 시민과 농민의 참정은 아니지만, 지방자치의 성격을 가진 사대부층 중심의 참정의 한 제도로서 볼 수 있으며, 이것이 일반민중에게로 확산되면서 간접적으로 국민의 참정권제도의 발전을 지원해주었다고 볼 수 있다.[298]

다섯째, 독립협회의 국민참정권론은 중앙정치의 차원에서도 전개되어 그들은 의회의 설립을 주장하였다. 이것은 중요한 문제이므로 절을 바꾸어 고찰하려고 한다.

독립협회의 국민참정권론은 독립협회의 자유민권사상 중에서 매우 중요한 비중을 차지하는 것으로서, 그들이 애국심 · 단결 · 폐정개혁 · 자강 등을 모두 국민의 참정에 의해서만이 실현할 수 있다고 주장한 곳에서도

---

taxation, settled by the villagers in council for their own purposes, such as roads, ditches, and schools, is limited to 3 roubles per farm per annum."

297 『독립신문』, 제2권 제6호, 1897년 1월 16일자 「논설」.

298 『內部請議書』, 內閣編錄課 편, 제2책, 開國 504년 10월 26일조 「鄕約規程及鄕會條規請議書」 참조. 총 7개조의 鄕約規程과 18개조로 된 鄕會條規는 향약과 향회가 지방자치조직의 성격을 가지고 있음을 나타내주고 있다. 그 이전의 사료로서는 서울대학교 중앙도서관 소장 고도서의 『鄕約禊帖』, 『鄕約條目』, 『鄕約禊座目』, 『鄕約禊完議』 그 밖의 古文書 등에 체계적으로 보이고 있다.

그들의 신념의 강도를 알 수 있다.

### 5) 의회설립론

독립협회는 그들의 국민참정권사상을 중앙정치의 차원에서는 의회를 설립하여 전제군주제를 대의군주제代議君主制로 개혁함으로써 실현시키려고 하였다.

독립협회는 의회제도의 필요성을 계몽해오다가[299] 1898년 4월 3일에 독립협회 토론회의 주제를 "의회원을 설립하는 것이 정치상에 제일 긴요함"[300]으로 정하고 회원과 국민들에게 의회원 설립의 긴급한 필요성을 주지시켰다. 뒤이어 같은 해 4월 30일자 『독립신문』은 의회 설립의 필요성을 해설하는 장문의 논설을 개제하고, 다음과 같은 요지의 주장을 역설하였다.[301]

① 의회 설립으로 의회와 내각을 엄격히 분립시켜, 의회의원은 행정권을 갖지 않고 오직 토의하여 결정하는 권리만 갖고, 행정관리에게는 의회에서 결정한 사항을 집행하는 행정권만 주면, 종래와 같이 나라 사무를 행정관이 국회의원의 직무도 하고 국회의원이 행정관의 직무도 하여, 의회정치도 잘 안 되고 행정도 잘 안 되는 폐해를 극복할 수 있으며, 입법과 행정이 모두 전문화되어 능률이 나고 정밀해지므로 의회 설립이 시급하다는 점.

② 의회 설립으로 나라 안에 학문 있고 지혜 있고 좋은 생각이 있는 이들을 의원으로 선출하여, 그들에게 행정권은 주지 말고 입법하고 정책을 수립하는 권리만 주어, 좋은 생각과 좋은 정책안을 날마다 공평하게 토론하여 결정해서

---

299 『尹致昊英文日記』 1898년 3월 18일조에 의하면, Henry M. Roberts의 'Pocket Manual of Rules of Order for Parliamentary Assemblies'를 번역하고 있는데, 이것을 라벳츠의 「의회통용규칙」이라고 제목을 붙여 『독립신문』, 제3권 제63호, 1898년 6월 2일자부터 『독립신문』, 제3권 제71호, 1898년 6월 21일자까지 광고를 내어 일반공매하고 토론회 · 강연회 등을 통해 의회설립의 필요성을 계몽하였다.

300 독립협회 제25회(1898년 4월 3일) 토론회 주제.

301 『독립신문』, 제3권 제51호, 1898년 4월 30일자 「논설」 참조.

대황제폐하께 이것을 품하여 재가를 얻은 후에 그 일을 내각으로 넘기는 일을 맡겨야 한다는 점. 이러한 의회를 설립하면 입법과 행정의 두 가지 일이 모두 옳게 잘 된다는 점.

③ 의회 설립은 황제에게도 편리한 것이니, 모든 일은 좌우편 토론을 다 거친 후에 결정된 것이므로 황제가 그 일을 걱정하는 수고로움이 적을 것이며, 사담과 거짓이 들어갈 수 없으므로 황제의 총명을 흐리게 하는 일이 없게 된다는 점.

④ 의회 설립은 내각대신들에게도 유익할 것인 바, 대신이 한 부처의 행정만 전담하는 데에도 그것을 잘하려면 총명과 재능이 부족할 터이므로, 입법의 일은 국회의원에 주고, 내각에서는 집행만 하면 행정에 실수도 없으려니와 시간 여유를 얻어 행정에 전력을 다하게 된다는 점.

⑤ 의회 설립은 인민에게도 한량없이 유익할 터이니, 어떠한 사항이든지 찬반의 토론을 거친 후에 양편의 주장을 참작하여 결정되므로 인민의 의사와 주장이 충분히 반영되어 해를 당하는 사람이 없고, 절대다수의 인민에게 유리하게 결정되어 인민이 이익을 얻으리라는 점.

⑥ 의회 설립으로 정책결정 사항의 이해가 토론되고 그 과정이 공개되어 전 인민이 이를 알게 되므로, 모든 사람들이 각기 자기 의견에 따라 발언을 하여 참정을 하게 되며, 내가 원통하고 내가 속에 있는 마음을 사람마다 능히 정부에 말하여 찬반 간에 공평하게 결정할 길이 생기므로 사람마다 정부 일이 마음에 더 친밀하게 되어 정부 일을 내 일과 같이 생각하고 정부와 백성 사이에 없던 소통이 생겨서 나라 사랑하는 마음이 이왕보다 배가할 터이라는 점.

⑦ 의회 설립으로 백성과 정부가 상합하게 되며 군신 상하가 상합하여 직분을 편리하게 하고 일이 공정하게 결정되는 것을 외국들이 보게 되면 그때는 감히 대한을 능멸한다든지 침범하려 한다든지 실례되는 일을 하지 못한다는 점.

독립협회는 이러한 주장을 널리 계몽시켜 오다가 1898년 7월 3일 윤치호 등이 국왕에게 상소하여 정식으로 의회 설립을 간곡하게 제의하였다.[302] 그들은 상소에서 중추원이 다만 벼슬시키는 길만 되고 있는데, 동양의 선정은 초야의 백성에게 묻고 하나를 쓰고 하나를 버림에도 반드시 백

302 『承政院日記』 光武 2년 (음) 5월 21일조 참조.

성의 여론에 따라 정치를 하는 것이며, 서양에서는 비록 전제정치일지라도 상하원을 설치하여 여론에 따라 정치를 하니, 우리도 옆으로 준언을 구하고 아래로 백성의 뜻을 따라 백성에게 널리 물어 시행하도록 중추원中樞院을 개편하여 의회원을 설립할 것을 매우 간곡하게 제안하였다.[303] 이 상소에 대하여 국왕은 "말하는 바가 비록 조정의 일을 걱정하고 생각한 데서 나온 것 같으나 분수를 벗어나서 망론하지 말라"[304]이라고 부정적 반응을 보였다.

그러나 독립협회는 1898년 7월 11일 재차 상소하여 ① 홍범을 실행하여 준수할 것(洪範實遵), ② 대신 등 현명한 인재를 다시 뽑을 것(賢良更選), ③ 민의를 널리 채용할 것(民意博採)를 주장하고 거듭 간곡하게 의회원 개설의 필요성을 시사하였다.

또한 정부 내의 개혁파 관료들은 의회원 설립을 지지했으므로, 수구파 관료들도 이 제안을 전적으로 무시하지 못하고, 무마책으로서 중추원을 개편할 준비를 하면서 우선 독립협회 회원 중에서 윤치호 · 이건호 · 윤하영 · 정교 등을 의관으로 포함한 신임의관 40명을 임명하였다.[305]

그러나 독립협회측은 이러한 호도책으로서의 중추원 개편으로 독립협회의 요구를 무마하고 교체된 구의관보다 조금도 나을 것 없는 신의관을 임명하여 종래 없던 봉급까지 주는 것은 낭비임을 지적하고 비판하였다. 독립협회는 호도책으로서의 중추원 개편은 무용지물이며 그 경비로 소학교를 세우는 것보다 못하다고 비판하면서, 명실상부한 의회원 설립을 내용으로 하는 중추원 개편을 요구하였다.[306]

독립협회가 생각한 것은 먼저 중추원을 상원上院으로 개편하고 다음에

303 『上疏存案』, 議政府 편, 제6책 光武 2년 7월 3일조 참조.

304 『承政院日記』 光武 2년 (음) 5월 21일조 「前中樞院議官尹致昊等疏批旨」.

305 『官報』, 제1000호, 光武 2년 7월 13일조 참조.

306 『독립신문』, 제3권 제89호, 1898년 7월 16일자 「이게 중추원 조직인지」 참조.

하원을 설립하는 것이었다. 그들은 민중을 교육 계몽해가면서 상원을 독립협회 주도하에 운영하다가 민도民度가 높아져서 독립협회 회원이 하원에서도 주도할 수 있게 되면 민선에 의해 하원을 설립하려 하였다.[307] 따라서 독립협회의 세력이 지방에서는 아직도 수구파보다 열세인 당시에는 당장의 하원은 시급하지 않다고 생각하였다.[308]

독립협회가 정부의 중추원의관 임명을 강경하게 비판하면서 의회원 설립을 요구하자, 정부는 법부고문 리젠드어Charles W. Legendre의 자문을 받아 중추원의 자문회의로의 개편을 준비하면서,[309] 응급책으로서 9월 7일 독립협회의 이건호 등을 중추원의관으로 재임하고,[310] 9월 24일에는 중추원회의를 개원하였다.[311] 그러나 독립협회는 이러한 미봉책에 만족하지 않고 계속하여 중추원의 명실상부한 의회로의 개편을 요구하였다. 10월 8일부터 12일까지 인화문仁化文 앞에서 벌인 부패한 수구파 7대신 해임과 개혁정부 수립요구의 철야상소시위가 성공하여 10월 12일 마침내 박정양내각朴定陽內閣의 개혁정부가 수립되고 일부 개혁파 관료가 진출하자, 독립협회는 더욱 적극적으로 의회 설립 운동을 전개하였다. 독립협회는 1898년 10월 14일의 신정부와 독립협회 사이의 협상회의에서 중추원의 의회로의 개편을 위한 다음과 같은 독립협회측의 원칙을 제시하였다.[312]

제1조 법률로 정한 바 이외에 濫加名目한 잡세는 일체 혁파할 사.

---

307 『尹致昊英文日記』 1898년 5월 2일조 참조.

308 『독립신문』, 제3권 제98호, 1898년 7월 27일자 「하의원은 급치 안타」 참조.

309 『尹致昊英文日記』 1898년 4월 14일조 및 1898년 5월 2일조 참조. 여기서 Legendre와 尹致昊의 대화를 보면, 정부측을 대변하는 Legendre는 徐載弼 · 尹致昊가 구상하는 '완전한 代議政體throughly representative government'에는 반대하고 絶對君主制와 代議制度의 절충을 주장하였다.

310 『官報』, 제1051호, 光武 2년 9월 10일조 참조.

311 『皇城新聞』, 제1권 제18호, 1898년 9월 26일자 「雜報(樞院實施)」 참조.

312 『皇城新聞』, 제1권 제36호, 1898년 10월 10일자 「雜報(別定條規)」 참조.

제2조 중추원을 다시 조직하오되 관제는 독립협회 회원 중 공평정직한 사람으로 총대위원을 선정하여 회동의정할 사.

一. 議官은 반수는 정부에서 薦選하고 반수는 독립협회에서 투표천선하여 상주하여 상주한 후에 奉勅敍任할 사.

一. 의장은 정부에서 추천한 사람으로 하고 부의장은 회원 가운데 추천받은 사람으로 하되 의관들이 투표선정할 사.

一. 章程은 외국 의원규칙을 依倣하여 該院에서 기안하여 정부에 經議한 후 재가하심을 승承하여 시행할 사.

황제는 독립협회의 이러한 의회 설립론에 불안을 느껴 수구파 관료들을 재선출시키기 시작하였다. 그러나 독립협회는 이를 물리치면서 박정양내각을 지속시키는 데 성공하게 되자 중추원의 의회로의 개편 실현 가능성을 높이 보고, 독립협회의 독자적인 중추원 개편안을 작성하여 1898년 10월 24일 정부에 제출하였다.[313]

독립협회의 이 중추원 개편안은 1898년 10월 29일의 '관민공동회'에서 헌의 6조 가운데 하나에 "광산 철도 매탄煤炭과 삼림 및 차병과 정부와 외국조약의 일을 각부대신과 중추원 의장이 합동으로 서명 날인하지 아니하면 시행하지 못할 일"[314]이라고 하여 중추원 의장에 의하여 대표되는 중추원의 동의 없이는 이권 양여를 불가능케 할 것을 결의함으로써 만민공동회는 독립협회의 중추원 개편에 의한 의회 설립을 당연한 전제로 지지하였다. 또한 이에 대한 황제의 5개조의 조칙 가운데 첫째에 "간관諫官 폐지 후 언로가 막혀 상하 권면경려勸勉警勵의 뜻이 없으므로 중추원장정을 정하여 실시할 일"[315]라고 하여 언로기관으로서의 중추원 개편을 승인하였다. 독립협회측과 황제의 중추원 개편에 대한 해석은 상당한 차이가 있었

313 『民會實記』 光武 2년 (음) 9월 10일조 ; 『大韓季年史』(상), pp.272～273 참조.

314 『奏本存案』, 議政府 편, 제3책, 光武 2년 10월 30일조.

315 『奏本存案』, 議政府 편, 제3책, 光武 2년 10월 30일조.

지만, 중추원 개편에 의한 의회원 설립의 실현성이 재확인된 것이었다.

독립협회의 중추원 개편안은 수구파 관료들의 완강한 반대에 부딪혀 온갖 우여곡절을 겪었으나 새 개혁정부 내의 개혁파 관료인 박정양 · 한규설 · 민영환 · 이종건 · 권재형 · 서정순 등의 호응을 얻어[316] 정부 대표와 독립협회 대표 사이에 합의가 이루어졌다. 새 개혁정부는 10월 30일 독립협회에 대하여 의관 반수인 25명의 민선의관의 선출권을 의뢰해왔으며,[317] 11월 2일자로 제정되어 11월 4일 다음과 같은 중추원관제를 반포하였다.[318]

이 '중추원관제'가 주지하는 바와 같이 한국 최초의 '의회규칙'(상원규칙)이었다. 독립협회가 1898년 10월 24일 제출한 '중추원 개편안'[319]과 정부의 1898년 11월 4일 '중추원관제'[320]를 비교해보면, 그 뼈대는 독립협회의 의회 설립안이 대부분 반영되어 만들어진 것임을 한눈에 알 수 있다.

독립협회의 '중추원 개편안'과 정부의 '중추원관제'(의회설립법) 사이에 약간 다른 점이 있다면 독립협회의 중추원 개편안에서는 50명의 의원 중 그 반수를 선출하는 사회단체를 독립협회로 고정시켰는 데 대하여, 정부의 '중추원관제'에서는 이것을 '인민협회'로 개정하여 다른 사회단체 참가의 길을 열어 놓고 부칙에 당분간 독립협회가 이를 대행하도록 한정시켰으며, 의원의 피선거자격을 규정한 점 정도이다.

이 의회 설립법은 상원上院설립법이었다. 즉 독립협회와 개혁정부는 먼저 '상원'으로서의 '의회'을 설립하고 그 후에 '하원'을 설립하려 한 것이었다. 이 의회설립법은 대표의 기능에서 '상원' 설립법이었으므로 의회선

316 『奏議』, 議政府 편, 제24책, 光武 2년 11월 2일조 참조.

317 『民會實記』 光武 2년 (음) 9월 16일조 ; 『大韓季年史』(상), p.283 참조.

318 『官報』 제1097호, 光武 2년 11월 4일조.

319 『皇城新聞』, 제1권 36호, 1898년 10월 26일자 「雜報」(樞院改案) ; 『民會實記』 光武 2년 (음) 9월 초10일조 참조.

320 『奏議』, 議政府 편, 제24책, 光武 2년 11월 2일조.

독립협회의 '중추원 개편안'과 정부의 '중추원관제' 비교표

| 항목 | 독립협회의 중추원 개편안 | 정부의 11월 4일 중추원관제 |
|---|---|---|
| 중추원의 기능 | (제1조) 중추원은 의정부의 諮詢을 응하며 중추원 건의를 爲하여 좌개 사항을 심사 의정하는 처소로 함<br>一. 법률칙령안<br>二. 의정부에서 經議하는 일체 사항<br>三. 중추원에서 임시 건의하는 사항<br>四. 인민헌의를 채용하는 사항 | (제1조) 중추원은 좌개 사항을 심사 의정하는 처소로 할 사<br>一. 법률 칙령 제정 폐지 혹 개정에 관한 사항<br>二. 의정부에서 경의 상주하는 일체 사항<br>三. 칙령을 인하여 의정부로서 자순하는 사항<br>四. 의정부로서 임시 건의에 대하여 자순하는 사항<br>五. 중추원에서 임시 건의하는 사항<br>六. 인민의 헌의하는 사항 |
| 구성 | (제2조) 중추원은 좌개 직원으로서 합성함.<br>의장 1인, 부의장 1인, 의관 50인, 奏任 반수는 독립협회에서 회원으로 투표 선거함. 참서관 2인 이하 주임, 주사 4인 이하 판임. | (제2조) 중추원은 좌개 직원으로서 합성할 사.<br>의장 1인, 부의장 1인, 의관 50인, 참서관 2인, 주사 4인 |
| 선출 | (제3조) 의장 부의장은 勅任이며 의관은 奏任으로 하되 등급은 무함. 단 칙령은 의정이 奉勅 서임하고 주임은 의정이 上奏 서임함. | (제3조) 의장은 대황제폐하께옵서 성간으로 칙수하시고 부의장은 중추원공천을 인하여 勅授하시고, 의관 반수는 정부에서 국가에 勞勩가 曾有한 자로 회원 奏薦하고 반수는 인민협회에서 27세 이상인이 정치, 법률, 학식에 통달한 자로 투표선거할 사 |
| 敍等과 임기 | (제4조) 의장 부의장 및 의관의 임기는 12개월로 정함. | (제4조) 의장은 칙임 1등이며 부의장은 칙임 2등이며 의관은 奏任이니 서등은 무하고 임기는 각기 12개월로 정할 사. 단 의관 期滿하기 전 1朔에 후임의관을 예선할 사<br>(제5조) 參書官은 주임이며 주사는 判任이니 敍等은 일반 관리와 同할 사 |
| 부의장 이하의 임명 절차 | | (제6조) 부의장은 중추원통첩을 待하여 정부로서 상주하여 조칙으로 임명하심을 恭竣하고 의관은 정부에서 상주 서임하고 참서관은 薦牒을 待하여 정부에서 주임하고 주사는 의장이 경의 전행할 사 |
| 의장·부의장의 직능 | (제5조) 의장은 중추원에 속하는 일체 사무를 총관하고 또 중추원에서 발하는 일체 공문에 명을 署함. 부의장은 의장의 직무를 보좌하여 | (제7조) 의장은 중추원에 대소사무를 총할하고 일체 공문에 서명할 사<br>(제8조) 부의장은 의장의 직무를 보좌하고 의장이 유고 시에는 그 직을 代辦할 사 |

| | | |
|---|---|---|
| | 의장이 사고가 있을 시는 그 직무를 대리함. | |
| 사무관의 직능 | (제6조) 참서관은 의장의 지휘를 承하여 중추원의 서무를 장함.<br>(제7조) 주사는 상관의 지휘를 承하여 서무에 종사함. | (제9조) 참서관은 의장 및 부의장의 지휘를 승하여 서무를 장할 사<br>(제10조) 주사는 상관의 지휘를 승하여 서무에 종사할 사 |
| 중추원의 권한 | | (제11조) 중추원에서 각항 안건에 대하여 의결하는 권만 유하고 상주 혹 발령을 직행함을 득치 못할 사 |
| 중추원의 동의권 | (제8조) 의정부와 중추원에서 의견이 불합하는 시는 府·院이 합석 협의하여 타당가결한 후에 시행함. | (제12조) 의정부와 중추원에서 의견이 불합하는 시는 부·원이 합석 협의하여 타당가결한 후에 시행하고 의정부에서 직행함을 득치 못할 사 |
| 국무 대신의 출석과 의안 설명 | (제9조) 국무대신이 위원을 명하여 그 주임하는 사항으로 의정부의 위원이라 하여 중추원에 至하여 의안의 理趣를 判明케 함. | (제13조) 국무대신이 위원을 명하여 그 주임하는 사항으로 의정부의 위원이라 하여 중추원에 至하여 의안의 理趣를 판명할 사 |
| 국무 대신의 열석 | (제10조) 국무대신 및 각부 協辦은 중추원에 來會하여 의관되어 열석함을 득하나 단 其各主任 사항으로는 결의하는 員數에 加하지 못함. | (제14조) 국무대신 및 각부 협판은 중추원에 來會하여 의관되어 열석함을 득하나 단 그 주임사항으로는 결의하는 원수에 加하지 못할 사 |
| 부칙 | (제11조) 본령을 반포일로부터 시행함. | (제15조) 개국 205년 칙령 제40호 중추원관제는 본 관제 반포일로부터 폐지할 사<br>(제16조) 본 관제 제3조 중 인민선거는 현금간에는 독립협회로서 행할 사<br>(제17조) 본령은 반포일로부터 시행할 사 |
| 대표 | 광무 2년 10월 14일<br>독립협회 대표위원<br>윤치호·이상재·정 교·이건호 | 광무 2년 11월 2일 奉勅<br>의정부 참정 박정양 |

거만 잠정적으로 독립협회를 통한 간접선거일 뿐, 심의의 기능에서는 의회로서의 새 중추원의 기능과 역할은 근대 민주주의국가 의회의 직능을 충분히 갖추도록 한 것이었다. 그것은 실제로 ① 입법권, ② 행정부의 정책에 대한 동의권, ③ 동의권을 통한 사실상의 감사권, ④ 조약비준권, ⑤

행정부 건의에 대한 자순諮詢권, ⑥ 건의권 등을 갖추었다. 그리하여 국정의 모든 중요 사항이 중추원을 거치고 그 동의를 얻어야 하도록 만들었으며, 행정부 단독으로는 중요 사항을 결정하여 집행하지 못하도록 제한시켜 놓았다.

이 의회설립법은 그대로 실현되지 못하였다. 왜냐하면 독립협회가 주도하는 의회 설립에 불안을 느낀 수구파가 예정보다 늦게 11월 4일 '중추원관제'를 반포하면서 의정부찬정 조병식의 이름으로 갑자기 독립협회의 지도자 17명을 구속하고,[321] 동시에 독립협회를 혁파하라는 조칙을 공포했기 때문이었다.[322] 이에 따라 원래 의회설립법이 11월 4일 공포되고 11월 5일 25명의 의원을 선출할 예정이던 독립협회는 의원 선출을 못한 채 17명 지도자의 석방과 독립협회 복설을 위한 만민공동회 투쟁을 전개해야만 했다.[323] 만민공동회의 완강한 투쟁의 결과 17명의 석방[324]과 독립협회 복설은 쟁취되었으나,[325] 그 대신 수구파는 11월 12일 중추원관제를 다시 개정하여 공포하였다.[326] 수구파의 이 중추원 관제 재개정은 ① 인민협회에 의한 민선의원제도의 삭제, ② 중추원의 자문권을 제외한 입법권 등 모든 의회기능의 폐지, ③ 독립협회의 의원선출 삭제 등을 골자로 한 것이었다.[327]

수구파의 이 중추원관제 재개정은, 독립협회가 중추원을 '의회議會'로 개편하면서 수구파의 주장이던 새 사간원 구상을 일부 흡수했던 것을, 이번에는 '의회'로의 개편 부분을 폐지하고 정부자문기관으로 복구한 것이었다. 이 수구파의 반격으로 본래 독립협회가 구상했던 근대의회제도로의

321 『司法稟報(乙)』, 法部 편, 제12책, 光武 2년 11월 10일조 ; 『起案』, 法部 편, 제68책, 光武 2년 11월 5일조 참조.

322 『起案』, 法部 편, 제68책, 光武 2년 11월 5일조 참조.

323 『尹致昊英文日記』 1898년 11월 3일조 참조.

324 『法部來文』, 議政府 편, 제6책, 光武 2년 11월 11일조.

325 『各部去照存案』, 議政府 편, 제1권, 光武 2년 11월 23일조 참조.

326 『奏議』, 議政府 편, 제24책, 光武 2년 11월 12일조 참조.

327 『奏本存案』, 議政府 편, 제2책, 光武 2년 11월 12일조 참조.

중추원의 개편은 좌절당한 것이었다.

재집권한 수구파 정부는 11월 29일 자문기관으로 복구된 중추원관제에 의거하여 황제 임명자 16명, 독립협회 회원 17명, 황국협회 회원 17명을 의관으로 신임하고,[328] 12월 15일 부의장에 윤치호를 선출한 다음 12월 16일에 재개정된 중추원을 개원하였다.[329] 수구파는 중추원을 황국협회가 주도하는 정부 임명의 자문기관으로 만들고자 했으나, 실제로 독립협회 회원들은 소수이면서도 원내에서 적극적 활동을 전개하여 즉각 중추원을 주도하기 시작했으며, 자문기관으로서의 중추원을 사실상의 근대의회처럼 활용하기 시작하였다.

이 중추원은 개원 직후 '재기가담자才器可堪者'(실제로 정부 대신 후보 11명)를 투표공천할 때에 민영준 · 민영환 · 이중하 · 박정양 · 한규설 · 윤치호 · 김종한 · 최익현 · 윤용구 등과 더불어 황제와 수구파의 기피 인물인 박영효와 서재필을 함께 천거하였다.[330] 이를 트집 잡아 1898년 12월 25일 수구파정부의 본격적 탄압에 의해 독립협회 출신의 의관들이 강압을 받고 뒤이어 독립협회가 해산당할 때까지, 자문기관으로서의 중추원은 독립협회의 주도하에 있었다.[331]

독립협회의 중추원의 의회(상원)로의 개편은 결국 실패하고 말았지만, 1898년 11월 2일의 중추원관제는 독립협회가 국민참정권사상을 제도화하여 실현시킨 것이었으며, 자유민권사상을 의회민주주의로 일시적이나마 제도화시킨 획기적인 것이었다.

---

328 『官報』 제1129호, 光武 2년 12월 1일조 ; 『奏本存案』, 議政府 편, 제3책, 光武 2년 11월 29일조 참조.

329 『皇城新聞』, 제1권 제88호, 1898년 12월 17일자 「雜報(副會長圈點)」 ; 『독립신문』, 제3권 제218호, 1898년 12월 17일자 「잡보(부의장선택 · 중추원회의)」 ; 『大韓季年史』(상), p.387 참조.

330 『中樞院來文』, 議政府 편, 제3책, 光武 2년 12월 16일조 참조.

331 『各部去照存案』, 議政府 편, 제2책, 光武 2년 12월 23일조 및 12월 29일조 참조.

여기서 특히 지적하지 않으면 안 될 것은 독립협회가 중추원 개편에 의한 의회 설립에 몹시 집착한 이유가 단순히 자유민권의 실현뿐만 아니라 자주독립의 수호도 동시에 이룩하려는 원대한 구상 때문이었다는 점이다.

독립협회는 황제와 수구파들이 취약하게 이권을 외국에게 넘겨주는 것을 무엇보다도 우려했으며, 열강에 위협을 당할 때 자주독립권마저도 허약하게 넘겨주지 않을까 몹시 두려워하였다.[332] 이것을 막기 위해서는 독립협회가 참가한 의회원을 설립하여 모든 중요 사항의 결정을 의회원의 동의 없이는 시행치 못하게 함으로써 이를 저지하려고 하였다. 우선 더 이상의 이권양여를 막고 국제세력의 균형이 깨어지는 날 언제 닥쳐올지 모르는 어느 한 열강의 국권침탈에 대비하여 이것을 의회 안에서의 민선의원인 독립협회 회원의 투쟁과 민권을 가진 민중의 지원으로 막아보려고 한 것이었다. 『독립신문』은 다음과 같이 썼다.

> 대저 동양 풍속이 나라를 정부가 독단하는 고로 나라가 위태할 때를 당하여도 백성은 권리가 없으므로 나라 흥망을 전혀 정부에다가 미루고 수수방관만 하고, 정부는 나중의 몇몇 사람이 순절만 할 줄로 성사를 삼는 고로 나라 힘이 미약하여 망하는 폐단이 자주 날뿐더러…….[333]

결국 독립협회의 의회설립론까지도 민권에 기초하여 민중의 힘으로 자주독립을 지키려고 한 민권사상과 독립사상이 통합되어 이루어진 것이었음을 알 수 있다.

독립협회와 의회원이 해산당하지 않고 존속되었다면 '을사5조약'이라는 일제에 의한 한국의 국권피탈은 그렇게 용이하지 않았을 것이며, 민중과 독립협회의 힘에 의해 분쇄되거나 더 시간을 얻을 수 있었을 것이다.

---

332 『尹致昊英文日記』 1898년 11월 8일조 및 1898년 11월 13일조 참조.

333 『독립신문』, 제3권 제216호, 1898년 12월 15일자 「민권론」.

## 5. 개혁자강사상

### 1) 입헌대의정체론

독립협회는 자주독립을 지키기 위하여 자유민권에 기초한 개혁자강改革自强사상을 수립하여 계몽하였다.

첫째, 독립협회는 종래의 전제군주제를 입헌군주제立憲君主制 · 대의군주제代議君主制로 개혁하고 삼권분립을 실현하여 근대 국민국가의 체제를 확립하려고 하였다.[334]

즉 그들은 중추원을 의회로 개편하여 입법기관으로 하고, 의정부를 정부책임만 갖는 행정부로 하여 내각책임제를 수립하려고 했으며, 입법권과 행정권을 완전히 분립시키면 사법권도 독자성을 가질 수 있다고 생각하였다. 그들은 이 '입헌대의정체'에 의하여 종래의 군주권에 근본적 제한을 가해 군주는 오직 국가의 상징으로 두면서, 민권에 기초한 근대 민주주의적 국민국가를 수립할 수 있다고 보았다.[335]

한편 그들은 공화제를 잘 알고 있었으며 소수의 급진파는 고종 폐위와 공화정 수립도 생각했던 것 같으나 다수 회원은 당시의 사정으로는 시기상조라고 보고 일단 '입헌대의군주제'를 현실적 개혁방안으로 판단했던 것같다.[336] 윤치호는 "군주로 하여금 인민을 기만하고 압제하지 못하게 하

334 『承政院日記』 光武 2년 (음) 6월 초2일조 「前中樞院議官尹致昊等疏」에서, 독립협회는 '實遵洪範 更選賢良 博採民議'를 상소하여 '立憲政體'의 원칙의 시행을 주장했으며, 『尹致昊英文日記』 1898년 3월 28일조에서는 專制君主制의 不可를 다음과 같이 썼다. "If Corea were go back to her old seclusion, absolute monarchism might do. But with all her doors open and foreigners watching her actions, Corea cannot go back to the old time practices." 또한 『尹致昊英文日記』 1898년 4월 14일조에서는 徐載弼과 尹致昊의 목적이 '代議政體a thoroughly representative government'임을 기록하였다. 또한 『독립신문』, 제3권 51호, 1898년 4월 30일자 「논설」 참조.

335 『독립신문』, 제3권 51호, 1898년 4월 30일자 「논설」; 『독립신문』, 제3권 195호, 1898년 11월 21일자 「만민공동회六차상소」 참조.

는 유일한 방법은 그러한 권력을 그로부터 박탈하는 것이다"[337]라고 하면서 그것이 현재의 환경에서는 실현되기 어렵다고 기록하였다.

독립협회는 입헌대의군주제에 의한 새로운 국민국가는 '법률'과 '장정章程'에 따라 정치를 하여 "백성으로 하여금 법률과 장정에 의해서만 다스려야지 만일 조금이라도 법률을 벗어난 착오가 있으면 이것은 백성을 속이는 것"[338]으로 규정하고 새로운 국민국가는 '정부가 백성을 압제'하지 못하는 법치국가法治國家라고 설명하였다.

그들은 "구폐할 도리인즉 가로되 법과 영은 홍범洪範을 다 준행하고"[339] 홍범에 의거하도록 하는 '입헌국가'라고 주장하였다. 즉 그들은 예컨대 갑오개혁 때의 '홍범' 같은 것을 헌법憲法의 원초적 형태와 유사한 것으로 생각하고, 이에 기초하여 각 부문의 법률과 규칙과 장정을 의회원에서 제정하여 법률에 따라 통치하는 입헌대의정체를 구상했다고 볼 수 있다.

둘째, 독립협회는 의정부를 내각책임제로 하여,[340] 개혁자강정책을 실천할 수 있는 강력한 개혁정부를 구성케 해야 한다고 보았다.[341] 당시 독립협회의 생각으로는 시세를 알고 애국적이며 신뢰할 수 있는 관료는 소수로 보였으며, 대부분이 부패무능한 탐관오리로 간주되었다.[342]

---

336 『尹致昊英文日記』 1899년 1월 9일조 참조. 여기서는 崔廷德 등의 사건은 황제폐위 주장과 관련된 것으로 기록하였다.

337 『尹致昊英文日記』 1898년 11월 16일조. "The only way to keep the Emperor from deceiving and oppressing the people is to deprive of him the power of doing so. But this cannot be even thought under the present circumstances."

338 『皇城新聞』, 제1권 제84호, 1898년 12월 13일자 「論說」

339 『독립신문』, 제3권 제86호, 1898년 7월 13일자 「협회재소」.

340 『承政院日記』 光武 2년 (음) 10월 초7일조 「從二品 高永根等疏」; 『독립신문』, 제3권 제195호, 1898년 11월 21일자 「만민공동회 六차상소」 참조.

341 『尹致昊英文日記』 1898년 2월 5일조 및 3월 19일조. "Corea has now a golden opportunity. Nobody is interfering with her. A strong and sensible government, with the welfare of nation in its heart, may use this chance—the last chance for establishing a firm and lasting peace in Corea and through her in the world."

342 『尹致昊英文日記』 1897년 1월 1일조, 1월 10일조 및 11월 11일조 참조.

독립협회가 신뢰한 대표적인 관료는 박정양 · 한규설 · 민영환 · 김종한 · 이상재 등과 같은 인물이었다.[343] 독립협회는 이러한 소수의 애국적 진취적 관료들을 중심으로 하고 신진관료들을 중견으로 한 개혁정부가 수립돼야 하며, 이러한 정부가 성립되면 국민이 단결하여 이를 지원할 것을 기대하였다.[344]

독립협회는 이러한 개혁정부는 정부의 직분을 다해야 한다고 강조하였다. 그들은 정부의 직분으로서, "백성을 편히 하고 나라를 이롭게" 해야 하며, "백성을 편히 하라 하면 불가불 그 좋아하고 싫어하는 것을 살펴서 좋은 일은 말하기 전에 시행하여 주고 그른 일은 말이 없어도 폐하여 백성의 일하기를 내 몸에 당한 일같이 열심히 해야"[345] 한다고 주장하였다. 즉 백성의 이익과 나라의 이익을 위해 백성의 의사를 대변하면서 적극적 개혁자강정책을 시행하는 것이 개혁정부의 직분이라고 본 것이었다.[346]

그러므로 독립협회는 민족적 위기 속에서 매관매직과 인민수탈을 일삼는 부패무능한 관료들을 정계에서 은퇴시키고, 애국적이며 구국할 수 있는 진보적 관료에 의한 개각을 요구하였다. 독립협회와 만민공동회의 '5흉', '7흉' 등 탐관오리에 대한 규탄은 이러한 사상과 관련된 것이었다. 또한 1898년 10월 29일의 '관민공동회'의 결과 부분적으로 애국적이며 진

343 『尹致昊英文日記』 1897년 3월 22일조 및 1898년 2월 15일조 ; 『奏議』, 議政府 편, 제24책, 光武 2년 11월 2일조 ; 『皇城新聞』, 제1권 제92호, 1898년 12월 22일자 「別報」 ; 『독립신문』, 제2권 제9호, 1897년 1월 23일자 「논설」 참조.

344 독립협회 제30회(1898년 6월 5일) 토론회 "국가를 흥왕케 하는데는 관민이 일심하는데 있지 강토의 대소에 있지 않음" ; 『독립신문』, 제2권 제89호, 1897년 7월 29일자 「논설」 ; 『독립신문』, 제2권 제100호, 1897년 8월 24일자 「논설」 ; 『독립신문』, 제2권 제133호, 1897년 11월 9일자 「논설」 ; 『독립신문』, 제3권 제54호, 1898년 5월 7일자 「논설」 ; 『독립신문』, 제3권 제94호, 1898년 7월 22일자 「회장폐헌」 ; 『독립신문』, 제3권 제109호, 1898년 8월 9일자 「유지각한 친구의 편지」 ; 『독립신문』, 제3권 제227호, 1898년 12월 28일자 「공동회에 대한 문답」 ; 『皇城新聞』, 제1권 제41호, 1898년 10월 22일자 「論說」 참조.

345 『독립신문』, 제3권 제106호, 1898년 8월 5일자 「정부의 직분」.

346 『尹致昊英文日記』 1898년 3월 19일조 참조.

취적 관료가 진출하자 이를 지지하고 적극적으로 개혁자강정책을 기대하였다.[347]

셋째, 독립협회는 이러한 개혁정부의 성립은 민중의 노력과 힘에 의해서 나와야 한다고 보았다.[348] 그들은 '인민의 세 가지 직무'[349]를 강조하고 "나라가 독립이 되고 아니 되기는 한 사람에게 달린 것이 아니라 전국 인민에게 달린 것"[350]임을 기회마다 강조하였다. 그들은 전국 인민이 이 '인민의 세 가지 직무'를 충실히 수행해야 나라가 자주독립과 백성의 자유민권을 지키는 개혁정부가 수립될 수 있다고 주장하였다.[351]

독립협회에 의하면 인민의 의사를 대변하는 대표적 기구가 의회였다. 의회는 인민의 세 가지 직무를 자기의 직무로 하여 입법권과 정부정책에 대한 동의권 및 감독권을 가지고 인민의 의사를 대행해주어야 한다고 보았다. 따라서 그들에 있어서는 의회 설립이 개혁자강정책을 실현시킬 신체제 수립의 핵심을 이루었다. 독립협회는 자기들이 의회를 담당하여야 하는 세력으로 보았으며, 윤치호를 의회의 지도자로 생각하였다.[352] 그들에 의하면, 의회는 인민을 대신하여 그 정부가 나라와 백성을 위하여 자기의 직분을 다하는 정부인가 아닌가를 판별하고, 그것이 정부의 직분을 다하지 못하는 정부이면 이를 교체시켜야 하며, 만일 그 직분을 다하는 정부이면 이 정부가 개혁자강정책을 실현할 수 있도록 적극적으로 단결하여 지원해주어야 짧은 기간에 개혁자강을 실현하는 데 성공할 수 있다고 보

347 『독립신문』, 제2권 제64호, 1897년 6월 1일자 「논설」.

348 독립협회 제31회(1898년 6월 12일) 토론회 「나라 법률을 튼튼히 지키기는 백성에게 있음」 참조.

349 『독립신문』, 제3권 제4호, 1898년 1월 11일자 「논설」; 『독립신문』, 제3권 제26호, 1898년 3월 3일자 「대한인민의 직무」 참조.

350 『독립신문』, 제2권 제88호, 1897년 7월 27일자 「논설」; 『독립신문』, 제2권 제89호, 1897년 7월 29일자 「논설」.

351 『독립신문』, 제2권 제100호, 1897년 8월 24일자 「논설」; 『독립신문』, 제3권 제26호, 1898년 3월 3일자 「대한인민의 직무」 참조.

352 『中樞院來文』, 議政府 편, 제2책, 光武 2년 12월 15일조 참조.

았다.[353]

넷째, 독립협회는 개혁정부가 수립되어 정부가 자기의 직분을 충실히 수행하고 의회를 통하여 인민이 자기의 직무를 충실히 수행하면, 정부와 인민 사이에 '신뢰'와 '통정'(의사소통과 이해)이 생겨 지금까지의 불신을 씻고 단결해서 안으로는 자강을 실현하고 밖으로는 외세의 침략을 막을 수 있다고 보았다.[354]

그들은 결국 입헌대의정체의 근대 국민국가를 확립해서 개혁정부와, 독립협회가 주도하는 의회와, 애국적 민중이 일치단결하여 개혁자강정책을 실행함으로써 그들이 당면한 민족적 위기를 타개하려고 생각한 것이었다.

독립협회는 국제 세력 균형이 깨어져서 어느 한 열강이 그들을 침략하더라도 이를 막아내고 자주독립을 지킬 수 있도록 자강을 이룩하는 데 소요되는 기간을 약 '다섯 해'[355]로 생각하였다.

### 2) 행정 · 재정개혁론

독립협회는 개혁자강정책의 기초로서 행정제도와 재정제도의 전면적인 근대적 개혁을 주장하였다.

첫째, 독립협회는 종래 관리들이 법률과 장정을 준행치 아니하고 자의로 권력을 행사하여 인민수탈과 부정부패가 자행되어온 것을 개혁하려고 결의하였다. 이를 위해서 각 부서별로 엄정한 법률과 규칙을 제정하여 그에 의거한 법치주의행정을 실시하고 관료들의 자의적 행정을 철저히 금지시켜야 한다고 주장하였다.[356]

---

353 『독립신문』, 제3권 제106호, 1898년 8월 5일자 「정부의 직분」 참조.

354 『독립신문』, 제3권 제94호, 1898년 7월 22일자 「회장폐헌」 참조.

355 『尹致昊英文日記』 1898년 3월 19일자. "for an absolute control of the Corean affairs for say five years beginning now." 『독립신문』, 제2권 제22호, 1897년 2월 23일자 「논설」; 『독립신문』, 제2권 제64호, 1897년 6월 1일자 「논설」 참조.

356 독립협회 제24회(1898년 3월 27일) 토론회 "나라와 백성을 안보하려면 일정한 법률을 긴

둘째, 독립협회는 종래 대신을 비롯한 중앙 및 지방의 행정관리의 임면이 조석변개하고, 한 직책에 있어서의 재임기간이 극히 짧아서 책임 있는 개혁행정을 하지 못해왔으므로, 이를 고쳐야 한다고 주장하였다.[357] 또한 그들은 종래 대신이 이동하면 그 밑에 관리들이 모두 이동하는 폐해의 개혁을 역설하였다. 그들은 칙임관 이하 육군관원, 외교관, 관찰사, 지방수령, 경무관 등을 비롯한 주요 관리들은 대신의 이동과 관계없이 신분이 보장되도록 관료제도를 개혁해야 한다고 주장하였다.[358]

독립협회는 나쁜 법률보다 나쁜 행정이 나라를 해친다고 하면서,[359] 관리의 선발과 임명에 대하여 당시의 부패무능한 세도가들의 매관매직 구습을 통렬하게 비판하고,[360] 다음과 같은 방향의 근본적 개혁을 구상하였다.

① 대신의 임명은 내각회의의 다수결의 동의를 얻어서 칙임할 것.[361]
② 모든 관리의 임명은 시험제도에 의하여 시험을 거쳐 임명할 것.[362]
③ 칙임관 이상은 내각회의의 과반수 이상의 다수결의 동의를 얻어서 임명할 것.[363]

---

급히 준행하여야 함" ; 『독립신문』, 제1권 제34호, 1896년 6월 23일자 「논설」 ; 『독립신문』, 제1권 제57호, 1896년 8월 15일자 「논설」 ; 『독립신문』, 제1권 제61호, 1896년 8월 25일자 「논설」 ; 『독립신문』, 제1권 제102호, 1896년 11월 28일자 「논설」 ; 『독립신문』, 제2권 제32호, 1897년 3월 18일자 「논설」 ; 『독립신문』, 제2권 제99호, 1897년 8월 21일자 「논설」 ; 『독립신문』, 제2권 제147호, 1897년 12월 11일자 「논설」 ; 『독립신문』, 제3권 제86호, 1898년 7월 13일자 「협회재소」 ; 『독립신문』, 제3권 제120호, 1898년 8월 22일자 「나라를 망하는 것」 참조.

357 『독립신문』, 제3권 제47호, 1898년 4월 21일자 「논설」 참조. 이 논설은 1896년 1월 11일부터 1898년 4월 19일까지 각부대신의 이동을 실제의 사례를 들면서 비판하였다.

358 『독립신문』, 제1권 제13호, 1896년 5월 5일자 「논설」 참조.

359 『尹致昊英文日記』 1897년 3월 20일조.

360 『독립신문』, 제1권 제57호, 1896년 8월 15일자 「논설」 ; 『독립신문』, 제1권 제71호, 1896년 9월 17일자 「논설」 참조.

361 『奏本存案』, 議政府 편, 제3책, 光武 2년 10월 31일조 「官民共同會獻議六條」 참조.

362 *The Independent*, November 19th, 1896, 'Editorial' ; 『독립신문』, 제3권 제72호, 1898년 6월 23일자 「잡보」 참조.

363 『奏議』, 議政府 편, 제23책, 光武 2년 10월 30일조 「官民共同會 獻議六條」 참조.

④ 칙임관 이하는 장정을 제정하여 그 자격 기준에 따라서 임명할 것.[364]

⑤ 지방관은 지방민의 선거에 의하여 선출할 것.[365]

이러한 관리임명제도의 개혁구상은 당시의 관직매매와 무질서한 자의적 정실임면의 폐해를 근본적으로 개혁하기 위한 획기적인 것이었다.

셋째, 독립협회는 관리의 전문화와 능률화를 위한 개혁을 주장하였다. 그들은 행정의 책임을 분담시켜 관리들을 전문직으로 양성하고 행정능률을 높여야 하며, 이를 위해서는 제도개혁과 함께 관리의 지위의 안정과 신교육이 필요하다고 주장하였다.[366]

넷째, 독립협회는 각 직책의 임무가 장정章程으로 규정되면 그 임무만을 충직하게 수행하고 상관의 불법적 압력에 굴복하거나 법률 밖의 권력행사를 스스로 하지 않는 근대적 관료의 훈련이 있어야 하며, 관료에 대한 낡은 관념의 변혁이 있어야 한다고 주장하였다. 그들은 특히 당시 문제의 초점이었던 경무청의 사례를 들면서,[367] 그 직무의 주요 내용을 새로 밝혔다.[368]

다섯째, 독립협회는 행정공개주의를 주장하였다. 이것은 종래 행정의 온갖 폐해, 즉 탐관오리의 인민수탈, 매관매직, 부정부패, 유능한 관료에 대한 참소 등이 모두 사랑방에서 이루어지는 전근대적 비공개 행정에 의해 발생한다고 보고, 모든 행정을 공개하여 국민의 감시하에 둠으로써 폐해를 시정할 수 있다고 생각한 것이었다.

독립협회는 군사와 외교의 일부를 제외하고는 행정 · 통상 · 재정 등 모

---

364 *The Independent*, November 19th, 1896, 'Editorial' 참조.

365 『독립신문』, 제1권 제4호, 1896년 4월 14일자 「논설」 참조.

366 『독립신문』, 제3권 제62호, 1898년 5월 31일자 「외국 사람의 의견」 참조.

367 『독립신문』, 제1권 제61호, 1896년 8월 25일자 「논설」 참조.

368 『皇城新聞』, 제1권 제18호, 1898년 9월 26일자 「경찰론」 참조. 여기서는 警務廳의 직무를 다음과 같이 들었다. ① 인민의 생명과 재산의 보호, ② 일반국민의 안녕질서의 유지, ③ 법률위반자의 강제, ④ 공공에 대한 위해의 예방, ⑤ 인민의 발달 부강에 대한 지원. 여기서도 그들의 행정개혁론이 민권사상에 기초한 근대적 개혁자강론임을 명백히 알 수 있다.

든 국정을 공개하여 국민이 그것을 알고 감시해야 온갖 폐해를 스스로 고칠 수 있다고 보고, 공개주의가 개화의 행정이라고 역설하였다.[369]

여섯째, 독립협회는 당시의 가장 심각한 문제였던 지방행정의 폐해에 대하여 적극적 개혁안을 구상하였다. 당시 지방행정은 부패와 인민수탈의 수렵장이어서,[370] 민란과 유민流民과 화적의 요인을 이루고 있었으며, 지방관들이 중앙정부의 훈령을 반포도 하지 않는 일이 자주 발생하고 있었다.[371] 독립협회는 지방행정의 문란에 대하여 다음의 개혁을 주장하였다.

① 지방의 각종 잡세를 혁파하고 지방에만 통용되는 戶布錢 등을 조정하여 지방의 부담과 서울의 부담을 균등하게 개정할 것.[372]
② 지방의 균형적 발전을 도모하여 지방에 대한 정부의 재정 지출을 증대시킬 것.[373]
③ 지방에 각종 문화시설을 설치할 것.[374]
④ 지방관의 질을 높이고 애민하는 지방관을 양성하며, 탐관오리의 표본을 색출, 엄벌하여 본보기를 보일 것.[375]
⑤ 지방대의 민폐를 엄벌할 것.[376]
⑥ 지방관의 임명을 지방민의 선거에 의해서 선출하도록 할 것.[377]

---

369 『독립신문』, 제1권 제37호, 1896년 6월 31일자 「논설」 참조.
370 『尹致昊英文日記』 1898년 5월 1일조 참조.
371 『독립신문』, 제1권 제3호, 1896년 6월 13일자 「논설」 참조.
372 『독립신문』, 제1권 제28호, 1896년 6월 9일자 「논설」 참조.
373 『독립신문』, 제1권 제102호, 1897년 9월 28일자 「논설」 참조.
374 『독립신문』, 제1권 제28호, 1896년 6월 9일자 「논설」 참조.
375 『독립신문』, 제1권 제5호, 1896년 4월 16일자 「논설」; 『독립신문』, 제1권 제30호, 1896년 6월 13일자 「논설」; 『독립신문』, 제1권 제3호, 1896년 8월 6일자 「논설」; 『독립신문』, 제1권 제72호, 1896년 9월 19일자 「논설」; 『독립신문』, 제3권 제99호, 1898년 7월 28일자 「지방 경무 변통」; 『독립신문』, 제3권 제169호, 1898년 10월 20일자 「몰라요씨의 의견」; 『독립신문』, 제3권 제171호, 1898년 10월 22일자 「시폐개탄론」 참조.
376 『독립신문』, 제3권 제59호, 1898년 5월 24일자 「논설」 참조.
377 『독립신문』, 제1권 제4호, 1896년 4월 14일자 「논설」; 『독립신문』, 제1권 제5호, 1896년 4월 16일자 「논설」 참조.

이 가운데서도 그들은 특히 지방관을 그 지방인민이 투표에 의해 선출하여 임명하는 것이 근본적 해결 방법이라고 보았다. 그들은 지방선거제를 도입하는 경우 "불과 1~2년 동안이면"[378] 개혁의 효과를 볼 수 있을 것이라고 전망하였다. 이것은 독립협회의 지방행정 개혁안 중에서 독특한 탁견이라고 하지 않을 수 없다.

독립협회는 이상의 지방개혁과 함께 다음과 같은 방향의 재정개혁을 통하여 개혁자강정책의 기초를 닦으려 하였다.

첫째, 독립협회는 재정을 탁지부에서 통일하여 관장하도록 하고, 그 관리는 자주적으로 하며, 흑자 예산을 편성하여 일본차관의 단계적 반제를 주장하였다.[379]

둘째, 독립협회는 조세법률주의를 시행할 것을 주장하였다. "1푼 1호라도 백성의 재물을 법외로 세를 받으면 백성의 막중한 권리를 침범하는 것으로"[380] 조세는 그 세액과 납기를 법정하여 그 법정한 바에 의해서만 징수해야 한다고 주장하였다. 그들은 각 부처가 파원을 보내어 지방에서 잡세를 징수하는 것이 재정문란의 가장 큰 원인이라고 하여 이를 통렬하게 비판하였다.[381]

셋째, 독립협회는 조세부담의 형평 원칙을 주장하고, 농민에게만 불공평하게 주어지는 잡세부과의 혁파를 주장하였다. 그들은 세입의 증대는 농민에 대한 규정 외의 잡세를 징수하는 방법에 의해서가 아니라, 도리어 불법의 잡세징수를 금지하고, 종래 호포전戶布錢과 장세場稅 등을 납부하

378 『독립신문』, 제1권 제4호, 1896년 4월 14일자 「논설」 참조.

379 『皇城新聞』, 제1권 제97호, 1898년 12월 28일자 「논설」; 『독립신문』, 제3권 제169호, 1898년 10월 20일자 「몰나요씨의 의견」; 『독립신문』, 제2권 제135호, 1897년 11월 13일자 「논설」 참조.

380 『독립신문』, 제3권 제114호, 1898년 8월 15일자 「세받는 권리」.

381 『民會實記』 光武 2년(음) 6월 18일조; 『大韓季年史』(상), pp.214~220; 『독립신문』, 제1권 제28호, 1896년 6월 9일자 「논설」; 『독립신문』, 제3권 제114호, 1898년 8월 15일자 「세받는 권리」 참조.

지 않던 서울 시민에게 농민과 형평한 부담을 갖게 함으로써 이루어져야 한다고 주장하였다.[382]

넷째, 독립협회는 재정개혁과 세입증대를 위한 기본사업의 하나로 양전量田사업과 인구조사의 실시를 주장하였다. 특히 양전사업은 ① 은결隱結을 발견하여 토지대장에 등록시키고, ② 종래 과중하게 부담을 지우던 진폐전陳廢塵의 부담을 폐지하여 조세부담을 공평하게 하며, ③ 총결수總結數의 증가로 인한 막대한 재정수입의 증대를 가져오고, ④ 국가재정에 대한 장기 계획을 갖게 하는 큰 효과가 있다고 지적하였다.[383]

다섯째, 독립협회는 국내에서 상행위를 하거나 가옥을 가진 외국인에 대해서도 내국인과 동일한 조세를 징수하여 형평의 원칙을 적용하고 조세수입을 증대시켜야 한다고 제안하였다.[384]

여섯째, 독립협회는 재정의 예산·결산 공개주의를 주장하였다. 즉 조세 수입은 인민의 소출이므로 이것을 인민에게 공개하여 인민의 신뢰를 얻어야 재정이 튼튼해진다고 보았다.[385]

일곱째, 독립협회는 행정비, 특히 인건비의 절약을 주장하였다.[386] 그들은 특히 불필요한 용관冗官이 다수 신설되어 도리어 옛적의 용관보다 많게 되었으므로 용관도태를 통한 경비 절약이 시급하다고 강조하였다.[387]

---

382 『皇城新聞』, 제1권 제28호, 1898년 10월 7일자 「논설」; 『독립신문』, 제1권 제28호, 1896년 6월 9일자 「논설」; 『독립신문』, 제3권 제87호, 1898년 7월 14일자 「이게 독립인지」 참조.

383 『大朝鮮獨立協會會報』 제13호, 1897년 5월 13일자 「독립론」; 『독립신문』, 제2권 제7호, 1897년 2월 5일자 「논설」; 『독립신문』, 제2권 제60호, 1897년 5월 22일자 「논설」 참조.

384 『독립신문』, 제1권 제28호, 1896년 6월 9일자 「논설」 참조.

385 『皇城新聞』, 제1권 제97호, 1898년 12월 28일자 「論說」. "此歲入은 乃是 人民之所出 則歲入歲出之豫算表를 乃可頒布人民이라야 乃可信之也니, 何者오 人民則 於局自己所見하여 暗算이 許多에 以一道之稅로 可爲國家一年之計者이 必十居七八則 是는 貧國之常性이니 不必深誅也나 乃其無算於心으로 熟若有算於此리요"; 『독립신문』, 제1권 제37호, 1896년 6월 30일자 「논설」 참조.

386 『尹致昊英文日記』 1897년 3월 27일조 참조.

387 『大朝鮮獨立協會會報』 제13호, 1897년 5월 13일자. "節用之道 莫過於儉約 不緊之費 不急之需 一切廢却 奢靡之風 侈濫之習 嚴加禁斷 則財裕民足 自無不敷之歎矣 汰冗官 亦節用之一助

여덟째, 독립협회는 세제개혁을 통해 흑자 예산을 편성한 다음, "1년에 들어오는 세입 3분의 2는 백성을 위해 쓰고 3분의 1로 월봉을 주어서"[388] 정부가 재정의 지출의 3분의 1은 행정비, 3분의 2는 자강개혁책 실시를 위하여 쓰는 원칙을 제안하였다. 그들에 의하면 개혁자강정책은 민간과 정부가 공동으로 추진해야 하며, 정부 자신이 재정자금을 지출해야 한다고 생각하였다.

### 3) 신교육론

독립협회는 자강을 위하여 가장 중요한 제일차적 사업은 신교육을 일으키는 것이라고 보았다. 『대조선독립협회회보』는 독립과 자강을 위해서는 제일로 교육을 널리 실시하여 인민이 실학실업實學實業에 연구케[389] 하는 것이 가장 중요하다고 주장하였다. 독립협회가 토론회의 제1회 주제를 무엇보다도 먼저 '교육'을 선택하여 "조선에 급선무는 인민의 교육임"[390]으로 설정한 곳에서도 자강을 위하여 그들이 '교육'을 얼마나 중요시했는지 알 수 있다.

그들은 재정자금도 "이 돈을 들여 첫째, 학교를 설치하고, 둘째, 각양 제조소를 설립하여"[391]야 한다고 주장하면서, 가장 먼저 학교 설립을 통한 신교육을 강조하였다. 독립협회가 자강을 위하여 교육이 가장 중요하다고 생각한 것은 국가의 전반적 개혁을 민권에 기초하여 수행하기 위해서는 민족이 선진과학기술과 신지식을 습득하고 세계의 변화를 알아야 한다고 보았기 때문이었다. 그들은 국민주권을 주장하는 개혁주의자들이었기 때문에 '신교육'을 통하여 민중이 계몽되고 신지식을 습득하는 것이 자강 실

---

而冗官旣汰之後 新設之冗官 反多於前日之冗官 則烏在其汰冗官之本意乎."

388 『독립신문』, 제2권 제120호, 1897년 10월 9일자 「논설」 참조.

389 『大朝鮮獨立協會會報』, 제4호, 1897년 1월 15일자

390 독립협회 제1회(1897년 8월 29일) 토론회 주제.

391 『독립신문』, 제2권 제120호, 1897년 8월 29일자 「논설」.

현의 지름길이라고 생각하였다.

둘째, 독립협회는 신교육을 일으키기 위해서는 그 제도로서 학교를 설립하는 것이 급무라고 보았다. 그들은 다음 여러 가지 학교의 설립을 주장하였다.

(1) 소학교

그들은 국민의 교육 가운데서 가장 중요하고 효과적인 것이 아동교육이라고 보고, 전국 방방곡곡에 소학교小學校 설립을 주장하였다. 그들은 금후 나라의 흥망이 어린이의 교육 여하에 달려 있다고 보고, 자강하는 가장 기초적 사업은 소학교를 많이 설립하는 것이라고 주장하였다. 그들이 어린이 교육과 소학교 설립을 가장 시급한 것으로 본 이유는 "첫째, 사람마다 어렸을 때 배우는 것이 장성한 후 배우는 것보다 쉽고 속하며, 전국 아이들을 잘 가르쳐 놓으면 전국 인구가 다 교육될 터이니"[392] "지금 자식들 교육시키는 것은 봄에 씨뿌리는 것"[393]과 같아서, 그들이 장성하면 한국을 자주부강한 나라로 만들 것이라고 보았기 때문이다.[394]

(2) 여학교

소학교 설립과 함께 가장 강조된 것이 부녀교육을 위한 여학교女學校 설립이었다.[395] 독립협회는 부녀교육과 여학교 설립은 미래의 부인과 자녀 교육을 담당하는 미래 어머니를 교육하는 것이기 때문에 남자의 교육과 똑같이 중요한 것이라고 역설하고,[396] 다음과 같이 주장하였다.

---

392 『독립신문』, 제3권 제137호, 1898년 9월 13일자 「여인교육」.

393 『독립신문』, 제1권 제16호, 1896년 5월 12일자 「논설」.

394 『皇城新聞』, 제1권 제27호, 1898년 10월 6일자 「論說」; 『독립신문』, 제2권 제101호, 1897년 8월 26일자 「윤치호 연설」; 『독립신문』, 제2권 제110호, 1897년 9월 16일자 「논설」; 『독립신문』, 제3권 제80호, 1898년 7월 6일자 「동몽교육」 기타 참조.

395 독립협회 제5회 (1897년 9월 26일) 토론회 "부녀를 교육하는 것이 의리상과 경제상에 못당함" 참조.

396 『皇城新聞』, 제1권 제50호, 1898년 11월 23일자 「論說」; 『독립신문』, 제1권 제16호, 1896년 5월 12일자 「논설」; 『독립신문』, 제3권 제137호, 1898년 9월 13일자 「여인교육」 참조.

정부에서 사내아이들을 위해 학교를 하나 짓게 되면 계집아이들을 위해서 또 하나 짓는 것이 마땅한 일[397]〔이다〕.

그들은 여성을 교육시키지 않는 것은 동포의 절반을 버리는 것이라고 지적하면서[398] "옛부터 어느 나라 사기를 보던지 여인의 교육을 돌아보지 아니하는 나라는 무식하고 잔악하고 마침내 망하며, 여인의 교육을 힘쓰는 나라는 점점 흥왕하는 것"[399]이라고 역설하였다.

독립협회는 당시 전국에 아직 대한인에 의한 여학교가 하나도 설립되지 못한 것을 개탄하면서, 여성자매단체인 순성회順成會가 순성여학교順成女學校 설립운동을 전개하자 적극 이를 지원하였다.[400]

(3) 중학교와 대학교

독립협회는 소학교와 여학교 설립이 전국적으로 어느 정도 이루어지면 외국 학제를 참고하여 중학교와 대학교를 설립해서 국민의 고등교육 실시를 구상하였다.[401] 그들은 중학교를 전국 주요 도시에 세우고 서울에 대학교를 설립하여 자녀들에게 전문교육을 시키게 되면 신교육 실시의 제1차적 사업이 성공하는 것이라고 생각하였다.

(4) 실업학교와 전문학교

독립협회는 각 분야에서의 실업학교와 전문학교의 설립을 구상하였다. 특히 그들은 공업기술학교[402]의 설립과 농업학교의 설립을 매우 시급한 것으로 간주하였다.[403] 그들은 정부가 우선 매년 10만 원씩 3년간 재정자금

397 『독립신문』, 제1권 제16호, 1896년 5월 12일자 「논설」.

398 『독립신문』, 제1권 제66호, 1896년 9월 5일자 「논설」 참조.

399 『독립신문』, 제3권 제137호, 1898년 9월 13일자 「여인교육」.

400 『皇城新聞』, 제3권 제137호, 1898년 9월 8일자 「別報」; 『皇城新聞』, 제1권 제33호, 1898년 10월 13일자 「別報」; 『독립신문』, 제3권 제137호, 1898년 9월 13일자 「여인교육」 참조.

401 『大朝鮮獨立協會會報』, 제14호, 1897년 6월 15일자 ; 『독립신문』, 제3권 제80호, 1898년 7월 6일자 「논설」 참조.

402 『尹致昊英文日記』 1897년 2월 7일조.

403 『尹致昊英文日記』 1897년 2월 7일조 및 8월 5일조 참조.

을 지출하여 공업학교와 농업학교를 세우고, 공작 · 철공 · 제지 · 유리제조 · 직조 · 피혁제조 · 제복制服 · 과수 · 농경 등의 기술교육을 시행하며, 학교마다 이에 부속하여 권공장勸工場이라고 부르는 실습공장과 실험농장의 설립을 주장하였다.[404]

셋째, 독립협회는 당시 대한의 현실에 비추어서 외국 학제를 연구한 다음 한국의 경우 소학교 · 중학교 · 대학교의 학제를 각 3년제로 할 것을 구상하였다. 그리고 이에 따라 각 학년마다 심상尋常 · 고등보통 · 전문의 구분과 교과과정의 단계적 고급화와 전문화를 구상하였다.[405] 그들이 구상한 각 3학년의 학제는 당시 학생들의 소학교 입학연령이 늦은 현실을 감안한 것이었다.

넷째, 독립협회는 각급 학교의 교육 내용에 대하여 교과과정의 과목을 실상학문實相學問으로 개혁해야 한다고 보고 구체적 개혁안을 도처에서 주장하였다.[406] 그들이 실상학문 또는 '실학'이라고 하여 강조한 과목은 다음과 같았다.

① 『대조선독립협회회보』에서 강조한 과목[407] : 농학 · 의학 · 병학 · 수학 · 화학 · 기학氣學 · 중학重學 · 천문학 · 지리학 · 기계학 · 격치학格致學 · 정치학 · 경제학 · 법률학 · 어학

② 『독립신문』에서 강조한 과목[408] : 정치학 · 경제학 · 법률학 · 공학 · 생물

---

404 『독립신문』, 제1권 제70호, 1896년 9월 15일자 「논설」 참조. 여기서 주장하는 '勸工場'은 技術學校演習場을 포괄한 광의로 사용되고 있다.

405 『皇城新聞』, 제1권 제93호, 1898년 12월 23일자 「論說」; 『大朝鮮獨立協會會報』, 제5호, 1897년 1월 30일자; 『大朝鮮獨立協會會報』, 제14호, 1897년 6월 15일자 참조.

406 독립협회 제9회(1897년 11월 7일) 토론회 "대한이 세계 각국과 비견하여 제일 상등국이 되려면 근일 새 법과 새 학문을 배우지 말고 한 · 당 풍속과 예절을 본받는 것이 마땅함" 참조.

407 『大朝鮮獨立協會會報』, 제1호, 1896년 11월 30일자; 『大朝鮮獨立協會會報』, 제14호, 1897년 6월 15일자 참조.

408 『독립신문』, 제2권 제71호, 1897년 6월 17일자 「논설」; 『독립신문』, 제3권 제142호, 1898년 9월 19일자 「유지각한 친구의 글」; 『독립신문』, 제1권 제104호, 1896년 12월 3일자 「논설」 참조.

학 · 병학兵學 · 화학 · 의학 · 천문학 · 농학 · 지리학 · 산림학 · 기계학 · 역사학(세계사와 국사) · 이재학理財學 · 상무학常務學 · 국어학 · 외국어학 · 체육

③ 『황성신문』에서 강조한 과목[409] : 경학(사서) · 역사학(국사 · 동양사 · 서양사) · 정치학 · 병학 · 농학 · 천문학 · 지리학 · 의약학 · 광학 · 공학 · 제조학 · 격치학 · 화학 · 경제학 · 상학 · 법률학 · 어학 · 문학

그들은 학교에서의 교과 내용이 모두 허문虛文의 누적된 폐단을 버리고 '이용후생利用厚生, 부국강병富國强兵, 실사구시實事求是'를 하는 실상학문 또는 실학을 가르쳐야 한다는 기본 원칙을 가지고 있었다.[410] 이 점에 대해서는 서재필 · 윤치호 등 서구사상의 영향을 크게 받은 흐름과 개신유학적 전통을 배경으로 한 흐름의 입장은 완전히 일치하였다. 차이를 보이는 점은 개신유학적 전통의 흐름에서는 『사서四書』까지의 동양경서를 교과목에 넣어야 하고, 동양사에 대한 강조가 아직도 크며, 문학을 교과목에 넣고 있다는 점이다(서재필 등은 이에 대하여 체육을 강조하였다). 이러한 교과 과정에서 공통적 특징을 들면 대체로 다음과 같았다.

① 자연과학 과목을 강조한 점[411]
② 경세제국經世濟國에 관련된 정치 · 경제 · 법률 등의 새 사회과학을 강조한 점
③ 산업개발과 관련된 과목의 비중을 크게 둔 점
④ 국사와 세계사 교육을 강조한는 점
⑤ 외국어 교육을 강조한 점

---

409 『皇城新聞』, 제1권 제3호, 1898년 9월 7일자 「論說」; 『皇城新聞』, 제1권 제78호, 1898년 9월 15일자 「논설」; 『皇城新聞』, 제1권 제93호, 1898년 12월 23일자 「論說」 참조.

410 『大朝鮮獨立協會會報』, 제1호, 1896년 11월 30일자; 『독립신문』, 제2권 제118호, 1897년 10월 5일자 「논설」 참조.

411 『大朝鮮獨立協會會報』는 각 호에서 자연과학을 가장 강조하고 지면의 절반 이상을 여기에 바쳤다.

독립협회와 『독립신문』은 이 밖에도 학교교육에서 개혁해야 할 점으로 다음 사항을 주장하였다.

① 모든 교육에는 국어를 주로 사용할 것[412]
② 수학교육과 그 밖의 모든 숫자는 점차 아라비아 숫자를 사용해나갈 것[413]
③ 체육을 교과목으로 넣을 것[414]

이러한 교과 내용의 개혁구상은 당시의 동양경서와 중국사상 중심의 교과 내용에 비교하면 실로 획기적인 것이었다.

다섯째, 독립협회는 학교에서 사용할 교과서와 일반인민의 교육을 위한 서적의 출판을 장려하였다. 그들은 출판회사가 설립되어 농업·공업·상업·정치·법률·의학·역사·수학·지리·천문 등에 관한 각종 서적을 출판하고 또 이러한 분야에 대한 외국 서적을 국문으로 번역하여 출판하는 것이 개혁자강에 매우 중요한 사업이라고 주장하였다.[415] 또한 그들은 장래에 공공도서관 설립을 구상했으며,[416] 박물관 설립도 구상하였다.[417]

여섯째, 독립협회는 외국으로부터의 선진과학기술과 신지식의 도입에 대한 적극적인 대책을 주장하였다. 그 주요한 것으로 다음의 세 가지를 들 수 있다.

① 외국 서적의 출판사업 : 독립협회는 당시 대한이 과학기술을 비롯한 여러 중요 부문에서 유럽과 미국에 비하여 낙후되어 있음을 인식하고, 정부

412 『독립신문』, 제2권 제92호, 1897년 8월 5일자 「논설」; 독립협회 제6회(1897년 10월 17일) 토론회 "국문을 한문보다 더 쓰는 것이 인민교육을 성대케 하는 데 유조함" 참조.

413 『독립신문』, 제2권 제20호, 1897년 2월 18일자 「논설」 참조.

414 『독립신문』, 제1권 제103호, 1896년 12월 3일자 「논설」; 『독립신문』, 제1권 제108호, 1896년 12월 12일자 「논설」; 『독립신문』, 제2권 제21호, 1897년 2월 20일자 「논설」.

415 『독립신문』, 제1권 제25호, 1896년 6월 2일자 「논설」 참조.

416 『尹致昊英文日記』 1898년 5월 1일조 및 1897년 8월 29일조 참조.

417 『尹致昊英文日記』 1897년 8월 5일조 및 8월 29일조.

와 민간회사가 유럽과 미국의 서적을 번역하여 출판할 것을 주장하였다. 그들은 특히 민간회사와 민간단체의 적극적인 외국 서적의 번역을 장려하였다.[418]

② 외국어학교 통합 : 당시 서울에는 영어 · 한어漢語(중국어) · 법어法語(프랑스어) · 일어 · 덕어德語(독일어)학교 등의 5개 외국어학교가 분립되어 있었고 다시 독어학교를 설립하려 하고 있었는 바, 독립협회는 이들의 통합을 강력히 주장하였다. 그 이유는 이들을 통합하면, 경비가 절약되고, 각 학교 학도들이 다른 외국어의 공부를 겸하게 되며, 학도들의 교제가 넓어져서 지식도 넓어지고, 규율과 제복이 일정하게 되어 착란치 않으며, 모두 동문수학하게 되어 붕당이 발생하지 않는 다는 것이다.[419]

독립협회는 당시 외국어학교 학도들이 자기 전공의 한 외국어와 한 나라 사정에만 통해 후일 친러파 · 친일파 · 친영파 등 외세의존적 파당을 조성하는 소인이 되지 않을까 몹시 두려워하여, 이들을 통합함으로써 이 폐해의 개연성을 사전에 방지하고 각국의 문화를 골고루 흡수하는 이중의 효과를 얻고자 했던 것 같다.

③ 유학생 파견 : 독립협회는 정부가 우수한 학도들을 적극적으로 외국에 파견하여 유익한 학문과 기술을 배워다가 인민들에게 전달하고 나라를 부강케 하는 데 도움이 되게 해야 한다고 주장하였다. 그들은 1898년 4월 일본유학생들이 학비부족으로 곤경에 처해 있다는 소식을 듣고 유학생 학비 모금운동을 전개하였다.[420]

독립협회의 이러한 신교육론은 자강을 위한 기초작업으로 중요시되었

418 『독립신문』, 제2권 제144호, 1897년 9월 20일자 「유지각한 친구의 글」; 『독립신문』, 제3권 제82호, 1898년 7월 8일자 「각국어 학교」 참조.

419 『독립신문』, 제1권 제25호, 1896년 6월 2일자 「논설」 참조.

420 『독립신문』, 제3권 제43호, 1898년 4월 16일자 「잡보」; 『독립신문』, 제3권 제48호, 1898년 4월 28일자 「잡보」; 『독립신문』, 제1권 제80호, 1876년 10월 8일자 「논설」; 『독립신문』, 제3권 제98호, 1898년 7월 27일자 「하의원은 급치 안타」 참조.

으며, 당시 학부의 중견관리들이 대부분 독립협회의 회원들이었기 때문에 초기광무년간의 교육정책에도 많이 반영되어 실제로 신교육의 발전에 큰 영향을 끼쳤다.[421]

### 4) 산업개발론

독립협회의 개혁자강사상은 신교육론 다음으로 산업개발의 중요성을 강조하였다. 『대조선독립협회회보』는 나라의 부강은 선진과학기술을 적극적으로 도입하여 산업을 개발함으로써 이루어진다고 설명하였다.[422]

『황성신문』도 자강사업의 요체가 학교 설립과 산업개발에 있음을 강조했으며,[423] 『독립신문』도 재정자금의 3분의 2는 교육 다음으로 산업개발을 위한 '제조장'의 건설에 투입되어야 한다고 주장하였다.[424] 그들은 당시의 산업이 주로 농업에만 의존하고 있는 상태를 탈피하여, 예컨대 산업별 종사인구의 비율로 볼 때 대체로 농업이 50%, 공업이 30%, 그 밖의 관리·지식인 등이 20%의 비중으로 되는 근대체제로의 산업구조 개편을 구상하였다.[425]

첫째, 독립협회는 산업개발 중에서 공업개발을 가장 중요시하고 강조하였다. 『대조선독립협회회보』는 부국의 길이 자연자원(물산)의 풍부함에 있는 것이 아니라 공업을 일으키는 데 있으며, 서양 나라들이 이 방법으로 부국강병을 이루고 있으므로, 동양 나라들이 부국을 구하고자 하여도 이 공업에 의한 방법을 쓰지 않으면 풍부한 자연자원조차도 지킬 수 없다고

421 『皇城新聞』, 제1권 제51호, 1898년 11월 4일자 ; 『皇城新聞』, 제1권 제52호, 1898년 11월 5일자 「學部에서 平安南道公立小學校에 訓令한 草本」 참조.

422 『大朝鮮獨立協會會報』, 제15호, 1897년 6월 30일자 참조.

423 『皇城新聞』, 제1권 제27호, 1898년 10월 6일자 「論說」 참조.

424 『독립신문』, 제2권 제120호, 1897년 10월 9일자 「논설」 참조.

425 『독립신문』, 제2권 제64호, 1897년 6월 1일자 「논설」 참조. 여기서 그들이 말하는 '상무', '상업'은 광의의 '상공업'을 의미하였다.

역설하였다.[426] 이 『대조선독립협회보』는 다른 곳에서 농업개발조차도 공업 방식이 주도해야 한다고 다음과 같이 썼다.

> 무릇 국내의 민이 다만 본지 소산의 米 · 麥 · 菽 · 粟 등을 持하야 饑만 구함을 대단히 여기고 종래 농무도 조금도 개량치 아니하매 더욱 농업 약간의 부도 致할 수 없는지라. 대저 농업도 개량하려면 공예가 주장인 줄은 모르고 농업만 하는 국에서도 농업개량이 좋다하면서도 공업을 次策間事로 여기니 어찌 개탄치 아니하리오. 전대에는 수백년래로 각기 구법만 仍用하고 不進不退하여도 혹가히 자립하려니와 당금 세계에는 수백 년래로 부진한즉 반드시 대퇴할지라. 타인은 주야로 개진하여 경쟁하는 까닭이니라.[427]

그들이 말하는 공업은 증기기관과 기계를 사용하는 창국廠局(공장)의 설립을 의미하는 근대 공장제공업이었다. 그들은 증기기관과 기계를 사용하여 생산을 하면 노동력을 절약하고, 시간을 절약하며, 공작이 준평準平하고, 생산(성취)이 증가하며, 제품의 가격이 저렴해지고, 제품의 품질이 향상되는 이익이 있다는 점을 들었다. 그들은 동양에서 생산되는 원료가 서양에서 수입되어 가공된 후 다시 동양에 판매됨으로써 서양은 이利를 얻어서 부강해지고 동양은 이를 잃어서 빈약해진다고 하였다.[428]

따라서 우리나라를 비롯하여 "동방 각국에 금金 · 은銀 · 매煤(석탄) · 광鑛이 매우 많고 또 생산되는 면화 등 원료가 족히 매우 많은 생리生理가 될

426 『大朝鮮獨立協會會報』, 제10호, 1897년 4월 15일자 「紡織機器說」. "富國之道 不全在乎物産之豊 果能竭心彈力 有無懋遷加工製造 卽爲生財之要道 現各西國 多賴此法 克昌克熾 東方各國 不得不 妨而行之以期盛强 如不自强而甘暴棄 勢必他國 拾取致富無異乎. 以我固有之利 拱手而讓諸他人也. 東國欲求富强 不能恃夫人民之多 不能恃夫地礦之富 不能恃夫地産穀 菽絲茶之豊 又不能恃夫堆積之銅山寶藏之珠寶 蓋財源雖富終有竭時 財物居積 無異死物 是物産也 貴乎取而用之 財寶也 貴乎流而通之. 取用之法 在乎製造 流通之法 在乎經商 而經商之便 製造之速 尤在乎汽機機器" 참조.

427 『大朝鮮獨立協會會報』, 제7호, 1897년 2월 28일자 「東方各國이 西國工藝를 倣效하는 總說이라」.

428 『大朝鮮獨立協會會報』, 제7호, 1897년 2월 28일자 및 제10호 1897년 4월 15일자 참조.

지라도 즉 결한 바는 공예工藝의 요법要法이니 차법을 행코져 할진대 급히 자본을 모아서 창국廠局(공장)을 설할지니라"[429]라고 역설하였다.

그들이 증기기관과 기계를 도입하여 건설하려고 한 공업은 주로, 방직공업, 철공업, 목재공업, 제지공업, 유리공업, 피혁공업 등의 업종이었다.[430] 이 중에서도 독립협회 회원들이 가장 강조한 것이 '방직공업'이었다. 방직공업은 당시 국내 시장이 가장 큰 업종이었고 또한 영국제 및 일본제 면직물이 국내 시장을 점유하고 있었으므로, 기계제 방직공장의 건설을 급선무로 보았기 때문이었다.

그들은 국내에서 면화가 많이 생산됨에도 불구하고 면포 수요의 태반을 외국으로부터 수입하여 나라 경제가 빈약해지는 것을 개탄하였다. 그들은 생산력을 높이는 기계를 도입하여 영국 · 미국 · 독일 · 프랑스 등 여러 나라의 대창국大廠局과 같은 큰 방직공장을 스스로 건립하여 국내에서 기계면포를 생산하려고 하였다.[431] 그들은 국내 방직공장의 건설이 기계구입비, 서사양장西師洋匠의 고용임금, 연료비 등으로 말미암아 거액의 자본이 소요되지만, 원료가 풍부하고 저렴하며 운송비를 절약할 수 있으므로 많은 이익을 얻을 수 있다고 보았다.[432] 그들은 영국의 부강이 전적으로 제조공업에 의지하고 있으며 또 방직공업을 대종大宗[433]이라 하여 면방직공업을 주도 산업으로 한 영국 산업혁명의 과정과 성과를 매우 정밀하게 분석했으며, 이 서구 산업혁명의 성과를 흡수하여 대한에서도 산업혁명을 일

429 『大朝鮮獨立協會會報』, 제7호, 1897년 2월 28일자 및 「東方各國이 西國工藝를 倣效하는 總說이라」.

430 『독립신문』, 제1권 제70호, 1896년 9월 19일자 「논설」; 『독립신문』, 제2권 제69호, 1897년 6월 12일자 「논설」; 『大朝鮮獨立協會會報』, 제10호, 1897년 4월 15일자 참조.

431 『大朝鮮獨立協會會報』, 제10호, 1897년 4월 15일자. "棉花之産 源爲紡織之用. 前各西國紡織之業 專賴手工 亦猶東國今日之勢也. 後漸改用機器 至今而成盛擧 所得之益大. 至人心莫測如英美德法諸國 凡有大興工藝之處 而紡織大廠 亦居其列 〔……〕 果由此堆廣多興機器 官紳合辦 上下一心 安見不可與西國 並駕齊驅乎" 참조.

432 『大朝鮮獨立協會會報』, 제10호, 1897년 4월 15일자 참조.

433 『大朝鮮獨立協會會報』, 제10호, 1897년 4월 15일자 「紡織機器說」 참조.

으키려고 하였다.

그들은 인력을 대신하여 기계를 사용하는 공업을 일으키고 기계제 큰 방직공장을 건설하면 가히 통국通國의 수요를 충당할 만큼 수출도 할 수 있으나, 그렇지 않고 직물을 계속 외국으로부터 수입하면 방직의 이익을 모두 외국에게 점유당하여 인민의 빈궁을 면치 못하리라고 보았다. 그러나 면화생산을 증대시키고 공장을 건립하고 기계를 구입하여 방직을 해서 이익을 다시 찾으면 다만 그 공장이 그 이익을 얻을 뿐 아니라 회사의 주주들이 이익을 균첨하며 면화재배자 · 경영자 · 노동자 · 소비자와 상인 · 피복업자 등이 모두 이익을 볼 것이라고 역설하였다.[434]

그들은 결국 서양의 선진 기계기술을 도입하여 방직공업을 주도산업으로 한 산업혁명을 수행하려 한 것이었다.

독립협회 회원들이 중심이 되어 1897년 6월 주식모집을 한 대조선저마제사회사大朝蘚苧痲製絲會社[435]는 불완전하나마 이러한 노력의 일단을 나타낸 것이었다.

둘째, 독립협회는 광산개발이 부국의 주요 방법임을 강조하고 또 이것이 공업개발과 관련될 때 그 부강의 목적을 달성할 수 있다고 보았다. 그들은 한국이 금 · 은 · 동 · 철 · 옥석 · 석탄 등 지하자원을 많이 가지고 있으므로 자본과 기계를 투입하여 채광해서 공업원료로 사용하여 국부의 원천으로 삼아야 한다고 주장하였다.[436]

---

434 『大朝鮮獨立協會會報』, 제10호, 1897년 4월 25일자. "以機代人 人可坐 享機器之利 自免從前之多事勤苦矣. 東國産綿之盛 本足供通國之需 而洋紗布反取給於外洋 以致紡織之利 漸爲西人所奪 若不及早收拾 必有江河日下之勢奈之何 民不窮具病耶. 正宜力爲整頓使棉花出産 更多自立局廠 購販機器 紡之織之 以奪所失利權. 此擧盛行 不獨局廠可得其利 在股諸人均沾其益 卽棉花者 操工作者 購布販紗者 製衣穿 著者 莫不各得利益" 참조.

435 『독립신문』, 제2권 제69호, 1897년 6월 12일자 「논설」 참조.

436 독립협회 제18회(1898년 1월 23일) 토론회 "국가를 부유케 하려면 금 은 동 철 석탄 등 광산을 확장케 하는 것이 제일 긴요함" ; 『독립신문』, 제3권 제62호, 1898년 5월 31일자 「잡보」 참조.

따라서 그들은 주요 광산의 채굴권을 외국에게 양여하여 채광하는 광산개발을 격렬하게 비판하였다.[437] 또한 왕실이 파견한 금광파원들이 공업개발과 아무 관련도 없이 인민의 전답과 가택과 분묘를 훼손하면서 인민의 재산을 침해하며 수행하는 광산개발도 통렬히 비판하였다.[438] 독립협회는 공업개발의 기초가 되고 부국강병의 원천이 될 수 있는 광산개발을 주장했으며, 그 구상의 시도로 『대조선독립협회회보』에서는 금광·은광·철광·동광·석탄광 등의 개발에 대한 논설들을 게재하였다.[439]

셋째, 독립협회는 농업개발을 위한 다음의 개혁을 주장하였다.

(1) 토지개간의 장려

그들은 미간지와 진전陳田이 광대함을 지적하고 이의 대대적 개간을 주장하였다.[440]

(2) 농업의 다각화와 상업적 농업, 특수작물의 개발

그들은 미곡 단일경작의 불이익과 폐해를 지적하여 농업의 다각화를 주장하고, 소맥(전국 일대), 채소(도시 근교), 면화(삼남지방), 연초(북도지방), 과수(북도지방), 양잠(삼남지방) 등의 작물재배를 적극 권장하고 계몽하였다.[441] 이 가운데서도 면화와 양잠은 공업원료로서 적극 권장하고, 연초와 과수는 농림의 소득 증대를 위하여 적극 권장하였다. 그들은 또한 수출을 목적으로 한 인삼재배의 장려와 왕실이 독점하고 있는 인삼판매의 자유화

437 『大朝鮮獨立協會會報』, 제7호, 1897년 2월 28일자 「工藝說」 참조.

438 『독립신문』, 제3권 제50호, 1898년 4월 28일자 「논설」; 『독립신문』, 제3권 제74호, 1898년 6월 28일자 「금닭의 알낳는 닭을 잡음이라」 참조.

439 『大朝鮮獨立協會會報』는 제10호에서 「鑛學論」·「金鑛論」, 제12호에서 「銀鑛論」·「銅鑛論」, 제13호에서 「銅鑛論」, 제14호와 제15호에서 「鐵鑛論」을 게재하여 자세한 채광기술문제를 설명하였다.

440 『독립신문』, 제1권 제11호, 1896년 4월 30일자 「논설」 참조.

441 『大朝鮮獨立協會會報』, 제6호, 1897년 2월 15일자 「桑蠶問答」; 『독립신문』, 제1권 제56호, 1896년 8월 13일자 「논설」; 『독립신문』, 제3권 제123호, 1898년 8월 25일자 「구황할 계착」; 독립협회 제14회 (1897년 12월 12일) 토론회 "겸년 인민을 구제하려면 채과를 무종하는 것이 긴요함" 참조.

를 주장하였다.[442]

(3) 목축의 도입과 축산의 장려

그들은 정부가 적극적으로 농업에 목축을 도입하도록 주장하고, 소 · 돼지의 부업뿐만 아니라 양과 양잠의 대규모 전업적 축산도 발전시켜야 한다고 주장하였다.[443]

(4) 산지 · 산림의 개발

그들은 국토의 7할 2푼이 산지임을 환기시키면서 이 산야에 소나무보다는 참나무, 호도나무, 밤나무, 단풍나무, 피나무(가죽나무), 전나무 등을 계획적으로 식목하여 국제 시장에 수출할 것을 주장하였다. 그들은 이러한 나무들이 세계시장에서 고가로 판매되는 유익한 것임을 설명하고 다른 나라들의 목재림 수출 사례들을 소개하면서, 본격적 산지산림개발의 착수를 주장하였다.[444]

(5) 품종 개량과 농기구 개량, 농업기술 개선

그들은 대한 농업이 장기간 구습을 답습만 하여 품종이 퇴화되고 농기구가 불편하며 농업기술도 낙후되어 있다고 지적하고, 품종 개량 · 농기구 개량 · 선진 농업기술 도입, 농업기술 연구의 시행과 신기술 보급 등을 강력히 주장하였다.[445]

넷째, 독립협회는 한국의 어업, 특히 해양어업이 발달하지 못하고 외국 어선들에게 침식당하고 있음을 개탄하였다. 그들은 바닷속에 있는 수업자원이 고갈되지 않는 무진장의 재보임을 강조하면서, 어업을 근대적으로 개발할 것을 구상하였다.

그들은 대한의 어업이 육지부터 100리 밖에만 나가도 어획을 하지 못하

---

442 『皇城新聞』, 제1권 제12호, 1898년 9월 19일자 「參政論」 참조.

443 『大朝鮮獨立協會會報』, 제6호, 1897년 6월 1일자 「논설」 참조.

444 『독립신문』, 제1권 제55호, 1896년 8월 11일자 「논설」; 『독립신문』, 제2권 제64호, 1897년 6월 1일자 「논설」 참조.

445 『독립신문』, 제1권 제48호, 1896년 7월 25일자 「논설」 참조.

는 이유는 어선이 견고치 못하여 대양에 나가는 것이 위태하고, 항해술을 모르며, 심해에서 어로작업을 하는 기계가 없고, 그러한 해산물을 팔 시장이 없으므로 수억 원의 재보를 방치해왔다고 주장하였다.[446]

그들은 대한의 동해 · 남해 등에는 각종의 해산물이 많으므로 견고한 어선에 숙련된 어부와 기계를 사용하여 매년 이 해산물의 100분의 1만 어로하여 외국에 수출해도 나라에 큰 부가 쌓일 것이라고 주장하였다.

그들은 1896년에 일본 · 중국 어부들이 한국 연안에서 잡아간 고기가 8천만 원 이상이며 러시아인 하나가 1897년 봄 3개월 동안에 동해에서 기선 2척으로 잡아간 고기가 12만 원어치라는 사례를 들면서, 한국 해안에 가득 쌓인 이 값진 재보를 한국이 잡아서 외국에 수출하여 국부를 쌓아야 한다고 주장하고, 근대적 어업개발의 중요성을 강조하였다.[447]

다섯째, 독립협회는 산업개발에 소요되는 자본은 민간의 '주식회사' 조직과 '합자회사' 조직에 의한 자금동원 방법을 주로 하고, 정부의 재정자금 지출을 부차적으로 병용할 것을 주장하였다.

즉 민간 '회사'의 자유로운 조직과 발전을 장려하고, 정부는 주로 민간자본이 감당하기 어려운 부문을 담당하면서 민간회사를 지원해야 한다고 생각하였다. 그들은 퇴장된 자본, 즉 "부가소적전재富家所積錢財의 충영充盈"이나 재물거적財物居積은 사물과 다름없는 '물산'이라고 지적하고, 그 소유 전재나 '물산'을 제조와 유통을 통하여 '취용'해야 부富가 된다고 하면서, 화폐자본 · 생산자본 · 상품자본을 구분하였다.[448] 이때에는 '회사'를 조직하여 퇴장된 화폐자본을 생산자본으로 동원하는 방안은 이미 광범위하게 보편화되고 있었다.

---

446 『독립신문』, 제2권 제62호, 1897년 5월 27일자 「논설」 참조.

447 『독립신문』, 제3권 제111호, 1898년 8월 11일자 「대한무역」; 『독립신문』, 제2권 제62호, 1897년 5월 27일자 「논설」 참조.

448 『大朝鮮獨立協會會報』, 제10호, 1897년 4월 15일자 참조.

여섯째, 독립협회는 이러한 산업개발을 위해서는 '기계'와 '기술'이 중요함을 강조하고 '기술혁신론'을 전개하였다. 그들은 기술혁신을 위해서는 국내에 '학교'와 '권공장'을 세워서, 학교에서는 과학기술을 연구하고 학도들에게 교육하며, 권공장에서는 과학기술을 시험하고 훈련시켜 산업에 응용해야 한다고 주장하였다. 이를 위해서 종래의 전통적 기술을 개발할 뿐만 아니라 구미의 선진 과학기술을 적극 도입하여 이를 배우고 발전시켜야 한다고 주장하였다. 그들에 의하면 여기에는 당장 자금이 들지만 오래 지나지 않아서 원금과 이자가 회수된다고 보고, 서양 교사와 서양 기술자를 고빙하여 단기간의 기술 습득을 권고하였다.[449]

『대조선독립협회회보』는 전 지면의 절반 이상을 산업개발과 관련된 신과학기술의 문제를 다루는 데 바치고 있으며, 특히 증기기관과 제임스 와트James Watt, 汽機師 瓦特의 생애, 각종 신기계의 이익, 외국의 최신공업기술 등을 소개하고 그 습득을 주장하였다.[450] 그들은 토론회를 통하여 "공력과 증기력과 전기력을 인력보다 더 힘쓰는 것이 경제학에 유조할뿐더러 인민의 생애가 더 흥왕함"[451]을 국민들에게 계몽하였다.

일곱째, 독립협회는 농공의 발전과 함께 상업 발전의 중요성을 잘 알고 강조하였다. 그들은 "농사만 힘쓰는 나라는 동서양을 다 상고하여 보아도 약하고 어둡고 장사와 제조와 농무를 힘쓰는 나라에게 눌리며 속하여 지내는지라 〔……〕 그런고로 세계에 부강한 나라들은 농사도 힘쓰려니와 제일 힘쓰는 것이 물건제조와 장사라"[452]고 하여 우리나라에서도 공업개발과 함께 상무商務를 진흥시켜야 한다고 강조하였다.[453]

449 『大朝鮮獨立協會會報』, 제3호, 1897년 2월 28일자 참조.

450 『大朝鮮獨立協會會報』, 제15호 1897년 6월 30일자 ; 『大朝鮮獨立協會會報』, 제8호, 1897년 3월 15일자 ; 『大朝鮮獨立協會會報』, 제10~14호 ; 『大朝鮮獨立協會會報』, 제17호, 1897년 3월 17일자 참조.

451 독립협회 제19회(1898년 1월 30일자) 토론회 주제.

452 『독립신문』, 제2권 제93호, 1897년 8월 7일자 「논설」 참조.

453 독립협회 제3회(1897년 9월 12일) 토론회 "나라를 부강케 하는 방책은 상무가 폐일" 참조.

그들이 상업발전을 위해 특히 개혁을 강조한 점은 다음과 같았다.

(1) 외국인 상권의 회수와 상업의 자유

그들은 일본 상인과 청국 상인들이 조약을 위반하여 전국 각지에서 상권을 침탈하고 한국상업의 진흥을 저해함을 규탄하면서[454] "조약을 접하여 각 부府 · 군郡 조계租界 외에 거류하는 외국 상민을 일일이 통상구안通商口岸으로 이송하옵고 외인이 토지 점유하는 폐를 절금하시어 본토 인종으로 농상의 업을 보존케"[455] 할 것을 주장하였다.

또한 그들은 국내에서의 정부 · 궁실 · 양반관료층의 상인에 대한 제약들과 궁실의 일부 물품에 대한 독점 특권을 반대하고 상업의 자유화를 요구하였다. 그들은 적극적인 상업의 자유화와 그 지원이 산업개발에 크게 기여할 것이라고 생각하였다.[456]

(2) 근대 은행의 창설

독립협회는 상업의 발전은 근대 금융기관의 창설에 의하여 뒷받침되어야 한다고 보고 은행의 중요성을 강조했으며,[457] 당시 서울과 개항장에 번성하였던 일본인의 전근대적 고리대금업을 통렬히 비판하였다.[458]

독립협회 회원들은 광무협회光武協會 학생들의 "상업을 흥왕케 하려면 국중에 은행을 많이 설시하는 것이 중요하다"는 토론회에 참석하여 은행 창설을 역설하였다.[459] 그들은 이미 실제로 '대조선은행大朝鮮銀行'을 창립하고 『독립신문』과 다른 신문들에 주주 모집을 위한 광고를 내었다.

---

454 『皇城新聞』, 제1권 제10호, 1898년 9월 16일자 「論說」 참조.

455 『皇城新聞』, 제4권 제38호, 1898년 10월 19일자 「別報」.

456 『皇城新聞』, 제1권 제12호, 1898년 9월 19일자 「參政論」 참조.

457 『尹致昊英文日記』 1897년 12월 14일조, 12월 15일조 및 12월 20일조 참조.

458 『尹致昊英文日記』 1897년 11월 20일조 ; 『독립신문』, 제1권 제17호, 1896년 5월 14일자 「논설」 참조.

459 『독립신문』, 제3권 제20호, 1898년 2월 17일자 1면 보도 참조.

(3) 도량형의 통일

독립협회는 당시 승升·두斗·척尺·평枰의 도량형이 통일되지 않고, 각각 상이한 사제私製의 도량형기의 통용 허용이 상업의 발전을 저해한다고 강조하였다. 그들은 도량형을 통일하여 법정할 것, 도량형 제정권은 정부가 소유하여 강철로 표준도량형기를 제작할 것, 각 지방에서의 도량형기 제작은 정부감시하에 만들어 관허를 얻도록 할 것 등을 제안하였다.[460] 이 제안이 채택되어 1898년 '도량형통일규칙'이 공포되자 그들은 기왕 신법을 만들게 되면 편리하고 공평하고 정밀한 십진법으로 된 프랑스 '미터법'의 채용을 제안하였다.[461]

여덟째, 독립협회는 당시 혼란과 폐해를 자아내던 화폐제도를 개혁하여 금은복본위제도의 확립과 정비를 주장하였다. 특히 그들은 실물가치가 명목가치보다 아주 작은 보조화폐인 백동화와 적동화를 정부가 남주濫鑄하여 물가 앙등과 은화의 해외 유출이 심해지자 악화 주조의 즉각 중지를 요구하고, 20여 만 냥의 악화를 주조하여 유통시킨 전환국장 이용익李容翊을 규탄하여 해임시켰다.[462]

그들은 국민들에게 "국중에 상무를 홍케 하고 자주권을 견고케 하는 데는 경편하고 실로 보배로운 화폐를 그 나라에서 지어 쓰는 것이 긴요함"[463]을 계몽하고, 귀금속 본위화폐제의 확립을 촉구하였다.

독립협회는 금은의 본위화폐가 변하거나 부패하지 않으며, 국내 화폐일 뿐 아니라 국제화폐이고, 마손되지 않으며, 주전하기 쉽고, 식별하기 쉬우며, 경편하여 운반하기 편리하고, 화폐로 사용치 않아도 언제나 본가를 지니는 장점이 있으므로, 금은복본위제도를 하루속히 확립해야 한다고 주장

460 『독립신문』, 제1권 제107호, 1896년 12월 10일자 「논설」 참조.

461 『독립신문』, 제3권 제140호, 1898년 9월 16일자 「승두척평」 참조.

462 『民會實記』 光武 2년 (음) 4월 30일조 및 6월 16일조 ; 『大韓季年史』(상), p.199 및 p.213 참조.

463 독립협회 제7회(1897년 10월 24일) 토론회 주제.

하였다.[464] 동전 등의 보조화폐는 극히 소액을 주조하여 본위화폐의 유통에 도움을 주는 데 그쳐야지 실물가치가 명목가치보다 적은 악화인 동전을 남주하면 악화가 양화를 구축하여 금은 등은 외국에 유출되어버릴 것이라고 경고하고, "동전으로 은전을 몰아낸다" 고 개탄하였다.[465]

당시 화폐 유통량은 한국의 엽전이 300만 원, 대은이 2만 원, 소은이 11만 원, 백적白赤동전이 100만 원, 외국은화와 지폐가 400만 원, 총계 813만 원 정도였으므로,[466] 귀금속 본위제도의 확립이 매우 시급하였다. 독립협회는 이 절실한 문제에 대하여 당시로서는 매우 적절한 개혁안을 주장한 것이었다.

아홉째, 독립협회는 철도 · 기선 · 도로 등 교통의 발전이 산업개발과 부국의 기초가 됨을 강조하고 이의 적극적 개발을 주장하였다.[467]

그들은 철도와 같은 부강의 이익을 외국인에게 양여한 것을 개탄하며[468] 내국인의 자본을 모아 철도를 부설하고 연해와 대외통상에 기선을 운항하게 하여 부강의 이익을 거두어야 한다고 주장하였다. 그들에 의하면 철도 부설에 토지가 소요되므로 반대가 있어 중론이 통일되지 않으나, 철도로 말미암은 산업상의 이익과 편리는 그 경비를 충당하고도 너무 큼이 영국이나 중국 톈진天津철도의 예로 증명되니 하루속히 철도를 부설하도록 주

464 『독립신문』, 제3권 제85호, 1898년 7월 12일자 「동전으로 은전을 몰아낸다」 참조.

465 『독립신문』, 제3권 제103호, 1898년 8월 2일자 「대신과 회원의 문답」 ; 『독립신문』, 제3권 제85호, 1898년 7월 12일자 「동전으로 은전을 몰아낸다」 참조.

466 『皇城新聞』, 제1권 제25호, 1898년 10월 4일자 「論說」 참조. 여기서 『皇城新聞』은 금본위제를 반대하고 은본위제를 주장하고 있으나 다른 회원들은 금본위제 또는 금은 복본위제를 주장하였다. 당시 이미 일본이 금본위제를 채택했으므로 금의 수출을 두려워하여 금은복본위제로 대체로 기울어져 있었던 것으로 보인다.

467 *The Independent*, December 29th, 1896, 'Editorial' 참조. 여기서는 철도가 산업혁명을 유도한다고 보고 처음으로 'Industrial Revolution'이라는 용어를 썼으며, 심지어 외국인의 이권으로 나갈 철도부설까지도 이왕 침탈당한 것이나 부설이라도 하루속히 하는 것이 산업개발에 최선의 도움이라도 될 것이라고 썼다.

468 『民會實記』 光武 2년 (음) 7월 19일 및 7월 20일조 ; 『大韓季年史』(상), pp.228~230 참조.

장하였다. 그들은 철도부설을 하기 전에 향민들에게 그 이익을 사전에 계몽한 뒤에 화차를 구입하고 철도를 놓으면 반대를 눌러 설득할 수 있으며, 수년 안에 그 이익이 파죽지세와 같이 될 것이라고 주장하였다.[469]

또한 그들은 도로의 개수와 확장이 재화의 운송비를 절감하며, 따라서 물가가 저렴해지고, 물가가 저하되면 상품교역량이 증대되며, 따라서 상공업이 흥왕케 된다고 하고, 또 이것이 인민의 위생에 기여한다고 하여 '부국富國하는 근본'이라고 하면서 치도治道를 강조하였다.[470]

이 철도 · 해운 · 도로의 건설과 관련하여 독립협회는 당장은 안 되지만 장차는 금강산金剛山을 비롯한 한국의 아름다운 풍광을 외국에 소개하고 관광사업을 개발하여 외화수입을 증대시켜야 할 것이라고 전망하였다.[471]

열째, 독립협회는 국부 증대와 산업개발에서 수출의 중요성을 누누이 강조하고, 상공업 발전에 힘써 국제무역이 해마다 역조상태에 있는 것을 하루속히 시정해야 한다고 다음과 같이 주장하였다.

> 지금 조선에서 그중 많이 쓰는 옷감이 모두 3분의 2는 외국 것을 사서 입고 켜는 기름이 외국기름이요, 쓰는 성냥이 외국성냥이요, 〔……〕 심지어 사기까지도 외국 것을 모두 쓰니 〔……〕 만일 나라가 별 방법을 하여 인민이 물건을 제조하고 상무를 힘써 외국 사람과 세계상 저자에서 겨루어보게 주선을 아니할 것 같으면 나라가 언제든지 간난할 터이요, 언제든지 약하여 외국절제를 받을 터이라.[472]

그들은 문제가 궁극적으로 산업개발을 통해서 달성되리라고 생각하지

469 『大朝鮮獨立協會會報』, 제16호, 1897년 7월 15일자 「創造鐵路先使民人感知利益說」 참조.

470 『독립신문』, 제1권 제15호, 1896년 5월 9일자 「논설」; 『독립신문』, 제1권 제93호, 1896년 11월 7일자 「논설」; 『독립신문』, 제2권 제103호, 1897년 8월 31일자 「논설」; 독립협회 제2회(1897년 9월 5일) 토론회 "도로 수정하는 것이 위성에 제일 방책임" 참조.

471 『독립신문』, 제2권 제113호, 1897년 9월 31일자 「논설」 참조.

472 『독립신문』, 제2권 제93호, 1897년 8월 7일자 「논설」.

만, 우선 시급하게 무역역조를 교정할 수 있는 유망한 수출품목으로 견직물, 마직물, 한지, 인삼, 목재, 해산물 등을 들었다.[473] 그들은 나라 안에 공업을 일으켜 수출품을 대체하고 위의 품목들을 개발하여 수출을 증대시킴으로써 무역역조를 시정하는 것이 긴급하다고 강조하였다.

독립협회는 이상과 같은 자주적 산업개발이 신교육의 보편적 실시와 함께 자강을 이루는 가장 기본적 방법임을 도처에서 강조하였다.

### 5) 근대국방론

독립협회는 열강의 세력 균형이 깨어지는 경우 한국 국토 위에서의 러일전쟁의 발발을 두려워하여,[474] 외국군이 한국 영토에서 전쟁을 하지 못하도록 막고, 어느 한 열강의 만일의 침략 경우를 대비한 '강병책' 시행을 주장하였다. 그들은 강병책의 시행이 국제세력 균형이 유지되는 동안에 이룩해야 할 자강개혁의 일환이라고 생각하였다.

『대조선독립협회회보』는 상업과 공업을 일으킨 다음에 급무가 '국방'임을 주장했으며,[475] '국부병강'이 자강임을 누누이 역설하였다.[476] 따라서 그들은 외국의 군비에 대해서 깊은 관심을 갖고 연구를 하였다. 특히 러시아가 군비를 확장하고 시베리아철도를 부설하며 뤼순旅順에 해군기지를 창설해 남하하고 있는 것이 '우리나라의 숨은 근심(吾屬之隱憂)'이라고 지적하였다.[477] 또한 일본이 군비를 확장하는 것이 자위를 위해서가 아니라

473 『皇城新聞』, 제1권 제12호, 1898년 9월 19일자 「參政論」; 『독립신문』, 제1권 제26호, 1896년 6월 4일자 「논설」; 『독립신문』, 제2권 제64호, 1897년 6월 1일자 「논설」; 『독립신문』, 제2권 제69호, 1897년 6월 12일자 「논설」; 『독립신문』, 제3권 제130호, 1898년 9월 3일자 「논설」 참조.

474 『尹致昊英文日記』 1897년 3월 10일조 및 8월 17일조 참조.

475 『大朝鮮獨立協會會報』, 제7호, 1897년 2월 28일자; 『大朝鮮獨立協會會報』, 제18호, 1897년 9월 15일자 참조.

476 『독립신문』, 제3권 제74호, 1898년 6월 28일자 「금닭의 알」 참조.

477 『皇城新聞』, 제1권 제69호, 1898년 11월 25일자 「俄國强兵會論」; 『大朝鮮獨立協會會報』, 제7호, 1897년 2월 28일자 「露國의 陸軍豫算」 참조.

러시아와의 전쟁 준비이므로 크게 경계해야 함을 역설하였다.[478] 그들은 세계 각국의 군비상황을 소개하고 한국이 자위력을 갖지 않으면 나라를 지키지 못함을 거듭 강조하였다.[479] 그들이 자위를 목적으로 전개한 국방 개혁의 요점은 다음과 같았다.

(1) 해군의 창설

독립협회는 한국이 종래 육군만 있던 것을 해군海軍을 창설하여 '해륙군체제海陸軍體制'를 만들어야 한다고 생각하였다. 그들은 다음과 같이 주장하였다.

> 인민의 재산이 부유하고 해륙군이 강하여 조선 사람들이 어느 나라를 가든지 어느 나라사람이 조선을 오든지 동등히 되게 하여 보는 것이 제일책이요[480]
>
> 해륙군을 길러 내란과 외국이 침범하는 것을 방어[481]〔해야 한다.〕

방위체제를 '육군체제'에서 '해륙군체제'로 전환해야 한다는 독립협회의 생각은 당시 수구파의 친위대 및 육군지방대 체제가 전적으로 농민의 저항을 억압하고 지방 치안 유지만을 목적으로 하여 대외적 방위는 등한시한 상태에 있었던 것과 대비해보면, 매우 발전되고 나라를 지킬 수 있는 시의에 적합한 근대국방론이었다고 할 수 있다.

(2) 기기창의 보수 확장과 군비의 과학화

독립협회는 방치되어 있는 기기국機器局이 다시 강화되고 기기창機器廠이 보수 확장되어 군비가 충실해야 함을 강조하고, 군비를 외국의 무기보다 나은 신식 무기를 갖추도록 힘써야 외국의 침략을 막을 수 있다고 하면

---

478 『독립신문』, 제2권 제5호, 1897년 1월 14일자 「논설」 참조.

479 『大朝鮮獨立協會會報』, 제5호는 歐洲諸國陸軍總數와 歐洲諸國海軍艦數를 함종별로 소개하고, 제18호는 주요 각국의 육군을 종별로 소개하고 있으며, 제7호는 영국해군이 대륙 제국諸國의 강육군을 누르고 세계를 제패하고 있음을 들면서 해군의 중요성을 강조하고 있다.

480 『독립신문』, 제2권 제24호, 1897년 2월 27일자 「논설」.

481 『독립신문』, 제2권 제64호, 1897년 6월 1일자 「논설」.

서 병기의 과학화를 주장하였다.[482]

(3) 군사의 자립

독립협회는 군사라는 것은 나라의 이기이므로 외국에게 보이지 말아야 할 터인데 러시아와 일본의 교관과 고문을 초빙하여 병사를 훈련하는 것이 마치 칼을 타인에게 자루를 주고 자기는 날을 쥔 것과 같다고 통렬하게 비판하고 외국 교관들로 하여금 병졸을 훈련케 할 것이 아니라 우리나라 '사관士官'을 훈련시킨 다음 곧 돌려보내고, 한국 사관은 각 국의 병술(技藝)을 익혀 그 장점을 취하여 일통一統을 만들어서, 한국 사관이 한국 구령으로 한국 병사를 조련하여 나라에 쓰일 정병을 길러야 한다고 주장하면서 군사의 자주 자립을 강조하였다.[483]

(4) 무관학교

독립협회는 군사를 훈련할 사관의 양성이 급선무임을 강조하고, 무관학교武官學校를 설립하여 체계적으로 장교를 양성해야 한다고 주장하였다.[484] 이 무관학교 설립 주장은 정책에 반영되어 실현되었다.[485]

(5) 방위력의 확장

독립협회는 "군비를 확장하여 외모外侮를 방어케 하고"[486] 방위력을 증강해야 함을 강조하면서 '해륙군 확장'[487]을 주장하였다.

당시 한국의 병력은 친위대와 지방대뿐이었으므로 대외방어력은 매우 취약하였다. 따라서 독립협회는 병사를 더 뽑아 방위력을 증강해야 한다

---

482 『大朝鮮獨立協會會報』 제12호, 1897년 5월 15일자 「大礮與鐵甲論」; 『독립신문』, 제1권 제115호, 1896년 12월 29일자 「논설」; 『독립신문』, 제2권 제95호, 1897년 8월 12일자 「논설」 참조.

483 『독립신문』, 제2권 제146호, 1897년 12월 9일자 「김영준 상소」; 『독립신문』, 제2권 제112호, 1897년 9월 21일자 「논설」 참조.

484 『독립신문』, 제2권 제112호, 1897년 9월 21일자 「논설」 참조.

485 『軍部來去文』, 外部 편, 제3책, 光武 2년 5월 19일조 참조.

486 『大朝鮮獨立協會會報』, 제4호, 1897년 1월 15일자.

487 『독립신문』, 제2권 제135호, 1897년 11월 13일자 「논설」.

고 주장하였다.[488]

(6) 강병훈련

독립협회는 군사의 임무는 국가의 방위이며 군사가 강해야 나라가 위험이 없다고 하면서 강병훈련强兵訓練을 주장하였다. 그들은 강병을 만드는 것은 다만 병술(技藝)만 가르치는 것이 아니라 정신무장이 되어야 함을 강조하였다.[489] 『대조선독립협회회보』는 강병을 만드는 길은 충의, 기율, 기예의 세 가지를 가르치는 데 있으며, 그래야 어떠한 경우에도 독립을 지킬 수 있다고 주장하였다.[490]

독립협회는 이상과 같이 하여 최단기간에 어느 정도의 자위력을 갖추어 놓으면 러·일 등 열강이 한국을 넘보지 못하여 처음부터 침략할 의도를 포기할 것이므로 자강에는 자위력의 정비가 반드시 포함되어야 한다고 강조하였다.

### 6) 사회관습개혁론

독립협회는 한국의 전통적 사회관습 가운데 나라의 자강과 진보에 도움을 줄 수 있는 합리적 관습은 이를 더욱 보전, 발전시켜야 하고, 자강과 진보를 저해하는 관습은 발전적으로 개혁해야 한다고 주장하였다. 그들이 개혁해야 할 사회관습으로 지적한 것은 주로 다음과 같은 것이다.

첫째, 독립협회는 조혼早婚제도의 폐지를 주장하였다. 그들은 당시의 결혼 연령이 20세가 안 되며 심지어 10여 세에 결혼시키는 관습도 있다고 개탄하였다.[491] 그들은 조혼이 ① 한국 사람의 체골을 약화시키고, ② 경제적 자립능력이 없을 때에도 결혼시키므로 남편들로 하여금 자립의지를 갖기

488 『독립신문』, 제2권 제55호, 1897년 5월 11일자 「시무론」 참조.
489 『독립신문』, 제1권 제41호, 1896년 7월 9일자 「논설」 참조.
490 『大朝鮮獨立協會會報』, 제13호, 1897년 5월 31일자 「獨立論」 참조.
491 『독립신문』, 제3권 제2호, 1898년 1월 6일자 「유지각한 친구의 글」 참조.

어렵게 하며, ③ 일찍부터 가족부양 부담을 크게 하여 견실한 인물 형성을 저해하고 가족부양을 위하여 극한 상황에서 허덕이는 인간형을 낳으며, ④ 이러한 상태에서는 나라를 보전하고 미래를 고려할 생각을 못 갖게 된다고 지적하였다. 그들은 결혼의 최소 연령을 제한하는 조치를 하여 조혼제도를 폐지하면 결혼 전에 학문과 지식을 넓히고 지혜와 체력을 길러 자립정신과 자립능력이 강해지고 강건하고 자주적인 인간을 만들어낼 수 있다고 주장하였다.[492]

둘째, 독립협회는 결혼의 자유화를 주장하였다. 그들은 부모가 자녀의 배우자를 선택하고, 정작 당사자는 자기의사를 실현시키지 못할 뿐만 아니라 심지어는 얼굴도 모르는 채 결혼하게 되는 낡은 관습을 통렬히 비판하였다. 장성한 후에 남녀가 자기들의 평생을 예상하여 자유권으로 자원하여 부부가 될 것[493] 같으면 가정이 화목해지고 결혼과 가족생활이 합리화될 것이라고 하여, 결혼의 자유화를 주장하고 연애자유결혼을 찬양하였다.[494]

셋째, 독립협회는 과부재가금지寡婦再嫁禁止 관습의 폐지를 주장하였다. 이것은 갑오개혁 때 농민의 주장에 따라 법제상으로 이미 폐지했으나 아직도 사회관습으로 깊이 남아 있다고 비판하고 이의 실질적 폐지를 주장하였다.[495]

넷째, 그들은 축첩제도의 폐지를 주장하였다. 그들은 축첩제도가 조혼과 비자유결혼에서 결과하는 경향이 많음을 지적하고, 축첩제도의 잔존으로 말미암아 가족생활이 불화하게 되며, 여권女權이 스스로 짓밟힌다고 강

---

492 『독립신문』, 제3권 제18호, 1898년 2월 12일자 「논설」; 『독립신문』, 제1권 제27호, 1896년 6월 6일자 「논설」 참조.

493 『독립신문』, 제3권 제18호, 1898년 2월 12일자 「논설」.

494 『독립신문』, 제1권 제27호, 1896년 6월 6일자 「논설」; 『독립신문』, 제3권 제18호, 1898년 2월 12일자 「논설」 참조.

495 『독립신문』, 제1권 제27호, 1896년 4월 21일자 「논설」 참조.

조하였다. 그들은 "부인들도 첩 되는 것을 분히 여기고 어떤 사나이가 첩이 되라 할 지경이면 그 사나이를 꾸짖고 빰을 때려 쫓아야 옳은 일이니라"[496]고 계몽하였다.

다섯째, 그들은 기생제도 등 여권을 침해하는 관습의 폐지를 주장하였다. 그들은 기생제도가 여성을 희롱하고 천하게 하는 제도임을 강조하고 이것이 반드시 금지되어야 한다고 강조하였다.[497]

여섯째, 독립협회는 '어린이' 경시의 낡은 관습을 통렬히 비판하였다. 그들은 '아이들'이야말로 미래에 나라와 사회를 만들어갈 '보배'이므로 가장 귀하게 여기는 사고방식과 관습을 세워야 한다고 역설하였다.[498]

일곱째, 그들은 혈연 친족 의존 관습의 비합리성을 지적하고 친족주의적 관습의 개혁을 주장하였다.[499] 그들은 친족주의적 관습이 개인을 망치고 나라를 무너뜨리며 부정부패를 발생시키는 요인이라고 보고 이의 완전한 폐지를 강조하였다.[500]

여덟째, 그들은 종래의 모든 비과학적 위생제도를 비판하고, 국민 보건을 위한 새로운 정책과 제도의 수립을 주장하였다. 그들의 주장의 요점을 들면 다음과 같다.

① 현대 신식 병원의 설치[501]

---

496 『독립신문』, 제1권 제31호, 1896년 6월 16일자 「논설」; 『독립신문』, 제3권 제18호, 1898년 2월 12일자 「논설」; 『독립신문』, 제3권 제30호, 1898년 3월 12일자 「평안북도 어떠한 친구의 글」 참조.

497 『독립신문』, 제3권 제30호, 1898년 3월 12일자 「평안북도 어떠한 친구의 글」; 『독립신문』, 제2권 제18호, 1898년 2월 12일자 「논설」; 『독립신문』, 제2권 제32호, 1897년 3월 18일자 「잡보」 참조.

498 『독립신문』, 제2권 제10호, 1897년 8월 26일자 「논설」 참조.

499 『尹致昊英文日記』 1897년 11월 2일조 및 1898년 4월 10일조 참조.

500 *The Independent*, December 10th, 1896, 'Editorial'; 『독립신문』, 제1권 제23호, 1896년 5월 28일자 「논설」; 『독립신문』, 제1권 제106호, 1896년 12월 8일자 「논설」 참조.

501 독립협회 제12회(1897년 12월 5일) 토론회 "인민을 위생코져 하려면 의약의 학문이 급선무임" 참조.

② 위생국의 전염병 예방조치의 제도화[502]

③ 우물의 개량과 식수의 청결화[503]

④ 도로 · 하수도 · 개천의 청결 보수[504]

⑤ 가내목욕탕 및 공중목욕탕의 설치[505]

⑥ 변소 개량, 공중변소의 설치[506]

⑦ 운동 장려, 체육시설의 설치[507]

⑧ 굴뚝의 개량[508]

⑨ 조림造林, 공기의 청결화[509]

⑩ 아편연阿片煙의 엄금[510]

⑪ 불량의원 및 미신적 병치료 금지[511]

아홉째, 독립협회는 과학적 합리적 사고의 보급을 주장하고 일체의 미신들, 예컨대 무당 · 판수 · 성황당 · 신당 · 굿 · 고사 · 사주 · 관상 · 비

502 『독립신문』, 제1권 제36호, 1896년 6월 27일자 「논설」; 『독립신문』, 제1권 45호, 1896년 7월 18일자 「논설」 참조.

503 『독립신문』, 제1권 제36호, 1896년 5월 2일자 「논설」; 『독립신문』, 제2권 104호, 1897년 9월 2일자 「논설」 참조.

504 독립협회 제2회(1897년 9월 5일) 토론회 "도로를 수정하는 것이 위생의 제일 방책임" 참조. 『독립신문』, 제1권 제19호, 1896년 5월 19일자 「논설」; 『독립신문』, 제1권 제36호, 1896년 6월 27일자 「논설」; 『독립신문』, 제1권 제45호, 1896년 7월 18일자 「논설」; 『독립신문』, 제2권 제103호, 1897년 8월 31일자 「논설」; 『독립신문』, 제2권 제104호, 1897년 9월 2일자 「논설」 참조.

505 『독립신문』, 제1권 제19호, 1896년 5월 19일자 「논설」; 『독립신문』, 제1권 제108호, 1896년 12월 12일자 「논설」; 『독립신문』, 제2권 제21호, 1897년 2월 20일자 「논설」 참조.

506 『독립신문』, 제2권 제103호, 1897년 8월 31일자 「논설」 참조.

507 『독립신문』, 제1권 제19호, 1896년 5월 19일자 「논설」; 『독립신문』, 제1권 제108호, 1896년 12월 12일자 「논설」; 『독립신문』, 제2권 제21호, 1897년 2월 20자 「논설」 참조.

508 『독립신문』, 제2권 제103호, 1897년 8월 31일자 「논설」 참조.

509 『독립신문』, 제1권 제89호, 1896년 10월 29일자 「논설」 참조.

510 『皇城新聞』, 제1권 제15호, 1898년 9월 22일자 「論說(阿片論)」; 『독립신문』, 제2권 제101호, 1898년 7월 30일자 「아편연 폐단」; 『독립신문』, 제3권 제145호, 1898년 9월 22일자 「아편연 폐단」 참조.

511 『독립신문』, 제1권 제103호, 1896년 12월 1일자 「논설」 참조.

결 · 점괘 등의 폐지를 강력히 주장하였다.[512] 그들은 특히 이러한 미신들이 병자를 많이 죽이고 있으며, 국민들을 심약하게 하여 정직하고 결단력 있고 용기 있게 되기 어렵게 만들며, 재물을 많이 낭비하는 큰 폐해를 낳고 있다고 비판하였다.[513] 그들은 또한 자기의 자립의지와 협력에 의존하지 않고, 체념과 운수를 믿고 의존하려는 '운수론'을 날카롭게 비판하였다.[514]

열째, 독립협회는 풍수설에 대하여 몹시 혹독한 비판을 가하였다.[515] 독립협회는 산리山里라 하는 것이 허무한 것이며, 구산求山 때문에 갖은 산송山訟과 분란이 일어나는 것이 큰 폐단이며 낭비임을 역설하고, 이 관습의 폐지를 주장, 계몽하였다.[516]

그들은 이러한 낡은 사회관습의 개혁이 개인의 사회생활을 비합리적 속박으로부터 벗어나게 하여 생활을 합리화하고 자주부강한 개인과 국가를 만드는 한 과정이라고 강조하였다.[517]

독립협회는 이 모든 개혁자강은 대외적으로 자주독립의 원칙을 지키고 대내적으로 민권에 기초하여 국민의 참정과 지원에 의해서만이 이룩될 수 있다고 주장했으며, 민중의 단결된 힘에 의해서만이 열강의 침략으로부터 나라를 구할 수 있다고 강조하였다.

---

512 『尹致昊英文日記』 1898년 5월 6일조. 독립협회 제10회 (1897년 11월 14일) 토론회 "벙어리와 관수들을 정부에서 재예로 교육하는 것이 마땅함" ; *The Independent*, June 18th, 1896, 'Editorial' 참조.

513 『독립신문』, 제1권 제14호, 1896년 5월 7일자 「논설」 ; 『독립신문』, 제1권 제103호, 1896년 12월 1일자 「논설」 ; 『독립신문』, 제1권 제104호, 1896년 12월 3일자 「논설」 ; 『독립신문』, 제2권 제2호, 1897년 1월 7일자 「논설」 ; 『독립신문』, 제2권 제109호, 1897년 9월 14일자 「논설」 참조.

514 *The Independent*, December 1st, 1896, 'Editorial' ; 『독립신문』, 제3권 제225호, 1898년 12월 26일자 「운수론」 참조.

515 독립협회 제11회(1897년 11월 28일) 토론회 "대한인민들이 이때까지 부유하고 공명함은 각기 조상의 분묘들을 좋은 데에 쓴 까닭임" 참조.

516 『독립신문』, 제1권 제14호, 1896년 5월 7일자 「논설」 참조.

517 『尹致昊英文日記』 1898년 6월 9일조 ; 『독립신문』, 제3권 제136호, 1898년 9월 12일자 「엄금할 일」 참조.

## 6. 맺음말

오늘날의 안목으로 회고해보면 열강의 세력 균형이 이루어진 시기는 1897부터 1903년까지 6년이었다. 이 짧은 기간에 다시 한 번 민중의 힘을 기초로 하여 자강을 실현함으로써 자주독립을 지키려 한 것이 독립협회의 사회사상이었다. 독립협회 사회사상의 포괄적 특징을 들면 다음과 같은 점이 특히 주목된다.

첫째, 독립협회의 사회사상은 19세기 말 한국인들이 각 부문에서 도전해 오는 자기 시대의 과제를 해결하기 위해서 만든 사상이며, '자주독립사상'과 '자유민권사상'과 '개혁자강사상'이 불가분리의 내용과 형태로 통합된 '자주민권자강사상'이며 '자유독립개혁사상'이었다. 그들의 사상은 하나의 체계에 3면의 날을 가지고 당시의 주어진 과제를 독자적으로 해결하려 한 것이었다.

둘째, 독립협회의 사회사상은 당시 새로운 생동력을 갖고 급속히 성장하고 있던 시민계층 · 농민층 · 임금노동자층 · 해방된 천인층 · 신지식층 등 신흥사회세력의 사상이었다. 신지식계층은 이 신흥사회세력의 사회의식을 자기들의 세계관으로 체계화하면서 문제해결을 자본주의적 발전의 방향으로 설정했기 때문에 시민계층의 이해와 의식이 가장 크게 흡수되어 있었으나, 그 기본 사상체계는 특권적 수구세력에 대항하면서 성장하고 있던 모든 신흥사회세력의 이익과 의식을 포괄적으로 대변하고 새로운 세계관으로 체계화한 것이었다.

셋째, 독립협회의 사회사상은 개화사상의 성격을 가지면서도 초기 개화파의 사상과는 달리 민중에 밀착되고 민중의 지지를 받는 민중의 사상이었다. 나라가 낙후한 상태에서 열강의 제국주의적 도전을 받았을 때에 그에 대한 개화파적 응전은 상층 지식인의 위로부터의 개혁사상에 머물러 민중으로부터 유리되는 것이 보통이었다. 그러나 독립협회의 사회사상은 개화사상이면서도 민중의 사상으로 전개되었다. 이것은 당시 한국사회의 내부적 성장도의 급속성과 지식층의 지혜 및 성숙도와 민중에 대한 헌신성에 관련된 것이었다.

넷째, 독립협회 사회사상의 형성에 헌신한 지식층은 두 개의 흐름이 합류하여 이루어진 것이었다. 그 하나는 초기 개화사상을 계승, 발전시키면서 서구시민사상의 영향을 크게 받고 이를 적극적으로 흡수한 흐름이고, 다른 하나는 초기 동도서기파의 사상을 계승, 발전시키면서 개신유학적 전통을 배경으로 한 단계 더 발전하여 전통을 계승하면서 서구시민사상의 영향을 취사선택한 흐름이다. 이 두 흐름은 당시의 민족적 과제를 해결하기 위해 합류하여 공동의 노력을 하면서 독립협회의 사상과 운동의 주류를 형성하였다.

다섯째, 독립협회의 사회사상은 대외적으로 열강의 침략으로부터 나라를 구하고 대내적으로 사회의 전반적 대개혁을 단행하면서 입헌대의 민주주의를 수립하여 민중의 힘으로 이를 추진하려 하였다. 그리하여 한국사회에서 처음으로 근대 대의민주주의사상을 크게 발전시켰다. 즉 그들은 대의민주주의를 통하여 민중의 힘을 단결시켜 동원함으로써 밖으로는 외세에 대한 대항력으로 하고 안으로는 개혁자강의 추진력으로 하여 민족적 위기를 타개하고 구국자강을 실현하려고 하였다. 그들은 이것이 열강의 위협하에서 자주독립과 자유민권과 개혁자강을 동시에 실현하는 가장 확실하고 정확한 방법이라고 생각하였다.

여섯째, 독립협회 사회사상의 내용은 사회의 전반적 대개혁을 주장한 혁명적인 것이었으나 그 방법은 여론과 기존의 사회·정치 통로의 활용을 선택한 개혁사상이었다. 그들은 동학농민운동과 을미의병의 폭력혁명이 열강의 침략 시도에 이용당하고 문제를 해결하지 못한 채 국정의 혼란을 가져온 사실을 경험하였다. 그들은 이 때문에 열강의 침략 앞에서는 오히려 신흥사회세력의 의사와 주장을 여론과 합법적 사회·정치 통로를 통하여 충분히 반영시켜 그들의 힘을 결속시키고 단결시킴으로써 외세를 막고 당면한 과제를 해결해야 한다고 생각하여 개혁과 변혁의 방법을 선택하였다.

일곱째, 독립협회의 사회사상은 그들의 개혁주의적 방법에 의거해서 이미 당시에도 나라 정책에 크게 반영되어 한국사회의 발전에 지대한 공헌을 한 개혁사상이었다. 그것은 하나의 사회집단이 그 후 자기 사회의 발전에 끼친 영향으로는 비견할 수 없을 만큼 큰 영향을 현실에 끼쳤으며 그 후의 한국사회와 역사의 발전에 큰 계기를 만들고 지대한 영향력을 남긴 사회사상이 되었다.

1898년 12월 말 독립협회의 자주민권자강운동이 수구파와 일제의 야합에 의하여 탄압당함으로써 열강의 침략 앞에 놓인 자기 나라를 구해보려던 한국인의 또다른 대사상과 운동이 좌절되었다. 한국을 침략하려고 노리던 일제가 침략의욕은 있었으나 침략능력이 없던 1881년부터 1893년까지 황금의 10여 년을 한국민족은 청국의 적극간섭정책으로 인하여 자강을 실현하지 못한 채 허송하여버리고 말았다. 또한 일제가 침략능력은 있었으나 국제 세력 균형으로 침략을 하지 못한 1897년부터 1903년까지 6년간은 한 치 앞도 못 보고 사리사욕만 일삼다가 소위 '을사보호조약'에 의하여 국권을 빼앗긴 국내의 부패무능한 수구파와 일제의 야합에 의하여 독립협회가 탄압당함으로써 다시 한 번 만든 기회를 놓쳤다.

그러나 독립협회의 자주민권자강사상이 이루었던 높은 봉우리는 분수령이 되어 그 후 일제의 가혹한 탄압 속에서도 한국민중의 불굴의 애국적 전통을 더욱 높이 쌓아올리게 했으며, 애국계몽운동 · 항일독립운동 · 민권운동 · 자강운동 · 민족문화운동의 원동력 가운데 하나가 되었다.

‖ 제4장 ‖

# 독립협회의 독립문 건립과 토론회의 계몽활동

## 1. 머리말

독립문獨立門은 한국 근대사에서 하나의 분수령을 이루었던 19세기 말 독립협회의 자주민권자강운동의 한 기념물로 건립되어 이제 하나의 문화유산이 되어 남아 있다.

1896년은 자주독립에 대한 민중의 열망이 팽배했던 해였다. 1894~1895년의 '갑오개혁'에 의하여 우리나라에는 어느 정도의 내정개혁이 단행되어 여러 가지 제도개혁이 이루어졌다고 하나, 그것은 일본의 내정간섭을 심하게 받아 자주독립을 견지하지 못한 파행적 개혁이었다. 민중은 자주독립이 진정한 내정개혁의 전제임을 절감하고, 1895년 후반부터는 개혁자강의 대전제로서 자주독립의 확고한 강화를 더욱 강력하게 요구했으며, 1896년에는 자주독립을 요청하는 민중의 열망이 전국에 충만하였다.

이러한 분위기 속에서 서대문 밖에 사대외교의 상징인 영은문迎恩門의 옛터를 그대로 남겨둘 수는 없었다. 이미 임오군란 이후의 청국의 간섭, 청일전쟁 이후의 일본의 간섭, 아관파천 이후의 러시아의 간섭을 통하여 외국의 간섭이 나라의 자주적 발전에 가장 큰 저해 요인임을 경험한 민중들은 1896년부터 다시는 어떠한 나라의 어떠한 간섭도 허용치 않겠다는 자주독립의 결의를 다짐하려 하였다.

독립문 건립의 발의자는 서재필徐載弼이었다. 서재필은 1895년 12월 26일 오랜 망명생활에서 귀국하자 자주독립의 상징으로서 '영은문'이 서 있던 자리에 '독립문'을 세울 것을 당시의 뜻있는 인사들에게 발의하였다.[1]

독립문 건립의 제의는 광범위한 지지를 받은 것 같다. 1896년 6월에는 독립문 건립의 계획이 아주 구체화되어 5월 20일 경에는 영은문을 헌 자리에 독립문을 세우기로 국왕의 허락까지 얻고, 문門의 이름과 국문 표기까지 제안되어 있었다. 이때 독립문 건립의 추진자들은 중국 영향으로부터 완전한 영구독립을 선언할 뿐만 아니라, 일본 · 러시아 및 그 밖의 서구 열강의 영향으로부터 완전한 영구독립을 선언하기 위하여 독립문을 세우려 하였다. *The Independent* 1896년 6월 20일자 사설은 다음과 같이 썼다.

> 오늘 우리는 국왕이 西大門 밖 門의 舊基에 독립문Independent Arch이라고 命名할 문을 건립할 것을 결정한 사실을 경축하는 바이다. 우리는 그 문의 조명이 국문으로 조각될지 알지 못하지만 그렇게 되기를 바란다. 〔……〕 이 門은 다만 중국으로부터의 독립을 의미하는 것이 아니라, 일본으로부터, 러시아로부터 그리고 모든 유럽 열강으로부터의 독립을 의미하는 것이다. 그것은 조선이 전

---

1 金道泰 편, 『徐載弼博士自敍傳』, pp.201~202 참조. "내가 本國에 돌아와서 제일 먼저 눈에 띈 것이 迎恩門이었다. 무엇보다도 이 더러운 門, 부끄러운 이 門을 없애야겠다고 굳은 決心을 하였다. 이 門을 없애버리는 것이 우리 國民의 所願일 것이다. 迎恩門을 헐어버리고 그 자리에다 우리나라가 노예의 굴레를 벗어버리고 완전히 自主獨立國이 되었다는 紀念으로 새로이 獨立門을 세우기로 한 것이다." 또한 *The Korean Repository*, Vol. 5 No. 8, 1898년 8월호 'The Independence Club', p.285에서 서재필은 그의 출국 직전에 다음과 같이 말한 것으로 기록되어 있다. "徐載弼 博士는 또한 迎恩門이 서 있던 자리에나 그 근처에 하나의 門을 建立하는 것이, 朝鮮이 이 이상 中國使臣이 오는 것을 恩惠로서 환영하지 않는다는 것을 世界에 알리기 위하여, 獨立協會의 大事業이 될 것이라는 것을 시사하였다. 그러한 門의 建立은 나라의 獨立의 實在를 國民들과 다음 世代들에게 인상 깊게 銘記하도록 해줄 것이다'라고 그는 말하였다." 迎恩門은 이보다 앞서 1895년 2월에 金弘集內閣에 의하여 철거되었다.

쟁의 폭력으로 열강들에 대항하여 승리할 수 있다는 의미에서가 아니라, 조선의 위치가 극히 중요하여 평화와 휴머니티와 진보의 이익을 위해서 조선의 독립이 필요하며, 조선이 동양 열강 사이의 중요한 위치를 향유함을 보장하도록 위치하고 있다는 의미에서 그러한 것이다. 전쟁이 그의 주변에서 발발할 수 있을 것이다. 아니 그의 머리 위에서 쏟아질 수 있을 것이다. 그러나 힘의 균형의 법칙에 의하여 그는 손상받지 않고 다시 일어설 것이다. 독립문이여 성공하라. 그리고 다음 세대들로 하여금 잊지 않게 하라.[2]

독립문 건립의 추진자들은 이 민족적 사업을 이루기 위해서 협회를 창립할 필요를 절감하고 1896년 7월 2일 독립협회를 창립하였다.

여기서는 독립협회 창립 후 그 제1기 활동으로서 독립문 · 독립공원獨立公園 · 독립관獨立館의 건립과 제2기 활동으로서 토론회를 통한 계몽활동에 대하여 간단히 논급하려고 한다.

## 2. 독립문 · 독립공원 · 독립관의 건립

독립협회는 그 창립의 공식 목적이 독립문 · 독립공원 · 독립관의 건립이었으므로 1896년 7월 2일 창립총회에서 '독립협회규칙' 제2조에 "독립협회에서는 독립문과 독립공원 건설하는 사무를 관장할 사"[3]라고 하여 그 목적을 명문화하였다.

독립협회는 독립문 · 독립공원 · 독립관의 건립을 백성들의 성금으로 이루어야 한다고 생각하였다. 독립협회에 의하면, 독립문의 건립은 국민들과 함께 자주독립의 결의를 다짐하고, 후대에게 완전한 자주독립을 기리 지키도록 당부하는 것이므로, 반드시 백성들의 정성 어린 보조금을 모아 백성의 힘으로 건립해야 한다고 생각하였다.

2 *The Independent*, Vol. 1 No. 33, June 20th, 1896, 'Editorial'

3 『大朝鮮獨立協會會報』, 제1호, 1896년 11월 30일자 「獨立協會規則」 참조.

독립문 건립 기공식 광경

독립협회는 창립총회 때에 각계각층의 백성들에게 「독립협회윤고獨立協會輪告」를 발송하여, 다음과 같이 호소하였다.

> 玆에 公共한 議로 獨立協會를 발기하여 前 迎恩門 遺址에 獨立門을 新建하고 前 慕華館을 修改하여 獨立館이라 하여 舊日의 耻辱을 洗하고 후인의 標準을 作코자함이요, 그 附近地를 曠棄치 못하므로 仍하여 獨立公園을 순편 창설하여 써 그 門과 館을 보관코자 하오니 盛擧라 아니치 못한지라. 顧컨대 그 工役이 浩大하여 巨款을 費하리니 衆力으로 幫成치 아니면 成就하기를 期치 못할 것이요, 아국 臣民된 자가 樂聞樂赴치 아닐 이 없을지라. 玆庸函告하오니 照亮하오서 補助金을 다소간에 隨意 송부하시고 본회 회원에 참입하실 意가 있으시거든 示明하심을 望하나이다.[4]

『독립신문』도 국민들에게 독립문 건립을 위한 백성들의 참여를 다음과 같이 호소하였다.

---

4 『大朝鮮獨立協會會報』, 제1호, 1896년 11월 30일자 「獨立協會輪告」 참조.

영은문

조선 인민이 세계에 자유하는 백성들이 되었으니 이런 경사를 그저 보고 지내는 것이 도리가 아니오. 조선 독립된 것을 세계에 광고도 하며 또 조선 후생들에게도 이때에 조선이 영원히 독립한 것을 전하자는 표적이 있어야 할 터이요, 또 조선 인민이 양생을 하려면 맑은 공기를 마셔야 할 터이요, 경치 좋고 정한 데서 운동도 하여야 할지라. 모화관에 새로 독립문을 짓고 그 안을 공원으로 꾸며 천추만세에 자주독립한 공원이라고 전할 뜻이라. 이것을 하려면 정부 돈만 가지고 하는 것이 마땅치 않은 까닭은 조선이 자주독립된 것이 정부에서만 경사가 아니라 전국 인민의 경사라. 인민의 돈을 가지고 이것을 꾸며 놓는 것이 나라에 더 큰 영광이 될 터이오. 후세에라도 내외 국민들이 이 독립문과 독립공원을 보게되면 건양 원년에 누구누구가 돈을 얼마얼마 내어 전국 인민을 위하여 양생과 운동하는 데를 만들어 놓고 조선 자주독립한 것을 경사로이 여겨 영생불멸할 표를 하였다고 할 터이니, 물론 누구든지 조선 인민이 되어 임금을 존경하고 국가를 높이 달 생각이 있는 사람들은 다소간에 출렴을 내어 대정동 조선은행소에 있는 안경수 씨에게로 보내면 안경수 씨가 신문사로 보조금을 낸 사람의 이름과 돈 수효를 기별하여 매일 광고할 터이요, 역사는 속히 시작한다고 하더라…….[5]

---

5 『독립신문』, 제1권 제39호, 1896년 7월 4일자 「논설」.

독립협회의 독립문 · 독립공원 · 독립관 건립사업은 독립협회의 창립과 함께 순조롭게 진전되었다. 자주독립에 대한 민중의 열망이 이미 팽배되어 있었기 때문에 각계각층의 백성들이 독립협회의 목적을 지지하고 독립문 건립을 위한 보조금을 헌납하였다. 『대조선독립협회회보』와 『독립신문』은 보조금 헌납자 명단을 발표하여 이를 더욱 고취하였다.

1896년 7월부터 1897년 8월까지 14개월간 독립협회에의 보조금 헌납액을 정리하면 다음 표와 같다.[6]

독립문 건립 보조금 헌납액

| 월별 | | 금액 |
|---|---|---|
| 1896년 | 7월 | 2,348원 |
| | 8월 | 719원 |
| | 9월 | 334원 70전 |
| | 10월 | 258원 18전 |
| | 11월 | 657원 21전 2리 |
| | 12월 | 399원 50전 |
| 1897년 | 1월 | 430원 70전 |
| | 2월 | 208원 10전 |
| | 3월 | 137원 40전 |
| | 4월 | 86원 |
| | 5월 | 120원 40전 |
| | 6월 | 40원 90전 |
| | 7월 | 129원 60전 |
| | 8월 | 27원 50전 |
| 계 | | 5,897원 19전 2리 |

독립협회의 보조금 헌납자를 보면 당시 독립협회가 고급관료의 주도하에 있었음에도 불구하고 광범위한 민중이 참여했음을 알 수 있다. 독립협회 발기인들이 창립총회 때에 510원을 헌납한 것을 비롯하여,[7] 왕태자도

6 『大朝鮮獨立協會會報』, 제16호, 1897년 7월 15일자 「會事記」 참조.

7 『독립신문』, 제1권 제39호, 1896년 7월 4일자 「논설」 참조.

1,000원을 납부하고, 시민층 · 농민층 · 지식인 · 학도들, 그 밖에 각계각층의 백성들이 독립협회의 이 민족적 사업에 보조금을 내고 참여하였다.[8]

독립협회는 창립 2개월 후인 1896년 9월 6일 서재필로 하여금 독립문 건립을 담당하도록 계약하고 그 비용을 3,825원으로 책정하였다.[9]

독립문의 설계는 서재필이 프랑스 파리의 개선문을 모형으로 하여 비용 관계로 축소해서 기본 설계를 하고,[10] 독일영사관의 스위스인 기사技師(일설에는 러시아인 기사 A. J. Sabatin)가 서재필을 도와서 세부설계도를 작성했으며,[11] 공역工役은 한국인 목사 심의석沈宜碩이 담당하였다.[12] 심의석은 당시 유명한 건축목사(목수)로 독립협회의 발기인이 되어 간사원에도 선출되었다.[13] 독립문 건립의 실제 담당 목사는 심의석임을 명기해둘 필요가 있다. 석공은 한국인 고급기술자들이 담당하고,[14] 역사役事는 주로 중국인 노동자들을 고용한 것 같다. 『윤치호영문일기』에서는 중국인 노동자들이 중국을 사대하던 영은문을 헌 자리에 독립문을 세우는 노동을 하고 있음

---

8 『大朝鮮獨立協會會報』, 제2호, 1896년 12월 15일자 「會事記」 및 각 호의 「獨立協會補助金收入名」 참조.

9 鄭喬, 『大韓季年史』(상), p.146. "九月 六日 會員與米國醫師堤仙立約 使堤仙擔建獨立門(在敦義門外迎恩門舊基)其費爲參千八百二十五元."

10 *The Korean Repository*, Vol. 4 No. 11, 1897년 11월호 'Editorial Department' 중의 'The Independence Club', p.438에서는 "Dr. Philip Jaisohn has designed and superintended the erection of this monument"라고 하여 獨立門을 徐載弼이 설계하고 監督했다고 밝혔다.

11 『徐載弼博士自敍傳』, pp.202~203 참조. *The Korean Repository*, Vol. 2 No. 8, 1898년 8월호 'The Independence Club', p.285에는 徐載弼이 독립협회의 요청을 받고, 徐載弼 자신이 당시 서울에 살고 있던 한 러시아인 建築技士 사바틴의 도움을 받아서 設計圖를 제작한 것으로 되어 있다. 그런데 분명히 이 기록에 근거를 두고 쓴 것으로 보이는 『京城府史』, 제1권 p.658에는 徐載弼을 빼어버리고 러시아인 技師 사바틴이 凱旋門을 모형으로 설계한 것으로 쓰고 있다. 당시 독립문 건립을 담당했으므로 여기서는 徐載弼의 말을 따랐다.

12 『독립신문』, 제3권 제7호, 1898년 1월 18일자 「잡보」 참조.

13 『大朝鮮獨立協會會報』, 제1호, 1896년 11월 30일자 「獨立協會輪告」; 『독립신문』, 제1권 제39호, 1896년 7월 4일자 「논설」 참조.

14 *The Korean Repository*, Vol. 4 No. 11, 1897년 11월호 'Editorial Department' 중의 'The Independence Club', p.438 참조.

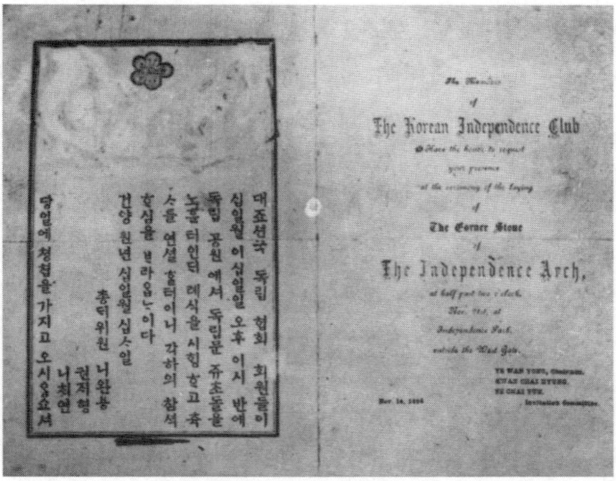


독립문 기공식 청첩장

을 보고 역사의 영고성쇠榮枯盛衰라고 술회하였다.[15]

독립협회는 1896년 11월 9일 한성부漢城府에서 회합하여, 독립문의 정초定礎 일자를 1896년 11월 21일 오후 2시 30분으로 정하였다.[16] 독립협회는 11월 14일 다음과 같은 청첩장을 사회 각계각층에 발송하였다.

> 대 조선국 독립협회 회원들이 십일월 이십일일 오후 이시 반에 독립공원에서 독립문 주춧돌을 놓을 터인데 예식을 시행하고 축사를 연설할 터이니 각하의 참석하심을 바라옵니다.
>
> 건양 원년 십일월 십사일
>
> 총대위원 이완용 · 권재형 · 이채연
>
> 당일에 청첩을 가지고 오시옵소서.[17]

15 『尹致昊英文日記』 1897년 2월 22일조. "A number of Chinese workmen are at work in building the Independent Arch. What a volume of historical vicissitudes this simple fact represents!"

16 『大韓季年史』(상), p.151 참조.

17 金永羲, 『佐翁尹致昊先生略傳』, 1934, p.124 사진 참조. 이 청첩의 영문은 다음과 같다. "The members of the Independence Club have the honor to request your presence at the

1896년 11월 21일 토요일 오후 2시 30분의 독립문 정초식定礎式은 무려 5,000~6,000명의 내외 귀빈이 참석한 가운데 매우 성대히 거행되었다.[18] 『독립신문』의 기록에 의하면 협회 회원뿐만 아니라 일반 시민, 정부 각부 대신, 각 학교 학원, 각국 공 · 영사와 외빈들이 참석했으며, "돈의문외敦義門外 서교西郊에 거기운집車騎雲集하고 노약제휴老若提携하여 인산인해人山人海"[19]를 이루었다. 그들은 솔문과 만국기로 식장을 장식했으며 배재학당 학생들이 '조선가', '독립가', '진보가', '애국가' 등 축가를 부르고, 육영공원 학원들이 체조시범을 보였으며, 독립협회 회장 안경수安駉壽와 고문 서재필이 연설을 했고, 한성판윤과 외부대신과 배재학당 교장이 축사를 했으며, 정초식 후에 성대한 연회를 한 것으로 기록되어 있다.[20]

독립문 정초식의 식순은 다음과 같았다.[21]

① 합창………「조선가」…………………………배재학당 학도합창단
② 정초거행
③ 기도…………………………………………아펜젤러 목사
④ 회장연설……………………………………안경수(독립협회 회장)
⑤ 축사………「독립을 영구히 하는 방법」……이채연(한성판윤)

---

ceremony of the laying of the corner stone of the Independence Arch at half past two o' clock Nov. 21st. at Independence Park outside the West Gate." 여기서 總代委員에 이완용이 들어 있는 이유는 당시 이완용이 外部大臣이었고 독립협회의 副會長직을 맡고 있었기 때문이었다. 그러나 그 후 이완용은 外國에의 利權讓與에 관련된 관계로 독립협회에서 除名되었다.

18 *The Korean Repository*, Vol. 4 No. 11, 1897년 11월호 'Editorial Department' 중의 'The Corner Stone of Independence Club', p.458에서는 獨立門 定礎式에의 참석자 수를 4,000~5,000명으로 기술했는데, 여기서는 당시의 『독립신문』과 『大朝鮮獨立協會會報』에 의거하였다.

19 『大朝鮮獨立協會會報』, 제2호, 1896년 12월 15일자 「會事記」.

20 『독립신문』, 제1권 제100호, 1896년 11월 24일자 「독립관 연회말」 참조.

21 *The Korean Repository*, Vol. 4 No. 11, 1897년 11월호 'Editorial Department' 중의 'The Corner Stone of Independence Arch', p.458 ; *The Korean Repository*, Vol. 5 No. 8, 1898년 8월호 'The Independence Club', p.258 참조.

준공 직후의 독립문

⑥ 합창………「독립가」…………………………배재학당 학도합창단

⑦ 축사………「우리나라의 미래」………………이완용(외부대신)

⑧ 축사………「조선 내의 외국인」……………서재필(독립협회 고문)

⑨ 합창………「進步歌」…………………………배재학당 학도합창단

⑩ 체조시범…………………………………………육영공원 학도 일동

⑪ 연회………………………………………………내빈 및 참석자 일동

독립문이 완공된 것은 정초한 지 만 1년 후인 1897년 11월 20일경인 것 같다.[22] *The Independent* 1897년 12월 30일자는 독립문 준공에 대하여

22 獨立門 竣工의 정확한 일자는 준공식을 거행하지 않았던 관계로 찾기가 어렵다. *The Korean Repository*, Vol. 4 No. 11, 1897년 11월호 'Editorial Department' 중의 'The Independence Club', p.438에서는 1897년 11월 1일 독립문 건축장을 방문한 편집자(Appenzeller와 Jone) 취재로 독립문 준공이 거의 가까웠다고 썼다. 『徐載弼博士自敍傳』, p.203에는 독립문 준공일자가 1897년 11월 20일로 되어 있다. 『佐翁尹致昊先生略傳』, p.116에도 1897년 11월에 완성한 것으로 되어 있다. 그러나 이것은 回想記이므로 더 고증이 필요할 것이다. 『독립신문』에 처음으로 독립문 준공기사가 나온 것은 1898년 1월 17일자 「잡보」이지만, *The Independent*, Vol. 2 No. 154, 1897년 12월 30일자 'The Review of the Chief

준공 직후의 독립문과 독립관

다음과 같이 논평하였다.

> 대조선독립협회는 獨立館 앞에다 獨立門의 건축을 완공하였다. 그리고 이 청결하게 보이는 백색 화강암 門은 조용하게 서 있으나, 독립협회 회원들의 거대한 애국주의의 훌륭한 정신과 정력을 잘 나타내고 있다. 독립문은 조선인의 진보와 애국심의 발전의 가장 뚜렷한 하나의 징표이다.[23]

독립문 건립에는 예정보다 많은 비용이 들었다.[24] 경비가 부족했으므로

---

Events of 1897' 에서는 "The Korean Independence Club has completed the construction of Independence Arch" 라고 하여 獨立門이 1897년 내에 완공되었다고 명백히 기록하였다. 또한 *The Korean Repository*, Vol. 5 No. 11, 1898년 11월호 'The Independence Club', p.286에서는 "1년 후에 독립문이 완공되어 우아하고 담백하게 서게 되었다" 고 썼다. 이러한 당시의 자료에 의거하여 볼 때 독립문의 준공일자를 1897년 11월20일 경으로 보는 것은 대체로 정확하리라고 본다.

23 *The Independent*, Vol. 2 No. 154, December 30th, 1897년, 'The Review of the Chief Events of 1897'.

24 *The Korean Repository*, Vol. 5 No. 8, 1898년 8월호, 'The Independence Club', p.286에서는, 독립문 건립비용이 4,000원 이상 들었다고 기록하였다.

구한말의 독립문

『독립신문』 1898년 1월 18일자는 독립문을 근일에 필역畢役했음을 보도하고, 비용이 3,825원이 들었는데 아직도 지급하지 않은 경비가 1,000여원이므로 보조금을 보내줄 것을 호소하였다.[25] 독립협회는 독립문 건설비 3,825원 중 2,300원을 선급하고, 보조금 수입을 독립공원 건설과 독립관 개수 등에 사용했으므로[26] 독립문 건립비용이 부족하였다. 이에 『독립신

25 『독립신문』, 제3권 제7호, 1898년 1월 17일자 「잡보」 참조. "독립협회에서 작년에 회원들이 의론하고 대한 독립할 것을 세계에 빛내며 독립할 표적을 후생들에게 보일 양으로 독립문을 이왕 영은문 섰던 자리에 지어 대한에 제일 영광되는 문을 근일에 필역하였는데 든 돈이 삼천 팔백 이십 오원이요, 문 지은 기사 심의석씨가 혈심으로 자기의 돈을 근 천원 들여 그 문을 필역하였으나 아직도 협회에서 못 준 돈이 천여 원이라. 불가불 이 돈을 음력 세전으로 마감하여야 할 터인데 요전 일요일에 회원들이 의론하고 회장과 부회장이 보를 서고 돈을 빚내어 우선 공장들에게 진 돈을 치러 주고 그 돈은 독립협회 회원들이 출렴하여 석달 안으로 갚게 하였는데, 그 회에 당장 돈 낸 사람들도 많이 있으나 아직도 구백여 원이 더 있어야 우선 급한 빚을 갚을 터이라 누구든지 대한 독립을 즐겁게 여기고 독립협회의 모양이 흉치 않게 되기를 바라는 이들은 독립협회 사무소로 다소간 힘껏 출렴들을 하여 이 빚을 갚게들 하기를 바라노라."

26 『大朝鮮獨立協會會報』, 제16호, 1898년 7월 15일자 「會事記」 참조.

문』을 통해서 여러 차례 보조금 헌납을 호소하여 백성들의 보조금으로 이를 완결지었다.[27]

독립문은 한국에서 가장 널리 쓰이는 석재인 견고한 화강암을 재료로 하여 축조되었고, 높이가 42척尺, 폭(가로)이 33척, 깊이(세로)가 21척, 터널의 폭이 17척의 크기로 건립되었다. 탑의 서쪽에는 독립문의 지붕 위로 올라가는 나선형의 층계를 만들었다. 또한 독립문의 남쪽 서울시를 향한 머리에는 국문으로 '독립문'이라는 이름을 새겨 넣고, 중국을 향한 독립문의 북쪽 머리에는 한자로 '獨立門'이라고 새겨 넣었다. 독립문 정면의 이름에 '국문'을 사용한 것부터가 '한문漢文'과 '언문諺文'의 지위를 뒤바꾸어 한문을 뒤로 돌리고 '언문'을 '국문'으로 높이려는 독립협회 개혁자들의 기본 원칙을 단적으로 나타낸 것이었다.[28]

이렇게 하여 건립된 독립문은 오늘날 보는 바와 같이 화강암의 견고한 건축물로서 이 시대의 기념물로 남아 있다.

독립공원은 당시 독립문과 전 모화관 일대가 공터였으므로 이 지역에 식수를 하여 공원을 꾸몄다.

원래 독립공원의 건설 계획은, 여기에 과수와 관상목과 화초와 여러 가지 관목灌木을 심어서 공원을 꾸밈과 동시에 실험단지를 만드는 것이었다. 또한 공원을 3부분으로 나누어 그 일부는 옥외의 운동을 위한 운동장으로 보존하고, 또 일부는 시민과 관리의 산보와 휴식을 위한 휴식처를 만들며, 다른 한 부분은 시민들이 1주일에 1, 2회씩 시사문제에 대한 강연을 듣는 장소로 만들려는 포괄적 계획이었다.[29] 이 계획은 막대한 경비가 소요되었

27 『독립신문』, 제3권 제11호, 1898년 1월 27일자 「잡보」 참조.

28 *The Korean Repository*, Vol. 5 No. 8, 1898년 8월호, 'The Independence Club', p.285 참조.

29 *The Korean Repository*, Vol.5 No.8, 1898년 8월호, 'The Independence Club', p.284. "Dr. Jaisohn, with that progressive spirit so characteristic of the people of his adoption, 'suggested to the Cabinet,' to quote his own words, the advisability of establishing a

독립공원과 독립관

으므로, 자금 부족으로 인하여 계획대로는 건설되지 못하였다.[30] 그러나 독립협회의 경비지출 항목 안에서 '독립공원 각종 화훼재식비', '기원절 경하 시 독립공원 화목 위배소연圍排小椽 오백 개 비용', '독립공원 잡초군 및 전천前川 진검교橋군 등 도급' 비용 등으로 상당한 금액을 지불하고 있는 것을 보면 당시 큰 규모의 공원을 꾸몄음을 알 수 있다.[31]

독립관은 독립문 부근의 '모화관'을 개수한 것이었다. 모화관은, 중국사신이 올 때 '하마연下馬宴'이라 하여 환영연을 베풀고, 출국할 때 '상마연

public park near the city for experimenting in the cultivation of fruit trees, forestry, flowering plants and various foreign shrubs. A part of the Park to be reserved for outdoor games such as tennis, foot-ball, cricket, baseball, etc., a part for the use of the government officials who may get fresh air exercise after their official duties are over. He further suggested that a part of the Park be reserved for the public, where all classes can come and sit down once or twice a week and listen to instructive lectures or addresses on timely subjects" 참조.

30 *The Korean Repository*, Vol. 5 No. 8, 1898년 8월호, 'The Independence Club', p.286 참조.

31 『大朝鮮獨立協會會報』, 제16호, 1897년 7월 15일자「會事記」참조.

독립관과 독립공원

上馬宴'이라 하여 송별연을 베풀었던, 중국사신을 위한 영빈관으로, 갑오 개혁 이후 사용하지 않아 방치되어 있던 공용 건물이었다. 독립협회는 이 모화관을 개수하여 '독립관Independence Pavilion'이라 이름하고 독립협회의 집회장소로 사용하기로 하였다.[32] 또한 독립협회는 독립관을 독립협회 사무소로도 사용하였다.[33] 독립관 개수에도 역시 약 2,000원의 막대한 경비가 소요되었으며,[34] 1897년 5월 23일 그 개수가 완공되었다. 독립관 개수가 완료되자 독립협회는 5월 23일 왕태자가 국문으로 친서한 '독립관'의 현판식을 거행하고, 매주 일요일 오후 3시에 회원들이 독립관에 모여서 강연회를 열기로 하였다.[35]

---

32 *The Korean Repository*, Vol. 4 No. 11, 1897년 11월호, 'Editorial Note' 중의 'The Independence Club', p.436에서는 독립관을 영문 이름으로는 Independence Pavilion이라고 부르고 있다. 이것이 독립관의 공식 영문 이름인 것으로 보인다.

33 尹致昊, 「獨立協會의 活動」, 『東光』, 제26호, 1931년 10월호, p.35 참조. 독립관을 독립협회의 事務所로 부를 때 영문으로는 The Club House라고 불렀다.

34 *The Korean Repository*, Vol. 5 No. 8, 1898년 8월호, 'The Independence Club', p.268 참조.

35 『독립신문』, 제2권 제61호, 1897년 5월 25일자 「잡보」 참조.

독립협회의 독립문·독립공원·독립관 건립은 다음과 같은 몇 가지 점에서 독립협회의 민족운동에 크게 기여하고 한국 근대사에 중요한 유산 가운데 하나를 남겼다.

3·1운동 때 독립문 앞에 모인 군중

첫째, '독립' 기념물의 건설은 국민의 각계각층의 성금으로 이루어짐으로써, 독립협회가 기대했던 대로 '자주독립' 사상을 국민들에게 더욱 높이 일깨워주고 고취하는 데 크게 기여하였다.

둘째, 독립기념물 건립을 위하여 고급관료들과 함께 각계각층의 애국적 민중들이 헌금함으로써 독립협회는 누구의 방해도 받지 않고, 도리어 정부의 지원을 받으면서, 가장 애국적인 민중들을 회원으로 입회시켜 독립협회를 크게 발전시킬 수 있었다.

셋째, 독립문·독립공원·독립관처럼 직접 볼 수 있는 기념물을 건립함으로써 전 세계에 대하여 한국인의 자주독립의 결의를 공포하고 한국인의 자각과 독립의지를 과시하였다.

넷째, 장구하게 보존 가능한 기념물을 건립함으로써 후손들에게 자주독립의 중요성과 독립의지를 각성시켜주었다.

이 기념물은 역사적 유적으로 남아 3·1 독립운동과 그 후의 독립운동에서 애국심과 독립의지를 고취시키는 문화유산이 되었다.[36]

---

36 『徐載弼博士自敍傳』, p.204에 의하면, 3·1운동 때에는 청년들이 독립문에 올라가 태극기에 새롭게 채색을 하고 문기둥에는 '대한독립만세'의 깃발을 걸었다고 한다.

## 3. 토론회의 계몽활동

독립협회는 독립문·독립공원·독립관의 건립이 실현되자, 그 사업을 어떻게 확대하며, 독립협회를 어떠한 성격의 협회로 끌고 갈 것인가를 논의하였다.

일부 간부들은 독립관을 개수하고 1897년 5월 23일 '독립관' 현판을 건 다음, 이 독립관을 집회장소로 하여 매주 일요일 오후 3시에 회원들이 독립관에 모여 견문과 학문에 도움되는 말들을 강론하기로 결정하였다. 그러나 처음에는 회원들이 독립관에 모여 토론회나 강연회를 하기보다는 한가하게 이야기판이나 벌이는 일이 많았다.

서재필·윤치호尹致昊 등은 독립협회를 일종의 학회(General Knowledge Association)로 개편해서 강당과 도서관과 박물관을 건립하여 협회에 부속시킬 것을 구상하였다. 그러나 다른 회원들이 이 구상에 적극적인 반응을 보이지 않았다.[37]

1897년 8월 8일 오후 독립협회 통상회通常會에서 서재필과 윤치호는 회원들에게 독립협회를 좀더 유용한 기구로 개편할 것을 주장하였다. 이날 회원들은 '토론회'를 조직하기로 결정하고 그 규칙을 작성하기 위한 3인 위원회를 선출하였다. 그 위원으로는 윤치호·권재형權在衡·박세환朴世煥이 지명되었다.[38] 독립협회가 토론회를 열기로 결정한 것은 독립협회의 자매단체인 배재학당의 협성회協成會가 토론회를 개최하여 성공하고 있는 데 영향을 받은 것으로 보인다.[39]

3인위원회에서는 매주 일요일 오후 3시에 독립관에 모여 토론회를 열며, 다음과 같은 규칙에 따라 토론회를 진행하기로 하였다.

---

37 『尹致昊英文日記』 1897년 8월 5일조 참조.

38 『尹致昊英文日記』 1897년 8월 8일조 참조.

39 『독립신문』, 제2권 제144호, 1897년 12월 4일자 「협성회 일」 참조.

① 논쟁이 될 수 있고 회원과 방청인의 지식에 도움이 되는 주제를 1주일 전에 선정한다.

② 연사 4명을 1주일 전에 선정하여 주제의 결정을 찬성하는 우편과 반대하는 좌편으로 양분해서 토론을 준비시킨다.

③ 토론회 당일 회원들은 토론자로서 토론에 참가할 수 있게 한다.

④ 회원 이외의 방청인의 참관을 적극 권장한다.

⑤ 토론 후의 승부는 참석한 회원과 방청인의 다수 의견에 따라 결정한다.

토론회는 1897년 8월 29일 오후 3시 독립관에서 '조선에 급선무는 인민의 교육'을 주제로 처음에는 약 76명의 회원이 참가한 가운데 제1회 토론회가 개최됨으로써 시작되어, 매우 성공적으로 진행되었다.[40] 제2회 토론회에는 방청인만도 200명이나 참석하였다.[41] 토론회 참가자와 방청인 수는 계속 증가하여 제8회 토론회부터는 약 500명이 참가하기에 이르렀다.[42] 그리하여 독립협회 토론회는 1898년 12월 3일까지 34회에 걸쳐서 진행되어 큰 성공을 거두었다.

토론회의 목적에 대하여 서재필은 1898년 봄 출국하기 직전에 다음과 같이 기술하였다.

이때 독립협회의 주 목적은 민족적 발전과, 관습 · 법률 · 종교 및 기타 외국의 여러 가지 관련된 사정에 대한 문제를 토론하기 위한 것이었다. 독립협회의 주목적은 최근까지 한국에서는 전혀 생소한 여론public opinion을 만들어내려는 것이었다. 독립협회는 참으로 유용한 지식정보를 배포하는 중심 기관이다. 따라서 그것은 어떤 사람들이 생각하는 바와 같이 정치적 대회장a political wigwam이라기보다는 하나의 교육기관an educational institution이다. 매주 이 토론회는 회원들의 사고에 놀라운 영향을 미쳤다. (……) 그들은 점차 단결

40 *The Independent*, Vol. 2 No. 103, August 31st, 1897, 'Local Items' 참조.

41 *The Independent*, Vol. 2 No. 110, September 16th, 1897, 'Here and There' 참조.

42 *The Korean Repository*, Vol. 4 No. 11, 1897년 11월호, 'Editorial Department' 중의 'The Independence Club', p.437 참조.

의 정신the spirit of cohesion과 민족주의nationalism와, 자유주의적 관점 liberality of views과, 교육의 중요성the importance of education에 고취되었다.[43]

토론회의 주제는 모두 당시 정치 · 경제 · 사회 · 문화의 각 부문에 걸친 긴급한 주요 문제를 선택한 것이었다.[44] 독립협회 토론회의 주제와 내용을 정리하면 다음과 같다.

독립협회 토론회 일람표

| 회순 | 일자 | 주제 | 내용 | 토론자 | 자료 |
|---|---|---|---|---|---|
| 1 | 1897. 8. 29 | 조선에 급선무는 인민의 교육 | 자주 · 민권 · 자강 개혁의 제일차 급무가 인민의 교육을 위한 학교 설립임을 계몽함. | 우 의 : 이경직 조병건<br>좌 의 : 白性基 李建鎬<br>토론자 : 李允用 韓圭卨 李充用 | 『독립신문』, 제2권 제103호, 1897년 8월 31일자 「잡보」 |
| 2 | 1897. 9. 5 | 도로 수정하는 것이 위생에 제일 방책 | 큰길만 수정할 것이 아니라 골목길까지도 수정하여 장안길을 모두 닦음이 가하다고 강조됨. | 우 의 : 李采淵 兪箕煥<br>좌 의 : 權在衡 李商在<br>토론자 : 趙民熙 | 『독립신문』, 제2권 제106호, 1897년 9월 7일자 「잡보」 |
| 3 | 1897. 9. 12 | 나라를 부강케 하는 데는 상무가 제일 | 국가의 부강을 위해서는 상공업을 비롯한 산업을 개발하는 것이 제일 중요함을 계몽함. | 우 의 : 玄濟復 李鍾夏<br>좌 의 : 李啓弼 李秉式 | 『독립신문』, 제2권 제110호, 1897년 9월 16일자 「잡보」 |
| 4 | 1897. 9. 19 | 도적을 금하는 데는 길가에 밤 | 가로등 설치가 강조됨. | 우 의 : 柳正秀 金重煥 | 『독립신문』, 제2권 제113호, |

43 *The Korean Repository*, Vol. 5 No. 8, 1898년 8월호, 'The Independence Club', p.286 참조.

44 韓興洙, 「獨立協會의 政治集團化過程」, 『延世大學 社會科學論集』 제3집, 1970에서 토론회 문제를 다루었다.

|  |  |  |  |  |  |
|---|---|---|---|---|---|
|  |  | 이면 등불을 켜는 것이 긴요함. |  | 좌 의: 金在豐 安駉壽<br>토론자: 尹致昊 柳瑾 池錫永 尹孝定 金洛集 李秉式 | 1897년 9월 23일자 「잡보」 |
| 5 | 1897. 9. 26 | 부녀를 교육하는 것이 의리상과 경제상에 마땅함. | 여성을 남성과 동등하게 교육시키는 것이 가정과 나라에 유익하고 부강을 가져옴을 계몽함. | 우 의: 李忠求 김규희<br>좌 의: 方漢德 金聖振 | 『독립신문』, 제2권 제117호, 1897년 10월 2일자 「잡보」 |
| 6 | 1897. 10. 17 | 국문을 한문보다 더 쓰는 것이 인민교육을 성대케 하는 데 유조하다. | 국문 사용의 이익을 계몽함. | 우 의: 禹恒善, 金聖振<br>좌 의: 한창수 조병건 | 『독립신문』, 제2권 제126호, 1897년 10월 23일자 「잡보」 |
| 7 | 1897. 10. 24 | 국중에 상무를 홍케 하고 자주권을 견고케 하는 데는 경편하고 실로 보배로운 화폐를 그 나라에서 지어 쓰는 것이 요긴하다. | 대한국의 화폐를 지어 대한국의 백성들이 경편하고 보배롭게 쓰는 것이 마땅하다는 결론을 얻음. |  | 『독립신문』, 제2권 제129호, 1897년 10월 30일자 「잡보」 |
| 8 | 1897. 11. 1 | 동포 형제 간에 남녀를 팔고 사고 하는 것이 의리상에 대단히 불가하다. | 동포 형제 간에 남녀를 매매하는 것이 과연 의리상에 불가하다는 결론을 얻음. |  | 『독립신문』, 제2권 제132호, 1897년 11월 9일자 「잡보」 |
| 9 | 1897. 11. 7 | 대한이 세계 각국과 비견하여 제일 상등국이 되려면 근일 새법과 새 학문을 배우지 말고 한·당 풍속과 예절을 본받는 것이 마땅하다. | 이 문제가 부당하다는 결론에 도달함. |  | 『독립신문』, 제2권 제135호, 1897년 11월 13일자 「잡보」 |

| | | | | | |
|---|---|---|---|---|---|
| 10 | 1897. 11. 14 | 벙어리와 판수들을 정부에서 제대로 교육하는 것이 마땅하다. | 미신 타파를 계몽함. | | 『독립신문』, 제2권 제135호, 1897년 11월 13일자 「잡보」 |
| 11 | 1897. 11. 28. | 대한 인민들이 이때까지 부유하고 공명함은 각기 조상의 분묘들을 좋은 땅에 쓴 까닭임. | 풍수지리설이 허망한 것임을 계몽함. | | 『독립신문』, 제2권 제144호, 1897년 12월 4일자 「잡보」 |
| 12 | 1897. 12. 5 | 인민을 위생코져 하려면 의약의 학문이 급선무임. | 위생은 미신에 의해서가 아니라 의약의 학문을 배워 쓰는 데 있음을 계몽함. | | 『독립신문』, 제2권 제147호, 1897년 12월 11일자 「잡보」 |
| 13 | 1897. 12. 12 | 인민의 심지를 쾌활하게 하고 독립의 권리를 보호하려면 상문하는 것보다 상무하는 것이 더 긴요함. | 부국강병의 방도를 계몽함. | | 『독립신문』, 제2권 제150호, 1897년 12월 18일자 「잡보」 |
| 14 | 1897. 12. 19 | 겸년 인민을 구제하려면 채과를 미곡보다 더 많이 무종하는 것이 긴요함. | 상업적 농업의 개발을 계몽함. | | 『독립신문』, 제2권 제150호, 1897년 12월 18일자 「잡보」 |
| 15 | 1897. 12. 26 | 인민의 귀로 듣고 눈으로 보는 것을 개명케 하려면 우리나라 신문지며 다른 나라 신문지들을 널리 반포하는 것이 제일 긴요함. | 개명진보를 위한 신문의 계몽적 역할을 토론함 신문 구독의 필요성을 계몽함. | | 『독립신문』, 제2권 제154호, 1897년 12월 30일자 「잡보」 |
| 16 | 1898. 1. 2 | 나라를 영원 태평케 하려면 관민간에 일심 애국하는 것이 제일 긴요함. | 관민 단결의 필요성을 계몽함. | | 『독립신문』, 제3권 제3호, 1898년 1월 8일자「잡보」 |
| 17 | 1898. 1. 16 | 청국을 각국이 분 | 청국 정세를 비롯한 | | 『독립신문』, 제 |

| | | 파하게 되었으니 대한이 조린지의로 가서 구원하는 것이 가하다. | 국제 정세를 토론하여 계몽함. | | 3권 제9호, 1898년 1월 22일자 「잡보」 |
|---|---|---|---|---|---|
| 18 | 1898. 1. 23 | 국가를 부요케 하려면 금, 은, 동, 철, 석탄 등 광산을 확장케 하는 것이 제일 긴요함. | 국가의 부강을 위하여 광업 개발의 필요성을 계몽함. | | 『독립신문』, 제3권 제12호, 1898년 1월 29일자 「잡보」 |
| 19 | 1898. 1. 30 | 공력과 증기력과 전기력을 인력보다 더 힘쓰는 것이 경제학상에 유조할 뿐더러 인민의 생애가 더 홍왕함. | 산업 개발은 증기기관과 전기력을 사용하는 산업혁명의 방법에 의거해야 함을 계몽함. | | 『독립신문』, 제3권 제3호, 1898년 1월 8일자 「잡보」 |
| 20 | 1898. 2. 6 | 선악과 이해와 장단을 알면서도 행사는 경계를 아지 못하고 하는 것과 같게 하는 자는 인품이 당초에 분간 없는 사람보다 더욱 더러움. | 수구파 탐관오리들을 비판한 토론회임. | | 『독립신문』, 제3권 제18호, 1898년 2월 12일자 「잡보」 |
| 21 | 1898. 2. 13 | 사람의 목숨이 지극히 귀하나 남에게 종이 되고 살기를 얻는 것은 지극히 귀한 인명을 천하게 대접하는 것이요, 하나님과 사람사이에 죄를 얻음. | 러시아 등 열강의 간섭과 지배를 받으면 노예로 될 위험이 있음을 경고하고 자주독립권을 굳게 지킬 것을 결의함. | 토론자 : 尹致昊 | 『독립신문』, 제3권 제21호, 1898년 2월 19일자 「잡보」, 『尹致昊英文日記』 1898년 2월 13일조 |
| 22 | 1898. 3. 6 | 대한국 토지는 선왕의 간신코 크신 업이요, 1,200만 인구의 사는 땅이니 한 자와 한 치 | 러시아의 부산 절영도 조차 요구와 기타 열강의 이권침탈에 대한 반대 토론회임. | | 『독립신문』, 제3권 제30호, 1898년 3월 12일자 「잡보」 |

| | | | | | |
|---|---|---|---|---|---|
| | | 도 다른 나라 사람에게 빌려주면 이는 곧 선왕의 죄인이요, 1,200만 동포 형제의 원수임. | | | |
| 23 | 1898. 3. 20 | 재정은 사람의 일신에 혈맥과 같으니 그 혈맥을 보양하기는 각기 자기들에게 있지 남에게 있지 아니함. | 러시아 재정 고문의 재정권 간섭과 은행 설치에 대한 반대 토론회임. | | 『독립신문』, 제3권 제36호, 1898년 3월 26일자 「잡보」 |
| 24 | 1898. 3. 27 | 민국을 안보하려면 일정한 법을 긴급히 준행해야 함. | 지석영 등 독립협회 회원의 불법적 구속에 대한 반대 토론회임. | | 『독립신문』, 제3권 제39호, 1898년 4월 2일자 「잡보」 |
| 25 | 1898. 4. 3 | 의회원을 설립하는 것이 정치상에 제일 긴요함. | 의회 설립운동을 시작하기 위한 계몽토론회임. | 우 의 : 유영석 박승봉<br>좌 의 : 鄭恒謨 朴承祖 | 『독립신문』, 제3권 제42호, 1898년 4월 9일자 「잡보」, 제3권 제37호, 1898년 3월 29일자 「잡보」 |
| 26 | 1898. 4. 17 | 각처에 독립협회 지소를 설립하는 것이 본회의 제일 요무임. | 독립협회 지방 지회 설치의 가부를 묻는 토론회임. | | 『독립신문』, 제3권 제48호, 1898년 4월 25일자 「잡보」 |
| 27 | 1898. 5. 1 | 실직 없는 이가 나라의 정치 가부를 의론하는 것이 獨善하는 도에 불합함. | 정부의 독립협회 운동에 대한 비판에 반박하는 토론회임. | | 『독립신문』, 제3권 제54호, 1898년 5월 7일자 「잡보」 |
| 28 | 1898. 5. 8 | 백성의 권리가 튼튼할수록 임금의 지위가 더욱 높아지시고 나라의 형세가 더욱 크게 떨침. | 민권 신장이 군권감소를 가져온다는 주장을 반박하는 토론회임. | | 『독립신문』, 제3권 제54호, 1898년 5월 7일자 「잡보」 |

| | | | | | |
|---|---|---|---|---|---|
| 29 | 1898. 5. 15 | 약한 이를 강한 자가 업신여기는 것이 천리와 인정에 당연함. | | | 『독립신문』, 제3권 제58호, 1898년 5월 21일자 「잡보」 |
| 30 | 1898. 6. 5 | 국가를 홍왕케 하기는 관민이 일심으로 하는 데 있지 강토의 대소에 있지 아니함. | 관민이 일치하여 개혁 청부 수립을 주장하는 토론회임. | | 『독립신문』, 제3권 제67호, 1898년 6월 11일자 「잡보」 |
| 31 | 1898. 6. 12 | 국법을 튼튼히 지키기는 백성에게 있다. | 신체와 재산의 자유권 수호를 위한 독립협회 운동에 민중이 적극 참가해야 함을 계몽함. | | 『독립신문』, 제3권 제70호, 1898년 6월 18일자 「잡보」 |
| 32 | 1898. 7. 3 | 무당과 점쟁이를 믿어 혹하는 것이 인민의 큰 폐악임. | 인민과 궁궐의 미신 타파를 주장하는 토론회임. | | 『독립신문』, 제3권 제83호, 1898년 7월 9일자 「잡보」 |
| 33 | 1898. 7. 19 | 인재의 선하고 악한 것은 천품에 있고 학문에 있지 아니함. | | | 『독립신문』, 제3권 제93호, 1898년 7월 21일자 「잡보」 |
| 34 | 1898. 12. 3 | 信과 義를 튼튼히 지키는 것은 본국을 다스리는 데와 외국들을 사귀는 데 제일 긴요함. | | 우 의 : 李承晩 장태환<br>좌 의 : 李商在 方漢德 | 『독립신문』, 제3권 제202호, 1898년 11월 29일자 「잡보」 |

독립협회 토론회의 주제를 내용별로 분류하면, 신교육 진흥에 관한 것이 3회, 산업개발 주장이 5회, 자주독립이 3회, 신문보급에 관한 것이 1회, 대외정책에 관한 것이 1회, 수구파 비판이 2회, 이권 반대가 2회, 자주민권에 관한 것이 5회, 의회 설립 주장이 1회, 독립협회 지회 설치가 1회이다.

독립협회의 토론회에는 대체로 회원 외에도 방청인이 수백 명씩 참석하

독립협회 토론회에 참석하기 위해 모인 회원과 시민

여 대성황이었다.[45] 1897년 가을의 경우에는 평균 약 500명이 이 토론회에 참석하였다.[46] 참석자들이 열띤 토론에 참여하여 토론회는 회원과 방청인의 회會가 되고 활기에 넘치게 되었다.

독립협회의 토론회가 진행된 한 사례로서, 제8회(1897년 11월 1일) 토론회의 광경을 보면, 약 500명의 회중이 참석한 가운데 먼저 회원의 호명roll call이 있었고, 다음 지난 회의 토론회 기록의 확인이 있었으며, 내빈 소개와 신입회원 소개가 있었고, 회장이 토론회의 주제(이날의 주제는 "동포 형제 간에 남녀를 팔고 사고 하는 것이 의리상에 대단히 불가하다")를 선언하였다. 이에 따라 전 주의 선정에 의거하여, 주제에 대한 찬성편은 힘껏 주제의 정당성을 설명하고, 주제에 대한 반대편은 토론이 잘못된 방향으로 나가는 것을 막는 발언을 했으며, 토론회에 참석한 일반 회중은 토론에 자유롭게

45 『독립신문』, 제2권 제113호, 1897년 9월 23일자 「잡보」; 『독립신문』, 제2권 제117호, 1897년 10월 2일자 「잡보」 참조.

46 *The Korean Repository*, Vol. 4 No. 11, 1897년 11월호, 'Editorial Department' 중의 'The Independence Club', p.437 참조.

참가하여 자기의 의견을 개진하였다. 이날에는 주제의 반대편에서 용역 service은 하나의 필요한 제도이며 노비제도奴婢制度는 그러한 용역의 하나라고 발언하자, 회중의 하나가 일어서서 토론자가 명제를 정확히 말하고 있지 않다고 의사규칙 위반을 들어 항의했으며 많은 회원들이 주제의 찬성편에 서서 발언하였다. 다음에 윤치호가 노비제도의 폐해와 비인간성을 구체적 사례를 들면서 설명하는 연설을 하고, 서재필이 미국에서의 아프리카 노예들의 참상을 들어 설명하였다. 다음으로 주제에 대한 회중의 의견을 투표에 붙인 결과 만장일치로 주제에 대한 찬성이 의결되었으며, 주제에 찬성한 사람은 자기가 실제로 소유한 노비를 모두 해방시키도록 하자는 동의가 가결됨으로써 토론회를 끝내었다. 이 토론회의 광경을 참관한 외국인들은 토론들이 매우 진지했으며, 토론회의 결과도 큰 영향력을 미치어, 이날의 토론회의 결과 적어도 100명 이상의 노비들이 자발적으로 해방되었다고 단언할 수 있다고 기록하였다.[47]

토론회의 토론 끝에는 위의 사례에서도 볼 수 있는 바와 같이 서재필 · 안경수 · 윤치호 · 이상재李商在 · 남궁억南宮檍 · 지석영池錫永 등 다수의 독립협회 지도자들의 계몽연설이나 강연이 있었던 것 같다. 서재필은 자기의 경우를 다음과 같이 회상하였다.

> 나는 親俄親日 할 것 없이, 두 편 政客을 모두 매도하였다. 까닭은 그 두 편이 너 나 없이 외적 세력의 괴뢰노릇을 하기 때문이었다. 나는 공석에서나 사적에서나 글로나 말로나 朝鮮의 民利民福만을 위하여 일하고 남의 굿에 놀지 않음이 朝鮮爲政者의 의무라는 것을 역설하였다. 이 종류의 설교가 민간에 효과를 내이기 시작하여 일반은 점차로 정부의 행사와 그 정치적 동향에 눈을 뜨게 되었다.

47 *The Korean Repository*, Vol. 4 No. 11, 1897년 11월호, 'Editorial Department' 중의 'The Independence Club', pp.437~438 참조. 이는 *The Korean Repository*의 편집자(Appenzeller 와 Jones)가 독립협회의 초청을 받고 토론회를 참관한 觀覽記를 간단히 요약한 것이다.

> 이 기운이 가속도로 농후해져 매 일요일, 서대문 박 獨立館에서 내가 연설할 때에는 聲衆이 雲霞같이 모여들었다. 이 민중이 각성되어가는 현상이 황제와 그 頑冥固陋한 閣臣들과 自國의 이익을 위하여 양적, 음적으로 활약하고 있던 열국 사신들을 놀라게 하였다.[48]

독립협회의 토론회는 그것을 두 개의 시기로 나누어 볼 수 있다. 전기 토론회는 제1회(1897년 8월 29일) 토론회부터 제20회(1898년 2월 6일)까지의 토론회이다. 이 기간에는 주로 당시의 기본적 사회문제들에 대한 주제를 토론하여 회원과 국민에 대한 계몽운동을 전개하였다. '조선의 급선무는 인민의 교육', '나라를 부강케 하는 데는 상무가 제일', '부녀를 교육하는 것이 의리상과 경제상에 마땅함', '국문을 한문보다 더 쓰는 것이 인민 교육을 성대케 하는 데 유조함', '공력과 증기력과 전기력을 인력보다 더 힘쓰는 것이 경제학상에 유조할 뿐더러 인민의 생애가 흥왕함' 등과 같은 유의 계몽적 주제가 이 시기 토론회의 중심을 이루었다.

이 기간에 많은 회원들이 토론회를 통하여 한국 사회가 당면한 문제가 무엇인가를 알았으며, 자주민권자강개혁이 절실히 요청됨을 알았고, 주제에 대한 인식을 깊게 하고 체계화했으며, 많은 회원들이 군중 앞의 연설을 훈련받았고, 회원뿐만 아니라 다수 시민들을 계몽하게 되었다.

특히 주목할 것은 토론회가 개최됨으로써 이 시기 독립협회의 내부 구조에 변화가 일어나기 시작했다는 점이다.

첫째, 우선 일반 회원들이 토론회에 참석하여 자유로이 자기 의사를 발표함으로써 민중 회원들이 독립협회의 표면에 뚜렷이 진출하기 시작하였다.

둘째, 방청인들이 토론회에 계몽되고 독립협회의 활동에 동조하여 가입함으로써 독립협회의 회원이 현저히 증가하고 독립협회의 세력이 급속히

48 徐載弼, 『滯美五十年(徐載弼博士手記)』; 閔泰援, 『甲申政變과 金玉均』, 國際文化協會, 1947 중의 부록 「回顧甲申政變」, pp. 91~92.

성장하게 되었다.

셋째, 토론회의 토론 과정에서 회원들이 주제를 중심으로 서로의 견해를 교환함으로써 독립협회의 집단의식을 형성해갔다. 이것은 독립협회의 사상을 형성시키는 중요한 과정이 되었다.

넷째, 토론회를 통하여 참석자들은 공동의 집단의식을 갖게 됨으로써 회원의 연대감을 강화하게 되었다. 그 이전까지는 독립문·독립공원·독립관 건립이라는 공동 목표 아래 회원들은 보조금만 납부하고 서로 모르는 수동적 위치에 있었고 연대감도 매우 약했으나, 이제는 토론회를 통하여 서로 얼굴을 마주 보고 공동의 집단의식을 갖게 되어 하나의 사회단체로서의 굳은 연대감을 갖게 되기에 이르렀다.

1897년의 토론회가 독립협회에 새로운 활기를 불어넣어주고 독립협회의 내부 구조를 변화시키며 국민을 계몽하는 데 큰 역할을 하게 되자 회원들은 모두 토론회를 매우 중요한 것으로 여기게 되었다. 독립협회는 회원의 요청에 따라 겨울철에도 토론회를 계속하기로 하고 제12회(1897년 12월 5일) 토론회부터는 추위 때문에 참석자가 통행에 고통을 겪을 것을 염려하여 장소를 전 경기감영 내아內衙로 옮겨 개최하였다.[49]

독립협회 전기 토론회는 그 자체가 계몽활동이 되고 회원들의 훈련이 되어 그 후의 독립협회의 자주민권자강운동의 중요한 준비작업이 되었다.[50]

서재필은 초기 토론회에 대하여 다음과 같이 회상하였다.

---

49 『독립신문』, 제2권 제144호, 1897년 12월 4일자 「잡보」 참조.

50 *The Korean Repository*, Vol. 4 No. 11, 1897년 11월호, 'Editorial Department' 중의 'The Independence Club', p.437에서는 이때의 독립협회는 본질적으로 교육단체이며 사회단체education and social institution라고 썼으며, 이때 독립협회의 간부는 회장이 安駉壽, 부회장이 李完用, 서기가 尹致昊와 李商在, 圖書部長이 李采淵, 회계가 權在衡이었다고 기록하였다.

토론된 주제는 대체로 정치 · 경제문제들이었으나 종교와 교육도 등한시되지 않았다. 처음에는 한국인들은 공중 앞에 서서 공개 연설하는 것을 수줍어했으나 약간의 지도와 격려를 받은 후에 수많은 회원들이 매우 능숙한 연설을 할 수 있음을 보았다. 나는 한국인들이 공개 연설에 천부의 재능을 갖고 있다고 믿는다. 물론 이 토론회에서 토론된 모든 것이 모두 논리적이고 계몽적인 것은 아니었다 할지라도 수많은 유익한 신사상들이 발표되었다. 뿐만 아니라 평등한 입장에서 여러 가지 주제를 토론하는 침착하고 조리 정연한 태도는 한국 청년들과 관중들에게 놀라운 효과를 낳았다. [……] 내가 본 가장 놀라운 일은 한국 청년들이 복잡한 의회규칙을 습득하고 숙달하는 신속하고 재치 있는 태도이다. 나는 서양제국의 전문적 의회 의원에 비하여 손색이 없을 만큼 한국인들이 절차에 따라 적절하게 문제점을 제기하는 것을 자주 보았다.[51]

독립협회의 후기 토론회는 독립협회가 구국선언상소를 하기로 결정한 제21회(1898년 2월 13일)부터의 토론회이다. '사람의 목숨이 지극히 귀하나 남에게 종이 되고 살기를 얻는 것은 지극히 귀한 인명을 천하게 대접하는 것이요, 하나님과 사람 사이에 죄를 얻음'을 주제로 한 이날의 토론회에서는 자유민권의 문제가 아니라 열강들이 우리나라를 종으로 만들려고 한다 하여 자주독립의 문제를 토론하였다.

이날의 토론회에는 약 200명의 독립협회 회원과 500여 명의 방청인이 참석하였다.[52]

『윤치호영문일기』에 의하면 이날의 토론회에서는 다수의 회원들이 과격한 연설을 했으며, 한 회원은 황제가 어떤 한 강국의 종이라고 시사했고, 다른 연사는 우리를 노예로 만들려는 나라가 시베리아철도를 놓고 있다고 경고하였다. 이날의 토론회에서는 윤치호의 제의에 의하여 구국선언상소

---

51 F. A. Mckenzie, *Korea's Fight for Freedom* 'Independence Club', p.68. 이 책의 pp.66~70에 걸친 'Independence Club'은 서재필이 Mckenzie를 위하여 직접 써서 기고한 서재필의 수기이다.

52 *The Independent*, Vol. 3 No. 22, February 22nd, 1898, 'Local Items' 참조.

하는 건이 50 대 4로 가결되었다.[53] 이 구국선언상소는 독립협회 회원 135명이 서명해서 2월 21일 봉정되어, 이것을 계기로 독립협회의 자주민권자강운동이 전개되었다.[54] 이것은 독립협회의 자주민권자강운동도 그동안의 토론회를 기반으로 하여 시작되었음을 나타내는 것이라고 볼 수 있다.

후기 토론회는 독립협회 운동의 쟁점 문제를 주제로 하면서 자주민권자강운동의 일환으로 전개되었다. 토론회는 독립협회의 주장을 회원과 민중에게 해설하고 토론하며, 또한 회원과 민중의 의견을 모아 발전시키는 집회로 전개되었으며, 토론도 더욱 격렬하게 되었다.

예컨대 독립협회가 이권반대운동을 전개하게 되자 토론회는 "대한국 토지는 선왕의 간신코 크신 업이요, 1,200만 인구의 사는 땅이니 한 자와 한 치라도 다른 나라 사람에게 빌려주면 이는 곧 선왕의 죄인이요, 1,200만 동포 형제의 원수임"(제22회, 1898년 3월 6일), "재정은 사람의 일신에 혈맥과 같으니 그 혈맥을 보양하기는 각기 자기들에게 있지 남에게 있지 아니함"(제23회, 1898년 3월 20일)을 주제로 토론하였다.

또한 독립협회가 의회설립의 필요성을 절감하자 토론회는 "의회원을 설립하는 것이 정치상에 제일 긴요함"(제25회, 1898년 4월 3일)을 주제로 선정하여 토론하였다.

독립협회는 1898년 2월 21일 이후의 본격적 구국 자주민권자강운동 기간 중에 토론회를 더 강화하려고 하였다. 1898년 3월의 제24회(3월 27일) 토론회부터는 토론 시간을 연장하기 위하여 개회시간을 종래의 오후 3시에서 1시로 앞당기고 민중들의 토론 참여를 적극 권장하였다.[55]

이때에는 토론회의 진행방법도 매우 세련되게 전개되었다. 외국인들도

53 『尹致昊英文日記』 1898년 2월 13일 참조. 이날 독립협회 회원 다수가 이 토론회에 참석했으면서도 투표 참가율이 낮은 것은 이미 장부에 등록된 회원만 投票權을 주었고, 이것이 처음 있는 일이므로 그중에서 상당수의 회원이 기권했기 때문인 것으로 보인다.

54 *The Independent*, Vol. 3 No. 23, February 24th, 1898, 'Here and There' 참조.

55 『독립신문』, 제3권 제36호, 1898년 3월 26일자 「잡보」 참조.

독립협회 토론회 진행의 훌륭함에 경탄하였다. 예컨대 영국공사는 토론회의 진행이 아주 완전한 규칙에 따라 진행되고, 의결사항이 동의되고, 재청되며, 서양 여러 나라들의 공공집회에서 볼 수 있는 모든 형식을 다 갖추어 채택된다고 격찬하였다.[56]

후기 토론회는 독립협회의 자주민권자강운동을 보강하는 데에 중요한 역할을 하였다. 독립협회의 주장과 요구 사항은 토론회에서 낱낱이 검토되고 해설되었다. 또 토론회에서 논의되어 합의된 사항은 참가자의 적극적 활동에 의하여 독립협회와 만민공동회의 안건으로 이전되었다. 토론회는 독립협회의 자주민권자강운동이 일반 회원과 민중 사이에서 충분히 소화되도록 하고 대중적 지반을 확고히 만들며, 민중의 생각을 독립협회와 일치하도록 집약시키는 중요한 역할을 수행하였다.

독립협회는 토론회의 역할이 이와 같이 중대한 것을 알았기 때문에 자주민권자강운동과 시위 전개과정에서도 토론회를 연좌시위 지점인 장악원掌樂院에까지 장소를 이동시켜 계속하려고 하였다. 그러나 시위는 그 자체가 매우 긴장된 동적 행동이었기 때문에 토론회를 병행한다는 것은 기술적으로 불가능하였다. 독립협회는 1898년 8월 14일의 회합에서, 토론회는 "다른 사무가 많은 고로 잠시 권도로 정지하고 다만 통상회만 독립관에서 매주 일요일이면 의례히 하기로 작정"[57]하여 토론회를 중단하였다. 이것이 사실상의 토론회의 종결이 되었다.

그 후 독립협회는 황국협회皇國協會와 일부 수구파의 공격에 대항하여

56 『駐韓英國公使館報告*Reports and Communication from the British Consul in Seoul*』 1898년 7월 24일조 「機密報告書」 제79호. "Its meetings which generally take place every Sunday are held in a large Hall in the City and I am told by foreigners which have attended them that the proceedings are conducted with the most perfect regularities, resolutions being moved seconded and adopted with all the formality observed at public meetings in Western countries" 참조.

57 『독립신문』, 제3권 제119호, 1898년 8월 20일자 「잡보」.

자주민권자강투쟁을 전개하던 1898년 11월 말에 다시 토론회를 재개하려고 시도했으나 숨 가쁜 투쟁과정에서 12월 3일 한 번 밖에 개최하지 못하고 다시 종결하지 않을 수 없게 되었다.[58]

## 4. 맺음말

독립협회의 독립문 · 독립공원 · 독립관 건립사업과 토론회의 계몽활동은 독립협회의 초기 민족운동의 두 가지 형태라고 말할 수 있다.

독립문 · 독립공원 · 독립관 건립은 독립협회를 창립시키고, 국민들에게 자주독립의 사상을 더욱 고취했으며, 독립협회에 누구의 방해도 받지 않고 가장 애국적 민중들을 고급관료들과 함께 회원으로 가입시켜 독립협회를 크게 발전시킬 수 있었다.

또한 독립문 건립은 장구하게 보존할 수 있는 기념물을 건립함으로써 전 세계에 한국인의 자주독립 결의를 공포하고, 후손들에게 완전한 자주독립 수호의 독립의지를 일깨우는 역사의 유적을 남기게 하였다.

독립협회 토론회의 계몽활동은 회원과 국민에게 한국사회가 당면한 기본 문제가 무엇인지를 알게 하고, 자주민권자강개혁의 필요성과 방법을 알게 했으며, 회원들이 군중 앞에서 연설하는 것을 훈련받게 하였다.

또한 토론회가 진전됨에 따라 일반 회원들이 적극 참가하여 민중 회원들이 독립협회의 활동에 뚜렷이 진출하기 시작했으며, 토론회에 계몽된 시민들이 독립협회에 가입함으로써 독립협회는 더욱 급속히 성장하였다.

토론회를 통하여 회원들은 서로의 견해를 교환하는 과정에서 강력한 민중의 사회단체로 되기 시작하였다. 토론회는 독립협회의 1898년 자주민권자강운동의 준비작업이 되었다.

58 『독립신문』, 제3권 제202호, 1898년 11월 29일자 「잡보(토론 문제)」 참조.

1898년 2월부터의 토론회는 독립협회의 자주민권자강운동과 병행하여 진전되었으므로 토론회의 주제는 독립협회의 운동의 쟁점을 회원과 민중에게 해설하고 토론하며, 또한 회원과 민중의 의견을 모아 운동의 안건으로 발전시키는 집회로 전개되었다. 독립협회의 주장과 요구사항은 토론회에서 낱낱이 해설되고 검토되었으며, 또 토론회에서 논의된 사항은 독립협회와 만민공동회의 안건으로 이전되었다.

독립협회의 토론회는 독립협회의 자주민권자강운동이 민중운동으로 전개되는 데 중요한 역할을 했으며, 후일 만민공동회를 개최하는 데 하나의 기초적 준비작업이 되었다.

또한 이때의 독립협회 토론회는 민중계몽을 위한 하나의 운동형태로서 전통을 만들어, 그 후 한말의 애국계몽운동에 하나의 중요한 계몽운동양식을 전승하여주었다.

‖ 제5장 ‖

# 독립협회의 자주민권자강운동

## 1. 머리말

독립협회는 1896년 7월 2일 창립되어 1898년 12월 25일 해산당할 때까지 2년 7개월간 그의 사상을 만들고 실천하면서 민중에 의한 자주민권자강의 민족운동을 전개하였다. 독립협회의 넓은 의미의 자주민권자강운동은 그 운동의 전개과정으로 볼 때 5단계로 나누어 고찰할 수 있을 것이다.

제1단계는 독립문건립운동기이다. 1896년 7월 2일 창립 초부터 1897년 8월 28일까지가 이 시기에 해당한다. 이 시기에는 독립문 · 독립공원 · 독립관의 건립사업과 독립문건립 모금운동이 독립협회 활동의 핵심을 이루었다. 이 기간에는 독립협회의 조직도 창립 초의 고급관료의 주도하에 있었다.

제2단계는 토론회계몽운동기이다. 1897년 8월 29일부터 1898년 2월 20일까지가 이 시기에 해당한다. 이 기간에는 토론회를 개최하여 민중을 계몽하는 운동을 주로 했으며, 이에 따라 독립협회의 조직에도 일반회원과 민중이 현저히 진출하기 시작하였다.

제3단계는 좁은 의미의 자주민권자강운동기이다. 1898년 2월 21일부터 1898년 10월 27일까지가 이 시기에 해당한다. 이 기간에 독립협회는 나라의 자주독립과 자유민권, 개혁자강을 실현하기 위한 수많은 활동을 전개했으며, 과제가 대두할 때마다 즉각 이에 대응하여 민중주도하에 강력한 자주민권자강운동을 전개하였다.

제4단계는 관민공동회官民共同會운동기이다. 1898년 10월 28일부터 11월 2일까지의 6일간이 여기에 해당한다. 독립협회는 이 기간에 대규모의 민중대회를 개최하고 여기에 관官을 합석시켜 민중이 결의한 개혁정강에 동의하도록 했으며, 이로써 국정전반의 개혁을 실시할 기초를 닦으려 하였다.

제5단계는 만민공동회萬民共同會투쟁기이다. 1898년 11월 3일부터 1898년 12월 25일까지가 여기에 해당한다. 이 시기에 독립협회는 정부와 수구파의 본격적 탄압을 받게 되어 이에 대항했으며, 민중의 자발적 만민공동회가 상설기구로 조직되어 독립협회와 함께 수구파와 외세에 대항하여 자주민권자강투쟁을 전개하였다.

독립협회의 민족운동 제1단계와 제2단계는 독립협회 조직의 제1기 고급관료주도기와 제2기 민중진출기와 일치하고, 제3단계, 제4단계, 제5단계는 제3기 민중주도기와 제4기 민중투쟁기에 해당하는 시기의 운동들이다.

여기서는 독립협회 민족운동의 제3단계인 좁은 의미의 자주민권자강운동기의 독립협회 활동을 고찰하려고 한다.

## 2. 자주국권수호와 이권반대운동

### 1) 구국운동선언상소

아관파천俄館播遷(1896년 2월 11일)에 의하여 국왕 고종이 러시아공사관에 머무는 동안, 한국은 일본의 독수毒手로부터는 벗어났으나, 또 다시 새로운 위기에 직면하게 되었다. 그중에서도 가장 심각한 문제가 열강의 끊임없는 이권利權침탈과 제정러시아의 침략간섭정책이었다.

고종은 아관파천 직후 대외관계의 중요성 때문에 한때 외교에 밝은 개혁파를 등용했으므로 일시 박정양내각朴定陽內閣이 수립되어 개혁정책이 실시될 듯하였다. 그러나 이것은 곧 무너지고 친러수구파들이 제정러시아의 지원과 고종의 신임하에 집권하여 갑오개혁 때 설정한 군주의 전제권에 대한 부분적 제한마저 철폐하고 전제권을 강화함과 동시에 개혁정책을 거의 폐기하다시피 하였다.

제정러시아를 비롯한 모든 열강은 고종의 신변 안전을 보장해주는 대가로 온갖 방법으로 다투어 가면서 광산·철도·삼림·전선 등의 이권을 침탈해갔으며, 고종은 자기의 신변 안전을 튼튼히 보장받기 위해 전제권을 행사하여 국내의 귀중한 부원富源을 아낌없이 외국에 넘겨주었다. 고종이 러시아공사관에 머무는 동안에만도 미국은 1896년 3월에 전년의 운산금광채굴권雲山金鑛採掘權을 재확인함과 동시에 경인철도부설권京仁鐵道敷設

연설하는 이상재(가운데 갓 쓴 이)

權을 획득하였다. 제정러시아는 1896년 4월에 경원慶源·경성鏡城광산채굴권, 8월에는 인천 월미도 저탄소설치권貯炭所設置權, 9월에는 무산茂山·압록강유역·울릉도 삼림벌채권을 획득하였다. 프랑스는 1896년 7월에 경의철도부설권을 획득하였다. 영국과 독일도 특정지를 지정하지 않은 광산채굴권을 각각 1개처씩 획득하였다.[1] 집권한 조병식趙秉式·민종묵閔種默·이윤용李允用·이완용李完用·민영기閔泳綺·김홍륙金鴻陸·유기환兪箕煥 등 친러파들은 열강의 이권침탈을 저지하지 못하고 오히려 열강에 의뢰하여 자기들의 사리사욕을 채우고 권력을 유지하기에 급급한 형편이었다.

제정러시아가 고종과 집권한 친러수구파들을 조종하면서 강대한 영향력을 발휘하고 있었지만, 일본도 그동안 침투한 일본상인세력을 발판으로 하여 완강하게 대항하면서, 양국이 모두 한국을 식민지속국화할 기회를 호시탐탐 노리고 있었다. 또한 영국·미국·프랑스·독일 등이 이권침탈에 혈안이 되어 서로 견제했으므로, 한국을 둘러싸고 열강 사이에 일종의 세력균형이 형성되었다.

개혁파들과 일부의 자주적 수구파는 협동하여 아관파천 1년 후인 1897년 2월 20일 국왕을 경운궁慶雲宮으로 환궁시키고, 1897년 10월 13일에는 고종을 '대군주大君主'에서 '황제皇帝'로 등극시킴과 동시에 '대조선군주국大朝鮮君主國'을 '대한제국大韓帝國'으로 바꾸어 열방과의 동등과 대외적인 완전 자주독립을 재선언하였다.

그러나 대한제국의 완전 자주독립의 재선언은 국제 세력균형을 이용한 다분히 명목상의 것이었으며, 그 내부적 기초는 매우 취약한 것이었다. 이제 민족적 과제는 국제 세력균형을 가능한 한 장기간 유지시키면서 내적으로 개화자강을 실현하여 자주독립의 기초를 튼튼히 강화함으로써, 후일

1 개항 후부터 1898년까지의 열강의 이권침탈에 대해서는 愼鏞廈,「獨立協會의 社會思想」,『韓國史硏究』 제9집, 1973, pp.139~140의 각국의 이권침탈표 및 이 책의 이권침탈표를 참조.

국제세력균형이 깨져서 어느 한 열강이 식민지속국화를 노린 침략을 시도하더라도 이를 자기 실력으로 막아내어 자주독립을 지킬 수 있도록 개혁자강을 실현하는 일이었다. 한국인들은 이 민족적 과제를 수행하기 위해서 독립협회를 조직하여 자주민권자강운동을 전개하기 시작하였다.

그러나 한국을 식민지속국화하려는 제정러시아와 일본은 한국의 개혁자강이 이루어질 때까지 기다려 주려 하지 않았다. 특히 제정러시아는 아관파천을 계기로 고종을 자기의 영향력 아래 장악하고 친러수구파 정부를 수립시킨 기회를 이용하여 한국을 식민지속국화하려는 본격적인 침략간섭정책을 집행하기 시작하였다.

제정러시아는 1896년 6월 6일 해군제독 알렉시에프Alexiev가 참모들과 함께 입경하여 고종을 알현한 이후,[2] 그는 11월 19일과 1897년 5월 10일에도 계속 입경하여 한반도의 군사적 가치를 점검하였다. 1897년 4월에는 레오노프Reounoff 제독이, 1897년 7월에는 디드리크스Diedrichs 제독이 서울을 방문하여 한반도의 군사적 가치를 확인하고 돌아갔다.

제정러시아는 1897년 9월 2일 주한러시아공사를 종래의 비교적 온건한 웨버Karl Ivanovich de Waeber로부터 적극적 침략간섭정책을 주장해 오던 스페이어Alexei de Speyer로 교체시키면서 본격적 식민지속국화의 침략간섭정책을 강화하였다. 스페이어는 부임하자마자 우선 세 가지 정책을 실시하려 하였다.

첫째, 제정러시아는 군사기지 설치의 제1차 작업으로서 부산釜山 절영도絶影島(지금의 부산 영도)의 석탄고기지石炭庫基址를 조차租借해줄 것을 요구해왔다.[3] 그들은 부산 · 진해 · 마산포 일대에 그들의 얼지 않는 군항

2 『外部內閣來去文』, 外部 편, 제1책, 開國 504년 6월 6일조 「外部報告」 참조.

3 『駐韓日本公使館記錄』(機密本省往信) 1897년(明治 30년) 9월 24일조 「機密」 제60호 '絶影島借地ニ關スル露公使ノ申込' ; 『駐韓日本公使館記錄』(各領事館機密往來信) 1898년(明治 31년), 1월 25일조 「機密」 第1號 '露國石炭庫敷地ニ關スル件' 참조.

을 건설할 준비를 시작한 것이었다.

둘째, 제정러시아는 대한제국의 군사권을 장악하기 위하여 한국 황실을 보호하기 위한 시위대侍衛隊를 러시아의 군제에 따라 편제하고 훈련시키며 그의 장악하에 두기 위해서 1897년 8월 3일부터 13명의 사관士官과 다수의 사병들을 불러들였다.[4] 이어서 11월에는 레미노프Reminoff를 기기창機器廠(兵器廠) 고문으로 임명하였다.[5] 또한 스페이어는 서울에 1,000명의 러시아육군을 상주시키고, 러시아공사관에 300명의 코삭크cossak기병騎兵을 주둔시키어, 도합 1,300명의 러시아군을 대한제국 수도에 주둔시킬 계획을 추진하였다.[6]

셋째, 제정러시아는 대한제국의 재정권을 장악하기 위하여 러시아의 전 재무대신대리인 알렉세예프Kir Alekseevich Alekseev를 한국정부 고문으로 임명하였다. 1897년 10월 5일 알렉시에프는 비서관 가필드Stephan Garfield를 대동하고 입경했으며, 10월 25일에는 대한제국의 탁지부度支部 고문 영국인 브라운J. McLeavy Brown을 해고하고 알렉시에프를 탁지부 고문으로 임명하였다.[7] 또한 1897년 12월에는 재정권 장악을 위한 반관반

---

4 『奏議』, 議政府 편, 제6책, 建陽 2년 4월 30일조「奏本」제95호 '俄國教鍊師及諸員聘用事' ; 『駐韓日本公使館記錄』(機密本省往信) 1898년(明治 31년) 1월 21일조「機密」제5호 '露兵招來拒絶ニ關スル件' 참조.

5 『議政府來去文』, 外部 편, 제3책, 建陽 2년 5월 6일조「指令」제33호 ; 『奏議』, 議政府 편, 建陽 2년 3월 8일조「奏本」제98호 '機器廠俄國士官 우렘노프 雇傭續約事' ; 제9책, 光武 원년 9월 11일조「奏本」제160호 '機器廠事務看檢俄士官招聘旅費支出事' 참조.

6 『駐韓日本公使館記錄』(機密本省往信) 1898년(明治 31년)「機密」제5호 '露兵招來拒絶ニ關スル件' 참조. 러시아공사 스페이어는 이때 러시아 공사관호위병을 300명으로 증원시키고, 영국의 東洋艦隊가 韓國海域에 집중하는 경향이 있기 때문에 러시아육군 1,000명을 招來하여 서울에 駐在시키겠다고 1897년 12월 22일의 고종에의 內謁見에서 요구하였다. 이 제안은 대한제국정부에 의하여 일단 거절되었으나, 제정러시아는 이에 관계없이 이 계획을 본격적으로 추진시켰다.

7 *The Independent*, Vol. 2, No. 118, October 5th, 1897, 'Local Items', H. N. Allen, *Chronological Index of Foreign Relations of Korea from Beginning of Christian Era to 20th Century*, 1901(金圭炳 옮김, 『한국근대외교사연표』, 1966), p.78 참조.

민半官半民의 전용기관으로서 러한은행露韓銀行, The Russo-Korean Bank을 창설하도록 하였다.[8]

제정러시아의 이러한 침략정책은 자주독립의 기초를 공고히 하기 위하여 개혁자강을 주장하는 독립협회를 비롯한 대한제국 내의 개혁파 세력과 직접 충돌하게 되었다. 우선 『독립신문』과 개혁파 지지세력들이 러시아의 침략간섭정책을 예리하게 비판하였다. 이에 대하여 제정러시아와 친러수구파들은 『독립신문』 폐쇄를 시도하였다.[9]

1898년에 들어서면서 러시아의 식민지속국화를 위한 침략정책은 더욱 본격화되고 사태는 더욱 악화되었다. 제정러시아는 1월 초부터 부산 절영도 석탄고기지 조차租借 인준을 다시 강력히 요구함과 동시에, 이를 실현하기 위해 1898년 1월 21일 러시아군함 시우치호를 부산에 입항시키고 수병들을 절영도에 상륙시켜 그들의 결의를 과시하였다.[10] 열강은 서로 견제하면서도 러시아의 침략정책에 편승하여 다투어 가면서 이권침탈에 더욱 혈안이 되었다. 일본은 1898년 1월 29일에 1895년 약속한 경부철도부설권의 인준을 공식적으로 요구해왔으며, 이를 지원하기 위하여 군함 2척의 인천입항을 예고해 위협하였다.[11] 일본공사 가토 마스오加藤增雄는 1898년 2월 1일 황제 고종을 다시 알현하여 일본에 간 한국망명자들의 위협으로부터 일본측이 고종의 안전을 절대 보장해주겠다고 약속하고 경부철도부

8 『俄案』 문서번호 972, 光武 2년 1월 27일조 ; 『俄案』 문서번호 987, 光武 2년 2월 22일조 ; *The Independent*, Vol. 3, No. 18, February 12th, 1898, 'Local Items' 참조.

9 『農商工部來去文』, 外部 편, 제2책, 光武 원년 12월 14일조 「照會」 제27호 참조. 외부대신 趙秉式은 農商工部大臣에게 徐載弼이 중추원고문에서 해임되었으니 『독립신문』도 폐간시킬 것을 照會하였다.

10 『駐韓日本公使館記錄』(各領事館機密往來信) 1898년(明治 31년) 「機密」 제1호 '露國石炭敷地ニ關スル件' 참조.

11 『駐韓美國公使館報告*Communications to the Secretary of State from U.S. Representatives in Korea*』, H. N. Allen, No. 69, 1898년 1월 30일조 'Railroad Concession Demanded by Japan' 참조. 여기에는 일본이 경부철도부설권을 요구한 경위가 매우 소상하게 보고되었다.

이도재(가운데 앉아 있는 이)

설권의 인준을 재차 촉구하였다.[12] 고종과 외부대신 조병식은 이를 인준하려 했으나, 그 바로 직전에 제정러시아측이 이것은 너무 큰 이권이라고 판단하여 외부대신을 이도재李道宰로 교체시킴으로써 이를 중단시켰다.[13]

제정러시아는 신임 외부대신 이도재에게 절영도 조차 인준을 기대했으나, 이도재는 절영도를 러시아 한 나라에 조차해주는 것보다 각국에게 골고루 나누어 조차해주는 편을 택하려고 하여, 2월 14일 외부에서 절영도의 각국 거류지 설정을 위한 각국 사신회의를 개최하였다. 러시아공사와

12 『駐韓日本公使館記錄』(加藤公使時代極秘書類) 1898년(明治 31년) 2월 24일조 「機密西外務大臣必親展」 '御身上擔保之儀ニ付韓帝へ內奏及勅答之件' 참조. 일본공사 가토는 高宗이 염려하는 바인, 일본이 韓人亡命者들을 보호하여 다른 일을 꾸미려고 하지 않는가 혹은 高宗을 폐하고 李埈鎔을 추대할 시기를 기다리는 것이 아닐까 하는 의심에 대하여, 일본측의 高宗에 대한 지지와 절대 안전을 보장하고, 閔泳綺 · 兪箕煥 등이 주장하는 '日韓提携論'에 따라 일본에 의뢰할 것을 권고하면서 이권을 요구하였다.

13 『駐韓美國公使館報告*Communications to the Secretary of State from U.S. Representatives in Korea*』, H. N. Allen, No. 70, 1898년 2월 1일조 'Change in Foreign Ministers, Russia and Japan' 참조.

프랑스공사가 이에 불참함으로써 이 회의는 유산되었으나,[14] 그 후 열강의 요구에 의하여 이것은 계속 문제가 되었다.[15] 제정러시아측은 다시 고종에게 압력을 가하여 이도재를 사임시키고 민종묵閔種默을 외부대신서리로 임명하여 절영도 조차를 인준받으려고 했으며, 민종묵도 이를 인준해주려고 하였다.[16]

한편 미국은 이 기회에 편승하여 1898년 2월 14일 연말에 약속한 서울 시내의 전차부설권의 인준을 받아내었다.[17] 영국은 1898년 초부터 동양함대의 군함을 인천에 입항시켜 무력시위를 하고,[18] 주한 영국공사관에게 러시아 · 일본 · 미국이 얻은 것과 유사한 이권을 획득하라는 훈령을 계속 보내었다.[19]

밖으로부터는 제정러시아의 본격적인 식민지속국화 침략정책의 강화와 열강의 경쟁적인 이권침탈이 자행되고, 안으로는 친러수구파 정부가 수립되어 이에 야합했으므로, 1898년은 연초부터 대한제국의 모든 부원과 자주독립을 이해에 다 잃어버릴 심각한 위기에 직면하게 되었다.

1898년에 들어서자 한국민족은 한편으로 러시아를 비롯한 열강들의 침략간섭정책과 이권침탈에 긴급히 항대하여 민족적 권익을 지키면서, 다른

---

14 『駐韓日本公使館記錄』(各領事館機密往來信) 1898년(明治 31년) 3월 21일조 「機密」 제1호 '絶影島ニ於ケル各國居留地設定ノ件' 참조.

15 『議政府來去文』, 外部 편, 제6책, 光武 2년 4월 20일조 「東萊府絶影島에 各國租界劃定의 關ᄒᆞᆫ 請議書 第二號」 참조.

16 『駐韓日本公使館記錄』(各領事館機密往來信) 1898년(明治 31년) 3월 21일조 「機密」 제1호 '絶影島ニ於ケル各國居留地設定ノ件' ; 『大韓季年史』(상), pp.176~178 참조.

17 『駐韓美國領事館報告 *Communications to the Secretary of State from U.S. Representatives in Korea*』, H. N. Allen, No.73, 1898년 2월 15일조 'Proposed Electric Trolley Street Railway in Seoul' 참조.

18 『尹致昊英文日記』 1898년 1월 15일조 참조.

19 『駐韓英國領事館報告 *Reports and Communications from the British Consul in Seoul*』 1898년 4월 30일조 「報告書」 제18호 ; 1898년 5월 17일조 「機密報告書」 제60호 ; 1898년 7월 16일조 「報告書」 제78호 참조. 여기서 영국공사는 이권 획득이 작년 이래 여의치 않으나 계속 최선의 노력을 다해보겠다고 보고하였다.

한편으로 자강을 실현하여 자주독립의 기초를 공고히 하기 위한 내정개혁을 단행해야 할 과제에 직면하게 되었다. 한국 민족이 이 시기의 이 과제를 해결하기 위하여 전개한 민족운동이 독립협회의 자주민권자강운동이었다.

『윤치호영문일기』에 의하면, 1898년 2월 7일 저녁에 윤치호는 서재필을 방문하여 독립협회의 활동을 구국을 위한 사회정치운동으로 전환시킬 것을 협의하였다. 이 자리에서 윤치호는 몇 가지 중요한 국정문제에 대하여 독립협회 회원들이 황제 고종에게 상소할 것을 제안하였다. 서재필은 이에 적극 동의하면서 대신들이 홍범洪範을 파렴치하게 침범하고 있음을 황제에게 상기시켜야 한다고 주장하고, 백성들이 압제의 고통을 인내하고 있는 현실을 개탄하였다.[20]

독립협회는 자주국권수호와 이권반대운동 준비의 일환으로 1898년 2월 13일의 토론회 주제를 "사람의 목숨이 지극히 귀하나 남에게 종이 되고 살기를 얻는 것은 지극히 귀한 인명을 천하게 대접하는 것이요, 하나님과 사람 사이에 죄를 얻음" 으로 정하고, 나라의 독립 문제를 토론하였다.[21] 『윤치호영문일기』에 의하면 이날의 토론회 주제는 다수의 과격한 연설을 유발하였다.[22] 한 연사는 황제가 어떠한 한 강국의 종이라고 시사하였다. 다른 연사는 우리를 노예로 만들고 있는 나라가 지금 시베리아철도를 부설하고 있으며, 만일 우리가 그들의 노예가 되면 그 철도부설을 위하여 사역을 강요당할 것이라고까지 말하였다. 윤치호가 도리어 회원들의 과격함이 독립협회를 해치지 않을까 염려하여 무마해야 할 정도로 독립협회 회원들의 자주독립의식은 고조되어 있었다. 윤치호는 다음과 같은 요지로 토론회의 결론적인 연설을 하였다.

---

20 『尹致昊英文日記』 1898년 2월 7일조 참조.

21 『독립신문』, 제3권 제21호, 1898년 2월 19일자 「잡보」 참조.

22 『尹致昊英文日記』 1898년 2월 13일조 참조.

회장, 우리 앞에 놓여진 문제는 제가 더 말씀드릴 필요가 없을 정도로 논의되었습니다. 어느 분은 너무 과하게 말씀하시고 다른 분은 너무 부족하게 말씀하셨지만 하나의 정신, 하나의 요구가 전원을 생동시키고 있음을 나는 주목하였습니다. 그것은 즉 우리나라와 우리의 주권이 만국과 동등해야 하며 누구에게도 열등하지 않아야 한다는 점입니다. 저는 오늘 청강한 사실에서 여기 모이신 모든 회중이 우리나라의 현재의 조건을 매우 심중한 상태에 있다고 간주하고 있음을 알았습니다. 백성은 압제당하고 있습니다. 그러나 황제는 사실을 전혀 듣지 못합니다. 외국병정이 우리의 해안에 나타나도록 방치되어 있습니다. 황제는 사리私利를 추구하는 사람들에 의해 겁에 질려 있습니다. 우리 독립협회는 국가의 안전을 위협하는 것이 외국군함의 출현이기에 앞서 국내정사의 실정失政임을 황제에게 알려주어야 합니다. 이러한 취지로 우리는 황제에게 상소를 올리는 것이 좋으리라 생각합니다.[23]

정례의 토론이 끝나자 윤치호는 국왕에게 '상소上疏' 할 것을 제의하였다. 이 동의는 50 대 4로 가결되었다.[24] 이에 따라 상소문을 준비할 5인 위원회가 지명되었다. 독립협회의 운동이 사회정치운동으로 발전하자 고급 관료회원들은 모두 독립협회를 떠나기 시작하여,[25] 시민층 · 민중들만이 남게 되었다.[26]

---

23 『尹致昊英文日記』 1898년 2월 13일조 참조.

24 『尹致昊英文日記』에 의하면 李允用과 李完用은 이 동의에 반대하였다. 그러나 이 동의가 통과되고 나자 회의가 끝난 후 그들은 尹致昊에게 자기들이 이 동의를 진실로 좋아했다고 아첨했음이 기록되어 있다. 투표자 수가 이렇게 적은 것은 독립협회의 운동이 사회정치운동화하는 것을 꺼린 관료들이 이 투표에 불참했기 때문인 것으로 보인다.

25 尹致昊, 「獨立協會의 活動」, 『東光』, 제26호, 1931년 10월호, p.35에서 다음과 같이 말하였다. "그러나 그 후에 협회가 점점 政治運動으로 방향을 전환하고 派爭의 禍根을 追擊하여 운동의 실질이 나타나 자못 과격하게 되자 관료계급들은 모두 슬금슬금 꽁무니를 빼고 野人들이 남아서 그 牛耳를 잡게 되었습니다."

26 尹致昊, 「獨立協會 始終」, 『新民』, 제14호, 1926년 6월호, p.58에서 다음과 같이 설명하였다. "그러므로 처음 탄생된 獨立協會는 民衆機關이라고 보기에는 부족하고 그 당시 조정에 출입하는 官職者치고는 회의 간부 아닌 자가 없으리만큼 관료적으로 망라되었다. 그러던 것이 그때의 幾個少壯派는 도저히 그것으로 만족하지 못하야 외국의 힘을 의뢰치 말고 완전히 自主獨立의 精神으로 국정을 개선하자는 주장이 좀 과격하게 되었다. 지금으로 보면 그같이 약

7일 후인 1898년 2월 20일 5인 위원회는 그들이 작성한 상소문안을 독립협회에 제출하여 접수되었다. 이날의 독립협회 통상회에는 약 200여 명의 회원과 500여 명의 방청인이 참석하여 상소문안을 놓고 열띤 논쟁과 애국적 연설들을 하였다.[27] 윤치호는 이 상소문을 만인이 쉽게 읽을 수 있도록 국한문혼용으로 쓰자고 동의하였다. 이 동의는 57 대 67로 부결되었다.[28] 그리하여 한문으로 된 다음과 같은 역사적인 독립협회 제1차 상소문이 2월 21일 오후 3시에 올려졌다.

臣等은 생각컨대 나라의 나라됨이 둘이 있으니 가로되 自立하여 他國에 依賴하지 않는 것이요, 가로되 自修하여 一國에 政法을 行하는 것입니다. 이 두 가지는 上天께서 우리 폐하에게 畀付한 바의 하나의 大權입니다. 이 대권이 없은즉 그 나라가 없습니다. 때문에 신등은 獨立門을 세우고 독립협회를 設하여 위로는 황상의 位를 높이고 아래로는 인민의 志를 굳게 하여 억만년 無疆의 기초를 확립하려 합니다. 그러나 근일 國勢를 가만히 보건대 자못 岌嶪하여 백 가지 施措가 인민의 요망을 위배하고 있습니다.

自立하는 것으로써 말씀하오면 財政은 他人에게 讓함이 宜當치 않거늘 그것을 타인에게 讓하였으며, 兵權은 그 스스로 操함이 의당하거늘 타인에게 操하였습니다. 심지어 臣工의 任免도 또한 자유롭게 하지 못하는 일이 있습니다. 이것은 간세배가 기회를 인연하여 중간에서 逞私하며, 혹 外權을 끼고 빙자하여 至尊을 위협하며, 혹 풍설을 譸張하여 聖聽을 현혹하여 그러한 것입니까. 서리를 밟으면 堅氷이 다다름은 이치의 필연입니다. 하루 이틀에 한 일 두 일이 침침한 것 같으면 만일 이것을 말지 아니한즉 며칠 몇 달 만에 어찌 써 전국주권을 모두 타인에게 주어 太阿釰을 거꾸로 쥐는 후회가 있지 아니하겠습니까.

---

한 소리는 없을 것이지만 그때에는 그것이 一驚의 가치 있는 과격한 언론이었다. 이 과격한 언론은 적이 空論에 그치지 않고 實政干涉的 불온한 태도를 胚胎하게 되자 회중에 자연 急進·緩和 두 파가 생겨 硬軟兩派가 水油之別로 따로 서게 되었다. 於是乎 공론공담으로 만족하든 관료파는 일제이 탈퇴하게 되고 그 이외의 小壯新進派만이 남아서 실제적으로 진행하게 되었다."

27 *The Independent*, Vol. 3 No. 22, February 22nd, 1898, 'Local Items' 참조.

28 『尹致昊英文日記』 1898년 2월 20일조 참조. 이 동의에 대해서도 李完用 일파는 반대하였다.

自修하는 것으로써 말씀하오면 무릇 邦國의 칭함은 그 典章과 法度의 있음으로서입니다. 현금 아국에 典章이 있다 할 수 있으며 法度가 있다 할 수 있겠습니까? 구식은 폐지하였다 하여 행치 아니하고 신식인즉 비록 정한 바 있으나 역시 행치 아니한즉 이것은 있어도 없음입니다. 이에 典章과 法度가 없은즉 이것은 나라가 아니요, 나라가 이미 나라가 아닌즉 인심이 자연히 타국에 의뢰하려 하고, 타국 역시 그러기를 기약치 않고 內政에 干預하여 옵니다. 아! 이것은 무슨 연고입니까? 삼천리 1,500만 인구는 모두 우리 대황제폐하의 赤子이라 황실을 보호하여 국권을 유지하는 이것이 적자의 직분이어늘, 밖으로는 强鄰이 侮逼하도록 하고 위로는 聖躬을 孤危케 하는 자는 신등이 단지 一縷의 微(목숨)만 알고 전국의 大를 알지 못함에 祗緣한 것이요 구차하고 因循하여 금일에 이른 것이니, 말씀과 생각이 이에 미치면 하나도 신등의 죄요 둘도 신등의 죄이옵니다. 하늘을 우러러보고 땅을 내려다봄에 어디에 容措하오리이까. 무릇 금일의 폐하의 적자가 된 자가 구차하게 잔명을 보존하여 차마 군부의 受困을 봄에 차라리 가슴에 총을 맞고 배에 槍을 맞아 청천백일하에 한번 죽어서 보지 않고 듣지 않는 快함만 같지 못한지라. 자에 감히 聲을 가지런히 하여 嚴明의 하에 한번 하소하오니, 엎드려 원컨대 황상께서는 聖衷을 확고히 잡으셔 삼천리 1,500만적자의 마음으로써 마음을 하시고 그 憤을 함께하시며 그 憂를 함께하시어 안으로는 典章을 실천하시고 밖으로는 타국에 依賴함이 없게 하시어 우리 황상의 權을 自主하시고 우리 一國의 權을 自立하신즉 비록 十百의 强敵이 있을지라도 누가 감히 천단히 干預하오리까. 하늘의 내려보심이 뚜렷하게 밝으신즉 신등이 맹세코 오늘의 마음을 바꾸지 아니하오리니 엎드려 빌건대 聖明께서는 垂察하소서. 신등이 두렵고 간절한 기원의 이 지극함을 이기지 못하여 삼가 죽음을 무릅쓰고 말씀을 드리옵니다.[29]

---

29 『上疏存案』, 議政府 편, 제5책, 光武 2년 2월 21일조「中樞院議官安駉壽等疏」;『大韓季年史』(상), pp.173~175. 원문은 다음과 같다(중요한 문헌이므로 전재한다).

"中樞院一等議官臣安駉壽等誠惶誠恐頓首謹百拜 上言 于統天隆運肇極敦倫 正聖光義明功大德 堯峻舜徽禹謨湯敬應命立紀至化神烈大皇帝陛下. 伏以臣等 以爲國之爲國有二焉. 曰自立而不依於他國也. 曰自修而行政法於一國也 此二者 上天所以畀付我陛下之一大權也. 無是權 則無其國也. 所以臣等 建獨立之門 設獨立之會 上而尊皇上之位 下而固人民之志 確立億萬年無疆之基礎. 而竊觀近日國勢 殆乎業岌 凡百施措 大違民望. 以言乎自立 則財政焉不宜讓人 而讓之於人 兵權焉宜其自操 而操之在人 甚至於臣工之黜陟 亦或有不得自由者焉. 是無乃奸細輩夤緣機

이 상소는 매우 간곡한 어조로 되어 있으나, 그 내용은 밖으로는 완전한 자주독립을 주장하고 안으로는 입헌민주정치를 주장하면서 부패한 탐관오리의 제거와 대대적 내정개혁을 요구하고, 이를 위해서 적극적인 민족운동을 전개할 것을 알리는 구국운동선언상소救國運動宣言上疏였다. 이 상소문에는 독립협회 회원 135명이 서명하였다.[30] 『대한계년사』에 의하면 이 상소문은 이상재李商在와 이건호李建鎬가 지은 것이었다.[31]

이 상소를 바치면서 『독립신문』은 다음과 같이 썼다.

나라마다 공론을 가지고 백사를 하는데 대한은 공론하는 사람들이 없는 고로 정부에서 세상 공론이 어떠한지 알 수도 없고, 또 공론이라 하는 것은 공변되어야 공론이거늘 그저 사랑에나 모여 한두 사람이 말하는 것은 공론이 아니니라. 그런 고로 나라마다 인민들이 모이는 처소가 있어 여럿이 규칙 있게 모여 정제하게 만사를 토론해야 좌우편 이야기를 다 들은 뒤에 작정한 의론이 공론이라. 이런 공론하는 인민들이 있을 것 같으면 정부에서 일하기도 쉽고 또 하는 일을 그르칠 리가 없는지라. 〔……〕 처음으로 대한에 독립협회가 생겨 거기서 회원들이 혈심으로 맹세하고 다 위국애민하자는 목적으로 의논을 하여 인민의 지식을 넓히고 또 공론을 만드니 이런 경축할 일은 대한세계에든지 한·당세계에도 없

會 從中逞私 或藉挾外權 而威脅至尊 或譸張風說 而眩惑聖聽而然歟. 履霜堅氷至 理之必然也. 一日二日 一事二事 駸然若此不已 則幾日幾月之內 安知不以全國之權 俱讓於人 有太阿倒持之悔乎. 以言乎自修 則未邦國之稱 以其有典章法度也. 現今我國可曰 有典章乎 有法度乎. 舊式焉謂之廢止而不行 新式則雖有所定 而亦不行 不行 則是有而無也. 旣無典章法度 則是非國也 國旣非國 則人心自然依賴於他國 他國亦不期然而干豫於內政也. 噫是曷故焉 三千里一千五百萬人口皆我大皇帝陛下之赤子也 保護皇室 維持國權 是赤子之職 而乃使强鄰侮逼於外 聖躬孤危於上者祗緣臣等只知一縷之微 不知全國之大 苟且因循 以至于今日也. 言念及此 一是臣等之罪 二是臣等之罪也 俯仰穹壤何所容措. 凡今日之爲赤子於陛下者與其苟保殘命 而忍見君父之受困 無寧砲其胸 戟其腹一死於靑天白日之下 不靦不文之爲快也. 玆敢齊聲一籲於嚴明之下 伏願皇上確執聖衷 以三千里一千五百萬赤子之心爲心 共其憤而同其憂 內而實踐定章 外而無依他國 自主我皇上之權 自立我一國之權 則雖十百强敵 孰敢擅預也哉. 天鑑孔昭 臣等誓不改今日之心也. 伏乞聖明垂察焉. 臣等無任屛營祈懇之至 謹昧死以聞."

30 *The Independent*, Vol. 3 No. 23, February 24th, 1898, 'The Memorial of the Independence Club' 참조.

31 『大韓季年史』(상), p.175 참조.

는 일이라. 이 사람들의 혈심으로 한 상소가 응당 국민 간에 좋은 사업이 될 장본일러라.[32]

이것은 독립협회가 민중의 주장을 공론으로 형성하여 국정에 반영시키는 민주주의적 방법에 의거하여 구국운동을 전개할 것을 알린 논설이라고 볼 수 있다. *The Independent*도 만일 135명의 한 집단이 목숨을 걸고 자기 나라를 위하여 옳은 방향으로 여론public opinion을 만들고 자주독립의 원칙을 선양하면 그 영향은 국익을 위하여 지대하리라고 하면서, 공정한 마음을 가진 모든 사람들이 독립협회 회원들의 애국심에 동감하고 그들을 도덕적으로 지원하고 있다고 지적하였다.[33] 독립협회는 구국운동선언을 한 다음 회원과 국민의 힘을 조직화해가면서 당시 긴급하게 대두한 열강의 이권침탈에 본격적으로 대처하여 나갔다.

### 2) 러시아의 절영도 조차 요구 저지

독립협회가 국권수호와 내정개혁을 결의하고 있을 때 러시아공사 스페이어Alexei de Speyer, 士貝耶는 석탄고石炭庫 건축을 구실로 부산의 절영도 조차租借를 거듭 요구하였다.[34] 절영도 조차는 러시아가 오랫동안 바랐던 것이고,[35] 당시 정권을 장악하고 있던 친러파의 내락을 얻은 것이므로 외부대신서리 민종묵이 이를 허여하려고 하였다.[36] 이것은 그동안의 러시아

32 『독립신문』, 제3권 제23호, 1898년 2월 24일자 「독립협회 회원들의 상소」.

33 *The Independent*, Vol. 3 No. 23, February 24th, 1898, 'Here and There' 참조.

34 『俄案』 문서번호 861, 光武 원년 8월 16일조 ; 『俄案』 문서번호 872, 光武 원년 8월 25일조 ; 『俄案』 문서번호 977, 光武 2년 2월 6일조 참조.

35 『駐韓日本公使館記錄』(機密本省往信) 1897년(明治 30년) 9월 24일조 「機密」 제60호 '絶影島租借ニ關スル露公使ノ申込' 에 의하면, 러시아공사는 1897년 8월 18일 한국정부에 절영도 조차를 요구하였고, 한국정부로 하여금 이를 승낙하게 할 공작을 맹렬히 전개했으나 일본측과 영국측이 강력한 방해운동을 하여 쉽게 뜻을 이루지 못했다고 하였다.

36 『駐韓日本公使館記錄』(各領事館機密往來信) 1898년(明治 31년) 3월 21일조 「機密」 제1호 '絶影島ニ於ケル各國居留地設定ノ件' 에 의하면, 閔種默은 절영도를 러시아에게 조차해주기

의 침략간섭정책에 저항하여 오던 독립협회를 격앙시키어 본격적 반대운동을 전개하도록 하는 전기를 만들게 되었다.[37]

독립협회는 1898년 2월 27일 독립관에서 통상회를 개최하고 이에 대한 격렬한 반대성토를 전개하였다.[38]

먼저 이날 회원 129명과 방청인 수백 명이 참가한 가운데 만기가 된 간부진을 개편한 결과, 이상재李商在를 당일 임시회장으로 하여 회장에 이완용李完用, 부회장에 윤치호尹致昊, 서기에 남궁억南宮檍, 회계에 이상재李商在·윤효정尹孝定, 제의에 정교鄭喬·양홍묵梁弘默·이건호李建鎬를 선출하였다(그러나 이완용이 3월 11일 전라북도관찰사가 되어 부임했으므로 윤치호가 회장대리가 되어 사실상 윤치호 중심의 체제가 되었다.[39] 곧 신임제의 정교가 절영도 조차 문제를 회중에게 보고하고 다음과 같이 연설하였다.

> 古語에 이르기를 先王의 강토는 尺寸이라도 타인에게 줌이 불가하다고 하였습니다. 옛날 支那에 晋의 桑維翰은 幽薊十六州를 할양하여 契丹에게 준 바 晋은 이로 말미암아 망했으며, 宋의 秦會는 河南의 地界를 女眞에게 포기하여 宋은 이로 말미암아 衰하였습니다. 近日 越南은 西貢江口 외의 海島 및 海灣을 法蘭西에 할양하여 드디어 속국이 되었으며, 淸國은 膠州灣을 普魯士에게 租借해 주어 장차 苽分에 이르게 되었습니다. 前鑑이 이와 같이 昭昭한데, 현금 俄國이 우리 대한을 향하여 절영도를 요구하고 있습니다. 아 아태조께서 櫛風沐雨하여

---

위하여 전 외부대신 李道宰가 발송한 절영도에서의 各國租界設定 안건의 공문을 취소했다고 하였다.

37 『駐韓日本公使館記錄』(機密本省往信) 1898년(明治 31년) 3월 11일조「機密」제16호 '排露勢勃興幷ニ露國士官顧問官等撤退一件' 참조.

38 *The Independent*, Vol. 3 No. 25, March 1st, 1898, 'The Peoples' Protest' 참조. 독립협회 회원들은 ① 절영도를 조차해주고 이권을 양여해주는 이유, ② 절영도가 외부대신서리의 소유가 아니라 국민의 소유라는 점, ③ 의정부와 상의없이 외부대신서리가 단독으로 그러한 이권양여를 결정할 수 없다는 점, ④ 국민은 이권양여의 이유와 조건을 알 권리가 있다는 점 등을 들어 외부대신서리 閔種默을 격렬하게 규탄하였다.

39 『大韓季年史』(상), p.176 ; *The Independent*, Vol. 3 No. 27, March 5th, 1898, 'Local Items' 참조.

아국의 기초를 세우시고 열성이 계승하여 艱大의 業을 保하였습니다. 금 황제폐하께서 자주독립의 권을 세우시고 만국과 더불어 병립하였습니다. 그 신자된 자가 만약 寸土尺地라도 타국인에게 주면 이는 황제폐하의 역신이며 열성의 죄인이며 우리 대한 2천만 동포형제의 仇讐입니다. 본회는 이러한 뜻으로 書函을 외부대신서리에게 보내어 질문하는 것이 가할 것입니다.[40]

회중이 모두 박수갈채로 동의하여, 이상재李商在 · 정교鄭喬 · 조한우趙漢禹를 총대위원으로 선출하고, 정교로 하여금 외부에 보내는 공한을 작성케 하여 이튿날(2월 28일) 다음과 같은 서한을 발송하였다.

경계자 即聞하온즉 절영도에 俄人이 석탄고를 건축하려 하여 8만 미돌米突을 청구한다 하오니 已經借與하였는지 姑未借與하였는지 特欲借與하려는지, 만일 借與할 경우에는 일본인에게 借與한 合同條款을 依憑해야 하는지 俄人의 所請대로 借與하는지 暫借하는지 永與로 하는지 政府會議를 經하고 하는지 貴部에서만 독단날인하는지, 본회 회원 등도 俔是 대한신민인즉, 이 사건에 대하여 부득불 與聞할 權이 유하기로 자에 앙포하오니 조량하오셔 즉각 상세 回示하심을 절망함.

광무 2년 2월 18일 독립협회 총대위원 李商在 鄭喬 趙漢禹

외부대신서리 閔種默 각하.[41]

독립협회의 이러한 성토는 당신의 정계에 큰 충격을 주었다. 1894년 이후 다수의 이권利權이 외국에 양여되었으나 민간사회단체가 조직되어 민중이 이를 비판하고 반대성토를 한 것은 이것이 처음이었다. 이것은 민중의 힘이 성장하여 국정에 대한 민주주의적 비판이 표출되기 시작했음을 알려주는 것이었다.[42] 독립협회의 이 공한은 정부내에 큰 문제를 제기하여

40 『民會實記』(獨立協會日記) 光武 2년 (음) 2월 초7일조 ; 『大韓季年史』(상), pp.176~177.

41 『民會實記』 光武 2년 (음) 2월 초8일조.

42 『尹致昊英文日記』 1898년 2월 27일조 참조.

관료층 내부에서도 독립협회의 주장을 지지하는 관료와 친러파 사이에 암투가 전개되었다.[43]

외부대신서리 민종묵은 크게 두려워하여 같은 날 독립협회에 답서를 보내었다. 그는 이 답서에서 ① 절영도 조차 건은 1897년 8월 웨버 공사의 요구에 의해 외부에서 청의하여 의정부에서 의결했던 것이며, ② 월미도의 전례에 따라 부산감리釜山監理에게 훈칙訓飭해서 러시아인을 함께 데리고 절영도를 현지답사시키고 그 땅의 도본圖本을 올려왔으며, ③ 이번에 스페이어 공사의 재촉에 의하여 외부에서 전에 이미 허여된 것이므로 정부에 재청의할 것 없이 외부에서 일본에게 석탄고 빌려주던 전례대로 석탄고기지 조차를 일전에 그대로 따라 시행했으며, ④ 전례대로 했으나 막는 방책은 하지 못했음을 사과하였다.[44]

또한 민종묵은 스스로 상소를 올리어 사임을 청하니, 황제는 3월 2일(음력 2월 10일) 민종묵을 탁지부대신 겸 외부대신서리에서 면직시켰다. 여기까지는 독립협회의 주장이 관철되어 절영도 조차는 저지되는 듯하였다.

그러나 러시아공사관과 친러파들은 그동안에 가만히 있지 않았다. 그들은 황제에게 압력을 가하여, 이튿날인 3월 3일에는 사세를 역전시켰다. 황제는 조병호趙秉鎬를 탁지부대신으로 하고 다시 민종묵을 외부대신 정임으로 승진임명하였다. 정부 각부 대신이 글을 올려 이를 반대했으나 황제는 듣지 않았다. 이때 친러파 김홍륙金鴻陸 등이 러시아공사 스페이어의 뜻이라 하여 황제를 위협하고 민종묵을 지원했으며, 스페이어가 친러파의 중요인사로 내각을 조직하거나 황제가 직접 러시아공사관에 와서 사죄를 하지 않으면 국기를 거두어 철퇴해버리겠다고 위협했으므로, 면직 하루만

43 *The Independent*, Vol. 3 No. 25, March 1st, 1898, 'Deer Island Question'에 의하면, 이때 外部 관리들은 외부대신서리 閔種默의 러시아에의 絶影島 租借 許與 시도를 강력하게 반대하기 시작했다고 하였다.

44 『民會實記』 光武 2년 (음) 2월 초8일조 ; 『大韓季年史』(상), pp.177~178 참조.

에 정임외부대신을 다시 임명한 것이었다.[45] 독립협회의 의사와 주장은 완전히 무시당했을 뿐 아니라 도리어 간부회원들은 협박의 대상이 되었다.[46]

독립협회는 러시아의 절영도 조차를 저지시키기 위해서는 친러파관료 및 그 뒤에 있는 러시아세력과 직접 대결하지 않으면 안 되게 되었다.

### 3) 일본의 절영도 석탄고기지 철거 요구

독립협회는 1898년 3월 3일의 외부대신 답서를 읽기 위하여 소집된 특별회에서 일본에 조차된 절영도 석탄고기지의 반환 문제를 거론하였다. 한 회원은 러시아와 다른 열강의 유사한 이권 요구를 막기 위하여 먼저 일본에게 허여된 석탄고의 회수를 독립협회가 정부에 요구할 것을 동의하였다. 윤치호는 이 동의에 수정안을 제출하였다. 즉, 먼저 일본의 이권에 관련된 모든 구체적 내용을 조사하기 위한 위원회를 지명하여, 이 위원회의 조사보고를 충분히 들은 다음 독립협회가 정부에 공한을 발송하자고 제안하여 이 수정안이 통과되었다.[47]

독립협회는 3월 6일 독립관에서 조사위원회의 보고를 듣고 절영도 일본 석탄고기지의 철거를 요구하는 공한을 외부에 보내기로 결정하였다.[48] 그

---

45 『駐韓日本公使館記錄』(機密本省往信) 1898년(明治 31년) 3월 31일조 「機密」 제16호 '排露熱勃興幷ニ露國士官顧問官等撤退一件' 참조. 친러파 金鴻陸은 독립협회가 구국선언상소를 올린 바로 그날 밤 독립협회와 관계없는 한 시민에 의하여 퇴궐 도중 자객의 습격을 받았는데, 러시아공사 스페이어는 이에 격분하여 흉행자를 3일 이내에 체포하라는 조칙을 내리거나, 황제 고종이 직접 러시아공사관에 와서 사과하지 않으면 국기를 거두어 돌아가버리겠다고 위협했으므로, 고종이 이에 굴복하여 조칙을 내렸었다. 러시아가 閔種默을 시켜 절영도 조차에 조인하려고 하기 직전에 독립협회의 반대운동에 부딪쳐 閔種默이 사임하게 되자, 스페이어는 다시 격분하여 金鴻陸과 함께 고종에게 같은 방법의 협박을 가했으므로 고종이 다시 이에 굴복하여 閔種默을 이번에는 正任 外部大臣으로 임명한 것이었다.

46 『民會實記』 光武 2년 (음) 2월 초8일조 참조. 친러파가 자객을 暗遣하여 鄭喬를 해치려 한다는 정보를 尹致昊가 입수하여 밤에 급히 달려와 고해주었으므로 金鼎鉉 등이 대비책을 협의했다 하였다.

47 『尹致昊英文日記』 1898년 3월 3일조 참조.

48 『尹致昊英文日記』 1898년 3월 6일조 ; *The Independent*, Vol. 3 No. 19, March 10th, 1898, 'Here and There' 참조.

들은 이를 위하여 총대위원으로 윤치호·박치훈·최정식崔廷植을 선출하고,[49] 기초위원으로 이상재李商在·정교鄭喬·이건호李建鎬를 선출하였다.[50]

독립협회는 3월 7일 외부에 공한을 발송하였다. 이 공한에서 독립협회는 ① 의정부의 동의 없이 일본에게의 이권양여利權讓與를 외부 단독으로 결정한 것을 힐난하고 내각과 의정부의 관제가 동일하지 않아 완장完章이 각각 있는데 전 내각의 유규謬規를 구실로 현행 완규完規를 이행치 않은 것을 비판하였다. 이어서 ② 의정부 대신들의 연명상소에 이르기를 외부 청의가 있었으나 의정부에서는 미처 회의해 결정하지 않았다 한 것을 보니 의정부 연소와 외부대신의 편지 내용이 상호 모순이 있음을 지적하여 외부 단독결정의 비적법성을 비판하고, ③ 러시아의 절영도 조차 요구가 일본의 전례를 따른다 했으니 발본색원을 위해서는 일본 석탄고를 철거시켜야지 열강이 모두 평등대우를 요구해오면 강토를 다 주어도 모자랄 것이라고 지적하였다.

> 대저 금일 俄人의 石炭庫 基址 청구는 이왕 일본이 먼저 租借한 것을 빙자한 것이니 다른 날에 타국이 어찌 금일 日俄 양국에게 許借한 이익을 균점할 것을 바라지 않겠는가. 이와 같이 하여 말지 아닌한즉 전국 토지를 차례로 타국인에게 許借하기에 겨를이 없을 터이니 본국인은 장차 어느 땅에서 생활할 것인가. 良醫는 먼저 病源을 다스린다 하니 현금 국토의 租借의 근원은 일본 석탄고에서 비롯한 것이라. 귀 대신은 일본공사에게 知照하여 일본 석탄고를 철거하고 해당 토지를 繳還한즉 각국에 偏厚偏薄하다는 책망이 자연히 防遏되어 밖으로는 交誼가 화평하여지고 안으로는 국권이 견고하여질 것이다. 照諒하여 示明하기 바란다.[51]

---

49 『독립신문』, 제3권 제29호, 1898년 3월 11일자 「논설」 참조.

50 『民會實記』 光武 2년 (음) 2월 14일조 ; 『大韓季年史』(상), p.178.

51 『民會實記』 光武 2년 (음) 2월 15일조 ; 『大韓季年史』(상), p.179 참조.

이에 대하여 외부대신 민종묵은 구구한 변명을 하면서 "일본공사관에의 조회照會하는 일은 졸지에 변론할 것이 아니요, 현재 상소 올린 중이니 양해를 바란다"[52]고 하여 회피하는 대답을 보내왔다. 이 문제는 독립협회와 민중의 보다 적극적인 대책이 있어야 해결되리라는 전망이 뚜렷해졌다.

알렉세예프

#### 4) 러한은행의 철거 요구

이때 또한 러시아공사 스페이어는 탁지부 고문 알렉세예프Kir Alekseevich Alekseev로 하여금 전국의 재정을 수람收攬케 하고자 하여 제정러시아 황제의 칙령에 의거하여 러시아정부의 강력한 지원하에 1897년 12월 5일 김홍륙金鴻陸·민종묵閔種默·김중환金重煥(당시 내부협판)·이충구李忠求(당시 법부 형사국장) 등과 자본금 50만 루블로[53] 서울에 러한은행露韓銀行을 설립하기로 의논하고, 김홍륙의 집 부근인 돈의문 내 5~6보步 남변 대로에 새 벽돌건물을 건축하여 러한은행을 개설하였다.[54] 이 은행은 본점을 페테르부르크에 두고 지점을 서울에 두어 가브리엘M. S. Gabriel과 크레일닌V. M. Kreylin이 은행장에 취임

52 『大韓季年史』(상), pp.181~182.

53 *The Independent*, Vol. 3 No. 18, February 12th, 1898, 'Local Times' 참조.

54 『俄案』 문서번호 972, 光武 2년 1월 27일조 ; 『俄案』 문서번호 987, 光武 2년 2월 22일조 ; *The Independent*, Vol. 3 No. 16, February 8th, 1898, 'Local Times' 참조. 당시 러한은행의 위치는 서대문 안 長老敎會 바로 다음 신축 벽돌건물이었다. 러한은행의 러시아측 후원자는 우치톰스키Uchtomsky 백작, 로터슈타인Rothestein, 노타프Nothaff, 케르베즈S. H. Kerbeds, 카하A. A. Kach 등이었다. *The Independent*, Vol. 3 No. 25, March 1st, 1898, 'Russo-Korean Bank' 참조.

하고, 영국인 캄벨W. H. Campbell을 조력자로 하여[55] 탁지부 재정자금과 궁실의 돈 10만 원을 독점 예치함과 동시에 1898년 3월 1일 업무를 개시하였다.[56]

러한은행의 주 업무는 ① 달러화 또는 파운드화 어음 발행의 특권 행사, ② 한국정부의 재정자금 예치, ③ 한국정부 재정 감독 화폐 발행, ④ 한국정부가 도입한 외국차관의 이자 지급, ⑤ 철도 · 광산 · 전신 · 삼림 등의 이권 획득 등이었다.[57] 즉 제정 러시아가 대한제국의 재정과 금융을 장악하기 위하여 설치한 은행이었다.

독립협회는 1898년 3월 6일 일본 석탄고기지 조사위원회의 보고를 청문한 다음 이건호李建鎬의 동의로 이 러한은행 문제를 거론하였다. 이건호는 정부가 장차 러한은행을 설치하여 국고금을 맡겨둔다고 하는데 탁지부에 공한을 보내어 그 은행의 관계 여하와 국고금 얼마를 어떻게 맡겨두는가 묻도록 제안하였다. 이 동의는 채택되어 홍긍섭洪肯燮 · 박승조朴承祖 · 정교鄭喬가 기초위원으로 지명되었다.[58] 또한 이건호는 문제의 민종묵이 처음 탄핵되어 사직했다가 며칠도 안 되어 재임된 것은 반드시 간세배가 있어 황상을 위협한 것이니 이 지경에 이르면 정부에도 편지를 내어 간세배의 성명을 조사하자고 동의하여, 윤기진尹起晋 · 박제빈朴齊斌 · 이병목李秉穆 등을 기초위원으로 선출하였다.[59] 독립협회는 3월 7일 특별회에서 다음과 같은 공한을 탁지부대신 조병호趙秉鎬에게 발송하였다.

> 경계자는 들은즉 서울에 韓俄銀行을 설립하여 탁지부에서 본국 朝鮮銀行과

55 *The Independent*, Vol. 3 No. 18, February 12th, 1898, 'Local Times' 참조.

56 『독립신문』, 제3권 제26호, 1898년 3월 3일자 「광고」; 「民會實記」 光武 2년 (음) 2월 15일조; 『大韓季年史』(상), pp.180~181 참조.

57 *The Independent*, Vol. 3 No. 25, March 1st, 1898, 'Russo-Korean Bank' 참조.

58 『民會實記』 光武 2년 (음) 2월 14일조; 『大韓季年史』(상), p.178 참조.

59 『大韓季年史』(상), pp.178~179 참조.

漢城銀行 두 곳에 임치해두었던 銀貨와 탁지부 현존의 銀을 함께 韓俄銀行에 이치하고 차차 각부에 해당 은행 지소를 파치하여 전국 세납의 수입과 수출을 전관시킨다 하니, 만일 이 說이 적확하다면 이는 전국 재정권을 타국인에게 양여하는 것이라. 본국 탁지부는 다만 이름만 있고 實이 없을 뿐만 아니라 獨立自主의 권리를 스스로 잃는 것이다. 그러나 귀 대신의 고명식견과 恢弘 도량으로 경리 재정의 직무를 맡았으니 이러할 이유는 반드시 없을 듯하나, 본회가 이 사건에 대하여 우려하는 충정이 있으니, 査照하여 上項 각조의 실적 실수를 상세히 回示하기를 바란다.[60]

또한 독립협회는 의정부에도 공한을 발송하였다. 그들은 이 공한에서 ① 외부대신 민종묵이 독단하여 외국인에게 절영도 석탄고기지를 조차해준 일로 그 죄를 스스로 안다 하고 비지批旨도 엄하여 그를 면직시켰는데 다시 재임되었으니 이틀 사이에 회개했을 리가 만무한데 재임되었으며, ② 이것은 반드시 강양强梁 발호한 간신역적이 사리사욕을 위하여 외권外權을 끼고 황제를 협박하여 국가의 법령을 문란케 하고 군신의 대의를 무너지게 한 것이며, ③ 독립협회 회원은 대한신민으로서 이와 같은 기괄機括을 봄에 사정査正의 권리가 없었으므로 글로써 사핵査覈 정법正法을 바라니 불일내로 이 역적을 조사해서 법률대로 징판懲辦하여 춘추春秋의 의義를 밝히고 자주의 권리를 오로지하게 하기를 요구하였다.[61]

이날(3월 7일)의 특별회에서는 일본 절영도 석탄고기지 철거, 러한은행 철수, 친러파와 민종묵 규탄 등 세 개의 공한이 발송되고, 홍분 속에서 회의가 진행되었다. 이 자리에서 서재필은 열정적 연설을 하여 구속될 위험을 각오하지 않은 회원은 독립협회에서 탈퇴하는 것이 좋을 것이라고 경고하였다.[62] 이에 응대해서 정교가 등단하여 지상에 '사死' 자를 쓰고 회원

60 『民會實記』 光武 2년 (음) 2월 15일조 ; 『大韓季年史』(상), p.181.

61 『民會實記』 光武 2년 (음) 2월 15일조 ; 『大韓季年史』(상), pp.179~180 참조.

62 『尹致昊英文日記』 1898년 3월 7일조 참조.

가운데 뜻있는 인사가 그 옆에 친필서명하여 의리에 필사할 뜻을 맹세하자고 제안하였다. 또한 최정식崔廷植은 방청인도 그 서명을 허락하고 독립협회 회원으로 인정하자고 제안하였다. 이 동의들이 채택되어 김정현金鼎鉉 등 99명의 회원이 서명하고 이인영李仁榮 등 61명의 방청객이 서명하고 회원이 되었다.[63]

『윤치호영문일기』에 의하면 회중들은 매우 흥분했고, 한 회원은 기쁨을 이기지 못해서 춤을 추었다. 그러자 흥분한 회원이 일어나 현 궁궐로 가서 황제가 옛 궁궐로 환궁할 것을 요구하는 기원祈願시위를 벌이자고 동의하였다. 이 동의는 회중의 흥분된 분위기 속에서 즉각 재청이 나왔다. 윤치호 등 간부진은 사태의 위급을 느끼고 이를 적극 말렸으나, 동의는 더욱 인기를 얻고 회중은 더욱 흥분되어갔다. 윤치호는 서재필의 지원을 받고 연설하여, 지금 시위를 하는 것은 황금 알을 얻기 위하여 암탉을 잡으려고 하는 생각 없는 행동이며, 황제의 사생활에는 관여하지 않아야 하고, 지금 막 누리기 시작한 귀중한 언론의 자유를 남용하지 않도록 조심해야 한다는 요지의 연설을 하여 그 동의를 부결시킴으로써 간신히 이를 무마하였다.[64] 그러나 이날의 회의를 통하여 국민이 정치적으로 크게 성숙되어 가고 있다는 사실을 독립협회와 정부가 다 같이 절감하기 시작한 것으로 보인다.

독립협회의 이날 공한에 대하여 탁지부와 정부는 동문서답의 회피하는 대답을 보내왔을 뿐이다.[65] 러한은행 문제도 역시 독립협회와 민중의 더욱 적극적인 대책이 있어야 해결되리라는 전망이 뚜렷해졌다.

제정러시아의 대한제국에 대한 침략·간섭정책이 독립협회의 민족운동에 의하여 전면적 저항에 부딪히게 되자, 러시아공사 스페이어는 본국과의 전신을 통한 협의 후에 3월 7일 오후 2시 장문의 조회照會를 외부에 보

---

63 『大韓季年史』(상), p.181 참조. 『尹致昊英文日記』에는 200명 이상 서명한 것으로 되어 있다.
64 『尹致昊英文日記』 1898년 3월 7일조 참조.
65 『民會實記』 光武 2년 (음) 2월 15일조 ; 『大韓季年史』(상), p.182 참조.

내어, 무업배無業輩들〔독립협회—필자〕의 러시아 배반을 러시아 대황제는 기이하게 여기고 있는바, 사관과 고문관을 보낸 것은 한국황제의 요청에 응한 것이므로 만일 한국황제나 정부가 러시아의 원조를 불필요하다고 인정하거나 사관 및 고문관이 불필요하다고 보면 러시아는 이에 대한 필요한 조치를 할 것이니, 24시간 이내에 회답을 보내달라는 최후통첩을 보내왔다.[66] 물론 이것은 자위력이 없고 제정러시아의 지배하에 있는 한국황제가 이를 거절하지 못할 것을 알고 황제 고종을 협박하여 한국을 더욱더 제정러시아의 예속적 지위 밑에 두면서 황제 고종으로 하여금 독립협회 탄압의 강경한 조치를 취하도록 하려는 협박장이었다.

이 조회를 받고 황제 고종과 한국정부는 매우 당황하고 낭패하였다. 고종은 각 대신들과 외국공사들에게 자문을 청하는 한편, 우선 러시아공사 스페이어를 입궐시키도록 하고,[67] 24시간의 회답시한을 3일간 연기시키도록 요청하는 서한을 러시아공사관에 발송케 하였다.[68]

이 소식이 알려지자 독립협회는 이 기회에 제정러시아의 침략·간섭정책을 완전히 배제해버려야 한다고 판단하고, 즉각 정부가 러시아의 사관과 고문이 불필요하다는 회답을 보내고 그들을 철수시켜 자주독립을 확립해야 한다고 주장하였다.

### 5) 러시아 재정고문 및 군사교관 해고 요구와 제1차 만민공동회

독립협회는 3월 10일 종로에서 '만민공동회'라고 하는 민중대회를 개최하여 민중의 힘으로 제정러시아의 침략간섭정책을 배제하고 완전한 자주

66 『俄案』, 제12책, 문서번호 997, 光武 2년(1898년) 3월 7일조 「露敎鍊士官 및 度支部顧問官의 繼續駐韓의 希願與否를 二十四時內에 回答하라는 通牒」 참조.

67 『俄案』, 제12책, 문서번호 1000, 光武 2년 3월 8일조 「露公使의 陛見事」 참조.

68 『駐韓日本公使館記錄』(機密本省往信) 1898년(明治 31년) 3월 31일조 「機密」 제16호 '排露熱勃興幷=露國士官顧問官等撤退一件' ; 『俄案』, 제12책, 문서번호 999, 光武 2년 3월 8일조 「露敎鍊士官 및 度支部顧問官의 繼續駐韓希望에 대한 照覆」 참조.

러시아 군사교관과 훈련받는 한국시위대

독립의 강화를 주장하는 그들의 요구를 관철시키려고 하였다.

정교의 『민회실기』와 『대한계년사』에 의하면 서재필이 정교에게 밀청密請하여 만민공동회를 개설한 것으로 되어 있다.[69] 그러나 서재필은 정교에게뿐만 아니라 당시의 간부들 모두에게 민중대회의 필요성을 제의한 것 같다. 『독립신문』은 3월 10일자에서 오후 2시 종로에서 연설회가 있음을 기사로 보도하였다.[70]

독립협회가 개최한 3월 10일의 최초의 만민공동회에는 서울 시민의 약 20분의 1인 1만여 명이 운집하여 러시아의 침략간섭정책을 규탄하였다.[71] 이 민중대회에서 민중들은 미전시정米廛市丁(쌀장수) 현덕호를 회장으로 선출하고 백목전白木廛 다락 위에서 연설들을 하였다.[72] 그들은 러시아의

69 『大韓季年史』(상), p.182, "時題仙(徐載弼) 密請鄭喬 議定韓俄銀行大爲關係 俄國士官之雇用限期已滿 可設萬民共同會于鍾街." 여기서는 3월 9일 만민공동회가 개최된 것으로 되어 있으나 3월 10일의 착오이다.

70 『독립신문』, 제3권 제29호, 1898년 3월 10일자 「잡보」 참조.

71 F. A. McKenzie, *Korea's Fight for Freedom*, pp.66~70. 'The Independence Club' 참조. 이 책의 이 부분은 徐載弼의 回想記를 수록한 것이다.

침략간섭정책을 규탄하고 대한제국정부가 한국의 자주독립을 지키기 위하여 러시아의 군사교관과 재정고문을 철수시켜줄 것을 열망한다는 전문을 러시아공사와 러시아 외부대신에게 발송할 것을 요구하는 결의문을 통과시키자고 주장하였다.[73] 연사들은 대체로 배재학당과 경성학당의 학도들이 중심이 되어,[74] 현공렴玄公廉 · 홍정후洪正厚 · 이승만李承晩 · 조한우趙漢禹 · 문경오 등이 다음과 같은 요지의 연설을 하였다.

> 우리 대한이 자주독립하는 것은 세계만국이 다 한가지로 아는 바이요, 훈련사관과 재정고문을 외국사람에게 맡기는 것이 대한 자주독립권리에 대단히 관계가 있음은 곧 대한 2,000만 동포형제의 한가지로 부끄럽고 분한 바이라. 이제 러시아 전보로 인하여 러시아공사가 대한외부로 조회하였으되 자기의 황제폐하께서 우리 대한정부에 자순諮詢하시와, 러시아의 돕는 것을 다시 입는 것이 결정코 뜻이 있는지 혹 없는지, 만일 시위대 교련사관과 탁지부 재정고문의 돕는 것이 대한 대황제폐하께와 및 정부에 긴치 아니하다 하면 러시아정부에서 이대로 준행하겠으니, 그러하나 대한에서 일률로 나라의 자주독립하는 권리를 반드시 스스로 지키는 것이 가하다 하였으니, 대저 대한이 당당한 자주독립 권리로 러시아의 돕는다는 것을 다시 입으려 할 이치는 반드시 없을 것이며, 지금 있는 러시아 사관과 러시아 고문관이 대한에 긴치 아니한 것과 대한이 자주하는 권리를 스스로 행하는 것이 가할 것을 러시아가 다 스스로 아는 바이니, 대한의 권리를 지키고 러시아의 정론을 좇아 러시아 사관과 러시아 고문관을 모두 곧 물려 보내는 줄로 결정하여 러시아공사에게 답조회하는 것이 당연한 사건으로 아는 것은 우리 대한 2,000만 동포형제의 한가지로 원하는 바이요 또한 세계 각국도 한가지로 아는 바이니, 오늘날 대한국 국민 간에 이같이 긴급한 형세를 주무대신에게 말씀하여 전국인민의 원하는 대로 답조회하자.[75]

72 『독립신문』, 제3권 제30호, 1898년 3월 12일자 「잡보」 참조. *The Independent*, Vol. 3 No. 30, March 12th, 1898, 'Peoples' Mass Meeting'에서는 나홍석이 회장이었다고 썼으나, 여기서는 『독립신문』의 보도에 의거하였다.

73 *The Independent*, Vol. 3 No. 30, March 12th, 1898, 'People's Mass Meeting' 참조.

74 『尹致昊英文日記』 1898년 3월 10일조 참조.

75 『독립신문』, 제3권 제31호, 1898년 3월 15일자 「잡보」.

연사들의 연설을 들은 다음 이 민중대회에 참가한 만여 명의 민중들은 모두 박수로서 '가可'라고 하여,[76] "사람마다 대한이 자주독립하는 것을 원하는 것"을 표시하였다. 그들은 총대위원으로서 이승만李承晩·장붕張鵬·현공렴玄公廉 등을 선출하고, 외부대신에 보내는 다음과 같은 편지를 채택하였다.[77]

> 경제자는 러시아공사가 외부에 조회한 사건에 대하여 1만 백성이 공동회의하여 대한에서 러시아에 고빙한 탁지부 고문관과 군부에 교련사관을 일병 해고하여 대한의 자주권을 튼튼케 할 일로 가하다는 의론을 결정하여 이에 앙포하니 조량하시어 만민의 동심 앙망하는 것을 맞추게 하심을 바란다.[78]

이 민중대회는 대성공을 거두었다. 모인 백성들의 수에 있어서도 기대 이상으로 만여 명의 민중이 자발적으로 참가해 모였으며, '만민공동회'[79]라는 새로운 명칭의 집회가 생기고, 민중과 연사가 모두 이성적이면서 자주독립권 수호를 위한 확고한 결의를 보여 민중의 성숙도를 증명해주었다. 만민공동회 개최를 반대한 이완용 및 외국인 고문들과 만민공동회 개최를 요구한 서재필 사이에서 고심초사하여 독립협회 간부회원들의 연설을 금지시키기까지 한 윤치호도 안도와 만족을 표시할 정도로 대회는 질서 정연하게 대성공을 거두고 끝났다.[80]

독립협회가 주최한 이 만민공동회는 러시아공사와 그 직원들을 비롯하

---

76 『民會實記』 光武 2년 (음) 2월 17일조 ; 『大韓季年史』(상), p.182 참조.

77 *The Independent*, Vol. 3 No. 30, March 12th, 1898, 'Peoples' Mass Meeting' 참조.

78 『독립신문』, 제3권 제30호, 1898년 3월 12일자 「잡보」.

79 만민공동회는 처음 독립협회가 이를 개최할 때에는 특별한 명칭이 없이 '民會'로 불려지고 『尹致昊英文日記』에도 'Peoples' Meeting'으로 되어 있는데, 이 3월 10일의 民會가 있은 후부터 '萬民共同會'라고 불려졌으며, '民衆大會' 또는 '市民大會', '群衆大會'의 뜻을 가지고 있었다.

80 『尹致昊英文日記』 1898년 3월 10일조 참조.

여 많은 외국인들이 이를 관람하였다. 만민공동회가 이렇게 대규모 민중대회로서 성공한 사실은 즉각 당시 서울의 외교계와 정부에 큰 충격을 주어,[81] 한국 민중의 성장에 모두 놀라움을 표시하였다.[82]

황제와 정부는 만민공동회의 압력과 제정러시아측의 압력 사이에서 연일 대신회의를 열면서 대책에 부심하였다. 고종은 원로대신 김병시金炳始(楊州 거주)와 조병세趙秉世(加平 거주)에게 사람을 보내어 의견을 물은 결과 민의에 따라 러시아사관 및 고문을 사절하라고 촉구하였다. 일본공사 가토加藤는 황제에게 만민공동회도 강경조치를 취하여 탄압하고 러시아 사관과 고문도 사절하라고 권하였다. 대신회의에서는 민종묵閔種默·정낙용鄭洛鎔·이유인李裕寅 등이 김홍륙金鴻陸과 의논하면서 필사적으로 제정러시아의 보호가 필요함을 역설하고 비사절운동을 전개했으나, 다른 대신들은 민의와 원로대신들의 권유에 따라 제정러시아의 압력을 사절하자고 주장하였다.[83]

정부는 이튿날인 3월 11일 밤 마침내 결단을 내려 러시아공사에게 편지를 보내서 탁지부와 군부에 외국인을 고용하지 않을 뜻을 밝히고, 재정고문과 군사교관을 본국으로 불러 가주기를 희망하며, 한국정부의 이 뜻을 본국에 조회하여 관철시켜줄 것을 요망한다는 뜻을 전달하였다.[84]

이 회답을 받은 러시아공사는 경악하고 당황하여 통역을 입궐시켜서, 이것을 러시아공사에게 보이면 큰일 나므로 종전과 같이 의뢰하는 회답을

---

81 *The Independen*, Vol. 3 No. 30, March 12th, 1898, 'Peoples' Mass Meeting' 참조.

82 『駐韓美國公使館報告*Communications to the Secretary of State from U.S. Representatives in Korea*』, H. N. Allen, No. 89, 1898년 3월 19일조 'Crisis in Korea'에서 美公使 알렌은 이 大規模 群衆大會(mass meeting)가 훌륭하고 질서 있게 아주 잘 진행되었다고 본국에 보고하였다.

83 『駐韓日本公使館記錄』(機密本省往信) 1898년(明治 31년) 3월 31일조「機密」제16호 '排露勢勃興幷ニ露國士官顧問官等撤退一件' 참조.

84 『尹致昊英文日記』 1898년 3월 12일조 ; 『俄案』 제12책, 문서번호 1001, 光武 2년 3월 12일조「露士官 및 顧問官의 繼續駐韓의 今後不用事 및 同援助에 對한 謝意表明次露京으로 大使를 特派한다는 通告」 참조.

제정러시아의 군사교관

보내야 한다고 내주內奏해줄 것을 간청하였다. 그러나 내관內官은 황제가 조금 전에 취침했으므로 깨울 수 없다고 거절하여 돌려보냈다.[85]

여기에 또 하나 놀라운 일은 3월 12일에 '남촌 사는 충의 있는 이들'[86]에 의하여 독립협회와 직접 관계없는 민중의 자발적 '만민공동회'가 이틀 전의 만민공동회와 같은 장소에서 개최되었는데, 여기에는 이틀 전보다 더 많은 수만 명의 민중이 운집했다는 사실이다. 백목전 다락 위에 자발적으로 등단한 연사들은 "우리나라의 탁지부 재정과 군부 군정과 그 외 토지를 남의 나라 사람에게 주지 말고 우리가 우리 대황제폐하를 충성으로 섬기고 우리나라의 자주독립한 기초를 견고케 하자"[87]고 연설했고, 수만 명 군중들이 일제히 손뼉을 치며 '가可'라고 응답하였다.

이 만민공동회에서는 민중과 정부 사이에 약간의 충돌이 일어날 뻔하였

---

85 『駐韓日本公使館記錄』(機密本省往信) 1898년(明治 31년) 3월 31일조「機密」제16호 '排露勢勃興幷ニ露國士官顧問官等撤退一件' 참조.

86 이것은 『독립신문』의 표현인데 당시 서울의 南村은 常民村이고 北村은 兩班村으로 구분되어 있었으므로, 이것은 平民層이 자발적으로 萬民共同會를 개최하였음을 나타내는 것이다.

87 『독립신문』, 제3권 제31호, 1898년 3월 15일자「잡보」.

다.[88] 정부에서 파견한 것으로 보이는 시위대 군인 2명과 괴한 4명이 마침 다락 위에서 연설하는 사람들을 잡고 핍박하여 연설을 못하게 하려 하였다. 이에 그 다락 아래서 연설을 듣고 있던 민중들이 일제히 크게 소리를 질러 "너희들은 어떠한 놈들이기에 충의로 이때를 당하여 첫째는 임금을 위하고 둘째는 동포형제들을 사랑하여 연설하는 이들을 무단히 압제들 하느냐"[89]고 외쳤다. 결국 투석전까지 벌인 끝에 방해꾼들을 물리치고 만민공동회가 성공리에 진행되었다.

이 예기치 않은 민중의 자발적 만민공동회는, 물론 독립협회의 만민공동회를 본받은 것이지만, 독립협회의 직접적 지도를 받음이 없이 평민들이 자발적으로 개최한 것이었다. 이것은 독립협회 뒤에 있는 민중의 거대한 힘과 민중의 성장을 나타낸 것으로서, 정부 관료들뿐만 아니라 독립협회 회원들과 외국인들에게도 깊은 인상과 놀라움을 주었다.

이때 제정러시아의 한국에 대한 정책은 핀란드와 같이 우선 한국을 러시아의 속국으로 만들고, 궁극적으로는 그 식민지로 만들려는 것이었다.[90] 제정러시아는 계속 대한제국에 군사교관과 사병들을 증파하고 있었다.[91] 제정러시아가 대한제국정부에게 만일 러시아의 원조를 필요로 하지 않는다면 군사교관들과 재정고문을 철수시키겠다고 시한통첩을 보내온 것도

88 *The Independent*, Vol. 3 No. 31, March 15th, 1898, 'Local Items' 참조.

89 『독립신문』, 제3권 제31호, 1898년 3월 15일자 「잡보」 참조.

90 *The Independent*, Vol. 3 No. 34, March 22nd, 1898, 'A Prophetic Journalist' 에서 보도하고 있는 바와 같이, 당시 제정러시아의 對韓政策을 관찰하고 돌아간 러시아의 중진기자 시로미안타니코프M. Syromiantanikoff가 런던의 *Daily Graphic*과의 인터뷰에서, 한국이 러시아의 屬國이 될 운명에 있음을 솔직히 인정하고 러시아는 한국을 그의 식민지로 만들 필요가 있음을 세계에 대하여 강조하면서 "한국은 막 러시아제국의 一屬州가 되고 있다(Korea is bound to become a province of the Russian Empire)" 고 보고하였다. *The Independent*는 이를 통렬히 반박했으나, 이때 제정러시아는 세계에 대하여 그들의 韓國支配의 정당성을 공개적으로 선언하고 있었다.

91 *The Independent*, Vol. 3 No. 32, March 17th, 1898, 'Local Items' 에 의하면, 만민공동회가 개최된 직후의 일요일에도 48명의 러시아 병사들과 9짐의 장비가 러시아공사관에 도착하였다.

한국정부가 감히 그러한 조치를 하지 못하리라고 계산하고 위협의 수단으로서 한국정부를 완전히 굴복시키기 위한 것이었다. 그러나 독립협회와 민중의 자발적 만민공동회는 사태를 완전히 역전시켜 제정러시아의 한국에 대한 식민지속국화정책을 완전히 궁지로 몰아넣은 것이었다.

마침내 3월 17일 제정러시아 정부는 회답 전문에서 "이미 한국민중의 여론이 이와 같으면 고문과 교관들을 일제히 해고하여 돌려보내는 것이 가하다" 고 하여 재정고문과 군사교관들의 환국을 훈령해왔다. 이에 러시아공사도 절영도 석탄고기지 조차 요구의 철회와 재정고문 및 군사교관의 철수를 통고해왔다.[92] 대한제국 정부는 1898년 3월 19일 러시아 훈련교관들을 해고하고,[93] 러시아 재정고문 알렉세예프도 해임하여 여비를 지급해 보내었다.[94] 러한은행도 철폐되었다.[95]

러시아는 한국에 대한 침략간섭정책의 실행에 실패한 스페이어 공사를 1898년 4월 12일 마튜닌N. Matunine으로 교체함과 동시에 한국에서 대폭 후퇴하게 된 것이었다.[96] 마침내 일본도 할 수 없이 절영도 석탄고기지를 돌려보내왔다.[97] 이로부터 시위대의 군사훈련은 한국인 장교들에 의하여 현대식으로 한국말 구령으로 진행되었으며,[98] 재정도 탁지부대신의 관장

---

92 『尹致昊英文日記』 1898년 3월 18일조 ; 『俄案』 제12책, 문서번호 1002, 光武 2년 3월 17일조 「露士官顧問官의 撤收 및 韓國大使特派를 拒絶하는 照覆」 참조.

93 『奏議』, 議政府 편, 제13책, 建陽 2년 3월 19일조 「奏本」 제33호 '俄國士官以下回還旅費를 豫算外支出請議書 第38號' 참조.

94 『奏議』, 議政府 편, 제13책, 建陽 2년 3월 19일조 「奏本」 제33호 '顧問官我國人夏櫟變解任回費請議書' 참조. 그러나 제정러시아측은 이 여비를 지급받지 않았다.

95 *The Independent*, Vol. 3 No. 42, April 9th, 1898, 'Local Items' 참조.

96 『駐韓美國公使館報告*Communications to the Secretary of State from U.S. Representatives in Korea*』, H. N. Allen, No. 96, 1898년 4월 12일조 'Changes Among Russian Officials in Seoul' ; Horace N. Allen, *Chronological Index of Foreign Relations of Korea from Beginning of Christian Era to 20th Century*, 1901(金圭炳 옮김, 『한국근대외교사연구』, 1966), p.81 참조.

97 『民會實記』 光武 2년 (음) 2월 20일조 ; 『大韓季年史』(상), p. 183 참조.

98 *The Independent*, Vol. 3 No. 32, March 17th, 1898, 'The Situation in Korea' 에서는 한

하에 놓이게 되었고, 한국인들의 신임을 얻었던 브라운도 복직되었다.[99] 재정財政과 병권兵權이 완전히 대한제국 정부에 복귀된 것이었다.[100]

러시아가 이렇게 후퇴한 것은 1898년 당시 시베리아 횡단철도가 블라디보스토크까지 완공되지 않아(완공은 1901년) 대규모 군대를 수송, 투입할 수 없는 상태에서 한국민중의 저항을 받았기 때문이었다. 이에 제정러시아 정부는 청국에 압력을 가해 1895년 삼국간섭三國干涉으로 일본으로부터 청국에 반환시킨 랴오둥반도遼東半島를 1898년 3월말 러시아가 대신 조차하는 데 성공하여, 랴오둥반도에 얼지 않는 군항을 건설하기로 결정하고 후퇴하게 된 것이었다. 그 결과 독립협회 · 만민공동회 운동의 덕택으로 한반도에 대해 국제열강의 세력균형이 형성, 강화되었다. 한반도가 힘의 공백상태가 되자 제정러시아와 일본은 상호견제를 위하여 1898년 4월 25일 '로젠-니시협정Rosen-Nishi Protocol'를 맺어, 두 나라가 대한제국의 주권과 완전한 독립을 확인하고 내정에 간섭하지 않기로 함과 동시에, 대한제국이 군사교관이나 재정고문을 초빙하는 경우에도 두 나라가 사전 상호동의 없이는 응낙할 수 없도록 협약하였다. 이 협정에 의하여 한반도를 둘러싼 세력균형이 형성되어 국제협정으로 확인되었고, 이 세력균형이 러일전쟁이 일어나기 직전인 1904년 1월까지 약 6년간 지속된 것이었다. 이것은 대한제국이 외국 간섭 없이 대개혁자강을 단행할 수 있는 또 한 번의 기회를 조성한 것이었다.

---

국정부에 대한 러시아 간섭 중지 요구와 군사교관 철수 요구의 이유가 한국평민의 자주독립의 요구와 외국의 간섭에 대한 불만 때문이라고 설명하고, 한국군대가 한국인에 의하여 현대식 훈련과 현대무기로 장비되어야 할 것이라고 강조하였다.

99 *The Independent*, Vol. 3 No. 35, March 12th, 1898, 'Here and There' 참조.

100 『大韓季年史』(상), p.183 참조. 『駐韓日本公使館記錄』(機密本省往信) 1898년(明治 31년) 3월 31일조 「機密」 제16호 '排露勢勃興幷ニ露國士官顧問官等撤退一件'에서, 일본공사 가토는 자기들의 진출 준비가 갖추어지지 않고 있는 때에 러시아의 철수가 너무 일찍 온 감이 있으나, 한국인이 이번에 한해서는 沈着老成한 태도를 지어 難題를 잘 처리한 것은 의외라고 경탄하는 보고를 본국에 보냈다.

이것은 대한제국 국민과 독립협회·만민공동회의 최초의 대승리였다. 독립협회는 3월 13일 독립관에서 경축회를 열고 만세를 부르며 경비차 나온 군·경까지 합석하여 경축의 분위기에 휩싸였다.[101] 또한 이 회의에서는 정부의 이번 결정이 자주독립권을 견고하게 하는 데 크게 기여하였음을 경축 치하하는 서한을 윤치호·정교·이건호·오진영·김정현 등을 총대위원으로 선출하여 발송하였다.[102]

독립협회의 이 자주국권수호와 이권반대운동으로 러시아세력과 일본세력은 한반도에서 크게 후퇴하지 않을 수 없게 되었으며, 대한제국의 자주독립은 한층 더 견고하게 되었다.[103]

## 3. 서재필 재류운동

친러수구파 정부와 제정러시아 및 일본 등의 열강은 독립협회와 만민공동회의 민족운동으로 인하여 이권침탈과 양여를 일시 중단하고 후퇴는 했으나 곧 보복조치를 강구하기 시작하였다. 그들은 서재필이 귀국하여 양순하고 우매한 민중을 선동하여 『독립신문』과 독립협회와 만민공동회를 만들고 배후에서 이를 지도하는 것이라고 보고,[104] 서재필을 해고하여 추

---

101 『독립신문』, 제3권 제31호, 1898년 3월 15일자 「잡보」.

102 『民會實記』 光武 2년 (음) 2월 22일조; 『大韓季年史』(상), p.183 참조.

103 尹致昊, 「獨立協會의 始終」, 『新民』, 제14호, 1926년 6월호, p.58에서 "이것이 비로소 國家라는 관념을 민중에 고취하던 '國家의 新發見'이었으며, 自主獨立의 四字를 外交文書上에서만 그치지 않고 國民의 頭上으로 옮겨 오는 始初이던 것이니 次第로 國中이 響應하여 大勢力이이 되라 하였다"고 윤치호는 회상하였다.

104 徐載弼은 국내 개화파의 초청으로 1895년 12월 26일 귀국하여, 국민계몽을 위한 강연과 논설을 쓰고 국내 개화파와의 합작으로 『독립신문』을 창간했으며, 독립협회의 고문이 되고, 만민공동회의 시작의 창안을 내었다. 『독립신문』의 국문판과 영문판 논설은 대부분 그가 쓴 것이며, 이 외에도 *The Korean Repository*, Vol. 3 No. 3, 1896년 3월호에 'What the Korea Needs Most'; 「大朝鮮獨立協會會報」 제1호(1896년 11월 30일자)에 「공기」; 『大朝鮮獨立協會會報』 제6호(1897년 2월 15일자)에 「동양론」 등을 써서 민중을 계몽하였다.

방함으로써 독립협회와 만민공동회 운동을 저지시키려고 하였다.[105] 그들은 이미 한국민중 속에서 신흥사회세력이 성장하여 아래로부터의 자각한 민중의 요청이 사회에 표출되고 있음을 알지 못하고, 지도자를 추방함으로써 한국민중을 침묵시킬 수 있다고 착각하였다.

서재필 추방을 위한 움직임은 국제적 규모로 전개되었다. 러시아는 '미국 의사'라는 치외법권 지대에 앉아서 법률상 미국시민이지만 실제로는

---

'What the Korea Needs Most'에서 그는 ① 나라의 開化獨立과 民權의 신장, ② 新法律과 章程의 실천, ③ 인재육성을 위한 新敎育의 실시, ④ 국민과 開化政府의 상호이해를 위한 국민·관료 양측의 교육의 실시, ⑤ 新敎育實施를 위한 학교의 설립, ⑥ 특히 지방을 포함한 전국에 걸친 工業學校·農業學校·醫學校의 설립 등을 주장하고 청소년 교육은 한국의 미래를 위하여 沃土에 씨 뿌리는 것과 같다고 긴급한 중요성을 강조하였다.

'Korean Finance'에서는 ① 신뢰할 수 있는 정밀한 産業統計의 정비, ② 租稅徵收體系의 개혁, ③ 經費支出體系의 개혁, ④ 赤字財政의 黑字財政으로의 개혁, ⑤ 中間搾取官吏의 배제, ⑥ 官吏수의 감소에 의한 經費節減, ⑦ 人口調査와 土地調査의 실시, ⑧ 金本位制의 확립 등을 긴급한 개혁과제라고 강조하였다.

「공기」에서는 공기에 대한 자연과학지식과 위생의 중요성을 계몽하였다.

「동양론」에서는 아시아 각 지역의 정세를 개괄하여, ① 서아시아는 土耳其의 지배하에서 前近代的 상태에 있으며, ② 페르시아(아랍) 제국은 러시아와 영국에게 자주독립을 거의 빼기었고, ③ 아프가니스탄은 영국과 러시아 사이에서 급속히 위축되고 있으며, ④ 印度는 1억의 인구가 이미 영국의 식민지로 되었고, ⑤ 미얀마(緬甸)도 역시 영국의 식민지가 되었으며, ⑥ 安南(베트남)은 청국의 속국이었다가 최근 불란서의 식민지가 되었으며, ⑦ 타이(暹羅)는 불란서와 영국에게 국토의 일부를 빼앗겼으나 정부에 開化한 인물이 많아서 開化政策에 힘쓴 결과 자주독립을 보존하고 있고, ⑧ 淸國은 인구는 3억이나 정부가 완고하고 무능하여 국민이 舊習에 젖어서 나라가 약하여, 북으로는 러시아에, 남으로는 영국과 불란서에 침식당하고 있으며, 淸日戰爭에 패하여 臺灣과 琉球와 遼東半島를 빼기고도 아직 정신을 못 차리어 구태의 연해서 위기에 처해 있고, ⑨ 日本은 일찍 開化進步에 힘써 東洋에서는 유일하게 강국이 되어서 자주독립은 확실하게 하고 있으나 西洋諸國과는 겨룰 실력이 없으며, 朝鮮은 중국문화를 너무 숭상하는 까닭에 舊習에 젖어 있고 淸國과 비슷하게 약한 나라가 되어 있으므로, 하루속히 開化自强하여 農商工과 교육과 법률과 정치를 개혁해서 자주독립을 지킬 수 있는 부강한 나라를 시급히 만들지 않으면 나라가 위태하게 된다고 강조하고 국민을 계몽하였다. 이 외에도 무수히 많았던 강연회와 독립협회 토론회를 통하여 그가 민중을 계몽한 역할은 매우 컸다.

105 徐載弼 추방과 『독립신문』 폐간을 위한 수구파 정부와 열강의 움직임은 이미 1897년 12월 본격적으로 나타나고 있었다. 『農商工部來去文』, 外部 편, 제2책 光武 元年 12월 14일조 「照會」 제27호 ; 『外部中樞院來去文』, 外部 편, 제1책, 光武 元年 12월 23일조 「照會」 제2호 ; 光武 元年 12월 25일조 「照覆」 ; 光武 元年 12월 27일조 「照會」 제3호 참조.

한국인으로서 한국인 사이에서 큰 신망을 가지고 한국을 위하여 헌신하면서 사사건건 러시아의 침략을 막으려고 온갖 노력을 다하는 이 기묘한 의사 때문에 골치를 앓았다. 특히 러시아공사 스페이어는 러시아의 남하정책南下政策을 방해하는 제일의 인물이 서재필이라고 보고 오래전부터 한국정부와 미국정부에 압력을 넣으며 서재필 추방을 요청하였다.[106] 미국에서는 주미 러시아대사 캐시니 백작이 미국 대통령에게 서재필 소환을 내청하였다.[107]

뿐만 아니라 러시아공사 스페이어는 독립협회의 2월 21일의 구국선언상소가 있자 즉각 2월 24일 미국공사 알렌을 장시간 방문하여 서재필이 이 상소운동을 지원하고 있다고 강력히 항의하고 그가 법률상 미국시민이므로 즉각 미국으로 소환해줄 것을 강경하게 요구하였다. 미국공사는 서재필의 봉급을 받도록 하여 출국시키겠다고 구두로 약속하였다.[108]

일본은 표리부동하게 표면적으로는 독립협회에 대해서 방관적인, 때로는 우호적인 태도를 보여 그를 이용하려고 하면서, 실제로는 일본의 침략 시도에 저항할 가장 두려운 세력이 궁극적으로 독립협회라고 보고, 특히 1898년부터는 '서재필 추방'을 위한 매우 음험한 공작을 전개하였다. 서재필이 귀국하자마자 당시의 일본공사 고무라小村는 서재필을 협박했으며,[109] 서재필은 이 때문에 일본인에게 암살당하지 않을까 두려워하기까지 하였다.[110] 일본정부는 그들의 고문으로 있는 미국인 윌리엄스를 내세워 미국정부에게 서재필 추방을 요청하였다.[111]

---

106 『尹致昊英文日記』 1897년 9월 20일조 및 10월 12일조 참조.

107 金道泰 편, 『徐載弼博士自敍傳』, p.29 참조.

108 『駐韓美國公使館報告*Communications to the Secretary of State from U.S. Representatives in Korea*』, H. N. Allen, No. 77, 1898년 2월 26일조 'Conversation with Russian Representative concerning Supposed Participation of Americans in a Recent Attack on Russian Government' 참조.

109 『徐載弼博士自敍傳』, p.198 참조.

110 『尹致昊英文日記』 1896년 1월 31일조 참조.

수구파 정부와 황제 고종은 서재필이 독립협회의 고문으로 있으면서 정부정책에 간여하는 것을 몹시 미워하였다. 이미 1897년 12월 수구파 조병식趙秉式은 미국공사에게 '서재필 추방'을 요청하였다.[112] 그들의 생각에는 독립협회에서 이렇게 정부를 공격하는 것은 서재필이 배후에서 선동하기 때문이니 서재필만 추방하면 이러한 귀찮은 일은 없으리라고 하여 미국공사를 불러 서재필을 소환해달라고 부탁한 것이었다.[113]

『대한계년사』에 의하면 이때 서재필은 기독교 신교에 가입되어 있었고 교도는 모두 주한 미국공사의 관할을 받고 있었는데 미국공사 알렌이 고종으로부터 여러 차례 후한 사례를 받고 마침내 알렌이 고종에게 아첨하여 서재필의 귀국을 재촉했다고 한다.[114]

미국측으로서는 이권반대를 쟁점으로 들고 나오는 서재필을 못마땅하게 보기 시작한 것이 틀림없었다. 서재필의 회상에도 미국인들이 그를 가리켜 '돈키호테'라고 비웃으면서, 당시 서울에 거류하던 미국인들도 그에게 그만 단념하고 미국으로 돌아가라고 권고했다고 썼다.[115] 그러나 서재필에게 가장 큰 타격을 준 것은 미국공사 알렌의 출국권고와 압력으로 보인다. 그는 1895년 12월 26일 귀국 후부터 추방당할 때까지의 그의 처지를 포괄적으로 다음과 같이 회상하였다.

---

111 『徐載弼博士自敍傳』, p.219 참조.

112 『尹致昊英文日記』 1897년 12월 13일조 참조.

113 『徐載弼博士自敍傳』, p.218 참조.

114 『大韓季年史』(상), p.190. "自宮中甚惡提仙之爲獨立協會顧問 囑美使安連使逐提仙(提仙入耶蘇新教 而教徒則 皆受駐箚京城美國使臣之管轄也) 安連乃諂附於宮中(安連累受宮中之厚賜也) 促提仙之歸" 참조.

115 『徐載弼博士自敍傳』, p.219 참조. 미국측의 徐載弼 소환에는 그의 미국인 부인도 약간 간여한 것 같다. 『尹致昊英文日記』에는 徐載弼 부인이 韓國滯在를 몹시 싫어한다고 기록되어 있으며(1897년 2월 2일조), 『徐載弼博士自敍傳』에도 미국에 있는 그의 장모가 병환이 위급하다는 전보가 왔는데 돌아가보니 이 전보는 그를 미국으로 돌아가도록 하느라고 꾸민 僞電이었다고 썼다.

그러나 새로 조직된 내각도 내가 전 내각과 약속한 신문 경영할 것은 거부치 아니하였다. 신문은 항간에 대호평을 사서 사회 각층에 널리 읽혀졌다. 공정을 기하려 나는 불편부당주의로 어느 편 어느 패에도 쏠리고 기울지를 아니하였다. 나는 親俄·親日 할 것 없이 두 편 정당들을 모두 매도하였다. 그 까닭은 그 두 편이 너 나 없이 외적 세력의 괴뢰 노릇을 하기 때문이었다. 나는 공석에서나 사석에서나 글로나 말로나 조선의 民利民福만을 위하여 일하고 남의 굿에 놀지 않음이 조선 위정자의 의무라는 것을 역설하였다. 이 종류의 설교가 민간에 효과를 내기 시작하여 일반은 점차로 정부의 행사와 그 정치적 동향에 눈을 뜨게 되었다. 이 기운이 가속도로 농후하여지어 매 일요일, 남대문 외 독립관에서 내가 연설을 할 때에는 청중이 雲霞같이 모여들었다. 이 민중의 각성되어가는 현상이 황제와 그 頑冥固陋한 각신들과 자국의 이익을 위하여 양적 음적으로 활약하고 있던 열국 사신들을 놀라게 하였다. 사교적으로는 그네들과 별 충돌 없이 지내었으나 정치적으로는 모두 나를 증오하였다. 너무 급격한 개혁운동을 하다가는 일신상 불리한 일이 많을 것인즉 개혁운동이더라도 徐緩한 보조로 하라고 권고하는 인물도 있었고, 모종 기사는 기재치 말라고 뇌물을 주려는 자도 있었으며, 자기네의 그늘진 정치적 행사를 폭로하다가는 신변에 피해가 있으리라는 협박까지를 하는 자도 있었다. 나는 그 모든 것에 귀를 막고 신문인으로서의 의무를 다하기에 노력하였다. 그네들은 온갖 방식으로 나의 사업을 저해하기 시작한바 종말에는 우편물을 차압함으로써 신문의 鄕間 배달을 불능케 하였다. 어느 날 미국공사는 내가 황제와 모종 세력에 적대적 태도를 취함은 가장 불현명한 일인즉 피해가 신변에 미치기 전에 가족 동반하여 미국으로 다시 가라고 권하였다. 하나, 얼마 동안을 더 계속하여 보다가 '내가 종자를 뿌렸은즉 내가 떠난 뒤에라도 거둘(秋收) 이가 있으리라는 생각을 품고 나는 하릴없이 미국으로 다시 건너가기로 결심하였다. 나는 신문을 나의 친우인 윤치호에게 맡기고 떠났다.[116] 〔방점—서재필, 밑줄—인용자〕

116 徐載弼, 『滯美五十年(徐載弼博士手記)』; 閔泰援, 『甲申政變과 金玉均』 중의 부록 「回顧甲申政變」, pp.91~92. 이 회고록에서도 뚜렷이 느끼는 바와 같이 실질적으로 徐載弼에게 영향력을 가지고 큰 압력을 가한 것은 美公使이며, 오랜 세월이 흐른 후에도 徐載弼은 美公使의 압력을 가장 아픈 상처로 회상하고 있었다. 이 사실은 그의 자서전에서도 아픈 상처로 거듭 회상되고 있다. 『徐載弼博士自敍傳』, pp.218~219 참조.

여기서 분명히 알 수 있는 것은 서재필이 미국공사 알렌의 위협 섞인 출국 권고에 큰 타격을 입고 이를 심각하게 받아들였다는 사실이다. 서재필은 제정러시아측뿐만 아니라 직접적으로 황제 고종·친러수구파 내각과 미국공사 알렌의 협공을 받고는 더 이상 국내 체재가 불가능하다고 스스로 판단했던 것으로 보인다.

서재필은 미국 국적을 갖고 있어 법률상 미국인이 되어 있었으므로 그의 추방 여부는 한국정부와 미국공사의 결정 여하에 달린 딱한 것이었다. 특히 미국측이 그의 소환을 결정한 다음에는 이것을 피하는 길은 다시 한국에 재입적하는 것이었는데 한국정부가 그를 추방하기로 결정하여 미국에 요청한 일이니 그것은 가능성이 없는 것이었다.[117]

독립협회와 만민공동회의 요구와 압력에 의해 러시아 재정고문과 훈련사관이 해고되어 출국하게 되자, 정부는 오랫동안 시도해오던 서재필 추방을 외국고문 해고의 명분을 얻은 이 기회에 강행코자 하여 임기가 많이 남은 서재필을 중추원고문에서 해고하고 그의 출국을 요청하였다.[118] 이미 이때는 한·미·일·러 제국 사이에 그의 추방이 합의되었을 때였다.

독립협회는 대한 민중의 친우이며 진정으로 자기 모국을 사랑하여 일해 온 서재필[119]을 기한 전에 해고하여 추방하는 것은 전적으로 부당하다고 이를 극력 반대하였다. 독립협회는 신용진辛龍鎭·남궁억南宮檍을 총대위원으로 선정하여 4월 25일 정부에 서간을 발송하고 ① 서재필이 중추원

---

117 『度支部來去案』, 外部 편, 제15책, 光武 2년 3월 23일조 「照會」 제12호에 의하면 1898년 3월에는 韓·美 간에 徐載弼 追放이 완전히 합의되어 美公使가 徐載弼의 未滿限 7년 10개월분의 봉급 2만 8,200원과 여비 600원 합계 2만 8,800원의 지급을 신청하였다.

118 『外部中樞院來去文』, 外部 편, 제1책, 光武 2년 1월 3일조 「照會」 제1호 ; 『外部中樞院來去文』, 外部 편, 제1책, 光武 2년 1월 18일조 「照覆」 제3호 ; 『外部中樞院來去文』, 外部 편, 제1책, 光武 2년 2월 18일조 「通牒」 제21호 ; 『外部中樞院來去文』, 外部 편, 제1책, 光武 2년 2월 24일조 「通牒」 제2호 ; 『外部中樞院來去文』, 外部 편, 제1책, 光武 2년 4월 26일조 「照會」 제3호 참조.

119 F. A. McKenzie, *Korea's Fight for Freedom*, p.67 참조.

고문에 고용된 지 4년이 되지만 한 번도 제대로 시용試用되지 못하여 정부가 국가재정을 낭비했으며, ② 그 재류在留가 인민의 개명에 관계가 적지 않음을 들어 '서재필 재류'를 정식으로 요청하였다.[120]

그러나 이때에는 대한제국 정부가 서재필에게 미만한未滿限의 봉급을 이미 지불하고 출국을 독촉하고 있던 때이며, 미국공사도 서재필이 해임되어 출국 직전에 있음을 본국에 보고한 후였다.[121]

독립협회의 공한에 대하여 정부는 4월 28일 의정부 참정 박정양朴定陽 등의 이름으로 ① 서재필이 인민의 개명진보에 큰 기여를 했으므로 재정을 낭비한 것이 아니며, ② 서재필은 이미 해고되었으니 재류 여부는 본인의 의사에 달린 것이고, ③ 각기 자수自修 진보하여 국가의 독립 기초사상을 확고히 지켜 다시 외국 고문관을 계속 고용 초빙하지 않게 되기를 바란다고 하면서, 독립협회의 재고빙 요구를 사실상 거절하였다.[122]

민중들과 일부 독립협회 회원들은 회장 윤치호의 동의도 받지 않고,[123] 자발적으로 4월 30일 숭례문 안에서 만민공동회萬民共同會를 개최하여 서재필의 재류를 요청하는 민중대회를 시작하였다.[124] 이 민중대회에서는 정부에 미국 의사 서재필의 재고빙을 다시 공한으로 요청하고,[125] 서재필에게도 모국에의 재류를 요청하는 서한 발송을 결의했으며, 총대위원으로

---

120 『大韓季年史』(상), p.187 ; *The Independent*, Vol. 3, No. 52, May 3rd, 1898, 'A Grateful Compliment' 참조.

121 『駐韓美國公使館報告 *Communications to the Secretary of State from U.S. Representatives in Korea*』, H. N. Allen, No. 101, 1898년 4월 27일조 'Dismissal of Dr. Jaiohn, An American to the Korean Government' 참조.

122 『民會實記』 光武 2년 (음) 3월 초8일조 ; 『大韓季年史』(상), pp.187~188 ; *The Independent*, Vol. 3 No. 52, May 3rd, 1898, 'A Grateful Compliment' 참조.

123 『尹致昊英文日記』 1898년 5월 5일조 참조. 尹致昊는 여기서 徐載弼의 대중적 인기에 약간의 疾視를 표현하였다.

124 『民會實記』 光武 2년 (음) 윤3월 초10일조 ; 『大韓季年史』(상), p.188 참조.

125 *The Independent*, Vol. 3 No. 53, May 5th, 1898, 'Here and There' 참조. 여기에는 독립협회의 공한이 영문으로 번역되어 수록되었다.

최정식崔廷植·정항모鄭恒謨·이승만李承晩을 선출하였다.[126] 이 민중의 자발적 만민공동회가 서재필에게 보낸 명문의 서한은 다음과 같았다.[127]

경계자는 각하가 본래 우리나라의 簪纓世族으로 일찍이 科甲에 등과하고, 또 사관의 명을 맡아 隣에 가서 졸업하고 돌아와 二三 동지와 더불어 우리나라의 자주독립의 기초를 창립코자 하다가 일과 마음이 어긋나 외국에 奔竄하여 마음을 썩이고 피를 토하기 풍상을 지내여 다한 지 십유여 년이었습니다. 옛날의 동지들은 혹 자객의 해를 입고 혹 이역의 혼이 되었는데 외로이 홀로 보존한 것은 오직 각하와 몇 사람뿐이었습니다. 다행히 갑오개혁의 기회를 만나 국운이 回泰하고 성은이 天大하여 옛 허물을 생각지 아니하시고 외부협판의 임을 내리시니 이것이 곧 각하의 집이 망했다가 다시 보존한 날이요 몸이 死하였다가 다시 生한 때이었습니다. 각하의 보답할 정성이 마땅히 어떠하였습니까. 각하는 어시호 동으로 달려 돌아와서 다시 고국산천을 보니 슬픔과 기쁨의 교집하는 정은 남의 말을 기다릴 필요도 없었을 것이요 각하의 祖宗의 靈도 생각건대 冥冥한 가운데서 흐느끼어 눈물을 삼켰을 것입니다. 써 각하가 追咎謙讓하는 마음으로 恩命을 고사하니 성상께서 不避遺棄之德으로서 중추원 고문의 명을 旋授하셔서 어언 수년에 또한 동지군자와 더불어 獨立門을 세우시고 獨立新聞을 設하여 우리 2천만 동포형제들을 교도하고 점점 나아가게 하여 지금에 이르렀으니, 각하의 고심혈성을 곧 온 나라가 함께 듣고 보는 바입니다.

이번에 외국인 해고의 날을 당하여 각하도 또한 그 하나에 들어 있으니 그 悵懾한 정은 여기서 논급할 필요조차 없으나, 들은즉 각하가 장차 호연히 행장을 꾸린다 하니 그 불가한 것의 큰 것이 한두 가지가 아닙니다. 대개 각하가 외국에 投籍한 것은 진실로 만부득이한 데서 나온 것이요 절절이 각하를 위하여 애석한 일입니다. 또한 각하의 祖宗墳墓가 우리나라에 있고, 각하의 宗族親戚이 우리나라에 있고, 각하의 令弟가 또한 分憂의 임을 맡았으니 각하가 어찌 차마 여기를 버리고 가려 하십니까? 첫째는 우리 대황제폐하의 호대한 은혜를 저버림이요, 둘째는 각하 祖宗遺址의 澤을 잊음이요, 셋째는 우리 동포형제의 誼를 외롭게

126 『독립신문』, 제3권 제53호, 1898년 5월 5일자 「만민공동회 편지」 참조.

127 *The Independent*, Vol. 3 No. 53, May 5th, 1898, 'Here and There' 참조. 여기에는 만민공동회의 결의 공한에서 徐載弼의 출국을 만류하는 이유를 세 가지로 들어 요약하였다.

함이옵니다. 옛날의 晋의 士會는 秦나라에 도망하고 돌아와서 써 覇王의 輔佐가 되고 雅典의 憂時也는 波欺에 도망하고 돌아와서 써 일국의 명장이 되었습니다. 하물며 각하의 거류는 각하의 자유의 권에 달려 있음에 있어서입니까? 각하는 부모의 나라를 버리고 어느 곳으로 가서 천고불후의 이름을 세우려 하십니까. 이러저러하나 각하의 총명과 재지로써 반드시 깊이 헤아리는 바 있을 것입니다. 만일 각하가 고집하여 마음을 돌리지 아니한즉 오직 우리 2천만 형제 중에 반드시 강개 격앙하는 자가 있어 장차 이르기를 각하가 단지 자기 자신만 위하는 꾀요 중의를 돌아보지 않은 것이라 할 것입니다. 하물며 오늘날 만민공동회가 특히 각하의 行轅을 만류하려 하오니 오직 각하는 세 번 생각하소서.[128]

서재필은 이 민중의 모임에 감격했던 것 같다. 그는 감동했으나 더욱 냉정을 지키면서 자기의 사정을 여러분들이 몰라서 만류하고자 하나 대한정부와 미국공사가 합의하여 하는 일이어서 대한정부가 재고빙을 하기 전에는 사정이 재류하지 못하게 되었음을 시사하는 답장을 5월 2일 만민공동회 총대위원 앞으로 보냈다.[129] 서재필은 재고빙되기를 은근히 크게 기대하고 윤치호에게 자기를 위해서 청의해줄 것까지도 암시했던 것 같다.[130] 또한 독립협회 회원들은 서재필의 답장을 받고 윤치호 등이 총대위원이 되어 서재필 재고빙을 청원하는 다음과 같은 편지를 5월 2일에 정부에 보냈다.

전 고문관 서재필 居留一事에 대하여 이와 같이 荐陳하는 것은 심히 猥越하오나 貴復函을 警讀하니 內開에 喩하기를 該員의 就顧 몇 년 사이에 효력이 없지 아니하다 운운한 것인즉, 該員의 학문이 인민 開進上에 유효하였음은 정부와 민인의 의견에 異同이 없습니다. 그러나 그 居留는 그의 자유에 달려 있고 强挽은

128 『大韓季年史』(상), pp.188～189 ; 『독립신문』, 제3권 제53호, 1898년 5월 5일자 「만민공동회 편지」.

129 『독립신문』, 제3권 제53호, 1898년 5월 5일자 「서재필 답장」 ; *The Independent*, Vol. 3 No. 52, May 3rd, 1898,· 'Here and There' 참조.

130 『尹致昊英文日記』 1898년 4월 22일조 참조.

어렵다 운운한 것으로 말하면 우리의 소견으로는 과연 揣度하기 어렵습니다. 今此에 본회가 만류를 청하는 것은 앞서 고빙을 의거하여 伏想照燭하는 것이 전혀 아닙니다. 대개 아국 생도의 外邦에의 유학을 논하건대 國金需費가 또한 不尠하고 뚜렷한 효과가 오히려 느리다고 합니다. 오직 我 본회가 年이 아직 未週하나 인민 지식에 稍進의 望이 있으니, 이에 의거하여 보건대 국가 거액을 不糜하고 가히 인민 개진의 功을 奏할 수 있을 것입니다. 시종 成效를 기약하고 바라서 같은 말로 請挽함은 그 이해득실이 많은 말을 기다리지 않고 瞭然합니다. 자에 앙포하오니 照諒하오서 該員의 교육 명예로써 그로 하여금 仍留케 하기를 切望합니다.[131]

이에 대하여 정부는 이미 결정된 일이니 돌이키기 어렵고 서재필의 재류 여부는 본인의 자유라는 답장을 거듭 보내왔다.[132] 이것은 사실상 재고빙을 거절하는 것으로서 서재필의 재류는 불가능하게 되었다.

서재필은 정부로부터 미만한未滿限의 봉급과 여비를 받고,[133] 5월 12일 가장집물을 방매한 다음,[134] 『독립신문』 독자들에게 보내는 편지를 남기고,[135] 5월 14일 오전 11시 30여 명의 독립협회 대표들이 울며 환송하는 가운데 용산에서 선편으로[136] 인천을 거쳐 5월 27일 고국을 떠났다.[137]

---

131 『民會實記』 光武 2년 (음) 윤3월 12일조 ; 『大韓季年史』(상), p.189.

132 『大韓季年史』(상), pp.189~190 참조.

133 『外部中樞院來去文』, 外部 편, 제1책, 光武 2년 3월 24일조 「照會」 제3호 ; 『外部中樞院來去文』, 外部 편, 제1책, 光武 2년 3월 25일조 「照會」 제4호 ; 『度支部來去案』, 外部 편, 제15책, 光武 2년 4월 28일조 「照會」 제24호 ; 『度支部來去案』, 外部 편, 제15책, 光武 2년 4월 29일조 「照覆」 제15호에 의하면 徐載弼은 解雇未滿限年 7년 10개월분 봉급과 여비 2만 8,800원 중에서 독립신문사 설립 시 先下條 3,000원과 주거가옥 구매 시 先下條 1,400원을 공제한 2만 4,400원을 지급받았다.

134 *The Independent*, Vol. 3 No. 55, May 10th, 1898, 'Local Items' 참조.

135 『독립신문』, 제3권 제56호, 1898년 5월 17일자 「논설」 ; *The Independent*, Vol. 3 No. 56, May 17th, 1898, 'A Parting Word' 참조.

136 『尹致昊英文日記』 1898년 5월 14일조 ; 『독립신문』, 제3권 제57호, 1898년 5월 19일자 「잡보」 참조.

137 *The Korean Repository*, Vol. 5 No. 5, 1898년 5월호 'Departures', p.200에 의하면, 徐載弼은 인천에서 배편을 기다리다가, 그의 부인과 그동안 한국에서 낳은 맏딸과 함께 5월 27

서재필 추방은 독립협회의 지도력을 약화시킨 것이 사실이었다.[138] 그의 출국 후에는 윤치호 등이 매우 민주적 방법으로 독립협회를 지도했으나 실제로는 성장한 민중의 민족운동을 대변하는 것에 불과했고, 서재필과 같은 총명한 추진력은 발휘하지 못하였다. 반면에 회원과 민중이 크게 성장했으므로 독립협회는 그 힘으로 더욱 발전할 수 있었다고 보여진다.

## 4. 생명과 재산의 자유권 수호운동

### 1) 생명의 자유권 수호와 지석영 등 사건

독립협회의 민족운동에 대한 압력은 서재필 추방에 그치지 않고 독립협회 회원에 대한 박해로도 나타나기 시작하였다.

정부는 황제의 특명에 의하여 1898년 3월 15일 독립협회 회원인 이원긍李源兢·여규형呂圭亨·지석영池錫永·안기중安沂中 등 4인을 갑자기 구속하였다.[139] 또한 정교鄭喬를 절영도 조차租借 반대의 문제로 러시아와 실화失和케 했다는 혐의로 체포하려 하여, 이것을 미리 안 정교는 도피하였다.[140]

독립협회는 총대위원으로 이건호李建鎬를 선출하여 3월 20일 경무사 김

---

일 인천을 출발하여 일본을 경유 미국으로 향하였다.

138 서재필이 이때 민중의 기대를 저버리고 출국한 것은 비록 그가 추방당하는 형편이었다 할지라도 비판받을 수 있다. 독립협회와 만민공동회의 그 후의 민족운동 과정에서 나타난 지도력의 빈곤을 고려하면 그는 이때 당연히 再入籍하여 생명의 위험을 무릅쓰고 민중과 함께 조국을 위하여 헌신했어야 했을 것이다. 그는 당시 일부 수구파를 제외하고는 국민의 영웅이 되어 있었고, 지도자로서 민중의 기대를 한 몸에 모았었다. 갑신정변 때에는 민중이 그를 이해하지 못하고 박해했으나, 독립협회 때에는 민중이 그를 지도자로 추앙했는데도 그가 민중들의 만류를 뿌리치고 떠나갔다. 徐載弼이 귀국 후 국내 개화파와 함께 이룩한 계몽적 업적은 충분히 높이 평가되어야 하지만, 그가 이때 고국을 떠난 것은 이기적 행동이라고 비판받을 수 있으며, 이 점이 그의 노년의 귀국 때 백성들의 열광이 식은 이유라고 볼 수 있다.

139 『起案』, 法部 편, 제53책 光武 2년 3월 21일조 「訓令警務廳」 제11호 ; 『尹致昊英文日記』 1898년 3월 16일조 참조.

140 『大韓季年史』(상), p.185 ; 『독립신문』, 제3권 제37호, 1898년 3월 29일자 「잡보」 참조.

재풍金在豊에게 항의 공한을 발송하였다. 이 공한에서 독립협회는 ① 작년 11월 2일에 반포한 법률 제2호 제11조에 의하여 사람을 체포할 때에는 어떠한 혐의로 누구의 명령에 의한 것임을 밝히고 체포 후 24시간 내에 재판소로 압송하도록 되어 있는데, 근일 경무청이 사람을 체포하여 여러 날 구금하고도 재판소로 압송하지 않는다 하니 이는 칙령과 법률의 위반이며, ② 독립협회 회원 수명이 피체되었는데 그 이유가 무엇인지 회시해주기를 요구하였다.[141]

지석영

이날 황제의 명령으로 이원긍 · 여규형 · 지석영 · 안기중이 "택심음비宅心陰祕 행이비패行已鄙悖 자의흥와恣意興訛 선혹인심煽惑人心 청문소급聽聞所及 만만통악萬萬痛惡"하므로 법부에 명령하여 유流 10년 정배定配에 처한다는 것을 발표하였다.[142] 이것은 황제 자신이 신법률을 무시하고 구래의 관행대로 황제의 자의에 의하여 형량을 정하고 정배시킨 것이었으며,[143] 죄목도 유언비어 전파로 애매모호한 것이었다.[144] 이것은 곧 신법률과 장정을 황제의 전제권으로써 무시한 처사였다.

독립협회는 3월 26일 독립관에서 특별회를 개최하고 유석룡 · 이홍직李

141 『大韓季年史』(상), p.185 참조.

142 『起案』, 法部 편, 제53책, 光武 2년 3월 21일조 「訓令高等裁判所」 제28호 ; 『起案』, 法部 편, 제53책, 光武 2년 3월 21일조 「照覆」 제46호 ; 『起案』, 法部 편, 제53책, 光武 2년 3월 23일조 「照覆」 제47호 참조.

143 『尹致昊英文日記』 1898년 3월 24일조 ; *The Independent*, Vol. 3 No. 38, March 31st, 1898, 'Here and There' 참조.

144 『司法稟報(乙)』, 法部 편, 제4책, 光武 2년 3월 25일조 「報告書」 제12호 참조.

弘植·장붕張鵬 등을 총대위원으로 선출하여 법부대신 이유인李裕寅에게 강경한 항의 공한을 보냈다.[145] 이 공한에서 독립협회는 ① 나라에 법률이 분명해야 인민이 의지하고 징려懲勵하는 것이며, ② 우리나라의 구식으로도 중대한 범죄에 대해서는 국청鞫廳을 베풀어 득정得情하는 전례가 있고 신식으로서는 무릇 대소 죄인은 사법관이 재판하여 명정明定치 않으면 죄벌을 가하지 않는 조규가 있는바, ③ 이번 지석영 등에 대한 처사의 죄안은 "마음가짐이 음비陰祕하고 민심을 선혹煽惑한다" 했는데 죄안이 명백치 않으며 10년의 유형이 어떠한 형률에 의거한 것인지 백성들이 자세히 알지 못하겠고, ④ 재판의 명정이 없은즉 인심이 의구를 품고 인심이 의구를 품은즉 법률의 명백함이 결여되어 나라를 해치게 되며, ⑤ 확정된 국가의 법률을 실천하는 것은 사법관의 직책이니 법부대신의 직분으로 죄인의 음비근인陰祕根因과 선혹정절煽惑情節을 사핵査覈하여 어느 형벌에 해당하는가를 재판 명정하여 전국 인민으로 하여금 법률에 의지하고 징려케 해줄 것을 요청하고 이에 대한 회답을 요구하였다.[146]

또한 독립협회 회원들은 계속하여 3월 27일 제24회 토론회에서 "민국을 안보하려면 일정한 법을 긴급히 준행하여야 함"을 주제로 정하고 생명의 자유권 수호를 주장하는 토론을 전개했으며, 황제와 법부의 횡포를 규탄하였다.[147]

독립협회의 생명의 자유권 수호운동의 결과 황제 고종은 6월 29일 결국 이들 4명을 특별석방〔特放〕하기에 이르렀다.[148]

---

145 『尹致昊英文日記』 1898년 3월 26일조 참조.

146 『大韓季年史』(상), p.186 ; 『독립신문』, 제3권 제37호, 1898년 3월 29일자 「잡보」 참조.

147 『독립신문』, 제3권 제39호, 1898년 4월 2일자 「잡보」 참조.

148 『起案』, 法部 편, 제58책 光武 2년 2월 29일조 「訓令平北裁判所」 제40호 및 「訓令全南裁判所」 제31호 참조.

### 2) 재산권 보호와 홍재욱 사건

이때 법부대신 이유인이 평민 홍재욱洪在旭(독립협회 회원)의 분쟁에 들어가 있는 가옥을 늑탈하려는 사건이 발생하였다.

독립협회는 5월 30일 고등재판소 앞 과전도가果廛都家에서 이 문제를 토의하기 위한 특별회를 개최하고, 총대위원 김낙집金洛集 등 3인을 재판소에 보내어 공개 송정訟庭과 방청의 허락을 요구하여 승낙되었다. 그러나 재판 도중에 판사 마준영馬駿榮은 소송법리를 어기면서 홍재욱의 발언을 위압하여 금지하고, 판사가 이유인의 대송인代訟人을 엄호하여 그 가옥을 이유인이 차지함이 가하다는 등의 발언을 했으며, 위압당한 홍재욱이 대언인(변호인) 신청을 하자 개정 후임을 이유로 불허하는 등 불법적 횡포를 자행하였다. 이를 본 독립협회 회원들은 일제히 퇴출하여 독립협회 사무소에서 회의를 개최하고 총대위원을 선출하여 고등재판소에 항의하기로 결정하였다.[149]

독립협회는 5월 31일 총대위원으로 박언진朴彦鎭, 나수연羅壽淵, 염중모廉仲模 등을 선출하여,[150] 고등재판소장 이유인에게 항의 공한을 발송하였다.[151] 독립협회는 이 공한에서 ① 고등재판소는 인민을 법률로써 보호하는 아문이요 인민의 재산을 보호하는 곳인데, ② 판사 마준영은 일방적으로 법부대신 원고 이유인을 옹호하는 발언을 할 뿐만 아니라 피고 홍재욱의 발언을 고성으로 막아 실정을 다 말하지 못하게 하고 홍씨가 평민으로 관청위엄에 겁을 먹고 두려워하여 대언인을 청원하자 판사가 임정臨庭하여 대언인을 허락하면 판사도 대언판사代言判事를 세우겠다고 괴언怪言하고 전후 심리사항에 오로지 압제하는 고로 독립협회 회원들이 퇴장했는바, ③ 재판의 공명정대한 절차를 무시하여 피고가 설명 변론할 때에 고성

---

149 『大韓季年史』(상), p.194 참조.

150 『독립신문』, 제3권 제63호, 1898년 6월 2일자 「독립협회 총대위원 편지」 참조.

151 *The Independent*, Vol. 3 No. 64, June 4th, 1898, 'The Club and the Court' 참조.

으로 막으며 관련인의 발언을 엄한 말로 금지하고 판사가 원고의 언권을 겸행하는 것은 어느 장정에 있으며, ④ 소민訴民의 대언인에 대한 허락 여부는 판사의 권리이거늘 대언판사 운운하는 것은 어느 규칙에 있으며, ⑤ 판사의 말로도 사리에 어긋나지 않다고 한 가옥의 판매인과 매거인買居人을 구속투옥하고 입주하지 못하게 하는 송리訟理는 처음 듣는 일이니, ⑥ 인민의 가옥을 목판으로 봉한 이 사건을 명백히 밝혀서 국가의 공평한 법률을 더럽히지 않도록 하라고 강경하게 항의하였다.[152]

독립협회는 이 항의 공한에 대한 법부의 반응이 회피적이자, 6월 6일 홍긍섭洪肯燮·나수연羅壽淵·최정식崔廷植·김두현金斗鉉·임병선 등을 총대위원으로 선출하여 판사 마준영을 고등재판소에 피고로 고발하여 재판을 청원하고, 마준영의 법률위반을 낱낱이 지적한 청원서를 발송하였다.[153] 또한 독립협회 총대위원들은 고등재판소에서 이유인을 면담하여 홍재욱 가옥의 전후사를 힐난하고 그의 사과를 받았으며, 6월 10일 드디어 법부대신 겸 고등재판소장 이유인을 면직시키는 데 성공하였다.[154]

독립협회는 여기에 그치지 않고 6월 26일 법부대신이 평민의 재산을 침탈하는 데 동조한 판사 마준영의 파면을 요구하는 청원서를 고등재판소에 발송하고,[155] 6월 27일 같은 취지의 공한을 재차 발송하여 마준영의 파면을 요구했으며, 정부로 하여금 드디어 6월 26일자로 마준영을 면직시키는 데 성공하였다.[156]

### 3) 재산권 보호와 최학래 사건

이때 경무사 신석희申奭熙가 평민 최학래崔鶴來를 사주전私鑄錢 기계를

152 『大韓季年史』(상), pp.194~196 참조.
153 『독립신문』, 제3권 제66호, 1898년 6월 9일자 「잡보」; 『大韓季年史』(상), p.197 참조.
154 『大韓季年史』(상), pp.197~198 참조.
155 *The Independent*, Vol. 3 No. 69, June 16th, 1898, 'The Club versus the Judge' 참조.
156 『大韓季年史』(상), pp.198~199 참조.

유치한 혐의로 구속하고 그의 가산을 몰수했다가,[157] 그 무죄가 밝혀져 피의자를 석방했으나 몰수한 재산을 돌려주지 않는 사건이 발생하였다.

독립협회는 이것이 재산권을 침해하는 것이라고 보고 6월 20일 윤효정尹孝定 등이 총대위원이 되어 경무사 신석희에게 항의 공한을 발송하였다.[158] 이 공한에서 독립협회는 ① 국가의 법률은 백성의 생명과 재산을 안보하는 데 있고 백성이 이에 의지하는 것인데, ② 이번 최학래의 가산 적몰한 일은 경무청이 장정 어느 조항에 의거한 처사인가를 묻고, ③ 법을 악용하지 말고 이를 시정할 것을 강경하게 요구하였다.[159] 이에 대하여 경무사 신석희는 사주화폐 범인의 기계와 가산을 몰수하여 공유물로 하는 것은 경무청 관례에 따른 것이요, 자기가 처음 만든 처사가 아니라는 답서를 보내왔다.

독립협회는 이에 6월 23일 내부대신 박정양에게 공한을 발송하여 ① 국가의 법률은 인민의 생명과 재산을 보호함에 있는데 경무청의 최학래 재산 적몰 일사는 청례에 따른 것이라 답하니, ② 최학래의 죄 유무와 기계의 집장執贓 여부는 본회의 알 바 아니나 그의 가산적몰이 이제 청례라 한 데 이르러서는 법률과 규칙을 위반한 것인 고로, ③ 본회에서는 생명과 재산 관계는 매우 중대히 생각하고 이에 항의하니 공평하게 조사하여 인민을 안보케 해줄 것을 요구하였다. 이에 마침내 신석희는 최학래의 재산을 환급하였다.[160] 뿐만 아니라 독립협회의 재산권 수호운동의 결과 신석희는 7월 8일 마침내 경무사에서 해임되기에 이르렀다.[161]

---

157 *The Independent*, Vol. 3 No. 54, May 7th, 1898, 'Department News' 참조. 이때 최학래와 이병구가 북문 밖 문어미 마을에서 私鑄를 기도한다는 최학래 사촌의 고발을 받고, 경무청은 5월 4일 최학래 등을 체포함과 동시에 그의 가택에서 발견된 기계 등속과 약 2천 파운드의 銅과 니켈을 압수하였다.

158 *The Independent*, Vol. 3 No. 73, June 25th, 1898, 'Department News' 참조.

159 『大韓季年史』(상), p.200 참조. 이 공한은 윤효정이 지은 것이었다.

160 『大韓季年史』(상), p.201 참조. 『大韓季年史』에는 이 이후부터 정부는 독립협회를 더욱 꺼렸다고 되어 있다.

161 *The Independent*, Vol. 3 No. 79, July 9th, 1898, 'Local Items' 참조.

독립협회는 불우한 평민들이 권세 있는 관료들에게 생명과 재산의 자유권을 침해당하는 것을 용납하지 않았다. 그들은 죄인에게까지도 백성의 기본권인 생명과 재산의 자유권을 보장해주려 하였다. 독립협회는 백성의 생명과 재산의 자유권을 침해하는 자가 황제이건 법부대신이건 경무사이건 이를 모두 규탄했으며, 모든 백성의 생명과 재산의 자유권 수호를 위하여 투쟁하였다.

독립협회의 이러한 백성의 생명과 재산의 자유권을 보호하기 위한 노력은 그들의 사회사상을 실천한 것으로서, 그것은 독립협회에 대한 민중의 신망을 두텁게 했으며, 정부로 하여금 독립협회를 더욱 두렵게 생각하게 하였다.

## 5. 탐관오리의 규탄

### 1) 부패관료와 조병식 규탄

이때 안경수安駉壽의 정변 미수사건이 일어나고, 안경수가 일본으로 망명하자 조병식趙秉式은 이를 계기로 세 가지 일을 행하여 황제의 신임을 얻으려 하였다. 첫째는 독립협회 회원을 안경수의 추종 무리라 하여 죄를 만들어 그 지도자를 살해하고 독립협회를 혁파하려는 것이요, 둘째는 민영준閔泳駿·박정양朴定陽[162]·심상훈沈相薰·윤용선尹容善 등을 모두 살해하여 정권을 독점하려는 것이요, 셋째는 궁인 엄비嚴妃를 황후로 진봉하려는 것이었다.[163]

이 사실을 통보받은 독립협회는 이 파렴치한 음모에 격분하였다.[164] 독립

162 이때 閔泳駿·朴定陽 등은 安駉壽事件으로 혐의를 입어 警務廳에 被囚되어 있었다. 『司法稟報(乙)』, 法部 편, 제9책, 光武 2년 8월 14일조 「質稟書」 제13호 참조.

163 『大韓季年史』(상), pp.207~208 참조.

164 *The Independent*, Vol. 3 No. 81, July 14th, 1898, 'A Conspiracy and its Lesson' 참조.

협회는 7월 17일 통상회에서 김구현金龜鉉 · 홍정후洪正厚 · 최석민崔錫敏 등을 총대위원으로 선출하여 의정부 참정 조병식에게 그간의 실정과 탐학을 낱낱이 지적하고 인민이 모두 불가라 하니 스스로 사직하라고 권면하는 공한을 발송하였다.[165] 이에 대하여 조병식은 관직의 퇴진 여부는 황상의 처분에 달린 것이라는 답서를 보내고 이를 거절하였다.

조병식

이때 황제 고종을 둘러싸고 그의 신임을 얻은 관료로서 부정부패와 이권양여, 인민수탈의 표본이 되고 있던 집단은 조병식趙秉式 · 이용익李容翊 · 엄비嚴妃 세 사람과 이를 둘러싼 부패한 수구파 관료 일부였는데, 그들은 긴밀하게 상호 연락하면서 고종을 배후에서 조종하고 있었다.[166]

독립협회는 조병식의 이 편지를 받고 격분했으며, 조병식과 같은 세도가가 스스로 사직할 의사가 없는 것으로 간주하고 7월 19일 회장과 전 회원들이 그의 집에 가서 직접 그를 면담하여 사직을 권면하기로 결정하였

165 『大韓季年史』(상), p.208 ; 『독립신문』, 제3권 제91호, 1898년 7월 19일자 「잡보(사직권면)」 참조. 독립협회가 趙秉式을 부패관료의 표본으로 규탄하게 된 데에는 누적된 이유가 있었다. 趙秉式은 아관파천 후에만도 ① 러시아 · 프랑스 · 일본에의 이권양여에 가담하였고, ② 절영도 조차를 지지했으며, ③ 경부철도부설권 침탈도 인준하려 하였고, ④ 『독립신문』 탄압의 장본인이었으며, ⑤ 徐載弼 해고 추방의 추진자였고, ⑥ 개혁파 관료들에 대한 모략 중상의 음모자였으며, ⑦ 국민수탈과 사리사욕의 충족을 위한 탐학의 대표자였고, ⑧ 독립협회 해체 · 해산의 음모자였으므로, 독립협회의 입장에서는 도저히 용납할 수 없는 가장 부패한 관료의 전형으로 부각된 것이었다.

166 『駐韓美國公使館報告 *Communications to the Secretary of State from U.S. Representatives in Korea*』, H. N. Allen, No. 125, 1898년 7월 26일조, 'Anxiety over advent to Power of Corrupt Cabal' 참조.

다. 독립협회는 회원의 조병식 면담이 시위로 발전할 것을 염려해서 총대위원 30명과 사찰위원 50명을 선정하여 회원을 단속한 다음 회장 이하 600여 명의 회원들이 조병식의 집 앞에 이르러 면담을 요구하였다.[167] 그러나 조병식이 입궐하고 부재중이었으므로 회원들은 임시 소청訴廳 장악원掌樂院으로 돌아와서 다시 공의하고 사찰위원 2명을 선정하여 조병식에게 귀가 즉시 면담을 요청하는 공한을 발송하였다. 또한 독립협회는 회장 윤치호를 황제를 알현하도록 입궐시키고, 이상재李商在를 임시서리 부회장으로 선출한 다음 조병식의 사직을 요구하며 회원들과 함께 철야 연좌 농성하였다.[168]

이에 독립협회를 해산시키려는 조병식과 그를 파면시키려는 독립협회의 투쟁이 조용한 가운데 치열하게 전개되었다.[169] 조병식은 7월 20일 오후 4시에 자기 집에서 면담하자는 회답을 독립협회에 보내왔다.[170] 정작 독립협회 회원들이 약속된 시간에 그의 집에 갔을 때에는 조병식은 "서로 물어볼 일이 있거든 편지로 하라"는 편지만 남겨놓고 집에 있지 아니하였다.[171] 조병식은 또 식언을 하고 궁궐로 도피한 것이었다. 독립협회는 총대위원으로 남궁억南宮檍·나수연羅壽淵·최정식崔廷植·심홍택沈興澤 등을 선정하여 21일밤 12시까지 조병식을 찾아 면담해서 그의 사임을 요구하도록 하고, 임시서리 부회장으로 방한덕方漢德을 선출하여 이에 대처하도록 하였다.[172]

---

167 *The Independent*, Vol. 3 No. 85, July 23rd, 1898, 'Resignation Obtained' 참조.

168 『독립신문』, 제3권 제93호, 1898년 7월 21일자 「잡보」 참조.

169 『駐韓美國公使館報告 *Communications to the Secretary of State from U.S. Representatives in Korea*』, H. N. Allen, No. 127, 1898년 7월 26일조, 'Political Agitation in Seoul'

170 『大韓季年史』(상), p.210 참조.

171 *The Korean Repository*, Vol. 5 No. 7, 1898년 7월호, 'Editorial Department' 중의 'The Independence Club and Vice President of the Privy Council', p.270 참조.

172 『독립신문』, 제3권 제94호, 1898년 7월 22일자 「별보」 참조.

그 사이에 조병식은 궁궐 내에 피신해 있으면서 한편으로는 황제와 접촉하고 다른 한편으로는 프랑스공사관의 지원을 구하였다. 일본측의 『한성신보漢城新報』에는 조병식 등이 프랑스의 보호를 청했다는 보도 기사까지 있었다. 그러나 독립협회 회장대리 윤치호가 황제를 알현한 다음부터는 사태가 결정적으로 독립협회측에 유리하게 전개되었다. 윤치호는 황제 고종에게 조병식의 음모를 낱낱이 들어 통렬하게 비판하고, 독립협회의 애국적 목적을 열변을 토하여 설명하였다.[173] 고종은 윤치호에게 부분적으로 설득되어 이 문제에 중립적 태도를 취하게 되었고, 그 후에는 대궐에 피신한 조병식에게 "독립협회에서 여러 백성들이 저렇게 떠드니 너는 밖으로 나가거라"[174]고 퇴궐할 것을 요구하였다.

조병식은 7월 21일 오후에 러시아공사관 옆에 사는 이인영李寅榮의 집에서 독립협회 총대위원 5인과 담판하고 독립협회 대표의 강경한 사퇴 요구에 굴복하여 사직하겠다고 응답했으며,[175] 같은 날 황제는 독립협회의 압력에 의하여 조병식을 면직시켰다.[176]

독립협회는 다시 이번에는 회원으로서의 조병식·정낙용鄭洛鎔·민종묵 등을 협회사무소로 소환하여 프랑스에 '보호'를 청했다는 외국 신문보도의 진위를 밝히기로 하였다.[177] 독립협회는 이것을 나라의 자주독립에

---

173 *The Korean Repository*, Vol. 5 No. 7, 1898년 7월호, 'Editorial Department' 중의 'The Independence Club and Vice President of the Privy Council', pp.270~272에는, 황제 고종에게 올린 尹致昊의 熱情의 全文이 수록되어 있다.

174 『독립신문』, 제3권 제94호, 1898년 7월 22일자 「별보(황상은칙)」 참조.

175 『大韓季年史』(상), p.211 ; 『독립신문』, 제3권 제95호, 1898년 7월 23일자 「별보(회원과 죠씨의 문답)」 ; *The Independent*, Vol. 3 No. 85, July 23rd, 1898, 'Resignation Obtained' 참조.

176 『官報』 光武 2년 7월 22일자 「호외」 ; 『독립신문』, 제3권 제96호, 1898년 7월 20일자 「잡보(죠병식씨 면관)」 참조.

177 『駐韓英國領事館報告*Reports and Communication from the British Consul in Seoul*』 1898년 7월 24일조 「機密報告書」 제79호 참조. 여기서는 趙秉式 등이 프랑스뿐만 아니라 제정러시아도 황제와 궁궐의 보호를 요청했었다는 傳聞이 있었다고 보고하였다.

관계되는 중대사로 취급하고, 만일 이것이 사실이라면 국사범國事犯으로 다루어야 한다고 주장하였다.[178]

그러나 독립협회의 사법위원이 엄중히 조사 질문한 결과 모두 사실이 아니라고 하여 이 사건은 이것으로 종결되었다.[179]

의정부 참정 조병식의 면직은 독립협회의 완전한 승리를 의미한 것이었다.[180] 이것은 부패무능한 수구파 관료들이 권력을 탐하여 음모만 일삼는 것을 독립협회가 규탄하고, 황제의 비호에도 불구하고 부패관료를 독립협회의 압력으로 파면시킨 중요한 사례가 되었다.[181]

### 2) 경제 실정과 이용익 규탄

독립협회는 7월 24일 긴급하게 실행해야 할 폐정개혁 사항을 선정하기 위한 위원 20명을 지명하였다. 이 위원회의 할 일은 독립협회 회원들에게 서면으로 그들이 개혁해야 할 폐정이라고 지적한 것을 제출받아서 그 중요한 것을 선정하여 본회에 보고하는 것이었다.[182] 그리하여 본회의에서 채택된 항목을 독립협회의 운동 당면과제로 설정하여 회원들의 공동의 합의에 기초한 민족운동을 전개하려고 한 것이었다. 독립협회는 7월 27일

178 *The Independent*, Vol. 3 No. 86, July 26th, 1898, 'Local Items' 참조.

179 『大韓季年史』(상), p.212 ; 『독립신문』, 제3권 제96호, 1898년 7월 25일자 「별보(협회질문)」 참조.

180 『駐韓英國公使館報告*Reports and Communication from the British Consul in Seoul*』 1898년 7월 24일조 「機密報告書」 제79호 ; *The Independent*, Vol. 3 No. 85, July 23rd, 1898, 'Resignation Obtained' 참조.

181 『駐韓英國公使館報告*Reports and Communication from the British Consul in Seoul*』 1898년 7월 24일조 「機密報告書」 제79호에서 英公使는 독립협회가 황제에 대해서 결정적 승리를 한 것이라고 보고하고, 독립협회가 황제 측근의 부패관료를 파면하는 데 성공한 것이 황제의 권위를 크게 약화시켰으므로, 독립협회가 그들의 영향력을 폭력에 호소하여 혁명을 일으키는 데 행사하지 않을까 우려하면서, 전형적인 東洋都市에서 대중과 민중단체가 자유롭게 행정을 비판한 것을 이례적인 사실이라고 다음과 같이 보고하고 있다. "At present it affords the strange example in a purely Oriental city of a sort of popular and representative assembly freely criticizing the administration of the country."

182 *The Independent*, Vol. 3 No. 86, July 26th, 1898, 'Local Items' 참조.

장악원에서 평의회를 개최하고 여러 회원들의 의견서를 받아 국정을 바로잡기 위한 독립협회의 자주민권자강운동의 안건을 결정하려고 하였다. 이에 평의원 20인이 운동의 안건을 순위별로 작성하여 제출하였다. 평의원 남궁억 등 13인은 ① 이용익李容翊을 척퇴하여 궁궐 주변을 숙청할 것, ② 정계 소인배들을 제거할 것, ③ 부부府部의 불필요한 관리들을 모두 퇴면할 것, ④ 지방관리를 조사할 것, ⑤ 어사御史를 소환할 것 등 다섯 사항의 순위를 주장하였다. 한편 평의원 정교 등 7인은 ① 각 대신을 질문하여 비판할 것, ② 이용익을 법률에 따라 처벌할 것, ③ 간사한 소인배를 낱낱이 성명을 들어 제거할 것, ④ 어사를 소환할 것, ⑤ 시찰관을 바꾸어 보낼 것 등 다섯 사항을 주장하였다.[183]

이용익

이 두 견해 사이에 서로 쟁송이 벌어져 독립협회는 7월 28일 임시회의를 개최했으나 평의회의 사안을 결정짓지 못하였다. 7월 29일 재차 임시회의를 개최한 결과 남궁억 등 13인의 안을 채택하기로 결정하여 이용익 규탄이 가장 시급한 운동의 과제로 결정되었다.[184] 이용익은 당시 광산감독鑛山監督 · 전환국장典圜局長 · 철도감독鐵道監督 · 삼정감독蔘政監督을 겸하고 있으면서, 황제와 궁궐의 인민수탈을 자행하여 고종의 사고私庫를 채우고 있었다.[185]

---

183 『大韓季年史』(상), p.212 참조.

184 『독립신문』, 제3권 제102호, 1898년 8월 1일자 「잡보(정부에 한 편지)」 참조.

185 *The Independent*, Vol. 3 No. 88, July 30th, 1898, 'The Proceedings of the

독립협회가 이용익을 규탄하기 시작한 것은 이미 1898년 6월 탁지부 전환국장으로 있던 이용익이 황제의 총애를 기화로 악화를 남주했을 때부터였다. 독립협회는 이용익이 악화를 남주하여 물가가 폭등하자 6월 18일 최정식崔廷植 · 김낙집金洛集 · 정교鄭喬 등 3인을 총대위원으로 선정하여,[186] 탁지부 대신에게 항의 공한을 발송하였다.[187] 이 공한에서 독립협회는 ① 전환국에서 은화본위 화폐는 찍지 않고 백동화白銅貨와 적동화赤銅貨의 보조화폐만 찍어 유통시킨 결과, ② 내지 물화와 외국 무역에 백폐가 모두 나와서 민생이 곤궁하고 병들 지경에 이를 염려가 심절하므로 그 속내 평이 어떠한지 상세히 회답해주기를 요구하였다.[188]

이에 대하여 탁지부대신 심상훈沈相薰은 같은 날 회답하기를 전환국에서 적 · 백동화를 몇 만 환 주조했으나 본위화폐를 확장 주조하지 못하여 아직까지 통용시키지 못하고 쌓아두었으며, 장차 본위화폐를 주조한 다음 함께 통용시키겠다고 대답하였다.[189] 그러나 이것은 사실이 아니었다. 악화는 이미 주조되고 시중에서 유통되어 그 악영향이 나타나기 시작하고 있었다.

독립협회는 최정식 · 김낙집 · 유맹劉猛 등을 총대위원으로 선정해서 6월 19일 다시 탁지부에 서한을 발송하여[190] ① 근일 시전과 항간에 유통하는 동화에는 광무연호光武年號가 박힌 것이 종종 있으니 이 동화는 최근 주조한 것이 분명한즉 귀대신이 쌓아두었다는 말과 다르며, ② 쌓아둔 동화가 어떻게 유통되는지 인민의 의혹이 더욱 자심하니 쌓아둔 동화의 근일 유통하는 사유를 상세히 회답해주기를 요구하였다.[191] 이에 대하여 탁지부

---

Independence Club' 참조.

186 『독립신문』, 제3권 제71호, 1898년 6월 21일자 「잡보(독립협회 회중 편지)」 참조.

187 *The Independent*, Vol. 3 No. 72, June 23rd, 1898, 'Department News' 참조.

188 『大韓季年史』(상), p.199 참조.

189 『독립신문』, 제3권 제72호, 1898년 6월 21일자 「잡보(심상훈씨 답장)」 참조.

190 *The Independent*, Vol. 3 No. 72, June 23rd, 1898, 'Department News' 참조.

191 『大韓季年史』(상), pp.199~200 참조.

대신은 월전月前에 재정곤란으로 본위화를 주조하지 못한 채 4만 원의 보조화를 편행偏行시킨 일이 있으며, 이것이 백성에게 불리하므로 나머지 동화는 본위화폐 주조를 기다렸다가 함께 유통시키겠다고 회답해왔다.[192]

독립협회의 항의와 감시로 인하여 그 뒤로 탁지부는 이용익이 주조해 놓은 악화를 유통시키지 못하고 있다가, 독립협회가 실세한 후 이를 유통시켜 물가가 폭등하고 민중의 경제생활이 도탄에 빠지게 되었다.

이용익은 황제 고종을 맹목적으로 충직하게 추종하여 고종과 궁실의 수입증대를 위해서 악화남주, 잡세징수, 금광 · 인삼 독점 등 온갖 방법을 공공연히 자행하였다. 이용익은 고종에게 두터운 신임을 얻고 있었으나 독립협회의 관점에서 볼 때 그는 국가재정과 황실수입도 구분하지 못하고 황제 개인의 치부를 위하여 온갖 방법의 인민수탈을 자행하며, 궁실을 부패시키고 경제를 파탄시키는 악덕관리로 판단되었다. 따라서 국정을 바로잡기 위해서는 이용익은 가장 먼저 축출해야 할 탐관오리였다.

『독립신문』은 1898년 6월 28일자 논설에서 "금닭의 알 낳는 닭을 잡음이라"는 제목하에 이용익이 전국 각지의 금광에 파원派員을 보내어 인민의 토지와 재산을 빼앗아가면서 무계획하게 채금採金하는 것이 국부병강에 하등 도움을 줌이 없이 인민에게 해독만 끼치고 금광자원만 고갈시킴을 통렬히 비판하였다.[193] 또한 『독립신문』은 7월 12일자에서 "동전으로 은전을 몰아낸다"는 제목하에 백 · 적동화 남주가 은화를 해외에 유출시키고 물가앙등의 근본 원인이 되고 있음을 지적하여 이를 격렬하게 비판하였다.[194]

---

192 『奏議』, 議政府 편, 제19책, 光武 2년 7월 27일조 「奏本」 제153호 '度支部大臣請議正位貨幣鑄造事'; *The Independent*, Vol. 3 No. 74, June 28rd, 1898, 'Local Items' 참조. 이때 정부는 독립협회의 주장에 따라 金本位制를 확립하고 金貨를 本位貨幣로, 銀貨를 準本位貨幣로 鑄造하려고 시도했다.

193 『독립신문』, 제3권 제74호, 1898년 6월 28일자 「금닭의 알 낳는 닭을 잡음이라」 참조.

194 『독립신문』, 제3권 제85호, 1898년 7월 12일자 「동전으로 은전을 몰아낸다」 참조.

독립협회는 7월 29일 드디어 회원들의 총의에 따라서 이용익 규탄을 결정하고 총대위원으로 정항모鄭恒謨 · 한석진 · 변하진卞河璡 · 한명교 · 조한우趙漢禹 등 5명을 선정하여[195] 의정서리 찬정 서정순徐正淳과 궁내부대신 · 탁지부대신 · 농상공부대신 등에게 공한을 발송하였다.[196] 이 공한에서 독립협회는 ① 광산감독 겸 전환국장 이용익의 불법행위의 해가 백성에게 미쳐 원성이 나라 안에 가득 찼으므로, ② 의정서리 의정부 찬정 · 궁내부대신 · 탁지부대신 · 농상공부대신 등이 합석한 후 대면 품사稟事하기를 요구하였다.[197]

이 공한에 응하여 7월 30일 오후 3시에 중추원에서 모인 회석에서 독립협회 총대위원 남궁억南宮檍 · 최석민崔錫敏 · 나수연羅壽淵 · 최정덕崔廷德 등 5인은 의정서리 서정순徐正淳, 내부대신 이재순李載純, 농상공부대신 이도재李道宰 등과 이용익의 탐학 문제를 놓고 면담하였다.[198] 독립협회 총대위원들은 이 자리에서 관계대신들에게 이용익이 ① 금점金店 개업한 일로 광독鑛毒이 팔역八域에 모두 흐른다는 점, ② 삼정蔘政 일로 포민圃民의 원성이 자자하다는 점, ③ 악화 주조 일로 전국의 맥이 막혔다는 점 등을 지적하고, ④ 이용익을 그대로 두면 백성과 나라를 보전하기 어려우며, 그 죄를 일세一世가 모두 알고 있으므로, ⑤ 그 직을 면하고 상당한 법률에 따라 처벌할 것을 요구하였다. 그 결과 대신들로부터 황제에게 상주하겠다는 대답을 들었다.[199]

독립협회는 그래도 이용익에 대한 정부의 조치가 없으므로 다시 정부에 서한을 보내어 이를 독촉하고, 이에 대한 서정순의 답이 모호하자, 8월 5

195 *The Independent*, Vol. 3 No. 89, August 2nd, 1898, 'The Campaign against Yi Yongik' 참조.

196 『독립신문』, 제3권 제102호, 1898년 8월 1일자 「잡보(정부에 한 편지)」 참조.

197 『大韓季年史』(상), p.213 참조.

198 *The Independent*, Vol. 3 No. 90, August 4th, 1898, 「An Interesting Interview」 참조.

199 『독립신문』, 제3권 제103호, 1898년 8월 2일자 「대신과 회원의 문답」 ; 『大韓季年史』(상), p.213 참조.

일 독립협회가 원고가 되어 이용익을 법사에 고발할 문제를 논의하였다. 이 자리에서 이용익의 불법행위가 황제 고종의 지시에 의한 것이라는 논란이 나와 최정식崔廷植이 불경죄로 구속되기에 이르렀다.[200]

독립협회는 황제 고종과 정부의 군경을 동원한 위협과 강력한 압력에도 불구하고 이에 대치해가면서,[201] 8월 5일 장악원에 모여서 집회를 열고 사법위원 강화석姜華錫·홍긍섭洪肯燮·안영수安寧洙 등으로 하여금 이용익을 고등재판소에 고발하도록 하였다.[202] 고발장에서 독립협회는 ① 이용익이 전일前日 함경남병사 시기에 백성을 수탈하여 민란이 두 번 일어났고, ② 이전 악습을 고치지 않고 또 금광을 함부로 채굴하여 독을 백성에게 흘리며, ③ 인삼 밭을 늑탈하고 세를 더 거두어들여 원성이 길에 실렸으며, ④ 화폐를 주조함에 본위화인 1원짜리 은화는 찍지 않아 국법을 어겼으며, ⑤ 죄를 범하고 귀양을 받았음에도 서울에 머물러 석방을 도모한 사실을 들어 재판을 요구하였다.[203] 또한 『독립신문』과 *The Independent*는 그동안의 이용익의 행장을 낱낱이 보도하여 그의 탐학을 민중들에게 고발하였다.[204] 이에 고등재판소장 신기선申箕善은 이용익의 죄상이 언제 얼마나 되는지 수치로써 소상히 개록開錄되어 다시 고발된 연후에야 이용익을 불러 심문해서 허실을 조사하겠다고 회답해왔다.[205]

독립협회는 8월 6일 사법위원 강화석 등이 다시 이용익의 죄상을 낱낱이 밝혀 고등재판소에 재차 고발하였다.[206] 이에 고등재판소장 신기선도

200 「起案」, 法部 편, 제63책 光武 2년 8월 7일조 「訓令漢城裁判所」 제63호 참조.

201 *The Independent*, Vol. 3 No. 92, August 9th, 1898, 'The Last Crisis' 참조.

202 『起案』, 法部 편, 제63책 光武 2년 8월 8일조 「上奏案」 제228호 참조.

203 『大韓季年史』(상), p.216 ; 『독립신문』, 제3권 제108호, 1898년 8월 8일자 「별보(협회고발)」 참조.

204 *The Independent*, Vol. 3 No. 91, August 6th, 1898, 'A Biographical Sketch of Yi Yongik' 참조.

205 『大韓季年史』(상), p.217 참조.

206 『大韓季年史』(상), pp.219~220 ; 『독립신문』, 제3권 제110호, 1898년 8월 10일자 「별보

과연 기록과 같을진대 당연히 상주하여 구속 심판토록 하겠다고 응답하였다. 독립협회는 8월 12일 총대위원 김두현金斗鉉 등 3인으로 하여금 고등재판소장 신기선에게 다시 서한을 발송케 하여 이용익의 조속한 체포를 촉구하였다. 고등재판소장도 독립협회의 압력에 못 이겨 이용익 체포를 상주하였다. 고종도 독립협회의 직언을 꺼려 이를 윤허했으나 모두 형식에 불과하였다. 정부는 이용익 체포에 힘을 쓰지 않았다.[207]

이용익은 광산감독과 철도감독 등 모든 관직을 사임하고,[208] 이현泥峴에 있는 일본인 집에 은닉하여 삼정감리 이최영李最榮으로 하여금 이용익을 변호하고 독립협회를 탄핵하는 상소를 올리게 하였다. 또한 황제 고종은 경무청으로 하여금 독립협회를 단속하도록 하고, 최정식崔廷植을 구속하여 가혹하게 조사하는 한편, 정교를 시종원 시종으로 신임하여 회유하려고 하였다.[209]

독립협회는 김두현金斗鉉 · 박승목朴承穆 · 윤정석 등을 총대위원으로 선정해서 8월 15일 고등재판소장에게 공한을 발송하여 이용익의 조속한 체포와 공개재판을 강력하게 요구하였다.[210] 이에 대하여 고등재판소장은 그가 체포되는 즉시 재판에 회부하겠다고 회답하였다.[211]

독립협회는 경무청이 황제 고종의 압력 때문에 이용익 체포에 힘쓰지 않고 있음을 잘 알고 있었으므로, 8월 22일 사법위원 강화석 등 3인으로 하여금 고등재판소장 신기선에게 공한을 발송케 하여 이용익이 국법을 위반하고 은닉하여 나오지 않고 있으니 공개하여 결석재판의 예대로 시행해

---

(리용익의 죄목 증거)」; 『독립신문』, 제3권 제117호, 1898년 8월 18일자 「잡보(무의무도)」 참조.

207 『大韓季年史』(상), pp.220~221 참조.

208 *The Independent*, Vol. 3 No. 91, August 6th, 1898, 'Local Items' 참조.

209 『독립신문』, 제3권 제114호, 1898년 8월 15일자 「잡보(법부등쇼)」; 『大韓季年史』(상), p.221 참조.

210 『매일신문』, 제1권 제104호, 1898년 8월 27일자 「잡보」 참조.

211 *The Independent*, Vol. 3 No. 96, August 18th, 1898, 'The Club versus Yi Yongik' 참조.

줄 것을 요청하였다.[212] 고등재판소 재판장은 민사재판에는 결석재판이 있으나 형사재판에는 결석재판의 예가 없어 시행할 수 없다는 회답을 보내왔다. 독립협회는 회원 가운데서 250명을 특별사법위원으로 뽑아 전권을 위임하여 이용익 사건에 대처하도록 하고, 다시 총대위원 3인을 선출하여 고등재판소에 이용익의 결석재판을 재청원하였다.[213]

독립협회는 8월 24일 사무소에서 다시 회의를 개최하고 총대위원 김두현 등 5인을 신기선에게 보내어 경무청에 엄하게 명령해서 조속한 시일 내에 이용익을 착수捉囚하여 처변處辨케 하라고 요청한 다음, 유맹劉猛의 제의에 따라서 후일을 기다려 문제를 다시 거론하기로 하고 이 문제는 일단락지었다.[214]

이용익 규탄은 황제 고종의 반격과 정부의 방해, 이용익의 도피로 이용익을 재판에 회부하지는 못했으나 그를 규탄하고 파면시키는 데는 성공하였다. 독립협회의 탐관오리 규탄운동은 누구든지 그가 비록 황제의 두터운 신임을 받을지라도 실정하여 나라와 국민을 해롭게 하면 민중과 독립협회의 규탄을 받게 됨을 전국에 알리어 고위관료층에게 큰 경종을 울려주었다. 이용익 규탄으로 독립협회는 백성의 신임과 지원을 두텁게 받았으나 황제 고종은 이때부터 더욱 독립협회를 싫어하여 기회만 있으면 이를 혁파하려고 하였다.

212 『大韓季年史』(상), p.222 참조.

213 『독립신문』, 제3권 제122호, 1898년 8월 24일자 「잡보(협회재청원)」 참조.

214 『大韓季年史』(상), p.223 참조.

## 6. 열강의 이권침탈 반대운동

### 1) 러시아의 목포 · 증남포 항구 매도 저지 및 프랑스의 광산 이권 요구 반대

이때 러시아는 친러수구파가 집권한 것을 기화로 목포木浦와 증남포甑南浦(현 진남포) 부근의 도서를 점유하여 군사기지를 설치할 계획을 세우고 그 매수를 요구해왔다. 프랑스도 이에 편승하여 광산이권을 침탈하려고 시도하였다.

1898년 5월 7일 러시아공사 마튜닌N. Matunine은 대한제국 외부에 공문을 보내어 ① 1898년 1월 9일자 및 1월 15일자의 합동 제4관 제3항에 준하여 목포와 증남포 조계租界 외에 사방 10리 안에 있는 모든 도서를 빠짐없이 모두 매수할 것을 통고하고, ② 러시아 참장參將 쓰드렐비스키를 파견할 터이니 대한제국 외부가 목포 · 증남포의 감리와 지방관에게 그의 현지 조사에 협력해주도록 훈령할 것을 요청해왔다.[215]

또한 프랑스공사 플랑시Collin de Plancy, 葛林德는 5월 5일 대한제국 외부에 공문을 보내어 ① 1896년 5월 31일 외부대신 이완용이 프랑스의 경의철로회사에게 평양 부근의 석탄광 한 곳의 채굴권 허시許施를 약속하고 그 외 두 곳의 광산채굴권 허시를 약속한 바 있으며, ② 1898년 1월 18일 외부대신 조병식에게 그 허시를 재확인했으므로, ③ 이 세 곳의 광산채굴권 허가를 속히 확정해줄 것을 요구해왔다.[216]

독립협회는 열강의 이권 요구 소식을 듣고 분노하였다. 독립협회는 1898년 5월 16일 총대위원으로 정항모鄭恒謨 · 박치훈 · 이승만李承晩 등 3인을 지명하여 외부대신 조병직趙秉稷에게 그에 대한 해명을 요구하는 강

215 『俄案』 문서번호 1053, 光武 2년 5월 7일조 참조.

216 『法案』 문서번호 885, 光武 2년 5월 5일조 및 문서번호 890, 光武 2년 5월 16일조 참조.

경한 공한을 발송하였다.[217] 그들은 이 공한에서 ① 러시아에게 목포와 증남포의 조계 외 10리 안의 모든 도서의 매수 요구를 허락하였다니 어떻게 허락되었으며, ② 프랑스의 평양 탄광 1처의 요구와 광산 2처의 요구는 어떻게 처리했는지, ③ 본국 토지는 선왕의 강토요 인민생업의 땅이므로 부득불 묻지 않을 수 없으니 즉각 상세히 회답할 것을 요구하였다.[218] 이에 대하여 외부대신 조병직은 5월 18일 회답을 보내어 ① 조계 외에 10리 내의 육지의 매수에 대해서는 이를 의논하는 것이 가하다 하였으나 도서의 매수에는 동의할 수 없다고 러시아공사에게 회답을 보냈으며, ② 프랑스공사에게는 아직 답장을 내지 않았다고 대답하였다.

독립협회는 5월 22일 이 문제를 다시 공의하고 남궁억南宮檍 · 박승봉 · 정항모鄭恒謨 · 변하진卞河璡 · 조한우趙漢禹 등 5명을 총대위원으로 선출하여 이에 강경하게 항의하는 공한을 다시 발송하였다.[219] 그들은 이 공한에서 ① 한 · 러조약 제4항에 조계로부터 10리를 넘지 못한다 한 것은 타국 상인이 토지를 영구 조차하든지 혹 임시 조차하든지 가옥을 빌리거나 구입할 경우를 가리킨 것이요 타국 정부가 토지를 통째로 매수하는 것을 허하는 것이 아님을 지적했으며, ② 이 때문에 토지를 빌리는 사람은 일률적으로 그 세(임대료)의 납세 각항을 우리나라 과세 규정에 따라야 한다는 어구가 있다고 하고, ③ 따라서 부근 육지의 한 조각의 토지라도 타국 정부에 허매해서는 안 된다고 지적하여 외부가 육지의 판매를 의논하겠다고 회답한 것을 통렬히 비판했으며, ④ 프랑스공사에게는 아직 회답하지 않았다 하니 외부대신의 주의가 어떠한지 알 수 없으나 독립협회는 "대저 금 · 은 · 동 · 철 · 연鉛(납) · 매煤(석탄) 각 광은 즉 우리나라에 있는 토지

217 『독립신문』, 제3권 제57호, 1898년 5월 19일자 「잡보」; *The Independent*, Vol. 3 No. 58, May 21st, 1898, 'Notes from Vernacular and Japanese Papers Published in Korea' 참조.

218 『大韓季年史』(상), p.191 참조.

219 『독립신문』, 제3권 제60호, 1898년 5월 26일자 「독립협회 편지」 참조.

이니 우리나라 인민이 개채開採하여 스스로 부강책을 기할 것이지 어찌 타국 인민에게 허시할 것인가" 고 지적하고 이를 절대 반대하겠다는 강경한 의사를 통고하였다.[220]

독립협회의 강경한 항의와 반대운동을 전개할 움직임에 당황한 정부와 러시아공사관은 당초의 계획을 포기하고, 5월 27일 외부대신 조병직이 변명하는 회답을 독립협회에 보내왔다. 이 회답에서 조병직은 ① 러시아의 정부 기지라 함은 영사관 기지를 말함이요, 조계 외 10리 내 모든 도서라 한 '조계지지외 사방십리내 제도무유루진매租界地址外 四方十里內 諸島無遺漏盡賣' 라고 한 것은 고하도孤下島 하나만을 가리킨 것인데 러시아어 한문 번역이 잘못되었다고 러시아공사관에서 해명이 왔을 뿐 아니라 정부 역시 한 조각의 토지라도 허매하지 않겠으며, ② 프랑스의 광산 3처 요구는 전에 면대하여 허락을 받았다고 하나 2처는 확실한 증거가 없고 1처는 프랑스측도 각국과 균점을 희망하여 이미 어명의 허락이 있었으니 이를 어떻게 반대할까 고심 중이라고 대답하여 사실상 독립협회의 의사를 따르겠다는 통지를 보내왔다.[221]

이것은 독립협회의 큰 승리였다. 열강의 이권침탈에 대한 독립협회의 대대적 반대운동의 움직임으로 말미암아 정부와 러시아측과 프랑스측은 당초의 계획을 변경했으며[222] 결국 독립협회의 반대운동에 의하여 열강의 이권침탈이 일단 저지되었다.

---

220 『大韓季年史』(상), pp.192～193 참조.

221 『독립신문』, 제3권 제63호, 1898년 6월 2일자「잡보」; 『大韓季年史』(상), pp.193～194 참조.

222 『駐韓美國公使館報告*Communications to the Secretary of State from U.S. Representatives in Korea*』, H. N. Allen, No. 116, 1898년 6월 24일조 'Affairs in Korea' 참조.

### 2) 독일의 금광 이권 요구 반대

이때 독일은 대한제국 정부가 1897년 3월에 약속한[223] 독일 세창양행世昌洋行에게의 금성당현金城堂峴 금광채굴권을 즉시 허가하지 않는 데 불만을 표시하고[224] 결국 6월 29일 독일영사관에서 독일영사 크리인F. Krien, □麟이 외부대신 서리 유기환兪箕煥을 모욕하는 사건이 발생하였다.[225]

크리인은 독일영사관의 자기 사무실에서 유기환이 금광채굴을 즉시 허가하지 않자 서류 뭉치를 유기환에게 내던지며 유기환을 돌려세워서 등을 밀쳐 내쫓고 주먹을 흔들면서 '가라'고 고함을 치고[226] 방문을 닫는 무례막심한 행동을 자행하였다.[227] 그러나 외국영사의 이 무례한 행동에 대하여 정부관료들은 침묵만 지키고 한마디 항의도 하지 않았다.

독립협회는 일개 외국영사가 남의 나라 외부대신을 자기 의사에 따르지 않는다고 이런 모욕적 행동을 한 것을 "다만 그 한 사람에게만 욕이 아니라 대한 전국이 모두 당한 수치이니 만일 대한이 국부병강하였던들 어찌 이러한 욕이 있으리오"[228]라고 분탄을 이기지 못하여 이 사건을 중요시하고, 7월 4일 조한우 · 유당 · 박치훈 등 3명을 총대위원으로 선정하여 정부

---

223 『議政府來去文』, 外部 편, 제4책, 建陽 2년 3월 4일조 「德國領事□麟揀礦豫約請議書」 제2호 ; 『議政府來去文』, 外部 편, 제3책, 建陽 2년 3월 30일조 「德國華爾德礦山合同事」 참조.

224 『駐韓日本公使館記錄』(機密本省往信) 1898년(明治 31년) 3월 31일조 「機密」 제30호 '韓國鑛山ニ對シ獨逸領事ヨリ申込ニ關スル件' 참조. 독일의 광산이권 문제는 1897년 3월에 독일영사와 당시의 외부대신 李完用 사이에 합동조약을 체결하여 향후 2개년 안에 永興 · 端川 · 平壤 등 7개소를 제외하고 다른 장소에서 독일 세창양행이 선정하는 1개처를 허가하여 그 연한을 15년으로 하기로 약정했는데, 세창양행은 1898년 봄부터 技師를 각지에 파견하여 조사한 후 강원도 금성당현 금광을 선정하고, 1898년 6월부터 독일영사 크리인을 통하여 금성당현 금광채굴권 허가를 요청해왔다.

225 *The Independent*, Vol. 3 No. 76, July 2nd, 1898, 'Local Items' 참조.

226 『駐韓美國公使館報告*Communications to the Secretary of State from U.S. Representatives in Korea*』, H. N. Allen, No. 120, 1898년 7월 8일조 'Alleged Assault by German Consul upon Foreign Minister' 참조.

227 『大韓季年史』(상), p.204 ; 『독립신문』, 제3권 제77호, 1898년 7월 2일자 「외부쇼죠」 ; 『독립신문』, 제3권 제81호, 1898년 7월 7일자 「방인목격」 참조.

228 『독립신문』, 제3권 제77호, 1898년 7월 2일자 「외부쇼죠」.

에 이를 항의하는 공한을 발송하였다.[229] 독립협회는 이 공한에서 독일영사의 행위가 만국공법에 규정된 주재국 관원을 능욕한 것인즉 그 나라를 능욕한 것으로 인책이나 철임(추방)의 대상이니 국체國體를 유지하기 위해서도 적절한 조치를 취할 것을 강경하게 요구하였다.[230]

또한 독립협회와 별도로 민중의 자발적 만민공동회가 7월 1일과 2일 이틀에 걸쳐 종로에서 개최되어 독일영사의 무례를 규탄하였다.[231] 7월 4일에는 역시 만민공동회가 정부에 공한을 발송하여, 정부는 마땅히 독일영사를 힐책하고 그를 24시간 내에 귀국시키도록 처분할 것을 요구하기로 결의하고[232] 정부의 조치가 무엇인지를 질문하였다.[233]

정부는 이에 대한 답서를 보내오지 않았다. 그러나 독일영사 크리인은 독립협회와 민중의 움직임에 매우 당황했으며, 결국 유기환을 방문하고 공식으로 사죄했고, 공식 사죄문을 의정부에 제출함으로써 이 문제는 일단락되었다.[234] 그러나 그 후 황제 고종은 이전의 약속을 지켜야 한다는 주장으로 전제권을 행사하여 결국 금성당현金城堂峴의 금광이권을 독일 세창양행에게 허여하기에 이르렀다.

### 3) 이권양여의 조사

독립협회는 열강의 이권 요구에 대한 정부의 반대 태도가 확고하지 못하자, 지금까지 열강에게 침탈당하고 양여한 이권과 관계자를 조사하여

229 『독립신문』, 제3권 제80호, 1898년 7월 6일자 「잡보」 참조.

230 『民會實記』 光武 2년 (음) 5월 16일조 ; 『大韓季年史』(상), p.204 참조.

231 『독립신문』, 제3권 제78호, 1898년 7월 4일자 「잡보(만민공동회)」 참조.

232 『駐韓日本公使館記錄』(機密本省往信) 1898년(明治 31년) 3월 31일조 「機密」 제30호 '韓國鑛山ニ對シ獨逸領事ヨリ申込ニ關スル件' 참조.

233 『독립신문』, 제3권 제80호, 1898년 7월 6일자 「잡보(공동회 편지)」 참조.

234 『駐韓美國公使館報告 *Communications to the Secretary of State from U.S. Representatives in Korea*』, H. N. Allen, No. 120, 1898년 7월 8일조 'Alleged Assault by German Consul upon Foreign Minister' 참조.

이권침탈을 즉각 중지시키기로 결의하고 그에 대한 조사를 시작하였다.

독립협회는 9월 4일의 통상회에서 "우리나라의 삼림·광산·철도가 무수히 외국인에게 조차租借가 허가되어 만약 이를 중지시키지 않으면 우리나라의 이익 많은 자원이 모두 타인에게 돌아갈 뿐만 아니라 또한 독립권 마저도 잃게 되니 마땅히 총대위원을 외부에 보내어 그 어떤 연월일에 어떤 곳의 삼림·광산·철도를 어떤 국인에게 조차를 허가했으며 그때의 합동조약한 대신이 누구인가를 조사하여 독립협회가 그 대책을 강구해서 오직 국권을 보전하는 것이 가하다"[235]고 결정하고, 조사위원을 선정하여 조사하기로 결의하였다. 이때 급진파와 온건파 사이에 의견차이가 나타났으나 급진파의 견해가 채택되어 정교가 조사위원으로 지명되었다.

조사위원 정교는 7월 11일의 통상회에서 조사결과를 대체로 다음과 같이 보고하였다.[236]

① 1894년(개국 503년 甲午) 7월 20일 잠정한 합동조약 속에 경부철도와 경인철도 부설권의 일본 특혜를 당시의 외부대신 김윤식과 일본공사 오토리 게이스케大鳥圭介 사이에 합동하였음.

② 1896년(건양 원년 丙申) 7월에 미국인 제임스 모스James R. Morse, 齊壬氏謨於時에게 경인철도 부설권을 허락하고, 준공 후 15년 뒤에 우리나라 정부에서 그 철도를 사기로 당시 외부대신 이완용, 농상공부대신 조병직과 미국공사 제임스 모스와 합동하였음.

③ 1896년(건양 원년 丙申) 9월 3일 프랑스 피브리유 회사Fives Lille Co., 皮富來已會社의 사원 그리유A. Grille, 克理堯에게 京義鐵道 부설권을 허락하고 준공 후 15년 뒤에 우리나라 정부에서 그 철도를 사기로 당시 외부대신 李完用, 농상공부대신 趙秉稷과 프랑스공사 葛林德 사이에 합동하였음.

④ 1896년(건양 원년 丙申) 4월 17일 궁내부 소속지로써 미국인 제임스 모스와

235 『大韓季年史』(상), p.228 참조.

236 『독립신문』, 제3권 제137호, 1898년 9월 13일자 「잡보(금광·철로·삼림)」; 『大韓季年史』(상), pp.229~230 참조.

더불어 朝鮮開鑛會社라는 회사를 설립하여 평안도 雲山金鑛 채굴권을 허락하고, 기한을 15년으로 하도록 궁내부대신 李載純이 허락하였음.

⑤ 1896년(건양 원년 丙申) 9월 9일에 러시아 海蔘威 일등상인 브리너J. Briner, 富里那에게 朝鮮商木會社의 권리를 허락하여 20년을 기한으로 하고 관유지 산림에서 벌목과 양목을 하되 豆滿江 상류 우변 茂山과 鬱陵島 및 鴨綠江 朝鮮邊地에 量宜하여 널리 벌목하되 그 회사 이익의 100분의 20을 우리나라 정부에 납부하기로 당시 외부대신 李完用, 농상공부대신 趙秉稷과 러시아공사 웨버Karl Ivanovich de Weber, 韋貝 사이에 합동하였음.

⑥ 1897년(건양 2년 丁酉) 3월에 독일상인 世昌洋行의 마이어Heinrich Constantin Edward Meyer, 華爾德에게 금광채굴을 허락하기로 약속하여, 2년 이내에 광산을 지정해주기로 하고 그 한계는 폭이 40리, 길이가 60리로 하여 기한을 25년으로 하며, 채광한 금의 100분의 25를 우리나라 정부에 납부하기로 하여, 외부 교섭국장 金玨鉉, 농상공부 광산국장 金龍元과 독일 世昌洋行 마이어 사이에 합동하였음.

1898년(광무 2년 戊戌) 7월 17일 외부대신 서리 兪箕煥이 독일영사 크리인F. Krien에게 회답하여 위의 합동에 따라 강원도 金城堂峴金鑛의 채굴권을 독일 世昌洋行에 허가하였음.

⑦ 1898년(광무 2년 戊戌) 9월에 일본인에게 京釜鐵道 부설권을 허락하여 외부대신 서리 朴齊純과 일본공사 가토 마스오加藤增雄 사이에 합동하였음.

⑧ 1898년(광무 2년 戊戌) 9월 현재 영국공사 조단J. N. Jordan, 朱邇典과 프랑스인이 각각 광산채굴권을 요구하고 있음.

독립협회는 이러한 열강의 이권침탈이 대한제국의 자주독립을 침해하고 대한을 경제적으로 침탈하는 것이라고 보고 이를 즉각 중단시키기로 결의했으며, 이권양여에 가담한 전 회장 이완용李完用을 독립협회에서 제명하여 추방하였다.[237]

독립협회의 완강한 이권반대운동 전개에 힘입어 열강의 이권침탈은 이미 이전에 침탈당한 것을 제외하고는 일단 저지되었다. 이것은 이 시기 독

237 『大韓季年史』(상), p.207 참조.

립협회가 한국 민족사에 이룩한 큰 공헌의 하나가 되었다.[238]

## 7. 만민공동회의 학교 설립 요구와 이권 반대

### 1) 해외유학생의 학비 지원

독립협회는 1898년 4월 일본에 유학하고 있는 한국 학생들이 학부에서 학비를 송금해주지 아니하여 일본인의 동정을 받고 있다는 소식을 듣고, 4월 10일의 통상회에서 이 문제를 거론하였다.[239] 그들은 이날 회의에서 독립협회 회원들로부터 재일본 유학생 학비보조 의연금을 갹출하기로 결의하고, 또한 총대위원 5명을 별도로 선정하여 일반시민에게도 학비보조금 출의를 권면하기로 결정하였다.[240]

독립협회 회원들과 총대위원들은 해외에서 궁핍과 싸워가면서 면학하는 동포 유학생들을 지원하는 것은 인도적 행동일 뿐만 아니라 애국적 행동임을 계몽했으므로, 시민들 사이에서 보조금이 적게는 2전부터 많게는 100원에 이르기까지 계속하여 답지하였다.[241] 예컨대, 전 참의 손봉구라는 이가 독립협회의 호소에 즉각 호응하여 친우들과 함께 성금을 모아 보낸 것을 비롯하여,[242] 많은 동포들이 기꺼이 재일 유학생들의 학비를 보조하였다.[243]

---

238 『議政府來去文』, 外部 편, 제6책, 建陽 2년 7월 28일조 「請議書」 제11호 ; 光武 2년 9월 26일조 「指令」 제73호 참조. 「英商木爾鐸과 海意로 鑛山合同하는 事」에서 볼 수 있는 바와 같이, 독립협회가 이권침탈 반대운동을 전개하는 도중에도 독립협회가 본격적 자주민권자강을 전개하기 이전에 이미 양여하기로 한 이권에 대해서는 독립협회는 적극적으로 저항한 강도가 약하였다. 독립협회의 이권침탈 반대운동은 새로운 이권의 양여와 침탈에 대해서는 적극 저항하여 이것을 저지했으나, 이미 양여된 이권의 환수에는 외국과의 조약의 준수 문제로 이를 예리하게 비판만 하고 환수운동을 하지 못하였다. 이것은 외국과의 관계를 악화시키지 않으려는 독립협회의 배려 때문이기는 하나, 더 논의하여야 할 문제점이 남아 있다고 볼 수 있다.

239 *The Independent*, Vol. 3 No. 44, April 14th, 1898, 'Local Items' 참조.

240 『독립신문』, 제3권 제43호, 1898년 4월 12일자 「잡보」 참조.

241 *The Independent*, Vol. 3 No. 44, April 14th, 1898, 'Local Items' 참조.

242 『독립신문』, 제3권 제43호, 1898년 4월 12일자 「잡보」 참조.

243 『독립신문』, 제3권 제45호, 1898년 4월 16일자 「잡보」 참조.

독립협회는 회원들과 동포들이 모은 이 성금을 서재필의 출국편에 주일본공사 이하영李夏榮에게 전달하여 유학생들에게 나눠주도록 하였다. 서재필도 거액의 보조금을 유학생들의 학비로 기부하였다.[244] 독립협회 회원들의 재일 유학생 학비지원 보조금 모금은 우선 국내의 교육열을 고취하는 데 공헌하고 재일 유학생들의 사기를 드높였다.[245] 마침내 대한제국정부도 유학생 학비를 송금하였다.[246]

### 2) 무관학교 학생선발 부정 비판

1898년 3월 10일 독립협회가 러시아의 이권요구를 저지하기 위하여 최초의 만민공동회를 개최하고 바로 이틀 후인 3월 12일 민중의 자발적 만민공동회가 개최된 이래, 서울 시민들 사이에는 독립협회가 주관하지 않는 자발적 만민공동회가 중요사건이 발생할 때마다 수시로 개최되어 발전하기 시작하였다.

그리하여 만민공동회에는 구분해 보아야 할 두 종류가 나타났다. 첫째는 독립협회가 주관하는 독립협회의 민중동원집회로서의 만민공동회요, 둘째는 독립협회와는 관계없이 민중들이 자발적으로 수시로 조직하는 만민공동회였다.[247]

---

244 *The Independent*, Vol. 3 No. 71, June 21st, 1898, 'Dr. Jaisohn's Letter' 참조. 徐載弼은 그의 가족과 함께 5월 27일 인천을 출항하여, 6월 4일 요코하마에 도착해서, 도쿄 등 일본에서 24일간 체재하고, 6월 28일 미국을 향하여 요코하마를 출항하였다. 서재필은 그 사이 일본의 新聞人 및 政客들과 회담하고, 주로 재일 유학생들을 만나 그들에게 李夏榮을 통하여 독립협회가 보내는 학비보조금을 전달했으며, 그 자신도 액수는 밝히고 있지 않으나 거액의 보조금을 기부하였다. 그는 재일 유학생들에 대한 한국정부와 동포들의 계속적 지원을 6월 9일자의 윤치호에게 보낸 편지에서 호소하였다.

245 *The Independent*, Vol. 3 No. 44, April 14th, 1898, 'Local Items' 참조.

246 『奏議』, 議政府 편, 제21책, 建陽 2년 8월 31일조 「奏本」 제195호 '日本留學生仍留修學事'; 『奏議』, 議政府 편, 제23책, 光武 2년 11월 2일조 「奏本」 제229호 '日本留學生四十四人學資金豫備金中支出事' 참조.

247 독립협회에서는 처음에는 자기들이 개최한 것을 '萬民共同會'라고 부르고, 민중의 자발적인 萬民共同會를 '士民共同會'라고 부른 경우도 많았으나, 일반적으로는 다 같이 '萬民共同

이 둘째의 시민의 자발적 만민공동회는 3월 12일의 국권수호 · 이권반대운동, 4월 30일의 서재필 재류운동, 7월 1일과 7월 2일의 이권반대운동 등을 독립협회와 관계없이 독자적으로 전개하는 동안에 큰 실체로 성장하여 1898년 여름에는 이미 독립된 민중집회의 전통을 수립하기에 이르렀다. 이 둘째의 만민공동회는 독립협회의 지시를 받지 않았다는 점에서 독자성을 갖고 있었다. 그러나 ① 운동의 내용이 독립협회의 주장과 거의 완전히 일치하여 상호 긴밀히 지원하였고, ② 만민공동회에는 상임간부가 따로 없고 수시로 총대위원을 선출하여 결의사항을 집행했으며, ③ 독립협회의 중견회원들이 자주 만민공동회의 개회자가 되거나 총대위원으로 선출되었고, ④ 독립협회의 일반 회원들이 만민공동회에 자주 참가했으며, ⑤ 만민공동회의 참가자는 대부분 독립협회의 지지자들이었고, ⑥ 독립협회의 만민공동회가 동일한 지지층 위에 있었다는 점에서 두 집회는 뗄 수 없는 관계를 갖고 있었다.

이 독자적 만민공동회가 1898년 6월부터는 크게 성장하여 독립협회의 지도 없이 자발적으로 집회를 자주 개최하면서 독자적인 자주민권자강운동을 전개하였다. 이 사실은 민중의 성장이 이 시기에 이미 크게 이루어지고 있었음을 잘 나타내는 것이며, 독립협회도 이러한 민중의 성장하는 한 단면이라는 사실을 나타낸 것이라고 이해된다. 이 독자적 만민공동회는 1898년 6월 20일 오후 2시에 종로에서 대회를 열고 무관학교 학도 선발에 정실이 있음을 공론한 후 총대위원으로 정동명 · 목원근 · 홍정후 · 이승두 · 목언형 등 5인을 선정하여 군부대신 민영기閔泳綺에게 이를 항의하고 시정 요구의 공한을 발송하였다.[248] 그들은 이 공한에서 학도를 뽑는 중대

---

會'라고 불렸다. 그러나 여기에는 두 가지 종류가 있었음을 주의해둘 필요가 있다.

248 *The Independent*, Vol. 3 No. 73, June 25th, 1898, 'Local Items' 참조. 이때 武官學校生徒 선발에 있어서 軍部大臣 閔泳綺 등 高官들의 情實主義가 개입하여 우수한 지원자가 낙방되고 자격 없는 高官들의 姻戚들이 합격하는 등 각종 부정이 나타나게 되었다.

사는 공정을 기하라는 칙령이 있었는데 정실이 있어 공정치 아니한 증거가 한두 가지가 아니니 이는 칙령을 위반하는 것이라고 항의하고 즉각 시정할 것을 주장하였다.[249]

그러나 정부는 이를 무시하고 5, 6일이 지나도 아무런 회답을 보내지 않았다. 만민공동회는 다시 공한을 보내어 답장을 하지 않은 이유를 물었다. 이에 군부대신은 만민공동회 총대위원을 초청하여, ① 사민공의소士民公議所는 정부 인가도 없을뿐더러 공의소가 백목전 다락이라 하니 답장을 보낼 대상이 없으며, ② 공정치 못한 증거를 낱낱이 대면 그를 설명할 수 있어도 그러지 못하면 설명하지 않겠다고 하여 만민공동회 자체를 부인하는 듯한 오만한 태도를 보였다.

이에 대하여 만민공동회 총대위원은 "사민 공의는 하의원 밖인 고로 정부에서 인가하는 법은 없으나 정부에 관계되는 일과 하의원의 미급한 일을 평의하는 권리는 만국에 다 있는 것이요, 또한 우리나라에 청의請議가 있어 선비가 나라에 독상소하던 일도 있었고, 사민공의소가 백목전 말고 비록 길가일지라도 사민을 대하야 편지하여 보내시는 것이 욕되지 아니하다"[250]고 대답하였다.

이에 대하여 군부대신은 이전에는 청의더니 이제는 열의熱議가 되었다고 하면서 편지 답장은 못하겠으니 공정하지 못한 증거를 적어 오라고 대답하였다. 만민공동회는 더 이상 군부대신을 상대할 필요가 없다고 하여 ① 시험에 불합격되었다가 추후 대리시험으로 입학한 사례, ② 불합격자가 개명하여 재입학한 사례의 증거를 『독립신문』에 공개하고 무관학교의 부정입학사건을 공개 규탄하였다.[251]

---

249 『독립신문』, 제3권 제72호, 1898년 6월 23일자 「잡보」 참조.
250 『독립신문』, 제3권 제75호, 1898년 6월 30일자 「잡보」 참조.
251 『독립신문』, 제3권 제75호, 1898년 6월 30일자 「잡보」 참조.

### 3) 의학교 설립 요구

만민공동회는 7월 15일 종로에서 만민회의를 개최하고 총대위원으로 목원근 · 송석준 · 홍정후 등 3인을 선출하여 정부에 신식의학교新式醫學校 설립을 요구하기로 결의하고 이를 요청하는 공한을 발송하였다. 그들은 이 공한에서 서양의술을 배워 시행하는 것이 위생의 급선무임이 신식병원病院을 통하여 증명되었으니, 의학교 설립이 시급하다고 다음과 같이 주장하였다.

> 대한에서도 서양의술을 배워 익혀 의방하여 시행함이 위생의 급선무거늘 지금 학습을 베풀어 열지 아니함은 도리어 스스로 다행히 여겨 그리하오니까. 학교로 의론할진대 지성하신 칙령을 받들어 각 학교를 베풀어 세우시고 때로 써 권면하시되, 인민 구원하여 살리는 의술학교에 이르러는 지금까지 베풂이 없으니 나라 백성에게 큰 부끄러움을 어느 때에나 면하오며 그 의약의 현현 미미한 묘리를 배워 우리나라 병든 사람들을 어느 날에나 능히 다스리오리까. 대범 궁하고 곤하고 지극히 간란한 집에도 의약을 쓰거든 하물며 온 나라리요. 신자된 자는 간함이 있으며 사민된 자는 고함이 있는 것은 예와 이제에 통한 의온즉 지금 사민이 함께 모여 의론하고 이에 어울러 고하오니 내려 헤아리신 후에 가로되 있을지 없을지 늦게 할지 급히 할지 펴 보여 사민으로 하여금 밤낮 앙망하는 것을 특별히 맞추심을 엎드려 바라노라.[252]

이에 대하여 정부는 군부대신 서리 고영희高永喜가 민중의 만민공동회에 대해 처음으로 답장을 보내어 ① 의학교 설립의 중요성은 진작부터 알고 있었지만 학교 설립이 초창기이고 경비가 부족하여 각종 학교를 예산에 넣지 못했으며, ② 의학교도 지금까지 겨를을 얻지 못했으니 후일을 기다려달라고 대답하였다.[253]

252 『독립신문』, 제3권 제90호, 1898년 7월 18일자 「잡보(사민편지)」.
253 『독립신문』, 제3권 제116호, 1898년 7월 25일자 「잡보(학부 회답)」 참조.

만민공동회가 학교 설립을 요청하고 특히 의학교 설립을 촉구한 것은 독립협회의 개혁자강을 위한 학교 설립 주장이 이미 일반 민중의 보편적 요구로까지 발전되었음을 나타낸 것이며, 또한 이것은 이 시기 민중의 뚜렷한 성장이 있었음을 나타낸 것이라고 볼 수 있다.

### 4) 일본의 배상 요구와 이권 요구의 반대

민중의 자발적 만민공동회는 전술한 바와 같이 독일영사 크리인이 금성당현金城堂峴 금광 문제로 외부대신 서리 유기환兪箕煥을 모욕하는 사건이 발생하자 이를 규탄하는 집회를 개최하고 항의 공한을 정부에 발송했다.

이 무렵 일본은 을미(1895), 병신(1896) 2년 동안에 대한에서 의병에게 살상당한 일본인의 손해배상으로 배상금 9만 7,146원 41전 9리를 지불할 것을 일본공사가 1898년 6월 29일 외부에 요청해왔다.[254]

민중들은 7월 16일 종로에서 만민공동회를 개최하고 일본에 대한 경부철도부설권 양여를 지탄했으며,[255] 일본인 살해자 배상금 요구에 항의하여 이를 어떻게 조치할 것인지 외부에 질문하는 공한을 발송하였다.[256] 외부대신 서리 유기환은 이렇게 중대한 문제는 외부에서 독단하지 않을 것이며 정부에서 회의하여 조처하겠다고 회답하였다.

결국 일본측의 이 무리한 요구는 만민공동회의 운동에 힘입어 정부가 거절하는 답장을 일본공사에게 보냄으로써 일단락되었다.

학교 설립 요구와 이권 반대 등을 비롯한 민중의 자발적 만민공동회의 운동은 점차 성장하여 정부에서도 그들의 공한에 회답을 보내는 것을 공

---

254 『日案』 문서번호 4728, 光武 2년 6월 29일조 참조.

255 『駐韓英國領事館報告*Reports and Communication from the British Consul in Seoul*』 1898년 9월 10일조 「機密報告書」 제91호에 의하면, 경부철도부설권 양여는 이토 히로부미가 8월 24일 한국을 방문하여 황제 고종을 알현하고 수구파들에게 工作을 한 결과 9월 7일 고종의 專制權에 의하여 조인되었으며, 이 조인을 본 이토는 상하이로 향했다고 하였다.

256 『독립신문』, 제3권 제91호, 1898년 6월 19일자 「잡보(관민 문답)」 참조.

인하기에 이르렀다. 이것은 바로 민중의 성장을 나타내는 것이었다. 성장하는 민중과 독립협회의 자주민권자강운동에 의하여 수구파 정부는 개혁정책의 시행을 요구받게 되었고, 열강은 이권침탈을 중단하지 않을 수 없게 되었다.

## 8. 외인부대 창설 저지운동

이때 고종과 법부고문 미국인 그레이트하우스Clarence R. Greathouse, 具禮는 황실호위 특수부대로서 외인용병부대外人傭兵部隊를 설치하려고 하였다. 고종은 1898년 8월 그레이트하우스와 장봉환張鳳煥을 청국 상하이上海에 파견하여 외국인들을 모집하게 하였다.[257]

그레이트하우스와 장봉환은 상하이에서 1인당 월급 70원과 왕복여비를 지불하기로 하여, 우선 1년 계약으로 외국인 30명(영국인 9명, 미국인 9명, 독일인 5명, 프랑스인 5명, 러시아인 2명)을 고용하여 9월 15일에 이들과 함께 입경하였다.[258]

고종과 그레이트하우스가 황실호위 외인부대의 창설을 계획하게 된 것은 독립협회를 비롯한 신흥세력이 친위대의 지지까지 받아 고종이 불안을 느낀 데서 나온 것이었다.[259] 『독립신문』은 외신을 통해 이 소식을 듣고 분

---

257 『駐韓日本公使館記錄』(機密本省往信) 1898년(明治 31년) 10월 5일조 「機密」 제39호 '三拾人ノ傭外國巡査排斥ノ件' 에 의하면, 황제 고종이 皇室護衛의 韓兵巡檢 등을 信任하지 않고 항상 불안해하고 있음을 기화로, 閔章植 · 張鳳煥 · 李學均 · 朱錫冕 · 李容翊 등은 具禮의 獻策이라 칭하고, 宮內府大臣 李載純, 度支部大臣 閔泳綺 등의 양해를 받아, 各國人의 宮闕護衛隊를 창설하는 것이 고종의 안전에 필요하다고 上奏하고, 고종은 이를 채택하여 그레이트하우스 · 張鳳煥 · 朱錫冕을 상하이에 밀파하여 이를 실행하게 된 것이라고 하였다.

258 『大韓季年史』(상), pp.236~238.

259 『大韓季年史』(상), p.236에서, 鄭喬는 이 外人傭兵部隊에 대하여 쓰기를 그레이트하우스가 이용익의 일당인 李最榮과 결탁하여 독립협회를 타파하기 위한 방책으로서 서양인의 傭兵을 황제 고종에게 권고하여 고종이 이를 허락한 것이라고 하고, 윤치호가 그레이트하우스의 懇請으로 이용익을 暗護했다고 썼으나 정확치 않다. 『尹致昊英文日記』에는 도처에서 처음부

개하여 그들이 도착하기 전인 9월 8일자 신문에서 '믿지 못할 일'이라는 논설을 게재하고 ① 외인 30여 명을 고용하여 황실을 보호한다는 소문은 아직 진위는 알 수 없으나 사실이라면 이는 대한 전국 인민의 큰 수치이며, ② 이것은 황제가 친위대의 5,000명 군인을 신뢰하지 않고 그들이 충군애국의 마음도 없고 황실을 보호할 능력도 없음을 세계에 알리는 처사요, ③ 또한 외국 민간인 행패도 아직 대한의 법률로 엄중히 다스리지 못하는데 만일 서양인을 고입하여 황실을 보호하는 큰 권리를 주면 잘못하는 일이 있을 때 이를 통제하지 못한다는 점을 들어 이를 통렬히 비판하고, "이는 승냥이와 이리 사오십 마리를 궐내에 두는 것보다도 더 위태"[260]하다고 지적하였다.

그러나 그레이트하우스와 장봉환이 외국인 30명을 실제로 고용하여 일본기선 상모환相模丸 편으로 9월 14일 인천항에 입항하고,[261] 9월 15일 입경하자, 독립협회 회원들과 민중들은 크게 격분하여 이에 대한 강력한 반대운동을 전개하였다.[262] 독립협회는 9월 17일 사무소에서 특별회를 개최하고 외국인을 고용하여 황실을 보호하는 것은 곧 나라 전체의 수치임을 의논했으며 총대위원을 각 부에 보내어 질문하기로 결정하였다.[263] 이날 독립협회의 항의질문에 대하여 의정부에서는 참정 윤용선尹容善이 외인용병 반대를 주청奏請하겠다는 응답을 보내왔다. 군부에는 정항모鄭恒謨 등 3명, 외부에는 조한우趙漢禹 등 3명, 궁내부에는 이승만李承晩 등 3명, 경무청에는 최정덕崔廷德 등 3명

---

터 이용익을 탐관오리와 반역자로 규탄하고 있으며 外人傭兵에 대해서도 격분하여 이 소문을 듣자마자 그가 主筆로 있는 『독립신문』에서 논설로 취급하여 이를 문제 삼았다.

260 『독립신문』, 제3권 제134호, 1898년 9월 8일자 「믿지 못할 일」.

261 『駐韓日本公使館記錄』(機密本省往信) 1898년(明治 31년) 10월 5일조 「機密」 제39호 '三拾人ノ傭外國巡査排斥ノ件' 참조.

262 『駐韓英國領事館報告*Reports and Communication from the British Consul in Seoul*』 1898년 9월 27일조 「機密報告書」 第97號 참조.

263 *The Independent*, Vol. 3 No. 110, September 20th, 1898, 'The Foreign Guard' 참조.

의 총대위원이 파견되어 질문을 한 결과 대신들과, 경무사로부터 참정의 대답과 비슷한 대답을 듣고 돌아와 보고하였다.[264]

그러나 9월 18일 오후가 되도록 정부에서 아무런 구체적 조치와 통보가 없자 독립협회는 오후 2시에 사무소에 모여, 외부 문 앞에서 민중대회를 개최함과 동시에 총대위원을 각 부에 나누어 보내어 기어이 금일 내에 외국인 고용자들을 환송케 하기로 결의하였다. 이 결의에 따라 황실호위 외인부대 창설을 저지하기 위한 독립협회의 투쟁이 적극적으로 전개되었다.

독립협회는 사찰위원 50명을 선정하여 그들의 인도하에 독립협회 회원들을 외부 문 앞으로 행진시켜 외부 문 앞에서 대규모 민중대회를 개최하고, 외부대신 서리에게 총대위원을 파견하였다. 경무사는 독립관에서 회의하지 않고 외부 문 앞에서 대회를 여는 것은 관을 위협하는 것이라고 항의했으나, 독립협회측은 중대한 문제에 정부의 반응이 없으므로 응답을 듣기 위한 것임을 지적하고 대회를 강행하였다.

이 민중대회에서 독립협회는 다음과 같은 6가지 이유를 들어 황실호위 외인부대의 즉각 추방을 강력하게 요구하였다. 즉 그들은 ① 자주독립국인 대한제국의 황실에는 외인부대의 호위가 불필요하다는 점, ② 외인부대의 창설은 한국 군인의 반발을 야기시킨다는 점, ③ 외인부대의 창설은 황실과 국민을 이간시킨다는 점, ④ 외인부대의 창설은 자주국권을 위협하고 열강과의 국제분쟁을 야기시킨다는 점, ⑤ 5개국의 국적을 가진 외인부대를 한국정부가 통제하지 못한다는 점, ⑥ 외인부대 창설은 황실이 자기의 인민과 정부를 불신하는 것이라는 점 등을 들어 외인부대의 즉각 철수, 송환을 강경하게 요구하였다.[265]

264 『大韓季年史』(상), p.236 참조. 各部大臣의 응답 내용은 『독립신문』, 제3권 제143호, 1898년 9월 20일자 「보호군 사단」; 『皇城新聞』, 제1권 제13호, 1898년 9월 20일자 「別報(質問顚末)」 참조.

265 *The Independent*, Vol. 3 No. 110, September 20th, 1898, 'The Foreign Guard' 참조.

이 대회에서 독립협회는 시종侍從 장봉환張鳳煥이 독립협회 회원으로 등록되어 있음을 기회로 위원 3인을 보내어 장봉환을 호출하고는 회장 윤치호가 직접 회중 앞에서 질문하여 그간의 경위에 대한 장봉환의 설명을 들었다.[266] 독립협회의 항의집회가 점차 대규모화하기 시작하자 외부대신 서리가 직접 대회장에 나와 외부는 독립협회와 의견을 같이하여 외인부대 고용을 반대할 것이고 타 부처의 의견도 같으며, 내일 정부회의에서 결정한 후 자세히 통보하겠으니 정회할 것을 요청하였다. 이에 독립협회는 이튿날(19일) 오후 2시에 다시 민중대회를 개최하기로 결의하고 해산하였다.[267]

독립협회는 9월 19일 오후 2시 외부 문 앞에서 민중대회를 개최하고 정부의 결정을 촉구하였다. 오후 4시가 되도록 정부로부터 아무런 통보가 없자 독립협회는 정항모鄭恒謨 등 2인의 총대위원을 외부에 보내어 결과를 독촉하여 질문하였다. 외부에서는 전화로 궁궐에 들어가 있는 외부대신 서리에게 독립협회의 독촉을 전달했으며, 외부대신 서리 박제순朴齊純은 "정부에서는 이미 회의하여 상주했으나 아직 황제의 재가가 나지 않아서 기다리고 있다" 고 통보해왔다.[268] 그동안 정부 대신들은 독립협회의 반대운동을 근거로 삼아 황제 고종에게 외인부대 창설이 민중의 반대로 어려움을 상주하였고, 황제는 이에 대한 응답을 회피하면서 시간을 끌었다. 그러나 마침내 사면초가에 빠진 황제도 독립협회의 압력에 굴복하여 대신들에게 "문자로써 번거롭게 할 것이 아니라 정부에서 알아서 처리하라" 는 칙교勅教를 내리고 그의 의도를 포기하였다.

이에 외부대신 서리는 독립협회에 대하여 회원들이 모두 노상에서 철야

266 『皇城新聞』, 제1권 제13호, 1898년 9월 20일자 「別報(質問顚末)」; 『大韓季年史』(상), p.237 참조.

267 『독립신문』, 제3권 제143호, 1898년 9월 20일자 「보호군사단」; 『皇城新聞』, 제1권 제13호, 1898년 9월 20일자 「別報(質問顚末)」 참조.

268 *The Independent*, Vol. 3 No. 110, September 22nd, 1898, 'The Foreign Guard' 참조.

할 필요가 없으니 폐회하고 총대위원만 외부에 남아 있으면 그레이트하우스를 초치하여 외국인 용병의 송환을 결정하여 통보할 것을 약속하였다.[269] 또한 경무사도 이미 외국인 용병을 돌려보내기로 작정한 이상 아무리 백성과 나라에 중대한 일일지라도 외부 문 앞에서 대회를 개최함은 법률위반임을 들어 폐회를 요구하였다.

독립협회는 총대위원으로 정교鄭喬·유맹劉猛·현제창玄濟昶·조한우趙漢禹·윤태흥尹泰興 등을 선정하여, 외부에서 최후 결정을 통보해줄때까지 기다리기로 하고 폐회하였다. 드디어 밤중인 9월 20일 새벽 1시에 외부대신 서리는 정부가 그레이트하우스를 초치하여 회의한 결과 외국인 용병을 환송하기로 타정妥定하였음을 전화로 통보해왔다. 이 문제는 결국 독립협회의 주장대로 매듭 지어진 것이다.[270]

정부는 마침내 1898년 9월 24일 이 외국인 용병들에게 1년 고비雇費를 1인당 840원씩 합계 2만 5,200원을 지불하여 그들을 철수, 송환시켰다.[271] 외국인들은 9월 27일 인천에서 상하이를 향하여 출발하였다.[272]

외국인 용병을 고용하여 황실호위 외인부대를 창설함으로써 전제권을 가진 황실을 외국인의 수중에 두려한 이 위험한 정책은 독립협회의 완강한 투쟁에 의하여 마침내 저지되었다.[273] 이것은 독립협회가 나라의 자주

---

269 『駐韓日本公使館記錄』(機密本省往信) 1898년(明治 31년) 10월 5일조 「機密」 제39호 '三拾人ノ傭外國巡査排斥ノ件'에 의하면, 9월 18일의 정부회의에서 30명의 外人傭兵을 송환하기로 결의하고, 9월 19일 그레이트하우스를 소환하여 의결 결과를 통고하자, 그레이트하우스는 다소 이의를 주장하다가 마침내 이를 승낙하여, 독립협회에 이를 통고했다고 하였다. 여기서의 일자는 다른 자료와 하루씩 다르다.

270 『皇城新聞』, 제1권 제14호, 1898년 9월 21일자 「雜報(新雇將歸)」; 『독립신문』, 제3권 제144호, 1898년 9월 21일자 「잡보(보호군 해고)(합동대기)」; 『大韓季年史』(상), pp.238~239 참조.

271 『度支部來去案』, 外部 편, 제16책, 光武 2년 9월 24일조 「照會」 제76호 참조.

272 *The Independent*, Vol. 3 No. 114, September 29th, 1898, 'Local Items' 참조.

273 尹致昊, 「獨立協會의 活動」, 『東光』, 제26호, 1931년 10월호, p.36. "이 사실을 안 獨立協會에서는 이야말로 국가 존망의 중대문제라 하여 맹렬한 반대여론을 일으키고 드디어 그 傭兵들을 돌려보내게 하였습니다."

독립과 안전을 지키기 위하여 이룩한 대승리의 하나였다.

## 9. 노륙법 및 연좌법 부활 저지운동

이때 전 러시아공사관 통역 김홍륙金鴻陸이 황제 고종이 마실 커피에 아편을 넣은 반역사건이 발생하였다.

김홍륙은 아관파천 때부터 환궁 때까지 고종의 측근에서 러시아세력을 배경으로 온갖 전횡을 자행했으며, 환궁 후에도 오히려 위권威權을 조롱하다가 독립협회의 국정감시로 감히 정사에 간섭하지 못하게 되었고, 고종도 드디어 8월 25일자로 그를 해임하여 바닷가로 귀양을 보냈다.[274] 김홍륙은 이에 원심을 품고 그의 일당인 공홍식孔洪植에게 아편 일냥중一兩重을 주어 고종에게 독차를 올리도록 했으며, 공홍식은 그의 부하를 교사하여 9월 11일 고종과 황태자에게 아편을 탄 커피를 바쳤다.[275] 이에 고종은 중독으로 구토를 하고, 태자는 인사불성에 이르게 되어 소생은 했으나 큰 위난을 당한 사건이 발생하였다.[276]

독립협회는 9월 12일 밤 사무소에서 긴급회의를 개최하고, 이튿날 오후 2시 종로에서 특별대회 개최를 결의했으며, 방한덕方漢德 등 2인을 황국협회에, 최정덕崔廷德 등 2인을 황국중앙총상회皇國中央總商會에 파견하여 합석을 요구하였다. 이에 9월 13일 오후 2시 독립협회와 만민들은 포목전 제5방 누상樓上에서, 황국협회는 백목전 누상에서, 대회를 개최하여 이 반역사건을 지탄하는 연설을 하고 그 철저한 조사를 요구하였다.[277]

---

274 *The Independent*, Vol. 3 No. 100, August 27th, 1898, 'The Fall of Kim Hong-niuk' 참조.

275 『起案』, 法部 편, 제65책 光武 2년 10월 10일조 「指令高等裁判所」 제122호 참조.

276 『駐韓英國領事館報告*Reports and Communication from the British Consul in Seoul*』 1898년 10월 7일조 「機密報告書」 제98호 ; *The Independent*, Vol. 3 No. 168, September 17th, 1898, 'A Conspiracy in a Coffee Pot' 참조.

그런데 이 사건을 처리함에 있어서 경무사 민영기閔泳綺는 죄인을 심문할 때 악형을 남용하여 다리를 부러뜨리고 부녀자까지 고문했을 뿐만 아니라[278] 9월 23일 새로 개원한 중추원中樞院은 개회 벽두에 서상우徐相雨 등의 소청疏請으로 신법률을 다시 개정하여 갑오개혁 때 폐지된 노륙법孥戮法과 연좌법連坐法을 부활시킬 것을 주장하고[279] 법부대신 겸 중추원 의장 신기선申箕善 이하 의관 34인이 정부에 이를 요구하기에 이르렀다.[280] 또한 신기선 등은 9월 24일 서상우를 소두疏頭로 하여 노륙법 및 연좌법 부활을 요구하는 상소문까지 올렸다.[281]

신기선

독립협회는 9월 25일의 통상회에서, 죄인을 악형으로 고문한 사실과 중추원의 노륙법과 연좌법 부활 시도가 백성의 생명과 재산의 자유권을 침해한 것이며 신법률을 개악한 것이라고 의결하고 이에 대한 반대운동을 전개하기로 결정하였다. 독립협회는 죄형법률주의罪刑法律主義 · 죄형형평주의罪刑衡平主義 · 형량관대주의刑量寬大主義 · 영장제도令狀制度의 창설 · 고문제도拷問制度의 폐지 · 신속한 재판의 권리 · 공개재판주의公開裁判主義 · 판결증거주의判決證據主義 · 보상주의報償主義 등을 주장해왔으므

277 『大韓季年史』(상), pp.233~234 참조.

278 『法部來去文』, 外部 편, 제8책, 光武 2년 10월 5일조 「照覆」 제15호 참조.

279 *The Independent*, Vol. 3 No. 113, September 27th, 1898, 'The Privy Council at Work' 참조.

280 『大韓季年史』(상), pp.240~241 참조.

281 『承政院日記』 光武 2년 (음) 8월 초9일(양력 9월 24일)조 「中樞院一等議官徐相雨等疏」 참조.

로 비록 김홍륙이라 할지라도 법률에 의해서만 처벌되어야 하며, 연루자들을 고문함은 용납할 수 없다고 결의하였다. 독립협회는 경무청의 고문사건에 대해서 그 진상을 조사하여 이를 충분히 바로 밝히기 위해서 죄인의 송청과 재판의 전 과정에 총대위원 3인을 파견하여 방청하도록 결정하였다. 또한 중추원의 노륙법과 연좌법 부활 상소에 대해서는 이것이 갑오개혁 때에 개정 반포한 신법을 위반한 것이므로 총대위원 3인을 중추원에 보내어 질문한 후 중추원 의장 신기선의 사직을 권유하기로 결정하였다.[282]

이때 각국 공사들도 김홍륙 사건 관련자에 대한 고문사건에 항의하는 공한을 외부에 보내왔다.[283]

독립협회는 9월 26일 김각현金珏鉉 등 3인이 총대위원이 되어 중추원 의장 신기선에게 공한을 발송하였다. 이 공한에서 독립협회는 ① 국가의 표준은 법률에 있으며 법률이 공평해야 인민이 의지하여 생명을 보전하고 열방에 평등한 대우를 받으므로 1894년 6월 28일 연좌법을 일절 물시勿施하고 동년 12월 12일에는 홍범 14조에 "민법과 형법을 엄명하게 제정하여 감금과 징벌의 남행을 하지 않고 인민의 생명을 보전할 것(民法刑法 嚴明制定 不可濫行監禁懲罰以保全人民生命及財產)"이라 했는데, ② 중추원에서 개회 초에 복구거신復舊祛新하여 노륙법을 부활할 뜻으로 상소 연정하였다 하니 이는 위로는 성덕聖德을 부끄럽게 하고 더럽히며 아래로는 민심을 현혹케 하며 밖으로는 외국의 모욕을 받게 하고 안으로는 독립의 권權을 약하게 하여 국체를 해손하는 것이며, ③ 이는 자순諮詢의 책임을 다한 것으로

282 『皇城新聞』, 제1권 제19호, 1898년 9월 27일자 「雜報(正明決獄)(樞院勸辭)」 참조.

283 『駐韓英國領事館報告*Reports and Communication from the British Consul in Seoul*』 1898년 10월 14일조 「機密報告書」 제101호에 의하면, 러시아공사 마튜닌Matunin의 회람에 의하여 이 拷問事件에 공동으로 항의하고자 하여, 美公使 알렌Allen, 佛公使 플랑시Collin de Plancy, 英公使 조단Jordan, 日代理公使 日置, 獨領事 크리인Krien 등이 서명을 하고, 이 문제에 공동으로 항의하기로 합동하여 각 공사관별로 공동행동이 취해진 것이었다.

볼 수 없으니 연소에 서명한 의관과 의장은 사면辭免하여 국법을 문란케 하는 폐가 없게 하기를 요구하였다.[284]

이에 대하여 중추원 의장 신기선은 9월 27일 그의 답장에서 ① 갑오개혁 이후 역적을 다만 교살에만 처하므로 신과 인간의 분을 다 씻을 수 없고 난적의 쓸개를 다 갈 수가 없으므로 신법 이후 역변이 그치지 않으니 노륙법을 부활시키는 것이 마땅하며, ② 여러 군자들은 어찌 국가의 반역이 무성하게 자라는 것은 걱정치 않고 오직 법률의 과중過重만을 걱정하는가 하는 여론이 있으며, ③ 대신의 진퇴는 민회가 말할 바 아니라고 응답하고[285] 독립협회의 요청을 거부하는 뜻을 알려왔다.[286]

독립협회는 이에 노륙법 부활문제를 둘러싸고 중추원 의장 신기선 및 그를 지지하는 수구세력과 정면으로 충돌하지 않을 수 없게 되었다. 이때 죄인 공홍식이 옥중에서 자상刺傷을 입은 사건이 발생하고 김홍륙이 유배를 떠날 때 권총을 휴대하고 다수의 하인을 거느리고 갔다는 사실이 알려졌다.[287] 독립협회는 이것이 법부대신의 불찰과 불법이라고 보고 법부대신 신기선에게 이 두 문제를 질문하기로 의결한 다음, 회원들은 일제히 고등재판소 문 앞에 나아가서 총대위원 3인을 보내어 면담을 요청하였다. 그러나 신기선은 면담을 거절하고 10월 4일 오후 2시 중추원에서 면담하겠다고 응답하였다.[288]

독립협회는 10월 1일 중추원 문 앞에서 대회를 개최하고 총대위원으로

---

284 『皇城新聞』, 제1권 제21호, 1898년 9월 29일자 「別報(獨立協會에서 中樞院에 送한 편지)」; 『독립신문』, 제3권 제150호, 1898년 9월 28일자 「독립협회와 중추원 왕복(협회 편지)」; 『大韓季年史』(상), p.241 참조.

285 『매일신문』, 제1권 제131호, 1898년 9월 30일자 「논설」 참조.

286 『大韓季年史』(상), pp.242~243 ; 『皇城新聞』, 제1권 제21호, 1898년 9월 29일자 「別報(中樞院復函)」; 『독립신문』, 제3권 제151호, 1898년 9월 28일자 「독립협회와 중추원 왕복(중추원 답장)」 참조.

287 『독립신문』, 제3권 제151호, 1898년 9월 29일자 「잡보(여항전설)」 참조.

288 『大韓季年史』(상), p.243 ; 『독립신문』, 제3권 제153호, 1898년 10월 10일자 「잡보(협회 충분)」 참조.

정항모鄭恒謨 등 5인을 선정해서 신기선에게 보내어, 노륙법과 연좌법 부활의 부당성을 논하고 신기선의 사직을 권고했으며, 또 공홍식의 상처를 힐난하였다.[289] 신기선이 자기의 사직을 매우 애석히 여겨 따르지 않을 뜻을 보이므로, 독립협회는 정교의 제의에 따라 독립협회 회칙 제15조에 의거하여 독립협회 사법위원을 원고로 해서 신기선을 고등재판소에 고발하기로 결정하였다.[290]

독립협회는 10월 2일 고등재판소 문 앞에서 다시 대회를 열고 10월 3일 새벽 1시에 법부대신 신기선과 협판 이인우李寅祐 고발장을 고등재판소 검사 함태영咸台永에게 접수시켰다.[291] 이 고발장에서 독립협회 사법위원 남궁억南宮檍 · 정교鄭喬 · 김두현金斗鉉 등은 대역죄인 공홍식의 자상은 법부의 불찰로서 단옥편斷獄編 여수금도與囚金刀 해탈조解脫條에 "죄수가 자상自傷했거나 수상受傷했거나 하면 사법제뢰관司法提牢官이 지이불거知而不擧여든 여동죄與同罪라" 한 데 해당됨을 지적하고, 사법제뢰관인 신기선 · 이인우를 법률에 따라 처판할 것을 요구하였다.[292]

법부대신 신기선은 사태가 위급함을 느끼고 전 현감 유일환을 통하여 남궁억 · 김낙집 · 최정덕 · 방한덕 등과 타협을 요망했으나 거절당했다.[293]

난처해진 고등재판소 검사 함태영은 독립협회에 대답하기를, 법부대신과 협판은 칙임관이므로 먼저 법부대신이 황제에게 상주한 후에야 구금할 수 있는데 법부대신 자신이 피고이므로 상주할 사람이 없어 기술적으로

289 *The Independent*, Vol. 3 No. 117, October 6th, 1898, 'The Independence Club vs Sin Kisun' 참조.

290 『독립신문』, 제3권 제155호, 1898년 10월 4일자 「독립협회 고발사건」 참조.

291 『司法稟報(乙)』, 法部 편, 제10책, 光武 2년 10월 26일조 「報告書」 제65호 참조.

292 『매일신문』, 제1권 제135호, 1898년 10월 5일자 「논설」; 『皇城新聞』, 제1권 제25호, 1898년 10월 4일자 「雜報(協會告發)」; 『독립신문』, 제3권 제155호, 1898년 10월 4일자 「독립협회 고발사건(고발장)」; 『大韓季年史』(상), p.244 참조.

293 『독립신문』, 제3권 제155호, 1898년 10월 4일자 「잡보(창피막심)」 참조.

이를 처리하기 어렵다고 밝혔다.[294]

독립협회는 의정부 의정이 이 문제를 상주할 수 있다고 공의하고 10월 3일 총대위원 남궁억 · 윤시병尹始炳 · 고의준高義駿 등의 이름으로 의정부 의정 심순택沈舜澤과 참정 윤용선尹容善에게 공한을 발송하여 법부대신 신기선과 협판 이인우를 주품면관奏禀免官하여 주장징판奏拿懲辦하기 편하게 해주기를 요청하였다.[295]

이에 대하여 정부는 10월 5일 답장을 보내어, 사실 여부와 율례律例 적용의 합당 여부는 결정하여 대답할 수 없으며, 며칠 후 회의하여 조치하겠다고 회피하는 회답을 보내왔다.[296] 이와 함께 도약소都約所에서는 수구파 유생들이 상소하여 신기선을 지지하고 노륙법과 연좌법의 부활을 주장했으며, 독립협회의 노륙법 및 연좌법 부활 저지운동을 규탄하였다.[297]

독립협회는 점점 응집해가는 수구파의 노륙법 및 연좌법 부활 운동과 대결하지 않으면 안 되게 되자 더욱 강경한 노륙법 및 연좌법 부활 저지운동을 전개하였다. 독립협회는 10월 6일 오후 1시 고등재판소 문 앞에서 다시 대회를 열고, 의정부의 의정과 참정까지 사태를 방관만 하려 한다면 황제에게 직접 상소하는 길밖에 없다고 의결했으며, 황국중앙총상회와 합동하여 연정상소聯呈上疏하기로 결정하였다.[298]

10월 7일 오전 8시 독립협회 및 황국중앙총상회 회원과 민중 만여 명은

---

294 *The Independent*, Vol. 3 No. 117, October 6th, 1898, 'The Independence Club vs Sin Kisun' ; 『독립신문』, 제3권 제156호, 1898년 10월 5일자 「독립협회 공찰」 참조.

295 『皇城新聞』, 제1권 제26호, 1898년 10월 5일자 「別報」 ; 『독립신문』, 제3권 제156호, 1898년 10월 5일자 「독립협회 공찰」 ; 『大韓季年史』(상), p.245 참조.

296 『皇城新聞』, 제1권 제27호, 1898년 10월 6일자 「雜報(政府復函)」 ; 『독립신문』, 제3권 제157호, 1898년 10월 6일자 「잡보(정부 답장)」 ; 『大韓季年史』(상), p.246 참조.

297 『독립신문』, 제3권 제156호, 1898년 10월 5일자 「잡보(도약소 상소)」 ; 『독립신문』, 제3권 제157호, 1898년 10월 6일자 「도약소 소본 변론」 ; *The Independent*, Vol. 3 No. 117, October 16th, 1898, 'Against the Independence Club' 참조.

298 *The Independent*, Vol. 3 No. 118, October 8th, 1898, 'The Memorial of the Independence Club' 참조.

인화문 앞에 나아가 제소위원製疏委員 정교가 지은 상소를 봉소위원奉疏委員 이무영李懋榮이 비서원秘書院에 바쳤다.[299] 독립협회는 이 상소에서 ① 김홍륙·공홍식 반역사건에 수감 중인 공홍식이 자상을 입은 것은 신기선·이인우가 불신감금不愼監禁한 죄이고, ② 의정 심순택과 참정 윤용선은 재상으로서 자상을 당한 것이 여러 날 지났는데 당초에 알지 못한 체하다가 급기야 중론이 격발하자 상세한 것을 알지 못한다고 미루니 이는 법부대신 엄호하는 죄이며, 국내부대신 이재순과 군부대신 심상훈, 탁지부대신 민영기는 그날 밤 차를 올릴 때에 궁첩宮妾들이 다투어 그 독을 맛보아 중독자가 10여 명인데도 지척에서 제 몸만 도사렸으니 궁첩만도 못한 신하들인데, ③ 천하에 반포한 홍범 14조를 버리고 잔혹한 구법을 복구하기만 바라니 이는 성덕聖德으로 하여금 열방에 수치를 입게 한 것인즉, 이들은 마땅히 일대 징계가 있어야 할 자들이니 함께 물리쳐 조정 기강을 엄숙히 할 것을 요청하였다.[300]

이 상소에서 독립협회는 강경한 논조로 홍범 14조의 중요성을 강조하고 노륙법과 연좌법의 부활을 반대하였다.

이 상소에 대하여 황제 고종은 신기선을 감봉 처분한 다음 비지批旨에 "법부대신에게는 이미 경고를 했고, 나머지 여러 사람은 마땅히 의심치 아니할 곳에 가공架空하여 의심을 일으키지 말 것이며, 법률에 이르러서는 조정에서 때에 맞추어 의당한 것을 제정하는 것이니 재하在下에서 함부로 청의할 바가 아니다"[301]라는 부정적인 비답을 하였다.

고종의 응답은 독립협회 회원들을 크게 실망시켰다. 이제는 수구파 정부와 국왕이 합력하여 노륙법과 연좌법을 부활시키려는 것이 명백해졌다.

299 『大韓季年史』(상), p.247 ; 『독립신문』, 제3권 제159호, 1898년 10월 8일자 「독립협회 상소」; 『매일신문』, 제1권 제138호, 1898년 10월 8일자 「독립협회 상소초본」 참조.

300 『承政院日記』 光武 2년 (음) 8월 22일(양력 10월 7일)조 「中樞院一等議官尹致昊等疏」 참조.

301 『皇城新聞』, 제1권 제29호, 1898년 10월 8일자 「別報」 참조.

독립협회는 이 문제를 매우 중대시하였다. 민중의 요청인 내정개혁을 단행하여 백성의 힘으로써 외침을 막아야 할 중요한 시기에 도리어 노륙법과 연좌법이라는 낡은 악법을 부활시켜 민권탄압의 도구로 사용하려는 수구파의 시대착오적 시도를 독립협회는 도저히 묵과할 수 없었다.

독립협회는 수구파와 황제의 노륙법과 연좌법 부활 시도를 저지하기 위해서는 이 악법 부활에 찬성하는 수구파 관료 전원을 규탄하여 교체시키고, 개혁파 정부를 수립해야 한다고 보았다. 뿐만 아니라 독립협회는 무엇보다도 중요하게 대한제국의 정치체제를 전제군주제가 아니라 입헌대의군주제立憲代議君主制로 전면 개혁하기 위한 의회議會 설립운동을 전개하기로 했는데, 이를 위해서도 우선 수구파 정부를 해체시키고 개혁파 정부를 수립하는 것이 반드시 필요함을 절감하였다. 여기서 독립협회는 인화문仁化門 앞에서의 대회를 해산하지 않고 의회 설립운동과 노륙법 부활 저지투쟁을 수구파 7대신 전원 규탄 퇴진 요구와 전면적 개혁파 정부 수립투쟁으로 확대시키기로 결정하였다.

## 10. 개혁파 정부 수립의 성공

### 1) 개혁파 정부 수립 요구와 수구파 대신 규탄

독립협회는 의회 설립운동과 노륙법 및 연좌법 부활 저지투쟁을 전개하다가 수구파 정부를 교체시키기 위한 7대신 규탄과 개혁정부 수립 요구의 투쟁을 전개하기 시작하였다. 그들은 노륙법 및 연좌법 부활이 김홍륙 사건 때문에 등장한 우연한 것이 아니라 민중의 요청인 개혁을 극력 싫어하고 민권신장을 탄압하면서 기회 있을 때마다 구법을 복고하여 나라를 뒷걸음치게 하는 수구파 각료들의 정책에서 결과된 것이라고 보았다.

독립협회는 국제세력균형이 유지되는 기간에 하루속히 전면적 대개혁정책을 단행하여 자강을 실현해야 국제세력의 균형이 깨어져 어느 한 강국이 대한을 침략해도 이를 막아내고 독립의 실實을 지킬 수 있다고 주장하였다. 이를 위해서는 대한제국의 전제군주제를 입헌대의군주제로 개혁하여 국민의 의사를 국정에 반영시키고, 행정제도와 재정제도를 근대적 체제로 개혁하며, 신교육을 보급시키기 위하여 각종 근대학교를 신설하고, 산업개발을 추진하며, 국정의 전반적 개혁을 대대적으로 실시해야 한다고 생각하였다. 또한 이를 위해서는 사리사욕만 일삼는 수구파 대신들을 정계에서 물러서게 하고 개혁파 관료들을 중심으로 한 개혁파 정부를 반드시 수립해야 한다고 판단하였다.

이에 독립협회는 인화문 앞에서 물러서지 않고 황제 고종에게 수구파 7대신을 규탄하는 상소를 다시 올리기로 결정하고, 낮에는 회원이 대회를 열어 일제히 참석도록 했으며, 밤에는 사무원 50명을 정하고 그 가운데 임시회장 1인을 선출하여 인화문 앞에서 철야하도록 하였다.[302]

독립협회는 10월 8일 남궁억南宮檍과 한치유韓致愈가 제소위원이 되어 제2차 상소를 올렸다.[303] 그들은 이 두 번째 상소에서 ① 보상輔相의 인물이 없어 장정章程이 있으나 행정에 기강이 없고 법률이 비록 정하여 있으나 횡의橫議가 나오고 있으며, ② 황제가 비록 요순堯舜의 성聖이 있다 할지라도 대신들이 실제로 고기皐夔의 현賢이 없어 옛 시대와 같이 아첨하고 옛 시대와 같이 옹폐壅蔽하고 옛 시대와 같이 법률을 농단하고 기강을 문란케 하여 나라와 국민을 해치고 병들게 한즉 백성의 원한이 언제 풀릴 수 있을지 모르겠다고 지적하고, ③ 신기선申箕善·이인우李寅祐·심순택沈舜澤·윤용선尹容善·이재순李載純·민영기閔泳綺 등 7대신의 탐학을 낱낱이 들어 규탄하면서 그들의 파면을 요구하였다.[304]

---

302 『大韓季年史』(상), p.248 참조.

303 *The Independent*, Vol. 3 No. 119, October 11th, 1898, 'The Memorial of the Independents' 참조.

304 『매일신문』, 제1권 제139호, 1898년 10월 10일자 「독립협회 재소소본」; 『皇城新聞』, 제1권 제30호, 1898년 10월 10일자 「別報(獨立協會再疏)」; 『大韓季年史』(상), pp.249~251 참조.

독립협회의 7대신 규탄과 개혁파 정부 수립 요구의 철야 상소투쟁은 즉각 광범위한 민중의 호응을 얻었다. 서울 시내와 전국 각 지방에서 보내온 의연금이 600여 원에 이르렀다.[305] 과천의 한 나무장수는 나무 한 짐을 30냥에 팔아서 25냥을 독립협회에 의연義捐하고 5냥으로 뱃삯과 요기를 하겠다고 하였다. 군밤장수 아이 하나는 1냥 2전 5분을 헌납하여 회원들을 감동시켰다.[306] 또한 감옥서監獄署의 재소자들이 독립협회에 감사와 격려의 장문의 편지를 보내고 보조금 2원 남짓을 거두어 보내왔다.[307]

독립협회는 밤에는 50명의 대표들을 남기어 10월 8일 밤과 9일 밤을 철야시키고, 낮에는 다시 인화문 앞에서 모여 민중대회를 개최하면서, 수구파 7대신들을 규탄하고, 대신들의 교체에 의한 개혁파 신정부의 수립을 요구하면서, 이것을 승낙하는 황제 고종의 비답이 내려지기를 기다렸다.[308]

그러나 독립협회의 제2차 상소에 대하여 고종은 "말이 우애憂愛에서 나와 과중過中한 것이 괴이함이 없으나 진실로 잘하기를 바랄진대 그 사람 있음이 드문지라, 짐이 바야흐로 다스리기에 급하여 명령을 조정 대신들에게 내리어 각기 방탕하지 않도록 경고했으니, 지난 잘못을 거의 고치고 오는 효과를 기다릴지니, 물러가서 다시 번거롭게 하지 말라"[309]고 하여 7대신에게 경고만 하고 교체하지 않겠다는 뜻을 밝혔다.

이와 때를 맞추어 10월 6일 도약소都約所에서는 성내 각 동구에 방을 붙이고 중추원이 노륙법과 연좌법의 부활을 상소할 때에 윤치호가 홀로 연명聯名치 않은 것은 곧 역적 옹호의 뜻이 있음이라고 하면서 독립협회를

305 『大韓季年史』(상), p.248 참조.

306 『皇城新聞』, 제1권 제30호, 1898년 10월 10일자 「雜報(孰使然哉)」; 『독립신문』, 제3권 제160호, 1898년 10월 10일자 「잡보(충애감동)」 참조.

307 『皇城新聞』, 제1권 제32호, 1898년 10월 12일자 「雜報(縲人長書)」 참조.

308 *The Independent*, Vol. 3 No. 119, October 11th, 1898, 'Local Items' 참조.

309 『皇城新聞』, 제1권 제30호, 1898년 10월 10일자 「別報(獨立協會再疏批旨)」; 『大韓季年史』(상), p.251 참조.

논박하였다.[310]

독립협회는 여기에 물러가지 않고 인화문 앞의 집회를 더욱 확대하면서 10월 10일 다시 제3차 상소를 올렸다.[311] 이 상소에서 독립협회는 ① 그들이 규탄하는 7대신은 다만 아첨하기만 일삼아 구차히 작록爵祿만 보전하려 하여 2천만 적자赤子로 하여금 도탄에 빠지게 하는 무리들이며, ② 그들의 국정 문란의 죄가 이미 너무 커서 스스로 고치기는 기대할 수 없고, ③ "백성이 나라의 근본이요 근본이 튼튼하여야 나라가 평안한 것(民維邦本 本固邦寧)" 인바, "백성이 튼튼치 못하고 나라가 평안치 못함(本不固而 邦不寧者)" 은 7신 등의 죄인데 어찌 7신의 작은 것을 아끼어 삼천리의 큼과 2천만의 많음을 생각지 않을 것이며, ④ 국세가 위기일발에 있어 비유컨대 급류구풍急流颶風에 배가 기울어지고 돛대가 부러지면 반드시 익숙한 사공을 기다릴 것이어늘 어찌 용렬한 사공과 부서진 살로 하여금 그 재주가 단련되고 그 수단이 익숙해져 구원하기를 기다리고 있을 것인가 지적하고, 7대신의 파면과 개혁파 정부 수립을 강경하게 요구하였다.[312]

이날 독립협회의 인화문 앞 대회에는 법어法語(프랑스어)학교 · 일어日語학교 · 아어俄語(러시아어)학교 학생들과 배재학당培材學堂 학생들이 참석하여 집회는 더욱 대규모화하였다.[313] 또한 황국중앙총상회의 지도하에 서울 시내의 각 전廛 상인들이 일제히 철시하여 독립협회의 7대신 규탄과 개혁파 신정부 수립 요구를 적극적으로 지원하였다.[314]

---

310 『大韓季年史』(상), p.252 참조.

311 『매일신문』, 제1권 제140호, 1898년 10월 11일자 및 제1권 제141호, 1898년 10월 12일자 「別報」 참조.

312 『承政院日記』 光武 2년 (음) 8월 26일(양력 10월 11일)조 「中樞院一等議官尹致昊等疏」; 『皇城新聞』, 제1권 제31호, 1898년 10월 11일자 「別報(獨立協會三疏)」 참조.

313 『皇城新聞』, 제1권 제32호, 1898년 10월 12일자 「雜報(學員赴會)」; 『독립신문』, 제3권 제162호, 1898년 10월 12일자 「잡보(학교 편지)」 참조.

314 『皇城新聞』, 제1권 제32호, 1898년 10월 12일자 「雜報(各廛撤市)」; 『독립신문』, 제3권 제162호, 1898년 10월 12일자 「잡보(각전폐시)」 참조.

독립협회의 제3차 상소에 대하여 고종은 비지에서 이미 전비前批가 있었는데 물러가지 아니하니 민습民習이 이에 이르면 차라리 말하지 않겠다고 응답하였다.[315]

황제 고종은 10월 10일 밤에도 독립협회 회원들이 여전히 물러가지 않고 철야하자 10월 11에는 한성부판윤 이채연李采淵을 소청疏請 집회소에 보내어 칙유勅諭를 전하였다.[316] 이 칙유에서 고종은 ① 백성들이 궐문 바로 곁에서 날을 지내고 밤을 지새어 오래도록 물러가지 아니하며 즉행을 속청함은 사체事體에 어긋나는 일이며, ② 방금 정부에 단단히 명령하여 방탕에 대한 경계를 배가시켰는즉 정부 여러 대신들이 더욱 서로 면려할 터이니 물러가 처분을 기다리는 것이 사체에 합당하고, ③ 동궁東宮의 환후가 아직도 낫지 않았는데 지극히 가까운 곳에서 시끄러운 소리가 그치지 않으니 미안한 일이므로 이러고도 물러가지 아니한즉 또한 신민의 도리가 아니니 퇴거 여부를 지켜보리라[317]고 하여 호소와 위협을 겸한 유시諭示를 전하였다.

독립협회는 이 칙유에 대하여 즉각 단장短章을 지어 이채연으로 하여금 전달케 하도록 결의하고, 윤하영尹夏榮 등 5인을 선어위원選語委員으로 선출하여 단장을 지어 바쳤다.[318] 그들은 이 단장에서 ① 7대신이 물러가지 아니한즉 백성과 나라의 걱정이 조용해질 때가 없는 고로 감히 물러가지 못하며, ② 7대신은 평일의 행정이 장정을 짐짓 위반하고 법률을 지키지

---

315 『承政院日記』 光武 2년 (음) 8월 26일(양력 10월 11일)조 「中樞院一等議官尹致昊等疏批旨」 참조.

316 *The Independent*, Vol. 3 No. 120, October 13th, 1898, 'The Club versus Ministers' 참조.

317 『독립신문』, 제3권 제163호, 1898년 10월 14일자 「황상칙유」 ; 『皇城新聞』, 제1권 제33호, 1898년 10월 13일자 「別報(奉讀聖諭)」 ; 『大韓季年史』(상), pp.252~253 참조. 『大韓季年史』에서는 이 勅諭의 일자를 10월 9일로 기록하여 독립협회의 제3차 상소보다 앞에 놓고 있으나 10월 11일의 착오이다.

318 『大韓季年史』(상), p.253 참조.

않으며 인재를 불용하고 뇌물 받기를 오로지 일삼으며 잡세를 어지러이 긁고 오리汚吏를 쫓지 아니하여 백성이 생명을 보호하기 어렵고 재산을 빼앗겨 피맺힌 울분이 쌓여 있으며, ③ 당장 강한 이웃 나라가 엿보고 기다리는데 내정을 불수不修하여 민심이 평안치 못하면 오이가 쉽게 베여 나뉘는 염려가 숨 쉴 동안에 있으므로 근본을 단정히 하고 근원을 맑게 하기 위하여 7대신을 내쫓고 뛰어나며 덕망 있는 인재를 구하며 장정을 실시하기를 바라는 것이며, ④ 7대신이 하루 물러가지 않으면 신 등도 하루 물러가지 않을 것이고, 7대신이 백 일 물러가지 않으면 신 등도 백 일 물러가지 않으리라고 하였다.[319] 이것은 극히 강경한 논지이며, 7대신을 파면시키지 않으면 결단코 물러가지 않으리라는 굳은 투쟁의 결의를 전달한 것이었다.

이날 학도들과 시민들의 지지와 참여가 증가하여 독립협회의 소청집회는 더욱 대규모로 확대되었다. 외국인들도 이 민중대회를 구경하면서 독립협회와 시민들의 개혁파 신정부 수립 요구에 큰 관심을 표명하고, 한국 민중의 성장에 놀라움을 표시하였다.[320] 10월 12일부터는 덕어德語학교와 수하동水下洞 관립소학교 · 양사동養士洞 관립소학교 학도들이 모두 독립협회의 집회에 참가했으며, 영어英語학교 학도들은 보조금 10여 원을 회중에 보내왔다.[321] 또한 서울 각 전의 상인들은 옳은 대신들의 공장한 법률 밑에서 장사를 해야 생명과 재산을 보호하지 지금의 정부대신들 밑에서는 상업도 못하겠다고 하고, 계속 철시를 하면서 단결하여 독립협회의 소청집회에 합석하였다. 경무청에서 강제로 개시開市를 시키려 하자, 시전상인들은 지금은 전과 달라 관인의 무례한 압제를 아니 받겠다고 하고 전문을 열고 닫고 하는 것은 그들의 자유권리로 하는 일이니 간섭하지 말라고 이

319 『皇城新聞』, 제1권 제33호, 1898년 10월 13일자 「別報(奉答聖諭)」; 『독립신문』, 제3권 제163호, 1898년 10월 13일자 「황상칙유」 참조.

320 *The Independent*, Vol. 3 No. 120, October 13th, 1898, 'Local Times' 참조.

321 『大韓季年史』(상), p.259 참조.

를 거부하였다.[322]

무관복을 입은 민영환

### 2) 개혁파 정부 수립의 성공

독립협회와 시민들의 강경한 개혁파 신정부 수립 요구와 집회의 대규모화 추세를 도저히 막을 수 없음을 안 황제 고종과 수구파 정부는 독립협회와 민중의 요구에 굴복하여, 마침내 10월 10일자로 법부대신 신기선과 법부협판 이인우를 파면하고[323] 군부대신 심상훈과 탁지부대신 민영기를 해임시켰으며, 다시 12일자로 의정부 참정 윤용선을 해임시켜, 이미 사직한 의정 심순택과 함께 7대신을 모두 면직시켰다.[324]

그리고 개혁파 정부 수립의 개각을 단행하여 독립협회가 신임하는 박정양朴定陽을 서리의정사무署理議政事務, 민영환閔泳煥을 군부대신으로 임명했으며, 탁지부대신에 조병호趙秉鎬, 법부대신에 서정순徐正淳, 궁내부대신에 윤용구尹用求를 임명하였다.[325] 이것은 수구파의 전면 해임과 박정양을 수반으로 하는 개혁파 신정부가 수립된 것을 의미한 것이었다. 미국공사를 비롯한 각국 외교관들도 한국에서 민중운동에 의하여 개혁파 정부 수립이 이루어지고 개혁파가 집권하게 된 사실에 경탄을 표시하고, '하나의 평화적 혁명a peaceful Revolution'이 이루어지고 있다고 다음과 같이

322 『독립신문』, 제3권 제163호, 1898년 10월 13일자 「잡보(전인충분)」 참조.
323 『承政院日記』 光武 2년 (음) 8월 26일(양력 10월 11일)조 「詔」 참조.
324 『官報』 光武 2년 10월 10일자 「號外」; 光武 2년 10월 12일자 「號外」 참조.
325 『承政院日記』 光武 2년 (음) 8월 27일(양력 10월 12일)조 「詔」 참조.

본국에 보고하였다.[326]

이 도시〔서울—인용자〕는 지금 막 집중적 열광의 시기를 통과했음을 보고한다. 하나의 평화적 혁명a peaceful Revolution이 일어났다. 군중들의 요구에 의하여 거의 전면적 개각이 이루어졌다. 이러한 내각의 변동은 1894년 일본이 한국을 실질적으로 장악했을 때〔갑오개혁을 말함—인용자〕 일어난 일이 있었다.

이러한 개혁파 정부 수립의 개각을 한 다음, 황제 고종은 10월 12일 우후 6시에 이채연을 통하여 독립협회 회중에게 칙교를 내려 백성들이 배척하는 7대신을 모두 파면했으니 해산할 것을 명령하였다. 독립협회 회원들은 이 칙교를 받고 만세를 부르면서 해산하였다.[327]

7대신의 파면과 박정양을 행정수반으로 한 개혁파 정부의 수립은 독립협회와 민중의 대승리였다. 이 개혁파 정부 수립의 실현에 의하여 수구파 정부가 붕괴됨으로써 노륙법과 연좌법의 부활이 자동적으로 저지되었을 뿐만 아니라, 이제 새로운 개혁정책의 실시를 기대할 수 있게 되었다.[328] 독립협회는 10월 13일 총대위원으로 이건호李建鎬 · 한치유韓致愈 · 남궁억南宮檍을 선출하여 의정부 의정서리 박정양에게 편지하고 개혁파 신정부에 대한 기대를 설명하면서 협조를 약속하였다.[329]

독립협회는 이 새로 출현시킨 박정양 · 민영환의 개혁파 신정부를 내정

326 『駐韓美國公使館報告*Communications to the Secretary of State from U.S. Representatives in Korea*』, H. N. Allen, No. 152, 1898년 10월 13일조 'Change in Cabinet, Peaceful Revolution, Independence Club.' "I have the honor to inform you that this city has just passed through a period of intensive excitement. A peaceful Revolution has taken place, and at the demand of the masses, almost a complete change of cabinet has been made. Such cabinet change took place when, in 1894, the Japanese took practical possession of Korea……" 참조.

327 『독립신문』, 제3권 제163호, 1898년 10월 13일자 「잡보(천은망극)」 참조.

328 *The Independent*, Vol. 3 No. 22, October 8th, 1898, 'A Forward Movement' 참조.

329 『皇城新聞』, 제1권 제35호, 1898년 10월 15일자 「雜報(致書政府)」; 『독립신문』, 제3권 제164호, 1898년 10월 14일자 「잡보(회중편지)」; 『大韓季年史』(상), p.260 참조.

개혁을 단행할 정부로 지원하면서 그들이 구상하는 의회 설립 등 대개혁을 실행하려고 하였다.

## 11. 언론과 집회의 자유권 수호운동

독립협회는 수구파 대신 규탄과 해임에 성공하여 개혁파 정부인 박정양 내각이 수립되자, 10월 15일 개혁파 정부와 중추원의 의회議會로의 개편을 협상하는 한편, 10월 16일부터 황국중앙총상회皇國中央總商會와 합동하여 상권수호운동을 전개하였다.[330]

그러나 수구파들도 반격과 재진출을 시도하였다. 10월 16일 황국협회는 의정부 의정서리 박정양의 집과 문 앞에서 집회를 열고, 총대위원을 들여보내어, 박정양이 황국협회의 청원서에 대한 답서에서 '계자啓子'라고만 쓰고 '경敬' 자를 쓰지 않았으며,[331] 10월 15일 중추원 개편 문제를 논의하기 위하여 인화문 앞에 황국협회가 먼저 도착하고 독립협회가 나중 도착하였음에도 불구하고 독립협회 총대위원에게만 예복을 보내어 들어오도록 요청한 것은 황국협회를 차별대우한 것이라고 항의하였다.[332] 박정양은 '경' 자를 쓰지 않은 이유는 그것이 서한이 아니라 청원서에 대한 공문서로서의 지령이기 때문이며, 황국협회를 들어오도록 요청하지 않은 것은 중추원이 개편되면 자연히 황국협회도 들어오게 될 것이기 때문이라고 해명하였다. 그러나 그들은 독립협회만 편애하는 의정서리 박정양이 사직할 때까지 철야 농성할 것을 결의했으므로 박정양은 사직상소 올릴 것을 약

330 「獨立協會와 皇國中央總商會의 商權守護運動」은 별도의 독립 論文으로 썼으므로 여기서는 생략하였다. 愼鏞廈, 「十九世紀末의 韓國對外貿易의 展開와 商權問題—獨立協會와 皇國中央總商會의 商權守護運動」, 『亞細亞硏究』 통권 제52호, 1974년 및 이 책에 수록된 「獨立協會와 皇國中央總商會의 商權守護運動」 참조.

331 『매일신문』, 제1권 제146호, 1898년 10월 18일자 「별보」 참조.

332 『大韓季年史』(상), p.263 참조.

속하여 그들을 돌려보냈다.[333]

한편 황제 고종은 독립협회의 규탄을 받고 해임되었던 조병식을 10월 17일 의정부 찬정으로 임명했으며[334] 10월 21일에는 역시 독립협회의 비판을 받고 사직했던 전 의정부 참정 윤용선을 의정으로 임명하였다.[335] 이에 따라 정부에는 개혁파 주위에 다시 일부 수구파가 재진출하기 시작하였다.

독립협회가 한성부의 경부철도 정거장 기지를 정한다는 구실 아래 시민 재산을 침해한 여부를 조사하고 있는 동안[336] 황제 고종은 10월 20일 독립협회의 토론은 정치문제 이외의 것에만 한정하며 그 집회는 오직 원정처소原定處所인 독립관獨立館에서만 허락하고 이차개회離次開會(원정처소를 떠나 집회를 여는 것)는 금지한다는 조서를 내렸다.[337] 이에 따라 독립협회는 언론과 집회의 자유권 수호운동을 전개하지 않으면 안 되게 되었다.[338]

---

333 『皇城新聞』, 제1권 제37호, 1898년 10월 18일자 「雜報(長橋消息)」; 『독립신문』, 제3권 제167호, 1898년 10월 17일자 「잡보(황국협회)」; 『大韓季年史』(상), p.264 참조. 이때 朴定陽은 3차에 걸쳐 辭職上疏를 올린 결과 議政府議政署理에서는 解免되고 贊政으로만 남게 되었다.

334 『承政院日記』 光武 2년 (음) 9월 초3일(양력 10월 17일)조 「詔」; 『大韓季年史』(상), p.264 참조.

335 『承政院日記』 光武 2년 (음) 9월 초7일(양력 10월 21일)조 「詔」 참조.

336 『大韓季年史』(상) p.266; 『皇城新聞』, 제1권 제39호, 1898년 10월 20일자 「雜報(致書漢判)」; 『독립신문』, 제3권 제169호, 1898년 10월 10일자 「잡보(협회 질문)」에 의하면, 독립협회는 10월 19일 漢城判尹 李采淵에게 총대위원 洪正厚·廉鎭浩·李基善 등 3인을 보내어, 漢城府가 京釜鐵道의 停車場基址를 정한다는 구실로 남대문 밖으로부터 靑坡까지 毁家한다는 印標를 붙인 것을 抗議質問하는 공한을 보냈으며, 이에 대하여 李采淵은 독립협회 사무소에 와서 그것이 停車場 근처의 외국인의 家屋買入을 금지하기 위한 조치라고 설명하였다. 독립협회는 어떠한 경우에도 시민의 재산권과 국권을 침해해서는 안 된다고 못 박았다.

337 *The Independent*, Vol. 3 No. 125, October 25th, 1898, 'An Anti-Club Decree' 참조.

338 필자는 韓國文化研究叢書 제16집 『獨立協會의 民族運動』(1974)에 수록된 本稿에서는 이 부분을 독립된 章으로 설정하지 않고 議會設立運動에 포함시켰다. 그 후 韓興壽 교수의 「獨立協會에 관한 研究—韓國民族主義·民主主義運動의 初期現象」(1963, 프린트본)을 읽고 이것을 독립 항목으로 설정하지 않은 것이 비중을 적게 둔 百慮一失이었음을 즉각 깨달았다. 이 부분을 독립된 章으로 분리시킬 수 있게 된 것은 韓 교수의 前揭 論文 덕택이다.

황제 고종은 10월 20일 내린 '조칙'에서, ① 외국의 예를 보더라도 국회는 국가의 공립으로 국과 민의 이해를 의결하는 곳이요 협회는 민인의 사설한 바로 공동 강담하는 것을 칭함에 불과한 것으로서, ② 우리나라에도 역시 민인이 사설한 협회가 있어서 개명진보에 일조가 되기 시작하지 않은 것은 아니지만 정령政令을 평론하고 대신의 해임을 논하는 것은 원래 협회의 규칙이 아닌데 '이차개회'를 하고, 상소를 바치면서 궐문을 막고, 대관大官을 협박하여 전혀 제한이 없는 것은 국회라도 이 권리가 없거늘 하물며 협회에 있을 수 없으며, ③ 오늘 이후에는 내부 · 경무사 · 각지방관에 명령하여 협회라 이름한 것은 이 회 저 회를 불문하고 만약 청을 만들지 않고 여전히 자횡恣橫하여 중衆을 따르고 대隊를 좇아 치안을 방해하는 경우에는 엄벌에 처할 것이요, ④ 오직 원정처소에서 토론만 하는 자는 저지하지 말고 힘써 인민으로 하여금 지식을 발달케 해서 효험이 있게 하라고 하였다.[339]

이 칙령은 황제 고종이 독립협회의 인화문 앞 상소시위의 성과를 부인하려고 시도하면서, 독립협회의 토론을 정치 비판과 정부정책 비판은 못하도록 금지한 것이며, 집회도 독립관을 떠나서는 열지 못하도록 제한한 것으로서, 언론과 집회의 자유를 크게 제한한 조치였다.[340]

이 칙령이 반포된 것을 아직 모른 채, 독립협회는 10월 21일 사무소에서 특별회를 열고 다음과 같은 3개항을 결의하였다.[341]

① 김홍륙金鴻陸 · 공홍식孔洪植 등을 공개재판을 거치지 않고 처형한 결과 외국공사관에서 항의가 오고 나라의 위신을 훼손하였으며[342] 또한 이것은 법률

339 『承政院日記』 光武 2년 (음) 9월 초6일(양력 10월 20일)조 「詔」 참조.

340 『駐韓英國領事館報告*Reports and Communication from the British Consul in Seoul*』 1898년 11월 12일조 「機密報告書」 제108호 ; 『大韓季年史』(상), p.266 참조.

341 『大韓季年史』(상) pp.266~267 ; 『독립신문』, 제3권 제172호, 1898년 10월 24일자 「잡보(별회 사건)」 참조.

342 『俄案』 제13책, 문서번호 1216, 1898년 10월 13일조 「金鴻陸 · 孔洪植을 遑急히 絞刑에 處

위반이니, 사법위원 남궁억南宮檍 · 정교鄭喬 · 김두현金斗鉉 등으로 하여금 이에 관련된 대신 신기선申箕善 · 이인우李寅祐 등을 고등재판소에 고발하여 재판을 청원할 것.

② 독립협회를 무고하여 상소하는 수구파 유생들을 고등재판소에 고발해서 재판을 청원하여 전후 사리를 분명히 가려서 법률에 따라 처리케 할 것.

③ 독립협회의 지탄을 받고 사직한 수구파 대신 전 참정 윤용선이 한층 더 승진하여 의정부 의정이 되었으니, 윤 씨의 집에 일제히 나아가서 그의 사임을 권면할 것.

이 결정에 따라 독립협회 회원 일부가 윤용선의 집 문 앞에서 집회를 열고 총대위원을 들여보내어 그의 사직을 권고한 결과 반드시 사임하겠다는 약속을 받아내었다.[343]

독립협회는 관보를 통하여 10월 22일 언론과 집회의 자유를 제한하는 조칙을 읽고, 이번에는 이 문제 때문에 오후 2시 사무소에서 임시집회를 열었다. 경무사 정기택鄭騏澤과 한성판윤 이채연李采淵이 경무관과 관리를 보내어 독립관에서의 토론은 할 수 있지만 사무소에서의 집회는 10월 20일의 칙령 위반임을 통고했다. 그러나 독립협회 회원들은 이를 듣지 않고 이에 대한 대책을 수립하기 위하여 열띤 토론을 전개하였다.[344]

독립협회 회원들은 ① 백성의 정치문제 토론은 정부의 부정부패 때문에 필요한 것이며, ② 언론의 자유권은 양보할 수 없는 것이고, ③ 관료로 하여금 황제와 국가를 위하여 충실히 의무를 수행하게 하는 방법은 공론의 자유로운 표현에 있음을 결의하고, 만장일치로 국민의 언론 자유를 요구하는 상소를 올리기로 결정하였다.[345]

---

한 데 대한 異議」; 『俄案』 제13책, 문서번호 1217, 光武 2년 10월 18일조 「同上에 대한 照覆」 참조.

343 『皇城新聞』, 제1권 제42호, 1898년 10월 24일자 「雜報(協會運動)」; 『독립신문』, 제3권 제172호, 1898년 10월 24일자 「별회사건」 참조.

344 『大韓季年史』(상), p.268 참조.

또한 독립협회 회원들은 칙령을 읽고서도 사무소에서 집회를 연 것은 분명히 칙령 위반이니 경무청으로 가서 스스로 출두하여 대죄待罪하기로 결의하였다.[346] 이것은 '대죄'의 형식으로 황제 고종의 언론과 집회의 자유권 제한에 항의하기 위한 것이었다. 독립협회 회원들은 경무청 문 앞으로 일제히 나아가 대죄하면서 두 번이나 총대위원을 들여보내어 자원취수自願就囚를 청하였다. 그러나 경무사 정기택은 즉각 퇴거하라고 말할 뿐 그들을 잡아가두지 못하였다.[347]

조금 후 우후 8시경에 경무관 안환安桓이 조칙을 전하였다. 황제 고종은 이 조칙에서 ① 이차개회離次開會를 금지하는 조칙을 내렸는데도 독립협회 회원들이 잘못하여 집회를 열었다가 대죄한다고 들었으니 이것은 관리들이 조칙을 즉각 거행하여 먼저 효유하지 못한 때문이므로 내부대신 이근명李根命과 경무사 및 한성판윤을 견책하였으니, ② 독립협회 회원들은 각자 퇴거하라고 엄하게 명령하였다.[348]

독립협회 회원들은 이 조칙을 받고 공의公議하기를 "신 등이 바른 말로 황실을 보호하고 나라를 유지케 하려고 상소하여 정부의 간세배를 물리쳤더니 그 간세배가 도리어 신들을 몰아 이 지경에 이르렀으니 신 등은 조칙을 어긴 죄만 황공하여 기다리옵나이다"[349]라고 하여 계속 대죄할 뜻을 경무관 안환을 통해 전하게 하고, 황제가 언론과 집회의 자유를 허락할 때까지 물러서지 않고 철야 농성하기로 결의하였다.[350]

---

345 *The Independent*, Vol. 3 No. 126, October 27th, 1898, 'Fight for the Freedom of Speech' 참조.

346 『매일신문』, 제3권 제152호, 1898년 10월 25일자 「별보」 참조.

347 『皇城新聞』, 제1권 제42호, 1898년 10월 24일자 「雜報(自現警廳)」; 『독립신문』, 제3권 제172호, 1898년 10월 24일자 「잡보(협회대죄)」 참조.

348 『承政院日記』 光武 2년 (음) 9월 초8일(양력 10월 22일)조 「詔」; 『大韓季年史』(상), pp.268~269 참조.

349 『독립신문』, 제3권 제173호, 1898년 10월 24일자 「별보(협회대죄)」.

350 『제국신문』, 제1권 제63호, 1898년 10월 24일자 「저작일 독립협회 사건」 참조.

자정이 넘은 후에 경무관 안환이 다시 와서 재차 황제 고종의 칙어를 전하였다. 고종은 이 칙어에서 ① 민인民人이 모인 것은 조칙을 반포하기 전인즉 반포를 지체한 잘못이 내부와 경무청과 한성부에 있지 민인의 죄가 아니므로 내부대신과 경무사와 한성판윤을 조칙으로 견책한 것이며, ② 민인 등이 상소를 하겠다 하니 그 진술한 바를 따라서 비지批旨를 내리려니와 상소는 명일 인민 중의 약간인만 와서 바칠 것이요, ③ 밤이 깊었으니 스스로 유죄하다 하지 말고 안심하여 퇴거하라고 간곡히 유시하였다.[351]

이에 대하여 독립협회 회원들은 ① 우리들이 모인 것은 조칙 반포 후이니 조칙을 위반한 죄가 있으며, ② 우리의 집회의 본의는 황실을 보호하고 인민의 도탄을 구하며 강국의 능모凌侮를 막기 위한 것이므로 정치의 득실을 논난하는 것은 만부득이한 것이고, ③ 삼천리 강토의 안위가 급박했으므로 일신의 안전만 생각하여 국가의 위망에 입을 닫고 있을 수는 없다고 봉답奉答하고 물러가지 않았다.[352]

다급하게 된 황제 고종은 독립협회 회장 윤치호를 경무청 전화로 불러 회원을 해산시키도록 명하였다. 그러나 회원들은 언론과 집회의 자유권을 허락해줄 때까지 물러가지 않겠다고 결의하고 이날 밤 추위 속에서도 경무청 문 앞에서 철야하였다.[353]

독립협회 회원들은 10월 23일 제소위원製疏委員 한치유韓致愈가 지은 상소문을 봉소위원奉疏委員 이무영李懋榮으로 하여금 바치게 하였다. 그들은 이 상소에서 황제 고종의 10월 20일의 조칙을 반박하여 ① 저 배척당한 여러 신하 무리들이 아첨과 구차한 짓만 일삼아 임금의 총명을 가려서 안으로는 민심을 분울케 하고 밖으로는 인방이 엿보도록 하며, 장정과 법률을

351 『皇城新聞』, 제1권 제43호, 1898년 10월 25일자 「雜報(敬承勅語)」 참조.

352 『大韓季年史』(상), pp.269~270 ; 『독립신문』, 제3권 제173호, 1898년 10월 25일자 「별보(협회대죄)」 참조.

353 *The Independent*, Vol. 3 No. 126, October 27th, 1898, 'Fight for the Freedom of Speech' ; 『大韓季年史』(상), p.270 참조.

지키지 않아 2천만 인구는 도탄에 빠지고 삼천리 강토는 오이 쪽같이 나뉠 염려가 있기 때문에 이차개회하여 봉장수궐封章守闕한 것이고, ② 저 배척받은 대신배가 죄를 마땅히 뉘우칠 것은 생각치 않고 논핵받은 것만을 원수로 여기어 모함하기만 일삼아서 우리로 하여금 정령政令을 평론하며 출척黜陟에 참례하며 대신 협박하기를 탕탕히 하여 방한防限이 없다고 일러서 자횡한 데로 몰고자 하는데 폐하는 어찌 아첨하는 것만 기뻐하고 직언은 미워하는지 분통 격절하며, ③ 외국의 예에도 민회는 행정에 실정失政이 있으면 전국에 널리 알려 민중을 집회해서 질문하고 논핵하여 백성이 승복하는 바가 아니면 감히 물러가지 아니하는 것이니 강담講談만 하는 곳이 아니며, ④ 독립협회는 독립을 기초로 하고 충애를 목적으로 하여 공립한 회이니 직언으로 죄를 지었으나 1인이 죽으면 10인이 그 뒤를 잇고 10인이 죽으면 백천 인이 그 뒤를 이을 것이며, ⑤ 권權으로 논하면 육대주에 동등하여 만국에 평행하는 것은 폐하의 권이요 폐하의 강토를 지키고 정법을 문란케 하는 신하가 있으면 탄핵하여 성토하는 것은 백성들의 권리인데 민권民權이 성하면 군권君權이 반드시 줄어들 것이라고 하는 자가 있으니 무식함이 더 이상 심할 수 없으며, ⑥ 오늘날 이와 같은 민의民議가 없으면 정치법률이 따라서 무너져 어떠한 재앙이 어느 땅에서 일어날지 알지 못하겠으니 이를 살피시라고 항의하였다.[354]

이것은 백성의 언론과 집회의 자유의 중요성을 직접적으로 주장한 매우 강경한 상소였다.[355] 특히 그들은 언론의 자유에 대한 그들의 주장과 결의를 다음과 같이 표현하였다.

---

354 『承政院日記』 光武 2년 (음) 9월 초9일(양력 10월 23일)조 「中樞院一等議官尹致昊等疏」 참조.

355 『駐韓日本公使館記錄』(機密本省往信) 1898년(明治 31년) 일자 불명 「獨立協會의 運動」에서, 일본공사 가토는 독립협회의 운동을 진보적 사상을 가진 청년 정치가들의 언론을 통한 운동이라고 보고했으며, 上疏와 示威를 모두 언론의 방법에 의한 운동으로 설명하였다. 이 점을 고려하면, 언론과 집회의 자유권 수호는 독립협회로서는 그들의 민족운동의 존속에 관련된 극히 중요한 것이었으며, 강경한 상소가 나올 것은 당연한 것이었다고 볼 수 있다.

만일 권으로써 논하오면 천자로부터 서인에 이르기까지 각각 정한 바가 있사온지라. 육대주와 동등하여 만국과 평행하는 것은 폐하의 권이시옵고, 폐하의 백성이 되어 폐하의 강토를 지키고 그 정치를 거스르고 법률을 어지러이 하는 신하가 있어서 종사를 해롭게 하면 탄핵하여 성토하는 것은 신 등의 일이옵거늘, 말하는 자가 이르기를 민권이 성하면 군권이 必損이라 하오니 사람의 무식함이 이보다 심함이 있겠사옵니까. 만일 금일에 이 인민의 의론이 없은즉 정치 법률이 따라서 壞損하여 어떠한 禍機가 어느 땅에서 일어날지 알지 못하겠사오니 폐하께서는 어찌 홀로 여기에 생각이 미치지 못하시나이까. 신 등이 忠憤所激에 아뢸 말씀이 있으면 문득 베풀겠사오니 황송무지로소이다.[356]

이 상소에 대하여 고종은 비지에서 "언로를 열고 어려움을 책하여 진보할 것은 이미 정산定算이 있으니 그리 알고 물러가서 다시 번거롭게 하지 말라"[357]고 회피하는 응답을 보내왔다.

황제 고종이 언로를 열 정산定算이 있다고 한 것은 중추원 개설을 의미한 것이었다. 이때 개혁파 정부는 한편으로 개혁파 관료들이 독립협회와 협상을 하면서 독립협회의 주장에 따라 중추원을 개편하여 의회議會를 설립하려 하고 있었다.[358]

독립협회 회원들은 경무청 문 앞에서 10월 24일 황제 고종의 비지를 읽고, 황제의 칙유는 전후가 일치하지 않으니, 대죄를 계속하여 백성의 언론의 자유를 명백히 인허받은 후에 물러가자고 결의하고, 이날 밤도 철야하였다.[359]

독립협회 회원들은 10월 25일 다시 언론과 집회의 자유를 요구하는 상

---

356 『承政院日記』 光武 2년 (음) 9월 초9일(양력 10월 23일)조 「中樞院一等議官尹致旲等疏」 참조.

357 『承政院日記』 光武 2년 (음) 9월 초9일(양력 10월 23일)조 「中樞院一等議官尹致旲等疏批旨」 참조.

358 이 책 p.443 '의회설립운동' 참조.

359 『大韓季年史』(상), p.272 참조.

소를 올렸다. 그들은 이 상소에서 ① 심상훈沈相薰·민영기閔泳綺·윤용선尹容善·이인우李寅祐·민경식閔景植·장봉환張鳳煥·길영수吉泳洙·민강호閔康鎬·최병환崔炳桓 등과 같은 간세배가 서로 체결하여 궁궐을 둘러싸고 민정의 상달을 막고 있으니 궁위宮闈를 숙청하여 민심을 쾌하게해 주시기 바라며, ② 폐하의 용인用人은 은恩이 의義를 이기고 애愛가 엄嚴을 이기어 마땅히 축출할 것도 차마 못하시고 마땅히 쓰실 것을 보고도 용기가 적으시니 애석한 일이고, ③ 간세배들이 이르기를 정부대신 탄핵하는 것과 정령을 의논하는 것이 마땅히 인민의 권이 아니라 하니 이것은 군주를 현혹하고 대관을 자기 패로 임명시키려는 망언이며, ④ 초야의 사람에게 묻고 미친 지아비의 말도 가려 듣는 것은 명군明君의 성거盛擧이므로 백성이 말을 아니하면 몰라도 말을 하면 반드시 들어야 하는 것인데 간세배가 백성의 입을 막아 자갈 먹여 혀를 묶고자 하나 우리들은 아직 의義를 역진力陳하되 오히려 다 아뢰지 못한 것이 있으며, ⑤ 10인의 집회에도 스스로 좋은 말이 있고 일부一府의 집회에도 또한 공론이 있으니 이것은 언권言權이 스스로 갖추어 있기 때문이며, ⑥ 간세배들이 백성의 입을 자갈 먹여 압제한 후에야 군권이 높아지리라 하는 것은 도리어 군권을 마침내 잃으라는 것과 같고, ⑦ 우리들의 집회는 사사로운 것이 아니라 내도외부內都外部에서 중심衆心이 모두 한가지이니 폐하는 정신을 머물러 맑게 살피어 필부필부匹夫匹婦라도 언권을 다하게 허락하시라고 하였다.[360]

이것은 지난번 상소보다도 더욱 공격적인 상소였다. 독립협회 회원들이 경무청 문 앞에서 나흘동안 철야 대죄 시위를 하면서 점점 더 강경하게 언론과 집회의 자유를 주장하는 것을 본 황제 고종은 마침내 백성의 요구에 굴복하여 그 비지에서, "무릇 신민의 도道에 고질병 같은 폐단이 있으면 고치고자 하는 것이 있어 스스로 반드시 발언하는 의義가 있는 고로 짐작

360 『承政院日記』 光武 2년 (음) 9월 11일(양력 10월 25일)조 「中樞院副議長尹致旲等疏」; 『大韓季年史』(상) pp.274~275 ; 『皇城新聞』, 제1권 제44호, 1898년 10월 26일자 「別報」 참조.

하고 잠시 보류하니 다시 번거롭게 하지 말라"[361]고 하고 독립협회의 주장을 의로운 것으로 인정하였다.

황제 고종의 비지의 표현은 약간 모호한 것이었지만 당시 영문 번역에서, "특정한 사악邪惡을 교정하려 할 때 자기의 의견을 표현할 특권을 행사하는 것은 신하의 의무(as it is the duty of subject to exercise the privilege of expressing his opinions when certain evils are to be rectified)"[362]라고 번안한 바와 같이, 집회에 대해서는 언급이 없었지만 언론의 자유에 대해서는 이를 허락한 것이었다. 독립협회는 황제 고종의 비지 해석을 "대한 전국 2천만 동포를 대표한 우리 독립협회 회원들로 하여금 백성과 나라에 관계되는 일과 무릇 정부나 내외 관인들의 혹 정치 잘못하는 것이나 장정과 규칙과 법률을 어기는 것은 보고 듣고 아는 대로 평론하여 교정하라 하신 말씀"[363]이라고 해석하였다. 외국 공사들도 독립협회가 황제 고종에 대항하여 언론의 자유를 쟁취했다고 본국에 보고하였다.[364] 독립협회 회원들은 만세를 부르고 10월 25일 오후에 만 4일간의 대죄 집회 시위를 해산하고 사무소로 돌아왔다.

독립협회가 황제 고종의 비지를 표현보다 더 적극적으로 해석한 것은 10월 24일 독립협회 대표와 정부 사이에 중추원 개편에 의한 의회설립 협상

---

361 『承政院日記』 光武 2년 (음) 9월 초9일(양력 10월 23일)조 「中樞院副議長尹致昊等疏批旨」 참조. "省疏具悉 雖日憂愛 連章覆逆 豈其敬乎. 所宜中勘 而凡爲臣民之道 宥瘼欲求 自有必陳之義 故斟量安徐 更勿煩瀆."

362 *The Independent*, Vol. 3 No. 126, October 27th, 1898, 'Fight for the Freedom of Speech'.

363 『독립신문』, 제3권 제175호, 1898년 10월 27일자 「독립협회재소(전호 연속)」 참조.

364 『駐韓美國公使館報告 *Communications to the Secretary of State from U.S. Representatives in Korea*』, H. N. Allen, No. 154, 1898년 10월 27일조 'Recent Actions Taken by the Independence Club of Korea' 참조. 여기에서 美公使는 독립협회가 언론의 자유를 허락하는 詔勅을 쟁취했으며(They have succeeded in obtaining a decree granting freedoms of speech), 여기에 기초해서 立法府를 형성할 수 있는 일종의 國民議會設立이 성공적으로 보장된 것이라고 보고하였다.

이 타결되어 의회를 설립할 수 있게 되었으므로 이 정도의 표현이면 언론과 집회의 자유권을 보장할 수 있다고 보았기 때문인 것으로 보인다.

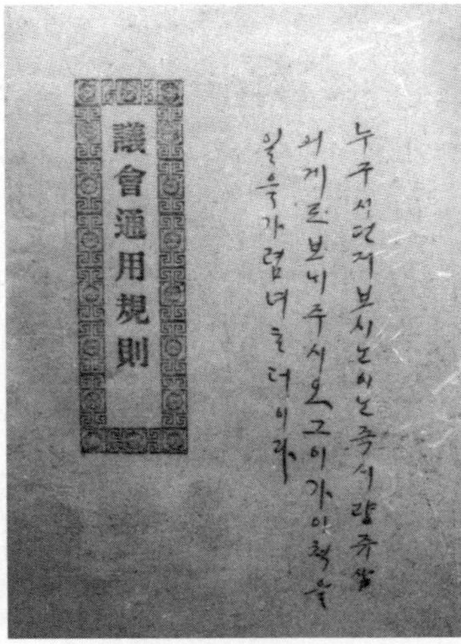


의회통용규칙

독립협회의 언론과 집회의 자유권 수호를 위한 투쟁은, 비지에 비록 집회의 자유에 대한 언급이 없는 문제점이 있었으나, 당시 언권의 자유는 집회의 자유를 당연히 포함한다는 논리에 따라 일단 황제 고종의 이전 칙령을 물리치고 언론의 자유를 쟁취한 독립협회의 승리였다고 볼 수 있다.

## 12. 의회설립운동

독립협회는 개혁자강을 실시하기 위한 정치체제의 개혁으로서 가장 긴급한 일이 의회議會를 설립하여 전제군주제專制君主制를 입헌대의군주제立憲代議君主制로 고치는 일이라고 보았다. 그들은 의회를 설립하여 민중을 국정에 참가시키고 개혁파 정부가 민중의 공론에 따라 내정개혁을 단행함으로써 개혁파 정부와 의회, 애국적 민중이 일치단결하여 개혁자강을 실현해서 언제 닥쳐올지 모르는 본격적 외침을 미리 막고 자주독립을 굳게 지켜야 한다고 생각하였다.

독립협회의 의회설립운동은 1898년 봄부터 본격적으로 전개되기 시작하였다. 독립협회에서는 이해 3월 서재필과 윤치호 등 지도자들 사이에서 의회개설 문제가 구체적으로 논의되었다. 이어 1898년 4월 3일 제25회 독립협회 토론회의 주제를 "의회원을 설립하는 것이 정치상에 제일 긴요함"으로 정하고 회원과 국민들에게 의회설립의 긴급한 필요성을 계몽하였다. 한편 윤치호는 3월부터 로버츠Henry M. Roberts의 『의회통용규칙』이라는 계몽 책자의 번역을 준비하여[365] 4월에는 이 책을 요약 번역해서 인쇄까지 완료하였다.[366] 독립협회는 이 책을 독립협회 회원들에게 배포했을 뿐만 아니라, 6월부터는 『독립신문』에 광고를 내어 일반 공매해서 토론회의 회의진행과 의회 개설 때의 회의진행 훈련을 시작하였다.[367]

독립협회의 이러한 의회설립의 움직임에 대하여 정부측은 리젠드어Charles W. Legendre, 李善得를 통하여 자문원諮問院의 설치가 합당하다는 반응을 보였다. 1898년 4월 14일 리젠드어는 윤치호를 방문해서, 정부대신들의 행정을 감시하는 기관으로는 서재필·윤치호가 주장하는 '완전한 대의정부代議政府, thoroughly representative government'는 시기상조이며 절충안으로서 '자문원Consultation Board'의 설치가 적합하다는 의사를 전달하였다.[368]

---

365 『尹致昊英文日記』 1898년 3월 18일조에 의하면, 尹致昊는 로버츠Henry M. Roberts와 Joshep T. Roberts 형제의 *Pocket manual of Rules of order for Parliamentary Assemblies*를 번역하고 있는데, 이것을 「의회통용규칙」이라 하여 議會開設 때의 회의진행방식의 준비훈련에 대처하였던 것 같다. 이 책은 1900년에 Joshep T. Roberts가 *Primer of Parliamentary Law*라는 책으로 수정 보완하여 유럽과 미국에서도 널리 보급된 회의진행규칙 해석서였다.

366 *The Korean Repository*, Vol. 5, No. 4, 1898년 4월호 'Literary Department', p.157에서, 尹致昊가 『議會通用規則』을 요약 飜案을 완료해서, 29쪽의 國漢文混用의 책자를 만들어 1책당 5전씩 판매하게 되었다고 기록하였다.

367 『독립신문』, 제3권 제63호, 1898년 6월 2일자부터 『독립신문』, 제7권 제71호, 6월 21자까지 '광고'를 내어 이 『의회통용규칙』을 일반 公賣하였다.

368 『尹致昊英文日記』 1898년 4월 14일조. "Legendre said 'The present condition of Corea is very much like that of Japan 30years ago. The country will no longer stand the old absolutism, but it is unfit for a throughly representative government. We must find a medium between the two. I therefore suggest what I did to Japan 30 years ago; viz. Consultation Board which shall be composed of the most enlightened elements in Country……' General Legendre is bitterly opposed to P. Y. H. and also to Jaisohn" 참조.

이에 대하여 독립협회는 서재필이 1898년 4월 30일자 『독립신문』에 의회설립을 주장하는 다음 요지의 장문의 논설을 게재하고 독립협회의 목표 중 하나가 의회설립을 통한 완전한 대의정부의 수립임을 명백히 하였다.[369]

1. 의회와 행정부를 엄격히 분립시켜, 의회원은 행정권을 갖지 않고 오직 의논하여 작정하는 권리만 갖고, 행정관은 외회에서 결정한 사항을 집행하는 행정권만 주면, 종래와 같이 국정이 혼돈되어 議政도 잘 안 되고 행정도 잘 안 되는 폐해를 극복할 수 있으며, 입법과 행정이 모두 전문화되어 능률이 나고 정밀해지므로 의회 설립이 시급하다.
2. 의회가 따로 설립되면 나라 안에 학문 있고 지혜 있고 좋은 생각이 있는 이들이 의원으로 선출되어 좋은 생각과 좋은 의논이 날마다 공평하게 토론되어 법률과 제도가 만들어지므로 폐정이 교정되고 나라가 융성하게 된다.
3. 의회가 설립되면 모든 일은 의회에서 좌우편 의논을 모두 거친 후에 작정될 것이므로 황제가 그 일을 작정하는 수고로움이 적을 것이며, 私談과 거짓이 들어갈 수 없으므로 황제의 총명을 가리고 현란케 하는 전제군주제의 폐해가 없어진다.
4. 의회가 설립되면 행정부 대신들은 의회에서 지혜롭고 공평하게 작정해 놓은 결정사항을 재능을 가지고 적절하게 집행만 하면 되므로 행정의 실수도 없고 시간 여유를 얻어 행정에만 전력을 다하게 되어 행정이 더욱 잘되게 된다.
5. 의회가 설립되면 모든 사항이 의회에서 찬반의 토론을 거친 후에 양편 주장을 참작하여 결정되므로 인민의 주장이 충분히 반영되어 절대다수의 인민에게 유리하게 결정되기 때문에 인민에게 한없이 유리하고 有助하게 된다.
6. 의회가 설립되면 모든 일이 의회에서 공개적으로 토론되므로 전국 인민이 이를 알게 되고 모든 사람들이 각기 자기 의견에 따라 발언하여 參政을 하게 되며, 나랏일을 내 일과 같이 생각하게 되어 정부와 국민 사이에 종래 없던 소통이 생겨나서 나라 사랑하는 마음이 전보다 배가 된다.
7. 의회가 설립되면 국민과 정부가 相合하게 되고, 나랏일이 모두 공평하게 결

369 『독립신문』, 제3권 제51호, 1898년 4월 30일자 「논설」 참조.

정되는 것을 외국들이 보게 되면 외국들이 감히 대한을 능멸한다든지 침범하려 한다든지 실례되는 일은 하지 못하게 된다.

여기서 윤치호 등 독립협회에서 구상한 의회는 처음부터 하원下院을 설립하는 것이 아니라, '양원제'를 전제로 하여 먼저 독립협회 회원 중심의 상원上院을 개설한 다음 점차로 하원까지 개설하려는 것이었다.[370]

독립협회는 이러한 그들의 주장을 널리 계몽해오다가 1898년 7월 3일 한국 역사상 처음으로 상소문에서의 한문전용 관습을 깨뜨리고 국한문혼용으로[371] 윤치호 등이 국왕에게 상소하여 정식으로 의회원議會院 설립을 간곡하게 제의하였다.[372] 이 상소에서 그들은 ① 동양사상에서도 사람을 쓸 때에는 일용일거一用一去 간에 나라 사람의 의론을 반드시 존중하며, ② 유럽 열국은 전제정치일지라도 상·하의원을 설립하여 언로를 널리 여는 바, ③ 이것은 만국통용의 규規에 부합하니 대소 정령을 위로는 벼슬아치들로부터 아래로는 서민에 이르기까지 여러 사람에게 두루 물어 다수의 의견을 채택하는 광순박채廣詢博採할 대책을 세울 것을 호소하였다.[373] 이 상소에 대하여 황제는 "말하는 바가 비록 조정의 일을 우애憂愛한 데서 나온 것 같으나 분수를 벗어나서 망론妄論하지 말라"고 하여 부정적 반응을 보였다.[374]

독립협회는 국왕의 비지에 크게 실망하고 다시 상소를 올리기로 결정하

370 『尹致昊英文日記』 1898년 5월 2일조 ; 『독립신문』, 제3권 제98호, 1898년 7월 27일자 「하의원은 급치 안타」 참조.

371 *The Independent*, Vol. 3 No. 78, July 7th, 1898, 'The Memorial of the Independence Club' 참조.

372 『尹致昊英文日記』 1898년 7월 3일조 참조.

373 『上疏存案』, 議政府 편, 제6책, 光武 2년 7월 3일조 ; 『承政院日記』 光武 2년 (음) 5월 21일(양력 7월 9일)조 「中樞院一等議官尹致昊等疏」 참조.

374 『承政院日記』 光武 2년 (음) 5월 21일(양력 7월 9일)조 「中樞院一等議官尹致昊等疏批旨」. "省疏具悉所陳 雖若憂愛朝廷之事 不可出位妄論也."

였다.[375] 독립협회는 7월 12일 재차 상소하여 ① 법률과 장정을 실제로 준수하는 홍범실준洪範實遵, ② 어질고 착한 인재를 다시 선정하는 현량경선賢良更選, ③ 백성의 여론을 널리 채택하는 민의박채民意博採를 거듭 강조하여 이것이 나라와 백성을 구하는 길임을 강경하게 주장하였다.[376]

독립협회는 갑오개혁 때 내각의 부속 자문기관으로 만들어졌다가 당시 고급관료의 대기소처럼 방치되어 있던 중추원中樞院을 의회議會로 개편함으로써 의회를 설립하려고 구상하였다.

정부 내의 소수 개혁파 관료들은 은근히 의회원 설치를 지지했으므로 수구파들도 독립협회의 의회설립 제안을 전적으로 무시하지 못하고 무마책으로서 중추원 개편 준비를 하면서, 7월 13일 우선 독립협회 회원 중에서 윤치호尹致昊 · 이건호李建鎬 · 윤하영尹夏榮 · 정교鄭喬 등을 의관으로 포함한 신임 의관 40명을 임명하였다.[377] 그러나 독립협회는 이러한 호도책으로서의 중추원 의관 개임改任으로 독립협회의 요구를 무마하려 하고, 교체된 구의관보다 조금도 나을 것 없는 신임 의관을 임명하여 종래 없던 봉급까지 주는 것은 낭비임을 지적하면서, 명실상부한 의회설립을 내용으로 한 중추원 개편을 요구하였다.[378]

독립협회가 주장한 것은 의회 설립에 의해 국민에게 참정권을 주고 전제군주정체를 입헌대의정체로 개혁하려는 것이었다.[379] 그들은 정체를 개혁하여 정부가 국민에 대해 책임을 지는 정치를 해야 하며, 곧바로 하원下

---

375 『尹致昊英文日記』 1898년 7월 10일조 ; *The Independent*, Vol. 3 No. 83, July 19th, 1898, 'Another Memorial of the Independence Club' 참조.

376 『承政院日記』 光武 2년 (음) 6월 초2일(양력 7월 20일)조 「前中樞院議官尹致昊等疏」 참조.

377 『官報』 제1000호, 光武 2년 7월 13일조 참조.

378 『독립신문』, 제3권 제89호, 1898년 7월 16일자 「이게 중추원 조직인지」 참조.

379 *The Independent*, Vol. 3 No. 86, July 26th, 1898, 'The Signs of the Times' 참조. 여기서 그들은 수구파의 지지를 받는 전제군주제를 통렬히 비판하고, 사소한 미봉적 개혁으로는 나라를 구할 수 없으므로, 독립협회의 주장을 따른 전면적 政體改革이 있어야 한다고 주장하였다.

院을 만드는 것은 아닐지라도, 양원제를 전제로 하고 우선 독립협회를 주체로 한 상원上院 의회를 설립해야 정체개혁이 가능하다고 주장했으며, 독립협회의 유용성과 책무가 막대하다고 강조하였다.[380]

수구파는 다시 9월 7일 독립협회의 이건호李建鎬 등을 중추원 의관으로 재임하고,[381] 9월 24일에는 종래와 같은 자문기관으로서의 중추원 의회를 개원하였다.[382] 그러나 독립협회는 이러한 미봉책에 만족하지 않고 계속하여 중추원을 명실상부한 의회원으로 개편할 것을 주장하였다. 민영환閔泳煥 등 개혁파 관료들은 독립협회의 의회설립운동을 적극적으로 지원하였다.[383]

독립협회의 의회설립운동은 독립협회와 황국중앙총상회가 연합하여 인화문 앞 철야 상소시위로 7대신 규탄과 개혁파 정부 수립을 요구한 결과 10월 10일~12일 7대신이 해임되고 개혁파 정부가 수립되자 급진전되기 시작하였다.

독립협회는 10월 12일 개혁파 정부 박정양내각이 수립되자 독립협회와 정부 각 대신이 일자를 정하여 합석해서 '이국편민利國便民'할 방도를 협의하자고 개혁파 신정부에 서한을 보내기로 결의하였다.[384] 독립협회는 이튿날인 10월 13일 이건호李建鎬·한치유韓致愈·남궁억南宮檍 등을 총대위원으로 선출하여 의정서리 박정양朴定陽에게 공한을 발송하고 의회설립을 위한 협의를 하고자 하니 시일과 장소를 지정하여 회시해줄 것을 요청

380 *The Independent*, Vol. 3 No. 87, July 28th, 1898, 'The Utility of the Independence Club' 참조.

381 『官報』 제1051호, 光武 2년 9월 10일조 참조.

382 『皇城新聞』, 제1권 제18호, 1898년 9월 26일자 「雜報(樞院實施)」 참조.

383 『독립신문』, 제3권 제145호, 1898년 9월 22일자 「잡보(개명한 민씨)」 참조. 閔泳煥은 독립협회의 皇室護衛外人部隊 창설 저지운동을 적극적으로 지지하면서, 이와 함께 독립협회의 의회설립운동을 권고하고 지원했으며, 정부각료 중에서 가장 적극적으로 독립협회를 지원하고 改革自强政策의 실현을 주장한 관료였다.

384 *The Independent*, Vol. 3 No. 122, October 18th, 1898, 'A Forward Movement' 참조.

하였다.[385]

이에 대하여 10월 14일 박정양은 '10월 15일 오후 4시 정부에서' 여러 대신과 독립협회 총대위원이 회동하자고 회답해왔다.[386] 독립협회는 10월 15일 사무소에서 임시회를 개최하고 '조규條規 2안'을 작성하여 보고한 다음, 총대위원으로 남궁억南宮檍·홍정후洪正厚·유맹劉猛·안녕수安寧洙·박언진朴彦鎭 등 5명을 선출하여 개혁파 신정부와 협상하도록 하였다. 독립협회 총대위원들은 '조규 2안'을 가지고 돈례문敦禮門 안의 정부에 들어가서 각부 대신들과 의회설립 및 내정개혁을 위한 협상을 시작하였다.[387] 이날 독립협회측과 정부측의 협상은 매우 화기애애한 분위기 속에서 진행되었다. 『대한계년사』가 묘사한 이날의 협상 정경을 옮겨보면 다음과 같다.[388]

이에 협회 총대위원들이 순검을 따라 정부에 들어갔다. 승당陞堂 제대신들이 기립하여 상접하고 자리를 먼저 청하여 수차례 서로 사양한 후 제대신들이 먼저 앉은 후에 협회 총대위원 등이 대좌하였다.

외부대신 박제순 왈 : "총대위원 중 누가 먼저 발언하겠는가? 정부측은 내가 총대總代이다."

낭궁억 왈 : "언사言辭로써 상의하고자 하면 상좌相左의 염려가 있는 고로 서록書錄으로 만들어왔다."

박제순 왈 : "더욱 좋다."

박제순이 조규 2안을 의정서리 박정양에게 전하였다. 그 조규 2안은 다음과 같다.

제1조 법률 소정所定한 이외에 남가목濫加目한 잡세는 일체 혁파할 사.

제2조 중추원을 경위更爲 조직하되 관제는 독립협회 회원 중 공평 정직한 사

385 『大韓季年史』(상), p.260 참조.

386 『皇城新聞』, 제1권 제36호, 1898년 10월 17일자 「雜報(政府復札)」 참조.

387 『매일신문』, 제1권 제145호, 1898년 10월 17일자 「別報」 참조.

388 『大韓季年史』(상), pp.261~263 참조.

람으로 총대위원을 선정하여 회동 의정할 사.

一. 의관議官은 반수는 정부에서 천선薦選하고, 반수는 독립협회에서 투표 천선하여 상주한 후에 봉칙奉勅 서임敍任할 사.

一. 의장은 정부 소천인所薦人 중으로 하고 부의장은 회원 중 소천인으로 하되 제諸 의관이 투표 선정할 사.

一. 장정은 외국 의원규칙議院規則을 의방依倣하여 해원該院에서 기안하여 정부에 경의한 후 재가하심을 승承하여 시행할 사.

의정서리 박정양朴定陽이 상견詳見한 후 제 대신이 돌려가며 보기를 마쳤다.

남궁억 왈 : "의안議案을 이미 윤감輪鑑하였은즉, 여러분의 의향을 말해달라."

박정양 왈 : "양조兩條가 모두 좋다."

박제순 왈 : "매우 좋다. 만약 좋지 아니하면 어찌 수치受置할 리가 있겠는가."

군부대신 민영기 왈 : "가부可否인즉 정부 각 대신이 난상爛商해서 정해야 할 것이다."

홍정후 왈 : "전일前日에 혹 협회에서 청원을 하면 정부는 매번 지체하는 고로 이번 일은 회중에서 기한期限 일자를 정하자는 의논이 있었다."

박제순 왈 : "회중會中은 이미 상의商議가 되었으니 속速하겠지만, 정부는 불가불 다일多日 상의한 후에 정할 것이다."

박정양 왈 : "일주일로 기한을 삼으면 어떤가."

안녕수 왈 : "오백 년 내에 관민 간에 상대하여 논의하기는 초유의 일이다. 십분十分 정당停當(여유)을 두고 그 가부를 말해달라."

박제순 왈 : "각 원이 모두 말하는 것은 극히 번다한 것 같으니 청컨대 일원一員이 오직 말해주기 바란다."

박언진 왈 : "회원은 각각 언권이 있기 때문에 그러한 것이다. 또한 한 사람의 말이 미진한즉 각 원이 대신 설명하는 것이다."

농상공부대신 민병석閔丙奭 왈 : "모레 월요일에 회의해서 서한으로 답송하는 것이 좋을 것 같다."

박언진 왈 : "총대위원 입래入來 후에 제諸 회원이 아직도 이를 고대하고 있을 터이니 가부간에 어떤 회답이 있어야 하지 않겠는가."

박제순 왈 : "오는 일요일 안으로 귀정歸正 회답할 것이다."

박정양 왈 : "서書 중에 혹 개정되는 사事도 있을 것이다."

남궁억 왈 : "백성이 다일多日 상의하여 이제 이 의안을 정程한 것이다. 제1조는 단거單擧라 다시 논할 필요가 없을 것이고, 제2조는 여러 항목이 있어 그중 만약 기이지론歧貳之論이 있으면 다시 질정質定하여 미리 통촉하기 바란다. 백성의 원억寃抑이 쌓인 지 오래다. 이것이 이 지경에 이른 그 사정을 상세히 통촉해서 비록 일조사一條事라도 변개變改하지 말고 민원을 준시准施해주기 바란다."

민영기 왈 : "금일 당석當席에 갑자기 결정할 수는 없으나 관민官民이 상대相對한 예는 전에 없던 일인 고로 정부도 역시 다시 회의하여 난상爛商해서 결정할 것이다. 그리고 회중會中에서 백성과 나라의 일을 위하여 크게 애를 쓰니 극히 치하할 일이다."

여기서 독립협회가 요청한 것은 '의회의 설립the formation of Assembly' 이었으며, 이를 통해서 '정체개혁의 새로운 요소를 도입introducing a new factor of politics in Peninsula' 하려 한 것이었다.[389]

독립협회와 개혁파 정부가 순조롭게 의회개설을 준비하는 동안 수구파들은 곧 반격을 시작하였다.

황국협회 회원들은 10월 16일 박정양의 집에 몰려가서 총대위원을 보내어 독립협회와 황국협회가 다 같은 민회인데 어째서 독립협회만 상대하여 의논하느냐며 항의하고 그의 사직을 요구하였다.[390]

한편 황제 고종은 10월 17일 독립협회에 적대적인 조병식趙秉式을 의정부 찬정으로 임명하여 수구파를 재기용하기 시작하였다.[391] 또한 10월 20일에는 독립협회를 겨냥하여 언론과 집회의 자유를 제한하고 이차개회離次開會를 금지하는 칙서를 내렸다.[392] 뿐만 아니라 독립협회의 비판으로 사직했던 전 의정부 참정 윤용선尹容善을 10월 20일 의정에 임명하였다.

---

389 *The Independent*, Vol. 3 No. 122, October 18th, 1898, 'A Forward Movement' 참조.

390 『독립신문』, 제3권 제167호, 1898년 10월 18일자 「잡보(황국협회)」 참조.

391 『承政院日記』 光武 2년 (음) 9월 초3일(양력 10월 17일)조 「詔」 참조.

392 『承政院日記』 光武 2년 (음) 9월 초6일(양력 10월 20일)조 「詔」 참조.

그러나 독립협회가 10월 20일부터 경무청 문 앞에서 철야 대죄 시위를 하면서 언론과 집회의 자유를 제한하는 황제 고종의 조칙에 항의하고, 재진출하는 수구파 대신들을 규탄하자, 고종은 독립협회의 언론과 집회의 자유권 수호운동의 완화를 위해서도 중추원관제中樞院官制 개정이 불가피함을 알게 되었다. 고종은 의정부 찬정 박정양을 참정으로 승진 발령하는 동시에 중추원 의장에 한규설韓圭卨, 부의장에 윤치호尹致昊를 임명하고, 중추원관제 중에 고칠 곳이 많이 있으니 의장·부의장을 초치招致하여 상의 개정하라고 조詔를 내렸다.[393]

이에 부의장 윤치호는 독립협회측의 대표를 겸하여 정부에 들어갔다. 이때 정부는 정부자문기관으로서의 중추원관제 개정안을 별도로 만들어 독립협회측의 동의를 구하고자 하였다. 정부대신과 한규설·윤치호가 합석하게 되자 정부대신들은 정부가 기초한 중추원관제를 내보였다. 그러나 독립협회측에서 볼 때 그것은 백성들의 의사를 널리 채택하는 광채민의廣採民議의 한 조항이 충실치 못한 불완전한 것이었다. 여기서 윤치호와 여러 대신 사이의 대화 내용을 보면 다음과 같다.[394]

> 윤치호 왈 : "이 초안으로써 시행할 것인가?"
> 제諸대신 왈 : "이 관제에 대하여 협회에서 상확商確하여 가감한 후에 오늘 오후 4시를 기한하여 회답해달라."
> 퇴거하려 하는데 제 대신 왈 : "중추원을 실시하면 협회는 없어질 것인가."
> 윤치호 답왈 : "중추원 조직이 민회의 유무와 무슨 상관이 있는가? 만약 중추원의 실시하는 정령이 공평 정직하면 협회는 흔쾌히 기쁘게 찬양하고 개명진보開明進步에 종사할 것이다. 협회가 정치의 득실을 논하는 것은 또한 부득이한 데서 나오는 것이다."

393 『承政院日記』 光武 2년 (음) 9월 초9일(양력 10월 23일)조 「詔」 참조.

394 『大韓季年史』(상), p.272.

독립협회는 10월 24일 정부의 중추원관제 개정안을 검토한 다음 이것이 불만스러우므로 독립협회의 독자적 중추원 개편안을 작성하여 정부에 제출하기로 결정하였다.[395] 회중은 평의원으로 하여금 중추원관제 개편안을 작성하도록 위임했으므로 이상재李商在 · 이건호李建鎬 · 정교鄭喬 등 3인이 모여 독립협회의 독자적 중추원관제 개편안을 작성하였다. 10월 24일 회장 윤치호는 독립협회의 개정안을 정부에 제출하였다.[396] 독립협회측의 상원설립안으로서의 중추원관제 개편안 내용은 다음과 같았다.[397]

제1조 중추원은 의정부의 자순諮詢을 응하며 중추원 건의를 위하여 좌개左開 사항을 심사 의정하는 처소處所로 함.

一. 법률칙령안法律勅令案

二. 의정부에서 경의상주經議上奏하는 일체 사항

三. 중추원에서 임시 건의하는 사항

四. 인민헌의人民獻議를 채용하는 사항

제2조 중추원은 좌개 직원으로서 합성合成함. 의장 1인, 부의장 1인, 의관議官 50인 주임奏任 반수는 독립협회에서 회원으로 투표 선거함. 참서관參書官 2인 이하 주임. 주사主事 4인 이하 판임判任

제3조 의장, 부의장은 칙임勅任이고 의관議官은 주임으로 하되 등급은 무無함. 단 칙임은 의정議政이 봉칙서임奉勅하고 주임은 의정이 상주서임上奏敍任함

제4조 의장 부의장 및 의관의 임기는 12개월로 정함

제5조 의장은 중추원에 속하는 일체 사무를 총괄하고 또 중추원에서 발發하는 일체 공문에 명名을 서署함. 부의장은 의장의 직무를 보좌하여 의장이 사고事故 유有한 시는 그 직무를 대리함

제6조 참서관은 의장의 지휘를 승承하여 중추원의 서무를 장掌함

제7조 주사는 상관의 지휘를 승하여 서무에 종사함

제8조 의정부와 중추원에서 의견의 불합不合하는 시는 부원府院이 합석 협의

---

395 『제국신문』, 제1권 제65호, 1898년 10월 26일자 「잡보」 참조.

396 『大韓季年史』(상), pp.272~273 참조.

397 『皇城新聞』, 제1권 제44호, 1898년 10월 26일자 「雜報(樞院改案)」.

하여 타당가결妥當可決한 후에 시행함

제9조 국무대신이 위원을 명하여 그 주임主任하는 사항으로 의정부의 위원이라 하여 중추원에 지至하여 의안의 이취理趣를 변명辨明케 함

제10조 국무대신 및 각 부 협판은 중추원에 내회來會하여 의관議官되어 열석列席함을 득得하나 단 그 각 주임 사항으로는 결의하는 원員 수에 가加하지 못함

제11조 본 령은 반포일로부터 시행함

광무 2년 10월 24일

독립협회 대표위원 윤치호尹致昊 · 이상재李商在 · 정교鄭喬 · 이건호李建鎬

정부 제諸대신들은 독립협회의 중추원관제 개편안을 돌려본 다음 대체로 좋다고 하였다.[398] 그러나 의관에 대해서는 황국협회도 역시 동등하게 보아야 하므로 민선民選 의관의 반수를 주어야 한다고 이의를 제기하였다. 독립협회는 독립협회가 주도하는 의회를 설립하여 국정 전반의 개혁을 단행하려고 했으므로 중추원 의관 50석 중 민선 의관 25석을 모두 독립협회에서 가져 과반수 의석을 확보하려고 하였다. 따라서 독립협회로서는 민선 의관 25석의 일부를 황국협회에 줄 수 없는 처지에 있었다.[399] 여기에서 황국협회를 참가시키는 문제가 다음과 같이 거론되었다.[400]

윤치호 왈 : "비록 일시인민一視人民할지라도 선택하면 어찌 그 우열을 보지 않을 것인가."

대신 왈 : "무엇으로써 누가 선善하고 누가 부否한가를 알 것인가."

윤치호 왈 : "독립협회는 설립한 지 이미 오래인즉 가히 그 전후 사업의 선부善否를 알아서 선택할 수 있을 것이다. 황국협회는 무슨 뚜렷한 업적이 있는가."

대신 왈 : "만약 정부와 독립협회 및 황국협회의 양회인兩會人의 일을 논할 때에

---

398 *The Independent*, Vol. 3 No. 126, October 27th, 1898, 'The Privy Council' 참조.

399 『제국신문』, 제1권 제65호, 1898년 10월 26일자 「잡보」 참조.

400 『大韓季年史』(상), p.273 참조.

그 곡직曲直이 어떠한가를 말하면 편당偏黨이 될 것이다."

윤치호 왈 : "만약 황국협회의 업적을 볼 수 있다면 선택의 가부를 논할 것은 없다. 금춘今春 이래 독립협회는 다만 정부와 더불어 일을 논의해보고자 바랐을 뿐이다. 중추원에 들어가고 아니 들어가는 것은 부운浮雲이나 유수流水와 같이 알고 있다. 황국협회 회장으로서 중추원 부의장을 삼고 독립협회에 의관議官 반수를 모두 허락하든지 아니면 황국협회 사람으로만 의관 반수를 택정擇定하고 독립협회에게는 정령政令의 득실에 관한 언권을 허락하든지 해달라."

대신 왈 : "이 역시 불가하다. 독립협회의 업적은 적지 않으니 어찌 빠뜨릴 수 있겠는가."

독립협회측은 그들이 반수 의석을 갖고자 했으나 대신들은 상의 후 이를 황제에게 묻기로 하였다. 황제 고종은 일시지하一視之下에 한쪽만 볼 수 없으니 민선 의관 25석 중 17석만 독립협회에 허락하도록 하라고 명령을 내렸다.[401] 윤치호는 회장에게 전권이 없으므로 다시 회중에게 물어보고 회답하겠다고 말하고 돌아왔다. 독립협회는 10월 25일 다시 상소를 올려 해임된 대신들인 심상훈沈相薰·민영기閔泳綺 등이 궁정에 드나들면서 여전히 국정개혁을 방해하고 있으며, 이인우李寅祐·민경식閔景植·장봉환張鳳煥·길영수吉泳洙·민강호閔康鎬·최병주崔秉周 무리 십 여명이 서로 결탁하여 궁정을 출입하면서 오로지 남을 헐뜯고 뇌물만 도모하고 있다고 황국협회 계통의 수구파들을 규탄하였다.[402]

한편 같은 날 윤치호는 정부대신과 더불어 중추원 의관의 건을 회중에게 보고하였다. 전규환田圭煥(전 軍器僉正)이 동의하기를, 만일 독립협회의 중추원관제 개편안에 의거하여 시행되면 독립협회는 그대로 봉행奉行하고, 만약 독립협회의 관제안대로 시행되지 아니하면 독립협회는 중추원에

401 『大韓季年史』(상), pp.273~274 참조.

402 『承政院日記』 光武 2년 (음) 9월 11일(양력 10월 25일)조「中樞院副議長尹致昊等疏」 참조.

참여하지 말자고 제안하였다. 전규환의 제안이 가결되어 이날 밤 윤치호는 정부에 들어가서 이 결의 내용을 전달하였다.[403] 여러 대신들은 한마디 말도 없이 앉아서 서로 바라보기만 하였다. 황제가 윤치호를 불러 "중추원 조직 때에는 반드시 충진독경忠盡篤敬하고 지식문견知識聞見이 있는 사람을 특별히 발탁하여 그 효과가 있게 하라"고 말하였다. 윤치호는 다시 독립협회의 결정한 일을 거듭 말했으나 여러 대신들은 역시 가부를 말하지 않았다. 윤치호는 부회장 이상재(당시 의정부 총무국장으로 정부에 있었음)와 의논한 다음 다시 여러 대신에게 출석하여 다음과 같이 말하였다.[404]

윤치호 왈 : "독립협회가 처음에 반수의 의관을 청한 것은 일개인의 사私를 위한 것이 아니라 공을 위한 본의에서 나온 것이다. 만약 반수를 허락하지 않으면 결코 의관이 되지 않을 것이다. 비록 선택되지 않더라도 원망할 의사는 없다. 황국협회 중에서 의관 반수를 전원 선출케 함이 좋을 것이다."

제 대신은 즉각 황국협회 회장 이기동李基東을 초치하여 물었다.

제 대신 왈 : "황국협회의 의향은 어떤가?"

이기동 대왈 : "독립협회와 황국협회의 양회는 비록 설립에 선후의 차이가 있지만 회이기는 일반이다. 의관을 선택한 수는 양회가 균등한 것이 가하다."

의정부 참정 박정양 왈 : "독립협회는 전혀 참여하기를 원치 않는데 황국협회에서 반수를 담당하여 정부와 더불어 국사를 논의하는 것이 어떤가."

이기동이 난색을 띠는 듯하며 묵묵히 앉아 있다가 한참만에 왈 : "삼가 물러가서 회중에 물어보고 상의 결정하여 3일 후에 다시 내고來告하겠다."

윤치호 왈 : "이것은 그렇게 지연할 일이 아니니 당석當席에서 결정하는 것이 무슨 어려운 일이 있겠는가."

박정양 왈 : "속히 질언해보라."

이기동 왈 : "지금 곧 회중에 가서 난의爛議해보겠다. 만약 25인 중 비록 1인이라도 천염薦剡에 불합하면 본 회는 다시 의관 선택에 간섭하지 않겠다. 모레

---

403 *The Independent*, Vol. 3 No. 126, October 27th, 1898, 'The Privy Council' 참조.

404 『大韓季年史』(상), p.276 참조.

오후 3시에 환고還告하겠다."

이 정부 · 협회 연석회의가 있은 후 10월 27일 이기동은 '불능'이라 회고回告하였다. 황국협회는 단독으로 중추원을 담당할 자신이 없었던 것이다.

독립협회는 황국협회가 단독으로 중추원을 담당할 능력이 없음을 잘 알고 있었기 때문에 의석의 반수를 독립협회가 전담하여 독립협회가 주도하는 의회원을 개설할 수 있다고 본 것이었다. 이제 독립협회의 주도하에 오랫동안의 숙원이던 의회 설립이 가능하게 되었다.[405] 외국공사들도 한국인들이 언론의 자유를 획득하고 이제 '일반보통선거popular election'에 의한 '입법부의 확립the establishment of legislative body'을 가져올 수 있는 '일종의 국민의회a sort of Popular Assembly'의 개설을 보장받는 데 실질적으로 성공했다고 다음과 같이 자기들의 본국에 보고하였다.

> 이제 나는 그들〔독립협회—인용자〕이 언론의 자유를 인정하는 조칙을 획득하는 데 성공했고, 또 그들이 행정부의 반대파들을 강제로 해임시키는 성공적 운동 후에 일반보통선거popular election에 의하여 입법부를 설립the establishment of legislative body할 수 있는 일종의 국민의회a sort of Popular Assembly를 보장받는 데 실질적으로 성공했음을 보고한다. 독립협회는 의원의 반수를 독립협회가 지명하는 사람들로 구성하는 중추원의 개편을 요구했으며, 이 협회는 중추원의 활동을 결정하는 규칙을 작성하는 일을 주도할 것으로 전망된다.[406]

---

405 『駐韓英國領事館報告*Reports and Communication from the British Consul in Seoul*』 1898년 11월 12일조 「機密報告書」 제108호에서는, 독립협회가 中樞院을 개편하여 折半國民議會(semi-popular assembly)를 설립하고, 그 議員의 半數를 획득하는 데 성공했다고 보고하였다.

406 『駐韓美國公使館報告*Communications to the Secretary of State from U.S. Representatives in Korea*』, H. N. Allen, No. 154, 1898년 10월 27일조 'Recent Actions

또한 주한 영국 총영사는 독립협회가 중추원을 개편하여 절반국민의회折半國民議會(semi-Popular Assembly)를 설립하고 그 의원의 반수를 획득하는 데 성공했다고 자기 나라에 보고하였다. 영국측이 이를 '절반국민의회'라고 한 것은 당시 영국 의회제도에 의거하면 '국민의회'는 하원으로서 민선으로만 구성되고, 상원은 국왕과 정부의 지명의원으로 구성되는데, 한국의 개편되는 중추원은 의원의 절반을 민선의원으로 구성하기 때문에 상원보다는 국민의회에 더 가깝고, 하원의 국민의회체제에서 볼 때는 절반만이 해당하는 국민의회체제의 상원제도라고 보았기 때문이었다.

독립협회는 의회설립운동이 독립협회의 구상대로 급진전되자 관민공동회官民共同會를 개최하여 국정개혁의 대강령을 결의하고 개혁정책의 실시를 강력히 추진하려고 하였다. 독립협회가 주최한 관민공동회가 10월 28일부터 11월 2일까지 종로에서 개최되어 대성공리에 끝나고 개혁파 정부가 민중의 지지 위에서 개혁정책을 단행할 수 있게 되자 개혁파 정부는 의정부 참정 박정양朴定陽의 이름으로 11월 2일자의 다음과 같은 상원설립법(의회설립법)으로서의 중추원신관제中樞院新官制를 11월 3일 황제의 재가를 얻어[407] 11월 4일 공포하였다.[408]

---

Taken by the Independence Club of Korea' 에서는 다음과 같이 보고하였다. "I now have the honor inform you that they have succeeded in obtaining a decree granting freedoms of speech, and they have practically succeeded in securing a sort of Popular Assembly which, it is thought, may lead to the establishment of legislative body by popular election after the successful movement to compel the dismissal of the objectionable members of the cabinet, this Club made a demand for a reorganization of the Privy Council to be composed of members, half of whom should be appointed by the Independence Club which Club would further take the lead in drawing up regulations to govern the actions of the Privy Council."

407 『尹致昊英文日記』 1898년 11월 3일조 참조.

408 『奏議』, 議政府 편, 제24책, 光武 2년 11월 2일조 「奏本」 제234호 '中樞院官制改定勅令案' 참조.

제1조 중추원은 좌개左開 사항을 심사 의정하는 처소로 할 사

一. 법률칙령法律勅令 제정, 폐지 혹 개정에 관한 사항

二. 의정부에서 경의經議 상주上奏하는 일체 사항.

三. 칙령을 인因하야 의정부로서 자순諮詢하는 사항.

四. 의정부로서 임시 건의에 대하여 자순하는 사항.

五. 중추원에서 임시 건의하는 사항.

六. 인민의 헌의獻議하는 사항

제2조 중추원은 좌개 직원으로서 합성할 사

의장 1인, 부의장 1인, 의관議官 50인, 참서관參書官 2인, 주사主事 4인

제3조 의장은 대황제폐하께서 성간聖簡으로 칙수勅授하시고, 부의장은 중추원 공천을 인因하여 칙수하시고, 의관 반수는 정부에서 국가에 노이勞勩가 증유曾有한 자로 회의 주천奏薦하고 반수는 인민협회에서 27세 이상 인人이 정치 법률 학식에 통달한 자로 투표 선거할 사

제4조 의장은 칙임勅任 1등이요, 부의장은 칙임 2등이요, 의관은 주임奏任이니 서등敍等은 무無하고 임기는 각기 12개월로 정할 사

단 의관 기만期滿하기 전 일삭一朔에 후임 의관을 예선할 사

제5조 참서관은 주임이요, 주사는 판임判任이니 서등은 일반관리와 동同할 사

제6조 부의장은 중추원 통첩을 대待하여 정부로서 상주하여 조칙詔勅으로 임명하심을 참준叅竣하고, 의관은 정부에서 상주 서임하고, 참서관은 중추원 천첩薦牒을 대待하여 정부에서 주임하고, 주사는 의장이 경의전행經議專行할 사

제7조 의장은 중추원에 대소 사무를 총할하고 일체 공문에 서명할 사

제8조 부의장은 의장의 직무를 보좌하고 의장이 유고한 시는 그 직을 대판代辦할 사

제9조 참서관은 의장 및 부의장의 지휘를 승承하여 서무庶務를 장掌할 사

제10조 주사는 상관의 지휘를 승하여 서무에 종사할 사

제11조 중추원에서 각항 안건에 대하여 의결하는 권權만 유有하고 상주上奏 혹 발령發令을 직행直行치 못할 사

제12조 의정부와 중추원에서 의견이 불합하는 시는 부원府院이 합석 협의하여 타당가결妥當可決한 후에 시행하고 의정부에서 직행함을 득得치 못할 사

제13조 국무대신國務大臣이 위원委員을 명命하여 그 주임하는 사항으로 의정부의 위원이라 하여 중추원에 지至하여 의안의 이취理趣를 변명辨明할 사

제14조 국무대신 및 각 부 협판協辦은 중추원에 내회來會하여 의관되어 열석列席함을 득得하나, 단 그 주임 사항으로는 의결하는 원수員數에 가加하지 못할 사

제15조 개국 505년 칙령 제24호 중추원관제는 본 관제 반포일로부터 폐지할 사

제16조 본 관제 제3조 중 인민선거는 현금간現今間에는 독립협회로서 행할 사

제17조 본령은 반포일로부터 시행할 사

광무 2년 11월 2일 봉칙奉勅

의정부 참정 박정양朴定陽

이 중추원관제는 독립협회가 10월 24일 제의한 중추원 개편안과 큰 차이가 없는 것이었다. 독립협회의 중추원 개편안은 정부의 중추원 신관제(상원설립법)에 거의 그대로 충분히 반영되었다. 약간 다른 점이 있다면 독립협회의 중추원 개편안에서는 민선의관 25명을 선출하는 사회단체를 독립협회로 고정시킨 데 대하여 정부의 중추원관제에는 이것을 인민협회로 개정하여 다른 사회단체의 참가의 길을 열어 놓고 제16조에 당분간 독립협회가 대행하도록 한정했으며, 의원의 피선거권 자격을 규정하고 있는 점 정도이다.

이 중추원관제에 의하면 반수의 의관 선거만 잠정적으로 독립협회가 대행할 뿐 중추원의 기능과 역할은 근대민주주의 국가의 의회(상원)의 직능을 모두 갖추도록 한 것이었다. 즉 중추원은 ① 입법권, ② 칙령제정 · 개폐권, ③ 조약비준권, ④ 행정부의 정책에 대한 동의권, ⑤ 동의권을 통한 사실상의 감사권, ⑥ 행정부 건의에 대한 자순권, ⑦ 건의권 등을 갖추게 되었다. 이것은 국정의 모든 중요 사항의 결정을 중추원을 거치고 그 동의를 얻어야 하도록 만든 것이었다.[409]

409 *The Independent*, Vol. 3 No. 126, October 27th, 1898, 'The Privy Council' 에서는, 이

의정부 참정 박정양은 이 중추원관제(상원설립법)를 공포함과 동시에 11월 4일 독립협회에 서한을 보내어 중추원관제가 반포되었으니 중추원관제 제3조와 제16조에 의거하여 독립협회에서 다음 날까지 25명의 의관議官을 선거하여 명단을 보내달라고 요청하였다.[410] 이것은 독립협회의 대승리였다. 이제 독립협회가 오랫동안 꿈꾸어오던 독립협회 주도의 의회(상원)설립이 가능하게 되었다. 독립협회는 11월 5일 독립관에서 투표에 의한 중추원 의관 선거 실시를 11월 4일 공고하였다.[411]

그러나 수구파들은 바로 중추원관제가 공포된 그날인 11월 4일 소위 '익명서匿名書' 사건을 조작하여 전격적으로 독립협회 지도자 17명을 구속했으며, 황제는 독립협회를 혁파하라는 조칙을 내리고 중추원관제의 실시를 중단시켰다. 독립협회는 이에 의회설립을 뒤로 미루고 우선 17명의 지도자 석방과 독립협회 부설을 위한 투쟁을 전개하지 않으면 안 되게 되었다.

## 13. 맺음말

독립협회의 제3단계의 자주민권자강운동은 나라의 자주독립과 자주민권, 개혁자강을 실현하는 데 큰 성과를 내었다. 이 시기 독립협회의 민족운동은 민중운동으로 전개되어 우선 자주국권을 수호하는 데 크게 기여하였다. 당시 독립협회의 자주민권자강운동으로 가장 큰 타격을 입은 열강은 한국침략을 노리던 제정러시아와 일본이었다. 러시아는 독립협회의 완

---

中樞院新官制가 近代國家의 議會의 기능을 갖춘 것이며, 아직 一般普通選擧를 통하지 않고 독립협회가 代行한다는 의미에서 '折半國民議會(semi-Popular Assembly)'의 성격을 갖고 있다고 설명하였다.

410 『大韓季年史』(상), p.289 참조.

411 『독립신문』, 제3권 제182호, 1898년 11월 5일자 「잡보(투표 특별회)」; 『尹致昊英文日記』 1898년 11월 3일조 및 11월 4일조 참조.

강한 자주국권수호운동으로 한국에 대한 침략간섭정책을 강행하지 못하게 되었으며, 그들의 남하정책南下政策이 좌절당하게 되었다. 독립협회의 러시아 절영도 조차 요구 저지운동, 러한은행 철거 요구, 러시아 재정고문 및 군사교관 철수 요구, 러시아의 목포木浦 · 증남포甑南浦 항구매도港口賣渡 저지운동 등은 제정러시아로 하여금 군사기지의 설치를 한국으로부터 만주 요동반도로 이동하지 않을 수 없게 만들었다.

한편 일본은 독립협회의 자주민권자강운동으로 말미암아 이미 얻은 이권利權도 실현하지 못하게 되었으며, 절영도 석탄고기지도 환수당하게 되었다. 이 시기에 일본은 여러 차례 이권침탈을 시도했으나 독립협회의 완강한 반대운동으로 모두 실패했으며, 한국에 대한 침략간섭정책이 전면적으로 좌절당하게 되었다. 이 시기 독립협회의 자주민권자강운동은 한국을 속국화하려고 노리던 러시아와 일본의 두 침략세력의 시도를 민중의 힘으로 물리치고 나라의 자주독립을 지키는 원동력이 되었다.

또한 독립협회의 자주국권수호와 이권반대운동은 당시 이권침탈에 여념이 없던 미국 · 독일 · 영국 · 프랑스 등 열강에게 그 이전에 이미 양여된 이권 외의 더 이상의 이권침탈을 허용치 않음으로써 자주독립을 강화하는 데 크게 기여하였다. 독립협회가 존속하고 있을 때 열강은 그 이전에 이미 양여된 이권 이외에는 더 이상의 이권침탈을 하지 못하였다.

이것은 청국의 경우와는 극히 대조적이었다. 청국은 1898년 한 해 동안에 열강들에게 집중적으로 이권을 빼겨, 제정러시아가 동청철도東清鐵道 부설권과 그 연선지대沿線地帶의 관리권, 랴오둥반도遼東半島의 조차권租借權, 동청철도 남부선부설권과 그 연선지대의 광산채굴권을 침탈하였고, 독일은 자오저우만膠州灣의 조차권과 자오저우철도膠州鐵道부설권 및 연선지대의 광산채굴권을 침탈했으며, 프랑스가 광둥성廣東省의 광저우만廣州灣을 조차하고 광둥廣東 · 광시廣西 · 윈난雲南의 철도부설권과 광산채굴권을 침탈하였고, 영국이 다시 주룽반도九龍半島의 조차권과 양쯔강楊子江

을 타국에 할양하지 않을 약속을 받아내었으며, 일본도 푸젠성福建省을 타국에 할양하지 않을 약속을 받아내었다. 이 외에 열강은 여기서 다 들 수 없는 무수한 군소 이권을 획득하여 1898년 한 해를 전기로 하여 청국은 열강의 반半식민지로 전락하고 말았다. 대한제국도 1898년 연초부터 제정러시아를 비롯하여 열강의 본격적 이권침탈의 공세를 받아 역시 반식민지 상태로 전락할 위험 속에 있었으나 독립협회의 자주민권자강운동의 힘으로 열강의 이권침탈 공세를 물리치고 자주독립을 강화할 수 있었다.

독립협회의 자주민권자강운동은 또한 당시 백성들의 민권을 신장시키는 데 크게 기여하였다. 독립협회는 백성들에게 자유민권의식自由民權意識을 고취하였고, 양반관료들이 민권을 침해하면 그가 누구든지 가차 없이 고발하여 백성들의 민권을 수호하는 데 전력을 다하였다. 독립협회의 민권운동으로 백성들의 생명과 재산의 자유권이 보편적으로 확고하게 지켜졌으며, 구습대로 백성을 억압하고 민중수탈을 자행하려던 수구파 관료들은 대신들로부터 지방관에 이르기까지 모두 규탄당하였다.

이 시기 독립협회의 민권운동에 의하여 백성이 나라의 주인이라는 의식이 일반화되기 시작했으며, 민주주의사상이 널리 보급되기 시작하였다. 독립협회는 또한 친러 수구파 정부를 붕괴시키고 '하나의 평화적 혁명'과 같이 평화적 시위투쟁으로 박정양을 수반으로 하는 개혁파 정부를 수립하는 데 성공하였다.

독립협회는 백성의 참정권을 주장하고 중추원 개편에 의한 의회설립을 주장하였다. 독립협회의 외회설립운동은 중추원 개편에 의한 상원上院설립법의 제정 공포까지 도달했으나 상원설립 문턱에서 수구파와 황제에 의해 좌절되었다. 독립협회의 의회설립운동은 한국 최초의 것으로서 19세기 말 한국 민족주의와 민주주의 운동의 한 기념비를 세운 것이었다.

또한 독립협회의 자주민권자강운동은 나라의 개혁자강을 실시하는 데 크게 기여하였다. 독립협회의 전면적 개혁자강정책 실시 요구는 개혁파 정부의 정책에는 물론이요, 부분적으로 수구파 정부의 정책에도 영향을 미쳐 독립협회가 존속하고 있던 동안에는 수구파 정부도 내정개혁을 부분적으로 시행하지 않을 수 없었다. 광무 초기의 학교설립과 신교육정책·재정경제개혁·산업개발정책·사회관습개혁 등은 독립협회의 사상과 운동에 힘입은 바 컸다.

이 시기 독립협회의 자주민권자강운동에서 가장 주목해야 할 특징 가운데 하나는 모든 운동이 시민·민중 주도하에 시민·민중운동으로 전개되었다는 사실이다. 독립협회는 이 시기에 만민공동회萬民共同會라는 새로운 운동 형태를 발전시켜 가장 힘겹고 어려운 과제를 시민·민중대회의 힘으로 해결하였다. 독립협회의 공한이나 상소가 큰 효력을 발휘할 수 있었던 것도 그 뒤에 있는 만민공동회와 시민·민중의 힘이 뒷받침되었기 때문이었다. 독립협회의 자주민권자강운동 과정에서 나타난 만민공동회의 성립은 시민·민중의 성장에 의하여 이루어진 새로운 운동 형태로서 한국 근대사에서 획기적인 중요성을 갖는 것이었다.

독립협회의 자주민권자강운동은 19세기 말 한국의 시민·민중에 의한 근대민족주의와 민주주의 개혁운동에 하나의 이정표를 세운 것이었다.

# 찾아보기

ㄱ


가부장적 전제주의 771, 808
가부장주의 770
가브리엘M. S. Gabriel 359
가족관계의 민주화 771
가족제도 770, 808
가치관의 합리화 818
가토 마스오加藤增雄 85, 345, 367, 621, 650
각국 사신회의 576
각국 이권조사와 이권양여 반대 125
갈등집단 762
감리출판소 48, 90
감사권 792
갑신정변 16
갑오개혁 21, 40, 103, 120, 171, 180, 306, 419, 500, 681, 722, 759, 773
갑오 · 을미의병 824
강계江界지회 139
강병책 295
강상기姜相驥 590, 634, 637
강성형姜盛馨 135
강인필姜仁必 135
강찬姜贊 131, 135, 547
강창희姜昌熙 133, 135, 643
강호석姜湖石 133, 135, 643
강화도조약 664
강화석姜華錫 126, 128, 135, 397
개명진보 65, 204, 242, 775
개방체제 730
개신유학改新儒學 136, 176
개신유학적 전통 137
개인 739, 761
개인의 자유권리와 부강 742
개인의 지위와 역할 761, 766
개진협회開進協會 158, 782
개항장 664, 721
개항장 거류지 667
개항장 무역 179
개항장 조계 680
개혁자강사상 182, 266, 818
개혁정강 500
개혁정부 258, 260, 514, 791
개혁정부 수립 요구 425, 700
개혁파 174

개혁파 관료 258, 448
개혁파 정부 440, 448
개혁파 정부 수립 425, 432
개화 204
개화독립파 783
개화자강 208, 759
개화자강독립론 203
개화파 21
개화파 무관 137
개화파 정부 24
건양협회建陽協會 18, 28, 110
결사의 자유 238
결사체 766, 781
결혼의 자유화 299, 771
경광국慶光國 132, 135, 554
경부철도부설권 196, 345
경부철도부설권 양여 412
경선현량更選賢良 요구 129
경성학당京城學堂 151
경원慶源 · 경성鏡城 광산채굴권 195, 342, 754
경의철도부설권 342
경인철도부설권 341
경쟁적 정당체계 783
경축가 220, 745
계몽가 220, 745
계몽사상 224, 820
계엄상태 629, 633
고급관료주도기 117, 119
고등교육 278
고리대부 수탈 198
고무라 주타로小村壽太郎 39, 85, 374
고문제도拷問制度 폐지 227, 419, 764
고영근高永根 131, 177, 545, 553, 563, 584, 590, 602, 608, 637, 642, 646, 655
고영희高永喜 122, 135, 411, 490, 495, 514, 580
고의준 128, 131, 135
고종高宗 375, 389, 413, 424, 427, 435
고종 폐위 266
공개재판 502, 526
공개재판주의 227, 419, 7644
공공 도서관 설립 801
공노비公奴婢 해방 240, 774
공론公論 234, 779
공복公僕 797
공업개발 283
공업기술학교 설립 278
공장제공업 284, 804
공주公州지회 139
공홍식孔洪植 418
공화정 188, 503, 507, 511
공화정 수립 266
공화정치 489, 601
공화제 644, 649, 654
과부 재가 금지 244, 809, 811
과부 재가 금지 관습 폐지 299
과학적 위생제도 815
관광사업 294
관료제 794
관료제 개혁 796
관민공동회官民共同會 129, 164, 188, 340, 458, 481, 488, 497, 507, 514
관상 301
관세關稅 669
관세자주권 200, 755
관인 768
광대 164
광둥성廣東省 광저우만廣州灣 조차 462
광무협회光武協會 151, 489, 782
광무황제 497
광산개발 286
광산노동자 163
광산채굴권 342, 462
광산채굴권 침탈 195
광업과 농업의 개발 805
광제창생廣濟蒼生 179
교동사범학교 151
교육계몽관 747
교육회教育會 159, 489, 782

교전소校典所 78
교통의 발전 293
교통 · 통신의 근대적 발전 806
구관료제 794
구국운동선언 353
구국운동선언상소 352
구사회체제 779
구연소具然韶 120, 122, 135
구완희具完喜 154, 689
구조기능주의 분석방법 725
구조단위 727
구조변동 727
구조분화 789
구조적 변혁 825
구체제 해체 776
국가 740
국가관 186
국권수호 67, 68
국권침탈 265
국권회복운동 662
국기國旗 738, 744
국내시장 668, 717
국문 748
국문 가로쓰기 217, 749
국문 띄어쓰기 36, 70, 215, 749
국문 전용 36, 70, 217, 749
국문 전용 신문 34
국문 조필 104
국문동식회國文同式會 35, 213, 750
국문법 749
국문법 공동연구단체 35
국민 742
국민국가 739
국민수탈 795
국민의 권리 68
국민의 이익 68
국민의 정치참여 793
국민평등권 767
국민의회 457, 458, 787
국민자유권론 770
국민저항권론 770
국민주권 70
국민주권론 246, 767, 770, 823
국민참정 188
국민참정권론 249, 770, 823
국민통합 822
국민평등권론 239, 770, 775, 823
국민협회國民協會 159, 489, 782
국방개혁 요점 296
국부병강 295
국어국문 부흥운동 749
국어문법 34
『국어문법國語文法』 214, 750
국어사전 편찬 749
국어와 국문의 발전 748
국정개혁 결의안 499
국제무역 294
국제세력균형 204, 371, 757, 822
국토 조차租借 755
국토 조차 반대 194, 754
국폐민막國弊民瘼 503
국한문 혼용 217
국회의원선거 509
군국주의 666
군권 187
군대 동원 523, 524, 621, 627
군사고문 및 교관 철환 요구 755
군사권 344
군사권 간섭 199
군사권 간섭 반대 755
군사의 자주 자립 297, 759
굿 301
궁동관립소학교 165
권공장勸工場 279
권문호족權門豪族 240, 773
권병훈權丙勳 135, 211
권위 762
권위 배분 763
권위재權威財 765
권위주의 771, 809

권재형權在衡 114, 122, 135, 322, 490, 495, 514, 562, 580, 598, 641, 791
권정식 149
권중락權重洛 132, 135, 554
권중석權重錫 132, 135, 554
귀속신분 762, 774
귀속신분 철폐 823
귀속주의 775
그레이트하우스Clarence R Great house, 具禮 95, 199, 413, 417
『그리스도신문』 56
근대관료제 796
근대국민국가 186
근대국방론 296
근대민주주의 국가 460
근대시민사회 825
근대정당 782
근대학교 180, 799
근대화 205, 759
근대화사상 818, 824
근대화정책 792
근로 · 노동의 자유권 231, 765
금강산 294
금광채굴권 195, 754
금성당현金城堂峴 403
금성당현 금광채굴권 195, 412, 754
금은복본위제도 292
급진파 645, 654
기관지 178, 780
기기창機器廠 296, 759
기독교인 603
기산도奇山禱 132, 133, 135, 554, 643
기생제도妓生制度 165, 300, 777, 814
기선 운항 293
기술technology 728
기술지체技術遲滯, technological lag 730
기술혁신론 290, 802
기우만奇宇萬 132, 135, 554
길영수吉泳洙 441, 544, 557, 563, 572, 581, 645, 647
김가진金嘉鎭 18, 29, 114, 119, 122, 131, 490, 546, 560
김각현金珏鉉 122, 420
김관제金觀濟 133, 135
김광희金光熙 647
김교림金敎林 692
김교헌金敎獻 131, 135, 159, 553, 643
김구현金龜鉉 128, 130, 135, 389, 511
김규식金奎植 132, 135, 554
김규필金奎弼 590
김규홍金奎弘 562
김규희 122, 123, 135
김기원 150
김낙집金洛集 123, 128, 135, 385, 394
김노완金魯莞 135
김덕구金德九 131, 135, 137, 571, 587
김덕구 만민장 591, 595, 597
김동식金東植 590
김두한金斗漢 552
김두현金斗鉉 128, 131, 135, 386, 398, 422, 511
김면규 150
김명규金明圭 490, 492, 495, 514, 540, 580, 598
김명제金明濟 563, 571, 601, 607, 628
김명준金明濬 132, 135, 554
김명환金明煥 132, 135, 554
김병시金炳始 172, 367
김병일金炳馹 589, 590
김복한金福漢 132, 135, 554
김봉구金鳳九 135, 644
김상범金相範 590
김석항金錫恒 132, 133, 135, 553, 642
김성근金聲根 541
김성진金聲振 123, 135
김승규金昇圭 119, 122, 135
김연근 150
김연식金連植 637
김연창金演昶 524
김영수 131, 135

김영우金永祐 590
김영적金永迪 557
김영준金永準 122, 609
김영진金永鎭 135, 211
김유정金裕定 122
김윤식金允植 132, 554, 681
김인식金寅植 132, 133, 554, 643
김재정金在政 133, 643
김재풍金在豊 121~123, 132, 382, 553
김정근金禎根 511, 514, 551, 572
김정현金鼎鉉 128, 131, 362, 372, 516
김종건金鍾建 570
김종한金宗漢 18, 29, 114, 119, 122, 131, 135, 560, 614, 791
김중환金重煥 121~123, 135, 359
김충섭金忠燮 131, 135, 639
김택영金澤榮 135, 747
김한균金漢均 135
김홍권金鴻權 552
김홍륙金鴻陸 77, 342, 356, 367, 418
김홍륙독차사건毒茶事件 154, 228, 420, 690
김홍집金弘集 17, 681
김홍집내각 18, 24
김효신金孝臣 131, 135

ㄴ

나수연羅壽淵 128, 132, 135, 385, 386, 390, 396, 554
나철羅喆 132, 133, 135, 553, 642
남궁모南宮模 133, 135, 643
남궁억南宮檍 63, 114, 120, 128, 130~133, 177, 211, 331, 354, 377, 390, 401, 422, 432, 448, 511, 553, 561, 590, 634, 642, 747
남녀차별 244, 777
남녀평등권 778
남녀평등론 153, 240, 244, 776
남녀평등제도 수립 778
남순희南舜熙 135
남정관南廷觀 133, 135, 643
남정철南廷哲 514
남하정책 173
내각제도 791
내각책임제 267
내정간섭 201, 722, 757
내정개혁 352
노동자층 657, 724
노륙법努戮法 226, 228, 419
노륙법 및 연좌법 부활 419
노륙법 및 연좌법 부활 반대 424, 432
노륙법 및 연좌법 부활저지운동 700
노백린盧伯麟 132, 135, 554
노병선 149, 150
노비제도 240, 773, 823
노비제도 잔재 242, 774
노비제도폐지론 774
노어露語(러시아어)학교 165
농기구 개량 288
농민민주주의 162, 179, 253
농민층 162, 182, 232, 657, 724
농업개발 806
농업기술 288
농업의 다각화 287
농업학교 설립 278
니콜라이 2세Nikolay II 18, 29, 46

ㄷ

다이William M. Dye 111
단군 209, 212
단발령 172
단체적 결합 740
대가족제도 808
대개혁방법 208
대경장개혁大更張改革 205, 759
대구大邱지회 139, 144

대동단결 206
『대동역사大東歷史』 212, 747
대변지 178, 780
대역부도죄 226
대외무역 670
대외정책 329
대외통상 293
대의군주제代議君主制 187, 266
대의민주주의사상 824
대조선군주국大朝鮮君主國 342
『대조선독립협회회보大朝鮮獨立協會會報』 63, 138, 178, 780
대조선은행大朝鮮銀行 291
대조선저마제사회사大朝鮮苧麻製絲會社 286, 805
대표의 원리 786
대학교 800
대학교 설립 278, 801
대한제국大韓帝國 173, 342, 372, 426
대한제국정부 100
덕어德語(독일어)학교 165, 430
도량형통일규칙 292
도약소都約所 427
도약소원都約所員 590
도진삼都鎭三 590, 634, 637
독립가 220, 314, 745
독립개화정책 111
독립공원獨立公園 109, 318, 744
독립관獨立館 109, 120, 319, 320, 323, 482
독립문獨立門 109, 120, 306, 312, 314, 315, 318, 735, 744
독립문건립운동기 339
독립성 732
『독립신문』 15, 31, 53, 58, 61, 80, 93, 138, 178, 215, 520, 596, 606, 640, 780
『독립신문』 계통 136, 176, 821
『독립신문』 매수공작 88
독립신문사 43, 89, 96
독립신문사 매수 101
『독립신문』 인수 문제 84
『독립신문』 조필 38
『독립신문』 창간 39
『독립신문』 창간비용 41
『독립신문』 폐간 123
독립운동 662
독립파 관료세력 111
독립협회 60, 108, 260, 460, 606, 621, 626, 640, 641, 662, 694, 706
독립협회 기관지 62
독립협회 대표 646
독립협회 복설 129, 573
『독립협회연혁략獨立協會沿革略』 131
「독립협회윤고獨立協會輪告」 115, 309
독립협회의 만민공동회 369
독립협회의 자주민권자강운동 94, 129, 463
독립협회의 중추원 개편안 460
독립협회 지도자 511, 537
독립협회 지도자 17명 구속 461, 503
독립협회 지도자 17명 석방 518
독립협회 지회 설치 329
독립협회 지회 해산 640
독립협회 창립 109, 115, 311
독립협회 창립총회 112
독립협회 창립 후 기관지 72
독립협회 해산 515
독립협회 해체 622
독립협회 혁파 263, 461, 503, 513
독자성 732
독점적 특권 697
『동국통감東國通鑑』 212
동도서기東道西器 136
동도서기파 177, 821
동등권 777
동문학同文學 177
『동사강목東史綱目』 212, 221
동원성 776
동원화 759
동의권 792

동청철도부설권 462
동학농민혁명운동 162, 179, 181, 232, 762, 774, 784, 824
동학사상 181
동현소학교 165
등장等狀 232
디드리크스Diedrichs 343

ㄹ

랴오둥반도遼東半島 371
랴오둥반도 조차권租借權 462
러일전쟁 201, 295, 371, 758
러시아공사관 356
러시아세력 372
러시아의 간섭 173
러시아의 목포·진남포 조계매도租界賣渡 저지 125, 400
러시아의 부산 절영도絶影島 석탄고기지 石炭庫基址 조차租借 요구 저지 125
러시아의 침략간섭정책 364
러시아 재정고문 및 군사교관 철수 125, 365
러한은행露韓銀行, The Russo-Korean Bank 197, 345, 359, 370
러한은행 철환 125, 754
레미노프Reminoff 344
레오노프Reounoff 343
로버츠Henry M. Roberts 444
로젠-니시협정Rosen-Nishi Protocol 371
루소 224
리젠드어Charles W. Legendre, 李善得 111, 258, 444

ㅁ

마튜닌N. Matunine 370, 400, 521, 583
만민공동회萬民共同會 363, 368, 378, 464, 504, 517, 523, 531, 565, 570, 579, 598, 626, 638, 640, 662, 690
만민공동회 대표 646
만민공동회 불법화 630
만민공동회 운동의 지반 73
만민공동회 투쟁 523
만민공동회 투쟁기 508
만민공동회 해산 522, 524, 621
매관매직 268
『매일신문』 138, 220, 520
면제품 672
명성황후 시해 172
모화관慕華館 109, 319
목원근 128, 135, 137
목원형 128, 135, 137
목재공업 285
목축 도입 288
목포개항 668
목포木浦지회 139, 145
목포·진남포 조계 조차 194, 754
'몰라요' 필명 97
몽테스키외 224
무관학교 165, 297
무관학교 설립 759
무관학교 학생선발 부정 비판 408
무당 301
무력탄압 638
무명잡세 230, 694
무명잡세 부과 765
무산·압록강유역·울릉도 삼림벌채권 342
무역역조 295
무역적자 670
문경오 365
문경호 149
문명국가 746
문벌 727, 741
문벌제도 770, 772
문태원文台源 120, 122, 135

문화지체cultural lag 730
뮤리엘Muriel Buchanan Armstrong 20
미개항장未開港場 680
미국공사 574
미신 301
미신 타파 814
미터법 292
민간자본 289
민강호閔康鎬 441
민경식閔景植 441
민권民權 70, 186, 743, 762
민병석閔丙奭 495, 610, 646, 647
민병한閔丙漢 535, 646
민본사상民本思想 224, 247
민상호閔商鎬 114, 119, 122, 135
민선의원 458
민영규閔泳圭 131, 135
민영기閔泳綺 121, 161, 342, 419, 426, 441, 490, 514, 558, 567, 578, 589, 598, 601, 621, 646, 705
민영준閔泳駿 388, 563
민영준閔泳俊 614
민영찬閔泳瓚 492
민영환閔泳煥 18, 29, 135, 431, 448, 490, 492, 526, 552, 579, 598, 614, 641, 646, 791
민족공동체 731, 738, 798, 822
민족국가 732, 739, 741, 822
민족국가의식 738
민족국가의 주권 738
민족문화 71, 218, 746, 799
민족문화론 208
민족사관 212, 822
민족상권수호 697, 707, 716
민족성원 741
민족언어 71, 748
민족의식 739
민족자본 807
민족자본가 807
민족자주사관 747
민족적 권익 347, 697
민족적 단결 182, 794
민족적 위기 181, 735, 761, 791, 825
민족적 자부심 189, 735
민족주의 820
민족주의사상 37, 731, 739, 789
민족주체의식 731
민종묵閔種默 122, 342, 356, 359, 367, 514, 526, 535, 551, 567
민주적 운영방법 126
민주적 조직원리 135
민주주의 188, 251, 742, 768
민주주의사상 37, 760, 776, 779, 789, 823
민주주의적 권리 774, 780
민주주의적 변혁 760
민주주의적 애국심 190
민주주의적 자치행정 784
민주화 117
민중 349, 373, 661, 743
민중대회 363, 366, 415, 430, 500, 505
민중세력 116
민중의 사회단체 117
민중의 성장 135, 369, 506
민중의 자발적 만민공동회 369
민중주도기 118, 124
민중진출기 118, 123
민중투쟁기 118, 128
민지호閔智鎬 132, 135, 554
민찬호 149, 150
민형식閔炯植 131, 135
민회民會 162, 232, 570, 572, 621
민회규칙 641
밀즈C. Wright Mills 720

ㅂ

박기석 135
박기양朴箕陽 119, 122, 562
박래동朴來東 634, 637

박래병朴來秉 590
박만용朴晩容 644
박문국博文局 15
박문규朴汶圭 132, 135, 554
박문협회博文協會 152
박물관 설립 801
박병응朴炳應 610
박성춘朴成春 131, 135, 137, 164, 490
박세양朴世陽 34
박세환朴世煥 122, 135, 322
박승목朴承穆 131, 135, 398, 527, 536, 610, 625
박승봉 123, 128, 131, 135, 401
박승조朴承祖 114, 120, 123, 128, 360
박승환朴勝煥 132, 135, 137, 554
박언진朴彦鎭 128, 131, 135, 385, 449
박영락朴永駱 590
박영효朴泳孝 21, 614
박영효 소환 620
박영효 소환 서용 622
박영효천거사건薦擧事件 626
박영효 추천 613, 633, 653
박용규朴鎔圭 120, 122, 135, 524, 527
박용만朴容萬 132, 135, 554
박유진朴有鎭 542, 558, 572, 581, 647
박은식朴殷植 132, 133, 135, 211, 554, 643, 654, 662, 747
박의병朴義秉 135
박인식朴仁植 150, 633
박정양朴定陽 18, 29, 122, 135, 378, 388, 431, 458, 487, 492, 503, 514, 540, 560, 579, 597, 614, 646, 791
박정양내각 30, 47, 258, 341, 448, 509
박제빈朴齊斌 128, 135, 360
박제순朴齊純 101, 490, 514, 535, 598
박치훈 128, 135, 358, 400, 403
박하성朴夏成 591, 618, 634, 637
박희용朴熙用 135
박희진 122, 135
반半식민지 463
반정부 정당 626
방곡령 202
방어기구 756
방위력 증강 297, 759
방위력 근대화 822
방직공업 285, 804
방직공장 건설 285
방한덕方漢德 123, 128, 130～132, 135, 418, 511, 553, 58
배재학당培材學堂 34, 146, 158, 165, 176, 428, 516, 602
백동화 292
백민회白民會 605, 608, 627
백성기白性基 121～123, 132, 133, 135, 137, 554, 643
백정(宰設軍) 164, 490
법어法語(프랑스어)학교 165, 428
법치국가 267, 790
법치주의행정 270
법치행정 502
베버Max Weber 728, 796
변법자강變法自疆 205, 759
변하진卞河璡 128, 130, 135, 396, 401, 511, 590, 608, 635, 637, 642
보국안민保國安民 179
보부상褓負商 542, 556, 564, 570, 580, 638
보부상 단체 479
보부상 도가都家 568
보부상 복설 647
보상주의 228, 419, 765
보신사保信社 156, 489, 782
보조화폐 292
보통직접선거 787
보편성 731
보편주의 775
복수정당제도 783
부국강병 206, 242, 280, 752, 775, 798
부두노동자 163
부산 절영도 석탄고기지 조차 353, 754

부인단체 153
부인회 569
부정부패 71, 237
부패관료 388
북청北淸지회 139
불완전 사회화 726
불평등조약 200, 669
불평등조약 폐지 요구 755
브라운McLeavy J. Brown 344, 371, 526,
비밀외교 201, 757
비생산자층 765
비자유결혼 299
비자유결혼제도 770, 809, 811
비준권 792

## ㅅ

사관 양성 297
사노비 해방 240
사대부언론 233
사대부층 232
사대의식 732
사립흥화학교 594
사법제도 792
사색당파 741, 783
사신회의 576
사회계약설 224, 740
사회과학 798
사회관계 740
사회관습 808, 824
사회관습개혁론 298
사회규범 763
사회단체 238, 260, 697
사회목표 723
사회발전 729
사회발전의 원동력 728
사회사상 182, 183, 720, 728
사회사상사 175
사회세력 180
사회신분제도 240
사회의식 178, 725
사회적 다윈주의social Darwinism 206, 735
사회적 압력 722
사회적 장애social barrier 741
사회적 조건 182
사회적 지위 241
사회제도 165, 205, 726, 773, 777
사회진화론 206, 735, 756, 760, 820
사회집단 728
사회체제 722, 726, 770, 779
사회학적 분석 720
사회학적 용어 769
사회화socialization 771
4흉四凶 19
산송山訟 302, 816
산업개발 283, 329
산업별 종사인구 802
산업자본 666
산업자본가 807
산업자본주의적 개항 666
산업혁명 285, 807, 824
산업화 802, 824
산지산림개발 288
3국동맹 650
삼권분립 789
삼림벌채권 196
삼림벌채권 양여 반대 754
3·1 독립운동 662
삼일천하 176
3흉三凶 611
상고사관尙古史觀 210, 747
상공인협동조합 706
상공회의소 706
상권商權 665, 667
상권보호 681, 703
상권수호운동 129, 156, 433, 665, 698, 701, 707, 716
상권침탈 665, 68965

상무사규칙商務社規則 647
상무사 549
상무소商務所 647
상무회사商務會社 647
상무회의 549
상민차별제도 240
상병정책商兵政策 670
상설점포 669, 680
상업경쟁력 706
상업독점 696
상업독점권 698
상업무역경쟁 670
상업발전 291
상업의 자유화 291
상업자본 666
상업적 농업 287
상업특권 699
상원上院 257, 260, 446, 458, 786, 792
상원규칙 260
상원설립법(의회설립법) 260, 458
상인협회 698
상직현尙稷鉉 133, 135, 643
샌드William F. Sands 100
생명의 자유권 수호운동 384
생명 · 재산의 자유권 125, 222, 388, 419, 502, 700, 763, 822
생산자층 765
서거정徐居正 212
서구계몽사상 760
서구시민사회 224, 820
서구시민사상 136, 137, 176, 181
서상대徐相大 132, 135, 554
서상돈徐相敦 132, 135, 554
서상우徐相雨 419
서상직徐相直 135
서상팔徐相八 1232, 133, 135, 554, 643
서세동점西勢東漸 205, 759
서재우 135
서재필徐載弼 16, 39, 45, 51, 61, 80, 110, 119, 124, 135, 176, 246, 307, 314, 331, 348, 361, 381, 443, 614
서재필의 민주주의사상 37
서재필 재류운동 125, 409
서재필 추방 77, 373, 382
서재필 추방공작 41, 81
서재필탄핵고소사건 31
서적 출판 281, 801
서정순徐正淳 431, 490, 492, 495, 514, 540
서창보徐彰輔 120, 122, 135
선각적 부인 165
선거제도 251, 784
선진과학기술 206, 276
선진기계기술 205
선진적 사회사상 729, 820
선진적 지식인 819
선천宣川지회 139
선택적 친화력elective affinity 728
성낙영成樂英 132, 135, 553
성황당 301
세력균형 371
세제개혁 276
세창양행世昌洋行 403
소가족제도 808
소석정蘇錫政 133, 135, 643
소장 신진파 622
소학교 165, 277, 800
손승용孫承鏞 131, 135, 536, 590, 636
송기용宋綺用 603, 605
송달현宋達顯 590
송석준 128, 132, 133, 135
송수만宋秀萬 133, 135, 554, 591, 634, 637, 643
송헌빈宋憲斌 114, 120, 122, 135
수구파 182, 638
수구파 대신 규탄 425
수구파 비판 329
수구파 5대신 규탄 129
수구파 정부 432, 534
수구파 7대신 규탄 129, 426

수출무역 676
수하동관립소학교 166, 430
수호통상조약 664
순성여학교順成女學校 153, 246
순성여학교 설립운동 278
순성회順成會 153, 246, 278, 489
쉬운 국어쓰기 36, 70
스페이어Alexei de Speyer 78, 80, 343, 353, 362, 374
승광국承光國 133, 135, 643
승도 164
시민 570, 762
시민적 민주주의 766
시민층 159, 349, 657, 724, 768
시민혁명 572
시베리아 횡단철도 295, 371
시위대 628, 638
시전市廛 179
시전상인단체 154
식민지속국화 345
식민지속국화정책 370
신경식申敬植 132, 133, 135, 554, 643
신과학기술 803, 807
신교육 276, 329, 797
신교육운동 662
신규식申奎植 132, 133, 135, 554, 643
신기선申箕善 132, 212, 398, 419, 421, 424, 426, 431, 554, 646, 647
신기술 288, 797
신능우申能雨 132, 135, 554
신능진 135
신당 301
신두희申斗熙 132, 135, 554
신문 236
신문보급 329
신문창간사업 27
신분身分 727, 741
신분제도 773, 823
신분제도 폐지 239, 773, 775
신산업 797, 803
신속한 재판 227
신속한 재판의 권리 419, 764
신식 교육 177
신식 무기 296
신식 병원 300, 411
신용진辛龍鎭 128, 377
신의상무소信義商務所 568
신재영申載永 122, 135
신재판제도 779
신지식 276, 797, 824
신지식층 137, 657, 724
신진파 133
신채호申采浩 132, 133, 135, 211, 554, 643, 663, 747
신태휴申泰休 535, 551
신해영申海永 131, 135, 213, 547, 590, 618, 635, 642
신흥사회계층 179
신흥사회세력 135, 181, 373, 652, 657, 658, 724, 819
신홍우申興雨 132, 135, 150, 554
실John M. B. Sill 111
실리외교 202
실사구시實事求是 220, 280, 752, 798
실상학문實相學問 211, 219, 242, 279, 747, 749, 752, 798
실업학교 278, 800
실천적 사회사상 820
실학實學 220, 279
실학사상 181, 221, 240, 251, 731, 752, 760, 773, 820
심상훈沈相薰 121, 388, 431, 441, 490, 598, 647
심순택沈舜澤 426, 431
심은택沈殷澤 590, 634
심의석沈宜碩 114, 120, 122, 135, 312
심의의 기능 262
심의의 원리 786
심일택沈日澤 132, 554
심현택 135

심홍택沈興澤 128, 135, 390
십진법 292

## ㅇ

아관파천俄館播遷 17, 41, 172, 340, 682
아동교육 277, 772, 814
아어俄語(러시아어)학교 428
아처 헐버트Archer B. Hulbert 86
아펜젤러H. G. Appenzeller, 亞編薛羅 23, 65, 89, 95, 99, 111, 605
안경수安駉壽 18, 29, 114, 119, 122~124, 136, 314, 331, 388
안기중安沂中 136, 382
안동소학교 165
안명선安明善 136
안병찬安秉瓚 132, 133, 136, 554, 643
안영수安寧洙 120, 122, 128, 130, 136, 397, 449, 511, 620
안정복安鼎福 212, 221
안창선安昌善 136
안창호安昌浩 132, 133, 136, 553, 643
알렉세예프Kir Alekseevich Alekseev 78, 198, 344, 370, 359, 755
알렉시에프Alexiev 343
알렌Horace N. Allen 82, 96, 375, 522, 526, 604, 652
압록강 조선변지邊地 삼림벌채권 754
애국가 219, 314, 744, 745
애국계몽가사 220, 745
애국심 190, 595, 742, 744, 822
애국운동 163, 661
애국적 가사歌辭 745
애국적 인사 117
애국주의 743, 744, 822
애군애민 250
약소국 외교 202
약육강식 184, 736
약육강식의 시대 743, 756, 821
양기탁梁起鐸 132, 133, 136, 553, 642
양반관료 742
양반 · 상민평등론 240
양반의식 241, 773
양반제도 240, 773, 823
양반제도폐지론 773
양사동관립소학교 166, 430
양원제 446
양인良人 762
양재근梁在根 132, 136, 554
양전백梁甸伯 132, 133, 136, 554, 642
양전사업 275
양현동소학교 165
양홍묵梁弘默 124, 131, 136, 150, 354, 516, 526, 539, 564, 590, 635, 642
양화진楊花津개항 668
어담魚潭 132, 136, 554
어대선魚大善 133, 136, 643
어린이교육 277
어업개발 289, 806
어용선魚瑢善 131, 136, 547, 553, 590, 618, 635, 642
어윤적魚允迪 122, 136, 159
어윤중魚允中 18
언더우드Horace G. Underwood 111
언론 · 집회의 자유권사상 233
언론 · 집회의 자유권 수호운동 434, 443
언론의 자유 232, 234, 442, 457
언론의 자유권 235, 767
『언문言文』 218, 743
언문일치 216
언문일치운동 748
언어민족주의 748
엄비嚴妃 389
업적주의 775
엠벌리H. Emberley, 音法理 65, 100
여권女權 299
여규형呂圭亨 132, 382, 554
여론정치 239
여성교육 245, 778

여성교육 차별제도 777
여성해방 165
여아교육 814
여영조呂永祚 132, 133, 136, 553, 643
여학교 800
여학교 설립 153, 245, 277, 800
역문화지체逆文化遲滯, reversed cultural lag 730
연설회 780
연안어획권 754
연좌법連坐法 226, 228, 419
연합전선운동 662
연해어장 양여 196
연홍기延弘基 136, 644
연홍식延弘植 136, 644
열강의 침략 736
열강의 침략간섭정책 660
염중모廉仲模 128, 130, 136, 385, 511
엽전 293
영국 산업혁명 285
영국 의회제도 458
영사재판권 718
영어학교 165, 430
영웅주의사관 747
영은문迎恩門 109, 306
영장제도 227, 419, 764
오그번William F. Ogburn 730
오궁선 149
오기호吳基鎬 132, 133, 136, 554, 643
오성학吳聖學 136
오세창吳世昌 114, 120, 122, 136
오시John O'shea, 悟時 102
오신영 150
오영환 122, 136
오진영 128, 136, 372
오혁吳赫 133, 136, 643
5흉五凶 539, 544, 585, 599
옥천지회 607
온건개화파 22, 25, 171, 681
완전사회화 726
외경外競 760
외국 상인 면세 특혜의 폐지 200, 755
외국 상인의 고리대부 행위 754
외국 상인의 상권침탈 196
외국 상인의 상권침탈 규제 요구 754
외국어학교 통합 282
외국인 상권 회수 291
외국인조계租界 694
외국 차관 199, 755
외래상업자본 666
외인용병부대外人傭兵部隊 413
외화수입 294
용산개잔龍山開棧 668
우항선禹恒善 123, 136
운산금광채굴권 195, 341, 754
운수론 302, 815
운종가雲從街 489
울릉도 삼림벌채권 754
원산학사元山學舍 799
원세성元世性 132, 136, 554, 557, 591, 634, 643
원시적 축적 666
웨버Karl Ivanovich de Waeber 78, 343
위기의식 180
위민爲民 247
위민사상 224
위생제도 300
위안스카이袁世凱 669
위정척사사상 181
위정척사파 733, 736, 783
유근柳瑾 123, 132, 136, 531, 553, 642
유근수柳瑾秀 637
유기환兪箕煥 119, 342, 490, 503, 521, 551, 567, 572, 589, 602, 646
유길준兪吉濬 17, 23, 39
유당 128, 136, 403
유도수柳渡秀 590
유리공업 285
유맹劉猛 128, 130～132, 136, 394, 399, 417, 449, 511, 553, 590, 634, 642, 643

유석룡 128, 136, 383
유석준兪奭濬 590, 614, 634, 637
유시남柳時南 132, 136, 554
유영석 123, 149, 150
유원표劉元杓 132, 136, 553
유일환 131, 136
유재호 150
유정수柳正秀 121, 122, 123, 136
유치幼稚산업 669
유치산업보호론 703
유학생 파견 282
유학주兪鶴柱 130, 131, 136, 512
유형원柳馨遠 243
유호식劉鎬植 136, 211
윤기진尹起晋 128, 136, 360
윤길병尹吉炳 544, 548
윤덕영尹悳榮 552
윤병길尹炳吉 648
윤석영尹奭榮 590, 634
윤석진尹錫振 133, 136, 643
윤석천尹錫天 133, 136, 643
윤세용尹世鏞 644
윤시병尹始炳 131, 136, 517, 531, 590, 618, 630, 636, 642
윤시영尹始永 590
윤용구尹用求 431, 614
윤용선尹容善 388, 426, 431, 441, 567
윤웅열尹雄烈 94, 525, 576, 610, 644
윤이병尹履炳 131～133, 553, 590, 643
윤익선尹益善 132, 133, 136, 554, 643
윤정석 398
윤진석 122, 136
윤창렬 149, 150
윤치성尹致誠 132, 136, 554
윤치호尹致昊 18, 29, 45, 61, 89, 94, 122, 128, 130～132, 177, 322, 348, 354, 372, 443, 452, 485, 503, 545, 573, 580, 608, 612, 642, 655, 792
윤태은尹泰殷 136
윤태흥尹泰興 128, 131, 136, 417
윤하영尹夏榮 128, 130, 136, 429, 447, 511, 590, 637
윤혁尹奕 136
윤효정尹孝定 123, 126, 132, 136, 354, 387, 553, 643
은산금광채굴권 754
은행 창설 291
을미의병운동 181
을사5조약 265
의뢰외교 201, 757
의정부제도 172, 267, 791
의주지회 139
의학교 800
의학교 설립 411, 412, 801
의학교 설립운동 125
의회議會 447, 460, 480, 784, 792
의회규칙 260
의회민주주의 264
의회법 786
의회 설립 255, 265, 269, 329, 457, 509, 793, 823
의회설립법 260, 263
의회설립운동 443, 448, 784
의회제도 786, 788
『의회통용규칙』 444
이갑李甲 132, 133, 136, 554, 643
이건창李建昌 132, 136, 554
이건호李建鎬 120, 123, 126, 130, 136, 352, 358, 360, 372, 382, 432, 447, 453, 511, 611, 620, 642
이경직 123, 136
이경호 131, 136
이계필李啓弼 114, 120, 124, 136, 578
이관제李觀濟 590, 634, 637
이교석李敎奭 590, 634, 637
이교헌李敎獻 131, 136
이권利權 188, 753
이권 반대 329
이권반대론 192, 200, 753
이권반대운동 192, 348, 372, 409

이권 양여 192
이권외교 201
이권침탈 173, 341, 372, 402, 722, 753, 755
이권침탈 공세 463
이권침탈 종결 501
이규대李奎大 488
이규환李奎煥 590
이근용李根鎔 120, 124, 136, 644, 647
이근우李根雨 132, 133, 136, 554, 643
이근호李根皓 114, 119, 122, 136, 580
이기李琦 591, 634, 637
이기동李基東 503, 525, 530, 544, 551, 567, 572, 581, 602, 647
이기선李基善 131, 136, 482, 536
이기현李起賢 132, 136, 554
이남규李南珪 591, 637
이남하李南夏 132, 136, 554
이능화李能和 221
이덕하李德夏 590, 634, 637, 641
이도재李道宰 132, 346, 495, 535, 554, 692
이동녕李東寧 132, 133, 136, 554
이동휘李東輝 132, 133, 136, 137, 554, 643
이만도李晩燾 132, 136, 554
이명상李明翔 77
이무영李懋榮 128, 131, 136, 211, 424, 438, 535
이민섭李敏燮 132, 136, 554
이민식李敏軾 132, 133, 136, 554, 643
이병규李秉奎 132, 136, 554
이병목李秉穆 124, 128, 360
이병무李秉武 122, 123, 136
이병소李秉昭 590
이병응李秉膺 637
이병철 149
이봉운李鳳雲 216
이상재李商在 18, 29, 114, 122, 128, 130~133, 176, 331, 352, 358, 453, 503, 511, 525, 537, 545, 554, 585, 608, 642, 646, 655, 791
이상학李相學 133, 136, 643
이석령李石齡 131, 136, 536
이석열李錫烈 620
이선득李善得, Charles W. Legendre 490
이성근李聖根 136
이순범李舜範 133, 136, 643
이순신李舜臣 747
이승균 136
이승두 128, 136
이승만李承晩 128, 131~133, 365, 400, 414, 516, 539, 554, 588, 611, 620, 625, 635, 642, 644
이승식李承植 136, 136
이승원李承遠 128, 136
이승응李乘應 590
이승훈李昇薰 132, 133, 136, 554, 643
이시우李時宇 590, 613, 630, 634, 637
이애진李挨振 590
이양성당李養成堂 153
이완용李完用 18, 29, 114, 122~124, 127, 342, 354, 406
이용구李龍九 132, 136, 554
이용규李容珪 133, 136, 643
이용익李容翊 77, 101, 231, 292, 389, 393, 596, 647
이용직李容稙 490, 492
이용후생利用厚生 280, 752, 798
이우규李祐圭 136
이원긍李源兢 136, 382
이유승李裕承 131, 136
이유인李裕寅 367
이윤용李允用 123, 342, 598
이윤추구의 자유화 230, 766
이응익李應翼 122, 136
이응진 149, 150
이익채 149
이인영李仁榮 136, 362, 571, 595
이인용 122, 136

이인우李寅祐 121, 422, 426, 431, 441
이일상 128, 136
이재순李載純 122, 426, 490, 492
이정재李正在 119, 122, 136
이종건李鍾健 487, 492, 514, 540, 612, 630, 646
이종래李鍾來 689, 699
이종영李鍾永 132, 136, 554
이종태李鍾台 132, 133, 136, 554, 643
이종하李鍾夏 120, 122~124, 136
이준李儁 136
이준덕李埈悳 634, 637
이준일 52, 124, 136
이중하李重夏 133, 136, 612, 614
이증하李曾夏 643
이차개회離次開會 434, 451, 536
이창모李昌模 134, 136, 643
이채연李采淵 18, 29, 114, 119, 122~124, 132, 398, 436, 490, 554
이충구李忠求 122, 123, 136, 359
이하영李夏榮 121, 122, 132, 136, 554
이학균李學均 646
이학순李學淳 132, 133, 136, 554, 643
이학재李學宰 132, 136, 554
이한응李漢應 132, 136, 554, 646
이헌영李鑢永 535, 541
이호李豪 133, 136, 643
이호성李鎬成 132, 554
이호익李鎬翼 514
이홍직李弘稙 128, 383
이화학당梨花學堂 594, 602
이회구李晦九 132, 554
이회신李會臣 132, 554
2흉二凶 611
이희두李熙斗 132, 554
익명서匿名書 461, 507, 510, 529
인구조사 275
『인디펜던트*The Independent*』 61, 76, 98
인민 742
인민수탈 268
인민의 세 가지 직무 769
인민의 자유권 762
인민의 직분 769
인민의 하인 797
인민주권론 249
인민지배 248
인민협회 260
인삼재배 장려 287
인종주의적 편견 736
인천 월미도 석탄고기지 조차 194, 754
인천박문협회仁川博文協會 782
일반보통선거 457
일반선거제도 252, 768
일반평민 762
일본상업자본 666
일본개항 666
일본경제권 669
일본공사 650
일본공사관 540
일본대리공사 574
일본세력 372
일본의 간섭 173
일본의 절영도 석탄고기지 회수 125
일본인 살해자 배상금 요구 항의 412
일본차관 199
일본화폐 197, 754
일어학교 165, 428
일진회日進會 159, 489, 782
임경업林慶業 747
임금노동자 163, 179, 182
임병길林炳吉 131, 517, 628, 642
임병선 128, 386
임병응林炳應 131, 132
임병항林炳恒 133, 554, 643
임상준任商準 131, 136
임오군란 173
임진수林鎭洙 128, 136
임형준任炯準 136
입법권 788, 792

입법기관 480
입헌국민국가 619
입헌군주제 187, 266
입헌대의군주국 174
입헌대의군주제 426, 443, 788
입헌대의정부 509
입헌대의정체 266, 480, 500, 790
입헌민주정치 352
입헌정부 250
입헌정치 502

## ㅈ

자동의사회子童義士會 158, 166, 595, 602, 782
자매단체 145
자문언로기관 591
자발적 결사체 723, 781, 793
자발적 만민공동회 408, 506
자본주의적 발전 179, 707
자산축적의 자유화 230, 765
자연과학 798
자연법사상 224
자연적 권리 778
자오저우철도부설권 462
자원취수自願就囚 437, 519, 522
자유결혼제도 811
자유권 761
자유권사상 224
자유민권 187, 502, 775
자유민권사상 182, 264
자유민권의식 463
자주경제 192
자주국권 184, 501, 732
자주국권수호 348, 372
자주독립 67, 68, 184, 329, 363, 501, 735
자주독립권 265, 372
자주독립사상 182
자주민권 329
자주민권자강운동 339, 348, 505, 662
자주민권자강운동기 340
자주사관自主史觀 210
자주성 732
자주외교 201
자주적 개혁 174, 723
자주적 근대화 794, 825
자주적 근대화정책 791
자주중립외교 201, 757, 822
자주중립외교론 202
잡세 혁파 273
장기張琦 136, 137
장봉환張鳳煥 199, 413, 416, 441, 520
장붕張鵬 128, 131, 136, 366, 384, 536
장연협성회長淵協成會 149
장용남張龍男 517
장지연張志淵 132, 136, 211, 553, 663, 747
장태환 123, 136, 588
재기가감자才器可堪者 613, 614, 619
재산권 보호 385, 386
재산권 수호운동 387
재산의 자유권 229
재설꾼宰設軍(백정) 164, 180
재정개혁 275
재정고문 및 군사교관 철수 370
재정문란 274
재정제도 270
저항민족주의 818
적동화 292
적자생존 206
전규환田圭煥 131, 136, 455, 602
전근대적 사회제도 178
전기가설권 754
전기 토론회 332, 333
전덕기全德基 132, 136, 554
전문교육 278
전문학교 278, 800, 801
전선부설권 196
전제군주국 174

전제군주제 172, 187, 426, 443, 480, 500, 788
전제적 가부장제도 777
전차부설권 347
전통적 교육 177
전통적 사회관습 298, 808
전통적 지배 790
절대군주제 787, 788
절영도 석탄고기지 조차 78, 194, 343, 345, 370
점괘 302
정교鄭喬 124, 130, 177, 211, 354, 360, 372, 382, 394, 405, 417, 447, 453, 503, 511, 561, 598, 604, 638, 747
정기조鄭耆朝 132, 136, 553
정기택鄭騏澤 436
정낙용鄭洛鎔 367, 490
정당 782
정당 결성의 자유 238
정동구락부貞洞俱樂部 111
정동명 128, 136
정동원 150
정동파貞洞派 18
정동파세력 29
정범조鄭範朝 172
정병하鄭秉夏 18
정부자문기관 263
정성우鄭惺愚 31
정순만鄭淳萬 132, 133, 136, 553, 643
정약용丁若鏞 221, 243, 251, 752
정운복鄭雲復 132, 133, 136, 553, 643
정응설鄭應卨 132, 136, 554
정익용鄭益鎔 535
정익환 150
정인덕鄭寅德 34
정인목鄭寅穆 590
정인보鄭寅普 221
정책론 체계 799
정책정당 783
정체성 732
정치적 근대화 793
정치적 당파 783
정치 차관 755
정항모鄭恒謨 123, 130, 136, 396, 416, 511, 590, 615, 635, 636, 642~644
정현철鄭顯哲 114, 120, 122, 136, 162
『제국신문』 138, 520
제국주의정책 652
제임스 와트James Watt 290, 803
제정러시아 남하정책 67, 78
제정러시아의 보호 367
제정러시아의 침략 · 간섭정책 363
제조장 건설 283
제중원濟衆院 165
제지공업 285
조광하趙匡夏 132, 136, 554
조단J. N. Jordan 522, 526
조덕하趙悳夏 132, 136
조동윤趙東潤 122, 535
조문식趙文植 136, 644
조민희趙民熙 123
조병건 123, 136
조병교 122, 136
조병선趙秉璿 136, 571
조병세趙秉世 367, 514
조병식趙秉式 77, 342, 375, 388, 434, 503, 530, 551, 567, 572, 589, 689
조병윤趙秉潤 121
조병직趙秉稷 122
조병호趙秉鎬 356, 360, 431
조선글자 748
조선민족 733
조선은행 197
조선화폐 197
조성협趙性協 122, 136
조세법률주의 230, 274
조신희趙臣熙 158
조완순趙完淳 521
조 · 일수호조규朝日修好條規 664
조중봉趙重峰 747

조·중상민수륙무역장정朝中商民水陸貿易章程 667
조칙5조 496, 502, 507, 588, 606, 640
조한우趙漢禹 128, 130, 136, 365, 396, 401, 417, 511, 537, 590, 635
조혼早婚 298, 299
조혼제도 298, 770, 809
조희일趙熙一 490, 492
존스G. H Jones 98
존화사관尊華史觀 212, 746, 747
죄형개인주의 226, 764
죄형법률주의 226, 419, 764
죄형형평주의 226, 419, 764
주권성 731, 732
주도산업 804
주룽반도九龍半島 462
주시경周時經 33, 51, 104, 124, 133, 136, 150, 213, 748, 750
주시경의 민족주의사상 37
주식회사 807
주체성 731, 732, 737
중국 개항 666
중립국 111
중립외교 200
중립화 660
중립화안 111
중상주의重商主義 666
중상주의적 개항 666
중상주의적 원시축적 667
중상주의적 통상 669
중인층 179
중추원中樞院 447, 458, 480
중추원개편안 259, 260, 460, 786
중추원고문 82
중추원관제(상원설립법) 260, 460, 461
중추원관제 개정 452, 792
중추원신관제 458, 508, 786
중학교 278, 800
중화문명 733
증기기관 284, 290, 803
지능의 평등 777
지달원池達元 134, 136, 643
지방관 선출 251, 252, 784
지방선거제도 254, 274, 784
지방지회 138, 657
지방행정 253, 274
지석영池錫永 123, 132, 136, 213, 218, 331, 382, 554
지역주의 741
지위와 역할 769
『지장경언해地藏經諺解』 215
지회세칙 141, 607
지회인가조례 140, 607
직접대표제 126
직접선거 253
진남포개항 668
진명회進明會 489
진민소賑民所 230
진보가 220, 314
진보사관 210, 747
진보적 지식인 137, 724
진신회搢紳會 159, 489, 782
집강소執綱所 162, 179, 251, 784
집단의식 175
집합표상 175
집회의 자유 237

## ㅊ

차관借款 199
찬양회贊襄會 153, 165, 487, 489, 517, 569, 594, 782
참정권 447, 742
창국廠局 설립 284
채귀석蔡龜錫 136
척왜양斥倭洋 179
천부인권사상 224
천부인권설 766
천인賤人 762

천인층 164
철공업 285
철야농성 519
청국주둔군 668
청일전쟁 173, 670, 682
체제개혁 788
초기 개화파 176
총대위원제總代委員制 126
최경환崔景煥 136, 211, 645, 747
최광옥崔光玉 136, 213
최남선崔南善 221
최달식崔達植 136
최동식崔東植 132, 136, 554
최두명崔斗明 136
최문현崔文鉉 604
최병식崔秉軾 643
최병철崔秉哲 133, 136
최병헌崔炳憲 136, 211, 441
최봉환崔鳳煥 136
최상돈崔相敦 128, 131, 136, 536
최석민崔錫敏 128, 136, 389, 396
최석창崔錫彰 590
최영년崔永年 132, 136, 554
최영화崔榮華 136
최용환崔龍煥 136, 137
최윤근崔允根 512
최익현崔益鉉 614
최인환崔寅煥 545
최정덕崔廷德 128, 130, 136, 154, 396, 414, 511, 590, 613, 620, 629, 635, 644, 648, 690
최정식崔廷植 128, 131, 133, 136, 358, 362, 386, 390, 394, 398, 604
최채붕崔采鵬 136
최초의 근대여성운동단체 153
최초의 민간지 74
최학구 150
최학래 386
축산 발전 288
축첩제도 165, 244, 299, 770, 771, 777, 808
충군애국忠君愛國 518
충성 741
취영회聚英會 158, 782
치외법권 188, 200, 755
친러수구파 82
친러수구파 정부 66, 372, 514
친러파 342, 356
친목회親睦會 489
친위대 297
친족 741
친족혈연주의적 사회관습 812
7대신 규탄 425, 700
7대신 파면 432
침략간섭정책 67, 78, 173, 341

## ㅋ

칸트Immanuel Kant 224
캄벨W. H. Campbell 360
『코리안 리퍼지토리*The Korean Repository*』 98
콥Cobb 95
크레일닌V. M. Kreylin 359
크리인F. Krien 403, 412

## ㅌ

탐관오리 71, 268, 352, 388, 395
태덕윤 131, 136
테러단 605
토론회 322, 330, 588, 780
토론회계몽운동기 339
토지개간 287
토착상인 666
통리기무아문 15, 177
투표에 의한 선거제도 252
투표에 의한 지방관 선거제도 254

특권적 양반 762
특권적 양반관료 765
특권 폐지 763
특수성 731
특수작물의 개발 287
특수주의 775


## ㅍ

파슨스Talcott Parsons 725
판결증거주의 228, 419, 765
팽한주彭翰周 114, 120, 122, 136
편중외교 201
평등관계 809
평등사상 240
평량립 556
평민층 768
평양지회 139, 144
평의원제도 126
평화적 혁명 431
포경권捕鯨權 754
폭력혁명 181, 208
품종 개량 288
풍수설 302, 816
프랑스공사 574
프랑스의 광산 이권 요구 반대 125, 400
플랑시Collin de Plancy 111, 400
피병용皮秉容 136, 137
피혁공업 285
필립 제이슨Philip Jaisohn 20


## ㅎ

하원下院 258, 260, 446, 458, 786
학교설립운동 799
한국사회 720, 740
한국사회의 근대화 723
한국상업회의소 설립운동 718
한국의 개항 667
한국의 상업자본 665
한국인을 위한 한국Korea for Koreans 733
한규설韓圭卨 18, 29, 121~123, 137, 452, 490, 528, 552, 598, 614, 641, 646, 791
한글 748
한글 가로쓰기 218
한동렬韓同烈 136
한동직韓東直 605
한만용韓晩容 128, 131, 136, 536
한명교 128, 136, 396
한문 748
한문원韓文源 136
한백원韓百源 211, 136
한석진 128, 131, 136, 396
한성개시漢城開市 197
한성개잔漢城開棧 668, 689
한성사범학교 165
『한성순보漢城旬報』 15
『한성신보漢城新報』 18, 30, 39, 57, 520
한성은행 197
한아은행 197
한어漢語(중국어)학교 165
한·영수호조규 667
한자 폐지 218, 749
한진창韓鎭昌 122, 136
한창수 124, 136
한치유韓致愈 130, 136, 211, 426, 432, 448, 511, 538, 544, 559, 747
함태영咸台永 422
합리성 776
합리적 법률적 지배 790
합자회사 807
합자회사 조직 289
합작 21, 33, 38, 77, 104
해관세무사 755
해군 창설 759
해륙군체제海陸軍體制 296, 759

해륙군 확장 297
해방된 노비층 164
해방된 천민 491
해방된 천인층 164, 180, 182, 657, 724
해외유학생 학비 지원 407
행정공개주의 272
행정제도 270
향약회鄕約會 143
허상학문虛相學問 747
허위許蔿 132, 133, 136, 554, 643
허학虛學 798
헌법憲法 790
헌의6조 129, 188, 492, 494, 497, 501, 502, 507, 514, 588, 606, 640
헐버트Archer B. Hulbert 48, 52
혁명 565, 569
현공렴玄公廉 128, 131, 136, 365, 366, 620
현대식 병원 815
현덕호 128, 136, 137, 364, 504
현영운玄英運 132, 136, 554
현제복玄濟復 114, 120, 122, 124
현제욱玄濟旭 537, 590
현제창玄濟昶 128, 130, 131, 136, 417, 511, 637, 642, 648
현채玄采 132, 133, 136, 211, 553, 643, 747
현흥택玄興澤 114, 119, 122, 136
협성회協成會 146, 149, 489, 782
『협성회회보』 146, 149
형량관대주의 226, 419, 764
호머 헐버트Homer B. Hulbert 85
혼인제도 808
홍긍섭洪肯燮 126, 136, 360, 386, 397
홍범洪範 790
홍범14조 500, 502
홍승하洪承河 131, 136
홍우관洪禹觀 114, 120, 122, 136
홍윤식洪允植 136
홍응조洪應祖 576
홍재기洪在箕 131, 133, 136, 590, 634, 636, 642
홍재욱 385
홍재칠洪在七 132, 133, 136, 554, 643
홍정후洪正厚 128, 136, 365, 389, 449, 511, 575, 590, 615, 625, 635, 642
홍종억洪鐘億 545, 557, 561, 567, 572, 578, 586, 590, 591, 646
홍종우洪鍾宇 77
화이관華夷觀 736
화이사상 736
화폐제도 개혁 292
황국중앙총상회皇國中央總商會 154, 197, 418, 428, 489, 665, 689, 693, 707, 782
황국중앙총상회규칙 155
황국협회皇國協會 418, 479, 489, 542, 555, 590
황국협회의 공격 저지 129
황국협회의 보부상 544
황보일皇甫一 133, 136, 643
『황성신문皇城新聞』 63, 136, 138, 146, 149, 178, 520, 640, 780, 821
황실호위 외인부대 129, 199, 413, 417, 755
황실호위 특수부대 413
황제 친유 587, 598
황제 폐위 644
황주지회 145
후기 토론회 334, 335
훈민정음 37, 748
흥화학교興化學校 801
히오키日置 515

# 신판 독립협회 연구(상)

***The Independent, the Independence Club and the People's Assembly in Modern Korea***

1판 1쇄 펴낸날 2006년 11월 10일

**지은이** | 신용하

**펴낸이** | 김시연

**펴낸곳** | (주)일조각

**등록** | 1953년 9월 3일 제300-1953-1호(구 : 제1-298호)

**주소** | 110-062 서울시 종로구 신문로 2가 1-335번지

**전화** | 734-3545 / 733-8811(편집부)
733-5430 / 733-5431(영업부)

**팩스** | 735-9994(편집부) / 738-5857(영업부)

**이메일** | ilchokak@hanmail.net

**홈페이지** | www.ilchokak.co.kr

ISBN 89-337-0506-6 94300
89-337-0505-8(전 2권)

값 26,000원

* 지은이와 협의하여 인지를 생략합니다.

* 이 도서의 국립중앙도서관 출판시도서목록(CIP)은 e-CIP 홈페이지 (http://www.nl.go.kr/cip.php)에서 이용하실 수 있습니다.
(CIP제어번호 : CIP2006002260)